Exilforschung · Ein internationales Jahrbuch · Band 30

I0131215

Exilforschung
Ein internationales Jahrbuch

30/2012

Exilforschungen im historischen Prozess

**Herausgegeben im Auftrag der
Gesellschaft für Exilforschung/Society for Exile Studies
von Claus-Dieter Krohn und Lutz Winckler in Verbindung
mit Erwin Rotermund**

et+k

edition text + kritik

Redaktion der Beiträge:

Prof. Dr. Claus-Dieter Krohn
Scheideweg 28
20253 Hamburg

Prof. Dr. Lutz Winckler
Bundesratufer 7
10555 Berlin

Bibliografische Information der Deutschen Nationalbibliothek

Die deutsche Nationalbibliothek verzeichnet diese Publikation
in der Deutschen Nationalbibliografie; detaillierte
bibliografische Daten sind im Internet über
http://dnb.de abrufbar.

ISBN 978-3-86916-211-9

Umschlaggestaltung: Thomas Scheer, Stuttgart

© edition text + kritik im Richard Boorberg Verlag GmbH & Co KG, München 2012
Levelingstraße 6a, 81673 München
www.etk-muenchen.de

Satz: Dörr + Schiller GmbH, Stuttgart
Druck und Verarbeitung: Laupp & Göbel GmbH, Talstraße 14, 72147 Nehren

Inhalt

Vorwort

Die Exilforschung befindet sich auf dem Weg ihrer Historisierung. Kritische Beiträge zum historischen Status ihrer Gegenstände und Methoden haben in den letzten Jahren, auch im Jahrbuch, zugenommen. Der Versuch einer übergreifenden Bilanz steht indes noch aus. Nach drei Jahrzehnten seines Erscheinens bietet es sich daher für das Jahrbuch an, dies nachzuholen und zu fragen, welche Gründe zur Entstehung der Exilforschung geführt haben, was danach erreicht worden ist und welche Desiderata noch zu erfüllen sein werden. Ein Sammelband kann natürlich keine systematische Untersuchung ersetzen, sondern nur Forschungsausschnitte präsentieren, Akzente setzen und Anregungen geben. Das soll auch hier geschehen. Zum Kreis der Autoren gehören zum einen Forscher der ersten Stunde, aus deren analytischen Rückblicken auf die eigene Zeitzeugenerfahrung, auf die einstigen wissenschaftlichen Interessen und die daran geknüpften Erwartungen an die Exilforschung sich aufschlussreiche und selbstkritische Deutungen zum ursprünglichen Anspruch in den Aufbruchsjahren, dem tatsächlich Geleisteten sowie vernachlässigten oder übersehenen Arbeitsfeldern ergeben. Die Entdeckung neuer Themenfelder, Gegenstände und Fragehorizonte sowie die Entwicklung neuer Forschungsmethoden hat sich dann die jüngere Generation von WissenschaftlerInnen zur Aufgabe gemacht, die in diesem Band ebenfalls zu Wort kommt – und hoffentlich verstärkt in den künftigen Bänden des Jahrbuchs vertreten sein wird.

Vorausgeschickt sei, dass das ursprünglich erarbeitete Konzept durch den Ausfall einiger, später womöglich nachzutragender Beiträge nicht ganz realisiert werden konnte. Um gleich auf ein Defizit hinzuweisen: es fehlt ein systematisierender Überblicksartikel zur Entwicklung der Forschung in Deutschland. Das ist jedoch zu verschmerzen, denn die weiteren dazu nachfolgend vorgelegten Detailuntersuchungen sind so beschaffen und dem frühen Netzwerkverständnis entsprechend so ausgreifend, dass die durch die Ausfälle entstandenen Lücken recht gut gefüllt sind. Außerdem sei auf die erst jüngst für das Jahrbuch (Bd. 28 / 2010 und 29 / 2011) von Brita Eckert und Sylvia Asmus – der ehemaligen bzw. der heutigen Leiterin der Exilabteilung der Deutschen Bibliothek in Frankfurt – verfassten Beiträge hingewiesen, in denen die Rolle ihrer Institution für die Exilforschung dargestellt wird. Einen kritischen Rückblick auf die Exilliteraturforschung in der DDR hat Dieter Schiller im Jahrbuch Bd. 14/1996 veröffentlicht.

Gleichwohl mögen hier die für den Zusammenhang wichtigen Tatsachen kurz angedeutet werden, die zugleich eine Antwort geben, warum die systematische Exilforschung erst spät, etwa ab Mitte der 1960er Jahre begann, obwohl es bereits unmittelbar nach Ende der NS-Herrschaft erste Versuche gegeben hat, die aus Deutschland nach 1933 verdrängte Kultur ins öffentliche Bewusstsein zu heben. Diese verzögerte Entwicklung war eine Erscheinung in allen Ländern, d. h. in jenen, die als einstige Zuflucht später entsprechend orientierte Forschungen aufgenommen haben; einige der nachfolgenden Länderstudien zeigen das deutlich. Illustrierend sei dazu auf die Entwicklung in Deutschland hingewiesen. Im Lande der Täter hätte eigentlich die Aufarbeitung der Vergangenheit am dringlichsten sein müssen, die Verdrängungsmentalität der Deutschen, der Täter- und Mitläufergeneration der jüngsten Verbrechen in beiden Nachkriegsstaaten, der BRD und der DDR, verhinderte jedoch lange Zeit eine ernsthafte Beschäftigung mit dieser Vergangenheit.

In der DDR war das Exil unter den vielen zurückgekehrten Kommunisten sogar zum taktischen politischen Kampfmittel in den Auseinandersetzungen um ihre künftigen machtpolitischen und ideologischen Grundlagen geworden, die bis zur Existenzvernichtung gehen konnten, sofern man nicht aus dem »richtigen« Exil zurückgekehrt war. Zu den Opfern des seit den frühen 1950er Jahren tobenden eliminatorischen Kampfes gegen den »Kosmopolitismus« und »Imperialismus« gehörten zum Beispiel alle sogenannten kommunistischen »West-Emigranten«, die dem Machtanspruch der aus der Sowjetunion zurückgekehrten Kader (»Gruppe Ulbricht«) bei der Stalinisierung des Partei-und Staatsapparates hätten zuwiderlaufen können. Eine brüchige Vereinbarung der Fraktionen begann erst gegen Ende des Jahrzehnts, als der »Antifaschismus« – nach Bekanntwerden der Stalin'schen Verbrechen auf dem XX. Parteitag der KPdSU und nach dem Ungarn-Aufstand 1956 – zur staatlich verordneten Legitimationsideologie der DDR-Gesellschaft wurde. Er beanspruchte die moralische Repräsentanz des Arbeiter- und Bauernstaates – Juden, Sozialisten sozialdemokratischer Prägung und andere ebenfalls von den Nationalsozialisten Verfolgte gehörten nicht dazu.

Nicht viel anders sah es in der Bundesrepublik aus, in der das »kommunikative Beschweigen« der Vergangenheit (Hermann Lübbe) eine wichtige Voraussetzung und Begleiterscheinung des rasanten wirtschaftlichen Wiederaufbaus wurde. In der intellektuellen Leere der Wirtschaftswunderjahre nach 1950 galten kritische Auseinandersetzungen mit dem Nationalsozialismus – sofern sie sich nicht auf Hitler als personifizierten Dämon richteten – als Nestbeschmutzung. Alsbald wa-

ren die unmittelbar nach der Niederlage erschienenen, noch gesamtdeutschen Schriften wie die 1947 von Richard Drews und Alfred Kantorowicz herausgegebene Anthologie *verboten und verbrannt. Deutsche Literatur 12 Jahre unterdrückt* oder F. C. Weiskopfs erster »Abriß«
der deutschen Exilliteratur *Unter fremden Himmeln* in Vergessenheit
geraten, trotz der ursprünglich nicht kleinen Auflagen. Die Anregungen
des bereits 1946 in Zürich erschienenen ersten umfassenderen Überblicks zur »Emigranten-Literatur« von dem einst emigrierten Germanisten Walter A. Berendsohn in Stockholm unter dem Titel *Die humanistische Front* blieben ebenfalls ohne Echo. Offenbar bestand kein
Interesse, an das ursprünglich auf einen Auftrag des Royal Institute of
International Affairs in London zurückgehende Werk anzuknüpfen, das
Teil der Vorbereitungen eines vom Völkerbund im Zusammenhang mit
der Konferenz von Evian 1938 begonnenen großen internationalen For-
schungsprojekts über das »Refugee Problem« gewesen ist. Anstatt
diesen Faden aufzunehmen und damit womöglich die internationale
wissenschaftliche Isolierung aufzubrechen, wurde auch Berendsohns
weitere Arbeit daran in Deutschland nicht beachtet; den zweiten Teil
seiner Untersuchung konnte er erst 1976 in einem kleinen Verlag in
Worms publizieren, da war er 92 Jahre alt.

Die wenigen während der ersten beiden Dekaden in der Bundesrepublik zum Thema publizierten Werke blieben unbeachtet oder sie erschienen in anderem wissenschaftlichen Kontext. Das gilt etwa für die
schmale Studie *Die Deutsche Akademische Emigration nach den Vereinigten Staaten 1933–1941* von der jungen Soziologin Helge Pross, also
der Vertreterin eines Faches, das wie auch die Politikwissenschaft als
Import der aus der Emigration zurückgekehrten Wissenschaften beziehungsweise als Oktroi der Besatzungsmächte mit Misstrauen und Vorbehalten an den deutschen Universitäten angesehen wurde; in diesem
Klima war es für die Remigranten selbst existenziell, über ihre Vergangenheit in der Emigration zu schweigen. Ebenso marginal blieben die
Studien über das sozialdemokratische Exil, so von dem Politikwissenschaftler Erich Matthias *Sozialdemokratie und Nation. Ein Beitrag zur
Ideengeschichte der sozialdemokratischen Emigration in der Prager Zeit
des Parteivorstandes 1933–1938* (1952) und seines amerikanischen Kollegen, dem ehemaligen Emigranten Lewis (Ludwig) Edinger *Sozialdemokratie und Nationalsozialismus. Der Parteivorstand der SPD im Exil
von 1933–1945* (1960), dessen amerikanische Ausgabe 1956 erschienen
war. Hierbei kommt noch hinzu, dass die Sozialdemokraten in der post-
faschistischen Gesellschaft der 1950er Jahre ohnehin noch immer oder
schon wieder als »vaterlandslose Gesellen« galten.

Der Wandel begann erst Mitte der 1960er Jahre, als allmählich eine jüngere Generation die Schweigespirale aufzubrechen begann. Dazu trugen Ereignisse wie der Eichmann-Prozess in Jerusalem 1961 und der Auschwitz-Prozess in Frankfurt seit 1963 sowie andere in den folgenden Beiträgen genannte Entwicklungen bei, die die Monströsitäten der NS-Verbrechen der zunehmend selbstgefälligeren »nivellierten Mittelstandsgesellschaft« nach Lesart Ludwig Erhards vor Augen führten. Die zu dieser Zeit entstandenen Studien zur Wissenschaftsemigration nach 1933 in die USA wurden allerdings noch nicht als Untersuchungsdesiderat der deutschen Wissenschaft gesehen, sondern als Spezialproblem der Amerikanistik; sie erschienen im *Jahrbuch für Amerikastudien* 1965 und stammten zudem mehrheitlich aus der Feder von ehemaligen Emigranten selbst, so Louise Holborn, Herbert Marcuse, Albert Wellek neben dem österreichischen Historiker Gerald Stourzh. Wenig später indizierte die 1968 erschienene Dissertation Werner Röders über *Die deutschen sozialistischen Exilgruppen in Großbritannien 1940–1945* allerdings den eingetretenen Klimawandel; sie stieß bereits auf solche Neugier, dass der Band eine zweite Auflage erlebte (1973).

Noch deutlicher wird die Entwicklung im Bereich der Literaturforschung. Nachdem schon 1962 Wilhelm Sternfeld und Eva Tiedemann eine erste Bibliografie über die *Deutsche Exil-Literatur 1933–1945* herausgebracht hatten, wurde 1965 eine Exilausstellung von der Deutschen Bibliothek in Frankfurt organisiert, die später als Wanderausstellung auf großes Echo stieß und deren Katalog ebenso wie die Exilbibliografie in wenigen Jahren in mehreren Auflagen erschien – ebenfalls ein Hinweis darauf, dass nunmehr die Exilforschung ein breiteres Interesse fand. Gleiches gilt für die umfassendere Untersuchung von Matthias Wegner zu *Exil und Literatur. Deutsche Schriftsteller im Ausland 1933–1945* (1967, 2. Aufl. 1968), nachdem er zuvor bereits mit Egon Schwarz, einst emigrierter Germanist in den USA, einen Sammelband mit *Aufzeichnungen deutscher Schriftsteller im Exil* herausgebracht hatte (1964). Diese in kurzer Zeit herausgekommenen Werke, zu denen einige Weitere genannt werden könnten, weisen darauf hin, dass das Eis gebrochen zu sein schien.

Eine neue Stufe erreichte die literaturwissenschaftliche Aufarbeitung des Exils mit der Ende der 1960er Jahre einsetzenden Reform der Germanistik. Die Methodendiskussion über den Zusammenhang von Gesellschaft und Literatur, Ästhetik und Politik fand in der Exilliteratur ein aktuelles Forschungsfeld, das neben die wiederentdeckte Literatur der politischen Aufklärung oder des Vormärz trat. Manfred Durzaks 1973 erschienener Sammelband *Die deutsche Exilliteratur 1933–1945* war ein erster Schritt, vor allem Ernst Loewys Quellensammlung *Lite-*

rarische und politische Texte aus dem deutschen Exil 1933–1945 (1979)
sowie die für neue literaturwissenschaftliche Handbücher verfassten
Überblicke von Inge Stephan (1979), Jan Hans (1981) oder Erwin Rotermund (1984) lieferten dann schrittweise die Bausteine für einen gesellschaftskritischen Ansatz, dessen ästhetische Komponenten in den
nachfolgenden Spezialforschungen zu einzelnen Autoren und deren
Werken weiter entwickelt wurden. Zur gleichen Zeit stellte die Exilforschung in der DDR in einer an der Akademie der Wissenschaften unter
der Leitung von Werner Mittenzwei erarbeiteten ersten Gesamtdarstellung der »Kunst und Literatur im antifaschistischen Exil 1933–1945«
(1978–1981) ihr Konzept einer »Ästhetik des Widerstands« vor.

In der Bundesrepublik wurden die ersten Anstöße der Forschung
verdichtet durch Verabredungen verschiedener Institutionen, mit bei ihnen jeweils anzufertigenden »Dokumentationen« zur Emigration überhaupt erst einmal die Grundlagen für die künftige Forschung zu schaffen. Dazu gehörten federführend die Deutsche Bibliothek mit ihrem
Exilarchiv unter der Leitung Werner Bertholds, sodann das Institut für
Zeitgeschichte München, das nach dem Krieg gegründet worden war,
um der Bundesrepublik politische und moralische Identität durch Untersuchungen von Widerständigkeiten – wenn auch nur der konservativen Eliten – gegen den Nationalsozialismus zu verschaffen, mit seinem
Archivleiter Werner Röder, ferner Hans Wollfheim und sein Mitarbeiter
Jan Hans an einer neu eingerichteten Forschungsstelle für Exilliteratur
der Universität Hamburg sowie schließlich Hans-Albert Walter, der als
enorm produktiver Einzelgänger bereits mit einem großen Projekt zur
Erforschung der Exilliteratur begonnen hatte. Eingebunden in dieses institutionelle Netzwerk der künftigen Grundforschung waren weiterhin
das Archiv der sozialen Demokratie der Friedrich-Ebert-Stiftung in
Bonn, das Archiv des Deutschen Gewerkschaftsbundes sowie die Akademie der Künste in Berlin. Gebündelt, systematisch auf den Weg gebracht und zusammengehalten wurden diese Aktivitäten in einem von
der Deutschen Forschungsgemeinschaft eingerichteten ersten Schwerpunktprogramm »Exilforschung« seit den frühen 1970er Jahren. Sie
wurden in den USA ergänzt von ähnlich gerichteten Initiativen des
Germanisten John Spalek, dessen umfangreiche biografische und bibliografische Sammeltätigkeit über die Deutsche Bibliothek in Frankfurt indirekt auch von der DFG unterstützt wurde.

In Stockholm hatte Walter A. Berendsohn darüber hinaus verstanden,
die zur gleichen Zeit in anderen Ländern mittlerweile begonnenen
Arbeiten zusammenzuführen. In zwei großen Konferenzen, 1969 in
Stockholm und 1972 in Kopenhagen, wurde der Versuch gemacht, eine
international koordinierte Forschung, auch über die politischen Sys-

temgrenzen des Kalten Krieges hinweg, aufzubauen. Trennscharf wurde dort in den Diskussionen über den künftigen Gegenstand zwar zwischen den Kategorien Exil und Emigration unterschieden, die Majorität der anwesenden Germanisten sorgten als Multiplikationsmacht in ihren Heimatländern allerdings dafür, dass künftig Exilforschung vor allem Exilliteraturforschung meinte. Das Berendsohn-Vorhaben stieß zwar schnell an seine Grenzen, eine dritte für Wien geplante Konferenz fand bereits nicht mehr statt. Immerhin schuf die 1970 in Stockholm gegründete und auf fünf Jahre angelegte »Koordinationsstelle zur Erforschung der deutschsprachigen Exilliteratur« mit regelmäßigen *Berichten* und bibliografischen Informationen zu aktuellen Neuerscheinungen ein Netzwerk grenzüberschreitender Kooperation.

Hier setzen einige der nachfolgenden Beiträge an. Die Erfolge der intensiv begonnenen Grundforschung ließen sich bereits nach wenigen Jahren an dem großen von Werner Röder und Herbert A. Strauss federführend herausgegebenen *Biographischen Handbuch der deutschsprachigen Emigration* (1980–1983) sowie dem von Lieselotte Maas erarbeiteten *Handbuch der deutschen Exilpresse 1933–1945* (1976–1981) ablesen, die beide jeweils in mehreren Bänden erschienen sind. Ein zweites Schwerpunktprogramm der DFG begann im Anschluss an die zehnjährige Laufzeit des ersten in den 1980er Jahren zur Wissenschaftsemigration. Diese Schwerpunkte haben dazu beigetragen, dass in relativ kurzer Zeit das breite Spektrum der Vertreibungen aus Deutschland mit ihren sozialen und kulturellen Wirkungen für Deutschland wie auch für die Zufluchtsländer relativ dicht erforscht worden ist. Möglich wurde dadurch, in breiter Perspektive den intellektuellen »brain drain« der aus Deutschland Vertriebenen zu untersuchen und etwa der Frage nachzugehen, was aus der einzigartigen, von den Nationalsozialisten vertriebenen Weimarer Kultur geworden ist – in den USA ist die »Weimar Culture« heute ein vielfach mythisch verklärter Begriff geworden.

Trotz der Austreibung einer ganzen Kultur aus Deutschland und den Spuren, die ihre Vertreter in diversen Ländern gezogen haben, ist das Interesse in der größeren Öffentlichkeit in Deutschland jedoch immer randständig geblieben. In den Aufbruchsjahren stießen das Exil und seine Erforschung durch Buchreihen, Ausstellungen, Konferenzen und das Engagement von Journalisten zwar auf unerwartet große Aufmerksamkeit, nie konnte es jedoch auch nur annähernd ein vergleichbares öffentliches Interesse wie die anderen Formen der NS-Barbarei finden. Das ist bis heute nicht verständlich und bleibt zu klären. Wird in der öffentlichen Rezeptionsbereitschaft zwischen den Dimensionen der durch die Menschheitsverbrechen in der Shoah Ermordeten und denen unterschieden, die das Glück hatten, durch die Flucht ihr Leben gerettet zu haben? Spielt es eine Rolle, dass die Vertriebenen zum großen Teil eine intellektuelle Elite Deutschlands repräsentierten, die sich in den Zufluchtsländern entprovinzialisiert hatte, dass sie also zu Weltbürgern geworden waren und damit Neidkomplexe bei den ehemaligen Landsleuten provoziert haben, zumal diese auch noch als Verlierer in die Geschichte eingegangen sind?

Oder liegt dieser »Bias« womöglich an den Zugriffen und dem Selbstverständnis der Exilforschung selbst? In einigen der nachfolgenden Beiträge wird durchaus auf die Defizite der anfänglichen Forschungen hingewiesen. Das vor allem in der Exilliteraturforschung lange Zeit kanonisierte Antifaschismus-Paradigma hatte in den Aufbruchsjahren zwar einen eminenten emanzipatorischen Erkenntniswert, seine dogmatische Vereinnahmung in den Ländern des sogenannten real existierenden Sozialismus belastete jedoch von vornherein eine unvoreingenommene kritische Verwendung. Hier wäre künftig noch ein weiteres Forschungsfeld zu der Frage, wie das antifaschistische Selbstverständnis der einstigen Exilanten im Einzelnen ausgesehen hat und ob der später forschungsstrategisch eingesetzte Antifaschismus-Begriff nicht viel differenzierter gesehen werden müsse, als er in seiner überkommenen dogmatisch verengten Form betrachtet wird.

Operativ unterschied man ebenfalls viel zu lange zwischen Exil und Emigration. So war bisher häufig unklar, was unter Exilforschung zu verstehen sei: die lange Zeit dominierende Exilliteraturforschung mit ihrem Blick auf diejenigen, die als deutschsprachige Schriftsteller auf ihr Herkunftsland bezogen blieben, oder eine Forschung, die auch diejenigen einschloss, welche mehr oder weniger bald ihre Zufluchtsländer als neue Heimat gesehen haben; eine Beschäftigung mit dem Herkunftsland aus der Distanz schloss das freilich nicht aus. Dies und der von ihnen eingeleitete Kulturtransfer, dessen Gegenstände und die Mechanismen ihrer Wirkung sind bei Weitem noch nicht hinreichend erforscht.

Dazu ist eine Neujustierung der künftigen Forschungsperspektiven nötig: Nicht mehr hermetische Abgeschlossenheit nationalstaatlicher Kulturen steht auf der Agenda, sondern die Auseinandersetzung mit »Alteritäten«, verstanden als Fremdes oder Neues wie auch als bestimmter Sichtwinkel der Analyse. In diesem Sinne könnte eine zeitgemäße Exilforschung sogar beispielhaft für die Deutung der modernen offenen Gesellschaften im Zeichen von Globalisierung und grenzüberschreitenden Wanderungen werden, aber auch der innergesellschaftlichen Verwerfungen durch die technisch-wirtschaftliche Dynamik mit ihren Inklusionen und Exklusionen, wie es derzeit im modischen Begriffsdesign heißt. Verfolgungen und Exilerfahrungen heute werfen darüber hinaus neue vergleichende Fragestellungen auf. Und nicht zuletzt

ist unübersehbar, dass inzwischen eine neue Generation von Forscherinnen und Forschern mit eigenen Sichtweisen auf die Vergangenheit
aktiv ist; ihre Erkenntnisinteressen und Interpretationsmuster haben die
scheinbar gesicherten Forschungsergebnisse der Älteren immer wieder
neu auf den Prüfstand zu stellen. Das beginnt bereits mit der schlichten
Tatsache, dass von ihr Gegenstandsbereiche wahrgenommen werden,
die der bisherigen Forschung noch nicht in den Blick geraten sind, wie
einige der nachfolgenden Beiträge belegen.

***

Abschließend sei noch eine persönliche Bemerkung erlaubt. Die Herausgeber haben das *Jahrbuch Exilforschung* mehr als 25 Jahre betreut –
nach dem gerade Gesagten höchste Zeit, die Verantwortung in jüngere
Hände zu übergeben. Die redaktionelle Verantwortung für die künftigen Bände wird fortan Doerte Bischoff übernehmen, die neue Leiterin
der Walter-A.-Berendsohn-Forschungsstelle für deutsche Exilliteratur
an der Universität Hamburg, über deren Entstehung und Arbeit Jan
Hans' Beitrag in diesem Band informiert. Verbunden ist damit zugleich
die Hoffnung, die Arbeit dieser einzigartigen Institution an deutschen
Universitäten künftig enger mit den Engagements des Jahrbuchs und
den Aktivitäten der Gesellschaft für Exilforschung zu verkoppeln.

Claus-Dieter Krohn

Anfänge der Exilforschung in den USA
Exil, Emigration, Akkulturation

I Einwandererland USA

Nicht zufällig begann die Exilforschung in den USA, dem traditionellen Einwanderungsland, das sich so auch immer verstanden hat. Emma Lazarus' berühmtes Sonett *The New Colossus* von 1883, das seit 1903 das Podest der Freiheitsstatue in New York ziert, umschreibt appellativ diesen Anspruch: »(...) ›Give me your tired, your poor,/Your huddled masses yearning to breathe free,/The wretched refuse of your teeming shore./Send these, the homeless, tempest-tossed to me,/I lift my lamp beside the golden door!‹« Hoch entwickelt ist daher die Einwanderungsforschung, ja die amerikanische Soziologie ist als Disziplin nicht zuletzt auf sie – neben den Untersuchungen über afroamerikanische und andere Minderheiten – ausgerichtet gewesen. Dies gilt insbesondere für die 1892 gegründete Universität Chicago, an der die ersten Forschergenerationen mit Albion W. Small, William I. Thomas, Robert E. Park oder Louis Wirth unter dem Stichwort »Sozialökologie« die Aufnahme jener heimatlosen Massen und ihre Integration in den »Melting pot« der amerikanischen Städte oder, nach dem Selbstverständnis an der amerikanischen Ostküste, in die angelsächsisch geprägte »Anglo-Conformity« zu untersuchen begannen.

Mit solchen Forschungsparadigmen konnten die nach 1933 aus Deutschland vertriebenen Flüchtlinge, die die intellektuelle und kulturelle Elite ihres Landes repräsentierten, allerdings kaum angemessen untersucht werden. Die USA waren zunächst zwar kein bevorzugtes Exilland, sie galten als »point of no return«, doch änderte sich das nach 1938; insgesamt nahmen sie in den folgenden Jahren rund ein Viertel aller Flüchtlinge auf. Erstaunlich ist, dass es lange dauerte, ehe sich diese Tatsache in der Forschung niederschlug. Immerhin hatte mit den nach dem Ersten Weltkrieg eingeführten und nach Ländern aufgeschlüsselten Einwanderungsquoten zumindest quantitativ schon eine gewisse Differenzierung der Immigration begonnen, wobei Wissenschaftler nicht unter die Quoten fielen. Die deutschen verfügten in den USA ohnehin über einen guten Ruf, denn zahlreiche amerikanische Gelehrte hatten in Deutschland studiert und promoviert und sie hatten die Humboldt'schen Ideen der freien Bildung mit in die USA gebracht, nach deren Vorbild diverse neue Universitäten im 19. Jahrhundert gegründet worden sind. Das gilt zum Beispiel für Chicago, wo sogar die frühe Soziologie methodisch und theoretisch direkt in deutscher Tradition betrieben wurde.[1]

Die zur Zeit der Flüchtlinge aus dem NS-Staat in den 1930er Jahren den alten »Melting pot«-Vorstellungen verhaftete Einwandererforschung, die normativ von der einseitigen Assimilation namenloser Massen ausging, spiegelte auch die Einwanderungsbestimmungen wider, die jenseits der quotenrelevanten nationalen Herkunft und der Ausnahmen für die Wissenschaftler keine weitere Differenzierung der Immigranten kannten. Flüchtlinge und Verfolgte gab es für die Administration daher nicht. Aufgeladen wurde diese Tendenz durch den außenpolitischen Isolationismus nach dem Ersten Weltkrieg, dessen xenophobes Klima in weiten Teilen der amerikanischen Öffentlichkeit in der Weltwirtschaftskrise seit Ende der 1920er Jahre mit ihrer Massenarbeitslosigkeit – trotz des Roosevelt'schen New Deal nach 1933 – weiter verschärft wurde.

Erst nach dem Zweiten Weltkrieg erschienen die ersten Studien, die die »middle- and upper-class«-Schichtung der jüngsten Einwanderung von Flüchtlingen konstatierten, sie gingen jedoch mit den damals üblichen Methoden messbarer quantitativer Erhebungen allein der Frage ihrer geräuschlosen ökonomischen und sozialen Integration (»adjustment«) nach. Sogar diejenigen Untersuchungen, die sich speziell mit den »refugee intellectuals« beschäftigten, interessierte allein deren »Americanization«, Aspekte des geistigen Transfers oder gar Austausches kamen nicht vor.[2] Dennoch gab es jenseits dieses Mainstreams in der Forschung einzelne Stimmen, die auf die Besonderheit der jüngsten Einwanderung hingewiesen haben.

Sie waren von den Immigranten selbst oder von einigen mit ihnen sympathisierenden Amerikanern gekommen, die schon in den 1930er Jahren wiederholt auf die intellektuelle Qualität und kulturelle Bedeutung der neuen Einwanderungswelle aufmerksam gemacht hatten. Das gilt, um nur einige Werke zu nennen, für Erika und Klaus Manns *Escape to Life* (1939), Gerhart Saengers *Today's Refugees, Tomorrow's Citizen* (1941), die Sammlung *The Torch of Freedom* (1943), die die Biografien von »Twenty Exiles of History« seit Ovid aus der Feder geflohener europäischer Schriftsteller enthält. Die im gleichen Jahr erschienene Anthologie *The Ten Commandments* verriet in ihrem Untertitel *Ten Short Novels of Hitler's War against the Moral Code* eine direkte Mobilisierungsabsicht zum Kampf gegen Nazi-Deutschland, verfasst von exilierten und amerikanischen Schriftstellern – so Thomas Mann, Franz Werfel, Jules Romains, Rebecca West und Louis Bromfield.[3] Bereits

1938 hatte die vier Jahre zuvor aus Deutschland ausgewiesene amerikanische Journalistin Dorothy Thompson in der flammenden Botschaft *Refugees. Anarchy or Organization* ihren Landsleuten vor Augen geführt, dass »practically everybody who in world opinion had stood for what was currently called German culture prior to 1933 is already a refugee.«[4]

Forschungen waren das zwar nicht, jedoch umrissen die Darstellungen das spezifische Profil dieser Immigranten, aus deren Reihen immer wieder lebhafte Erfahrungsberichte einschließlich ihrer kritisch reflektierten Integrationsprozesse vorgelegt wurden. Exemplarisch erwähnt seien nur die beiden Werke des Mediziners Martin Gumpert und von Eva Lips, Ehefrau des Ethnologen Julius Lips, einst in Leipzig und Köln, jetzt an der Columbia University, mit ihren zukunftsweisenden und programmatischen Titeln. In Gumperts *First Papers. The Story of an American in the Making* (1941) wird selbstkritisch über die »prison psychosis« der Europäer berichtet, die nach dem gigantischen Kollaps der ohnedies schon »senilen« europäischen Zivilisation dringend einer mentalen Revitalisierung bedürften und wofür sich der Autor keinen geeigneteren Ort vorstellen konnte als den »huge waiting room« New York. Hier werden bereits Denkmuster entwickelt, die die heutige Akkulturations- und Hybriditätsforschung bestimmen. Ähnlich zeigt Lips' *Rebirth in Liberty* (1942) den permanenten Lernprozess einer Neubürgerin, die ihre aus Europa mitgebrachten kulturellen Maßstäbe mit den neuen Erlebnissen vergleicht und den damit einhergehenden Bewusstseinswandel beschreibt.[5]

Erste Spuren hatte dieses Denken bereits in der wissenschaftlichen Diskussion der 1930er Jahre hinterlassen. An der New School for Social Research in New York, an der bereits im Sommer 1933 die einzigartige »University in Exile« zusammentrat, hatte 1937 ein hochkarätig besetztes Symposium stattgefunden, das über die »Interrelation of Cultures« diskutierte und dabei vor allem der Selbstverständigung der dort versammelten Sozialwissenschaftler aus Deutschland in ihrer Rolle als »refugee scholars« diente. Daran beteiligt waren neben dem Theologen Paul Tillich, dem Ökonomen Emil Lederer, den Soziologen Hans Speier und Albert Salomon auch zahlreiche amerikanische Wissenschaftler, die typischerweise alle in Deutschland geboren waren, so der Soziologe Louis Wirth aus Chicago, und zum Teil dort sogar noch promoviert hatten wie der Anthropologe Franz Boas von der Columbia University in New York. Dazu zählte auch der seit ihrer Gründung 1919 an der New School lehrende, aus Schlesien gebürtige Sozialphilosoph Horace M. Kallen, der zu den Schöpfern des Begriffs »cultural pluralism« zählt.[6]

Bemerkenswert ist, dass diese aus aktuellem Anlass begonnene kritische Selbstreflexion der Emigranten über ihre jüngsten Lernprozesse schnell eine neue systematische Richtung erhielt, als ihr innovatives Potenzial von den Kollegen aus den USA für die bisher so schlichte amerikanische Einwanderungsforschung erkannt wurde. Alle wichtigen Kategorien der künftig so nachhaltigen und maßgeblichen Akkulturationsforschung wie der »Fremde« als »new type of personality«, als »cultural hybrid« und Figur »on the margin of two cultures and two societies« und seine Chancen, sich zur neuen universalen oder »ubiquitären« Persönlichkeit zu entwickeln, wurden hier bereits angesprochen. In diesem Milieu hatte 1944 ebenfalls der erst nach 1938 aus Österreich geflohene Sozialwissenschaftler Alfred Schütz seine heute viel beachtete Studie »The Stranger« vorgelegt, die den »Grenzraum« als Dekonstruktionsarena der alten vertrauten Gewissheiten im Aushandlungsprozess zu neuen Identitäten einführte.[7]

Diese Debatte an der New School dokumentiert, dass die Akkulturationsforschung ihr bisheriges Feld der Kulturanthropologie allmählich zu verlassen begann. Kurz zuvor war sie auf Initiative des amerikanischen Social Science Research Council zu einem breiteren, alle Sozialwissenschaften einbeziehenden Forschungsprogramm erweitert worden, um vor dem Hintergrund der dynamischen Veränderungen der amerikanischen Gesellschaft, nicht zuletzt vor dem Hintergrund der jüngsten Einwanderungswellen, alle jene Phänomene zu untersuchen, »which result when groups of individuals having different cultures come into continuous first-hand contact with subsequent changes in the original cultural patterns of either or both groups.«[8] Zu den Mitverfassern dieses bewusst allgemein gehaltenen Council-Memorandums, das unterschiedliche Gewichtungen, Fragestellungen und methodische Zugriffe in den einzelnen Forschungen erlaubte, gehörte der prominente Boas-Schüler Melville J. Herskovits, auf dessen Arbeiten sich später Herbert A. Strauss berief, als er die Akkulturationstheorie für die Exilforschung zu rezipieren suchte.

Der Kriegseintritt der USA im Dezember 1941 zeigte schlagartig die negativen Folgen des »Melting pot«-Denkens und des damit verbundenen traditionellen amerikanischen Isolationismus, denn es fehlte plötzlich an Experten für den »war effort« gegen die Deutschen und Japaner. In den zahlreichen neu entstandenen Kriegsbehörden konnten deshalb ehemalige Flüchtlinge aus Deutschland, sofern sie inzwischen Staatsbürger geworden waren, ein nahezu unbeschränktes Betätigungsfeld finden, was ihnen wiederum einzigartige Sozialisations- und Akkulturationschancen bot. Genannt sei exemplarisch die Research & Analysis Branch des neu eingerichteten Geheimdienstes Office of Strategic Ser-

vices (OSS), deren Mitteleuropa-Abteilung von dem Politikwissenschaftler Franz Neumann geleitet wurde und in der deutsche Emigranten zusammen mit jungen Amerikanern eine Unzahl von Strategiepa-
pieren zur Bekämpfung des Nationalsozialismus wie später zum
demokratischen Wiederaufbau Deutschlands verfassten. Gleiches gilt
für die psychologische Kriegführung und die spätere Re-Education in
Deutschland, für die die Society for the Psychological Study of Social
Issues unter der Präsidentschaft des aus Deutschland vertriebenen Psychologen Kurt Lewin die nötigen Konzepte entwickelte. Ein an der
Harvard University zur gleichen Zeit durchgeführtes Preisausschrei-
ben, das anhand von Erfahrungsberichten deutscher Emigranten Material für ein Forschungsprojekt zu den Wirkungen des Nationalsozialismus auf die deutsche Gesellschaft sammelte, dokumentiert ebenfalls die
hohen intellektuellen und informationellen Erwartungen, die die Amerikaner mit den ins Land gekommenen Flüchtlingen zu verbinden begannen.[9]

Diese Tatsachen sind bekannt. Was hier interessiert, sind die damit
seinerzeit intensiv betriebenen Netzwerkforschungen, deren Arbeits-
weisen und Untersuchungsergebnisse für die künftigen sozialwissenschaftlichen Analysen totalitärer Herrschaft und der Gefährdungen
moderner Zivilgesellschaften, ebenso aber auch für die spätere Exilforschung beispielhaft werden sollten. Die neuen amerikanischen Staatsbürger waren erfolgreich integrierte intellektuelle Mischexistenzen, die
zur richtigen Zeit am richtigen Ort die nachgefragten Kenntnisse und
Fähigkeiten mitbrachten. Die Anschlussfähigkeit ihrer Qualifikationen
und Denkstile in der amerikanischen Wissenschaftsgemeinschaft wie
der politischen Öffentlichkeit sorgte nicht allein für ihre relativ zügige
und geräuschlose Integration, sie begründete auch ihren herausragenden
Ruf, der mit dem Bild des üblichen Immigranten im Melting Pot nicht
mehr zu vergleichen war.

II Neue Forschungspfade: Emigration und Akkulturation

Nach Ende des Krieges konnten diese Prozesse zunächst nur im Ver-
borgenen fortwirken, denn die öffentliche Wahrnehmung der jüngsten
Einwanderungswelle sowie ihrer intellektuellen Bedeutung und Wirkung war zu dieser Zeit nicht opportun angesichts erneut starker in-
nenpolitischer Bewegungen in den USA, zum alten Isolationismus zurückzukehren – trotz der neuen Rolle als Weltmacht. Dafür steht die
McCarthy-Ära. Die damit verbundenen ideologischen Frontstellungen
im eskalierenden Kalten Krieg trugen nicht dazu bei, die Leistungen der

ehemaligen antifaschistischen Einwanderer näher zu betrachten. Immerhin gab es vereinzelte Publikationen zum kulturellen Transfer, die das Thema in der interessierten Öffentlichkeit aktuell hielten und damit für die künftige Forschung vorbereiteten. Zu denken ist etwa an Varian Frys schon 1945 erschienenen Bericht *Surrender on Demand* über seine Hilfen zugunsten gefährdeter Intellektueller und Künstler in Marseille für das amerikanische Emergency Rescue Committee, sodann an die 1948 herausgekommene Darstellung über die Rettung und Platzierung aus Deutschland geflohener Wissenschaftler durch das Emergency Committee in Aid of Displaced Foreign Scholars oder an Alvin Johnsons *Pioneer's Progress* von 1952 über seine Initiativen als Direktor der New School for Social Research zur Errichtung der »University in Exile«. Ein Jahr später meldeten sich einige immigrierte Wissenschaftler selbst zu Wort, darunter in den USA mittlerweile längst prominente Gelehrte wie der Politikwissenschaftler Franz Neumann, der Kunsthistoriker Erwin Panofsky, der Psychologe Wolfgang Köhler und der Theologe Paul Tillich, die in Selbstdarstellungen ihren Beitrag zur *Cultural Migration* umrissen.[10] Von dem Emigranten und nunmehrigen amerikanischen Politikwissenschaftler Lewis J. Edinger stammt die ebenfalls zu dieser Zeit erschienene Studie *German Exile Politics*, in der die Politik des aus Deutschland nach 1933 geflohenen sozialdemokratischen Parteivorstands, der SOPADE, untersucht wird. Sie ist vor allem zu erwähnen, weil sie eine der wenigen historischen Untersuchungen in den USA zum deutschen politischen Exil blieb.[11]

Breiteres Interesse fand das Thema erst ab Mitte der 1960er Jahre, als das amerikanische Selbstverständnis und Wertesystem mit der schrankenlos gewordenen *Affluent Society*[12], mit der Eskalation des Vietnam-Krieges und der wachsenden Sensibilität für den »ethnic pluralism« angesichts eines neuen Identitätsbewusstseins amerikanischer Minderheiten und der studentischen Kritik an ihren Universitäten zunehmend auf den Prüfstand gestellt wurde. Den Auftakt markieren einige Untersuchungen, die aus unterschiedlicher Perspektive und mit jeweils anderen Schwerpunkten den gemeinsamen Horizont zur Beurteilung der jüngsten amerikanischen Vergangenheit absteckten. 1968 erschien die Studie des Journalisten und freien Autors Arthur D. Morse *While six Million died. A Chronicle of American Apathy*, die von der späteren Historiografie als Beginn einer neuen Geschichtsschreibung angesehen wird.[13] Anhand sorgfältiger Quellenauswertung stellt sie die Ambivalenzen des State Department und der diplomatischen Vertretungen der USA gegenüber Deutschland sowie deren Widerstand gegen die massive Einwanderung von Flüchtlingen aus dem NS-Staat vor, sogar zu einer Zeit, als die Einwanderungsquoten erst zu einem geringen Teil genutzt wurden. Mit schikanösen Restriktionen durch immer schärfere Einwanderungsformalitäten wurde dann ab 1938 die Bereitschaft der Roosevelt-Administration zu einer liberaleren Politik unterlaufen. Implizit schrieb Morses Werk den USA eine Mitverantwortung am Holocaust zu. Daran sollte fortan eine immer weniger zu überschauende Fülle ähnlich gerichteter Forschungen anknüpfen.

Noch im gleichen Jahr folgte die bahnbrechende Darstellung *Illustrious Immigrants. The Intellectual Migration from Europe 1930–41* von Laura Fermi, Ehefrau des Physikers und Nobelpreisträgers Enrico Fermi, die beide als Flüchtlinge aus dem faschistischen Italien gekommen waren. Fermi legte damit die erste Untersuchung ihrer Art vor, die heute, nach langjähriger Forschung auf diesem Feld zwar nicht mehr ganz aktuell ist, aber als »intellectual history« das breite Spektrum geflohener Gelehrter aus Hitler-Deutschland, Mussolini-Italien, Horthy-Ungarn und Petain-Frankreich in den unterschiedlichen Professionen noch immer lesenswert vorstellt. Das Buch enthält nicht nur eine Würdigung der vielfältigen wissenschaftlichen und kulturellen Impulse, die durch diese Immigrantenkreise in den USA gegeben worden sind, sondern auch – das richtete sich an die Nativisten – eine ausführliche Darstellung dessen, was dem amerikanischen Bildungssystem an Ausbildungskosten durch deren Aufnahme erspart worden ist. Der einst aus Berlin geflohene amerikanische Historiker Peter Gay kritisierte in einer Besprechung zwar, dass das Fermi-Werk etwas »pedestrian« sei, weil es zu sehr auf der fachlichen und anekdotischen Ebene argumentiere »and the stresses of adjustment« zu wenig berücksichtigt habe, erkannte aber an, dass es mit seinem vorgestellten Personenkorpus von 1.900 Namen zu den Marksteinen der Grundforschung für die Emigrationsgeschichte zähle.[14]

Nahezu parallel erschien einige Monate später der an der Harvard University entstandene Sammelband *The Intellectual Migration. Europe and America 1930–1960*, der bereits die akkulturationstheoretische Methodik der künftigen Forschungen zur Wissenschaftsemigration antizipierte und die einzel- und autobiografischen Darstellungen mit der disziplin- und institutionengeschichtlichen Analyse verknüpfte. In dem Band präsentierten prominente Emigranten wie die Sozialwissenschaftler Theodor W. Adorno, Paul F. Lazarsfeld oder Marie Jahoda ihre Erinnerungen an die früheren Integrationsprozesse in der neuen Lebenswelt, die deutlich auf ihre einstige Existenzform eines »marginal man« zwischen den Kulturen und die schrittweise Gewinnung einer neuen »strukturellen Identität«, so Lazarsfeld, verwiesen. Über andere Emigranten wie den Physiker Leó Szilárd, den Mathematiker John von Neumann oder Franz Neumann schrieben jüngere Autoren, aus deren

Kreis ebenso diverse übergreifende Fachgeschichten in der Emigration kamen, so unter anderem über Mediziner, Physiker, die Kunstgeschichte, den Wiener Kreis oder das Bauhaus. Dass sich auch dieser Band als Beitrag zur Grundforschung auf dem neuen Gebiet verstand, zeigt der Anhang, in dem »300 Notable Émigrés« mit ausführlicheren Biografien vorgestellt werden.[15]

Die von Peter Gay dazu verfasste umfangreiche Einleitung *Weimar Culture: The Outsider as Insider* sollte später – zum Buch erweitert und in verschiedene Sprachen übersetzt – paradigmatische Bedeutung bekommen. Zum einen, weil sie das auf den Begriff brachte, womit sich viele amerikanische Intellektuelle, von der physischen Präsenz der einstigen Emigranten angeregt, in ihren Kulturvorstellungen identifizierten: die »Weimar Culture« fand in ihren Kreisen alsbald eine fast mythische Verklärung. Zum anderen bereicherte der Gay'sche Beitrag die Exilforschung mit der Idee, dass die aus Deutschland nach 1933 vertriebene Kultur tatsächlich schon lange vorher in Deutschland marginalisiert gewesen sei und ihre außergewöhnlichen Leistungen in auffallendem Gegensatz zu dem krisengeschüttelten und kläglich gescheiterten politischen System der Weimarer Republik gestanden hätten.

Zeitgleich ergänzt wurden diese Bände weiterhin von einem Themenheft der Vierteljahrsschrift »Salmagundi« zum Thema *The Legacy of the German Refugee Intellectuals*, in der ebenfalls neben einstigen Zeitzeugen wie erneut Theodor W. Adorno oder dem Politologen Henry Pachter andere inzwischen prominente und viel zitierte Emigranten von jüngeren Wissenschaftlern vorgestellt wurden, so unter anderen Hannah Arendt, Hermann Broch, Erich Kahler, Herbert Marcuse, Laszlo Moholy-Nagy, Otto Kirchheimer, Felix Kaufmann oder Ernst Bloch; der Beitrag zu Letzterem kam von Jürgen Habermas.[16] Genealogisch gehört auch H. Stuart Hughes' Studie *The Sea Change. The Migration of the Social Thought, 1930–1965* von 1975 in diese Tradition. Als junger Mitarbeiter einst im OSS hatte er das engagierte intellektuelle Milieu der deutschen Emigranten dort kennen gelernt, deren wichtigste Persönlichkeiten er jetzt als einflussreiche »political scholars« mit ihren Analysen zum Faschismus, zur modernen Massengesellschaft oder zur freudianisch geprägten Sozialpsychologie vorstellte.[17]

Schließlich sei als letztes Schlüsselwerk dieser frühen Jahre die bereits 1965 vorgelegte, aber erst 1970 publizierte bibliothekswissenschaftliche Dissertation von Robert E. Cazden *German Exile Literature in America 1933–1950* genannt, die jenseits der biografischen Ansätze in der mittlerweile begonnenen Grundforschung eine detaillierte Übersicht über die die deutsche Exilliteratur publizierenden Verlage und Händler in den USA, die dort erschienenen Exilzeitschriften sowie die wichtigsten

Werke vorstellt. Netzwerke, Kommunikationswege und partiell auch der errungene mediale Einfluss standen im Mittelpunkt der Analyse, weniger die einzelnen Personen. Andeutungsweise werden hier ebenfalls analytisch vorausweisende Aspekte angesprochen, so mit dem Hinweis auf die Tatsache, dass der »emigré writer« in zwei Welten lebe, die der Herkunft und die der Zuflucht, und die daraus folgenden inneren Konflikte nicht leicht zu lösen seien: »The immediate task is to examine the relationship of the emigré writer to his craft in both these worlds.«[18]

III Parallele Forschungspfade

Aus solchen ersten, thematisch zwar breiten, aber allein stehenden Projekten entwickelte sich allmählich die systematische, kooperativ verbundene und international orientierte Forschung, bei der sich zwei unterschiedliche Strömungen herauskristallisierten: Zum einen, wie das Beispiel der Wissenschaftler zeigt, die Emigrationsforschung, zu der auch die jüdische Emigration gehörte, zum anderen die Exilforschung, d. h. die Erforschung des literarischen und auch des politischen Exils, für die sich Ende der 1960er Jahre – ebenso wie in anderen Ländern – die Germanisten und einige Historiker interessierten; diese sollte zunächst die organisierte Forschung national und international dominieren. Konzeptionelle und weltanschauliche Unterschiede waren dafür bestimmend. Während die Exilforschung auf die deutschsprachige Literatur und das mit dem »Gesicht nach Deutschland« lebende politische Exil orientiert war, löste sich die Emigrationsforschung aus solchem national gebundenen Kontext und richtete den Blick auf die Wanderungsgeschichte, den kulturellen »brain drain« und die dabei auszumachenden Wirkungen, wie sie vor allem für die Wissenschaften und die bildenden Künste untersucht wurden.

Ein gemeinsamer Diskurs zum Für und Wider der verschiedenen Forschungszugriffe fand jedoch nicht statt, charakteristisch für die 1970er und 1980er Jahre ist vielmehr die asynchrone Entwicklung der beiden Richtungen. Die Differenzen wurden bereits 1972 in Kopenhagen auf dem nach Stockholm 1969 zweiten und bereits letzten der international verabredeten Symposien zur Koordination der beginnenden Forschungen in den einzelnen Ländern deutlich (s. dazu den Beitrag von Helmut Müssener), wo Herbert A. Strauss und John M. Spalek, die amerikanischen Exponenten der beiden Strömungen, zusammentrafen und sich nicht allzu viel zu sagen hatten. Vordergründig mag das der Tatsache geschuldet sein, dass in dieser frühen Phase noch weitgehende Unsicherheit über den neuen Forschungsgegenstand bestand, denn man wusste noch nicht einmal, ob von Exil- oder Flüchtlingsliteratur gesprochen werden sollte und ob allein belletristische oder auch andere Textsorten zu berücksichtigen seien.

Zwar hat es in Kopenhagen zahlreiche Wortmeldungen gegeben, die mit der zu institutionalisierenden Exilforschung die ganze Breite der Flucht und Vertreibung aus NS-Deutschland zum Untersuchungsgegenstand machen wollten. Die Mehrheit der Teilnehmer, überwiegend Germanisten, sah die Beschränkung auf die Exilliteratur jedoch dadurch gerechtfertigt, dass es sich bei ihr »um den repräsentativsten Teil der Emigration handelt(e).« Im Unterschied zu anderen Teilen des Exils, etwa den Wissenschaften, die zum Beispiel in die amerikanische Kultur eingegangen seien, sei die Exilliteratur »deutsche Literatur« geblieben. Mokant hielt der anwesende, einst aus Deutschland emigrierte schwedische Soziologe und Journalist Ulrich Herz solche Einlassungen bestenfalls für »Nonsense und schlimmstenfalls für Hybris«.[19]

Die Einwände blieben aber ebenso folgenlos wie das Referat von Herbert A. Strauss, Professor am City College und Vizepräsident der Research Foundation for Jewish Immigration in New York, die kurz zuvor von führenden Persönlichkeiten der American Federation of Jews from Central Europe gegründet worden war, um die Geschichte der jüdischen Emigration in die USA, insbesondere »their resettlement and acculturation« zu erforschen, zu dokumentieren und damit das Interesse an den nationalen und vergleichbaren Aspekten dieser Geschichte zu stimulieren.[20] Bemerkenswert ist, dass hier programmatisch der Begriff der Akkulturation als methodischer Ansatz zur Erforschung der Wanderungsgeschichte der aus Deutschland nach NS-Lesart vertriebenen Juden gefordert wurde, deren größter Teil sich spätestens nach 1938 und dann vor allem nach Bekanntwerden des Holocaust nicht mehr als Exilanten oder Vertriebene begriffen hatte, sondern als Emigranten.

Aus diesem Vorhaben ist in den folgenden Jahren die umfangreiche, sechsbändige Dokumentation *Jewish Immigrants of the Nazi Period in the U.S.A.* entstanden, deren erster Band 1978 über Fundorte archivalischer Quellen bei Institutionen und Einzelpersonen informierte. Es folgten eine annotierte Bibliografie der bis dahin zum Thema erschienenen Literatur in Monografien und Aufsätzen mit mehr als 3400 Einträgen (1981), das Verzeichnis einer dazu eingerichteten Oral History Collection (1982), bis hin zu Quellensammlungen über die Ausgrenzungs- und Verfolgungspolitik der Juden in Deutschland sowie ein Abschlussband mit Analysen zu den zerstörten deutsch-jüdischen Beziehungen, zur Emigration und zu den in Amerika gemachten Erfahrungen (1987).[21] Zu diesem Forschungsbereich könnten auch die Jahrbücher des Leo Baeck Institute gezählt werden, die allerdings nicht primär in den amerikanischen Kontext gehören; sie wurden in London herausgegeben und haben anfangs vor allem die Erinnerung an die in Deutschland zerstörte deutsch-jüdische Kultur zum Gegenstand gehabt.

Erwähnenswert ist ferner die New Yorker Zeitschrift *Aufbau*, die sich seit ihrer Gründung 1934 als Organ der aktiven Integration der deutsch-jüdischen Flüchtlinge in die amerikanische Gesellschaft verstanden hatte, zugleich aber das Bewusstsein der Herkunft nicht verdrängen wollte. Seit 1975 erschien dort die von dem emigrierten Journalisten Will Schaber betreute Rubrik »Angelpunkte der Exilforschung«, in der regelmäßig über Archivzuwächse, neuere Forschungsergebnisse oder über die in den ersten Jahren zahlreich neu entdeckten Exilautorinnen und -autoren berichtet wurde.

Aus der Rückschau sind die von Strauss edierten Bände ebenso wie die parallel dazu von John Spalek angefertigten »Guides« – auf sie wird noch zurückzukommen sein – als Basistexte im Projekt der Grundforschung zu betrachten. Sie präsentierten die nötigen Informationen über vorhandene Quellen und Materialien; die traditionelle Migrationsforschung der USA wurde dabei jedoch unterschiedlich wahrgenommen und in die Analysen einbezogen. Die Konzeption der Strauss'schen Bände differenzierte zwischen den jeweiligen Forschungsbedürfnissen, die zwar den Akzent auf die Emigration der ehemaligen Flüchtlinge legten, dabei aber die Fragen des Exils nicht außer Acht ließen. Denn ausdrücklich wurde darin erklärt, dass Emigration mehrdimensional gesehen werden müsse, nämlich als Teil 1.) der deutschen Vernichtungspolitik, 2.) der Ausgrenzung von gesellschaftlichen Minoritäten, 3.) der antifaschistischen und antitotalitären emigrés und 4.) der internationalen Displacement- und Wanderungsbewegungen im 20. Jahrhundert.[22]

Strauss' Kopenhagener Referat zum Thema »Immigration and Acculturation of the German Jews in the USA« stellte die Arbeit der Research Foundation dem seinerzeit umfassendsten internationalen Forscherkreis vor. Zu ihren Forschungszielen, so seine Ausführung, gehörten nicht die normativ gesetzte Assimilation, sondern soziale Mobilität, »cultural pluralism« mit gegenseitigem Geben und Nehmen sowie kulturelle Differenzen und Mehrschichtigkeiten, die sich in ihrer Offenheit und Weite als Alternativen zu den in der älteren amerikanischen Einwanderungsforschung vorherrschenden Integrationsmodellen verstünden. Mit Hinweis auf Georg Simmels Typus des »Fremden«, für den als klassisches Beispiel der europäische Jude außerhalb des Ghettos stand[23] und der als Prototyp des Akkulturierten gesehen werden könne, provozierte Strauss die Mehrheit der anwesenden Literaturwissenschaftler, da in dieser Sicht auch der Exilschriftsteller als eine Art von »Fremdarbeiter« erscheine. Er sei damit Repräsentant einer »Mischkultur«, weil schon seine wirtschaftliche und soziale Integration am jeweiligen Zufluchtsort notwendigerweise dazu zwinge, in Kontakt mit der ihn umgebenden Kultur zu treten, er also auch wie Simmels »Fremder« drinnen wie draußen stehen würde.[24]

In den USA wurde der akkulturationstheoretische Zugriff zum normalen Interpretationsansatz für die intellektuelle und die jüdische Immigration, wie die fortan erscheinenden Publikationen belegen. Genannt seien exemplarisch nur der zum 100. Geburtstag Albert Einsteins 1983 erschienene Tagungsband *The Muses Flee Hitler. Cultural Transfer and Adaption 1930–1945*, die im gleichen Jahr erschienene Untersuchung Anthony Heilbuts *Exiled in Paradise. German Refugee Artists and Intellectuals in America from the 1930s to the Present* oder Lewis A. Cosers – einst als Ludwig Cohn aus Deutschland geflohen – soziologische Analyse *Refugee Scholars in America. Their Impact and Their Experiences* von 1984. Diese Arbeiten zeigen das Vorgehen der Autoren häufig bereits im Titel.[25] Dazu gehören ferner die von Abraham Peck herausgegebenen Beiträge zur *German-Jewish Legacy in America, 1938–1988*, die nach der von den Nationalsozialisten zerstörten deutsch-jüdischen Symbiose das von ihren Repräsentanten in die USA gerettete Konzept der »Bildung« zum wichtigen Integrationsvehikel der Flüchtlinge in den USA erklärten.[26]

Später kamen Untersuchungen über die Künste im Exil hinzu, so von Stephanie Barron, Kuratorin für die Kunst des 20. Jahrhunderts am Los Angeles County Museum of Art, insbesondere ihr großes Katalogbuch zur auch in Deutschland gezeigten Ausstellung über die *Flucht und Vertreibung europäischer Künstler 1933–1945*, zuvor bereits eine kleinere Darstellung über die kalifornischen *Exiles in Paradise* vom Hollywood Bowl Museum[27] oder die erst jüngst erschienene breite Analyse von Joseph Horowitz über *Artists in Exile*, deren Untertitel bereits zu erkennen gibt, dass es auch hier darum geht, wie diese die amerikanischen darstellenden Künste »transformiert« haben.[28]

Im Netzwerk der beginnenden transatlantischen Exilforschung wurde die Emigrationsperspektive bei der Grundforschung ebenfalls methodisch berücksichtigt, wie das von der Research Foundation for Jewish Immigration und dem Münchener Institut für Zeitgeschichte gemeinsam entwickelte archivalische Projekt einer Personaldatenerhebung und das daraus entstandene von Werner Röder und Herbert A. Strauss herausgegebene *Biographische Handbuch der deutschsprachigen Emigration seit 1933* schon im Titel deutlich machen.[29] Röder, Archivleiter des IfZ und als Historiker einer der frühen Aktivisten, hatte bereits 1973 einen programmatischen Artikel zum Thema »Emigrationsforschung« geschrieben, der den Akkulturationsansatz als Desiderat der künftigen Arbeit benannte, ihn zu dieser Zeit allerdings noch bei der Immigrationsforschung in den Aufnahmeländern ansiedelte.[30]

IV Die amerikanische Exil(literatur)forschung

John Spaleks Rolle auf dem Kopenhagener Symposium als Berichterstatter der in den USA begonnenen Exilforschung folgte weniger eigenen dazu vorgelegten Arbeiten, sondern seinen organisatorischen Initiativen.[31] Von der Erforschung der expressionistischen Dichtung herkommend hatte er sich lange mit Ernst Toller und seinem Werk beschäftigt, wobei ihn die Schwierigkeiten der Materialrecherche auf die Probleme des Exils gestoßen haben. Als Professor of German an der University of Southern California (USC) in Los Angeles war er zudem mit den dort ebenfalls lehrenden Harold von Hofe und Marta Mierendorff in einen Kollegenkreis eingebunden, der bereits direkt mit der germanistischen Exilrezeption beschäftigt war: von Hofe als Nachlassverwalter Lion Feuchtwangers und Mierendorff – deren erster Mann in Auschwitz ermordet worden war und die als promovierte Philosophin über die Bekanntschaft mit einem Schauspieler und einstigen Emigranten in den 1960er Jahren in die USA gekommen war – als Materialsammlerin zum deutschsprachigen Theater im Exil. Ihr methodischer Ansatz einer zweigleisigen Exilforschung, d. h. die Untersuchung der Vertreibungsgründe sowie der Integrationsprozesse im Zufluchtsland, den sie auch in Kopenhagen vorgetragen hat, war zwar originell und bahnbrechend, aber sie selbst sollte mit ihren Arbeiten und thematischen Interessen keine methodisch stark nachwirkenden Impulse auf die weitere Forschung geben.[32]

Die räumliche Nähe der USC zur Filmindustrie in Hollywood, die einst mehr als 800 Filmemigranten aus Deutschland aufgenommen hatte und damit zu einem wichtigen Zentrum des künstlerischen Exils geworden war, ließ die Region quasi naturwüchsig zu einer Geburtsstätte der Exilliteraturforschung und das Filmexil zum Beispiel gebenden Untersuchungsfeld werden, deren Ergebnisse nach längerer Vorbereitung in einem ersten von Spalek herausgegebenen topografischen Band über *Deutsche Exilliteratur nach 1933* in Kalifornien 1976 erschienen.[33]

Weitere Impulse kamen von einem rudimentären Netzwerk, das sich Ende 1968 beim Jahrestreffen der Modern Language Association (MLA) in New York zusammengefunden hatte. Die Vorbereitungen dafür hatte ebenfalls Spalek in ersten Gesprächen mit dem aus Österreich gebürtigen Joseph Strelka von der Pennsylvania State University getroffen, den er von einer früheren Gastprofessur an der USC kannte. Sie brachten im Dezember 1968 etwa 20 interessierte Kollegen zusammen, darunter neben von Hofe auch Guy Stern von der Universität Cincinnati, Sander Gilman aus Cornell und den späteren Brecht-Forscher John Fuegi aus Madison/Wisconsin.

Die damit verbundene Idee einer koordinierten Exilforschung an mehreren neu zu bildenden Zentren in den Kernregionen der früheren Exilantendomizile an der amerikanischen Ost- und der Westküste, die zum Austausch aktueller Informationen und ihrer jeweils neu gewonnenen Kenntnisse mithilfe eines dafür zu gründenden Periodikums führen sollten, konnte jedoch nicht realisiert werden. Die Forschungen blieben auf Einzelinitiativen beschränkt, eine engere Kooperation war augenscheinlich nur von Spalek und Strelka begonnen worden. In Erwartung darauf hatte Spalek nach seiner Berufung an die State University of New York in Albany im April 1970 sogar erreichen können, den Kollegen dort ebenfalls anzustellen. Gemeinsam hatten sie zu dieser Zeit bereits den genannten Kalifornien-Band über das Hollywood-Exil konzipiert.[34] Doch selbst diese Zusammenarbeit war nur von kurzer Dauer, denn Strelka zählte zu denjenigen amerikanischen Germanisten, die die Exilliteratur allein mit ästhetischen Kategorien interpretieren wollten und die Berücksichtigung kontextualer soziologischer und politischer Fragestellungen unduldsam zurückwiesen.

Vor dem Hintergrund der politischen Unruhen an den Universitäten Ende der 1960er Jahre verhärtete sich diese Sicht noch weiter. Aus Strelka wurde alsbald ein konservativer Eiferer, der mit den linksliberalen Forschungsgegenständen des Exils immer weniger zu tun haben wollte. Als exemplarisches Zeugnis mag seine Rezension des ersten Bandes des 1983 erschienenen *Jahrbuchs Exilforschung* zum Thema *Stalin und die Intellektuellen* genommen werden, die kaum mehr war als eine verbal unkontrollierte Denunziation der früheren Kollegen. Sicher, das relativ spezielle Thema für den Auftaktband war nicht sonderlich glücklich gewählt worden, in ausfallendem Ton warf Strelka den meisten Beiträgern jedoch eine »kommunistische Unterwanderungsstrategie« vor und unterstellte der »amerikanischen Exilgenossenschaft«, d.h. der mit dem Jahrbuch gegründeten Society for Exile Studies, in ihrer »Geist- und Prinzipienlosigkeit« einer klandestinen »Generallinie« nach alter Volksfrontmanier gefolgt zu sein.[35]

Die Gründe für die nicht zustande gekommene engere Kooperation der amerikanischen Forscher sind nicht nur in solchen Differenzen, sondern auch in der bei den Geisteswissenschaftlern jener Jahre typischen Unerfahrenheit im Umgang mit Teamarbeit zu suchen. Der Aufbau von universitären Forschungszentren zum deutschen Exil, also fremdsprachiger Literatur, war zusätzlich kaum realistisch, weil diese nicht zur amerikanischen Kultur im engeren Sinne zählte. Nach der Gründerinitiative von Ende 1968 entwickelte sich immerhin ein loser Kontakt, der fortan unter dem Namen »Research Seminar on German Literature in Exile« firmierte. Waren im Dezember 1968 nur knapp 20 Interessierte zusammengekommen, so hatten sich unter dessen Dach ein Jahr später – ein Indiz für die empfundene Notwendigkeit, sich mit dem Thema zu beschäftigen – bereits mehr als 100 Personen zusammengefunden, und dieser Zuwachs sollte künftig anhalten. In Madison, Wisconsin kam 1971 das Research Seminar das erste Mal zusammen, 1972 folgte St. Louis, um einen periodischen Austausch der neuen Exilforscher auf fortan regelmäßigen Konferenzen zu institutionalisieren.[36]

Auch hier ging es wie in Kopenhagen zunächst um Definitionen des Forschungsgegenstands. Strittig war, ob man ihn Emigranten- oder Emigrationsliteratur, Exilliteratur oder antifaschistische Literatur nennen sollte. Wulf Koepke, der von Anfang an dabei gewesen ist, hat in einem kanonischen Überblick die Tagungen dieses Forschungsnetzwerks vorgestellt, ihre Themenschwerpunkte und Leistungen, aber auch ihre Defizite benannt. In enger Verzahnung mit der deutschen Germanistik orientierte man sich zunächst der Grundforschung entsprechend auf Biografien, es folgten Gattungs- und Rezeptionsfragen sowie vergleichende Aspekte zum Exil und zur »inneren Emigration«. Auffallend blieb dabei das Fehlen einer kritischen Theorie- und Methodenreflexion über die Spezifika des Gegenstands, wie sie in der Bundesrepublik gelegentlich begonnen wurde[37], sodass nach Koepkes Befund die Exilliteraturforschung ständig Gefahr lief, die Isolierung des Exils fortzusetzen.[38]

Nur selten und in späteren Jahren wurde dieser hermetische Raum verlassen. Auf einer Tagung 1985 in New Hampshire über *Kulturelle Wechselwirkungen im Exil*[39] wurden zwar Forschungsdesiderata wie Sprachwechsel, Wirkungen des Exils auf die Textproduktion, Akkulturation und Komparatistik angesprochen. Jedoch blieb das folgenlos, weil man sich damit, so Koepke, auf das »notorisch schwierige Gebiet einer vergleichenden Kulturwissenschaft« begeben müsse. Viele Germanisten seien damit überfordert[40], und sie wollten sich darauf wohl auch nicht einlassen, weil sie künftige Deutschlehrer ausbildeten und daher an eher praktischen Hinweisen zur Textinterpretation interessiert waren, wie der Verfasser dieser Zeilen selbst als Teilnehmer dieser und anderer Tagungen in den USA erlebt hat. Andererseits ist hierbei exemplarisch und stellvertretend auch für andere auf Vertreter des Faches wie Jost Hermand, Paul Michael Lützeler, Helmut F. Pfanner, Alexander Stephan, Guy Stern oder Frank Trommler zu verweisen, die mit ihren Forschungsinteressen entweder vertikal innerhalb der Disziplin oder

horizontal im kultur- und gesellschaftspolitischen Kontext und mit ent-
sprechendem Blick jeweils von außen auf die Exilliteratur mit komparatistisch angelegten Analysen jene verbreitete Tunnelperspektive über-
wanden.[41]

Der Kollegenblick von außen auf jene Aktivitäten führte gelegentlich
zu der Klage, dass es darum gehen müsse, die akademische Erforschung
des Exils von dem moralisch geschützten Sonderstatus zu befreien, der
vielfach nur zu einer Konservierung inzwischen vom Tod eingeholter
Biografien geführt habe. Den in der Exilliteraturforschung aktiven,
zum großen Teil aus der Bundesrepublik Deutschland kommenden
Germanisten mit ihren traditionellen biografischen Erschließungs-
ansätzen wurden dabei die älteren, einst von den Nationalsozialisten
vertriebenen Fachvertreter als positives Gegenbeispiel entgegengehal-
ten. Im Vergleich zu anderen Disziplinen, insbesondere in den Sozialwissenschaften, waren das zwar nur wenige gewesen, die im Übrigen
zumeist in recht jungen Jahren in die USA gekommen waren, so etwa
Franz H. Mautner, Bernhard Blume, Oskar Seidlin oder die wie Guy
Stern, Harry Zohn und Walter H. Sokel sogar noch Schüler gewesen
sind. Bei der nationalen Ausrichtung der Germanistik einst in Deutschland hätten sie mit ihrer jüdischen Herkunft dort nur wenig Chancen
gehabt. Als Erben aber einer einzigartigen Bildungstradition, die schon
dem jüdischen Bürgertum die Emanzipation und den sozialen Aufstieg
ermöglicht habe, hätten sie diese Bildungskultur in ihrer künftigen
akademischen Tätigkeit in den USA bewahren und vermitteln können,
und das sei wichtiger gewesen als der fachliche Erkenntnisfortschritt
im traditionellen disziplinären Wissenschaftsbetrieb.[42] Wie schon im
erwähnten innerjüdischen Diskurs ehemaliger Emigranten, so schien
also auch im intellektuellen Transfer der Fachgermanistik die »Bildung« ein wichtiger Faktor von Akkulturation und Wirkung gewesen
zu sein.

V »Guides« und Archives für die Grundforschung

Trotz der nicht zustande gekommenen Forschungszentren hatte die Ermittlung und Sichtung von Materialien oder im Idealfall sogar die Einrichtung von Archiven – wie in anderen Ländern – hohe Priorität, wofür
allerdings erhebliche finanzielle Mittel nötig waren. Sie aber standen
kaum zur Verfügung und Bitten der Forschergruppe um Unterstützung
bei der Deutschen Botschaft in Washington blieben ohne Erfolg.
Ebenso vergeblich war ein erster Antrag von Spalek und Strelka beim
National Endowment for the Humanities (NEH) zum Aufbau von

Sammlungen an der USC und der Pennsylvania State University.[43] Erst der von beiden geplante Kalifornien-Band fand die nötige Unterstützung mit vergleichsweise bescheidenen Summen sowohl vom NEH als auch von der neuen Wirkungsstätte der beiden in Albany.[44]

Für Spalek nahm in dieser Phase der Orientierung nach den Diskussionen in Kopenhagen und angesichts der ersten Rechercheerfahrungen ein Arbeitsprogramm Gestalt an, das im Unterschied zur üblichen literatur- oder geisteswissenschaftlichen Textinterpretation die ganze soziologische Breite von Exil und Emigration durch Grundforschung zu erfassen suchte. Seine mehrspurigen Initiativen richteten sich vor allem auf die Ermittlung, Sammlung und Bereitstellung von Urmaterial für künftige Analysen. Außerdem hatte er mit dem Kalifornien-Band begonnen, intellektuelle Biografien über Exilanten schreiben zu lassen. Bei den prominenten Namen konnte er dabei auf die vorhandenen Spezialisten zurückgreifen, für die meisten anderen Personen aber musste er Interessierte finden, die nur zu gewinnen waren, wenn ihnen die dafür benötigten Unterlagen einschließlich möglicher Fundstellen genannt oder gar selbst gesammeltes Material zur Verfügung gestellt werden konnten. Schließlich gelang es ihm, in Albany das einzurichten, was ursprünglich an diversen Orten geplant war, ein eigenes Exilantenarchiv.

Welche elementare Bedeutung diese Arbeiten hatten, mag die Tatsache dokumentieren, dass in den Publikationen der akademischen Fachorganisationen der USA das Thema Exil nahezu unbeachtet blieb. In der von der German Studies Association seit 1978 herausgegebenen *German Studies Review* gab es in den ersten 15 Jahren ihres Erscheinens lediglich zwei einschlägige Artikel, von Ehrhard Bahr über die Antisemitismusstudien der Kritischen Theorie (1978) sowie von Thomas H. Kamla *The German Exile Novel During the Third Reich* (1980). In der linken Zeitschrift *New German Critique* wurden zwar wie in den ähnlich gerichteten Periodika der Bundesrepublik regelmäßig Emigranten vorgestellt, so zum Beispiel Ernst Bloch, Karl Korsch, Siegfried Kracauer, Walter Benjamin, Theodor W. Adorno, jedoch nicht als Emigranten, sondern als profunde Gesellschaftstheoretiker der 1920er Jahre.

Das Exilsymposium in Kopenhagen 1972 war für Spaleks Arbeiten insofern von Bedeutung, als sein Bericht über die komplizierte Evaluierung der in den USA verstreuten Materialien offenbar solchen Eindruck gemacht hat, dass der anwesende Werner Berthold, Leiter der Exilabteilung der Deutschen Bibliothek in Frankfurt, empfahl, die Quellenforschung in Europa nach diesem Vorbild in Angriff zu nehmen[45], und Manfred Briegel, Vertreter der Deutschen Forschungsgemeinschaft (vgl. dessen Beitrag in diesem Band), Spalek zur Teilnahme an dem ersten, von ihr gerade vorbereiteten Schwerpunktprogramm zur Exilforschung einlud. Aus diesem Gemeinschaftsunternehmen gingen als deutsch-amerikanisches Projekt nicht nur das erwähnte *Biographische Handbuch* von Röder/Strauss, sondern auch die von Spalek schon in Kopenhagen skizzierten und später in voluminösen Bänden erschienenen Quellenverzeichnisse für die USA hervor. Formal wurde deren Finanzierung über die Deutsche Bibliothek abgewickelt, weil er als Amerikaner ohne eine deutsche Partnerorganisation nicht antragsberechtigt war.[46]

Die in den folgenden fünf Jahren von der DFG bewilligten Summen, zu denen etwa gleiche Mittel vom NEH und weitere Zuwendungen von der Universität in Albany für Personal, Reisen und Recherchen kamen, erlaubten den zügigen Beginn der Dokumentation zu den für die Exilforschung in den USA relevanten Archiven und Materialsammlungen. Diese Recherchen motivierten wiederum andere Institutionen wie etwa das Leo Baeck Institute in New York, selbst mit der Sammlung und dem Aufbau von Immigrantennachlässen zu beginnen.[47] Hierbei sind die Aktivitäten von Sybil Milton zu erwähnen, langjährige Archivleiterin des LBI, die ab 1987 als leitende Historikerin zum U.S. Holocaust Memorial Museum in Washington wechselte und auch in Deutschland und Österreich in den Beiräten diverser Gedenkstätten saß; sie starb 2000 während der Mitarbeit in der Unabhängigen Expertenkommission, die die Schweiz zur Aufarbeitung ihrer Kollaboration mit dem Nationalsozialismus berufen hatte.

Welche Unkenntnis in der naiven Anfangsphase der Forschung herrschte, möge die Suche nach Informationen über den »exilierten« Filmregisseur William Dieterle und den »Kritiker« Alexander Granach illustrieren: Irritiert erhielt das Spalek-Team von einer Angeschriebenen die Antwort, dass der 1930 ausgewanderte Dieterle »NO emigré« sei und Granach »not a critic but a famous German actor«; immerhin erfuhr es dabei, wo die Papiere der beiden verwahrt waren.[48]

Aus den in der Regel auskunftsfreudigen Antworten ist zu schließen, dass die Angesprochenen glücklich und dankbar über die Nachfrage zu ihren Schicksalen waren. Einige, wie der aus Wien stammende Drehbuchautor Georg Froeschel, nahmen die Gelegenheit wahr, sogleich eine größere Geschichte mit ausführlichen Charakteristika ehemaliger Mitemigranten zu erzählen. Neben solcher überschwänglichen Bereitschaft zur Kooperation – Hans Habe beispielsweise legte minutiös dar, in welcher Reihenfolge seine Manuskripte in diversen Fassungen zu interpretieren seien – gab es aber auch Stimmen, die jede Kooperation verweigerten, so etwa der in Wien geborene Literaturwissenschaftler René Wellek, der zwar Exilant war, sich aber als Tscheche verstand. Und es gab schroffe Absagen von jenen, die mit dem ehemaligen Immigranten-milieu grundsätzlich nichts mehr zu tun haben wollten.[49]

Nach fünfjähriger Arbeit erschien 1978 ein erster »Guide«, dessen vorgestelltes Quellenmaterial für rund 320 Personen auf mehr als 1100 Seiten schon zum Zeitpunkt der Publikation seine eigene Begrenzung deutlich machte. Dem kommentierten Verzeichnis mit Standorthinwei-sen, Beschreibung von Materialumfang und -qualität, Korrespondenz-partnern etc. haben die Herausgeber einen Appendix hinzugefügt, der noch einmal rund 350 Namen umfasst, für die bisher nur wenige oder keine Materialien gefunden worden seien. Neben einigen Künstlern wie der Schauspielerin Elisabeth Bergner, dem Maler Max Ernst und Poli-tikern wie Max Brauer, Gerhard Eisler, Rudolf Katz und anderen enthält er vor allem Namen von Wissenschaftlern. Offenbar hatten die Bear-beiter deren Bedeutung zu jener Zeit noch nicht im Blick, vielleicht hat sich der eine oder andere auch geweigert, als inzwischen integrierter Amerikaner an solchen Umfragen teilzunehmen.[50]

Die Namen der aufgelisteten Wissenschaftler, die mehrheitlich – wie der Filmsoziologe Siegfried Kracauer, der Philosoph Leo Strauss oder der Historiker Hans Rosenberg – zu den »illustrious immigrants« zähl-ten, bildeten die Basis für die alsbald geplanten Fortsetzungsbände. Mit ihrem immer größeren Umfang und ihren die disziplinären Grenzen im-mer weiter durchdringenden Perspektiven spiegeln sie den kontinuier-lichen Erkenntnisfortschritt der Forschung wider. Und je mehr dabei die Bedeutung der ehemaligen Immigranten als intellektuelles Kollektiv zutage trat, desto geringer wurden die Widerstände derjenigen, die an-fangs eine Mitwirkung bei den Recherchen versagt hatten. Nach Band 2 von 1992 mit 420 Einträgen lag mit dem dritten, 1997 erschienenen Band eine umfassende Übersicht von mehr als 1000 Nachlässen sowie Samm-lungen von Intellektuellen und Künstlern vor, die detailliert über das vorhandene Material in den USA informiert; ihr konzises Kategorien-schema wurde zum Vorbild für ähnliche Verzeichnisse auch in Deutsch-land.[51]

Einen anderen Weg der Grundforschung ist Spalek mit dem seit 1968 vorbereiteten Kalifornien-Band über die Immigration in Hollywood und an der Westküste gegangen. Weil das Exil in den USA viel zu um-fangreich und komplex war, um von einem Autor allein und in einem Band dargestellt werden zu können, schuf er mit seinen Teams von Bei-trägern die nötige Arbeitsbreite. Der Fortsetzungsband über New York, der Ende der 1980er Jahre erschien, hatte zwar weiterhin die Exillitera-tur zum Hauptthema, unter den einzelbiografischen Darstellungen er-schienen aber jetzt auch mehrere über Emigranten wie Albert Einstein, Hannah Arendt und Erich von Kahler. Diese Öffnung wird noch deutlicher bei den thematischen Aufsätzen, die über »refugee scholars« an den Universitäten New Yorks, über das Leo Baeck Institute oder über das Verlagswesen informieren.[52]

Die Erweiterung des Blicks fort vom engeren Bereich der Exilliteratur hin zur intellektuellen und künstlerischen Emigration gilt in noch stärkerem Maße für den dritten Band der Reihe, der in fünf Teilbänden seit 2000 mit biografischen Analysen aus den gesamten USA erschienen ist. Ein vierter Band schließlich enthält ebenfalls in mehreren Halbbänden auf mehr als 2000 Seiten die Bibliografien von Schriftstellern, Publizisten und Literaturwissenschaftlern in den USA.[53] Ursprünglich war nach dem New York-Band eine Darstellung der Exilliteratur in Lateinamerika geplant, für die Spalek Anfang der 1970er Jahre mit den Vorbereitungen begonnen hatte, doch ist dieses Projekt angesichts der zeitlichen Beanspruchung durch die anderen Themen nicht realisiert worden.[54]

Die Ergebnisse der dritten Spur dieser Aktivitäten sind in der eindrucksvollen Exilsammlung der Special Collections an der State University of New York in Albany zu finden. Nachlässe von ehemaligen Emigranten liegen zwar auch an anderen Universitäten vor, genannt sei etwa die Harvard University mit den Papieren des früheren Reichskanzlers Heinrich Brüning und der Ökonomen Joseph A. Schumpeter und Gottfried Haberler. Diese Bestände bilden jedoch nur Einsprengsel unter den großen biografischen Sammlungen. Das besondere Profil des Bestandes in Albany ist seine vergleichsweise intellektuelle Homogenität.

Die Einrichtung der Sammlung 1976 war zunächst auf Zufälle zurückzuführen, als Spalek bei seinen zahlreichen Interviews zunächst die hinterlassenen Papiere des Dichters Fritz von Unruh gefunden und kurz darauf das Angebot des Journalisten und einstigen Aktivisten der bündischen Jugend vor 1933 Karl O. Paetel bekommen hatte, seine riesige Korrespondenz und Zeitschriftensammlung aus der kaum noch betretbaren Wohnung in New York zu übernehmen.[55] Die Profilierung der Emigré Collection begann allerdings erst mit dem Erwerb der »personal papers« aus dem Kreis der Wissenschaftler, die nach 1933 zu der an der New School for Social Research gegründeten »University in Exile« gehört hatten.

Seit Anfang der 1970er Jahre war Spalek, wie er Walter A. Berendsohn in Stockholm schrieb, »fast jede Woche nach New York (gefahren), um Kontakte aufzunehmen und Materialien ausfindig zu machen.«[56] Das führte alsbald zu regelmäßigen Zusammenkünften mit Hans Staudinger, dem Dekan der Graduate Faculty of Political and Social Science der New School, einst Staatssekretär im Preußischen Handelsministerium. Zunächst war es dabei nur um die Materialsammlung der von Staudingers Ehefrau Else gegründeten Flüchtlingshilfe American Council for Emigrés in the Professions gegangen. Die Beziehungen vertieften sich im Laufe der Jahre, sodass Spalek nicht nur den großen Materialbestand Staudingers gewann, sondern durch dessen Vermittlung auch noch diverse Sammlungen und Nachlässe anderer, zuweilen bereits verstorbener Kollegen, so unter anderem die von Emil Lederer, Arnold Brecht und Albert Salomon, entweder im Original oder, wie im Fall des ehemaligen höheren Reichsbeamten Brecht, der seine Papiere bereits dem deutschen Bundesarchiv versprochen hatte, als Kopie. Denn die New School for Social Research hatte ständig mit finanziellen Problemen zu kämpfen, den Luxus eines eigenen Archivs konnte sie sich nicht erlauben.

Im gegenseitigen Interesse wird so die Überlieferung eines einzigartigen Ausschnitts der aus Deutschland vertriebenen Gelehrten als geschlossener Bestand bewahrt, der Zeugnis von deren nicht geringer Wirkung im gesellschaftspolitischen Aufbruch während der New Deal-Jahre geben kann. Der Bestand wurde in den folgenden Jahren ständig erweitert; sein außerordentliches Profil förderte die Beschaffung weiterer Vor- und Nachlässe von Wissenschaftlern, die ihre lebensgeschichtlichen Zeugnisse in Albany besser aufgehoben sahen als am Ort ihrer jeweiligen akademischen Tätigkeit, so etwa von den Politikwissenschaftlern John H. Fried und Henry Ehrmann oder den Wirtschaftswissenschaftlern Josef Furth, Karl Pribram und Julius Wyler, um nur einige wenige zu nennen. Daneben sind dort die Papiere von Schriftstellern, Journalisten und Künstlern gesammelt worden; mit fast 100 Nachlässen stellt die Emigré Collection in Albany heute eine der größten Spezialsammlungen dar, deren Besuch für jeden Forscher zur intellektuellen Emigration in die USA im 20. Jahrhundert unabdingbar ist.[57]

VI Gründung der Society for Exile Studies

Die Einrichtung des Exilarchivs in Albany ab Mitte der 1970er Jahre fiel in die hohe, euphorische Zeit des neuen Forschungszweigs, als die Grundforschung mit laufend neuen Funden und ersten Untersuchungen das weitere Feld und die künftigen Desiderata transparent gemacht hatte. Da die 1970 in Stockholm gegründete Koordinationsstelle mit ihren Berichten zur internationalen Forschung nach der vorgesehenen Frist die Tätigkeit 1975 einstellte, machten die alten Akteure des »Research Seminar on German Literature in Exile« in den USA einen neuen Vorstoß, um die ursprünglich geplante engere Forschungskooperation neu zu beleben und damit die in Stockholm entstandene Lücke zu füllen. So wurde auf einer Sitzung des Seminars im Dezember 1977 während einer MLA-Tagung in Chicago der Vorschlag zur Gründung einer »Society for Exile Literature/Gesellschaft für Exilliteratur« und eines von ihr herauszugebenden »Yearbook« gemacht, die die bisher von Stockholm aus geleisteten Arbeiten fortsetzen sollten.[58]

Wie die Namensgebung erkennen lässt, hatte sich die Fraktion der amerikanischen Germanisten mit der engeren, auf die Literatur ausgerichteten Forschungsperspektive durchgesetzt. Unter diesem Titel firmierte die Gesellschaft in ihrer Gründungsphase und auch noch nach ihrer Eintragung in das Vereinsregister im Mai 1979. Der Vereinszweck sah vor, »to encourage and promote the study of all aspects of the lives and work of the writers who were forced into exile«, immerhin sollten dabei auch die »broader issues of exile research (...), in particular (...) the historical, economic, social and linguistic circumstances« in der Forschungspraxis berücksichtigt werden.[59]

Ohne finanzielle Unterstützung aus der Bundesrepublik war das Unternehmen allerdings aussichtslos, daher sollten Mitglieder von dort zugelassen werden. Die beschränkende Etikettierung auf die Literatur wurde deshalb recht bald aufgehoben, denn in Deutschland waren die von der DFG unterstützten Forschungsaktivitäten der vergangenen Jahre bemerkenswert breiter gewesen, außerdem entsprach das den eigenen Rechercheprinzipien der Grundforschung mit ihren »Guides« und Sammelbänden. Das geplante Jahrbuch unter der Herausgeberschaft von Wulf Koepke sollte von vornherein auf den gesamten Bereich der Exil- und Emigrationsforschung ausgelegt werden. Angesichts des amerikanischen Forschungsgruppenprofils und aus finanziellen Gründen sollte es in Deutschland mit einem zweiten Herausgeber von dort, einem Nicht-Germanisten, erscheinen.[60] In einem mehr als zwei Jahre dauernden Diskussionsprozess suchten die Akteure Koepke und Spalek bei ihren regelmäßigen Deutschlandbesuchen zu sondieren, wer von den deutschen Kollegen infrage käme. Strittig war in dieser Zeit des politisierten Selbstverständnisses, wer von den jüngeren Wissenschaftlern am besten zwischen den verschiedenen Gruppierungen der Exilforscher auf beiden Seiten des Atlantiks zu vermitteln sei, wer zu integrieren verstand und aus welcher Profession der deutsche Herausgeber kommen sollte. Neben dem Literaturwissenschaftler Koepke wurde ein deutscher Historiker gewünscht, auf dessen Suche sich Spalek, der als Präsident der neuen Gesellschaft den künftigen Verlagsvertrag mitunterzeichnen sollte, zwischen 1978 und 1981 machte.

Schließlich wurde 1981 Thomas Koebner als Mitherausgeber gewonnen. Entgegen den Absichten waren damit drei Literaturwissenschaftler Unterzeichner des Verlagsvertrages. In die Jahrbuchplanung griff Spalek allerdings nicht ein und Koebner hatte für die ersten Bände mit Joachim Radkau einen durch seine vorzügliche Dissertation zur deutschen Emigration in den USA ausgewiesenen Historiker gewonnen, obwohl dieser in seiner Arbeit inzwischen anders orientiert war. Endgültig konsolidierte sich der Prozess im ursprünglich geplanten Sinn, als der Verfasser dieser Zeilen, der von der Wirtschafts- und Wissenschaftsgeschichte kommend 1980 mit der Exilforschung begonnen hatte, ab Band 4/1986 die Aufgaben des geschäftsführenden Herausgebers übernahm; 1991 traten Erwin Rotermund und Lutz Winckler in die Redaktion ein.

Auf diesem Wege fand durch die amerikanischen Initiativen mit dem Erscheinen des ersten Jahrbuchs und der parallelen Gründung der deutschen Sektion der nunmehr sogenannten Society for Exile Studies / Gesellschaft für Exilforschung 1983 die mehr als eine Dekade zuvor begonnene Vernetzung der Forschung auf beiden Seiten des Atlantiks einen organisatorischen Abschluss.[61] 50 Jahre nach der NS-Machtergreifung, an die in jenem Jahr zahlreiche Ausstellungen und Konferenzen erinnerten, begann im Anschluss an die erste suchende und forschungsintensive Anfangsphase eine Verstetigung, als die bisherige sammlungsorientierte Grundforschung mehr und mehr um die analytische Auswertung der bisher gewonnenen Erkenntnisse erweitert wurde. Während die in den USA seit Ende der 1960er Jahre neben der Exilforschung immer intensiver betriebene Emigrations- und Akkulturationsforschung im Bereich des transatlantischen Kultur- und Wissenschaftstransfers sowie der jüdischen Einwanderung seit den 1930er Jahren zu profunden Ergebnissen geführt hatte[62], intensivierte sich dieser Zugriff in Deutschland erst in den 1980er Jahren in einem zweiten von der Deutschen Forschungsgemeinschaft geförderten Forschungsschwerpunkt zur Analyse der Wissenschaftsemigration mit ihren Wirkungen in den Aufnahmeländern.

Der direkte personelle Einfluss aus den USA ist hierbei nicht zu unterschätzen, denn 1981 ist Herbert A. Strauss zum Gründungsdirektor des an der Technischen Universität in Berlin eingerichteten Instituts für Antisemitismusforschung berufen worden und konnte von dort in den folgenden zehn Jahren seiner Tätigkeit vielfache Anregungen geben. Er vermittelte die vertieften theoretischen und methodischen Einsichten zu den Akkulturationsfragen aus den USA nicht nur an seine langjährigen Mitarbeiter, die die großen Projekte zur Emigration der Politikwissenschaftler (Alfons Söllner), zur Judaistik (Christhard Hoffmann) und zu den Physikern (Klaus Fischer) bearbeiteten, sondern in regelmäßigen Colloquien auch an weitere Mitglieder des DFG-Netzwerks, die andere Disziplinen bearbeiteten.

Die nationalkulturell orientierte Exilliteraturforschung zeigte zu dieser Zeit mit ihrem Antifaschismustheorem oder der Betroffenheit über die »Entortung« und das Schicksal ihrer Gewährsleute erste Stagnationstendenzen bei gleichzeitiger Selbstabkapselung von den von der Emigrationsforschung kommenden heuristischen Anregungen. Koepkes Klage über diese »getrennten Wege« in seinem erwähnten Zustandsbericht über die amerikanische Forschung war folgenlos geblieben.[63] Bewahrt wurden die literaturwissenschaftlichen Kontinuitäten zudem in verschiedenen Personengesellschaften zu den großen Namen, von denen allerdings nur die International Feuchtwanger Society 2001 in den USA gegründet wurde. Aber auch in der 1991 in Berlin gegründeten Anna-Seghers-Gesellschaft oder in den verschiedenen, schon älteren Thomas Mann-Gesellschaften – unter anderem eine seit 1956 in Zürich und eine andere seit 1965 in Lübeck – zählen amerikanische Germanisten zur internationalen Mitgliedschaft.

Die Redaktion des *Jahrbuchs Exilforschung* und der Vorstand der Gesellschaft für Exilforschung bekamen in den ersten Jahren regelmäßig Beschwerden, gerade von amerikanischen Germanisten, die befürchteten, »dass die Interessen der Germanistik nur noch als nebensächlich behandelt werden.« Die Mehrheit der amerikanischen Mitglieder in der Society for Exile Studies seien Germanisten und Deutschlehrer, die sich nun einmal mit Literatur beschäftigten.[64] Diese erkenntnistheoretische Selbstbegrenzung ist in der amerikanischen Gesellschaft kaum und bei ihrem deutschen Ableger nur selten, und das auch erst Jahre später, offen infrage gestellt worden.

VII Fazit

Hier wäre in der Zukunft weitere Remedur zu schaffen. Das Grunddilemma ist allerdings nicht zu lösen. Während die einst in die USA immigrierten Wissenschaftler, Intellektuellen und Vertreter der nicht auf die deutsche Sprache angewiesenen bildenden Künste ein integraler Bestandteil der Einwanderung geworden sind, die als Konstitutionsbedingung der amerikanischen Gesellschaft immer Thema der Sozial- und Kulturwissenschaften gewesen ist, gehörte das deutschsprachige literarische Exil zum Randbereich des universitären Fächerkanons. An übergreifenden amerikanischen Forschungen, integriert in ihre Bezugsdisziplinen mit den jeweils bestimmenden theoretischen und methodischen Instrumentarien, besteht daher zu den exzeptionellen Einwanderungsgruppen der Flüchtlinge seit den 1920er und 1930er Jahren kein signifikanter Mangel. Demgegenüber führt die Exilliteraturforschung

eine vergleichsweise hermetische Nischenexistenz. Um aus der heraus-
zukommen, wäre der Anschluss an die mittlerweile etablierte Emigrationsforschung mit ihrem paradigmatischen Akkulturationstheorem sicher ein erster wichtiger Schritt.

Die Vernetzung mit anderen an der Exilforschung interessierten Dis-
ziplinvertretern sowie die Öffnung hin zu neuen Themenfeldern wie
auch zu einer stärkeren Theorie- und Methodenreflexion wäre ein Desiderat nicht allein der amerikanischen Exilliteraturforschung. Ein Blick
beispielsweise auf die von den emigrierten Romanisten in die USA mit-
gebrachte Komparatistik würde sicher lohnende Anregungen bieten.
Das gilt für Leo Spitzer, mehr aber noch für Erich Auerbach, die beide
zunächst in der Türkei gelehrt hatten, ehe sie 1936 und 1949 in die USA
gekommen waren. Ihre Arbeiten würden darüberhinaus Anschlussmöglichkeiten an die heute von den postcolonial studies in den Kulturwissenschaften bestimmten Theorieansätze von Interkulturalität und
Hybridität eröffnen. Es sei daran erinnert, dass etwa Edward Said, einer
der bestimmenden Theoretiker des Postkolonialismus als Student in
Princeton von Erich Auerbach beeinflusst worden ist und von ihm auch
einige Schlüsseltexte wie die *Philologie der Weltliteratur* von 1952 übersetzt hat. Jeder Germanistikstudent hat sicher einmal Auerbachs *Mimesis*, den im türkischen Exil geschriebenen Abriss der abendländischen
Literatur zur Hand genommen, der sich ebenfalls als Werk der Exillit-
teratur lesen lässt und in vielem die Deutungsansätze der heutigen Text-
interpretationen, die hybride Identitäten berücksichtigen, vorbereitet
hat.[65]

Andererseits bleibt für die breitere systematische Emigrationsforschung in der inneramerikanischen Diskussion auch das Problem, pe-
riodisch von Nativisten attackiert zu werden, die die vorgelegten Forschungsergebnisse zu den Leistungen und Wirkungen der einstigen
Flüchtlinge aus Deutschland und Europa infrage stellen. Typisch dafür
war der Aufsehen erregende Erfolg des Bestsellers *The Closing of the
American Mind* aus der Feder des Philosophen Allan Bloom während
der Reagan-Ära gewesen. In dieser Kampfschrift des seit den 1970er
Jahren – vor dem Hintergrund der Bürgerrechtsbewegung und des verlorenen Vietnamkrieges – erstarkten nativistischen Bewusstseins wird
mit dem angeblich unheilvollen Einfluss jener intellektuellen »German
connection« ehemaliger Emigranten abgerechnet. Für Bloom, ein Schüler des emigrierten Philosophen Leo Strauss – der sich als Stichwortge-
ber der in dieser Zeit ebenfalls entstehenden sogenannten »Neokonser-
vativen« profilierte – hatten die Emigranten mit ihren ideologie- und
gesellschaftskritischen Methoden die jüngere Generation verdorben
und damit das Verständnis für die großen liberalen und christlichen

Werte Amerikas zerstört. Dadurch sei die amerikanische Kultur zu einer Art »Disneyland version of the Weimar Republic« geworden. Andere Stimmen meinen, dass die USA auch ohne die Emigranten allein aufgrund ihrer materiellen Ressourcen zur führenden Kultur- und Wissenschaftsmacht aufgestiegen wären.[66] Das mag richtig sein, widerlegt aber die Tatsache nicht, dass die deutschen und europäischen Intellektuellen und Künstler gerade zu einer Zeit gekommen waren, als ihre mitgebrachten Botschaften auf Gehör und Interesse stießen und sie damit für einen »brain drain« sorgten, als die USA erst auf dem Weg zu einer intellektuellen Großmacht waren.

1 Einen guten, vergleichenden Überblick dazu gibt Edward Shils: »Geschichte der Soziologie: Tradition, Ökologie und Institutionalisierung«. In: Talcott Parsons, Edward Shils und Paul F. Lazarsfeld: *Soziologie – autobiographisch. Drei kritische Berichte zur Entwicklung einer Wissenschaft.* Stuttgart 1975, S. 69 ff. — **2** So etwa Maurice R. Davie: *Refugees in America. Report of the Committee for the Study of Recent Immigration from Europe.* New York 1947; Donald Peterson Kent: *The Refugee Intellectual. The Americanization of the Immigrants of 1933–1941.* New York 1953. — **3** Klaus und Erika Mann: *Escape to Life.* Boston 1939; Gerhart Saenger: *Today's Refugees, Tomorrow's Citizen. A Story of Americanization.* New York–London 1941; Emil Ludwig und Henry B. Kranz (Hg.): *The Torch of Freedom.* New York–Toronto 1943; Armin L. Robinson (Hg.): *The Ten Commandments. Ten Short Novels of Hitler's War Against the Moral Code.* New York 1943. — **4** Dorothy Thompson: *Refugees. Anarchy or Organization.* New York 1938, S. 45. — **5** Martin Gumpert: *First Papers* [Untertitel auf dem Schutzumschlag: *The Story of an American in the Making*]. New York 1941; Eva Lips: *Rebirth in Liberty.* New York 1942. — **6** Zu den Einzelheiten vgl. meinen Aufsatz Claus-Dieter Krohn: »Differenz oder Distanz? Hybriditätsdiskurse deutscher *refugee scholars* im New York der 1930er Jahre«. In: *Exilforschung. Ein internationales Jahrbuch.* Bd. 27: *Exil, Entwurzelung, Hybridität.* München 2009, S. 20 ff. — **7** Alfred Schuetz: »The Stranger. An Essay in Social Psychology«. In: *The American Journal of Sociology* Vol. 49 (1944), S. 499 ff., bes. S. 507; dt. Alfred Schütz: »Der Fremde. Ein sozialpsychologischer Versuch«. In: Ders.: *Gesammelte Aufsätze.* Bd. II: *Studien zur soziologischen Theorie.* Den Haag 1972, S. 53 ff. — **8** Robert Redfield, Ralph Linton und Melville J. Herskovits: »Memorandum for the Study of Acculturation«. In: *The American Anthropologist,* Vol. 38 (1936), Nr. 1, S. 149 ff.; Herbert A. Strauss: »Changing Images of the Immigration in the U.S.A.«. In: *Amerikastudien/American Studies* 21. Jg. (1976), S. 119 ff. — **9** Dazu genauer u. a. Barry M. Katz: *Foreign Intelligence. Research and Analysis in the Office of Strategic Services 1942–1945.* Cambridge/Mass–London 1989; Christof Mauch: *Schattenkrieg gegen Hitler. Das Dritte Reich im Visier der amerikanischen Geheimdienste 1941 bis 1945.* Stuttgart 1999; Uta Gerhardt: »Re-Education als Demokratisierung der Gesellschaft Deutschlands durch das amerikanische Besatzungsregime«. In: *Leviathan* 27. Jg. (1999), S. 355 ff.; Harry Liebersohn und Dorothee Schneider: *»My Life in Germany before and after January 30, 1933«. A Guide to a Manuscript Collection at Houghton Library, Harvard University.* Philadelphia 2001. Dazu auch Uta Gerhardt und Thomas Karlauf (Hg.): *Nie mehr zurück in dieses Land. Augenzeugen berichten über die Novemberpogrome 1938.* Berlin 2009. — **10** Varian Fry: *Surrender on Demand.* New York 1945; Stephen Duggan und Betty Drury: *The Rescue of Science and Learning. The Story of the Emergency Committee In Aid of Displaced Foreign Scholars.* New York 1948; Alvin Johnson: *Pioneer's Progress. An Autobiography.* New York 1952; W. Rex Crawford

(Hg.): *The Cultural Migration. The European Scholar in America.* Philadelphia 1953. — **11** Lewis J. Edinger: *German Exile Politics. The Social Democratic Executive Committee in the Nazi Era.* Berkeley–Los Angeles 1956. — **12** So der programmatische Titel des Wirtschaftswissenschaftlers und einstigen Präsidentenberaters John K. Galbraith: *The Affluent Society.* London 1958. — **13** Arthur D. Morse: *While six Million died. A Chronicle of American Apathy.* New York 1968; dazu Saul S. Friedman: *No Haven for the oppressed. United States Policy toward Jewish Refugees, 1938–1945.* Detroit 1973. — **14** Laura Fermi: *Illustrious Immigrants. The Intellectual Migration from Europe 1930–41.* Chicago–London 1968, 2. Aufl. 1971. Dazu die Besprechung von Peter Gay: »Gold for the Melting Pot«. In: *New York Review of Books,* April 7, 1968; Helge Pross: *Die Deutsche Akademische Emigration nach den Vereinigten Staaten 1933–1941.* Berlin 1955, ist damit nicht zu vergleichen. Die schmale Studie gibt nur einen summarischen Überblick mit einigen wenigen Beispielen aus dem Gebiet der Geistes- und Sozialwissenschaften. — **15** Donald Fleming und Bernrad Bailyn (Hg.): *The Intellectual Migration. Europe and America 1930–1960.* Cambridge/Mass. 1969, zu Lazarsfeld s. S. 270ff., bes. S. 296ff. — **16** *Salmagundi. A Quarterly of the Humanities and Social Sciences,* Nr. 10/11, Fall 1969-Winter 1970. — **17** H. Stuart Hughes: *The Sea Change. The Migration of the Social Thought, 1930–1965.* New York u.a. 1975. — **18** Robert E. Cazden: *German Exile Literature in America 1933–1950. A History of the Free German Press and Book Trade.* Chicago 1970, Zitat S. 138. — **19** *Protokoll des II. Internationalen Symposiums zur Erforschung des deutschsprachigen Exils nach 1933 in Kopenhagen 1972.* Stockholm, Ende 1972: Referat John M. Spalek, Stand der Forschung in den USA, S. 157ff., Zitate S. 169, 183; Diskussionsbeitrag Philipp Schwartz, S. 251ff. — **20** *Jewish Immigrants of the Nazi Period in the U.S.A.* Sponsored by the Research Foundation for Jewish Immigration, New York. Vol. 1: *Archival Resources.* New York–München u.a. 1978, S. 72. — **21** Ebd. Vol. 2: *Classified and Annotated Bibliography of Books and Articles on the Immigration and Acculturation of Jews from Central Europe to the USA since 1933.* New York–München 1981; Vol. 3,1: *Guide to the oral history collection of the Research Foundation for Jewish Immigration* (1982); Vol. 3,2: *Classified List of Articles concerning Emigration in Germany: Jewish Periodicals* (1982); Vol. 4,1+2: *Jewish Emigration from Germany 1933–1942. Programs and Policies* (1992); Vol. 5: *The Individual and Collective Experience of German-Jewish Immigrants 1933–1984. An Oral History Record* (1986); Vol. 6: *Essays on the History, Persecution and Emigration of the German Jews* (1987). — **22** Vgl. *Jewish Immigrants of the Nazi Period in the U.S.A* (s. Anm. 20), S. X. — **23** Georg Simmel: »Exkurs über den Fremden« (1908). In: Ders.: *Soziologie. Untersuchungen über die Formen der Vergesellschaftung.* Berlin, 6. Aufl. 1983, S. 509f. — **24** *Kopenhagen-Protokoll* (s. Anm. 19), S. 347ff. — **25** Jarrell Jackman und Carla M. Borden (Hg.): *The Muses Flee Hitler. Cultural Transfer and Adaption 1930–1945.* Washington, D.C. 1983; Anthony Heilbut: *Exiled in Paradise. German Refugee Artists and Intellectuals in America from the 1930s to the Present.* Boston 1983; Lewis A. Coser: *Refugee Scholars in America. Their Impact and Their Experience.* New Haven–London 1984. — **26** Abraham J. Peck (Hg.): *The German-Jewish Legacy in America, 1938–1988. From Bildung to the Bill of Rights.* Detroit 1989. — **27** Stephanie Barron und Sabine Eckmann (Hg.): *Exil. Flucht und Emigration europäischer Künstler 1933–1945.* München–New York 1998 (urspr. *Exiles and Emigrés. The Flight of European Artists from Hitler.* Los Angeles 1997); Carol Merrill-Mirsky (Hg.): *Exiles in Paradise.* Hollywood Bowl Museum. Los Angeles 1991. — **28** Joseph Horowitz: *Artists in Exile. How Refugees from Twentieth-Century War and Revolution transformed the American Performing Arts.* New York 2008. — **29** Werner Röder und Herbert A. Strauss (Hg.): *Biographisches Handbuch der deutschsprachigen Emigration nach 1933.* 3 Bde. München 1980–1983. — **30** Jan Hans und Werner Röder: »Emigrationsforschung«. In: *Akzente* 20 (1973), S. 580ff. — **31** Die Ausführungen hierzu folgen meinem Beitrag Claus-Dieter Krohn: »John Spalek. Pionier der Exilforschung«. In: Wulf Koepke und Jörg Thunecke (Hg.): *Preserving the Memory of Exile.* Festschrift for John M. Spalek on the Occasion of his 80th Birthday. Nottingham 2008, S. 10ff. — **32** Vgl. Helmut G. Asper: *Wenn wir von gestern reden, spre-*

chen wir über heute und morgen. Festschrift für Marta Mierendorff zum 80. Geburtstag. Berlin 1991, bes. S. 351 f., 357 ff.; s. a. *First West Coast Exhibition. German Language Theater in Exile. Hollywood 1933–1950.* Collection Marta Mierendorff Catalogue, Los Angeles 1974. — **33** John M. Spalek und Joseph Strelka (Hg.): *Deutsche Exilliteratur seit 1933.* Bd. 1: *Kalifornien.* 2 Teile. Bern–München 1976. — **34** J. Spalek, University of Southern California, an Werner Berthold, Deutsche Bibliothek, Frankfurt, 21. Januar 1970. Slg. Werner Berthold EB 2001/70, Korrespondenz mit J. M. Spalek, Deutsche Nationalbibliothek. Deutsches Exilarchiv 1933–1945. — **35** Joseph Strelka:»Fragwürdige Exilforschung« In: *Neue Zürcher Zeitung,* 8./9.4.1984. Zu Strelka vgl. a. Werner Röder:»Exil- und Emigrationsforschung. Notizen aus deutschen Erfahrungen«. In: Friedrich Stadler (Hg.): *Vertriebene Vernunft II. Emigration und Exil österreichischer Wissenschaft.* Internationales Symposium 19. bis 23. Oktober 1987 in Wien. Wien–München 1988, S. 107. — **36** Vgl. dazu die Tagungsbände Reinhold Grimm und Jost Hermannd (Hg.): *Exil und innere Emigration. Third Wisconsin Workshop.* Frankfurt/M. 1972; Peter-Uwe Hohendahl und Egon Schwarz (Hg.): *Exil und innere Emigration II. Internationale Tagung in St. Louis.* Frankfurt/M. 1973; s.a. Wolfgang D. Elfe (Hg.): *Deutsches Exildrama und Exiltheater. Akten des Exilliteratur-Symposiums der University of South Carolina 1976.* Berlin 1977. — **37** Vgl. Ernst Loewy:»Zum Paradigmenwechsel in der Exilliteraturforschung«. In: *Exilforschung. Ein internationales Jahrbuch.* Bd. 9: *Exil und Remigration.* München 1991, S. 208 ff. — **38** Wulf Koepke:»Anmerkungen zur Kontinuität der Exilliteraturforschung in Nordamerika«. In: *Exilforschung. Ein internationales Jahrbuch.* Bd. 14: *Rückblick und Perspektiven.* München 1996, S. 75 ff. — **39** Vgl. dazu den Tagungsband Helmut Pfanner (Hg.): *Kulturelle Wechselbeziehungen im Exil – Exile across Cultures.* Bonn 1986. — **40** Koepke:»Anmerkungen zur Kontinuität« (s. Anm. 38), S. 85. — **41** Jost Hermand und Reinhold Grimm: *Exil und innere Emigration. Third Wisconsin Workshop.* Frankfurt/M. 1972; Ders.:»Das Eigene im Fremden. Die Wirkung der Exilanten und Exilantinnen auf die amerikanische Germanistik«. In: *Exilforschung. Ein internationales Jahrbuch.* Bd. 16: *Exil und Avantgarden.* München 1998, S. 157 ff.; Helmut F. Pfanner: *Exile in New York. German and Austrian Writers after 1933.* Detroit 1983; Alexander Stephan: *Die deutsche Literatur im Exil 1933–1945. Eine Einführung.* München 1979; Ders.: *Im Visier des FBI. Deutsche Exilschriftsteller in den Akten amerikanischer Geheimdienste.* Stuttgart–Weimar 1995; Guy Stern: *Literarische Kultur im Exil. Literature and Culture in Exile. Collected Essays on the German-Speaking Emigration after 1933.* Dresden 1989; Frank Trommler: *Amerika und die Deutschen. Bestandsaufnahme einer 300jährigen Geschichte.* Opladen 1986 (amerikan. Ausg. 1985). — **42** So Hinrich C. Seeba:»Zwischen den Kulturen. Wissenschaftsemigration und German Studies«. In: Ders.: *Denkbilder. Detmolder Vorträge zur Kulturgeschichte der Literatur.* Bielefeld 2011, S. 39 ff., bes. S. 42, 56. — **43** J. Spalek an W. Berthold, 21.1.1970, Spalek-Files, Albany. — **44** Dazu John M. Spalek:»Exilliteratur und Exilliteraturforschung in den USA«. In: *Colloquia Germanica* 1971, Nr. 1/2, S. 151–166. (Spaleks Referat auf der internationalen Konferenz in Stockholm 1969); Ders.:»Die Anfänge der Exilforschung in Amerika«. In: *Erste Begegnungen – gemeinsame Projekte.* Klaus G. Saur zum 60. Geburtstag. München u. a. 2001, S. 274–278. — **45** *Protokoll des II. Internationalen Symposiums zur Erforschung des deutschsprachigen Exils nach 1933* (s. Anm. 19), S. 36, 157 ff. — **46** Manfred Briegel:»Der Schwerpunkt Exilforschung bei der Deutschen Forschungsgemeinschaft«. In: *Gesellschaft für Exilforschung, Nachrichtenbrief* Nr. 3/Dezember 1984, S. 11 ff. — **47** Ilse Blumenthal-Weiss, LBI. In: *Protokoll des II. Internationalen Symposiums zur Erforschung des deutschsprachigen Exils nach 1933* (s. Anm. 19), S. 182. — **48** Adrienne Ash an Erna Budzislawski, 5. Oktober 1975 u. deren Antwort 13. Oktober 1975, Spalek-Files, Albany. — **49** Spalek-Korrespondenz mit George Froeschel, seit 11. Juli 1971, und mit René Wellek, seit 28. Januar 1980, ebd. — **50** John M. Spalek in collaboration with Adrienne Ash and Sandra H. Hawrylchak: *Guide to the Archival Materials of the German-speaking Emigration to the United States after 1933.* Deutsch-Englisch. Charlottesville 1978. In den Personenakten Spaleks finden sich diverse Schreiben aus den 1970er Jahren an bekannte Gelehrte, auf die er keine Antwort bekommen hat. — **51** Vgl. dazu meine Besprechung: Claus-Dieter Krohn: »Neue Dokumentationen zur Exilforschung«. In: *Exilforschung. Ein internationales Jahrbuch.* Bd. 12: *Aspekte der künstlerischen inneren Emigration 1933 bis 1945.* München 1994, S. 217 ff. — **52** John M. Spalek und Joseph Strelka (Hg.): *Deutschsprachige Exilliteratur seit 1933.* Bd. 2: *New York.* 2 Teilbde. Bern 1989. — **53** John M. Spalek, Konrad Feilchenfeldt und Sandra H. Hawrylchak (Hg.): *Deutschsprachige Exilliteratur seit 1933.* Bd. 3: *USA.* 5 Teilbde. Bern–München 2000–2003; Dies. (Hg.): *Deutschsprachige Exilliteratur seit 1933.* Bd. 4: *Bibliographien. Schriftsteller, Publizisten und Literaturwissenschaftler in den USA.* Bern–München 1994. — **54** Dazu John Spalek an Grete Katz, Goethe-Institut, Mexico, 9. November 1972; Ders. an Walter A. Berendsohn, 21. August 1972, Spalek-Files, Albany. — **55** Will Schaber: »Fokus Albany«. In: *Aufbau,* 26. Oktober 1990 (= Angelpunkte der Exilforschung). Aus dem Nachlass von Paetel hg. wurde von Spalek und Wolfgang Elfe dessen Autobiografie, s. Karl O. Paetel: *Reise ohne Uhrzeit. Autobiographie.* Worms 1982. — **56** John Spalek an Walter A. Berendsohn, 12. Juni 1972, Sammlung John M. Spalek EB 95/26. Deutsche Nationalbibliothek. Deutsches Exilarchiv 1933–1945. — **57** Vgl. State University of New York at Albany. M. E. Grenander Department of Special Collections and Archives. The German and Jewish Intellectual Emigré Collection http://library.albany.edu/speccoll/emigre.htm (7.5.2012). — **58** Wulf Koepke, Protokoll der Gründungssitzung, 29. Dezember 1977 im Blackstone Hotel, Chicago/Ill., Redaktionsarchiv des *Jahrbuchs Exilforschung* im Besitz des Verf. — **59** Society for Exile Literature, Certificate of Incorporation, 17. Mai 1979 im Staat South Carolina, der Wirkungsstätte des Schatzmeisters der Gesellschaft, Wolfgang D. Elfe, ebd. — **60** Spalek Memo, 18. September 1978, ebd. — **61** Dazu Ernst Loewys Editorial, in: *Gesellschaft für Exilforschung, Nachrichtenbrief,* Nr. 1–2/März 1984, S. 5 f. — **62** Jackman und Borden: *The Muses Flee Hitler,* Heilbut: *Exiled in Paradise* (s. Anm. 25). — **63** Koepke: »Anmerkungen zur Kontinuität« (s. Anm. 38), S. 88. — **64** Vgl. z. B. Protokoll der Vorstandssitzung der Gesellschaft für Exilforschung, Frankfurt/M., 4. Juni 1988, TOP 5 und 6, Redaktionsarchiv des *Jahrbuchs Exilforschung.* — **65** Jane O. Newman: »Nicht am falschen Ort: Saids Auerbach und die ›neue‹ Komparatistik«. In: Karlheinz Barck und Martin Treml (Hg.): *Erich Auerbach. Geschichte und Aktualität eines europäischen Philologen.* Berlin 2007, S. 341 ff.; Herbert Lindenberger: »Aneignungen von Auerbach. Von Said zum Postkolonialismus«. In: Ebd., S. 357 ff. — **66** Allan Bloom: *The Closing of the American Mind. How Higher Education has failed Democracy and impoverished the Souls of today's Students.* New York 1987, S. 141 ff. Zitat S. 147; Earlene Craver und Axel Leijonhufvud: »Economics in America: The Continental Influence«. In: *History of Political Economy* 19 (1987), S. 173 ff.; s. a. Wilfried M. McClay: »Historical Research on the Refugee Intellectuals. Problems and Prospects«. In: *International Journal of Politics, Culture and Society* 7 (1994), S. 513 ff.

Helmut Müssener

Die Stockholmer Koordinationsstelle zur Erforschung der deutschsprachigen Exilliteratur 1969 bis 1975

Ein Zeitzeuge berichtet

Anfang März 2011 wurde ich gefragt, ob ich als »Zeitzeuge« und in Personalunion zugleich als »Wissenschaftler« bereit wäre, über die Aktivitäten der »Stockholmer Koordinationsstelle« zu schreiben, d. h. »an die Hintergründe ihrer Entstehung, ihre Rolle bei der Vermittlung und dem Austausch der Forschungen diesseits und jenseits der damaligen Systemgrenzen« und anderes mehr zu erinnern.[1] Nun sind seit 1969, als die Stelle ihre Arbeit aufnahm, mehr als 40 Jahre vergangen, eine lange Zeit auch für einen »Zeitzeugen«, und dem »Wissenschaftler« steht kaum noch Material zur Verfügung. Unterlagen der Koordinationsstelle, so der gesamte Briefwechsel, waren in den 1990er Jahren an die Walter-A.-Berendsohn-Forschungsstelle der Universität Hamburg abgegeben worden, und private Unterlagen und Arbeiten befinden sich seit einigen Jahren in der Obhut des schwedischen Reichsarchivs. Einiges war aber geblieben, so vier Berichte Walter A. Berendsohns aus den Jahren 1967 bis 1969, die zehn Berichte der Koordinationsstelle, ihr Rechenschaftsbericht von 1975, vier Rundschreiben von 1974, das Protokoll der Tagung in Kopenhagen 1972 und eine Dokumentation über das Scheitern der für 1975 in Wien geplanten Tagung. Auch Unterlagen über die erste Stockholmer Tagung von 1969 fanden sich. All dies diente dem Zeitzeugen als dringend notwendige Gedächtnisstütze.[2]

I »Uns ist in alten maeren wunders vil geseit (...)« – Eine Vorbemerkung

Mit dem Gedächtnis hat es so seine Bewandtnis. Manche Aktivitäten, an denen HM[3] tatkräftig beteiligt war, sind dem Ich völlig entfallen. Erst eine Notiz in einem der Rundschreiben erinnerte daran, dass HM im März 1974 an einer Konferenz in Wien teilnahm, die die dritte Tagung 1975 vorbereiten sollte. Dagegen erinnere ich mich noch im Detail an eine Autoreise im August 1970, auf der HM in der DDR, in der ČSSR, in Österreich und der Bundesrepublik zum einen Archive besuchte und Zeitzeugen befragte, zum anderen sich bemühte, Kontakte zu Instituten und Personen zu knüpfen, die der Arbeit der Koordinationsstelle zugutekommen sollten. So traf er im gespenstischen Prag die Mitglieder der Arbeitsgruppe für deutsche Exilliteratur an der tschechoslowakischen Akademie der Wissenschaften. Ihr Chef, ein DDR-Bürger, war gerade seines Engagements im Prager Frühling wegen abgesetzt und in die Heimat zurückbeordert worden. Die tschechoslowakische Staatsangehörigkeit, die er 1968 angenommen hatte, wurde ihm aberkannt. Selbst eine Scheinheirat, die er, um bleiben zu können, mit einer Kollegin eingegangen war, half nichts. Das Gespräch darüber, aber auch über Sachfragen, an dem außer der Kollegin auch andere teilnahmen, erstarrte in demselben Augenblick, als der neu ernannte Leiter der Arbeitsgruppe den Raum betrat. Keiner wagte noch eine eigene Ansicht zu äußern. HM sprach mit der Germanistin Vera Machačkova in ihrem Arbeitszimmer in der Universität über den Exilautor Ernst Sommer, das Wetter, die Stadt Prag. Synchron dazu führten sie einen Dialog mit Zetteln, die sie eifrig hin- und herschoben, über die Lage an der Universität und über Eduard Goldstücker, von dem HM Grüße auszurichten hatte. Im selben Gebäude schaute ein anderer Germanist, Emil Skala, aus dem Fenster seines Arbeitszimmers und konstatierte: »Die Sonne scheint. Setzen wir uns doch auf eine Bank an der Moldau.« Dort saßen sie bei allerdings bedecktem Himmel und erörterten die aktuelle Lage. Emil Skala verstummte gelegentlich, bis ihm sicher zu sein schien, dass das studentische Pärchen, das auf der Nachbarbank Platz genommen hatte, nicht zuhörte. Und im Wiener Griechenbeisel traf HM Horst Halfmann, den allzu früh verstorbenen Leiter der Exilsammlung der Deutschen Bücherei, mit dem er sich einige Tage vorher in Leipzig für den Abend verabredet hatte. Horst Halfmann hatte in Wien, reiner Zufall, beruflich zu tun. Nun bekam HM unter vier Augen und ohne Ohrenzeugen eine gründliche Lektion über die Interna der DDR-Exilliteraturforschung und ihre Protagonisten. Danach wusste er, wer an welchen Stricken zog und wer gegen wen… Genug davon, denn »Wes das Herz voll ist«, der ist in der akuten Gefahr, dass »des der Mund über (geht)«. HM erkannte, dass ein solcher Besuch aus dem Westen Kolleginnen und Kollegen Gelegenheit bot, Atem zu holen, frei von der Leber zu sprechen, Kenntnisse zu sammeln; er sah, dass solche Gespräche vonnöten, aber auch möglich waren, dass ein solcher Austausch für beide Seiten Gewinn bringen konnte.

Diese Vorbemerkung wäre unvollständig ohne den Hinweis auf die Arbeitsbedingungen, vor allem die technischen, unter denen ein »Altvorderer« in den Jahrzehnten vor IT und World Wide Web arbeiten

musste. Sie waren, verglichen mit Heute, vorsintflutlich und erschwer-
ten Arbeit wie Leben. Es war die Zeit der mechanischen Schreibmaschi-
nen, auf denen man Matrizen tippte. Druckfehler korrigierte man mit
Tipp-Ex und größere Änderungen verboten sich von selbst, denn dann
hätte man auch andere Seiten neu schreiben müssen. Mithilfe einer
»Nudelmaschine«, die HM umhüllt von alkoholgeschwängerten Lüften
mit der Hand kurbelte, oder mithilfe eines furchterregenden Apparates
der Marke Gestetner, der unter ohrenbetäubendem Krach Seite nach
Seite ausspie, wurde das Manuskript vervielfältigt und geheftet. Denn
die Mittel reichten meistens nicht aus, um die Arbeit einer Vervielfälti-
gerei, irreführend Druckerei genannt, zu überlassen. Man reise zeitauf-
wendig mit dem Zug oder Auto, Flüge waren unerschwinglich. Die
Länge der Telefongespräche wurde ebenso wie die Höhe der Portokos-
ten von der Institutsleitung kritisch überwacht. Allerdings gab es damals noch Sekretärin und studentische Hilfskräfte. Von E-Post, PCs,
Laptops, Scannen, Schreibprogrammen, elektronischen Austauschpro-
grammen, Homepages, konnte HM damals, vor 40 Jahren, nicht einmal
träumen. Was hätte man seinerzeit nicht alles leisten können, wenn man
diese Hilfsmittel gehabt hätte.

II »Im Anfang war (...)« – Walter A. Berendsohn und seine Pionierleistung

Meine Bekanntschaft mit Walter A. Berendsohn (WAB) ging auf Herbst
1961 zurück. HM suchte ihn, den Strindberg-Forscher, in Stockholm
auf, als er nach Schweden kam, um dort eine Dissertation über Strind-
bergs *Traumspiel* zu schreiben.[4] Das wiederholte sich des Öfteren in den
beiden folgenden Jahren, aber über Exil, Exilliteratur sprachen sie nie,
über Berendsohns Schicksal nur am Rande.[5] HM begegnete ihm dann
erneut, als er Herbst 1964 als promovierter Frischling eine Stelle als
Ausländischer Lektor am Deutschen Institut der Universität Stockholm
antrat. WAB gehörte zur großen Schar sogenannter Archivarbeiter, d. h.
älterer, meist wissenschaftlich vorgebildeter und fast ausnahmslos ausländischer Arbeitskräfte, die in Schweden nicht mehr als Metallarbeiter
oder ähnliches in den normalen Arbeitsbetrieb eingeschleust werden
konnten, sondern von staatlichen Instituten und Institutionen angestellt
wurden. Über eine Behörde wurden sie mit einem geringen Gehalt, das
aber über dem Existenzminimum lag, in Bibliotheken oder Archiven
mit nützlichen Aufgaben betraut. Der Leiter des Instituts, Professor
Gustav Korlén, hatte ihn Ende der 1950er Jahre dorthin geholt. Er ließ
ihn schalten und walten, wie er wollte, das heißt, er führte Veranstal-

tungen durch, nach denen ihn gelüstete, pro Semester eine Vorlesung oder ein Seminar. Ihr Besuch war fakultativ, sie wurden von Studentinnen und Studenten reiferer Jahrgänge besucht. Am Institutsleben nahm WAB nicht teil und hielt auch keine Prüfungen ab, betreute allerdings gelegentlich Seminararbeiten und sogar Dissertationen. Er hatte es Korlén und dessen Beziehungen zu verdanken, dass er nach Erreichen des gesetzlichen Pensionsalters, das er 1964 als 80-jähriger bereits seit 15 Jahren (!) überschritten hatte, noch weiterlehren und ein Gehalt weiter beziehen konnte.

Ab 1967 griff WAB Exilthemen auf und HM nahm 1968 aus reiner Neugier an einem seiner Seminare teil, noch immer unbeleckt von Kenntnissen darüber. Dies sollte sich im Herbst 1968 schlagartig ändern. Er hatte sich nach einem Seminar mit WAB unverbindlich über seine Absicht unterhalten, nach Jahren pädagogischer Arbeit, Schulfunkkursen und Lehrbüchern wieder einmal wissenschaftlich zu arbeiten, woraufhin ihn dieser in einem Brief vom 2. Dezember 1968 zu einer »Heidenarbeit (verdonnerte)«. Er setzte ihn auf das *Exil in Schweden* an und »überschüttete ihn mit Namen, Listen und Literaturhinweisen und trieb ihn in der Anfangsphase eher mit der Peitsche denn mit Zuckerbrot vor sich hin, bis er merkte, dass die Arbeit in Gang gekommen war.«[6] WAB hatte zu diesem Zeitpunkt zu (s)einem Thema zurückgefunden, das er Anfang der 1950er Jahre resigniert aufgegeben hatte.[7]

Am Anfang standen seine vier hektografierten Berichte über *Die deutsche Literatur der Flüchtlinge aus dem Dritten Reich*, die 1967 bis 1968 vom Deutschen Institut der Universität Stockholm herausgegeben wurden. Vorlage war jeweils eine mit der Hand beschriebene Loseblattsammlung, Format A8, deren Inhalt von der Institutssekretärin auf Matrize geschrieben und danach mit Hilfe der »Nudelmaschine« vervielfältigt und von Hiwis geheftet wurde.

Der erste Bericht ist auf den 24. Januar 1967 datiert.[8] Hier schlägt WAB erstmalig vor, »den Begriff ›Deutsche Literatur der Flüchtlinge aus dem Dritten Reich‹ (abgekürzt ›Flüchtlingsliteratur 1933ff‹) zu gebrauchen, der ›Exilanten‹ und ›Emigranten‹ zusammenfasst.«[9] Es ist eine Forderung, die sein erstes ceterum censeo werden sollte und immer wieder Debatten auslöste. Seiner Meinung nach war der Begriff »Exilliteratur« mit einer Beschränkung auf die Jahre 1933 bis 1945 verbunden, wie es auch der Katalog der Frankfurter Ausstellung von 1965 postulierte. Diese »Flüchtlingsliteratur« teilte er anschließend in drei Perioden ein. Die erste umfasste die Jahre 1933 bis 1939, die zweite die Zeit zwischen Kriegsausbruch und -ende, während die dritte »bedeutendste Periode dieser Literatur aber zweifellos erst 1945 (beginnt), und ihr Ende noch nicht abzusehen (ist).«[10] Im Einklang mit einer imaginä-

ren »humanen Weltmeinung seit 1938« bezeichnete er »die Werke der
Flüchtlinge als die repräsentative deutsche Literatur«, während die nationalsozialistische Literatur nie über die Grenzen hinaus Geltung gewonnen habe.[11] Anschließend beklagte er sich darüber, dass »die berufenen Forschungsstätten an deutschen Hochschulen (...) sie (...) fast
völlig unbeachtet gelassen (haben), sodass hunderte und aber hunderte
von Problemen und Aufgaben unangerührt daliegen.«[12] Gerade dies
habe ihn veranlasst, »das Thema von neuem aufzunehmen, mit dem ich
mich seit 1933 so viel beschäftigt habe.«[13] Stolz fügt er hinzu, es sei ihm
gelungen, den Direktor des Deutschen Instituts an der Universität
Stockholm, Professor Gustav Korlén, dafür zu gewinnen, dort »eines
der erforderlichen Zentren für die Forschung in diesem Felde zu entwickeln.« Dieser sei sogar bereit, die Arbeit weiterzuführen, »wenn ich
nicht mehr mitwirken kann«[14], ein Versprechen, das Korlén, wie er HM
glaubhaft versicherte, so nie gegeben hatte.

Der zweite Bericht erschien im Dezember des gleichen Jahres.[15] Erneut ging WAB davon aus, dass »die Massenflucht aus dem Machtbereich Adolf Hitlers bisher noch so gut wie unerforscht« sei; sie bedürfe
noch »jahrzehntelanger gründliche(r) Vorarbeiten (...), ehe eine befrie-
digende Geschichte dieser einzigartigen, mächtigen literarischen Erscheinung geschrieben werden kann.«[16] Er regte ferner an, »in jedem
Lande, in dem es geistig rege Flüchtlingszentren gab, (...) ein Forschungszentrum« zu bilden[17], und fügte hinzu, das Deutsche Institut
habe »als erstes die systematische Erforschung der Gesamterscheinung
ins Auge gefasst.«[18] Zusätzlich verkündete er, »solange keine zentrale
Stelle in Westdeutschland[19] die systematische Arbeit aufnimmt, will das
Deutsche Institut der Universität Stockholm als Vermittlungs- und
Sammelstelle dienen.«[20] Dabei dürfte hier wie später noch des Öfteren
der Wunsch der Vater des Gedankens gewesen sein, denn bis auf eine
unverbindliche Absichtserklärung Korléns war es nur der 82-jährige
WAB selbst und niemand sonst am Institut, der dies »ins Auge gefasst«
hatte. In Verfolgung dieses Ziels werde »das Institut (...) 1969 in Stockholm eine erste Zusammenkunft der interessierten Forscher (...) veranstalten.«[21] Sie sollte die Grundlagen für »die Erforschung dieser erdumspannenden geistigen Bewegung« legen, eine Aufgabe, die nur durch
»intensive internationale Zusammenarbeit« zu bewältigen sei.[22] Dieser
Plan war selbst Korlén zu diesem Zeitpunkt noch unbekannt, während
HM sowieso völlig unwissend war.

Der dritte Bericht erscheint vier Monate später im April 1969.[23] Der
Umfang, der gegenüber dem zweiten um 90 Seiten angewachsen war,
»zeugt« Berendsohns Ansicht nach »von wachsendem Interesse für diesen Teil der deutschen Literaturgeschichte in aller Welt«[24], vor allem

aber von seinem immensen Sammelfleiß, der durch die Aussicht auf das nahende Symposium noch beflügelt wurde. Im Vorwort plädierte er erneut für die Aufhebung der zeitlichen Begrenzung auf die Jahre 1933 bis 1945, da diese die »Erscheinung zu einem Stück Vergangenheit« stempele. Er vertrat die These, dass die Zeit von 1945 bis zur Gegenwart »für die draußen bleibenden Schriftsteller (…) länger als die Dauer des ›tausendjährigen Reiches‹ und zugleich die fruchtbarste und erfolgreichste Periode (ist)«[25], nach dem Plädoyer für den Begriff »Flüchtlingsliteratur« hier also das zweite Ceterum Censeo seiner Arbeit. Als drittes Ceterum Censeo erscheint in diesem Bericht erstmalig die explizite Forderung nach »Grundforschung«. »Überall ist notwendig, dass etwas betrieben wird, was man ›Grundforschung‹ nennen könnte, die Einsammlung und Registrierung des zugehörigen Materials aus allen vorhandenen Quellen, u. a. aus Bibliotheken, Archiven und besonders aus Privatbesitz, der, wenn irgend möglich, in öffentliche Hand gebracht und der Forschung zugänglich gemacht werden sollte.«[26]

Im direkten Anschluss daran griff er voll in die Saiten: »Die Weltöffentlichkeit hat noch gar keine klaren Vorstellungen vom Reichtum und der Mannigfaltigkeit der Leistungen dieser erdumspannenden geistigen Bewegung in deutscher Sprache, die in finsterer Zeit so viel von der humanen Tradition des Anderen Deutschland in den Aufnahmeländern« bewahrt habe.[27] Nahezu hochstaplerisch verkündete er danach wie im zweiten Bericht, das Deutsche Institut der Universität Stockholm habe sich »die Aufgabe gestellt, die Forschung in diesem Felde systematisch aufzugreifen und die erforderliche systematische internationale Zusammenarbeit zu organisieren.«[28] Für HM völlig überraschend stellte er dazu dessen noch in den Anfängen befindliche Arbeit über das *Exil in Schweden*[29] umfassend vor und bestimmte ohne jede Absprache mit dem Verfasser sogar den Zeitrahmen der Fertigstellung. Es sei eine Arbeit die »wohl drei Jahre in Anspruch nehmen wird, da hier sehr viel zu ermitteln ist«, und er teilte Vorschusslorbeeren aus, deren Berechtigung dahingestellt sei. »Ich nenne diese Arbeit ›Grundforschung‹. Da ich in allen Aufnahmeländern solche Grundforschung anrege (…), kann die Arbeit Dr. Müsseners als eine Art Modell betrachtet werden.«[30] Diese Sätze waren eher Peitsche denn Zuckerbrot.

WAB machte sich im Folgenden sogar zum selbsternannten Sprecher des Instituts, als er schrieb: »Das Deutsche Institut (…) schlägt vor, um die internationale Zusammenarbeit auf diesem Gebiet zu fördern und zu festigen, vom 19.-21. September 1969 in Stockholm eine internationale Zusammenkunft der Interessenten zu veranstalten. Auf dieser Tagung sollen nicht einzelne Schriftsteller und Werke erörtert werden, sondern nur die Problematik der Gesamterscheinung.«[31] Damit wurde Korlén vor vollendete Tatsachen gestellt. Denn trotz des einschränkenden Vorbehalts, »unter der Voraussetzung, dass die erforderlichen Mittel zur Verfügung gestellt werden«, nahm ihn nun die konkrete Ankündigung einer »öffentlichen Einladung, voraussichtlich im April« nicht nur moralisch, sondern auch de facto in die Pflicht.[32]

Die praktische Arbeit musste darüber hinaus schleunigst in Angriff genommen werden, wenn die Ankündigung – es blieben gerade vier Monate – verwirklicht werden sollte. Erstmalig wurde HM herbeizitiert und gegen seinen ohnmächtigen Protest mit der Aufgabe betraut, die Infrastruktur der Tagung vorzubereiten, Räume anzumieten, Busse für den Transport der Teilnehmer zu den Tagungsstätten zu sichern, Hostessen für die Betreuung der Teilnehmer anzuwerben und so weiter. Als zweiter ungläubiger Thomas – der erste war Korlén – lauschte er Ende April den Beteuerungen Berendsohns, er rechne fest damit, für die Durchführung der Tagung Mittel der deutschen VolkswagenStiftung zu erhalten, die er beantragt habe, während Korlén selbst fieberhaft schwedische Mittel beizubringen versuchte. HM erfüllte aber die ihm auferlegten Aufgaben nach bestem Wissen und Gewissen, zumal er letzten Endes beiden die Verantwortung, vor allem die finanzielle, überlassen konnte. Ein Programm wurde zusammengestellt und Ende Mai, zweieinhalb Monate vor Beginn des Symposiums, wenig mehr als zwei Wochen vor Beginn der Sommerpause, in der ganz Schweden in die Ferien zu gehen pflegt und niemand mehr Entscheidungen zu treffen wagt, kamen positive Bescheide der VolkswagenStiftung[33] und des Schwedischen Humanistischen Forschungsrates (HSFR), die beantragten Gelder waren also bewilligt. Korlén und HM konnten erleichtert durchatmen, während WAB wieder einmal über die Kleinmütigen triumphierte. »Chuzpe«, in der allerbesten Bedeutung des Wortes, Optimismus, Waghalsigkeit, Elan eines fast 85-jährigen hatten gesiegt. Das Absageschreiben, dessen Text Korlén und HM bereits vorformuliert hatten, konnte im Papierkorb verschwinden.

Kurz vor Beginn des Symposiums konnte der vierte Bericht[34] versendet werden, »der letzte, den ich ausarbeite«.[35] In der Einleitung reitet WAB seine Steckenpferde und propagiert erneut die »Grundforschung, das heißt die Erfassung der gesamten geistigen und kulturellen Wirksamkeit der Flüchtlinge in den Aufnahmeländern, die Ermittlung, erschöpfende Ausnutzung und Veröffentlichung aller Quellen und Hilfsmittel.«[36] Es handele sich darum – das zweite ceterum censeo, der Widerstand gegen die zeitliche Begrenzung des Exils klingt an –, dass hunderttausende deutschsprachige Menschen, mehr als vier Fünftel der aus dem »Dritten Reich« geflüchteten, nicht zurückgekehrt seien; sie hätten aber ihre Liebe zur deutschen Kultur und Sprache bewahrt, sie

hätten »in der finstersten Zeit (…) die freiheitlich-humane Überlieferung des Anderen Deutschland im stark betonten Gegensatz zum Dritten Reich in aller Welt vertreten«[37], wobei der Begriff »Humanistische
Front« mitschwingt. Erneut bezeichnet er die Periode von 1945 bis zur
Gegenwart »als die längste und fruchtbarste für die Flüchtlingsliteratur.«[38] Zu guter Letzt gab WAB seiner Hoffnung Ausdruck, dass die bevorstehende erste internationale Tagung in Stockholm eine Grundlage
für sein Hauptanliegen, die »Grundforschung«, schaffe; die Tagung
solle sie fördern und festigen, ihre Ziele klären und ihr Wege weisen. Es
sei ferner »wünschenswert« – so seine Terminvorgabe –, dass alle drei
Jahre eine solche internationale Zusammenkunft stattfinde.[39]

III Der Nestor rief, und viele, viele kamen – Das erste Symposium zur Deutschen Literatur der Flüchtlinge aus dem »Dritten Reich«

Laut Teilnehmerliste nahmen an dem Symposium 60 Personen aus 14
Staaten teil.[40] Die tatsächliche Zahl lag aber höher, da Studenten und
Lehrkörper des Instituts Zugang hatten und auch andere Besucher, die
nicht registriert waren, an den Diskussionen teilnahmen. Das Gros der offiziellen Teilnehmer, mehr als 90 Prozent Männer, kam aus der Bundesrepublik Deutschland, darunter Alfred Kantorowicz, Werner Berthold,
Hans Schuster und Hans-Albert Walter; der einzige bestallte Vertreter
der Germanistik war Hans Wolffheim von der Universität Hamburg,
während Volker Klotz zu diesem Zeitpunkt ohnehin Gast des Instituts
war. Unter Studenten und Doktoranden sind Peter Laemmle, Louis
Naef, Wilfried Schoeller und Christoph Waechter zu nennen; die Beteiligung von fünf Journalisten, die aus der Bundesrepublik angereist waren, ließ das Interesse der veröffentlichten Meinung erkennen. Schweden stellte zwölf Teilnehmer und an dritter Stelle lagen die USA mit
Peter Uwe Hohendahl, Helmut F. Pfanner, John M. Spalek, Guy Stern,
Frank Trommler und Marta Mierendorff, samt und sonders Namen, die
in der künftigen Forscherszene bekannt wurden.[41] Aus Großbritannien
(3) erschien S. S. Prawer; Josef Polacek repräsentierte die ČSSR (1), Steffen Steffensen Dänemark (1), Ernst Reinhold Kanada (1), Marcel Engel
Luxemburg (1), L. Couvée-Jampoller die Niederlande (1), Viktor Suchy
Österreich (1). Aus der Schweiz (1) war der Journalist Ulrich Seelmann-
Eggebert erschienen und aus Italien (2) Armin T. Wegner, der einen Vortrag beisteuerte wie auch einen ausführlichen Diskussionsbeitrag.[42]
Die DDR schließlich schoss ein Eigentor. Sie war im Teilnehmerverzeichnis mit 14 Personen angemeldet, darunter hochkarätigen wie Ulrich Dietzel, Wieland Herzfelde, Eberhard Hilscher, Henryk Keisch,

Wolfgang Kießling, Gerhard Scholz, Curt Trepte, der im Programm mit
einem Vortrag vertreten war, sowie Horst Halfmann und Helmut Lohse
von der Deutschen Bücherei, deren Ausstellung »Deutsche Exilliteratur
1933–1945 und Exiltheater in Schweden« im Rahmen der Tagung eröffnet werden sollte. Tatsächlich erschienen aber nur zwei Personen,
Wolfgang Kießling sowie unangemeldet der Bibliothekar Jürgen Stroech, beide Mitarbeiter des Instituts für Marxismus-Leninismus; ergänzt
wurden sie nominell durch vier Mitarbeiter des neu eröffneten DDR-
Kulturzentrums in Stockholm, die aber nur Gastrollen gaben.

So begann denn Korlén seine Begrüßung mit den Sätzen: »Umso be-
dauerlicher ist, dass ich Ihnen mitteilen muss, dass eine Reihe von Absagen aus der DDR in allerletzter Minute zu verzeichnen sind. Professor
Herzfelde ist verhindert zu kommen, ebenfalls Curt Trepte – erst gestern erhielten wir sein Telegramm – von Trepte hatten wir uns besonders
viel versprochen als einem führenden Vertreter der deutschen Emigration in Schweden. Das bedeutet, dass auch der Kulturabend mit einem
sehr schönen Programm im DDR-Kulturzentrum ausfallen muss. Und
schließlich ist es den Stellen der DDR nicht gelungen, die Bücher für die
Buchausstellung rechtzeitig nach Stockholm zu bekommen. Die Eröffnung der Ausstellung über deutsche Exilliteratur in der Humanistischen
Bibliothek der Universität muss also ebenfalls ausfallen. Angesicht all
dieser Pannen ist man wieder einmal versucht, Bert Brecht zu zitieren:
›Wahrlich, wir leben in finsteren Zeiten‹.«[43] Im Übrigen aber verlief die
Tagung ohne Zwischenfälle, sieht man davon ab, dass ein nicht ange-
meldeter Teilnehmer aus der Bundesrepublik in der Diskussion »dem
IML und den DDR-Historikern Quellenfälschung vor(warf)«.[44] Es war
Erich Krewet, Seemann und ehemaliges KPD-Mitglied, der 1933 nach
der Machterschleichung in der Internationalen Transportarbeiter-Föde-
ration (ITF) Edo Fimmens gegen Nazi-Deutschland gearbeitet hatte.
Allem Anschein nach gab es dazu aber keine weitere Debatte; HM war
zu diesem Zeitpunkt nicht im Saal.

Den Teilnehmern wurde ein opulentes Begleitprogramm präsentiert.
An einem Abend konnte man eine Aufführung der *Dreigroschenoper* im
Königlichen Dramatischen Theater Stockholms besuchen, am nächsten
Tag erfolgte die Eröffnung einer Buchausstellung *Tyska exilförfattare i
Sverige* (Deutsche Exilschriftsteller in Schweden) in der Königlichen Bibliothek Stockholm durch den Reichsbibliothekar Uno Willers, der sich
ein Empfang der Stadt Stockholm durch die Oberbürgermeisterin im
Stockholmer Stadthaus anschloss. Abends las Carl Zuckmayer, zusammen mit seiner Frau Alice Herdan-Zuckmayer Ehrengast, in der mit
etwa 1100 Zuhörern überfüllten Aula der Handelshochschule Stockholm aus seinen Werken. Anschließend wurden die Teilnehmer mit Bus-

sen zum Empfang des Goethe-Instituts gefahren. Am Samstag fielen zwar die Eröffnung der Leipziger Buchausstellung ebenso wie der Kulturabend mit anschließendem Empfang im DDR-Kulturzentrum aus den genannten Gründen ins Wasser, aber die Teilnehmer wurden dafür durch einen groß aufgezogenen Empfang der Botschaft der Bundesrepublik Deutschland entschädigt, der der ursprünglichen griechischen Grundbedeutung des Wortes »Symposium« gerecht wurde. Auch jene hatte sich im Übrigen einen kleineren, für die damalige Zeit aber bezeichnenden Fauxpas geleistet; die Botschaft hatte Korlén mitgeteilt, man könne die Leute aus der »SBZ« leider nicht offiziell einladen. Er möge aber sagen, sie seien willkommen.

Die Teilnehmer der Tagung feierten aber nicht nur, sondern leisteten, wie das Protokoll erkennen lässt, harte Arbeit. Denn nach der Eröffnung der Tagung durch den Rektor der Universität Dag Norberg und zwei kürzeren Begrüßungsansprachen von Korlén und Berendsohn ging man mit dem Vortrag John M. Spaleks über *Die Exilliteratur und -forschung in den USA* direkt medias in res. Nach einem ausführlichen, informativen Frage- und Antwortspiel, das im Protokoll drei eng beschriebene Seiten füllt, leitete dann Guy Stern das Colloquium über *Nomenklatur, Zeitraum, Umfang und Hintergründe der Flüchtlingsliteratur* ein, dem Thema des gesamten Freitags.[45] Hier ging es zunächst um den Begriff Exilliteratur, wobei HM zwar als Ergebnis einer Enquete mitteilte, dass 70 Prozent der von ihm in Schweden befragten Personen sich als Flüchtlinge definiert hätten, aber zum Missfallen WABs gegen den Begriff Flüchtlingsliteratur Stellung nahmen. HM führte zunächst »semantische Gründe« dafür an: »Flüchtlingsliteratur verbinde man nicht mit Thomas Mann, Heinrich Mann, Klaus Mann, Anna Seghers und Arnold Zweig. Vielmehr werde sie für solche Literatur gehalten, die von Leuten geschrieben sei, die nach 1945 vertrieben wurden.«[46] WAB erwiderte, Flüchtlinge allein genüge als Begriff nicht, es müsse der Zusatz »aus dem Dritten Reich« hinzukommen. Werner Berthold plädierte für die sprachlich korrekte Bezeichnung Exulant und wies seinerseits darauf hin, dass man in der Deutschen Bibliothek in den ersten Jahren von der Emigrantenbibliothek gesprochen habe. Später erst habe man sich für den Begriff Exil-Literatur entschieden, beeinflusst von Brechts Gedicht *Immer fand ich den Namen falsch, den man uns gab: Emigranten*. Berthold räumte ein, dass er bei der Arbeit mit Quellen wieder schwankend geworden sei, »vielleicht könne man Emigrant und Exulant nicht so scharf von einander trennen.«[47]

Im Verlauf der weiteren Debatte nahm WAB als Erster zur Frage der zeitlichen Begrenzung 1933–1945 Stellung. Er ging davon aus, dass 82,5 Prozent der bei Sternfeld-Thiedemann »angeführten Schriftsteller nicht heimgekehrt waren«, und verfocht erneut sein zweites ceterum censeo mit überzeugenden Argumenten: »Nehmen Sie Nelly Sachs. Sie schließen Sie aus, wenn Sie 1945 die Grenze ziehen. Herr Walter sagte mir, man sollte die Grenze 1949 setzen. Das halte ich jedenfalls literaturwissenschaftlich für nicht haltbar (...). Wir müssen die Gesamterscheinung sehen, die solange dauert, solange noch einer der Leute, die aus dem Dritten Reich geflohen sind, deutsch schreibt.«[48] In der Nomenklaturfrage selbst gab er aber im Verlauf der weiteren Debatte nach, als er zugab, es sei »berechtigt, von einer selbständigen Literatur zu sprechen, seinetwegen also ›Exil-Literatur‹, bei dem Namen werde er sich jetzt nicht mehr aufhalten.«[49] HM konnte die Diskussion abschließend dahingehend zusammenfassen: »Deutsche Exil-Literatur sei die begriffliche Grundlage für die weitere Zusammenarbeit (...). Diesen zu untergliedern sei die Aufgabe der Wissenschaftler, die sich mit diesem Thema befassen.«[50]

Der zweite Tag wurde mit dem Vortrag HMs über *Aufgaben und Probleme der Grundforschung* eingeleitet.[51] Er umriss diese in einer umfassenden Katalogarie, wobei er vor allem das Zusammenwirken verschiedenster Wissenschaftsdisziplinen wie Zeitgeschichte, Soziologie, Politologie, Psychologie, Literaturwissenschaften einforderte. Er spräche – erstes Ergebnis seiner eigenen Arbeit, wie er in der Diskussion betonte – lieber von »*Exil*-Literatur« denn »Exil-*Literatur*« und bezeichnete seinen »sehr positivistischen Vortrag« als einen Überbau über ein sehr großes Gebiet, wo Literatur nur ein Teil sei, sich dabei wohl bewusst, dass »Positivismus«, zumindest in deutschen Germanistenkreisen, kein positiv besetztes Wort sei.[52] Zudem stellte er eine auf die damalige Gegenwart bezogene indirekte Frage, die ihre Bedeutung bis heute nicht verloren hat: »Vielleicht lassen sich aus den Ergebnissen (...) Nutzen ziehen für diejenigen, die Griechenland unter dem Druck der faschistischen Diktatur verlassen haben, oder für die Staatsangehörigen der ČSSR, für die Militärflüchtlinge der USA in Stockholm und für Anatol Kuznesow in London.«[53] Zur moralischen Unterstützung seiner Ansichten zitierte er das Gedicht Bertolt Brechts *Besuch bei den verbannten Dichtern* mit den Zeilen, »da, aus der dunkelsten Ecke//Kam ein Ruf: ›Du, wissen sie auch//Deine Verse auswendig? Und die sie wissen//Werden Sie der Verfolgung entrinnen?‹ – ›Das//Sind die Vergessenen‹, sagte der Dante leise//Ihnen wurden nicht nur die Körper, auch die Werke vernichtet.‹//Das Gelächter brach ab. Keiner wagte hinüberzublicken. Der//Ankömmling//War erblaßt«. HM schloss mit den Worten: »Wenn es der Grundforschung gelingen sollte, auch nur einen der Dichter, der Wissenschaftler, der Journalisten vor diesem Schicksal zu retten, dann wäre ihre Arbeit nicht vergebens gewesen.«[54]

Danach begann eine lebhafte Aussprache, die programmgemäß naht-
los zum Thema eines Colloquiums *Prinzipien der Materialforschung
und -wertung sowie über die Organisation der weiteren Zusammenarbeit* überleitete. Diese letzte Frage war bereits mehrfach in privaten Pau-
sengesprächen angesprochen worden, sodass die Sätze Steffen Steffen-
sens, als Zentrale schlage er Stockholm vor, weil Professor Berendsohn
dort die Grundlagen geschaffen habe, offene Türen einrannten. Der Präsident des zustande gekommenen Vereins würde Professor Korlén werden, der Ehrenpräsident Professor Berendsohn. Dem Ich klingt dabei
noch heute der ironische Einwurf Guy Sterns in den Ohren: »Und der
Müssener macht die Arbeit«. Selbst die beiden Vertreter der DDR
stimmten beim Mittagessen dem Vorschlag zu, baten sich aber als Bedingung aus, man möge doch in Zukunft von Deutsche Demokratische
Republik statt Ostdeutschland und von Berlin statt Ostberlin sprechen
sowie Postsendungen entsprechend adressieren. HM fasste zum Abschluss der Diskussion die Stockholmer Sicht der Dinge mit den Worten
zusammen: »Wir möchten (...) keine Vereinigung gründen mit verschiedenen Präsidenten, sondern (...) vorschlagen, dass in jedem Land, wo
Interessenten arbeiten, ein oder mehrere regionale Zentren gegründet
werden, Dokumentationszentren also, die das erfasste Material mitteilen in Form von regionalen Berichten (...), dass jede Stelle dann verantwortlich ist für das, was sie mitteilt, und dass dann an der zentralen
Stelle nichts anderes gemacht wird, als diese Berichte zusammenzuset-
zen und mit einem Namenregister zu versehen« – ein frommer
Wunsch –, während Korlén den Namen vorschlug: Stockholmer Koordinationsstelle für die Erforschung der deutschen Exil-Literatur. [55]
   Das Unternehmen hatte einen Namen bekommen, aber es blieb offen, ob es überhaupt existenzfähig war. Danach teilte Guy Stern mit, er
habe mit Professor Paul Stapf gesprochen; dieser sei bereit, in einer Sondernummer der *Colloquia Germanica* die wichtigsten Protokolle und
Arbeiten der Tagung aufzunehmen.[56] – An der weiteren Aussprache beteiligten sich danach unter anderen Werner Berthold, Viktor Suchy und
Hans-Albert Walter. Der Diskussionsbeitrag des Ersteren weitete sich
zu einem eigenständigen Beitrag über *Stand der Forschung zum Exil in
der BRD* aus. Er betonte darin, dass eine gemeinsame Planung zur Be-
nutzung des Materials notwendig sei; hierbei ergäbe sich für die Germanisten eine schwierige Situation, da mit den herkömmlichen germanistischen Methoden zunächst nicht weiterzukommen sei. Ohne die
Kenntnisse des soziologischen, geschichtlichen und politologischen
Überbaus sei eine gute Arbeit nicht zu erreichen. Auch Viktor Suchy erklärte, »eine Zusammenarbeit im Sinne der Vorschläge, die Dr. Müssener gemacht habe, zwischen Zeitgeschichte, Germanistik, Politologie

und Soziologie sei dringend notwendig.« Er fand darin die Zustimmung Hans-Albert Walters, der seinerseits erklärte, eine planvolle, durchorganisierte Arbeit sei notwendig, und dabei expressis verbis »auf das Versagen der Germanistik in der BRD hinwies«; ein Teil der älteren Germanisten verdränge aus begreiflichen Gründen das »Dritte Reich« – aber ein ähnliches Bild ergebe sich leider auch bei ihren Nachfolgern.[57]

Das Colloquium des letzten Tages war dem Thema *Die Wiederaufnahme der Flüchtlingsliteratur im deutschsprachigen Raum, ihre Stellung in der Weltliteratur und über die Tätigkeit der Heimkehrer und über die ›Innere Emigration‹* gewidmet, das entsprechend in verschiedene Richtungen ausuferte. Korlén fasste das Ergebnis des Symposiums in einigen Sätzen zusammen, die im Protokoll wie folgt erschienen. In Stockholm werde eine Instanz gegründet mit dem Arbeitstitel »Stockholmer Koordinationsstelle zur Erforschung der deutschen Exil-Literatur«.[58] In den verschiedenen Ländern müssten Zentren eingerichtet werden, die die regelrechte Koordination und die Sammelarbeit leisten sollten. Die Stockholmer Stelle würde die Zusammenstellung der regionalen Berichte übernehmen und als Multiplikationsorgan tätig sein. Ein Beschluss über eine künftige Tagung wurde nicht gefasst, sondern nur der Wunsch geäußert, dass in zwei bis drei Jahren eine weitere Tagung stattfinde. Offen blieb auch die Frage der Finanzierung. Korlén hatte zwar leichtsinnig betont, er glaube, dass man mit der finanziellen Unterlage rechnen könne,[59] aber der Wunsch war noch völlig der Vater des Gedankens.

Im Anschluss daran erhob sich überraschend Alfred Kantorowicz und dankte im Namen *aller* Teilnehmer – HM und GK zuckten ebenso zusammen wie die Herren Wolfgang Kießling und Jürgen Stroech vom IML – »für das, was in Stockholm geschehen und geschaffen worden ist. Zum ersten Mal seit langer Zeit könne man mit echter Hoffnung auf das Zustandekommen dieser ausgesparten Forschung über deutsche Exilliteratur blicken«, während GK den Dank der Veranstalter an die Teilnehmer aussprach und aus seinen ursprünglichen Gefühlen zur Tagung keinen Hehl machte: »Ich könnte Ihnen jetzt verraten, dass auch ich zur skeptischen Generation gehöre. Jedenfalls bin ich nicht ohne Skepsis an die Vorbereitung dieser Tagung gegangen.«[60] Damit hatte er auch HM aus dem Herzen gesprochen. Allerdings fanden beide keine Zeit, über ihre Gefühle nachzudenken, denn sie sahen sich mit den beiden DDR-Vertretern konfrontiert. Diese versicherten mit Nachdruck, alle ihre Zusagen seien hinfällig, wenn Alfred Kantorowicz' Worte im Protokoll erschienen. Nun, den Männern konnte geholfen werden, das Protokoll verzeichnete in einer nur minimalen Änderung, er habe im Namen *der* Teilnehmer gedankt.

Über das Echo in der schwedischen und deutschsprachigen Presse konnten sich die Veranstalter nicht beklagen. Eine zweiseitige, unvollständige Aufstellung nennt 26 Presseorgane, die Deutsche Presseagentur hatte selbst Zeitungen in der Provinz versorgt, und die großen Druckmedien wie *FAZ, SZ, FR* und *Die Welt* brachten ebenso wie die *NZZ* und die *Basler Nationalzeitung* groß aufgemachte Artikel. Der Schwedische Rundfunk und der Bayerische Rundfunk hatten Features zusammengestellt. Zudem fasste Hans-Albert Walter in der *Zeit* vorbildlich Verlauf und Ergebnisse der Tagung zusammen, die allerdings offen gelassen habe, »wie die Arbeit in der Praxis zu organisieren wäre und – eng damit verbunden – wer sie finanzieren soll. Die euphorische Stimmung, die das Auditorium gelegentlich erfaßte, ändert nichts daran, daß das schwierigste Stadium der Kooperationsvorbereitungen erst noch bevorsteht. Guter Wille allein reicht nicht aus.«[61] Damit hatte er nur zu recht, denn die Koordinationsstelle nahm ihre Tätigkeit, zu der zunächst Erstellung, Vervielfältigung und Versand der Protokolle gehörte, ohne einen blanken Heller zusätzlicher Mittel auf.

IV Kärrnerfron

Erst Mitte 1970 fand sich eine Lösung.[62] Der Schwedische Humanistische Forschungsrat HSFR finanzierte eine Halbzeitstelle als »forskningsassistent« (Forschungsassistent) und ein weiterer Mitarbeiter wurde als »Archivarbeiter« aus Mitteln der Schwedischen Arbeitsmarktbehörde entlohnt. Das Deutsche Institut übernahm die Kosten für den gesamten Versand sowie die Vervielfältigung der Rundschreiben und Veröffentlichungen. Mittel aus der Bundesrepublik wurden ab 1971 bewilligt. Zwar hatte Korlén schon bald einen Antrag bei der DFG eingereicht, aber die Antwort war Schweigen. Irgendwann im Sommer 1970 hatte HM sich bei einem seiner Flüchtlingsfreunde, dem Publizisten Stefan Szende, über diese Saumseligkeit beklagt. Dieser war mit Willy Brandt, damals Außenminister der Bundesrepublik Deutschland, seit Ende der 1920er Jahre eng befreundet und übermittelte ihm das Klagelied. Es verfehlte seine Wirkung nicht; das Auswärtige Amt bewilligte aus seinem Etat eine ansehnliche Summe, die von der DFG verwaltet wurde. Dies bezeugen zwei Schreiben des zuständigen DFG-Referenten Dr. Dieter Oertel an Korlén. In ihnen heißt es: »Der Verlängerungsantrag liegt jetzt beim Auswärtigen Amt mit der Bitte um schnelle Entscheidung vor«, ferner danke er »für die Übersendung weiterer ›Berichte‹, die wir an das Auswärtige Amt weitergeleitet haben.«[63] Zugleich wurde ein Tätigkeitsbericht zum Abschluss des Rechnungsjahres angefordert, der »als sachlicher Verwendungsnachweis gegenüber dem Auswärtigen Amt gedacht« sei.[64]

Mit diesen Mitteln wurden die Kosten für die Vervielfältigung der Berichte, kleinere Personalausgaben, Zeitungsabonnements und Bücherkäufe bestritten. Zudem entrichtete ein Großteil der Bezieher eine Bezugsgebühr von SEK 15,00 pro Exemplar, die von *Bericht I* bis *Bericht
X* unverändert blieb. Mit einigen Instituten wurde ein Publikationsaustausch vereinbart und zahlreiche Forschungseinrichtungen und Privatpersonen, die aus verschiedenen Gründen diesen Betrag nicht zahlen
konnten, erhielten die Berichte unentgeltlich. Rundschreiben sowie andere Veröffentlichungen wurden kostenlos versandt. Die durch die Bezugsgebühr erzielten Einnahmen deckten verständlicherweise nur einen
Bruchteil der anfallenden Kosten.

Nachdem die Stelle sich 1970 mit Mitteln des Instituts finanziert und
im September *Bericht I* vorgelegt hatte, konnte sie ab 1971 mit zwei festen Mitarbeitern rechnen. Eine Sekretärin, Gisela Sandqvist, bekleidete
vom 1. Januar 1972 bis 30. Juni 1975 eine außerordentliche Planstelle
und war unter anderem verantwortlich für die Reinschrift, Drucklegung
und Versand der Berichte und aller sonstigen Veröffentlichungen sowie
sämtliche finanzielle Fragen. Sie war laut Anstellungsvertrag mit dem
HSFR zu einer Arbeitszeit von 20 Wochenstunden verpflichtet, kam
aber auf mehr als 30. Die Überstunden wurden nicht vergütet. »Archivarbeiter« Anatol Ackermann stammte aus Polen. Er war den nationalsozialistischen Häschern 1940 in die Sowjetunion entkommen und 1945
zurückgekehrt. 1969 wurde er erneut vertrieben, als die polnischen Nationalkommunisten in einer der zahlreichen Nachkriegskampagnen die
Juden, die überlebt hatten, mehr und mehr aus dem Lande drängten. Er
arbeitete vom 1. April 1970 bis zum 30. Juni 1975 als Registrator und Bibliothekar, er archivierte die Materialien für die Berichte sowie die Korrespondenz, betreute die Bibliothek der Koordinationsstelle und half
beim Versand. HM selbst war vom 1. Oktober 1969 bis 30. Juni 1975 für
die gesamte Tätigkeit der Koordinationsstelle verantwortlich, zusätzlich zu seinen herkömmlichen Unterrichts- und Forschungsverpflichtungen. Korlén bescheinigte ihm: Er komme auf 18 Wochenstunden
»für Bericht und Rundschreiben (Materialauswahl, Register, Korrektur
etc.) (...); Herr Müssener erledigt diese Arbeit ›ehrenamtlich‹, er erhält
keine weitere Vergütung. Sein Einsatz wird lediglich durch die Art seiner Anstellung am Deutschen Institut der Universität Stockholm ermöglicht, da er als ›forskarassistent‹ (etwa ›Assistenzprofessor‹) nur geringe Lehrverpflichtungen hat. Die von ihm auf die Koordinationsstelle
verwandte Zeit geht voll und ganz zu Lasten seiner eigentlichen Forschungsaufgaben.«[65] WAB gab die Rolle des Ehrenvorsitzenden und

hatte mit der Arbeit nichts zu tun; Korlén vertrat die Stelle gegenüber HSFR und DFG.

Hauptaufgabe der Koordinationsstelle war die Herausgabe der »Berichte«. *Bericht I* erschien im September 1970, dem ein Jahr später *Bericht II* folgte. Von diesem Zeitpunkt an kamen die Berichte halbjährlich heraus. Mit *Bericht X* im Juli 1975 stellte die Reihe ihr Erscheinen ein. Der durchschnittliche Umfang betrug 112 Seiten, *Bericht V*, der umfangreichste, hatte jedoch 157 Seiten. Alle Informationen waren über ein Personen- und Sachregister zu erschließen, die Vorworte verfasste HM, sie informierten zusammenfassend über die Arbeit der Koordinationsstelle. Die Berichte waren als möglichst vollständiges Nachschlagewerk für den jeweiligen Berichtzeitraum konzipiert und sollten »über den Stand der Forschung (…) orientieren, soweit wie möglich doppelte Arbeit verhindern und dabei helfen, Kontakte zwischen den Beziehern« zu etablieren. Ihr Inhalt war ausdrücklich nicht auf die Exil-Literatur beschränkt, sondern sollte die gesamte Emigration und den Hintergrund der Exil-Literatur beleuchten. Hervorgehoben wurde, dass die bibliografischen Angaben über die nicht deutschsprachigen Länder wie Frankreich, Großbritannien und die USA sehr lückenhaft seien.[66]

Die Koordinationsstelle war auch darum bemüht, aktiv neue Interessenten anzuwerben, wenn auch mit geringem Erfolg. Im ersten Bericht wird vermerkt, man habe Anfang Mai 1970 86 Universitäts- und Hochschulinstitute der Bundesrepublik Deutschland, in erster Linie die Institute für Neuere Germanistik, Politische Wissenschaften und Zeitgeschichte angeschrieben. 23 Antworten waren eingegangen, die meisten von Instituten der Pädagogischen Hochschulen. Praktische Ergebnisse zeitigten die Anfragen also nicht, da mit Ausnahme des Germanistischen Seminars der Universität Hamburg (Professor Wolffheim) keine Angaben über fertiggestellte oder in Angriff genommene Arbeiten gemacht wurden.[67] Gleichzeitig ging Korlén mit dem Klingelbeutel herum; eine Notiz im *Bericht II* zeigt, dass er nicht erfolglos war: »Ein besonderer Dank gilt dem Bürgermeister a. D., Professor Dr. Herbert Weichmann, der einen Zuschuss bewilligte«; das Vorwort konnte ferner die Etablierung der *Hamburger Arbeitsstelle für deutsche Exilliteratur* anzeigen, die »dank der Initiative von Professor Wolffheim/Hamburg zustandegekommen ist.«[68] *Bericht V* vermeldete die Gründung einer Exilforschungsstelle in den Niederlanden und das Erscheinen der beiden ersten Bände der auf neun Bände angelegten *Geschichte der Exil-Literatur* von Hans-Albert Walter.[69] *Bericht X* gibt schließlich lakonisch bekannt: »Mit diesem Bericht stellt die Stockholmer Koordinationsstelle zur Erforschung der deutschsprachigen Exil-Literatur ihre 1969 begonnene Tätigkeit ein. Wir möchten an dieser Stelle herzlich allen denjenigen danken, die durch ihre ideelle und finanzielle Unterstützung unsere Arbeit erst möglich gemacht haben. Unser besonderer Dank gilt hierbei der Deutschen Forschungsgemeinschaft in Bonn-Bad Godesberg und dem Schwedischen Humanistischen Forschungsrat.«[70]

Die Koordinationsstelle hatte bis zu ihrem Ende aber nicht nur die zehn Berichte, sondern weitere 23 *Rundschreiben* verantwortet. Sie erschienen in unregelmäßiger Reihenfolge bereits ab 1969, 19 davon durchnummeriert ab August 1971, vier bis fünf Mal pro Jahr mit Mitteilungen über die Arbeit der Koordinationsstelle, Rezensionen, kleineren Aufsätzen und anderem. So enthält *Rundschreiben 1972/III* die Ansprachen, darunter die des schwedischen Ministerpräsidenten Olof Palme, anlässlich der Einweihung des Nelly-Sachs-Gedenkzimmers in der Königlichen Bibliothek Stockholm im Dezember 1972. Die Stelle gab ferner zwischen März 1973 und Mai 1975 die Reihe *Veröffentlichungen* heraus mit insgesamt 20 kleineren Schriften von 15 bis 50 Seiten Umfang und wechselndem Inhalt.[71] Es war eine bunte Mischung, darunter Rezensionen WABs, das Feature *Literatur und Politik im Exil. Eine Sendung des NDR vom 14. 12. 1972*[72] und Dokumentationen, so *Über das Scheitern des III. Internationalen Symposiums zu Fragen des deutschsprachigen Exils. Eine Dokumentation*[73] und *Walter A. Berendsohn, 90 Jahre. Eine Dokumentation.*[74]

Darüber hinaus erschienen 25 teilweise umfangreiche Publikationen, beispielsweise das *Protokoll des Zweiten Internationalen Symposiums zur Erforschung des deutschsprachigen Exils nach 1933 in Kopenhagen 1972*, sodann im März 1975 ein fotomechanischer Nachdruck der *List of Displaced German Scholars. Hg. von der Notgemeinschaft Deutscher Wissenschaftler im Ausland. London, Herbst 1936* sowie zu verschiedenen Zeitpunkten *Adressenverzeichnisse der Bezieher der Berichte,*[75] das letzte vom 15. April 1974. Großen Umfang erreichte auch der Briefwechsel der Koordinationsstelle mit Instituten, Forschungsstellen, Privatpersonen und Verlagen in einer Vielzahl von Ländern. Vom 1. Januar 1972 bis 10. April 1974 wurden 2321 Eingänge und 2641 Ausgänge notiert, Drucksachen, Antworten auf Enqueten, Prospekte etc. wurden dabei nicht gezählt.

Die Zahl der Bezieher war seit Beginn der Tätigkeit ständig angewachsen und erreichte Ende 1974 ihren Höhepunkt mit knapp 500 in 39 Staaten; darunter fanden sich bis auf Griechenland sämtliche europäische und bis auf Paraguay auch sämtliche südamerikanische. Etwa 170 Bezieher waren in der Bundesrepublik zu Hause, rund 100 in den USA und 33 in der DDR, gefolgt von Schweden (31), Israel (21), Großbritannien (19), Frankreich (16) und Österreich (15).

V »Wonderful, wonderful Copenhagen«

Das Zweite Internationale Symposium zur Erforschung des deutschsprachigen Exils nach 1933 fand vom 16. bis 18. August 1972 in der Technischen Hochschule in Kopenhagen statt. Zusammengekommen waren dort nahezu 100 Teilnehmer und Teilnehmerinnen aus 16 Staaten. Mehr als 85 Prozent waren Männer, nur fünf der 13 weiblichen Teilnehmer meldeten sich zu Wort; zwei von ihnen hielten Referate. Die größte Delegation mit 37 Personen war aus der Bundesrepublik angereist, 16 Personen hatten die Reise aus den USA nicht gescheut und die DDR war diesmal mit acht Männern und einer Frau vertreten, Österreich mit drei Teilnehmern.

Das Symposium war von einem Terzett, bestehend aus dem Gastgeber Professor Steffen Steffensen, seinem Assistenten Per El Jörgensen, der für die Durchführung verantwortlich war, und HM vorbereitet worden; an mehreren Treffen hatte auch Jan Hans von der Hamburger Arbeitsstelle teilgenommen. Sie entschieden autonom über Programm und Einladungen, ohne Rücksicht auf Arbeitsgruppen oder andere auswärtige Interessenten nehmen zu müssen. Es war eine diktatorische Vorgehensweise, die aber zum Erfolg führte, während später das für Wien geplante weitere Symposium gerade daran scheitern sollte, dass im März 1974 auf einer Vorkonferenz allzu viele Köche den Brei verdarben. Das umfangreiche Protokoll des Symposiums[76], eine einzigartige Bestandsaufnahme der Exil-Forschung bis 1972, lag bereits Ende des Jahres vor; einleitende Referate und Diskussionsbeiträge wurden in extenso wiedergegeben, es enthält ferner sämtliche auf dem Symposium verteilten Materialien wie Länderberichte, Vorträge einschließlich nicht diskutierter Beiträge. Ausdrücklich wurde vermerkt: »Der Wortlaut der Tonbandaufnahmen wurde nur dann geändert, wenn er im Gegensatz zu den Regeln der deutschen Grammatik stand bzw. andere sprachliche Fehler enthielt.«[77] Steffen Steffensen eröffnete die Konferenz und betonte unter anderem, es heiße »im Titel ›Exil‹, nicht ›Exilliteratur‹, weil wir uns darüber klar sind, dass die Exilliteratur nur in Verbindung mit dem Exil verstanden werden kann und ihre Erforschung auch das Zusammenwirken mehrerer Wissenschaften erfordert.«[78] Dazu sattelte auch Walter A. Berendsohn, der kurz vor Vollendung seines 88. Lebensjahres stand, erneut und ein letztes Mal zwei seiner Steckenpferde: »Ich vermeide absichtlich den Ausdruck ›Exilliteratur‹. Er ist m. E. auf die Dauer ungeeignet als Begriff der Literaturgeschichte (...). Es (handelt) sich um eine mächtige erdumspannende Bewegung, die bis heute weiterwirkt. Ich habe dagegen den Begriff ›Deutschsprachige Literatur der Flüchtlinge aus dem Dritten Reich und ihre Hintergründe‹ geprägt, der in ›Deutschsprachige Flüchtlingsliteratur 1933 ff‹ abzukürzen ist.«[79]

Danach begannen die Teilnehmer mit der Diskussion der »Länderberichte«, die bereits vor der Tagung versandt worden waren beziehungsweise auslagen. Nach einer kurzen Vorstellung durch einen Berichterstatter stieg man jeweils in die Diskussion ein, in der Details, aber auch Grundsatzfragen behandelt wurden. Sämtliche Diskussionen waren detailliert, sachlich, kritisch und nicht polemisch – bis auf eine Ausnahme, als in der Diskussion über den Länderbericht der DDR, den Wolfgang Kießling vorgetragen hatte, Alfred Kantorowicz das Wort zu einem längeren Beitrag ergriff. Es gelte, so betonte er, »hier nicht nur Quellen aufzudecken«, sondern auch zu verhindern, »dass Quellen verschüttet werden, dass nicht nur bedeutende Denker und Schriftsteller (…) zu Unpersonen geworden sind, sondern dass auch bestimmte Quellen (…) nicht vorkommen.« Dies exemplifizierte er überzeugend mit Ernst Bloch, Arthur Koestler, Gustav Regler, Manes Sperber und anderen. Danach machte er den taktischen, aber in HMs Augen verständlichen Fehler, sich selbst einzubringen. Die Deutsche Akademie der Künste, sei »die erste« gewesen, »die angefangen hat, sich mit den Quellen zu beschäftigen. Ich bin nicht unbescheiden, wenn ich sage, noch unter meiner Leitung, denn die Namen, die hier vorkommen (…), das waren ja alle meine Assistenten. Fast alle Namen, die Sie im Bericht gelesen haben, sind bei mir Assistenten gewesen.« [80]

In der atemlosen Stille, die sich im Saal verbreitete, griff Wolfgang Kießling gerade diesen Punkt auf und meinte, den eigentlichen Vorwürfen ausweichend, er wolle »nicht generell darauf antworten, sondern nur folgendes sagen. Wenn von dem Schüler, von den Schülern gesprochen wird, und vom Lehrer, dann müsste man hinzufügen, dass der Lehrer die Schüler verlassen hat. Man könnte jetzt auf die Niederungen einer harten Polemik sich einlassen, das würde den Charakter dieses Symposiums, das sich heute hier gut angelassen hat, würde den Rahmen sprengen und würde unseren Veranstalter, unseren Gastgeber vielleicht in eine missliche Situation bringen.« Er schlage daher vor, darauf nicht weiter einzugehen, sondern sich den weiteren Berichten zuzuwenden, nicht deswegen weil es keine Antwort darauf gäbe, sondern »weil wir von dem Gegenstand unseres Symposiums wegkämen. Ich bitte das zu bedenken.« Das Publikum atmete erleichtert auf und die Spannung legte sich weiter nach der Moderation Gustav Korléns: »Ich befinde mich jetzt in der Situation, wo das neue Wort für Diskussionsleiter, Moderator, mit dem dazugehörenden Verb moderieren durchaus angebracht ist. Ich sehe ein, dass wir hier in einer Situation sind, wo eine Diskussion sehr weit führen würde und wo ein Streitgespräch andererseits nicht möglich ist, vielleicht sind die Herren damit zufrieden.«[81] Sie waren es, zumindest für die Dauer des Symposiums. Der Informationsaustausch konnte so ungestört fortgesetzt werden, andere Herren aber sollten Monate später noch auf diese Auseinandersetzung zurückkommen.

Auf dem Symposium legte HM den Bericht der Koordinationsstelle vor, der sich eine Diskussion über ihre weitere Arbeit anschloss. Er bat darin unter anderem um eine Vertrauenserklärung, damit Korlén gegenüber den Geldgebern einen Folgeantrag für die Zeit bis zum 30. Juni 1975 stellen könne. Dem wurde fast im Übermaß entsprochen. Exemplarisch war die Äußerung Guy Sterns:»Mir scheint, es ist der Sinn dieser Versammlung, daß wir die beispielhafte wissenschaftliche Arbeit, die von der Koordinationsstelle in Stockholm seit 1969 geleistet worden ist, nicht nur begrüßen, sondern diese Arbeit auch weiterhin in Gang sehen möchten und daß wir einmütig alle Dienststellen deutscher und schwedischer Herkunft bitten möchten, diese Koordinationsstelle weiterhin zu fördern.« Etliche weitere Treuebekundungen folgten, so unter anderem von John Spalek:»Ich möchte mich zuerst meinen Kollegen emphatisch anschließen und die Arbeit in Stockholm bejahen.«[82] Allerdings ließ HM in der Diskussion (Selbst-)Zweifel an der Existenz der Koordinationsstelle erkennen und betonte:»Ich möchte keinen ›Erbhof‹ aus dieser Koordinationsstelle machen. Im Gegenteil. Je schneller wir diese Stelle irgendwohin loswerden können, oder je schneller diese Stelle überflüssig wird, desto mehr freue ich mich«; er begründete dies mit der Lage Schwedens und setzte ein Schlussdatum fest:»Wir sitzen etwas vornehm ausgedrückt (...) in Stockholm ein wenig ›anus mundi‹.« Zentrum der eigentlichen Forschung seien bisher die USA, die DDR, die Bundesrepublik, und damit seien die Bereiche abgesteckt, von denen Stockholm recht weit abseits liege. Er wolle diese Arbeit noch zwei bis drei Jahre weiter machen, das sei das Äußerste, dann müßten andere Formen gefunden werden, bei denen Stockholm nur noch als Zulieferer tätig sein sollte.[83]

Alfred Kantorowicz wischte allerdings diesen Einwand beiseite:»Ich wollte nur sagen, dass es sehr bedauerlich wäre, wenn die Stockholmer Zentralstelle irgendwann, es sei in zwei oder drei oder fünf Jahren sich auflöste, denn der ausserordentliche Wert dieser Zentralstelle für deutschsprachige Exil-Literatur besteht ja gerade darin, dass sie in einem neutralen, mehr oder weniger blockfreien Land sitzt, um die verschiedenen Teile der Exil-Literatur-Forschung in Deutschland zusammenzubringen. (...) Stockholm hat es möglich gemacht, die Forschungsstellen in beiden Teilen (Deutschlands) zusammenzubringen, von anderen zu schweigen.«[84] Damit waren Korlén und HM weiter in die Pflicht genommen. Den Anträgen an den HSFR und die DFG, de facto wohl an das AA, wurde kurz darauf stattgegeben und HM wie die Koordinationsstelle sollten ihre Tätigkeit noch drei Jahre fortsetzen.

Im Übrigen wurden noch weitere bemerkenswerte Vorträge gehalten. Unter anderem sprach Philipp Schwartz, Ehrengast der Tagung, über *Die Tätigkeit der Notgemeinschaft der deutschen Wissenschaftler im Ausland*, die 1933 von ihm in der Schweiz begründet worden war. Andere Vorträge standen ganz im Zeichen einer ausgedehnten *Methoden- und Zieldiskussion*. In ihrem Verlauf legte Klaus Jarmatz *Thesen für die Methoden- und Zieldebatte* vor, die nicht nur wie die übrigen lebhaft, sondern auch kontrovers debattiert wurden, aber ein Eklat wurde beiderseits vermieden.

Das Symposium war auch diesmal von diversen Veranstaltungen eingerahmt: Mogens Fog, Rektor der Universität Kopenhagen, Mitglied der dänischen KP und später der Sozialistischen Volkspartei, Widerstandskämpfer und Gestapo-Häftling, gab einen Empfang, ebenso wie der Oberbürgermeister der Stadt, die Botschaft der Bundesrepublik Deutschland und die Handelskammer der DDR. Die Leipziger Bibliothek eröffnete darüber hinaus nun hier ihre Exil-Literatur-Ausstellung. Die Veranstalter waren mit dem Tagungsergebnis zufrieden, zumal die Nachfolge gesichert schien. Denn beim abschließenden Bankett luden Herbert Steiner vom Dokumentationsarchiv des Österreichischen Widerstands und Viktor Suchy von der Dokumentationsstelle für neuere österreichische Literatur für 1975 nach Wien ein. Alles schien somit in bester Ordnung zu sein; zudem unterrichteten mindestens 32 ausführliche und lobende Zeitungsartikel wie auch zwei Rundfunkfeatures die Öffentlichkeit über die Tagung, ein überraschend großes Echo. Aber es sollte sich zeigen, dass damit auch der Zenit überschritten war. Das Symposium in Wien fand nicht statt, wobei mir die genauen Hintergründe für das Scheitern bis heute unklar sind. Jedenfalls geriet die Koordinationsstelle ins Kreuzfeuer des Kalten Krieges, wobei die kältesten Krieger aus dem Westen, aus den USA und Österreich stammten.

VI Causa finita – Ende der Koordinationsstelle

Mitte 1974 neigte sich die umfangreiche Publikation von HM über das *Exil in Schweden* dem Ende zu, die Arbeit an Berichten, Rundschreiben und anderen Veröffentlichungen war zur Routine geworden. Zudem schlug die zeitraubende Tätigkeit im Universitätsbetrieb nicht zu Buche, andere wissenschaftliche Fragen lockten und die Schulter klopfenden Ermunterungen aus aller Welt blieben unverbindlich. So stellte er denn unter der Überschrift *Zu Fragen einer weiteren internationalen*

Zusammenarbeit allen Beziehern die Frage, ob irgendeine institutionalisierte oder zentralisierte Zusammenarbeit für die Zeit nach dem Wiener Symposium noch erforderlich sei und wie diese gegebenenfalls aussehen und finanziert werden sollte. In Stockholm sei das Ende der Fahnenstange erreicht, man habe sich »gegenüber den bisherigen finanziellen ›Trägern‹, dem Schwedischen Humanistischen Forschungsrat in Stockholm und der Deutschen Forschungsgemeinschaft in Bonn-Bad Godesberg verpflichtet (...), keine weiteren Anträge zu stellen.«[85]

Im folgenden Rundschreiben wurde dann Tacheles geredet und unter der Überschrift *In eigener Sache* erneut kundgetan, dass die Koordinationsstelle anlässlich des für Juni 1975 in Wien geplanten Symposiums ihre Tätigkeit in der bisherigen Form einstellen werde.[86] Dafür wurden vier Gründe angegeben, zum einen »die mangelhafte Unterstützung durch Institute und Institutionen ausserhalb der BRD und DDR.« Dieser Vorwurf galt vor allem den USA, in Sonderheit John M. Spalek, der keine seiner Versprechungen zur Zusammenarbeit eingelöst hatte. Hinzu kamen zweitens »die vergeblichen Versuche, mit Institutionen und Instituten in der Sowjetunion, Polen und der Tschechoslowakei Verbindung aufzunehmen. (...) Es wurde uns aber von verschiedener Seite bedeutet, dass eine Zusammenarbeit mit Stockholm nicht ratsam sei, da die Koordinationsstelle finanziell von Bonn aus unterstützt würde«. Zum Dritten bezog sich HM auf das mangelnde Interesse eines Großteils der Bezieher der Berichte am Schicksal der Koordinationsstelle, das ersichtlich sei aus der Tatsache, dass auf die Ausarbeitung »zur Frage einer weiteren internationalen Zusammenarbeit (...) ganze sieben Stellungnahmen eingingen.« Er zog den nur zu berechtigten Schluss, dass man in Zukunft nicht zuletzt in den USA (s)ein eigenes Süppchen kochen wolle. Die Vorbereitungskonferenz in Wien März 1974 hatte darüber hinaus scharfe Gegensätze zwischen West und Ost erkennen lassen, und HM war in Gefahr geraten, zum Watschenmann zu werden.

Dies läßt auch der vierte Grund erkennen, ein unverblümter Angriff Joseph Strelkas, des Institutskollegen John Spaleks. Er hatte in einem Bericht über das Kopenhagener Symposium fälschlicherweise behauptet: »Als Alfred Kantorowicz (...) das Wort ergriff, um einige Bemerkungen über diese seltsamen Versuche des Verdrehens, Verschweigens und Verfälschen zu machen, da ›erwog‹ die ostdeutsche Delegation ihre demonstrative Abreise, wenn es zu freier Diskussion darüber kommen sollte, und leider erwies sich dieser Erpressungsversuch als erfolgreich«.[87] Steffen Steffensen, Gustav Korlén und HM wiesen diesen »Vorwurf, sie hätten sich erpressen lassen, in aller Entschiedenheit zurück. Darüber hinaus stellen sie fest, dass von Seiten der DDR-Delegation zu keinem Zeitpunkt eine ›demonstrative Abreise erwogen‹ oder auf irgendeine Weise eine ›freie Diskussion‹ verhindert wurde«. Strelka antwortete daraufhin erneut äußerst polemisch und sogar ehrabschnei-dend: »Die drei Verfasser einer ›Gegendarstellung‹ bestreiten die Rich-tigkeit einer Stelle meines Berichtes und berufen sich als Quelle auf den Wortlaut des Protokolls, das vermutlich einer von ihnen selbst, nämlich Herr Müssener, hergestellt haben dürfte. Sollte dieses Protokoll in ähn-lich ungenauer und lückenhafter Weise abgefasst sein wie Herrn Müs-seners ›Berichte der Stockholmer Koordinationsstelle‹, dann ist die Quelle trübe.«[88] HM schloss den Schlagabtausch ab mit einem Aus-druck des Bedauerns, dass Professor Strelka nicht den Mut aufgebracht habe, bereits auf dem Symposium gegen die vorgebliche Zensur zu pro-testieren oder zumindest in privaten Gesprächen seine Auffassung kundzutun.[89] Erstaunlich sei ferner, wie HM gegenüber Friedrich Tor-berg betonte, dass Strelka an dem Empfang der DDR-Handelskammer teilgenommen habe, obwohl Alfred Kantorowicz nicht eingeladen war. Eine veritable Schlammschlacht hatte sich entwickelt.

HM verlor die letzte Lust an der Arbeit und an der Suche nach einer Nachfolgeinstitution, zumal man sich auch vonseiten der bundesrepu-blikanischen Vertreter in beredtes Schweigen hüllte. Im darauf folgen-den Rundschreiben notierte er lediglich: »Wie wir (…) erfahren, soll im kommenden Jahr auf Initiative Professor Joseph Strelkas (…) in Paris ein ›Gegensymposium‹ zu dem seit 1972 geplanten Symposium in Wien (…) stattfinden. Zeit und nähere Umstände dieser ›Konkurrenzveran-staltung‹ sind uns bisher nicht mitgeteilt worden« – das war eine leere Ankündigung, stattgefunden hat nie etwas. Resigniert kommentierte er die Meldung; sie bestätige die Auffassung, »dass die Koordinations-stelle, die 1969 ihre Tätigkeit als ›ehrlicher Makler‹ begonnen hat, ihre Aufgabe nicht mehr erfüllen kann.«[90] Das Ende war erreicht. Einem er-satzweisen Wiener Symposium allein über das österreichische Exil blieb er aus Krankheitsgründen fern.

VII Epilog

Danach nahm HM zwar an Tagungen in aller Welt teil und hielt Referate über Themen, die vornehmlich den Ansprüchen der von ihm formu-lierten Grundforschung verpflichtet blieben, widmete sich aber vor al-len Dingen anderen Bereichen. Einen Rückfall erlitt er lediglich um 1980, als er sich auf Bitten Hans-Albert Walters um dessen Nachfolge als Professor an der Universität Hamburg bewarb. Die anschließende Parodie eines »vertraulichen« Berufungsverfahrens ist ihm in lebhafter Erinnerung. Zwar wurde HM zum Vortrag eingeladen und kam auch in

die engere Wahl, aber als sich die Entscheidung immer wieder hinaus-
zögerte und immer groteskere Details aus den Überlegungen der Beru-
fungskommission bekannt wurden, zog er seine Bewerbung zurück.
Der Rückzieher kam wohl einen Tag vor der entscheidenden Sitzung in
deren Briefkasten. Damit war die Liste geplatzt, auf der er gestanden
haben soll. Die Stelle wurde einige Zeit später, diesmal finanziell herauf-
gestuft, erneut ausgeschrieben.

Kurze Zeit danach schickte mir Korlén einen Brief des damaligen zuständigen Fachbereichssprechers, in dem er aufgefordert wurde, mir an-
zuraten, mich erneut auf die Professur zu bewerben; man könne mich ja
leider nicht direkt anschreiben. Ich ließ die Anmeldefrist verstreichen,
meldete dem Universitätspräsidenten aber diese Avancen wie auch
meine Eindrücke von den sonstigen Bräuchen der Fakultät und erhielt
eine offizielle Entschuldigung. Von anderen Querelen ganz zu schweigen. Sie ließen mich diese Entscheidung nie bereuen. Die Tätigkeit der in
diesen Jahren gegründeten *Gesellschaft für Exilforschung* verfolgte ich
aus der Ferne als passives Mitglied; der von ihrem Vorsitzenden Ernst
Loewy herausgegebene *Nachrichtenbrief* setzte in vielem die Berichte
der einstigen Koordinationsstelle fort. WAB und HM hätten jedenfalls
Freude an so manchem der Jahrbücher wie auch den Tagungsthemen gehabt. Erfreulich ist, dass im Forschungsverständnis die Begrenzung auf
die Zeit von 1933 bis 1945 beziehungsweise 1949 alsbald endgültig erledigt war und sich die Tagungen noch recht lange den notwendigen
Aufgaben der Grundforschung gewidmet haben, wie sie es seit 1969
postuliert hatten, auch wenn keiner von beiden den Anspruch darauf erhoben hätte, dies sei ihr Verdienst gewesen. Ebenso begrüßenswert war,
dass die Zahl der Frauen an den Tagungen es in wenigen Jahren mit der
der Männer aufnehmen konnte. Aber das steht auf einem anderen Blatt.

1 E-Mail Claus Dieter Krohn vom 2. März 2001. — **2** Diese Unterlagen werden an gege-
benem Ort im Einzelnen nachgewiesen. — **3** Da 43 Jahre eine lange Zeit für das Ich sind,
wird des Öfteren dem HM das Wort überlassen. — **4** Helmut Müssener: *August Strindberg »Ein Traumspiel«. Stil- und Strukturstudien.* Meisenheim/Gl. 1964. — **5** Eine gute
Einführung in Leben und Werk Walter A. Berendsohns vermittelt die Arbeit von Claudia
Mickwitz: *Walter Arthur Berendsohn. Vom Emigranten zum Exilforscher. Germanistisches
Wirken unter den spezifischen Bedingungen des schwedischen Exils.* Frankfurt/M. –Bern
2010. Im Folgenden wird der Name Walter A. Berendsohn häufig durch WAB abgekürzt. — **6** Zitat aus einem Interview mit dem Zeitzeugen HM in Mickwitz: *Walter A.
Berendsohn. Leben und Werk* (s. Anm. 5), S. 97. — **7** Mickwitz: *Walter A. Berendsohn.
Leben und Werk* (s. Anm. 5), S. 93–105. — **8** Walter A. Berendsohn: *Die deutsche Literatur der Flüchtlinge aus dem Dritten Reich. Der Stand der Forschung.* Stockholm 24. Januar
1967. Bericht I. 7 S. Keiner der vier Berichte enthält ein Personen- oder Sachregister. April
1971 erschien ein *Personen- und Sachverzeichnis zu ›Deutsche Literatur der Flüchtlinge*

54 Helmut Müssener

aus dem Dritten Reich‹. Bericht I-IV. Herausgegeben vom Deutschen Institut der Universität Stockholm. Zusammengestellt von Anatol Akerman. Das Register wurde allen Beziehern der Berichte zugestellt. — **9** Berendsohn: *Die deutsche Literatur.* Bericht I (Anm. 8), S. 2. — **10** Ebd., S. 2. — **11** Ebd., S. 3. — **12** Ebd., S. 3 f. — **13** Ebd., S. 4. — **14** Ebd., S. 4. — **15** Behrendson: *Die deutsche Literatur der Flüchtlinge aus dem Dritten Reich. Zweiter Bericht. Der Stand der Forschung und ihre Hilfsquellen Ende 1967 (abgeschlossen 20. XI. 1967), geordnet nach Erdteilen und unter ihnen alphabetisch nach Ländern.* — **16** Ebd., S. 1. — **17** Ebd., S. 1. — **18** Ebd., S. 55. — **19** Berendsohn benutzte in seinen Berichten stets ungeniert die Bezeichnungen Westdeutschland beziehungsweise Ostdeutschland. — **20** Berendsohn: *Die deutsche Literatur. Zweiter Bericht.* (s. Anm. 15), S. 12. — **21** Ebd., S. 56. — **22** Ebd., S. 57. — **23** *Die deutsche Literatur der Flüchtlinge aus dem Dritten Reich. Dritter Bericht. Der Stand der Forschung und ihre Hilfsmittel Ende 1968, geordnet nach Erdteilen und unter ihnen alphabetisch nach Ländern* (16. April 1969). — **24** Ebd., S. 1. — **25** Ebd., S. 2. — **26** Ebd., S. 3. — **27** Ebd., S. 2. — **28** Ebd., S. 3. — **29** Helmut Müssener: *Exil in Schweden. Politische und kulturelle Emigration nach 1933.* München–Stockholm 1974. Eine provisorische, unvollständige Erstfassung erschien 1971 als »Lizentiatenarbeit« vervielfältigt in begrenzter Auflage in Stockholm unter dem Titel *Die deutschsprachige Emigration in Schweden nach 1933. Ihre Geschichte und kulturelle Leistung.* — **30** Berendsohn: *Die deutsche Literatur. Dritter Bericht.* (s. Anm. 23). S. 4. — **31** Ebd., S. 4. — **32** Ebd., S. 4. Die Einladung wurde zusammen mit dem Bericht bereits am 16. April verschickt. — **33** Sie stellte »mit Zustimmung der Deutschen Forschungsgemeinschaft DM 15.000,00 Zuschuss zu den Kosten zur Verfügung«. Siehe *Deutsche Literatur der Flüchtlinge aus dem Dritten Reich und ihre Hintergründe. Vierter Bericht. Der Stand der Forschung und ihre Hilfsmittel.* Redaktionsschluss. 1. VIII. 1969, hier S. 15. — **34** Ebd. — **35** Ebd., S. 1. — **36** Ebd., S. 2. — **37** Ebd., S. 2. — **38** Ebd., S. 3. — **39** Ebd., S. 3. — **40** Ich stütze mich im Folgenden weitgehend auf das Tagungsprogramm, das Teilnehmerverzeichnis und Teil II des Tagungsprotokolls. Letzteres umfasst 27 Seiten und geht auf Tonbandaufnahmen zurück, die nachträglich gekürzt und redigiert wurden. Leider versagte das Gerät gelegentlich, sodass Vorträge und Diskussionsbeiträge nebst den sich anschließenden Aussprachen anhand von Aufzeichnungen also mangelhaft rekonstruiert werden mussten. Sämtliche Unterlagen sind hektografiert und gingen allen Teilnehmern zu. Sie befinden sich in meinem Besitz. Teil I des Protokolls mit Vorträgen unter anderem von Helmut Müssener, Josef Polacek, John M. Spalek und Guy Stern sowie einem Diskussionsbeitrag von Volker Klotz ist offenbar nur in Bruchstücken überliefert. — **41** Aus Platzmangel verbietet es sich hier wie im Folgenden, die Teilnehmer einzeln vorzustellen. Die wichtigsten Namen sollten aber genannt werden, da sie auch an der Tagung in Kopenhagen 1972 teilnahmen und / oder sich weiterhin aktiv mit der Thematik beschäftigten. — **42** Beide Beiträge blieben unveröffentlicht, wurden aber im *Tagungsprotokoll Teil II des Symposiums in Stockholm vom 19.9.69–21.9.69.* Hektogr., 27 S. wiedergegeben. — **43** Ebd. — **44** Ebd., S. 17. — **45** Ebd., S. 4–11. — **46** Ebd., S. 4. Die auch heute noch lesenswerte Diskussion kann nicht im Einzelnen wiedergegeben werden. Ich beschränke mich hier auf einige grundsätzliche Stellungnahmen. — **47** Ebd., S. 4. — **48** Ebd., S. 8. — **49** Ebd., S. 10. — **50** Ebd., S. 11. — **51** Der Vortrag liegt als selbstständige Veröffentlichung gedruckt unter einem anderen Titel vor. Helmut Müssener: *Die deutschsprachige Emigration nach 1933 – Aufgaben und Probleme ihrer Erforschung.* Stockholm 1970. — **52** *Tagungsprotokoll Teil II* (s. Anm. 42), S. 14. — **53** Müssener: *Die deutschsprachige Emigration* (Anm. 51), S. 2. — **54** Ebd., S. 15. — **55** *Tagungsprotokoll Teil II* (s. Anm. 42), S. 14. — **56** Ebd., S. 14. Dies Versprechen wurde allerdings nur bedingt eingelöst; es erschienen einige der Vorträge, deren Auswahl ohne Absprache mit Stockholm vorgenommen wurde, nicht aber die Protokolle. Es sollte nicht das letzte Versprechen aus den USA sein, das nicht eingelöst wurde. — **57** Ebd., S. 15 f. — **58** Sowohl Viktor Suchy als auch Wolfgang Kießling monierten das Wort »deutsch«, das WAB benutzt hatte. HM änderte es eigenmächtig in »deutschsprachig« um. — **59** *Tagungsprotokoll Teil II* (s. Anm. 42), S. 27. — **60** Ebd., S. 27. — **61** *Die Zeit,* 3. Oktober 1969. — **62** Vergleiche hierzu und zu

Folgendem: *Rechenschaftsbericht der Stockholmer Koordinationsstelle zur Erforschung der deutschsprachigen Exil-Literatur.* Stockholm Mai 1975. — **63** Diese Art der Finanzierung wurde bis zum Ende der Koordinationsstelle im Einvernehmen aller Beteiligten vertraulich behandelt. Die zitierten Schreiben sind vom 31. Januar 1973 beziehungsweise 9. April 1971. — **64** Die Unterlagen befinden sich im Besitz des Verfassers. — **65** Gustav Korlén in einem Arbeitsbericht für die Zeit vom 1. Januar bis 30. September 1973 an die DFG, unterfertigt am 8. Oktober 1973. Der Bericht ist im Besitz des Verfassers. — **66** *Rechenschaftsbericht.* (Anm. 62), S. 1 f. — **67** *Bericht I der Stockholmer Koordinationsstelle zur Erforschung der deutschsprachigen Exil-Literatur.* Redaktionsschluss 15. Juni 1970, S. I. — **68** *Bericht II der Stockholmer Koordinationsstelle zur Erforschung der deutschsprachigen Exil-Literatur.* Redaktionsschluss 30. Juni 1971, S. IV, I. — **69** *Bericht V der Stockholmer Koordinationsstelle zur Erforschung der deutschsprachigen Exil-Literatur.* Redaktionsschluss Dezember 1972, S. I, V. — **70** *Bericht X der Stockholmer Koordinationsstelle zur Erforschung der deutschsprachigen Exil-Literatur.* Redaktionsschluss 15. April 1975, S. 7. — **71** Rundschreiben, Nr. 3, Dezember 1972, S. 11–13. — **72** Rundschreiben, Nr. 2, Oktober 1973. — **73** Rundschreiben, Nr. 15, Februar 1975. — **74** Rundschreiben, Nr. 16, Februar 1975. — **75** Ein vollständiges Verzeichnis findet sich im *Rechenschaftsbericht.* (Anm. 62), S. 13–15. — **76** *Protokoll des II. Internationalen Symposiums zur Erforschung des deutschsprachigen Exils nach 1933 in Kopenhagen 1972.* Hg. vom Deutschen Institut der Universität Stockholm. Zusammengestellt von Helmut Müssener und Gisela Sandqvist. Redaktion Helmut Müssener. Stockholm 1972, 2 + 556 S. Da das immer noch lesenswerte Protokoll antiquarisch zu beziehen ist und in etlichen öffentlichen Bibliotheken zugänglich sein sollte, werde ich im Folgenden nur kursorisch auf die Tagung eingehen. — **77** Ebd., S. 2. — **78** Ebd., S. 11 f. — **79** Ebd., S. 13. — **80** Ebd., S. 103 f. — **81** Ebd., S. 104. — **82** Ebd., S. 237, 241. — **83** Ebd., S. 244. — **84** Ebd., S. 244. — **85** *Rundschreiben 1974/I.* Ende März 1974, S. 2 f. — **86** *Rundschreiben 1974/III.* Juli 1974, S. 1–4. — **87** *Colloquia Germanica* 1973:2, S. 171 ff. — **88** Ulrich Seelmann-Eggebert fühlte sich in der NZZ vom 8. Januar 1975 gar an »so etwas wie ein neues Watergate« erinnert. — **89** Der Briefwechsel zitiert nach *Rundschreiben 1974/III.* Juli 1974, S. 2–4. Er wird ferner wiedergegeben in der umfangreichen Veröffentlichung (Nr. 15) der Koordinationsstelle *Zum Scheitern des III. Internationalen Symposiums zu Fragen des deutschsprachigen Exils. Eine Dokumentation,* Februar 1975. Sie enthält unter anderem eine Reihe von offiziellen Briefen von Vertretern aus der Bundesrepublik an die Wiener Veranstalter und von Zeitungsberichten zu dieser Frage sowie eine Korrespondenz zwischen HM und Friedrich Torberg, der sich die Stellungnahme Strelkas zu eigen gemacht und gleichzeitig scharf die Wiener Veranstalter Steiner und Suchy angegriffen hatte. Er behauptete in einem Zeitungsartikel, er habe an dem geplanten Symposium schon deshalb nicht teilnehmen wollen, weil das »Stockholmer Institut zunehmend unter dem Einfluss der einschlägigen DDR-Stellen und ihrer westlichen Sympathisanten geraten ist.« (*Die Presse,* 27. Dezember 1974). — **90** *Rundschreiben 1974/IV.* September 1974.

Ernst Fischer

Exilliteratur in den deutschsprachigen Verlagen nach 1945

Literarische Rezeption hängt von einer Vielzahl von Faktoren ab – einer davon entsteht aus der Tätigkeit von Buchverlagen, mit der gleichsam die Bedingung der Möglichkeit einer Wahrnehmung von Werken durch ein Publikum geschaffen wird. Verlage sind aber ihrerseits in hohem Maße von dem gesellschaftlichen, kulturellen, wirtschaftlichen und politischen Umfeld abhängig, in welchem sie agieren. In ihren Programmen spiegeln sich die Zeitverhältnisse, zugleich sind sie aber auch Agenten des Zeitgeistes, denn sie geben dem geistigen und literarischen Leben nicht selten entscheidende Impulse. Das Faktum, dass es sich bei Verlagen um Wirtschaftsunternehmen handelt, die üblicherweise ein Mindestmaß an ökonomischem Erfolg haben müssen, um ihren Fortbestand sichern und ihrer Tätigkeit Kontinuität verleihen zu können, verstärkt die Abhängigkeit von ihrem gesellschaftlichen Kontext; dabei sind ihre Aufgaben und Wirkungsmöglichkeiten in totalitären Systemen offenkundig völlig andere als in demokratisch verfassten, marktwirtschaftlich orientierten Gesellschaftsordnungen. Die in diesen Sätzen angedeuteten Zusammenhänge haben Gültigkeit auch und gerade für die deutschsprachige Exilliteratur und deren Rezeption nach 1945. Für eine Strukturierung des Beobachtungsfeldes drängen sich hier die markant unterschiedlichen politisch-gesellschaftlichen Verhältnisse auf, wie sie sich in den Jahren unmittelbar nach dem Zweiten Weltkrieg im zonal geteilten Deutschland sowie dem ebenfalls besetzten Österreich und im Weiteren dann nach der Errichtung zweier deutscher Staaten ergeben haben.[1]

I Fragmentierte Rezeption – Exilliteratur in den westlichen Besatzungszonen

Als nach der Kapitulation Deutschlands am 9. Mai 1945 die alliierten Mächte in den vier Besatzungszonen die Kontrolle übernahmen, galten mit die strengsten Anordnungen dem Medienbereich, neben dem Rundfunk auch der Presse und dem Buch. Im Grunde war jetzt die Herstellung und Verbreitung gedruckter Medien grundsätzlich verboten; Ausnahmen von diesem Verbot wurden durch Ausführungsbestimmungen geregelt, u. a. durch die Lizenzierung von Verlagen.[2] Zugleich wurden von allen Militäradministrationen Presse und Buch in den Dienst der demokratiepolitisch gebotenen Umerziehungsmaßnahmen genommen, wenn auch unter höchst unterschiedlichen ideologischen Vorzeichen. In den Westzonen (von denen hier zunächst die Rede sein soll) gab es im Unterschied zur Sowjetisch besetzten Zone (SBZ) zu keinem Zeitpunkt die Absicht, der Exilliteratur im Rahmen dieser Lenkungsmaßnahmen eine herausgehobene Rolle zu sichern. Immerhin aber berichtete Gottfried Bermann Fischer, die amerikanischen »Re-Education«-Behörden hätten von ihm verlangt, seine wichtigsten im Exil publizierten Bücher zur Verfügung zu stellen, »damit sie deutschen Verlegern, die die Verlagslizenz erhalten hatten, übertragen werden könnten.« Bermann Fischer wies gegenüber seinem Gesprächspartner dieses Ansinnen zurück: »Glauben Sie wirklich, dass wir zehn Jahre lang unter widrigsten und gefährlichen Umständen das Werk unserer großen Autoren zusammenhielten, um sie nach Deutschland, das sie vertrieben, das ihre Bücher verbrannt hatte, zu verschenken?«[3]

Das Zustandekommen eines großen, von den Besatzungsmächten selbst realisierten Publikationsprogramms hätte für die Reintegration der Exilliteratur zweifellos einen ersten großen Schub bedeutet. Die Voraussetzungen dafür wären insofern sehr günstig gewesen, als gerade in den ersten Nachkriegsjahren im Publikum große Neugierde und eine immense Nachfrage nach Büchern aller Art vorhanden war; der Lektürehunger konnte damals, vor allem aufgrund von Papierknappheit, kaum gestillt werden – die in 100 000 Exemplaren verkauften Rowohlts Rotations Romane (unter denen sich immerhin Theodor Pliviers *Stalingrad* und Anna Seghers' *Das siebte Kreuz* befanden) sind nur das plakativste Beispiel für die Chancen, die sich auf dem erst partiell wiederhergestellten Buchmarkt ergaben.

Andererseits zeigten sich sehr bald vielfältige Hindernisse für die Rezeption von Exilliteratur, die vielleicht gravierendsten im atmosphärischen Bereich. Wie wenig willkommen die Remigranten in Westdeutschland waren, ließen schon die im Herbst 1945 zwischen Frank Thiess und Walter von Molo auf der einen Seite und Thomas Mann auf der anderen Seite geführten Debatten deutlich werden. Die von den Vertretern der »Inneren Emigration« vorgetragenen Attacken, denen zufolge die Emigranten das bessere Los gezogen und sich dem deutschen Schicksal und der deutschen Kultur entfremdet hätten, müssen als repräsentativ betrachtet werden für Ansichten, die in der Nachkriegsgesellschaft weit verbreitet waren.[4] Dass die Daheimgebliebenen einen moralischen Primat auf das Werk des Wiederaufbaus anmeldeten und die Rückkehrer auch im Literaturbetrieb nicht mit offenen Armen empfingen, hatte negative Konsequenzen für die Remigrationsbereitschaft der Autoren (einige verließen Deutschland auch ein zweites Mal), aber auch für die Bereitschaft von Verlegern, sich für die im Exil entstandenen Werke zu engagieren. Berthold Spangenberg, der negative Erfahrungen mit der Herausgabe von Klaus Manns *Der Wendepunkt* und Leonhard Franks *Links wo das Herz sitzt* machen musste, brachte die Boykottgesinnung des Publikums rückblickend auf den Punkt: »Unsere guten Deutschen wollten bis 1955 von Schriftsteller-Emigrant Nr. 1, Thomas Mann, gar nichts wissen, feindeten ihn an. Und mehr noch die anderen Emigranten.«[5]

Als ein weiteres bedeutsames Hindernis erwies sich die sich bald zuspitzende Ost-West-Konfrontation. Bereits auf dem – noch gesamtdeutschen – I. Schriftstellerkongress, der vom 4. bis 8. Oktober 1947 in Berlin stattfand, wurden die Spannungen virulent und im nun eskalierenden Kalten Krieg gerieten alle linken Positionen – mit denen die Emigrationsliteratur oft unbesehen identifiziert wurde – in eine Defensivposition oder auch total in Acht und Bann. Der forcierte Antikommunismus, wie er die Politik der strikten Westbindung der Bundesrepublik begleitete, sollte noch für Jahrzehnte die Räume eng machen für die Auseinandersetzung mit Literaturpositionen, die der Sympathie mit dem Kommunismus mindestens verdächtigt werden konnten.

Dazu kam nun noch eine ganze Anzahl praktischer Probleme: In den Westzonen erfolgte der Wiederaufbau des Buchhandels- und Verlagswesens auf privatwirtschaftlicher Basis; die Verleger, denen Lizenzen erteilt wurden, hatten die Zeit vor 1945 im nationalsozialistischen Deutschland zugebracht und in aller Regel wenig oder gar keine Kenntnis von der Literatur des Exils – ein Informationsdefizit, das nur sehr langsam abgebaut werden konnte. Erst mit bilanzierenden Veröffentlichungen wie Drews/Kantorowicz' *verboten und verbrannt* (1947) verbreitete sich allmählich die Kenntnis über Umfang und Bedeutung der 1933 bis 1945 außerhalb NS-Deutschlands entstandenen Literatur.[6] Den Exilverlegern aber, die sich sehr viel besser ausgekannt hätten, blieb die Möglichkeit zur Rückkehr vielfach noch verwehrt.[7] Und obwohl die Neuorganisation des deutschen Buchhandels relativ gut vorankam[8], blieb die sich neu herausbildende Verlagslandschaft lange unübersichtlich – im Lande selbst, erst recht aber für die noch im Ausland wohnhaften oder eben erst zurückgekehrten Autoren. Angesichts der Informations- und Kommunikationsdefizite kann es nicht überraschen, dass viele Autoren, deren alte Verlagsbindungen abgerissen waren, auf der Suche nach neuen eine schlechte Wahl getroffen haben.

Unsicherheit prägte auch die Situation von Autoren, die in vertraglichen Bindungen zu (Exil-)Verlagen standen, von denen nicht abzusehen war, ob sie ihre Tätigkeit wieder aufnehmen und also ihre Rechte in Anspruch nehmen würden. Sie sahen sich dadurch in ihrer Suche nach neuen Verlagsverbindungen blockiert. Auf Verlagssuche waren auch jene Autoren, die sich in dieser frühen Phase, in der eine zonenüberschreitende Distribution von Büchern unmöglich oder mit enormen Schwierigkeiten verbunden war, die Option auf eine gesamtdeutsche Verbreitung ihrer Werke offenhalten und die Publikationsrechte an Verlage in den jeweiligen Zonen vergeben wollten. Auch sie konnten aus Mangel an Überblick nicht ohne Weiteres beurteilen, wie dies am besten bewerkstelligt werden konnte. Aus vergleichbaren Gründen wurden damals Lizenzen für einzelne Werke an Verlage in der Schweiz und Österreich vergeben: Da nicht nur die Einfuhr aus diesen Ländern, sondern auch die Ausfuhr in diese Länder nicht möglich war, sollte damit eine Verbreitung wenigstens in den einzelnen Ländern möglich sein. Was früher ein einheitlicher, großer deutschsprachiger Buchmarkt war, zerfiel nun – mindestens für einige Jahre – in viele gesondert zu bewirtschaftende Bereiche.

Waren die Verlagsverbindungen der Autoren somit gekennzeichnet von Zufälligkeit und Fluktuation, so verschärfte oder wiederholte sich diese Problematik noch einmal durch die Währungsreform vom 20. Juni 1948. Mit der Einführung der »harten« Deutschen Mark verschwand der »Bücherhunger« sehr plötzlich, zumal auch die Ansprüche an die Buchausstattung schlagartig höher wurden; das Kaufinteresse verlagerte sich auf andere Konsumgüter. Infolgedessen verschwanden sehr viele Verlage von der Bildfläche und damit waren zahlreiche Autoren wieder verlegerisch heimatlos und mussten sich erneut auf die Suche begeben. Als ein Beispiel kann der Behrendt Verlag in Stuttgart dienen, in welchem unter anderem Gustav Reglers Roman *Sterne der Dämmerung*, Hans Natoneks *Der Schlemihl* oder Arthur Koestlers *Sonnenfinsternis* herauskamen, wobei der letztgenannte Titel 1948 in einer Auflage von 25 000 Exemplaren erschien. Wie von Behrendt hat man von vielen Verlagen, meist Neugründungen der Jahre 1945 und 1946, nach 1949 nichts mehr gehört.

Wie schwierig es sogar für prominente Schriftsteller war, eine neue Verlagsheimat zu finden, zeigt sich auf exemplarische Weise an Alfred Döblin, der – seit November 1945 in Baden-Baden stationiert – als Kulturoffizier der französischen Militärregierung doch eigentlich eine herausgehobene Stellung behauptete.[9] Sein Name wurde, soweit überhaupt noch bekannt, nach wie vor mit *Berlin Alexanderplatz* identifiziert, dabei hatte er in der Vertreibung einen tiefgreifenden Wandel als Mensch und Autor durchlebt und wollte nun sein christliches Bekenntnis mit der Publikation seiner jüngsten Werke, die er aus dem Exil in großer Zahl mitgebracht hatte, öffentlich dokumentieren. Er hatte allerdings keine feste Verlagsverbindung mehr; der Kontakt mit S. Fischer war ebenso abgerissen wie der mit anderen Verlagen. Die Enttäuschungen, die Döblin im – letztlich erfolglosen – Bemühen um Rückeroberung seiner einstmals hochgeachteten Stellung im Literaturbetrieb erfuhr, spiegeln sich in der Publikationsliste jener Jahre: Die *Amazonas*-Trilogie erschien 1947/48 in Baden-Baden bei Keppler, der ebenfalls dreiteilige Roman *November 1918* in Freiburg bei Alber, das autobiografische Bekenntnis *Schicksalsreise* 1949 in der Carolus-Druckerei (Verlag Josef Knecht) in Frankfurt am Main, der *Hamlet*-Roman fand nirgendwo Aufnahme, bis er 1956 bei Rütten & Loening in der DDR gedruckt wurde; erst bei Walter im Schweizerischen Olten fand Döblins literarisches Werk ein neues Zuhause.

II Exilliteratur in falschen Händen – der Verlag Kurt Desch

Der Rezeption der Exilliteratur in den Westzonen wenig förderlich war die Tatsache, dass es ausgerechnet der Verlag Kurt Desch in München war, der seit 1945 die relativ größte Anzahl von ehemaligen Exilautoren unter seinem Dach versammelte.[10] Wenn Kurt Desch zu den Ersten gehörte, die in der amerikanischen Besatzungszone eine Verlagslizenz erhielten, so beruhte dies auf nichts anderem als auf dessen grenzenlosem Opportunismus. Vor 1933 mit KP-Verbindungen in der Arbeiterkulturbewegung engagiert, war Desch 1935 in die NSDAP eingetreten, wurde aber 1937 nach parteiinternen Auseinandersetzungen wieder ausgeschlossen – zu seinem Glück, denn dies konnte er später als Folge politischen Widerstands ausgeben.[11] Seit 1939 war er in leitender Stellung im Zinnen-Verlag in München tätig, der damals neben literarhistorisch bedeutenden Werken vor allem Unterhaltungsliteratur herausbrachte, wie sie gerade in den Kriegsjahren gefragt war. Er arbeitete aber auch mit Will Vesper, dem größten Scharfmacher in der NS-Literaturpublizistik, zusammen. Tatsächlich hatte Desch immer wieder Schwierigkeiten mit den NS-Literaturbehörden, doch die Weise, in der er sich der amerikanischen Besatzungsmacht als aktiver Gegner des Regimes darstellte, entsprach mitnichten den Tatsachen.

Durch seine umfassende Bereitschaft zur Zusammenarbeit gewann er deren volle Protektion, nicht zuletzt bei der Papierzuteilung, und legte so die Basis zu seinem geradezu märchenhaften Aufstieg zum führenden Verleger der Westzonen und dann auch in der Bundesrepublik: innerhalb von 25 Jahren – bis zum unrühmlichen, u. a. durch systematischen Betrug an den Autoren verursachten Ende – brachte er rund 4000 Buchtitel mit einer Gesamtauflage von 40 Millionen Exemplaren heraus, betreute außerdem 915 Bühnenwerke und galt so als der Mann, der »aus dem Nichts ein Verlagsimperium aufbaute.«[12] Wenn auch Ernst Wiechert sein erster großer Hausautor wurde, so konnte er im Rahmen seiner mit viel Rückenwind aufgenommenen Tätigkeit eine Reihe prominenter Exilschriftsteller an seinen Verlag binden.[13] Zu ihnen gehörten in den ersten Jahren Wolfgang Langhoffs KZ-Schilderung *Die Moorsoldaten*, Eduard Claudius' *Grüne Oliven und nackte Berge* sowie vier Titel, die Desch in einem Tauschgeschäft mit dem Aufbau-Verlag für die drei westlichen Zonen publizieren sollte: Ludwig Renns *Adel im Untergang*, Anna Seghers' *Das siebte Kreuz*, Egon Erwin Kischs *Marktplatz der Sensationen* und Theodor Pliviers *Stalingrad*; außerdem Hans Falladas *Jeder stirbt für sich allein*. Dafür überließ er dem Aufbau Verlag die Rechte an den genannten Werken von Langhoff und Claudius sowie an Günter Weisenborns *Memorial*, Ernst Wiecherts *Der Totenwald* und dessen *Rede an die deutsche Jugend*.[14] Das Geschäft kam durch persönliche Bekanntschaft Deschs mit Klaus Gysi zustande – im Geschäftlichen hatte der Günstling der US-Besatzer also auch keine Berührungsängste mit dem Osten. Tatsächlich erschienen sind in München nur Seghers' *Das siebte Kreuz* (1947) und Pliviers *Stalingrad* (1948).[15] Brecht – obwohl eigentlich an Peter Suhrkamp gebunden – übertrug bei Gelegenheit eines sechswöchigen Aufenthalts in München 1948 dem Verlag Kurt Desch die Aufführungsrechte an *Herr Puntila und sein Knecht Matti* und die Publikationsrechte am *Dreigroschenroman*, der 1948 erschien. Die von Brecht geforderten reichlichen Vorschusszahlungen sollen u. a. in Form eines Automobils abgegolten worden sein.[16] Der Prominenzfaktor von Autoren dürfte für Desch stets das ausschlaggebende Kriterium gewesen sein.

Als 1956 ein Jubiläumsbändchen mit dem vereinnahmenden Titel *Unsere Freunde die Autoren* erschien, wurden dort unter anderen Ulrich Becher, Oskar Maria Graf, Hermann Kesten, Kurt Kläber, Arthur Koestler, Joachim Maass, Robert Neumann, Theodor Plievier, Erich Maria Remarque, aber auch Bertolt Brecht und Anna Seghers aufgeführt, sogar Thomas Mann, obwohl dieser nur einmal ein Vorwort für ein Buch des Kurt-Desch-Verlags geliefert hatte. Bezeichnenderweise wurde in den meisten Kurzbiografien die Exilzeit teils heruntergespielt, teils komplett verschwiegen. Bis 1970 erschienen außerdem Bücher von Frank Arnau, Hans Habe (8 Titel), Joachim Maass (5), Robert Neumann (16), Erich Maria Remarque (4).[17] Ein Programmschwerpunkt hatte sich im Bereich der Autobiografien herausgebildet, mit Oskar Maria Graf (*Gelächter von außen*, 1966), Arthur Koestler (*Pfeil ins Blaue*, 1953; *Die Geheimschrift*, 1955), Hans Habe (*Ich stelle mich*, 1954) und Robert

Neumann (*Ein leichtes Leben*, 1963). Einige Exilwerke sind außerdem in den 1950er Jahren in der von Desch errichteten Buchgemeinschaft »Welt im Buch« als Hauptvorschlagsbände ausgewählt worden.

Alle Veröffentlichungen der früheren Emigranten (unter ihnen so gut wie kein linker, »antifaschistischer Schriftsteller«) reihten sich jedoch ein in den großen Strom der Verlagsproduktion; an keiner Stelle wird der Exilaspekt hervorgekehrt. Dass Kurt Desch selbst Abstand zu diesem Thema halten wollte, erschließt sich aus dem Beitrag Hermann Kestens im Jubiläumsalmanach 1970, in welchem er eine Apotheose der Freundschaft mit »seinem« Verleger lieferte, dabei aber die Themen Emigration beziehungsweise Nichtremigration tunlichst vermied.[18] Vieles deutet darauf hin, dass Kurt Desch, der unterschiedslos auch einen Hans Hellmut Kirst als Hausautor betreute, in seinem verlegerischen Expansionsdrang den Autorenmarkt »leerzukaufen« suchte, also in seiner Tätigkeit rein ökonomisch motiviert war; die Pflege eines expliziten Programmschwerpunkts Exil fand er wohl politisch inopportun. Resümierend wird man also sagen können, dass bei Kurt Desch die Exilliteratur *als* Exilliteratur in den falschen Händen gelandet war.

III Zufall statt Programmstrategie: Exilliteratur in der Verlagslandschaft der Nachkriegsjahre

Dem im großen Stil wirtschaftenden Verlag Kurt Desch stand damals eine Vielzahl kleinerer Verlage gegenüber, die es mit der Literatur von Emigranten wenigstens probieren wollten – meist mit der Intention, Autoren zu gewinnen, die aus der Zeit vor 1933 einen Namen hatten. Zufällig vorhandene freundschaftliche Verbindungen spielten in der unübersichtlichen Situation eine nicht unwesentliche Rolle, wie sich beispielhaft am Zustandekommen einer Ausgabe eines der bedeutendsten literarischen Exildokumente, Anna Seghers' Roman *Transit*, zeigen lässt. Zwar hatte Seghers beziehungsweise ihr Agent Maxim Lieber mit ihrem früheren Verleger Fritz H. Landshoff im Mai 1945 in New York einen Vertrag über die Herausgabe von *Das Siebte Kreuz* und *Transit* geschlossen und ihm das ausschließliche Recht für alle Auflagen in deutscher Sprache für die Dauer der gesetzlichen Schutzfrist übertragen, doch konnte Landshoff davon keinen Gebrauch machen. Als nun der Konstanzer Verleger Curt Weller, den sie seit den 1930er Jahren kannte, mit der noch in Mexiko lebenden Seghers Kontakt aufnahm und ihr im Dezember 1946 ein Vertragsangebot für *Transit* übermittelte, zeigte sie sich interessiert, denn damit würde ihr Roman auch in der französischen Zone zugänglich sein.[19] Eine vertragliche Bindung ging sie aber erst

nach ihrer Rückkehr Ende 1948 ein und verpflichtete Weller, eine Li-
zenzausgabe »für Berlin und die Ostzone Deutschlands« zu veranstalten – »solange, bis die Zonengrenzen aufgehoben sind.« Weller konnte
von der 18000 Exemplare umfassenden Auflage bis 1949 nur etwas mehr
als die Hälfte absetzen. In der SBZ war *Transit* bereits von August bis
November 1947 in der *Berliner Zeitung* als Fortsetzungsroman erschienen, mit einem Hinweis auf die geplante Ausgabe beim Verlag Curt
Weller. 1951 erschien eine Buchausgabe dann auch in der DDR im Aufbau Verlag.[20]

Wie bei Weller blieb es auch in vielen anderen Verlagen bei der Ein-
zelveröffentlichung von Exilwerken; zu denken ist hier an Willi Weis-
mann (zum Beispiel Alexander Granach, Ernst Waldinger) oder den
Rhein-Verlag (mit Hermann Broch); im Epoche-Verlag in Köln erschienen Irmgard Keuns *D-Zug dritter Klasse* (1946) sowie *Bilder und Gedichte aus der Emigration* (1947), um nur einige wenige Beispiele zu
nennen. In der Summe kam so auch in den Westzonen eine nicht geringe
Zahl von Exilwerken heraus, aber sie verteilten sich auf viele kleinere,
wenig leistungsfähige und für eine Durchsetzung und nachhaltige Pflege
dieses Bereichs kaum vorbereitete Verlage. Keiner von ihnen konnte
sich mit Exilliteratur ein Profil geben; dazu hätte es wohl einer Verle-
gerpersönlichkeit von einschlägiger Erfahrung und Format bedurft.

IV Verhinderter Buchimport und seine Folgen – am Beispiel von Gottfried Bermann Fischer

Gottfried Bermann Fischer hatte bereits vor Kriegsende klare Vorstellungen und Pläne für die Zeit danach entwickelt.[21] Seine erste Deutsch-
landreise nach dem Krieg konnte er jedoch erst im Mai 1947 unternehmen; im Anschluss daran betonte er in einem Interview mit dem New
Yorker *Aufbau*: »Mein Hauptziel ist, die deutsche Exil-Literatur an das
deutsche Lesepublikum in grossen Auflagen heranzubringen. Es ist eine
Tatsache, dass man in Deutschland nach den Werken von Thomas
Mann, Franz Werfel, Hugo von Hofmannsthal, Stefan Zweig, Carl
Zuckmayer, Lion Feuchtwanger, Alfred Döblin und so weiter, und zwar
sowohl nach den alten wie den in der Emigration geschriebenen, dringend verlangt.«[22] Er konnte damals nicht ahnen, dass es noch weitere
drei Jahre dauern würde, bis er – da ihm als amerikanischem Staatsbürger geschäftliche Unternehmungen in Deutschland verboten waren –
1950 seine verlegerische Tätigkeit regulär wieder aufnehmen konnte.
Dieser Umstand erwies sich rückblickend für die Rezeption der Exilliteratur als geradezu verhängnisvoll, denn Bermann Fischer hätte – als

ein wahres Gegenbild zu Kurt Desch – schon in diesen entscheidenden
Jahren direkt nach dem Krieg nicht nur die allerbesten Voraussetzungen
zur Lancierung der Exilliteratur gehabt, sondern auch die ideale persönliche Motivation mitgebracht. Dies zeigte sich nach 1950 am Programm des S. Fischer Verlags in Frankfurt am Main und seit 1952 an jenem des Fischer Taschenbuchverlags, die er – bis zu seinem resignierten
Rückzug 1962 – ganz gezielt zur Verbreitung von Aufklärung über die
Verbrechen des Nationalsozialismus und demokratischen Denkformen
nützte.

Immerhin war es Bermann Fischer 1947 im Zuge seines Deutschland-
aufenthalts gelungen, mit den zuständigen Behörden eine Vereinbarung
zu erzielen, der zufolge er Lizenzrechte an Exilwerken Thomas Manns
(*Lotte in Weimar, Doktor Faustus*), Franz Werfels (*Das Lied von Bernadette*), Stefan Zweigs (*Die Welt von Gestern*) und Carl Zuckmayers
(*Des Teufels General*) an den von Peter Suhrkamp treuhänderisch ver-
walteten, im Inland verbliebenen Verlagszweig in Berlin (seit 1947 in
Frankfurt) vergeben konnte, wo diese Bücher 1948/49 tatsächlich auch
erschienen.[23] Auf diese Weise sind damals »die bedeutendsten Werke der
emigrierten Autoren in Auflagen von 80000 bis 150000 zu erschwing-
lichen Preisen und in annehmbarer Ausstattung in drei Zonen Deutschlands, ausgenommen der russischen, auf den Buchmarkt gebracht worden, wobei Peter Suhrkamp das Alleinrecht für die Veröffentlichungen
erhielt.«[24]

Mit dieser Lizenzproduktion reagierte Bermann Fischer nicht nur auf
die andauernde Verhinderung seiner Verlegertätigkeit, sondern zugleich
auf die faktische Unmöglichkeit eines Buchimports nach Deutschland:
»Die Einfuhr der in Amsterdam, in Zürich oder Stockholm gedruckten
Werke der Exilliteratur ist an der Devisenhürde freilich völlig gescheitert. Parallel zum Ausfuhrverbot für Honorare bestand ein Einfuhr-
verbot für kommerzielle Druckerzeugnisse. Ausnahmen wurden nur
zugelassen, wenn ein Buch ins Umerziehungsprogramm der amerikanischen Militärregierung passte.«[25] Bermann Fischer konnte so den
Startvorteil, den er durch seine Bücherlager gehabt hätte, nicht nutzen.
Denn der Verleger hätte sowohl von Stockholm, Amsterdam als auch
von der wiedererrichteten Niederlassung in Wien aus den deutschen
Markt sofort mit einem kompletten Programm erstrangiger Exilliteratur
beliefern können, wenn dies nicht durch die Devisenbeschränkungen
und faktischen Importverbote verhindert worden wäre. In den Jahren
1945 bis 1950 wurden darüber hinaus in Stockholm und Amsterdam
zahlreiche Werke neu aufgelegt, unter anderem von Thomas Mann,
Franz Werfel, Stefan Zweig, Carl Zuckmayer, Joseph Roth, Bruno
Frank, Joachim Maass, Friedrich Torberg.[26] Auch in der in Wien 1947

interimistisch errichteten Zweigstelle kam bis 1951 eine nicht unbeträchtliche Anzahl von Titeln heraus (1948: 16, 1949: 12), darunter die Wiener Ausgabe von Thomas Manns *Doktor Faustus* und das von Friedrich Torberg redigierte *Zehnjahrbuch*, ein Almanach, der über die in den Jahren 1938 bis 1948 in den Verlagen Bermann Fischers publizierten Bücher informierte. Von Wien aus gelang es damals noch am ehesten, nach Deutschland zu liefern.[27]

Von den Importverboten betroffen waren auch noch andere Verlage, etwa der Amsterdamer Querido-Verlag, dessen Leitung 1945 wieder von Fritz H. Landshoff übernommen worden war, bis er 1948 im Bermann-Fischer-Verlag aufging. Landshoff berichtet in seinen Erinnerungen hierzu: »Im Herbst [1945] kehrte Bermann Fischer nach Stockholm zurück und ich nach Amsterdam. Freilich mußten wir – Bermann Fischer in Schweden und ich in Holland – schnell erkennen, dass die von Verlegern und Autoren seit 1933 mit größten Hoffnungen erwartete Öffnung des deutschen Marktes für die Exilliteratur vorläufig ausblieb und wir erneut einer qualvollen, zeitlich unabsehbaren Periode des Wartens ausgesetzt waren.«[28] Der Querido-Verlag hatte damals eine außerordentlich breite Palette von Werken deutscher Exilschriftsteller anzubieten, von Heinrich Mann, Anna Seghers, Joseph Roth und Leonhard Frank über Robert Neumann, Hermann Kesten, Lion Feuchtwanger und Annette Kolb bis zu Emil Ludwig, Vicky Baum, Bruno Frank, Martin Gumpert; 1947 erschien in dem Verlag Horkheimers und Adornos *Dialektik der Aufklärung*.

Werke bedeutender Exilautoren standen für eine Einfuhr nach Deutschland auch in Max Taus Neuem Verlag[29] in Stockholm bereit. Im Rahmen seines 27 Titel umfassenden Programms waren unter anderem Werke von Johannes R. Becher (*Deutschland ruft. Gedichte*, 1944), Heinrich Mann (*Ein Zeitalter wird besichtigt*, 1946), Arnold Zweig (*Das Beil von Wandsbek*, 1947), Lion Feuchtwanger (*Simone*, 1945; *Jud Süss*, 1950), Thomas Theodor Heine (*Ich warte auf ein Wunder*, 1945), Alfred Neumann (*Es waren ihrer sechs*, 1945; *Der Teufel*, 1946; *Der Pakt*, 1949; *Neuer Cäsar*, 1950) erschienen. Weitere Titel waren geplant, doch war es eben die Einfuhrsperre nach Deutschland, derentwegen Max Tau die Verlagstätigkeit 1950/51 einstellen musste. Auch in Zürich hätten in den Verlagen von Emil Oprecht größere Mengen an Exilwerken bereitgelegen, allerdings scheiterte der Export nach Deutschland auch in diesem Fall an den Devisenbestimmungen der alliierten Militärregierungen.

V »Politische Notwendigkeiten« - die Exilliteratur in der SBZ 1945-49

Der Aufbau des sozialistischen Deutschlands stand ganz im Zeichen des »Mythos Antifaschismus«.[30] Es war klar, dass den im antifaschistischen Kampf bewährten Remigranten bei diesem Aufbau eine bedeutsame Rolle zufallen musste – auf politischer Ebene, aber auch in der Literatur. Schon im März 1945 hatte sich Walter Janka in der in Mexiko erscheinenden Exilzeitschrift *Freies Deutschland* mit dem Thema »Buch und Verlag im kommenden Deutschland« befasst und in der notwendigen »Umerziehung des deutschen Volkes« eine auch verlegerische Aufgabe erkannt.[31] Er zeigte sich überzeugt, dass hierbei »die heute im Exil lebenden Schriftsteller und Verlagsfachleute ein großes Betätigungsfeld finden« würden. Wenn es auch noch einige Zeit dauern sollte, bis er sich selbst (temporär) in den Dienst der kulturellen Neugestaltung Deutschlands stellen konnte, so deckten sich seine Ansichten damals sehr mit den Vorstellungen derer, die sich in Ost-Berlin ans Werk machten.

Denn zunächst war es vor allem Johannes R. Becher, der wichtige Grundlinien des literarisch-kulturellen Neuaufbaus bestimmte. Hauptsächlich auf seine Initiative hin war Anfang August 1945, wenige Wochen nach Kriegsende, in Berlin der anfänglich interzonal agierende »Kulturbund zur Erneuerung Deutschlands« entstanden, als dessen Hausverlag noch im gleichen Monat der Aufbau-Verlag gegründet wurde; er war unter den Ersten, die eine Lizenz erhielten.[32] Daran beteiligt waren neben Becher als der treibenden Kraft noch Heinz Willmann, Klaus Gysi, Kurt Wilhelm und Otto Schiele, wobei mit Becher und Willmann als Rückkehrern aus der Sowjetunion ein direktes Kontinuum zum Exil entstand; mit dem seit 1947 als Verlagsleiter agierenden Erich Wendt wurde dieses Kontinuum weiter gestärkt, Walter Janka folgte erst 1952.[33] Becher, der schon im Moskauer Exil kultur- und verlagspolitische Konzepte erstellt, diese aber unter dem Eindruck der in Berlin vorgefundenen Verhältnisse revidiert hatte, arbeitete für den Aufbau Verlag zusammen mit Cheflektor Paul Wiegler ein Programm aus, das den Akzent nicht einseitig auf Exilliteratur, sondern auf eine Zusammenführung von Exil mit »Innerer Emigration« und dem Widerstand legte.

Generell verfolgte Johannes R. Becher im Kulturbund und im Aufbau Verlag eine »Versöhnungspolitik«, in deren Rahmen die Entnazifizierung auf einen engeren Kreis von NS-Verbrechern beschränkt und ein sozialistisch-demokratischer Neuanfang auf möglichst breiter Basis unternommen werden sollte. Für die Umsetzung dieser Maxime sorgte unter anderem Paul Wiegler, früher Cheflektor im Ullstein Verlag beziehungsweise nach dessen »Arisierung« des Deutschen Verlags; er

konnte als Nichtemigrant seine Beziehungen zu den »Daheimgebliebenen« nutzen.[34] Die Umsetzung dieser Vorstellungen erwies sich allerdings als schwierig: Zum einen stieß die glimpfliche Behandlung politisch belasteter Autoren nicht überall auf Verständnis, zum anderen
aber war die Absicht, im Aufbau Verlag die Exilliteratur nicht zu sehr
zu betonen, schon aus praktischen Gründen kaum zu verwirklichen –
mindestens in den Anfängen. Denn notgedrungen kam es »zu dem
Übergewicht der Emigranten im Gründungsprogramm, noch dazu der
Moskauer, aus dem einfachen Grund, weil die Texte vorhanden waren,
teils im Gepäck von Willmann und Becher, teils im Besitz der mit ihnen
zeitgleich zurückkehrenden Autoren Erpenbeck, Plivier und Scharrer.«[35] Heinz Willmann hatte in Moskau als Redakteur der Exilzeitschrift *Internationale Literatur* gearbeitet, in der Werke wie Heinrich
Manns *Ein Zeitalter wird besichtigt* in Fortsetzung erschienen waren,
die sich nun zur Einzelpublikation anboten. In ähnlicher Weise brachte
der aus Mexiko zurückgekehrte Alexander Abusch die Werke des Verlags El libro libre in den Titelfundus ein.

So ergab sich im Startprogramm doch ein deutliches Übergewicht
von Exilwerken – sehr zum Unwillen Bechers, der unter anderem dem
Autor Adam Scharrer explizit erklärte, dass »im Aufbau Verlag ›Remigranten‹ in dieser Proportion weiterhin nicht mehr tragbar seien.«[36] Tatsächlich wurde schon im Frühjahrsprogramm 1946 die Exilliteratur zu-
rückgefahren, zugunsten von Autoren, die in Deutschland verblieben
waren, wie Bernhard Kellermann, Gerhart Hauptmann, Günter Wei-
senborn, Ernst Wiechert oder Hans Fallada. Becher ging sogar so weit,
einen Frank Thieß zu hofieren und in einem anbiedernden, vielleicht
taktisch gemeinten Brief den selbst ernannten »Führer der Inneren
Emigranten« zu versichern, er habe niemals den Standpunkt vertreten,
»daß die aus Deutschland verbannte Literatur die deutsche Literatur
einzig und allein repräsentiere.«[37]

Dennoch blieb der Aufbau Verlag, der 1946, im zweiten Bestandsjahr,
bereits mehr als hundert Titel herausbrachte, die bedeutendste Publikationsplattform für Autoren, die entweder schon nach Ost- oder Westdeutschland zurückgekehrt waren oder sich noch im Exil befanden. Die
Kunde vom großzügigen Ausbau dieser neuen Publikationsplattform
verbreitete sich rasch und zog eine Fülle von Anfragen nach sich. Nicht
wenige davon wurden, zur Enttäuschung der betroffenen Autoren, ab-
schlägig beschieden; schließlich sollte – neben einem wissenschaftlichen
Bereich – im belletristischen Sektor nach und nach auch eine Klassiker-
Schiene aufgebaut werden, die mit Heine begann und sich bis 1947 über
Goethe, Schiller, Grimmelshausen und Lessing fortsetzte. Damit entstand ein Gegengewicht zu dem Programmschwerpunkt, der auf eine

Auseinandersetzung mit den Ursachen des Nationalsozialismus, dem NS-Terror, den Konzentrationslagern oder dem Weltkrieg ausgerichtet war. Das musste nicht notwendig in Exilwerken erfolgen; die entschiedensten Akzente setzten aber doch Plieviers *Stalingrad*-Roman und Anna Seghers' *Das siebte Kreuz*.

Einen Vorsprung vor vielen anderen Verlagen, besonders jenen im Westen, verschaffte sich der Aufbau Verlag, indem er bedenkenlos Werke in Neuausgaben herausbrachte, ohne zuvor die Zustimmung der Autoren oder Rechteinhaber eingeholt zu haben. Das betraf Bücher von Heinrich Mann, Georg Lukács, Max Hermann-Neiße; aber auch Anna Seghers stellte nach ihrer Rückkehr einigermaßen überrascht fest, dass der Aufbau Verlag ihren Roman *Das siebte Kreuz* bereits 60 000 mal verkauft hatte.[38] Tatsächlich war die Rechtelage nach dem Krieg in vielen Fällen höchst unklar, die Kontaktaufnahme mit den Autoren im Ausland oder ihren Rechtsnachfolgern schwierig. Zu dieser eigenmächtigen Vorgangsweise glaubte man sich im Aufbau-Verlag aber noch aus einem anderen Grund berechtigt: Dass es sich beim Publizieren von Exilwerken von Anfang an um eine Frage von »politischen Notwendigkeiten« im Rahmen der Konfrontation der politischen Weltanschauungen handelte, wurde immer wieder direkt ausgesprochen, etwa wenn Verlagsleiter Erich Wendt sich 1947 bei Ernst Bloch über Wieland Herzfelde beschwerte, der die ursprünglich bei Aurora herausgebrachte Abhandlung *Freiheit und Ordnung* nicht sofort für den Aufbau-Verlag freigeben wollte: »Wir stehen hier im Kampf und können nicht verstehen, wenn uns Freunde die Waffen für diesen Kampf vorenthalten.«[39] Verschiedentlich wurden nachträgliche Vereinbarungen geschlossen, manchmal erst nach zähen Verhandlungen.

Im Übrigen wurde Wieland Herzfelde doch noch zu einem Vertragspartner. Herzfelde hätte – nachdem er selbst an der Wiedererrichtung eines Verlags in der SBZ gehindert worden war[40] – die komplette Produktion des von ihm in New York geleiteten Aurora Verlags vorzugsweise in ein kapitalkräftiges Verlagsunternehmen einbringen wollen. Das wurde aber allein schon von dem amerikanischen Trading with the Enemy Act erschwert. Eine Umgehung dieser Bestimmungen erhoffte er sich zunächst durch ein Abkommen mit dem Verlag von Kurt Desch, der die Protektion durch die US-amerikanischen Behörden genoss und für einen Transfer der Verlagsrechte eher infrage zu kommen schien als der Aufbau-Verlag in der SBZ. Eine entsprechende Übereinkunft war auch bereits erzielt, doch nahm der Münchener Verleger unter dem Eindruck der sich verschärfenden ideologischen Gegensätze dann doch Abstand von einer konkreten Umsetzung des Plans; 1949 verzichtete er definitiv auf die Rechte.[41]

Im anderen Falle wären die Aurora-Bücher doppelt, einmal im Westen, einmal im Osten erschienen. Denn schon im Mai 1948 hatte der Aufbau Verlag per Generalvertrag die Übernahme der »Aurora-Bücherei« bestätigt[42], wodurch das zuvor eigentlich schon wieder im Abbau begriffene Exilprogramm des Verlags erneut einen Aufschwung nahm. Denn nicht wenige der prominenten Autoren des Aurora-Programms – Ernst Bloch, Bertolt Brecht, Ferdinand Bruckner, Alfred Döblin, Lion Feuchtwanger, Oskar Maria Graf, Egon Erwin Kisch, Ulrich Becher, Anna Seghers, Bodo Uhse, Berthold Viertel, Ernst Waldinger und Herzfelde selbst – waren auf der Suche nach einer neuen verlegerischen Heimat und konnten jetzt gezielt umworben werden. Zu einer festen Verbindung kam es aber – neben den ohnehin bereits im Aufbau-Programm verankerten Kisch und Seghers – nur mit Ulrich Becher, Bloch, Feuchtwanger, Herzfelde und Uhse; Döblin und die ursprünglich aus Österreich stammenden Autoren Bruckner, Viertel und Waldinger verzichteten auf eine Zusammenarbeit.

In dieser Situation zeigte sich, dass es auch innerhalb der ehemaligen Exilautorenschaft Frontenbildungen gab: »Die Übernahme der amerikanischen Emigranten rief bei den sozialistischen Autoren, die sich eigentlich über jeden Bündnispartner hätten freuen müssen, nicht nur Begeisterung hervor.«[43] Zuvor schon hatten Friedrich Wolf und Willi Bredel beim Aufbau-Verlag aus Empörung über die hohen Auflagen von Autoren der »Inneren Emigration« für sich eine bevorzugte Behandlung, auch bei der Auflagenhöhe, eingefordert, da sie doch vor 1933 eine beachtliche Popularität gehabt hätten, dann 13 Jahre lang totgeschwiegen worden seien und nun dem deutschen Lesepublikum wieder in einer adäquaten Weise zugänglich gemacht werden sollten.[44]

Flankiert wurde das Aufbau-Exilprogramm durch die zum Teil auch sehr beachtliche Publikationstätigkeit anderer Verlage, wie etwa J. W. H. Dietz Nachf., Bruno Henschel und Sohn, Volk und Welt, Kiepenheuer, Rütten & Loening, in denen teilweise auch Remigranten am Werk waren, wie Fritz Schälicke oder Hans Holm. Aufschlussreich ist die Tatsache, dass neben dem übermächtigen, von Staat und Partei geförderten Aufbau-Verlag auch die privatwirtschaftlichen Verlage in der SBZ und dann in der DDR in Sachen Emigrationsliteratur eine nicht unwesentliche Rolle gespielt haben. Das deutlichste Beispiel dafür ist der Greifenverlag in Rudolstadt.[45]

Karl Dietz, der Inhaber des Greifenverlags, war nach 1945 bemüht, im Rahmen seines allerdings recht weit gespannten Programmspektrums auch die im deutschsprachigen Exil entstandene Literatur zugänglich zu machen. Schon im *Almanach der Unvergessenen* (1946) und im Verlagsalmanach *Der rote Greif* 1947 sowie in verschiedenen Sammelwerken waren Exilautoren mit Texten vertreten (unter anderem Johannes R. Becher, Alfred Döblin, Thomas Mann, Ernst Toller); auch mit dem Dramatiker Friedrich Wolf stand er in engem Kontakt. In den folgenden Jahren erschienen Bücher der Exilanten Emil Ludwig, Jakob Wassermann, Max Brod oder Balder Olden. Besonders profilieren konnte sich der Verlag dann seit den 1950er Jahren mit Lion Feuchtwanger, von dem bis 1961 21 Bände erschienen. Neben Feuchtwanger, der auf diese Weise in der DDR ein großes Publikum gewann, gehörten Oskar Maria Graf, Paul Zech, Arnold Zweig und Ernst Sommer zu den wichtigsten Autoren im Programm.[46]

Der Greifenverlag erwarb sich damit enorme Verdienste um die Rezeption der Exilliteratur. Eine besondere Funktion scheint er für die nicht in der DDR lebenden Autoren gewonnen zu haben, die Interesse hatten, auch im Osten Deutschlands gelesen zu werden; als Privatverlag genoss er bei ihnen und den lizenzgewährenden westlichen Verlagen besondere Sympathien. Allerdings wurde Karl Dietz von literaturpolitischen Stellen so massiv unter Druck gesetzt, dass er weitergehende Ambitionen – gerade auch bei Thomas Mann, mit dem er in Verhandlungen stand – zugunsten des Aufbau-Verlags aufgeben musste.[47] Wer im Westen lebende Autoren in einem DDR-Verlag herausbringen oder sie gar dauerhaft an ihn binden wollte, hatte ohnehin vielfältige praktische Hindernisse zu überwinden – vor allem das Problem, Honorare ins Ausland zu transferieren. Diese Problematik betraf allerdings nicht nur den (devisenmäßig besonders restriktiv behandelten) privat geführten Greifenverlag, sondern durchaus auch den Aufbau-Verlag und andere volkseigene oder partei- beziehungsweise organisationsgebundene Verlagsbetriebe.

Eine Gesamteinschätzung der im Osten Deutschlands unternommenen Anstrengungen, die Literatur des deutschsprachigen Exils 1933–1945 möglichst rasch zu einem tragenden Element des vom sozialistischen Deutschland beanspruchten kulturellen Erbes zu machen, gab rückblickend der Frankfurter Verleger Klaus Schöffling: »Unbestreitbar ist, dass [in der SBZ] der Exilliteratur, wie der 1933 verbrannten Literatur, breitester Raum gegeben wurde. Natürlich mit Vorrang der sozialistischen Literatur. Aber man war in den Anfängen nicht wählerisch, hatte noch keinen eigenen Literaturbegriff gebildet (bis Bitterfeld war noch ein weiter Weg) und druckte Buch um Buch, zum Teil in gigantischen Auflagen, die dennoch sofort vergriffen waren. Es ist heute fast unvorstellbar, wie diese Bücher auf die Deutschen gewirkt haben mussten.«[48] In der Tat bildete sich in der SBZ »eine ideologische und ästhetische Kontinuität heraus, die im Verhältnis zu der in den Westzonen komplementär war – und eben auch einseitig, Verdrängungen Vorschub leistend. Eine Traditionsbildung fand statt, die die SBZ schon lange von

Westdeutschland unterschied, noch ehe die beiden Staaten gegründet wurden.«[49]

VI Exilliteratur in der DDR – Kontinuitäten und Wandel

Der 1949 neu errichtete Staat der Deutschen Demokratischen Republik übernahm das Lizenzierungssystem der sowjetischen Besatzungsmacht und machte somit verlegerische Tätigkeit weiterhin von der Erteilung einer entsprechenden Genehmigung abhängig. Dies gab Gelegenheit, die angestrebte Vergesellschaftung des Buchproduktionswesens durch Reduktion der Privatfirmen zielstrebig voranzutreiben; allein im August 1951 wurde die Zahl der zugelassenen Firmen um 71 vermindert; relativ spät, 1965, wurde so auch der Greifenverlag ein volkseigener Betrieb.[50] Damit war der zentralen Steuerung des Literaturwesens im Rahmen der sozialistischen Planwirtschaft immer größerer Raum gegeben; die Privatverlage wurden marginalisiert. Umso stärker spiegelte sich die parteigesteuerte Literaturdoktrin in den Verlagsprogrammen, und nicht nur die aktuelle Literaturproduktion wurde jetzt an Maßstäben des Sozialistischen Realismus gemessen; auch die Werke des Exils mussten diesen Forderungen standhalten, wollten sie weiterhin eine Druckgenehmigung erhalten.

Längst schon wurden nichtkommunistische Autoren von linientreuen Autorenkollegen als »Lungenschmarotzer« (Fr. Wolf) empfunden,[51] das galt konkret auch für Autoren wie Oskar Maria Graf, von dem schließlich 1953 mehrere Titel aus dem Themenplan des Aufbau Verlags gestrichen wurden. Graf war froh, dass er damals auf den Greifenverlag ausweichen konnte – zumal er damals in der Bundesrepublik kaum Publikationschancen hatte. 1958 klagte er in einem Interview, er habe in den letzten zehn Jahren von westdeutschen Verlagen nur Absagen erhalten.[52] Das lag nun wieder daran, dass er aufgrund seiner Aufbau- und Greifenverlag-Veröffentlichungen als »Ostautor« abgestempelt war; an Walter Janka schrieb er 1956: »Zudem ist es doch so, daß jeder Autor, der in der DDR verlegt wird, stillschweigend in der Bundesrepublik geächtet wird. Alle Versuche, die beiden genannten Bücher bei anderen Verlagen der Bundesrepublik unterzubringen, scheiterten, und die fadenscheinigen Ausreden, die sich die Verleger machten, verrieten nur zu deutlich, wie man um sogenannte ›Ostautoren‹ herumgeht.«[53] Damit sprach Graf ein Problem an, das nicht nur ihn betraf, sondern alle Autoren, die sich bemüht hatten, mit ihren Büchern in Ost und West präsent zu sein: sie waren zwischen die Mühlsteine des Kalten Krieges geraten.

Im Zeichen der ideologischen Straffung der Literaturpolitik in der DDR wurde das in den Anfängen so demonstrativ betriebene Werben um bürgerliche Schriftsteller fortschreitend abgebaut. Ohnehin war die Einbürgerung der Exilliteratur stets selektiv betrieben worden: »Hermann Broch und Robert Musil, Joseph Roth, Ödön von Horvath und Ernst Weiss, Hans Henny Jahnn, Walter Mehring, Klaus Mann und Irmgard Keun und selbst Walter Benjamin, ganz zu schweigen von Theodor W. Adorno und den ›Renegaten‹ Arthur Koestler und Gustav Regler, wurden lange nicht oder sogar nie in den kommenden 40 Jahren DDR gedruckt.«[54] Auch in dieser Hinsicht also muss von einer »halbierten Einbürgerung der Exilliteratur« (W. Emmerich) gesprochen werden[55], und diese Tendenz zur Ausgrenzung nichtsozialistischer Autoren setzte sich in dem Maße fort, in welchem sich die Aufmerksamkeit der Literaturpolitik auf eine neue Generation richtete, die sich im Zeichen des »Bitterfelder Wegs« und sonstiger Richtlinien auf die aktuellen Aufgaben des Schriftstellers in der sozialistischen Gesellschaft konzentrieren sollte. Ohnehin hatten von der Exilgeneration nur Anna Seghers im Roman, allenfalls Johannes R. Becher in der Lyrik und Bertolt Brecht auf dem Theater schulbildend gewirkt; ihre Repräsentanten hatten die »schöpferischen Zeiten zumeist schon hinter sich.«[56] Wenn daher die Bedeutung der Exiltradition in der DDR insgesamt schwächer wurde, so trifft – mit den eben angedeuteten Einschränkungen und vor allem in Relation zu den Verhältnissen in der Bundesrepublik – der Befund von Carsten Wurm doch zu: »Zu einer prägenden Besonderheit des DDR-Buchmarktes wurde die nie abreißende Rezeption der Exilliteratur.«[57]

VII Und in Österreich? – Parallelen und Besonderheiten der Exilrezeption

Österreich verkündete bereits am 27. April 1945 die Wiederherstellung der demokratischen Republik, war allerdings zunächst kein souveräner Staat, sondern wurde – wie Deutschland – in vier Besatzungszonen geteilt; die Arbeit der Provisorischen Staatsregierung wurde durch einen Alliierten Kontrollrat beaufsichtigt. Eine durchgreifende »Entnazifizierung« der Gesellschaft hat damals nicht stattgefunden, auch nicht im Bereich des Buchhandels; ein formelles Lizenzierungsverfahren fand nur in der amerikanisch besetzten Zone statt. Zwar wurden auch in der sowjetischen Besatzungszone einige Verlage, die NS-Parteiliteratur herausgebracht hatten, nicht wieder zugelassen, im Ganzen betrachtet war es aber für belastete Verleger, jedenfalls bis zum Verbotsgesetz 1947, relativ leicht möglich, von den Militärbehörden Publikationsgenehmigungen zu erhalten. Zur Überwachung des Schrifttums wurde jedoch eine Vorzensur ausgeübt: Die Abteilung Schrifttum und Verlagswesen im Unterrichtsministerium, die im Rahmen eines von den Verlagen zu beantragenden Verfahrens zur Erlangung einer Druckgenehmigung eine »politische Beurteilung« der eingereichten Manuskripte vornahm, schritt bei »Bedenken wegen nationalsozialistischer, deutschnationaler, antidemokratischer, rassenpolitischer, militaristischer oder gegen die Alliierten gerichteter Tendenz« ein.[58] Die Kontrolle der Schriftsteller war Aufgabe einer im Unterrichtsministerium eingerichteten Zentralkommission zur Bekämpfung der nationalsozialistischen Literatur, die allerdings nur sechs Verbote aussprach – sehr wenig im Vergleich zur Zahl der Autoren, die einander 1938 in der Begeisterung für den »Führer« überboten hatten. Tatsächlich schafften es fast alle der belasteten Autoren, ihre Laufbahn fast bruchlos fortzusetzen, während die Literatur der Emigranten nur in eingeschränktem Maße zur Kenntnis genommen wurde.

Die alliierte Umerziehung der Bevölkerung zur Demokratie und die Ausrottung der Ideologie des Nationalsozialismus in allen ihren Erscheinungsweisen gaben den Rahmen vor, in welchem sich Verlagswesen und Buchhandel in Österreich in der unmittelbaren Nachkriegszeit entwickeln konnten.[59] Die Stimmung in der Branche selbst war unmittelbar nach 1945 gekennzeichnet von geradezu euphorischen Hoffnungen, deren Hintergrund die vergleichsweise hervorragende wirtschaftlich-technische Ausgangsposition der Verlagsstadt Wien war: In Österreich waren die Papierfabriken aus dem Bombenkrieg vergleichsweise unversehrt hervorgegangen und produzierten bald wieder fast auf Friedenszeitniveau. Auch die Druckereien waren – ganz im Gegensatz zu Leipzig – weitgehend unbeschädigt geblieben.[60] Damals kam die Parole von der »Buchstadt Wien« in Umlauf; man sah die historische Chance, Wien zu einem Zentrum der gesamten deutschsprachigen Buchproduktion und -distribution auszubauen und Leipzig in dieser Rolle abzulösen. Dass dieses Vorhaben nach hoffnungsvollen Anfängen noch mit der »Bücherkrise« des Jahres 1948 scheiterte, hatte mehrere Ursachen.[61]

Eine Währungsreform, die hier bereits am 10. Dezember 1947 durchgeführt wurde, hatte auch in Nachkriegsösterreich massive Verschlechterungen der Absatzchancen für Bücher nach sich gezogen. Die seit 1945 in beachtlich großer Zahl neu gegründeten Verlage[62] waren finanziell und kaufmännisch häufig unzureichend fundiert, sodass sie ihre Anfangserfolge nach Abebben des »Bücherhungers« nicht fortsetzen konnten und sich nach der Umstellung auf härtere Währung als nicht lebensfähig erwiesen. Zudem waren die unmittelbar nach dem Krieg produzierten Bücher auf schlechtem Papier gedruckt, sodass sie bei steigenden Ansprüchen an die Ausstattung bald unverkäuflich waren. Im Übrigen waren die Hoffnungen auf das Entstehen einer »Buchstadt Wien« auch und vor allem darauf gerichtet gewesen, einen schwunghaften Exportbuchhandel etablieren zu können.[63] Man musste aber zur Kenntnis nehmen, dass das Verbot der Einfuhr von Büchern nach Deutschland sehr strikt gehandhabt wurde, sodass von einer Eroberung des deutschen Marktes keine Rede sein konnte.

Nach Gesprächen in den Jahren 1947 und 1948 konnte zunächst wissenschaftliche Literatur regulär in die Bizone eingeführt werden, im Jahr darauf dann auch in die Trizone; erst Ende 1949 erfolgte eine allgemeine Freigabe. Doch selbst ohne diese Handelshindernisse wären die Exportchancen für österreichische Verlage wohl nicht besonders groß gewesen. Denn ihr Bücherangebot hatte ein Niveau, das schon von inländischen zeitgenössischen Beobachtern als beschämend empfunden wurde; das Papier werde für die »Herausgabe belangloser, abgeschmackter und in jeder Hinsicht überflüssiger Romane verschwendet«. In der Tat waren die Verlagsprogramme wenig attraktiv, zumal im Bereich der Belletristik hauptsächlich wieder die Autoren des »Ständestaats« oder ehemalige NS-Autoren verlegt wurden.[64]

Jenseits dieser fatalen Kontinuitäten gab es jedoch auch Publikationschancen für Exilliteratur. An erster Stelle zu nennen sind hier die Verlage und Verlagsneugründungen, die eine Nähe zu politischen Parteien aufwiesen. Dies traf in besonderer Weise auf den 1945 gegründeten Globus-Verlag zu, der von der Sowjetunion finanziell großzügig unterstützt wurde. Konsequenterweise fungierte er verdeckt als Parteiverlag der KPÖ, verfolgte ansonsten aber keineswegs Richtlinien einer kommunistischen Literaturdoktrin, sondern ein betont breites »österreichisches« Programm, entsprechend der schon im Exil entwickelten KP-Linie eines eigenständigen, nationalbewussten Österreich, das allen großdeutschen Ideen gegenüber immun sein sollte. In dem Verlag, in welchem Remigranten auch in der Verlagsleitung tätig waren, erschienen 1946–1948 Bücher von Theodor Kramer, Egon Erwin Kisch, Hermynia zur Mühlen, Bela Balasz oder Ernst Sommer. Einer der Verlagsleiter, Ernst Goldschmidt, machte sich bald mit dem Schönbrunn Verlag selbstständig und brachte dort Dramen von Ferdinand Bruckner heraus; der zeitweise ebenfalls im Globus-Verlag tätige Willy Verkauf(-Verlon) publizierte im Verkauf-Verlag 1947 Franz Theodor Csokors Gedichtsammlung *Das schwarze Schiff*.

Im Bereich der Sozialdemokratie vereinigte die Verlagsholding Konzentration eine Reihe von Verlagen unter einem Dach, in denen Exilliteratur erschien: im Vorwärts Verlag kamen Gedichte von Fritz Brügel heraus, bei Danubia Bücher von Hermann Kesten, Adrienne Thomas,

Leo Lania, Ernst Lothar, Arthur Koestler und Franz Theodor Csokor, im Wiener Verlag erschienen 1946 Hans Weigels »utopischer Gegenwartsromans« *Der grüne Stern* und 1947 Hilde Spiels *Flöte und Trommeln*. Der Verlag A. Sexl (Ringbuchhandlung) stand in einem von Berthold Viertel und Curt Ponger vermittelten Kontakt mit Wieland Herzfelde in New York und plante, in seiner Continental Edition eine Abteilung »Aurora-Bücherei« aufzunehmen.[65] Tatsächlich erschienen sind 1947 und 1948 nur drei Titel, Ernst Waldingers *Die kühlen Bauernstuben*, Ferdinand Bruckners *Jugend zweier Kriege* und Ulrich Bechers Stück *Der Bockerer* – ehe der geschlossene Vertrag Mitte 1948 auslief und die Aurora-Bücherei in das Programm des Ostberliner Aufbau Verlags einging. Sexl hatte von U. Bechers 1948 erschienenem *Bockerer* angeblich nur zehn Exemplare verkauft, wodurch sich eine Weiterführung der Serie mehr oder minder von selbst verbot.[66] Schon an dieser Stelle fällt auf, dass die österreichischen Verlage ganz überwiegend nur Werke österreichischer Exilschriftsteller publizierten – womit sie ihren Wirkungskreis dementsprechend sehr beschränkten, auch als sich wieder Möglichkeiten zur Bücherausfuhr ergaben. Umgekehrt zogen es österreichische Exilautoren im Zweifelsfall vor, in deutschen Verlagen unterzukommen, um sich so einen größeren Resonanzraum (und günstigere Honorarbedingungen) zu sichern.

Einen durchaus österreichischen Charakter hatte das Programm des nach Kriegsende in Wien aufgebauten Zweigs des Ullstein Verlags; hier war es der als Verwalter der Großdruckerei Waldheim-Eberle eingesetzte Fritz Ross, der österreichische Schwiegersohn von Hans Ullstein, der hier lange Zeit vor dem Berliner Haupthaus verlegerisch aktiv werden konnte und eine Reihe von Exilwerken herausbrachte, unter ihnen Bücher von Raoul Auernheimer (*Das Wirtshaus zur verlorenen Zeit. Erlebnisse und Bekenntnisse*) und Franz Theodor Csokor (u. a. seinen autobiografischen Bericht *Als Zivilist im Balkankrieg*). Als weitere Beispiele können dienen der Verlag Neues Österreich, in welchem politische Essayistik von Ernst Fischer, später (1951) ein Roman von Gina Kaus erschien, oder der Bergland Verlag, der Ödön von Horvaths Romane *Jugend ohne Gott* und *Ein Kind unserer Zeit* herausbrachte. Der Befund ist aber auch so bereits eindeutig: Wie in Westdeutschland gab es in jenen Jahren in Österreich keinen Verlag, der eine konsequente exilliterarische Programmschiene entwickelt hätte; es blieb bei eher zufälligen Einzelpublikationen, die innerhalb der bunt gemischten oder bisweilen chaotisch zusammengewürfelten Verlagsprogramme keine Umgebung fanden, in der sie hätten zur Wirkung kommen können.

Noch am ehesten mit Exilautoren profilieren konnten sich Verlage, die gleichsam nur einen Gaststatus in Wien hatten, zum einen der nach

1945 reaktivierte Bermann-Fischer-Verlag, über dessen Nachkriegsveröffentlichungen (u. a. Vicky Baum 1949, Friedrich Torberg 1947, 1948, Franz Werfel 1948, Stefan Zweig 1949) bereits berichtet worden ist; er wurde geschlossen, sobald Gottfried Bermann Fischer wieder in Deutschland, nunmehr in Frankfurt am Main, tätig werden konnte. Zum anderen aber hat der Schweizer Verleger Emil Oprecht, der schon seit 1933 den vom Nationalsozialismus vertriebenen Schriftstellern in Zürich auf großzügigste Weise eine verlegerische Heimat geboten hatte, im Jahr 1947 in Wien eine Niederlassung seiner Europa Verlag AG gegründet. Diese Bücher zeichneten sich durch Qualität und Machart positiv vom Gros der sonstigen Produktion ab. Zu ihnen gehörten 1947 Robert Lucas' (d. i. Robert Ehrenzweig) *Teure Amalie, vielgeliebtes Weib! Die Briefe des Gefreiten Adolf Hirnschal an seine Frau in Zwieselsdorf,* die aus einer BBC-Sendereihe während der Kriegsjahre heraus entstanden waren. Bei Europa erschienen aber auch Hermann Rauschnings *Gespräche mit Hitler,* Alice Herdan-Zuckmayers *Die Farm in den grünen Bergen* oder Ludwig Marcuses *Philosophie des Glücks.* 1950 kam das aufsehenerregende Werk *Ein Gott der keiner war* heraus, in welchem Ignazio Silone, Richard Wright, André Gide, Louis Fischer und Stephen Spender ihre Abkehr vom Kommunismus schilderten.

Für eine wirkungsvolle Positionierung der Exilliteratur auf dem Buchmarkt prädestiniert gewesen wäre im Grunde der Paul Zsolnay Verlag. Der Verlag war in den Jahren vor 1933 zum produktivsten deutschsprachigen Belletristik-Verlag überhaupt aufgestiegen und hatte noch unter seinem »Arisierer« Karl H. Bischoff Anfang der 1940er Jahre Absatztriumphe gefeiert; es handelte sich um das leistungsfähigste Verlagsunternehmen, das Österreich je hatte. Dazu war sein Verleger Paul Zsolnay aus dem Londoner Exil zurückgekehrt, kannte also die Szene und viele Autoren aus nächster Nähe. Allerdings konnte der Verlag nach 1945 an seine Glanzzeiten nicht anschließen. Er versuchte es über die international renommierten Autoren, die schon in der Weimarer Zeit den Erfolg garantierten, wie John Galsworthy, Pearl S. Buck, A. J. Cronin oder Graham Greene; von den deutschsprachigen Schriftstellern wählte sich Zsolnay jedoch ausgerechnet Frank Thieß zum intensiv gepflegten Hausautor, was die Möglichkeiten für ein exilliterarisches Engagement entsprechend einengte. Immerhin erschienen bei Zsolnay Werke von Ernst Weiss, Leo Perutz, Hans Natonek, Albert Einstein oder Ernst Lothar – ohne durchschlagenden Erfolg.

Über den Tod Paul Zsolnays im Jahr 1961 hinaus blieb das Unternehmen zwar einer der ganz wenigen Publikumsverlage in Österreich; eine herausragende Dynamik hat er nicht mehr entwickelt. Dies tat der 1946 gegründete Verlag von Fritz Molden, der mit dem Bestseller von

Hildegard Knef *Der geschenkte Gaul* und weiteren spektakulären Li-
zenzgeschäften auf dem internationalen Buchmarkt Aufsehen erregte,
1982 aber ebenso spektakulär in Konkurs ging.[67] Im Rahmen seines
Programms hatte er auch einige Neuauflagen von Exilwerken veranstaltet, von Arthur Koestler und Manès Sperber, also vorzugsweise von Renegatenliteratur, für eine Reintegration des literarischen Exils hat auch
Molden keinen nennenswerten Beitrag geliefert – im Rahmen seines auf
internationale politisch-literarische Prominenz abgestellten Programms
mag sie ihm als zu wenig absatzträchtig erschienen sein.

Zu den größten Hindernissen für ein verlegerisches Engagement in
Sachen Exilliteratur gehörte auch in Österreich ein politisch-gesell-
schaftliches Klima, das prinzipiell von einer (jahrzehntelang wirksamen)
Weigerung zur kritischen Aufarbeitung der NS-Zeit geprägt war (man
gerierte sich als »erstes Opfer« Hitler-Deutschlands). Dazu kam es am
Beginn der 1950er Jahre zu einem Erstarken antilinker Kräfte, das sich
am deutlichsten im Kulturbereich, im sogenannten Brecht-Boykott äußerte.[68] Im Unterschied zu Westdeutschland war in Österreich die
Kommunistische Partei zu keinem Zeitpunkt verboten; unmittelbar
nach Kriegsende war sie sogar an der Regierung beteiligt, bis sie von der
Bevölkerung abgewählt wurde. Wenn daher der Kalte Krieg hier etwas
entspannter gesehen wurde, zumal ihm die staatliche Neutralitätspolitik
entgegenwirkte, so kam es Anfang der 1950er Jahre doch zu einer an-
tikommunistischen Kampagne, die ihr Ziel ausgerechnet in Bertolt
Brecht fand, dem noch 1950 (heimlich) die österreichische Staatsbürgerschaft verliehen worden war. Es waren hauptsächlich die selbst aus
der Emigration heimgekehrten Hans Weigel und Friedrich Torberg,
die – mit Unterstützung aus dem Ausland – dafür sorgten, dass zwischen 1953 und 1963 kein österreichisches Theater Stücke von Brecht
aufführte (mit Ausnahme des Wiener Scala-Theaters, an dem mit dem
Kommunismus sympathisierende Regisseure und Schauspieler tätig waren). Da Brecht stellvertretend für eine ganze, aus dem antifaschistischen Exil heimgekehrte Autorengeneration als Zielscheibe diente, war
eine denkbar ungünstige Atmosphäre gegeben für die Propagierung einer Literatur, die in Teilen unter Kommunismusverdacht gestellt werden konnte.

Im Grunde dauerte es viele Jahre oder fast Jahrzehnte, bis das Thema
Exil in österreichischen Verlagen wieder einen Stellenwert bekam.[69] Es
war der Löcker Verlag, der mit Wiederentdeckungen in den 1970er Jahren das Terrain neu bestellte (Alfred Polgar, Albert Fuchs, Emil Szittya,
Fritz Grünbaum). Später folgten andere Verlage, wie der 1984 gegründete Picus Verlag, der in der Reihe »Österreichische Exilbibliothek« erzählerische oder autobiografische Werke von Paul Elbogen, Richard A.

Bermann (d. i. Arnold Höllriegel), Eva Kollisch, Hans Eichner, Fritz
Kalmar, Leo Spitzer, Lore Segal, Jakov Lind und noch anderen veröf-
fentlichte. Der Reihentitel ist abgeleitet aus der Kooperation mit der
Österreichischen Exilbibliothek, die – angesiedelt im Literaturhaus
Wien – seit 20 Jahren ein Veranstaltungsprogramm betreibt, das zu zahl-
reichen literarischen Wiederentdeckungen geführt hat.

Verdienste erworben hat sich auch die Theodor Kramer Gesellschaft,
die sich der Exilforschung verschrieben hat und neben einer regelmäßig
erscheinenden Zeitschrift und einem Jahrbuch *Zwischenwelt. Zeitschrift
für Kultur des Exils und des Widerstands* (früher: *Mit der Ziehharmonika*) teils in Verbindung mit dem Verlag für Gesellschaftskritik / Dö-
cker Verlag in dessen Reihe »Antifaschistische Literatur und Exilliteratur – Studien und Texte« zahlreiche Buchpublikationen herausgebracht
hat, u. a. mit Werken von Stella Rotenberg, Anna Krommer, Theodor
Kramer, Felix Pollak oder Berthold Viertel. Mit dem Erscheinen des *Lexikons der österreichischen Exilliteratur*[70] im Jahr 2000 war dann auch
ein Überblick über das gesamte Personen- und Themenfeld gegeben.
Dennoch kann nicht übersehen werden, dass allen wissenschaftlichen
und auch verlegerischen Bemühungen zum Trotz in Österreich die Rezeption der Exilliteratur – Exilliteratur im emphatischen Sinne verstanden – auf relativ überschaubare Kreise beschränkt geblieben ist.

VIII Exilliteratur in der Bundesrepublik: Rückschläge und Fortschritte

Wenn das restaurative kulturelle Klima der 1950er Jahre, der Antikommunismus der Adenauerzeit, die Nachwirkungen der ressentimentgela-
denen Emigrantendebatten einer Rezeption von Exilliteratur absolut
nicht förderlich waren, so waren die Verleger sicherlich unter den Ersten, die diese Entwicklungen registrierten und daraus ihre Konsequenzen zogen. Es war die Zeit, in der ein Alfred Döblin Deutschland wieder
verließ, weil er sich hier als überflüssig erlebte.[71] Hans-Albert Walter hat
die Konsequenzen auf den Punkt gebracht: »Vollends war das Kapitel
Reintegration fürs erste abgeschlossen, wenigstens, was die Bundesrepublik anging. Der Exilierte, in sein Heimatland zurückgekehrt, nun, er
tat gut daran, stille zu sein, und seine Erlebnisse ›draußen‹, ja selbst die
Tatsache für sich zu behalten, dass er ›draußen‹ gewesen ist. Fast zwei
Jahrzehnte blieb das so, und auch der Großteil der im Exil entstandenen
Literatur ›blieb draußen vor der Tür‹.«[72]

Allerdings sind auch im Laufe der 1950er und 1960er Jahre Werke der
Exilliteratur in durchaus nennenswerter Zahl ediert worden; in Anbetracht der Zeitstimmung verzichteten die Verlage jedoch auf eine allzu

deutliche Deklarierung dieser Werke als Exilwerke. Die offenbar »geschäftsstörende« Kategorisierung von Autoren als Exilschriftstellern konnte noch auf andere Weise umgangen werden: durch die Veranstaltung von Gesamtausgaben. In der Zusammenstellung von Werken aus verschiedenen Perioden, sei es aus den 1920er Jahren oder auch mit solchen aus den Jahren nach 1945, verschliffen sich allzu enge Zuordnungen und Etikettierungen von selbst. Allerdings drückt sich in Werkausgaben prinzipiell auch ein besonderes verlegerisches Engagement für einen Autor aus, zumal sie im Regelfall mit beträchtlichem Kapitaleinsatz verbunden sind; vor allem aber sind solche Ausgaben ein wichtiger Schritt in Richtung einer literarischen Kanonisierung. Im Falle der Exilliteratur wurde in den 1950er und 1960er Jahren das Risiko den Verlegern oft schlecht gelohnt. Beispiele dafür finden sich mit der Gesamtausgabe der Werke Leonhard Franks in der von Berthold Spangenberg geleiteten Nymphenburger Verlagsanstalt[73], aber auch der Claassen Verlag machte in den 1960er Jahren etwa mit der in Lizenz herausgegebenen Ausgabe der *Gesammelten Werke in Einzelausgaben* von Heinrich Mann oder der seit 1965 erscheinenden Werksammlung von Albert Drach keine besseren Erfahrungen als Spangenberg.

Eine folgenreiche Änderung der Rahmenbedingungen ergab sich erst in den ausgehenden 1960er Jahren, mit der Entstehung einer kritischen Öffentlichkeit im Zeichen der Studentenbewegung und der symbolkräftigen Übernahme der Kanzlerschaft durch den ehemaligen politischen Emigranten Willy Brandt. Zwar waren es vorzugsweise die Bereiche der Soziologie oder der Gesellschaftsphilosophie, in denen die Reintegration des intellektuellen Exils auf spektakuläre Weise gelang; dafür steht vor allem die bekannte Formel von der »Suhrkamp-Kultur«, deren Entstehung sich in der Hauptsache den Werken Max Horkheimers, Theodor W. Adornos, Herbert Marcuses, Walter Benjamins, Ernst Blochs oder Siegfried Kracauers verdankt. Nicht im gleichen Maße erfolgte der Durchbruch im Bereich der Exilliteratur; hauptsächlich Brecht stellte hier eine Ausnahme dar. Aber auch die bei Suhrkamp/ Insel erscheinenden Werkausgaben von Ödön von Horvath (1972) oder Hermann Broch (*Kommentierte Werkausgabe*, seit 1976) hatten einige Wirkung.

Entscheidend wichtige Anstöße kamen jetzt vonseiten der universitären Wissenschaft, vor allem einer Germanistik, die seit Kriegsende im (an Kategorien der klassisch-romantischen Tradition geschulten) Paradigma der werkimmanenten Interpretation befangen gewesen war und sich jetzt erst einer Auseinandersetzung mit der Exilliteratur öffnete. Das Entstehen einer organisierten Exilforschung trug ebenfalls dazu bei, dass nunmehr auch Verlage eine klar definierte Zielgruppe sahen

und mutiger wurden. Die Zahl der Verlage, in denen damals Einzel-
werke oder auch Werkauswahlen von Exilschriftstellern erschienen
sind, ist – von Lambert Schneider (Otto Zoff, Paul Kornfeld, Alfred
Mombert, Hans Sahl) bis Scriptor (Martin Beradt, Georg Hermann) –
nicht mehr ohne Weiteres zu überblicken; eine eigene Rezeptions-
schiene ergab sich über die DDR-Literatur, wofür die im Luchterhand
Verlag erschienenen Werke von Anna Seghers ein Beispiel liefern.

In den ausgehenden 1970er und vor allem in den 1980er Jahren wurde
in dem hier zu beschreibenden Prozess eine neue Stufe erreicht, insofern
jetzt – in einschlägig deklarierten Reihen beziehungsweise Programm-
schienen der Verlage – verstärkt eine Rezeption der Exilliteratur *als*
Exilliteratur einsetzte.[74] Damit kam eine Marktstrategie ins Spiel, für die
es bis dahin noch keine Voraussetzungen gegeben hatte. Klaus Schöffling datiert den Beginn dieser neuen Phase recht präzise mit dem Jahr
1977; er hält dafür, dass es Jürgen Serkes Buch über *Die verbrannten
Dichter* war, das die große Neudruckwelle ausgelöst hat.[75] Die Markt-
gängigkeit der Exilliteratur war jedoch auch mit derartigen, über das
bisherige Publikum weit hinausgreifenden Popularisierungen des Themas keineswegs gesichert, wie einmal mehr ein Blick auf den Claassen
Verlag zeigt, der um 1980 neben einer Werkausgabe zu Irmgard Keun
auch eine zu Walter Mehring herausbrachte. Bei Mehring dürfte nur *Die
verlorene Bibliothek* mehr als 3000 Mal verkauft worden sein, während
die meisten anderen Bände unter tausend blieben.[76] Nicht wie erhofft
dürfte auch der Absatz der bei Hanser 1978 erschienenen Ausgabe der
Gesammelten Werke von Ernst Toller und der 1982 bei Suhrkamp he-
rausgebrachten Werkausgabe von Ernst Weiß verlaufen sein.

Erstaunlich bleibt aber, wie viele renommierte Verlage sich jetzt auf
diesem Feld betätigten: Neben den eben genannten wie Suhrkamp,
Hanser, Claassen sind das Rowohlt oder Kiepenheuer & Witsch, aber
auch Verlage wie Langen Müller (mit Lion Feuchtwanger), Bastei
Lübbe (Leonhard Frank), Süddeutscher Verlag (Oskar Maria Graf),
Ullstein (Hermann Kesten, Walter Mehring, Erich Maria Remarque, Vi-
cki Baum), dtv (unter anderem Alfred Döblin), Klett-Cotta (Rudolf
Borchardt), Bertelsmann (Stefan Heym), Piper, Europa Verlag (Arthur
Koestler), Droemer-Knaur (Vicki Baum), Heyne (Gina Kaus), Kreißel-
meier, der Guhl Verlag in Berlin mit der Reihe »Anpassung und Wider-
stand« (Arthur Koestler, Stephan Lackner, Ernst Ottwalt, Gerhart
Seger, Walter Schönstedt), Reclam und so fort. Berührungsängste mit
Exilliteratur scheint es nun auch bei den großen Publikumsverlagen offensichtlich nicht mehr gegeben zu haben.[77]

Das Bild wäre aber allzu unvollständig, fände nicht auch der substan-
zielle Beitrag Erwähnung, den Kleinverlage wie der 1983 von Lisette

Buchholtz in Mannheim gegründete Persona Verlag zur Rezeption der Exilliteratur leisten. Der als Ein-Frau-Unternehmen entstandene Verlag präsentiert bis heute – wenn auch in einem inzwischen breit aufgefächerten Programm – Exilschriftstellerinnen und -schriftsteller, die zu Unrecht übersehen worden sind.[78] Mit Büchern unter anderem von Anna Gmeyner, Lili Körber oder Elisabeth Freundlich stellt der Verlag ein Musterbeispiel dar für einen kleinen Nischenverlag, der sich der Aufgabe unterzieht, bislang ungehobenen literarischen Schätzen oder doch wenigstens dokumentarisch aufschlussreichen Erlebnisberichten nachzuspüren und dabei fehlende Größe durch Findigkeit und Engagement zu kompensieren.

IX Exemplarische verlegerische Initiativen der 1970er und 1980er Jahre

Zwischen 1977 und 1986 erschien im Gerstenberg Verlag in Hildesheim in insgesamt 20 Bänden die Reihe »Exilliteratur«, herausgegeben von Hans-Albert Walter und Werner Berthold, mit Werken von Friedrich Alexan, Theodor Balk, Alfred Döblin, Bruno Frei, Alexander Moritz Frey, Hellmut von Gerlach, Martin Gumpert, Werner Hegemann, Heinz Liepman, Rudolf Olden, Gustav Regler, Wilhelm Speyer, Fritz Sternberg und andere mehr. Den fotomechanischen Nachdrucken waren Nachworte nur in wenigen Fällen beigegeben; das Reprintverfahren unterstrich den dokumentarischen Charakter des Unternehmens. Hauptzielgruppe waren Bibliotheken und Archive sowie die schmale Schicht eines akademischen Publikums, das mit der Anschaffung dieser Bücher wissenschaftliche Interessen verband. Die Reihe musste früher als geplant eingestellt werden, da nicht für alle vorgesehenen Autoren beziehungsweise Werke die Rechte erworben werden konnten; auch war die Nachfrage nicht so hoch wie erwartet. Unerwarteten Gegenwind erhielt das Reihenunternehmen außerdem auf der im September 1980 in Bremen abgehaltenen P.E.N.-Jahrestagung, die sich die »Literatur des Exils« als Rahmenthema gewählt hatte. Hans-Albert Walter und die von ihm repräsentierte Exilliteraturforschung gerieten dort unter den Beschuss derjenigen, die – wie Marcel Reich-Ranicki – eine ästhetische Auseinandersetzung mit den Exilwerken anstelle einer einseitig politisch-gesellschaftlichen einforderten.[79] Kritisiert wurde auch die Tendenz, die Exilliteratur als eine spezifische Gattung zu betrachten.[80] Diese Attacken bedeuteten einen Rückschlag nicht nur für die Ambitionen des Gerstenberg Verlags, sondern für die Rezeption der Exilliteratur insgesamt.

Parallel dazu trat der Konkret Literatur Verlag hervor, der 1978 überhaupt mit dem erklärten Ziel gegründet wurde, die bedeutendsten Werke antifaschistischer deutscher Emigrantinnen und Emigranten 45 Jahre nach der Machtübernahme der Nationalsozialisten der Öffentlichkeit wieder zugänglich zu machen. Errichtet wurde damals eine »Bibliothek der verbrannten Bücher«, in der jeweils in einer Auflage von 5000 Exemplaren Werke von Konrad Merz, Theodor Plivier, Nico Rost, Egon Erwin Kisch, Heinz Liepman, Alfred Kerr, Leonhard Frank, Alfred Kantorowicz, Karl Otten und Adrienne Thomas erschienen.[81] Die Reihe war zunächst auf 30 Titel konzipiert, wurde jedoch nach zehn Bänden eingestellt; auch sie hatte nicht den erwarteten Verkaufserfolg erzielt. Der prononciert linke Verlag konnte seine Klientel nicht mobilisieren, obwohl das Thema Exilliteratur in den innerhalb dieser Zielgruppen geführten Diskursen gerade einen hohen Stellenwert hatte. Immerhin: Von den erschienenen Titeln konnten Taschenbuchlizenzen an den Fischer Taschenbuch Verlag vergeben werden.

Bei der »Bibliothek der verbrannten Bücher« des Fischer Taschenbuch Verlags handelte es sich eigentlich um eine Doppelreihe: Einmal sind dort 1981–1983 Lizenzausgaben aller zehn Titel des Konkret Literatur-Verlags unter Beibehaltung des Reihentitels »Bibliothek der verbrannten Bücher« erschienen, im Anschluss daran wurde noch 1983 ein eigener Reihentitel kreiert, »Verboten und verbrannt/Exil«, unter welchem 24 weitere Titel publiziert wurden, von denen wiederum sechs aus dem Gerstenberg Exilprogramm übernommen waren. Ihre Bedeutung gewann die von Ulrich Walberer betreute Taschenbuch-Reihe aber in der Hauptsache mit ihren Erstveröffentlichungen – absoluten Neu- sowie Wiederentdeckungen von Autoren wie Henry W. Katz (*Die Fischmanns*) und Hans Keilson mit drei Titeln, auch jene von Hermann Grab, Alice Rühle-Gerstel, Robert Lucas oder Erich Ernst Noth. 1987–89 lief die Reihe »Verboten und verbrannt/Exil« schleichend aus; Exilliteratur wurde danach, ohne besondere Kennzeichnung, im allgemeinen Programm veröffentlicht. Von den insgesamt 34 Titeln erlebten nur neun Titel eine 2. Auflage und zwei Titel eine 3. und 4. Auflage. Die Startauflagen sanken von anfänglich 12 000 bis 13 000 Exemplaren zunächst auf 8000 bis 6000, am Ende auf 4000 Exemplare ab – ein Spiegel des deutlich nachlassenden Interesses.[82] Als eine der Ursachen für diesen negativen Absatztrend erkannte der Lektor die mangelnde Unterstützung durch die Medien, darüber hinaus seien »Verdrängungsmechanismen (...) hierzulande offenbar immer noch recht wirksam« gewesen.[83]

Einen weiteren Markstein setzte die Büchergilde Gutenberg mit ihrer »Bibliothek Exilliteratur«, deren Konzept gegen Mitte der 1980er Jahre

von Hans-Albert Walter erstellt wurde. Walter hat damit nach dem mä-
ßig erfolgreichen Gerstenberg-Projekt noch einmal die Chance erhalten, eigenverantwortlich ein Exilliteraturprogramm zu realisieren. Geplant waren 12 bis 14 Titel, jeweils mit eingehenden Kommentierungen
durch den beziehungsweise die Herausgeber. Tatsächlich musste der
Apparat – Werkinterpretation, Lebensabriss des Autors, verschiedenste
Beigaben – aufgrund der erreichten Umfänge zuweilen als eigener Band
beigegeben werden. Als Textvorlagen wurden grundsätzlich die Erst-
ausgaben der Exilzeit herangezogen, da es den Herausgebern um die
historische Authentizität der unter den Bedingungen des Exils entstandenen Literatur ging. Das Buchdesign wurde besorgt von einem der besten deutschen Buchgestalter überhaupt, von Juergen Seuss. Tatsächlich
erschienen sind zwischen 1985 und 1999 13 Titel. Der erste, 1985 erschienene Band, Anna Seghers' *Transit*, hat als Einziger eine 2. Auflage
und damit eine Gesamtauflagenhöhe von 13000 Exemplaren erreicht.
Am zweiterfolgreichsten waren Lion Feuchtwangers *Waffen für Amerika* mit rund 10000, es folgen mit 8000er Auflagen Kischs *Landung in
Australien*, Ernst Weiß' *Der Augenzeuge* und Joseph Roths *Tarabas*. In
5000er Auflagen erschienen Werke von Keun (*Nach Mitternacht*), Regler (*Die Saat*), Alexander Moritz Freys *Hölle und Himmel* und die Autobiografie des Germanisten Egon Schwarz, in je 4000 Exemplaren
Köstlers *Sonnenfinsternis*, die *Erinnerungen und Reflexionen* des österreichischen Kommunisten Ernst Fischer und Alfred Döblins *Das Land
ohne Tod*. Nach gutem Start Mitte der 1980er Jahre war der Absatz stetig und deutlich zurückgegangen, was sicherlich mit den angebotenen
Titeln zusammenhängt, aber auch mit Umschichtungen in der Mitglie-
derstruktur der Büchergilde. Insgesamt waren die Verkaufsziffern kein
schlechtes Ergebnis für Ausgaben, die den wirklich am Exilaspekt der
Texte interessierten Leser voraussetzten. Unter allen Gesichtspunkten –
der Textauswahl, der Kommentierung, der Beigabe historischen Quellenmaterials und auch der Herstellungsqualität und Buchausstattung –
handelt es sich hier um das anspruchsvollste Editionsmodell im Rahmen
der Reintegrationsbemühungen: »eine sehr konsequente Reaktion auf
die Misere der Exilliteraturrezeption in der Bundesrepublik«.[84]
    Über die vergangenen 20 Jahre ist mangels historischer Distanz noch
nicht abschließend zu urteilen: War es eine Phase der Normalisierung im
Verhältnis zur Exilliteratur oder schlicht abnehmendes Interesse am
Thema? Mit Sicherheit hat das Thema seit der »Wende« und dem Weg-
fall der Ost-West-Konfrontation einiges an Reizstoff verloren. Erstaunlicherweise konnten auch in den vergangenen Jahren immer noch literarische und damit auch verlegerische Entdeckungen gemacht werden,
wie zum Beispiel der zu Klampen-Verlag mit der Soma-Morgenstern-

Werkausgabe oder der Bonner Weidle-Verlag mit einer Reihe von Originalveröffentlichungen bewiesen haben. Die wesentliche Aufgabe ist aber nicht abgeschlossen und im Grunde immer neu zu leisten: Den gesamten Fundus der Exilliteratur, wie er in Jahrzehnten von einer Vielzahl von Verlagen in tausenden von Ausgaben bereitgestellt worden ist, dem kulturellen Gedächtnis der Gesellschaft lebendig zu erschließen.

X Rezeption der Exilliteratur – eine Bilanz

Abschließend soll versucht werden, die Einsichten, die sich aus der Vorstellung der unterschiedlichen Entwicklungslinien und wechselnden Problemkonstellationen gewinnen lassen, nach drei zentralen Aspekten zu bündeln: Politik, Markt und Publikum.

a) Im Gesamtbild bestätigt sich die überragende Bedeutung der politisch-gesellschaftlichen Rahmenbedingungen, zumal für die Rezeption einer Literatur, die schon aufgrund ihrer Entstehungsumstände selbst ein Politikum darstellt. Auf den ersten Blick scheinen diese Rahmenbedingungen in der SBZ/DDR außerordentlich günstig, ja nahezu ideal gewesen zu sein: Ein neu errichteter Staat stellt sich in die Nachfolge des antifaschistischen Exils und ist bereit, der Literatur eine wichtige, identitätsstiftende Funktion im Aufbau des »Neuen Deutschland« zuzuweisen. Dieses Konzept wurde von Anfang an in Verlagsprogrammen energisch umgesetzt, und wenn die Exilliteratur auch im Laufe der Zeit an »staatstragender« Bedeutung verlor, so behielt sie doch immer einen gewissen Stellenwert. Auf den zweiten Blick relativiert sich diese Erfolgsgeschichte nicht unwesentlich, denn zum einen darf nicht übersehen werden, dass die verlegerische Erschließung der Exilliteratur einigermaßen selektiv erfolgt ist; und wenn auch anfänglich eine »gesamtdeutsche« Linie verfolgt wurde, so blieben doch zahlreiche nichtsozialistische oder gar als reaktionär geltende Exilautoren ausgegrenzt. Die deutsche Exilliteratur, welche der Leserschaft in der DDR nahegebracht worden ist, war durchaus nicht deckungsgleich mit jener, die das Publikum der Bundesrepublik kennengelernt hat. Zum anderen schuf die Tatsache, dass die Exilliteratur in der DDR von der Partei für die ideologische Umerziehung und die politisch-kulturelle Legitimierung des sozialistischen Staates instrumentalisiert wurde, typische Rezeptionshemmnisse, wie sie bei jeder Form staatlich gelenkter Literatur aufzutreten pflegen: Ein verordneter Kanon findet gewöhnlich selten den Weg in die Gesellschaft. Nach starkem Beginn und jahrzehntelanger Pflege versandete die

Exilrezeption im Osten Deutschlands; nach dem Fall der Mauer wird diese Literatur heute mit einem untergegangenen Staat und einem gescheiterten Gesellschaftssystem identifiziert.

Deutlich anders, fast gegenläufig die Verlaufsform im Westen: Hier lagen, nach eher schwachen Anfängen und deutlichen Rückschlägen, die Höhepunkte der Exilrezeption erst in den 1970er und 1980er Jahren und bis heute gibt es eine Vielzahl von Initiativen, institutionellen und verlegerischen, die die Erinnerung an jene Epoche wachhalten. Diese Gegenläufigkeit ist keineswegs zufällig, denn die beiden Systeme entwickelten sich ja nicht unabhängig voneinander. Tatsächlich verhielt es sich so, dass die Exilliteratur in dem Maße, in welchem sie in der SBZ/DDR für den real existierenden Sozialismus vereinnahmt wurde, in der Bundesrepublik abgestempelt war und auf Ablehnung stoßen musste.[85] Der DDR war es gelungen, dieses Thema zu besetzen, und viele westdeutsche Verleger zogen es vor, vor allem in der vom Kalten Krieg geprägten Atmosphäre der 1950er und 1960er Jahre, von dieser DDR-Domäne Abstand zu halten. Insofern hat sich in der Bundesrepublik die ideologische Konkurrenz der beiden deutschen Staaten auf die Reintegrationsbestrebungen negativ ausgewirkt. Hier konnte kein gemeinsames literarisches Erbe entstehen und ist auch bis heute nicht entstanden.

Österreich ist trotz seines offiziellen, mit dem Staatsvertrag 1955 festgelegten Neutralitätsstatus als Gegenprobe zu den beiden deutschen Staaten nur bedingt geeignet. Hier überwog doch auch jederzeit die Westbindung so deutlich, dass sich nur geringe Unterschiede zur Bundesrepublik ergaben. Insgesamt waren in Österreich die Buchverlagsstrukturen so schwach entwickelt, dass sie einen offensiven Umgang mit dem Thema Exilliteratur kaum erlaubten. Zudem fokussierte sich die Publikationstätigkeit der Verlage fast zur Gänze auf die Werke österreichischer Exilanten der zweiten und dritten Reihe (die bedeutenderen Autoren waren schon im gesamten 20. Jahrhundert in deutsche Verlage abgewandert); auch dies limitierte die Möglichkeiten für ein Hineinwirken in den gesamten deutschsprachigen Raum.

b) Unter ökonomischen Gesichtspunkten stellt sich die Frage, welche Wirtschaftsordnung der Rezeption der Exilliteratur mehr förderlich war, Planwirtschaft oder Marktwirtschaft. Vordergründig könnte wieder die SBZ/DDR mit der zentralistischen Produktionssteuerung Vorteile für sich in Anspruch nehmen, wenn es darum geht, eine bestimmte Art von Literatur, für die doch aufgrund ihrer mangelnden Bekanntheit noch gar keine manifeste Nachfrage bestehen kann, mit Massenauflagen ins Volk zu tragen und zu popularisieren. Dass auf diese Weise rasch Erfolge in der Einführung der Exilliteratur in den DDR-Literaturkanon erzielt wurden und dass verglichen damit der Prozess der fortschreitenden Eroberung dieser Literatur im Westen wesentlich langsamer in Gang gekommen und natürlich auch ungeordneter verlaufen ist, steht fest. Die Probleme, die mit planmäßiger Bewirtschaftung des Literaturlebens verbunden sind, treten jedoch unmittelbar hervor: Zum einen kann auch das planwirtschaftliche System längerfristig nur funktionieren, wenn die Betriebe – hier die Verlage – ihre Kosten wieder einspielen; aus literaturpolitischen und didaktischen Motiven heraus am tatsächlichen Bedarf vorbeizuproduzieren, kann also allenfalls temporär sinnvoll sein.[86] Zum anderen etabliert sich mit diesem Literaturdirigismus ein Zensursystem, über dessen Unwert nicht viel gesagt werden muss. Jedenfalls führt es dazu, dass alle aus irgendeinem Grund missliebigen Autoren und ihre Werke eine Rezeptionschance gar nicht erst bekommen.

In den Westzonen und dann in der Bundesrepublik war es nur zu ganz bestimmten Gelegenheiten möglich gewesen, einzelne Titel in Auflagen von zehn- und hunderttausenden auf den Markt zu werfen. Anstelle von zentral organisierter Massenwirksamkeit war hier das Verlaufsmuster der Exilrezeption geprägt von unzähligen Einzelinitiativen, die erst in ihrer Summe ein Bild ergeben. Unter Anwendung wirtschaftswissenschaftlicher Theoreme wäre zu fragen, ob die Mechanismen des freien Buchmarkts dafür gesorgt haben, dass die Exilliteratur entsprechend der Nachfrage in Publikationen bereitgestellt wurde. Möglicherweise ist aber auch die Frage falsch gestellt. Auf dem Buchmarkt und speziell im Literaturbereich müssen Lektürebedürfnisse immer erst geweckt werden, sie werden bewusst beziehungsweise entstehen im Grunde mit den Büchern, die auf den Markt gebracht werden. Daraus resultiert auch die Verantwortung der Verleger, die einen Markt für literarische Werke erst schaffen und entwickeln müssen.

Sind die Verleger in der Bundesrepublik und in Österreich dieser Verantwortung nachgekommen, haben sie das Marktpotenzial der Exilliteratur erkannt? Alles spricht dafür, dass die Verleger das Marktpotenzial der Exilliteratur permanent überschätzt haben; die Vielzahl von verlustbringenden Initiativen spricht hier eine deutliche Sprache. Auch waren in allzu vielen Fällen ökonomisch schwache Verlage im Spiel, die mangels Finanzkraft keinen wesentlichen Beitrag zum Aufbau eines Marktes erbringen und ihre Bücher nicht in den gesellschaftlichen Kommunikationsprozess einschleusen konnten. Mangelnde Kapitalausstattung wurde aber und wird bis heute vielfach wettgemacht durch den Wagemut, das persönliche Engagement und die nichtökonomische, idealistische Motivation von Verlegern. Im Gesamtergebnis hat also – man könnte hier an die berühmte »unsichtbare Hand« der Markttheoretiker denken – die »kollektive« Arbeit der Verleger dazu geführt, dass (nicht sofort, aber im Laufe der Jahrzehnte) die gesamte Literatur des deutschsprachigen Exils in Buchausgaben kumulativ erschlossen worden ist und heute sowohl der Forschung als auch dem interessierten Publikum zur Verfügung steht – wenn schon nicht sämtlich in lieferbaren Büchern, so doch in Bibliotheken und Sammlungen. Oft gegen die Ungunst der Zeit hat sich die Literatur ihren Weg gebahnt – mit Verzögerungen und Rückschlägen, meist mit kleinen Schritten, im Ganzen betrachtet aber doch mit nachhaltigem Erfolg und in viel breiterer Auffächerung als im Osten. Den Vorwurf des Versagens der Verleger, wie er besonders am Beginn der 1980er Jahre erhoben worden ist, wird man heute nicht aufrechterhalten können.[87]

c) Wenn nun die verlegerische Rückerschließung der deutschen Exilliteratur als insgesamt erfolgreiches Projekt betrachtet werden kann, so bleibt doch ungewiss, ob dem auch eine adäquate Rezeption seitens des Publikums entsprochen hat. Die Frage, die Uwe Naumann bereits am Beginn der 1980er Jahre im Blick auf den damals einsetzenden »plötzlichen Boom der Exilliteratur« gestellt hat, hat ihre Aktualität nicht verloren: »Haben wir Grund, uns zufrieden zurückzulehnen und die Exilliteratur als endlich heimgekehrt, als re-integriert zu feiern? Wenn viele Exilwerke auf dem Buchmarkt zugänglich sind, wer garantiert dann, dass sie auch in die Köpfe und Herzen der Menschen gelangen?«[88] In der Tat bietet die Bereitstellung von Buchausgaben keine Sicherheit, dass diese einen gesellschaftlichen Resonanzraum finden. Literarische Rezeption hat in letzter Instanz eine sozialpsychologische Dimension, sie ist abhängig von bestimmten Konstellationen im Seelenhaushalt des Publikums, und so konnte – jedenfalls im Westen – ein breites Interesse an Exilliteratur zu keinem Zeitpunkt erzwungen, sondern allenfalls bei einzelnen Zielgruppen begrenzten Umfangs geweckt werden.[89] Oft genug aber gründete dieses Interesse in Nebenumständen: das konnten einmal politische Sensationswerte sein (zum Beispiel bei der Renegatenliteratur), ein anderes Mal die zeitweilige Konjunktur zum Beispiel von (Auto-)Biografien. Offensichtlich ist die Reintegration von Exilliteratur dort am erfolgreichsten verlaufen, wo das Thema »Exil« gar nicht erst ins Spiel gebracht worden ist. Wo dies doch versucht wurde, kennzeichnete sich Exilliteratur von sich aus als Minderheitenprogramm. Aus dieser Sicht stand und steht sie immer vor der prekären Wahl zwischen Selbst-Gettoisierung oder Einordnung

der Autoren und Werke in den allgemeinen literarischen Kanon,
Letzteres um den Preis des Verzichts auf ihre Identität und Besonderheit.

1 Der Verf. hat bereits 2005 Aspekte der Rezeption der Exilliteratur in einem Aufsatz zu
beleuchten gesucht: »… kaum ein Verlag, der nicht auf der Wiederentdeckungswelle der
Verschollenen mitreitet. Zur Reintegration der Exilliteratur in den deutschen Buchmarkt
nach 1945«. In: Irmela von der Lühe und Claus-Dieter Krohn (Hg.): *Fremdes Heimatland.
Remigration und literarisches Leben nach 1945.* Göttingen 2005, S. 71–92. Der vorliegende
Beitrag versteht sich als Weiterentwicklung dieses Versuchs unter Aufnahme neuer Frage-
stellungen. — **2** Die beste Übersicht vermittelt Reinhard Wittmann: »Verlagswesen und
Buchhandel 1945–1949. Ein Überblick«. In: Monika Estermann und Edgar Lersch (Hg.):
Buch, Buchhandel, Rundfunk 1945–1949. Wiesbaden 1997, S. 34–52. — **3** Gottfried Ber-
mann Fischer: *Wanderer durch ein Jahrhundert.* Frankfurt/M. 1994, S. 199f. — **4** Vgl.
Sven Papcke: »Exil und Remigration als öffentliches Ärgernis. Zur Soziologie eines
Tabus«. In: *Exilforschung. Ein internationales Jahrbuch.* Bd. 9: *Exil und Remigration.*
München 1991, S. 9–24. Für eine quellenorientierte Zusammenschau dieser Probleme vgl.
Peter Mertz: *Und das wurde nicht ihr Staat. Erfahrungen emigrierter Schriftsteller mit
Westdeutschland.* München 1985. Zur Frank Thieß/Thomas Mann-Debatte bzw. »Tho-
mas Mann als Polarisierungsfigur« vgl. dort S. 111–115. — **5** Berthold Spangenberg in
einem Brief an den Buchhändler Heiner Peters vom 3. Mai 1981; hier zit. n. Mertz: *Und das
wurde nicht ihr Staat* (s. Anm. 4), S. 119. — **6** Richard Drews und Alfred Kantorowicz
(Hg.): *Verboten und verbrannt. Deutsche Literatur – 12 Jahre unterdrückt.* Berlin – München 1947. — **7** Vgl. Ernst Fischer: »Keine Heimkehr aus dem Exil. Die (Nicht-)Remigra-
tion deutscher Buchhändler und Verleger nach 1945«. In: *Börsenblatt für den deutschen
Buchhandel.* 162. Jg., Nr. 37 vom 9. Mai 1995, S. 16–20. — **8** Vgl. hierzu Ernst Umlauff:
*Der Wiederaufbau des Buchhandels. Beiträge zur Geschichte des Büchermarktes in West-
deutschland nach 1945.* Frankfurt/M. 1978. — **9** Vgl. Wulf Koepke: »Nachlaß zu Lebzei-
ten und danach: Alfred Döblin und die Veröffentlichung seiner Werke im Nachkriegs-
deutschland. Über die Wirkung und Wirkungslosigkeit des Exils«. In: Wulf Koepke und
Jörg Thunecke (Hg.): *Preserving the Memory of Exile.* Festschrift für John M. Spalek. Not-
tingham 2008, S. 257–271. — **10** Vgl. zum Folgenden Bernd R. Gruschka: »Der gelenkte
Buchmarkt. Die amerikanische Kommunikationspolitik in Bayern und der Aufstieg des
Verlages Kurt Desch 1945 bis 1950«. In: *Archiv für Geschichte des Buchwesens.* 44 (1995),
S. 1–186. — **11** Ebd., S. 95f. — **12** Ebd., S. 3. — **13** Ebd., bes. S. 110ff. — **14** Ebd.,
S. 172. — **15** Zum Nichterscheinen der anderen Titel stellt Gruschka fest, dass es »unge-
klärt bleiben muß, ob die politische Klimaveränderung durch den Kalten Krieg oder kom-
merzielle Erwägungen diese Beschränkung bewirkten.« (Ebd.). — **16** Ebd. — **17** Vgl.
Verlag Kurt Desch 1945–1970. Die Bibliographie. München 1970. — **18** Vgl. Hermann
Kesten: »Verleger und Autoren«. In: *25 Jahre Verlag Kurt Desch 1945–1970. Ein Almanach.* München 1970, S. 12f. Dass sich der in der Schweiz lebende Kesten mit dieser Problematik damals sehr intensiv auseinandersetzte, belegen u. a. die bei Desch publizierte
Briefsammlung *Deutsche Literatur im Exil. Briefe europäischer Autoren.* Wien–München–Basel 1964 sowie das von ihm im List-Verlag herausgegebene Buch *Ich lebe nicht in
der Bundesrepublik.* München 1964. — **19** Vgl. http://golm.rz.uni-potsdam.de/Seghers/
marseille/publikationsgeschichte.htm sowie http://www.seghers-werke.germanistik.uni-
mainz.de/leseproben/transit_leseprobe.shtml#67 (15.3.2012). — **20** Sabine Röttig: »In
Anbetracht des über eine Autoren-Verleger-Beziehung hinausgehenden Kontaktes – Anna
Seghers und der Curt Weller Verlag«. In: *Argonautenschiff.* Jahrbuch der Anna-Seghers-
Gesellschaft Berlin und Mainz e. V. Bd. 9 (2000), S. 249–258. — **21** Dies äußerte Bermann

Fischer in einem Brief an Hermann Broch vom 27. März 1944, in: *S. Fischer, Verlag. Von der Gründung bis zur Rückkehr aus dem Exil.* Marbach/N. 2. Aufl.1986, S. 640. — **22** Aufbau vom 28.11.1947, S. 14 f., zit. n. Irene Nawrocka: »Verlagssitz: Wien, Stockholm, New York, Amsterdam. Der Bermann-Fischer Verlag im Exil (1933–1950). Ein Abschnitt aus der Geschichte des S. Fischer-Verlages«. In: *Archiv für Geschichte des Buchwesens* 53 (2000), S. 1–216, hier S. 180. — **23** Ebd., S. 178. — **24** Ebd., S. 180. — **25** Hans-Albert Walter und Günter Ochs (Hg.): *Ich hatte einst ein schönes Vaterland. Deutsche Literatur im Exil 1933–1945. Eine Auswahlbibliographie mit einer Einführung.* Gütersloh 1985, S. 276. — **26** Vgl. Nawrocka: »Der Bermann-Fischer Verlag im Exil« (s. Anm. 22), S. 168. — **27** Ebd., S. 183. — **28** Fritz H. Landshoff: *Amsterdam, Keizersgracht 333, Querido-Verlag. Erinnerungen eines Verlegers.* Berlin – Weimar 2. Aufl. 1991, S. 165. — **29** Vgl. Irene Nawrocka: »Kooperationen im deutschsprachigen Exilverlagswesen«. In: *Exilforschung. Ein internationales Jahrbuch.* Bd. 22: Bücher, Verlage, Medien. München 2004, S. 60–83, hier S. 75–79. — **30** Wolfgang Emmerich: *Kleine Literaturgeschichte der DDR.* Erweiterte Neuausgabe. Berlin 2000, S. 29 ff, S. 70 ff. — **31** Walter Janka: »Buch und Verlag im kommenden Deutschland«. In: *Freies Deutschland* Nr. 4, März 1945, S. 25 f. — **32** Vgl. Carsten Wurm: *Der frühe Aufbau-Verlag. Konzepte und Kontroversen.* Wiesbaden 1996, bes. S. 33 ff. Vgl. ferner ders.: *Jeden Tag ein Buch: 50 Jahre Aufbau-Verlag 1945–1995.* Berlin 1995. Vgl. auch Emmerich: *Kleine Literaturgeschichte* (s. Anm. 30), S. 76 ff. Für einen Überblick vgl. Siegfried Lokatis: »Das Verlagswesen der Sowjetisch Besetzten Zone«. In: Estermann und Lersch (Hg.): *Buch, Buchhandel, Rundfunk 1945–1949* (s. Anm. 2), S. 112–124. — **33** Vgl. Fischer: »Keine Heimkehr aus dem Exil« (s. Anm. 7), S. 16 ff. — **34** Wurm: *Der frühe Aufbau-Verlag* (s. Anm. 32), S. 42. — **35** Ebd., S. 37. — **36** Brief Adam Scharrers an Kurt Wilhelm vom 7. März 1946, ebd. — **37** Brief J.R. Bechers an Frank Thieß vom 26. Januar 1946, ebd. — **38** Ebd., S. 44. — **39** Brief Erich Wendts an Ernst Bloch vom 18. Juli 1947, in: Elmar Faber und Carsten Wurm (Hg.): *Allein mit Lebensmittelkarten ist es nicht auszuhalten … Autoren- und Verlegerbriefe 1945–1949.* Berlin 1991, S. 33. — **40** J. R. Becher hatte persönlich eine Lizenzerteilung an den Malik-Verlag verhindert und so dafür gesorgt, dass dem Aufbau-Verlag keine unerwünschte Konkurrenz erwuchs. — **41** Wurm: *Der frühe Aufbau-Verlag* (s. Anm. 32), S. 77 f. — **42** Mit Ausnahme des Titels von F.C. Weiskopf, der lieber im Dietz-Verlag publiziert werden wollte. — **43** Wurm: *Der frühe Aufbau-Verlag* (s. Anm. 32), S. 80. — **44** Brief Friedrich Wolfs an Kurt Wilhelm vom 5. Februar 1946, in: *Allein mit Lebensmittelkarten ist es nicht auszuhalten* (s. Anm. 39), S. 376 f. — **45** Vgl. zum Folgenden Carsten Wurm, Jens Henkel und Gabriele Ballon: *Der Greifenverlag zu Rudolstadt 1919–1993. Verlagsgeschichte und Bibliographie.* Wiesbaden 2001. — **46** Ebd., S. 118–126. — **47** Ebd., S. 112 f. — **48** Klaus Schöffling: »Als ein völlig Unbekannter verweile ich hier«. In: *Börsenblatt für den deutschen Buchhandel* (Frankf. Ausg.) Nr. 36 vom 28. April 1982. — **49** Emmerich: *Kleine Literaturgeschichte der DDR* (s. Anm. 30), S. 83. — **50** Wurm, Henkel und Ballon: *Der Greifenverlag* (s. Anm. 45), S. 109. — **51** Wurm: *Der frühe Aufbau-Verlag* (s. Anm. 32), S. 80 f. — **52** Mertz: *Und das wurde nicht ihr Staat* (s. Anm. 4), S. 119. — **53** Brief Oskar Maria Grafs an Walter Janka vom 15. Juli 1956, zit. n. Wurm: *Der frühe Aufbau-Verlag* (s. Anm. 32), S. 81. Graf bezieht sich hier auf seine Bücher *Das Leben meiner Mutter* und *Eroberung der Welt*, die ursprünglich bei Desch erschienen waren. Desch hatte sich aber vertragswidrig geweigert, davon Neuauflagen zu veranstalten; er nahm auch keine neuen Titel Grafs ins Programm auf. — **54** Emmerich: *Kleine Literaturgeschichte der DDR* (s. Anm. 30), S. 81 f. — **55** Ebd., S. 77 ff. Kap. »Die halbierte Einbürgerung der Exilliteratur«. — **56** Ebd., S. 81 f. — **57** Wurm: *Der frühe Aufbau-Verlag* (s. Anm. 32), S. 76. — **58** Vgl. hierzu und zum Folgenden Norbert Bachleitner, Franz M. Eybl und Ernst Fischer: *Geschichte des Buchhandels in Österreich.* Wiesbaden 2000, bes. Kap. 9: »Der österreichische Buchhandel von 1945 bis zur Gegenwart«, Abschnitt 1: Buchhandel in der Nachkriegszeit 1945 bis 1955, S. 324–336. — **59** Zu den Verhältnissen im österreichischen bzw. Wiener Buchhandel der Nachkriegszeit vgl. Hans Peter Fritz: *Buchstadt und Buchkrise. Verlagswesen und Literatur in Österreich 1945–1955.* Diss.

(masch.) Wien 1989 (http://www.wienbibliothek.at/dokumente/fritz-peter.pdf;
15.3.2012); sowie Andrea Schwarz: *Buchmarkt und Verlagswesen in Wien während der*
Besatzungszeit 1945–1955. Diss. (masch.) Wien 1992. Die Arbeit von A. Schwarz enthält
in ihrem 2. und 3. Band eine Sammlung von Kurzvorstellungen der zwischen 1945 und
1955 in Wien tätigen Verlage sowie den Versuch einer vollständigen Erfassung aller in diesem Zeitraum in Wiener Verlagen veröffentlichten Titel (ca. 15000). — **60** Vgl. Walter A.
Rob: »Das österreichische Verlagswesen«. In: *Börsenblatt für den deutschen Buchhandel*
(Leipziger Ausg.) 115. Jg., Nr. 14 vom 3. April 1948, S. 117 f. — **61** Vgl. den Artikel
(Anon.): »Warum es zur Krise kam. Die Lage auf dem österreichischen Büchermarkt«. In:
Börsenblatt für den deutschen Buchhandel (Leipziger Ausg.) 115. Jg., Nr. 26 vom 26. Juni
1948, S. 253 f. — **62** Einen knappen Überblick über die Verlagsneugründungen und -wie-
deraufnahmen nach 1945 vermittelt der Artikel (Anon.): »Österreichische Verlage«. In:
Börsenblatt für den deutschen Buchhandel (Leipziger Ausg.) 115. Jg., Nr. 14 vom 3. April
1948, S. 118 ff. — **63** Franz Dvorak und Heinrich Neider: »Die Lage des österreichischen
Buchhandels im Herbst 1945«. In: *Anzeiger für den Buch-, Kunst- und Musikalienhandel*
Nr. 5 (1945), S. 4–7. — **64** Vgl. zum Folgenden auch Heinz Lunzer: »Der literarische
Markt 1945 bis 1955«. In: Friedbert Aspetsberger, Norbert Frei und Hubert Lengauer
(Hg.): *Literatur der Nachkriegszeit und der fünfziger Jahre in Österreich.* Wien 1984,
S. 24–45. — **65** Vgl. Friedrich Pfäfflin (Hg.): *Tribüne und Aurora. Wieland Herzfelde und*
Berthold Viertel. Briefwechsel 1940–1949. Unter Mitarbeit von Heidemarie Gruppe.
Mainz 1990, S. 162–180 und passim. — **66** Ebd., S. 29. — **67** Vgl. Fritz Molden: *Der Kon-*
kurs. Aufstieg und Fall eines Verlegers. Hamburg 1984. — **68** Vgl. Kurt Palm: *Vom Boy-*
kott zur Anerkennung. Brecht und Österreich. Wien 1983. — **69** Vgl. Evelyn Adunka und
Peter Roessler (Hg.): *Die Rezeption des Exils. Geschichte und Perspektiven der österrei-*
chischen Exilforschung. Wien 2003. — **70** Siglinde Bolbecher und Konstantin Kaiser: *Lexi-*
kon der österreichischen Exilliteratur. In Zusammenarb. mit Evelyn Adunka u. a. Wien
2000. — **71** Döblin schrieb damals an den Bundespräsidenten Theodor Heuss: »Ich kann
nach den sieben Jahren, jetzt, wo ich mein Domizil in Deutschland wieder aufgebe, nur
resümieren: Es war ein lehrreicher Besuch, aber ich bin in diesem Lande, in dem ich und
meine Eltern geboren wurden, überflüssig.« Zit. n. Landshoff: *Amsterdam, Keizersgracht*
333 (s. Anm. 28), S. 172. Vielfältiges Material zu der Problematik bringt auch Mertz: *Und*
das wurde nicht ihr Staat (s. Anm. 4). — **72** Hans-Albert Walter: »›Als ich wiederkam,
da – kam ich nicht wieder‹. Vorläufige Bemerkungen zu Rückkehr und Reintegration von
Exilierten 1945–1949«. In: Walter und Ochs: *Ich hatte einst ein schönes Vaterland* (s.
Anm. 25), S. 259–279, hier S. 278 f. — **73** An die mehr als kühle Aufnahme solcher
Gesamtausgaben seitens des Publikums erinnerte sich Fritz H. Landshoff: *Amsterdam,*
Keizersgracht 333 (s. Anm. 28), S. 169. — **74** Aufschlussreich sind hier die Zusammenstel-
lungen lieferbarer Exilwerke wie: Margot Wiesner: *Verbrannte Bücher, verfemte Dichter.*
Deutsche Literatur: 1933–1945 unterdrückt und verboten, heute lieferbar. Frankfurt 1983.
Das Verzeichnis enthielt 1270 Titel. — **75** Schöffling: »Als ein völlig Unbekannter verweile ich hier« (s. Anm. 48), S. 1082. — **76** Vgl. die Angaben von Ernst J. Walberg, der für
Die verlorene Bibliothek mehr als 3000 Exemplare, für *Müller. Chronik einer Sippe* knapp
3000, für die Gedichte, Novellen und anderen Romane weniger als 1000 verkaufte Exemplare ermittelte; sie »liefen nicht«. (Ernst J. Walberg: »Wiederentdeckt, verramscht, vergessen? Exilliteratur: Ein Thema im Trend und doch im Abseits«. In: *Badische Zeitung* [Frei-
burg], 7.5.1985). — **77** Ein bezeichnendes Detail: Ausweislich der von Margot Wiesner
zusammengestellten Liste *Verbrannte Bücher, verfemte Dichter* (s. Anm. 74) waren 1983
neun Bücher von Friedrich Torberg lieferbar; diese waren in insgesamt sieben Verlagen
erschienen, nämlich bei Langen Müller, Goldmann, Medusa, Moewig, Molden, Zsolnay
und dtv. — **78** Vgl. die Seite »Verlagsgeschichte« auf der Homepage des Verlags: http://
www.personaverlag.de/ (15.3.2012); ferner Claudia Baumhöver: »Wenn ich gewusst hätte,
was da kommt!« In: *Münchener Merkur* Nr. 22 vom 28. Januar 1986, S. 15. — **79** Bernt
Engelmann (Hg.): *Literatur des Exils. Eine PEN-Dokumentation.* München 1981, bes.
S. 212 ff. — **80** Ebd., S. 208 f. (Kurt Sontheimer: »Für die Erforschung der Exilliteratur

kommt es künftig vor allem darauf an, dass sie nicht im Stile eines Sonderforschungsbereichs betrieben, sondern in die allgemeine Geschichts- und Literaturforschung eingeholt wird.«) — **81** Vgl. Alexander Stephan: *Die deutsche Exilliteratur. Eine Einführung*. München 1979, S. 245, Anm. 64. — **82** Ulrich Walberer: »Eine unendliche Geschichte. Vom Elend der schleppenden Reintegrierung der deutsch-sprachigen Exil-Literatur in den allgemeinen Kanon der Literatur.« In: Thomas Koebner und Erwin Rotermund (Hg.): *Rückkehr aus dem Exil. Emigranten aus dem Dritten Reich in Deutschland nach 1945. Essays zu Ehren von Ernst Loewy*. Marburg 1990, S. 165–169, hier S. 166. Ulrich Walberer und dem Archiv des S. Fischer Verlags danke ich für freundlich erteilte Auskünfte. — **83** Ebd., S. 169. — **84** Aus einer Rezension in der Zeitschrift *Frontal*, Januar 1987. — **85** Vgl. hierzu auch Frank Trommler: »Die ›wahren‹ und die wahren Deutschen: Zur Nicht-Rezeption der Exilliteratur«. In: Donald G. Daviau und Ludwig M. Fischer (Hg.): *Das Exilerlebnis. Verhandlungen des vierten Symposiums über deutsche und österreichische Exilliteratur*. Columbia, South Carolina 1982, S. 367–375. — **86** In der DDR waren die volks- oder organisationseigenen Verlage im Prinzip dazu verpflichtet, im Rahmen der Fünfjahrespläne Erträge zu erwirtschaften. — **87** Vgl. Frithjof Trapp: »Logen- und Parterreplätze. Was behinderte die Rezeption der Exilliteratur?« In: Ulrich Walberer (Hg.): *10. Mai 1933. Bücherverbrennung in Deutschland und die Folgen*. Frankfurt/M. 1983, S. 240–259; ferner: Daviau und L. M. Fischer (Hg.): *Das Exilerlebnis* (s. Anm. 85), bes. den Beitrag von Ehrhard Bahr: »Das zweite Exil: Zur Rezeption der Exilliteratur in den westlichen Besatzungszonen und in der Bundesrepublik Deutschland von 1945 bis 1959«, S. 353–366; ein differenzierteres Bild ergab sich bereits auf den Konferenzen der 1990er Jahre, vgl. Dieter Sevin (Hg.): *Die Resonanz des Exils. Gelungene und misslungene Rezeption deutschsprachiger Exilautoren*. Amsterdam – Atlanta 1992. — **88** *Sammlung. Jahrbuch für antifaschistische Literatur und Kunst*. Bd. 4. Frankfurt/M. 1981, S. 209–212; Vorabdruck am 19. September 1981 in der Westberliner Zeitung *Die Neue*. — **89** Im Unterschied dazu konnten Buchgemeinschaften wie der Bertelsmann Lesering mühelos ein Massenpublikum für rechtskonservative Literatur etwa eines Heinz G. Konsalik rekrutieren.

Jan Hans

Geschichten aus der Exilforschungs-Geschichte
Gründung und Arbeiten der »Hamburger Arbeitsstelle für deutsche Exilliteratur«

I

Die vergleichsweise kurze Geschichte der Exil(literatur)forschung hat deutlich mehr Versuche hervorgebracht, diese Forschungs-Geschichte zu bilanzieren und zu periodisieren als verwertbare Überblicksdarstellungen zur Geschichte des Exils. In diesen Entwürfen einer Geschichte der Exilforschung besteht eine erstaunliche Einigkeit darüber, dass von drei Forschungsphasen auszugehen ist, die durch ihre Definition des Gegenstandes und die daraus resultierenden Arbeitsschwerpunkte klar voneinander abgegrenzt sind.

In der Konstituierungsphase, die von etwa 1965 bis Anfang der 1980er Jahre reicht, geht es dieser Konstruktion zufolge wesentlich um
- das Sichern, Sammeln und Sichten des historischen Materials,
- aus dieser Sicherungs- und Dokumentationsarbeit begründet sich dann auch die Notwendigkeit eines eigenständigen Forschungsbereichs;
- die »wertfreie« Aufbereitung der Materialien in der Grundforschung, die in von der DFG geförderten Großprojekten abläuft und die Basis liefert für
- die ersten Panoramen eines als antifaschistisch definierten Exils, deren methodisches Markenzeichen die enge Verschränkung von politischer, biografischer und ästhetischer Perspektive ist.

Diese Arbeit am Gegenstand – die einen deutlichen Akzent auf die Literatur und literatursoziologisch relevanten Fragestellungen legt – war eingebettet in ein gesellschafts- und wissenschaftspolitisches Programm, das auf die Demokratisierung von Gesellschaft und Hochschule sowie ein verändertes Wissenschaftsverständnis zielte. Exil wurde zum exemplarischen Gegenstand, mit dem im Rahmen einer Aufarbeitung der allzu lange geleugneten oder beschwiegenen Nazi-Vergangenheit der Anschluss an verschüttete kulturelle und politische Traditionen gesucht und die Reichweite einer gesellschaftsbezogenen Wissenschaft erprobt werden sollte. Die Selbstdefinition führte dann auch zu einer moralisch unterlegten Forschungsidentität, die ihren Anspruch aus dem

Forschungsgegenstand bezog und sich dezidiert von den ausgetretenen Pfaden des herkömmlichen Wissenschaftsbetriebs absetzte. Es sind diese Akzente, die später für alle Fehlentwicklungen der Exilforschung verantwortlich gemacht wurden.

In einer zweiten Phase wurden ab Ende der 1970er Jahre die aus der Grundforschung ableitbaren Erkenntnisse systematisiert. Die Gründung der Society for Exile Studies 1979 in den USA und ihres deutschen Ablegers hatten eine Intensivierung der alten Netzwerkforschung zur Folge, die zu weiteren mit Drittmitteln geförderten Großprojekten, etwa zur Erforschung der Wissenschaftsemigration, und einer Reihe von relevanten Überblicksdarstellungen führte. In wisssenschaftspolitischer Hinsicht ist es das große Verdienst der zweiten Forschergeneration, das Exil der Frauen explizit thematisiert und die 1979 mit der Ausstrahlung der TV-Serie »Holocaust« einsetzende öffentliche Diskussion des »Themas Auschwitz« aufgenommen zu haben. Das hat die Erforschung des Exils zum einen für gender-spezifische Fragestellungen geöffnet, zum anderen dafür gesorgt, dass »das (insbesondere jüdische) Leidens- und Opfermotiv gegenüber dem Widerstandsmotiv eine vermehrte Beachtung in der Exilforschung gefunden« hat.[1]

Doch trotz der Initiierung neuer Zeitschriften- und Publikationsreihen, trotz einer über Ausstellungen oder Fernsehdokumentationen gewachsenen Anerkennung blieb Exilliteraturforschung – auch im Wissenschaftsbetrieb – Außenseiterforschung. Wissenschaftstheoretische Entwicklungen gingen in zunehmendem Maße an ihr vorbei; sie trat in eine Phase der Entpolitisierung und Musealisierung ein. Zunehmend war von einer Krise der Exilforschung (erstaunlicherweise nie von einer Krise der akademisch etablierten Exilforscher) die Rede. »Die Exilforschung der letzten 30 Jahre hat womöglich ihre Grenzen erreicht«, resümiert Claus-Dieter Krohn eine Entwicklung, die sich bereits in einer Diskussion über »Mythen der Exilforschung« angedeutet hatte. Was hernach immer wieder als Paradigmenwechsel gefeiert wurde, ist im Kern das wissenschaftspolitische Komplementärstück zu Kohls geistig-moralischer Wende: die ideologische Saldierung mit Positionen, die im diskurspolitischen Klima der Abrechnungen nach dem Ende der DDR und dem Zusammenbruch der Sowjetunion nicht mehr opportun schienen.[2]

Den Ausweg aus der Krise hat man in der dritten Phase der Forschungsgeschichte ab etwa 2000 auf zwei Wegen gesucht:
- zum einen in der Suche nach neuen Betätigungsfeldern und »weißen Flecken« im alten Rahmen: etwa bislang vernachlässigte Opfer und Opfergruppen, das Exil der kleinen Leute, Nachwirkung in den Gastländern, exotische Fluchtländer;

– zum zweiten in einem radikalen Bruch mit einer sich verselbstständigenden, ihre Anfangsinvestitionen ins Unendliche fortschreibenden Forschungstradition zugunsten einer Rückbesinnung auf das, was Wissenschaft (auch) legitimiert: Antworten auf Fragen zuzuarbeiten, die aus dem Erfahrungs- und Fragehorizont derjenigen kommen, die jetzt leben.

Dazu war es nötig, die traditionellen Begriffe Exil und Emigration neu zu problematisieren und das so konturierte Thema Exil in neuen Kontexten und mit einem veränderten Erkenntnisinteresse zu verhandeln. Mit der Erprobung von Ansätzen zur Dekonstruktion und Subversion der Kategorien des Nationalen, der Nationalsprache und der Monolingualität, auf die sich die klassische Exilliteratur bezieht; mit der Entfaltung der Potenziale, die klassische Texte der deutschsprachigen Exilliteratur für neuere Debatten über Deterritorialität und kulturelle Hybridität bergen; in der generellen kulturwissenschaftlichen Reflexion der Exil-Phänomene liegen erste Anzeichen für einen zukunftsweisenden Paradigmenwechsel vor.

Der vorliegende Beitrag erzählt von der ersten Phase der akademischen Exilforschung – unter anderem auch deswegen, weil im Zeichen von Restrukturierung und Neukonzeption des Forschungsfeldes die Rückbesinnung auf die Geschichte der Gegenstandskonstitution hilfreich sein kann. An einem konkreten Beispiel – der »Hamburger Arbeitsstelle für deutsche Exilliteratur«, die in den 1990er Jahren auch mal »Arbeitsstelle für Exilforschung« hieß und sich 2001 den Namen »Walter-A.-Berendsohn Forschungsstelle für deutsche Exilliteratur« gegeben hat, soll die Etablierung eines Forschungsfeldes und der Zusammenhang von Forschungszielen und Forschungsbedingungen thematisiert werden.

Dabei kommt bewusst auch die Form des anekdotischen Erzählens zum Zug, um Geschichtsschreibung, die üblicherweise nach Aktenlage von Archiven erfolgt, die Farbe des wirren Lebens, das sich einer aktenförmigen Erfassung widersetzt, nicht verloren gehen zu lassen. Dabei soll auch nicht geleugnet werden, dass einer, der vor 30 Jahren aus diesem Forschungskontext ausgeschieden worden ist, manches Urteil über »seine« Zeit als ungerecht empfindet und dementsprechend argumentiert. Wenn also das Erzählklima zwischen Zeitzeugen-Dokumentarismus, Veteranen-Reflexion und Betroffenen-Apologetik schwankt, ist das beabsichtigt.

II

Der offiziösen Lesart nach wird die Idee eines Exil-Forschungs-Zentrums in Deutschland auf dem mittlerweile legendären »Ersten Internationalen Symposium zur Erforschung des deutschsprachigen Exils nach 1933« geboren, das vom 18. bis 21. September 1969 in Stockholm stattfand. Initiator des Symposiums war der Nestor der Exilforschung, der damals 85-jährige Walter A. Berendsohn, der im Rahmen dieser Tagung auf die Notwendigkeit hinwies, »möglichst in Deutschland an einer zentralen universitären Stelle Dokumente der Exilliteratur zu sammeln und sich systematisch mit ihrer Erschließung und Erforschung zu befassen.« Da Hans Wolffheim der einzige deutsche Universitätslehrer war, der an diesem Symposium teilnahm, war die Bitte an ihn ergangen, im erwähnten Sinne aktiv zu werden. In einem Bericht für die *Zeit* schrieb Hans-Albert Walter: »Symptomatisch war es auch, daß die Zusammensetzung des westdeutschen Teams genau die Bedeutung widerspiegelte, die unsere Germanistik dem in Stockholm behandelten Thema beimißt. Neben Werner Berthold, dem Leiter der Sammlung Exilliteratur in der Deutschen Bibliothek Frankfurt, und den Professoren Hans Wolffheim und Alfred Kantorowicz, Hamburg, wurde die Bundesrepublik durch Publizisten und Studenten repräsentiert.«[3]

Die Geschichte hinter dieser Anekdote ist komplexer. Wolffheims Einladung zum erwähnten Symposion verdankt sich einer fast 40-jährigen Bekanntschaft zwischen Wolffheim und Berendsohn. Wolffheim war 1933 Doktorand am Germanischen Seminar in Hamburg, an dem auch Berendsohn tätig gewesen war. Etwa zu dem Zeitpunkt, als Berendsohns Name auf der vom NS-Studentenbund verantworteten Liste der als »ganz besonders unerträglich« geächteten Universitätslehrer erschien[4], wurde dem als Lehrer tätigen, aber gleichzeitig eine Laufbahn als Literaturhistoriker verfolgenden Wolffheim von seinem Doktorvater Petsch bedeutet, er möge sich mit seiner Promotion beeilen: »Ich weiss nicht, ob ich Sie in einem halben Jahr noch promovieren kann.« In nur vier Wochen schrieb der wegen seiner Abstammung inzwischen aus dem Schuldienst entlassene Wolffheim seine Dissertation.[5] Danach kann er sich noch eine Zeit lang mit journalistischen Gelegenheitsarbeiten über Wasser halten und als Transportarbeiter durchschlagen, bevor er endgültig untertauchen muss. Nach 1945 gehört Wolffheim zu den wenigen Nichtbelasteten im Kulturbetrieb und erhält folgerichtig 1948 eine Anstellung am Literaturwissenschaftlichen Seminar.

Wolffheim war in jeder Hinsicht ein Außenseiter des akademischen Betriebs – nicht nur aufgrund seiner Lebensgeschichte und aufgrund des Umstandes, dass er selbst literarisch tätig war, sondern vor allem deshalb, weil er in einer Zeit, in der die Lerninhalte an Universität und Schule nur in Ausnahmefällen über das 19. Jahrhundert hinausgingen, die Literatur des 20. Jahrhunderts ins Zentrum seiner Lehre stellte.[6] Sehr schnell wurden Wolffheims Seminare daher zu einem Treffpunkt der literarischen Intelligenz, die von Siegfried Lenz über Peter Rühmkorf bis zu Paul Kersten und Heinrich Breloer reicht und die Blattmacher der Zeitschrift *Konkret* (Klaus-Rainer Röhl, Ulrike Meinhoff) sowie die meisten der Kulturredakteure von *Stern*, *Spiegel* und dem NWDR umfasst. Sie alle haben in Wolffheims Seminaren gesessen oder sich um ihn als Betreuer ihrer Promotionsvorhaben bemüht, so die Stipendiatin der Studienstiftung des deutschen Volkes Gudrun Ensslin, oder auf andere Weise von ihm für ihre spätere Praxis etwas mitgenommen. In seiner Untersuchung über die Rezeption des Exils in der intellektuellen Protestbewegung der 1960er Jahre stellt Claus-Dieter Krohn fest: »Allein in der seit 1957 erscheinenden überregionalen Studenten-Zeitschrift Konkret (...) läßt sich eine bewußte, systematische und kontinuierliche Aneignung des Exils ausmachen.« In ihrer Schnoddrigkeit symptomatisch ist eine Äußerung Rühmkorfs: »Da haben die Nazis schon genau die richtige Vorauswahl für uns getroffen.«[7]

Den Auslöser für eine Institutionalisierung seiner Exilinteressen liefert jedoch das Nebenereignis eines zeitgeschichtlich inzwischen zu einer Ikone geronnenen Vorfalls. Dem kollektiven Gedächtnis eingeprägt hat sich das Bild vom Rektoratswechsel im Hamburger Auditorium Maximum, bei dem sich im November 1967 beim feierlichen Einzug der in ihre traditionellen akademischen Amtstrachten gewandeten Professoren zwei Studierende mit einem Transparent vor den Zug setzten: »Unter den Talaren – Muff von 1000 Jahren.« Zumeist nicht mehr miterzählt wird der Umstand, dass – nachdem das Transparent mit dem inzwischen sprichwörtlich gewordenen Slogan entrollt worden war – ein Teilnehmer der Veranstaltung den Studierenden zugerufen hat: »Sie gehören alle ins Konzentrationslager.« Noch am Tatort hatte einer der Anwesenden den Rufer am Talar gepackt und vergebens nach dem Namen gefragt. Erst eine Woche später war der Täter gefasst und geständig: Bertold Spuler, 55, ordentlicher Professor für Islamkunde.

Der Zusammenhang dieses Vorgangs mit der Gründung der Exilstelle? Der KZ-Rufer Spuler war der unmittelbare Nachbar Wolffheims. Auch wenn Wolffheim sich Ende der 1960er Jahre keinen Illusionen über die BRD hingab, so war diese handgreifliche Demonstration des Umstandes, dass Kernvorstellungen des faschistischen Denkens ungebrochen bis in die Universität, ja bis an seine Türschwelle reichten, doch ein Schock für ihn.

Im Wintersemester 1968/69 hielt er – zum ersten Mal an einer westdeutschen Universität – ein Hauptseminar ab, das die Exilliteratur in einem Überblick vorstellte. Ein Jahr später stellte er die Anträge für die
Grundausstattung einer »Arbeitstelle für Exilliteratur«. Damit begann
ein hochgradig entwürdigender Vorgang, der sich über ein ganzes Jahr
erstreckt und bei dem sich die Erfahrungen mit der Spuler-Affäre auf einer anderen Ebene wiederholten.

III

Die Episode bei der Rektoratsübergabe von 1967 fasst die politischen
Befindlichkeiten an den deutschen Universitäten schlaglichtartig und
wie in einem Brennglas zusammen: Sie liefert ein Bild vom Beginn einer
Bewegung, die mit vergleichsweise harmlosen Protestformen auf zwei
für die westdeutsche Nachkriegsgesellschaft charakteristische Umstände aufmerksam macht: die unterbliebene Aufarbeitung der Verbrechen des sogenannten »Dritten Reiches« sowie die undemokratische
Organisation der deutschen Universitäten, die sich unter anderem in elitären Strukturen und überholten Traditionsfeiern manifestiert. Sie
macht des Weiteren deutlich, dass über die Nazi-Verstrickungen von
Wissenschaftlern und die NS-Vergangenheit der Universität noch Ende
der 1960er Jahre beharrlich geschwiegen wurde. Dabei wäre man bei ge-
nauerem Hinsehen sehr schnell fündig geworden – der *Spiegel* brauchte
seinerzeit keine drei Tage, um herauszufinden: Spuler war 1943 mit
31 Jahren ordentlicher Professor geworden, nachdem er 1933/34 der SA
beigetreten war und es in der NSDAP zum Zellenleiter gebracht hatte.
Während des Krieges war er »u.k.« gestellt und im Reichsministerium
für die besetzten Ostgebiete tätig gewesen. Bleibt zu erwähnen, dass die
»qualifizierte Öffentlichkeit« die Angelegenheit mit Kopfschütteln zur
Kenntnis nahm. So schrieb etwa die *Frankfurter Allgemeine Zeitung* am
Tage nach dem Vorfall, dass es schon seltsam sei, den Muff von 1000 Jahren anzuprangern – denn so alt sei die 1919 gegründete Universität doch
gar nicht.[8]
    Auch die Hamburger Politik sah in dem Vorfall keinen Grund zur
Beunruhigung; Spuler wurde für kurze Zeit vom Dienst suspendiert
und konnte dann seine Lehrtätigkeit wieder ausüben. Der Vorfall änderte nichts an der in Hamburg mit Inbrunst gepflegten Vorstellung,
hier sei doch »alles nicht so schlimm gewesen«, hier habe »das bürgerliche Element immer gemäßigt und gebremst« gehandelt, hier sei »alles
vernünftiger als anderswo« abgelaufen. Und diese Einschätzung hat
dann auch vor den Tatsachen nicht halt gemacht: Hitler – hieß es – sei

selten nach Hamburg gekommen; es sei ihm zu »rot« und zu »hanseatisch« gewesen (Hitler war 31 Mal in Hamburg). In Hamburg habe es auch keine Bücherverbrennung gegeben (de facto gab es nicht nur eine, sondern deren gleich zwei). Und in einem Gedenkbuch des Senats von 1965 heißt es über die Deportation jüdischer Bürger in die Vernichtungslager: »Die Abfertigungen in Hamburg waren vergleichsweise erträglich, ja im Vergleich zu anderen Orten human.«[9]

Dabei schienen die Weichen für eine sinnvolle Aufarbeitung der Nazi-Zeit früh und gut gestellt. Bereits im April 1946 hatte die Bürgerschaft den Senat ersucht, »eine lückenlose chronologische Darstellung der Ereignisse, die zur kampflosen Übergabe Hamburgs führten, zum Zwecke der Veröffentlichung herauszugeben.« Ein Jahr später wurde dieser Auftrag sogar noch erweitert: der Senat möge eine Untersuchung aller politisch und wirtschaftlich interessierenden Vorgänge von der sogenannten Machtergreifung bis zum Einmarsch der Besatzungstruppen veranlassen und die Herausgabe einer entsprechenden Druckschrift vorbereiten. Das Ersuchen führte zur Einrichtung der »Forschungsstelle für die Geschichte des Nationalsozialismus in Hamburg«; die Einrichtung gibt es (mit verändertem Forschungsauftrag und unter anderem Namen) noch heute; den ihr 1946 erteilten Auftrag hat sie inzwischen auch erfüllt – im Jahre 2005.[10]

Die Erklärung solcher Sachverhalte hat man immer wieder auf dem Feld der »personellen Kontinuitäten« gesucht – Ende 1952 waren 87 Prozent der in Hamburg im Zuge der Entnazifizierung aus dem Staatsdienst Entlassenen wieder eingestellt. Der Umgang der Hamburger Justiz mit NS-Verbrechern ist beispielhaft für das Verschleppen von Anklagen in der Hoffnung auf »biologische Amnestie«. Wir wissen inzwischen, dass dieser Erklärungsansatz nicht hinreicht, dass man ergänzend von einem Behinderungsgeflecht ausgehen muss, dessen entscheidende Größe das Selbstverständnis einer Gesellschaft war, die sich durch die Behauptung eines Bruchs mit der nationalsozialistischen Vergangenheit legitimiert und ihre Erinnerungsbereitschaft an dieser Linie ausrichtete. Aufseiten der Politik stieß diese Erinnerungsbereitschaft in einer Handelsstadt wie Hamburg insbesondere dann an Grenzen, wenn Fragen der Standortpolitik betroffen waren.

Das Ensemble solcher Aspekte führte – offenbar unabhängig von der Tradition der regierenden Partei – zu einer Kultur des Beschweigens, die auf Vergesslichkeit setzt und hofft, dass sich die Behandlung des Alten im Weitergehen erledigt. Dass zu dieser Politik auch die Erteilung von Forschungsaufträgen und die Einrichtung von Forschungsinstituten gehörte, die vor allem eine Alibifunktion erfüllen sollten – diese Erfahrung blieb Wolffheim erspart. In seinen zähen Verhandlungen mit einer hartleibigen Behörde hatte er auf die Zeitgeist-Komponente seines Projekts – repräsentiert in den Namen Berendsohn, Willy Brandt, damals Bundeskanzler, und Herbert Weichmann, Erster Bürgermeister der Freien und Hansestadt Hamburg – gesetzt und musste dabei erfahren, dass die Berufung auf Berendsohn eher hinderlich war. Denn die Hochschulbehörde befürchtete, dass Wolffheims Antrag zu einer Wiedereröffnung der für endgültig geschlossen erachteten Akte Berendsohn in Sachen seiner Rückberufung nach Hamburg führen würde. Berendsohn selbst hatte diese Hoffnung längst aufgegeben, wie er bei seinen regelmäßigen Besuchen in Hamburg immer wieder betonte. Bei diesen Besuchen, die regelhaft um die Jahreswende stattfanden, weil »es sich für einen Hamburger gehört, dem Bürgermeister beim Neujahrsempfang seine guten Wünsche auszusprechen«, hat er sich jeweils ausführlich mit Wolffheim über die Entwicklung der Hamburger Arbeitsstelle beraten.[11]

Erfolgreicher war das Namedropping bei Brandt und Weichmann – wenn auch nicht an der von Wolffheim erwarteten Stelle. Was die Behördenspitze kaltließ, wirkte bei einem untergeordneten Verwaltungsbeamten, der glaubte begriffen zu haben, wie man im Behördenapparat einer Stadt, die von einer Partei wie ein Erbhof verwaltet wurde, reüssieren könne: Der hilfreiche Beamte hat später zu Protokoll gegeben, er habe angenommen, dass es in Zeiten, da das Bundeskabinett und der Hamburger Senat von Ex-Emigranten geführt würden, Karriere fördernd sei, wenn er einen durch die Universitätsgremien noch nicht ratifizierten Entwurf zur Ausstattung einer eventuell einzurichtenden Exil-Forschungsstelle wie genehmigt behandeln und in die politische Absegnungsebene weiterleiten würde. Damit hatte er Fakten geschaffen, die niemand mehr zurücknehmen wollte. Ehe seine Vorgesetzten diese Eigenmächtigkeit bemerkt hatten, war das Exilforschungs-Kind in die Welt entlaufen. Alles, was der Behördenspitze übrig blieb, war, das Paket mit dem berüchtigten »kw«-Vermerk zu versehen, also für nicht behördenfeste Leser: »künftig wegfallend«, und auf die Möglichkeit zu verweisen, diesen Posten gegebenenfalls schon im nächsten Haushaltsjahr zu streichen.

Die Ironie wollte es, dass Wolffheim in einem Jahr, in dem das »kw« sein Institut besonders heftig bedrohte, sich tatsächlich an Herbert Weichmann wandte. Bei dem Gespräch stellte sich heraus, dass Weichmann nichts von Exilforschung in seiner Stadt wusste – mehr noch: er sah auch keine Notwendigkeit dafür. Nachdem Wolffheim ihm die Probleme mit der universitären Absicherung seines Forschungsfeldes erläutert hatte, sah Weichmann ihn ungläubig an und fragte: »Warum soll die Universität das machen? Das ist doch eine rein jüdische Angelegenheit.«[12]

Das Gespräch hatte dennoch seine Wirkung; es fand am Rande einer Bürgerschaftssitzung im Rathaus unter den Augen einer interessierten politischen Öffentlichkeit statt. Und die registrierte vor allem, dass der ehemals von den Nazis vertriebene Bürgermeister sich freundlich mit einem Universitätsprofessor unterhalten hatte, der sich wissenschaftlich mit Exilliteratur beschäftigte. Das Ergebnis der Gründungsverhandlungen, die sich über einen Zeitraum von zwei Jahren bis zum Dezember 1971 erstreckten, fiel allerdings dürftig aus: neben einem schlecht bezahlten Werkvertrag für den inzwischen pensionierten Wolffheim gab es eine Stelle für einen wissenschaftlichen Mitarbeiter und einen Buchanschaffungsetat in Höhe von DM 2000.[13]

IV

Als die Hamburger Exilstelle nach einem Vorlauf von drei Jahren somit zum Jahresbeginn 1972 offiziell ihre Arbeit aufnehmen konnte, begann sie nicht bei null. Wolffheim und seine Mitarbeiter haben seit 1968 kontinuierlich an Exilthemen im Rahmen eines zu diesem Zeitpunkt bereits gut strukturierten Diskurses gearbeitet, der die Probleme des Gegenstandsfeldes fixiert und die Positionen, die man in diesem Diskursfeld einnehmen kann, klar benannt hatte. Auch institutionell-thematisch und geografisch war das Forschungsfeld klar gegliedert; seine Konturen wurden bestimmt durch die Deutsche Bibliothek in Frankfurt (mit ihrem Leiter Werner Berthold), das Institut für Zeitgeschichte in München (mit seinem Archivleiter Werner Röder), die Westberliner Akademie der Künste (mit ihrem Leiter Walter Huder) sowie das gigantische Ein-Mann-Unternehmen Hans-Albert Walter. Zu diesen gesellte sich jetzt die Hamburger Arbeitsstelle.[14]

Zusammengeführt wurden ihre Aktivitäten bei der Deutschen Forschungsgemeinschaft, die unter der gemeinsamen Federführung des Germanisten Eberhard Lämmert und des DFG-Referenten Manfred Briegel (vgl. dessen Beitrag in diesem Band) mit Sachverstand und Beharrlichkeit auf die Einrichtung eines »Schwerpunkt-Programms Exilforschung« hinarbeitete. Denn die DFG war die einzige Einrichtung in der Gründungsphase, in der das sonst übliche administrative Behinderungsgeflecht außer Kraft gesetzt schien. Die Aufgabe, Vorschläge für ein solches Programm zu erarbeiten, wurde an die sogenannte »Vierergruppe« (Hans-Albert Walter, Werner Berthold, Werner Röder, Jan Hans) delegiert, die neben der Erfüllung ihres Auftrags sehr bald als eine Art informelles *Sekretariat der Exilforschung* fungierte. Obwohl oder weil ohne offizielle Legitimation, konnte dieses Gremium in den folgenden Jahren unbehindert von schwergängigen Apparaten viele Kontakte herstellen, Vorhaben anstoßen, Tagungen und Kongresse anregen und vorbereiten, so unter anderem das Zweite Internationale Symposium in Kopenhagen.

V

Als die Hamburger Exilstelle ihre Arbeit aufnahm, war die Debatte um die Gegenstandskonstitution des »Forschungsfelds Exil« soweit gediehen, dass der Gebrauch von Begriffen wie »Exilliteratur«, »Exil 1933–1945«, »Exil und Emigration«, »antifaschistischer Widerstand« nicht mehr zu fundamentalen Missverständnissen führte. Man hatte eine deutliche Vorstellung von der konstitutiven Heterogenität des Exils und der Vielfalt seiner politischen und ästhetischen Programme und präferierte schon deshalb randunscharf gehaltene Begriffe, die gerade keine definitorische Vorentscheidung beinhalten.

Aus diesem Grunde war klar, dass, wer von Exilliteratur sprach, die unter Exilbedingungen entstandene Literatur meinte – wobei Literatur gerade nicht auf ihren geografischen Entstehungsort festgelegt, sondern als eine ästhetische Form des Sich-Verhaltens-zum-Faschismus verstanden wurde. Exilliteratur ist die Summe der durch das Exil provozierten und unter Exilbedingungen praktizierten ästhetischen Formen. Diesem Literaturbegriff folgend stehen, um ein Beispiel zu nennen, Brechts Überlegungen zur »Reimlosen Lyrik« – die einen Formenverzicht propagieren, der bei aller technischen Deformation durch den Gegner die Verständlichkeit garantiert – und Johannes R. Bechers Deutschland-Sonette – die in ihrer formstrengen Konventionalität genau die Form zu bewahren suchen, die unter den Bedingungen des Exils verloren zu gehen droht – gleichberechtigt nebeneinander.

Entsprechend ist ein Exilierter jemand, der sich zu seiner Gegnerschaft zum Hitler-Faschismus bekannt hat und mit seinen Lebensbedingungen für dieses Bekenntnis eingestanden ist, wobei es gleichgültig ist, worin diese Gegnerschaft im Einzelnen bestanden hat, auf welchen Überzeugungen sie beruhte und welche gesellschaftlichen Zielvorstellungen sie implizierte.[15] Und die Formulierung »Exil 1933–1945« wollte durch die Setzung der Datumsgrenzen keinesfalls leugnen, dass das Exil eine Vor- und eine Nachgeschichte hat, in einzelnen Fällen sogar nie endet. Die Datumsgrenzen hatten zuvörderst die Funktion, dieses Exil von anderen Exilen (das Exil der Jungdeutschen, der DDR-Dissidenten) oder von der Vorstellung vom Exil als Seinszustand (exilische Kondition des Lebens) abzugrenzen.

Die damals getroffene Entscheidung für Arbeitsbegriffe mit Etikett-
funktion hat sich auch insofern bewährt, als diese Begriffe im Verlauf
der Exilzeit bei den Betroffenen selbst durch die Erfahrung des Exils
und des expandierenden Faschismus eine Bedeutungsverschiebung erfahren haben. Auf zwei der für die erste Forschungsphase charakteristischen, im Nachhinein umstrittenen Konzepte will ich näher eingehen.

Wenn von den strukturellen Defiziten der Exilforschung die Rede ist,
wird gern auf die Überrepräsentation der Literaturforschung verwiesen.
Das Urteil beinhaltete häufig den (unausgesprochenen) Vorwurf des
Wissenschaftsimperialismus. Die Dominanz der Literaturforschung
lässt sich auch sehr viel schlichter erklären: es waren Germanisten und
Literaturkritiker, die deutlich früher als Vertreter anderer Disziplinen
diesen Gegenstand aufgegriffen und angefangen haben, sich um die
Nazi-Vergangenheit und die Exilverluste ihres Faches zu kümmern.

Sie taten das im Übrigen mit einer gewissen Berechtigung: die Literatur war das »Leitmedium« dieses Exils. Sie blieb das außerdem auch
für alle weiteren Exile des 20. Jahrhunderts; erst seit rund zehn Jahren
hat sie diese Positionen an die digitalen Medien von *Twitter* und Handy-
Video abgegeben, die uns heute über Unterdrückung und Widerstand
informieren. Dass die Germanisten das gleichwohl nicht völlig frei von
schlechtem Gewissen taten, davon zeugen einige Implementierungen,
von denen die wichtigsten der erweiterte Literaturbegriff, der den Untersuchungsgegenstand im Gegensatz zur traditionellen Germanistik
nicht auf die Belletristik beschränkt, sondern alle Formen publizisti-
scher Aktivität einbezieht[16], und die Aufforderung zur Interdisziplinarität sind.

Interdisziplinarität war in den 1970er Jahren eines der Zauberworte
in der sich aus der nationalkulturellen Enge der traditionellen Disziplinen befreienden Universität und wurde vermutlich auch deswegen
von der sich gerade etablierenden Exilforschung so heiß favorisiert. Vermutlich gibt es keine Programmschrift und keinen Antrag auf Förder-
gelder aus jener Zeit, in dem nicht mit dem Versprechen auf Interdisziplinarität geworben worden ist. Das Versprechen ist jedoch nur in
ganz wenigen Arbeitsbeispielen erfüllt worden. Zumeist wurde es ersetzt durch das, was später als »germanistische Soziologie« bezeichnet
wurde – den zumeist hilflosen Versuch von Germanisten, die nicht als
Soziologen, Historiker, Archivare oder Dokumentaristen ausgebildet
waren, Monografien über die wirtschaftlichen, politischen, mentalitäts-
historischen und kulturellen Bedingungen in den Fluchtländern zu
schreiben. Fast die gesamte Grundforschung litt in ihrer Anlage unter
diesem Manko.

Aus diesem Über-Mut resultierte weiteres Fehlverhalten. So theorie-resistent wie die Grundforscher auf dem Feld der Soziologie dilletiert haben, so ignorant verhielten sie sich gegenüber den Theoriediskussionen, die ab Mitte der 1970er Jahre alle Disziplinen beherrschten. Die Exil(literatur)forschung, die für eine kurze Zeit der Motor einer sich sozialhistorisch erneuernden Germanistik war, stellte sich immer weniger der Methodendiskussion, versackte in unreflektierten Grundforschungsprogrammen und laienhaft betriebener Biografieforschung, um schließlich ab Mitte der 1990er Jahre als »Nachhut der Germanistik« dazustehen. Unter diesem Aspekt ist es fast als ein Glücksfall anzusehen, dass die zwischenzeitlich erwogene Ausweitung der Exilliteraturforschung zu einer allgemeinen Exilforschung schnell wieder fallen gelassen worden ist: das können Migrationsforscher besser.

Komplizierter stand es mit dem Begriff »Antifaschismus«, den die Gründergeneration in der Tat sehr undifferenziert und arglos (zumeist) im Sinne von »Gegnerschaft zum Nationalsozialismus« benutzt hat. Spätere Kritiker[17] haben moniert, dass der Begriff nicht in beschreibender, sondern in konzeptioneller Funktion Verwendung gefunden hat, und sie haben die Vermutung ausgesprochen, dass eine »unbegriffene Identifikation mit dem historischen Antifaschismus« die Voraussetzung dafür gewesen sei, sich nicht mit dem Holocaust auseinandersetzen zu müssen. In der Korrespondenz Varian Frys[18] gibt es einen Brief vom April 1942, in dem er für die Abfassung eines Einreisegesuchs in die USA rät: »Avoid to use the words anti-Nazi and anti-Fascist« mit Blick auf deren mögliche behördliche Interpretation als »to be synonymous with Communists«. Stattdessen sollte die Bezeichnung »Democratic« verwendet werden. Diese semantische Unbestimmtheit des Begriffs, die die Möglichkeit der situativen Aufladung mit politischen Inhalten ermöglicht, kennzeichnet auch den Wortgebrauch im Deutschen.

Als antifaschistisch verstanden sich nach 1945 alle neu gegründeten politischen Parteien in Deutschland, die einen Zusammenhang zwischen Kapitalismus und Nationalsozialismus sahen und das Wiedererstarken der Kräfte verhindern wollten, die Adolf Hitler zur Macht verholfen hatten. Mit Beginn des Kalten Krieges kan es zu einer Teilung des Konzepts: während der Begriff in den Westzoren zunehmend durch den des Antikommunismus ersetzt wurde, avancierter in der SBZ zum antikapitalistischen Selbstverständnis. Seit 1949 diente er in der DDR zur ideologischen Abgrenzung gegenüber der Zeit des Nationalsozialismus und der als »postfaschistisch« verstandenen BRD.

Für die Folgezeit musste man von zwei Konzepten ausgehen: Während die marxistische Faschismustheorie die nationalsozialistische Herrschaft in Deutschland als Ausdruck des sich verschärfenden Klassenkampfes betrachtete und die Rassenideologie der NSDAP lediglich als »Instrument zur Täuschung der Arbeiterklasse« behandelte, machten westeuropäische Linke ihren Antifaschismus an den Phänomen des Rechtsextremismus fest, der als Ausdruck tieferer Gesellschaftsprobleme verstanden wurde. Aus diesem Grunde machten sie auch einen terminologischen Unterschied zwischen »Nationalsozialismus« (eine historisch einmalige Erscheinung) und »Faschismus« (als strukturelles Problem kapitalistisch verfasster Gesellschaften).[19]

Diese Differenzierung fiel mit der deutschen Wiedervereinigung weg. »Antifaschismus« wurde nur noch in der DDR-Version und folglich als Ausdruck einer Verirrung verstanden. Eine Tendenz zu dieser semantischen Verengung hatte es bereits ab Mitte der 1960er Jahre gegeben. Im Zusammenhang mit den Berufsverboten hatte er seine ersten Opfer gefordert; mit der Wiedervereinigung war der Kampf entschieden. Genau die sich hier andeutende Sprachbewegung vollzog Lutz Winckler nach, wenn er in seinem »Mythen«-Aufsatz übersieht, dass es in der frühen Exilforschung ein großes Spektrum von Antifaschismen gegeben hat, und sich stattdessen auf die zahlenmäßig wenigen Forscher mit einem orthodoxen Programmverständnis bezieht. Man schaue sich dazu nur das Vorwort und die Kommentare der beiden ersten von ihm herausgegebenen Bände an.[20]

VI

Wiederentdeckung und Reintegration in die kulturelle Tradition war die Leitidee, die als Motto über Wolffheims Programm stand, mit dem er sich nicht nur an eine fachinterne, sondern gleichermaßen an die kulturell interessierte breitere Öffentlichkeit wandte. Aus dieser doppelten Zielgruppenorientierung ergab sich der besondere Charakter der Hamburger Exilstelle: sie wollte nicht nur eine Forschungsstelle im traditionellen Sinne sein, sondern zugleich auch Multiplikator und Anlaufstelle. Zuvörderst aber war sie universitäre Einrichtung – daraus ergaben sich ihre primären Aufgaben.

Das Instrument, mit dem die Exilstelle ihre Ziele idealtypisch verfolgen konnte, war der universitäre Lehrbetrieb in einem Fach mit einem hohen Anteil an Lehramtsstudenten. Ab 1971 haben Wolffheim und seine Mitarbeiter pro Semester mindestens eine Lehrveranstaltung zu einem Exilthema durchgeführt und dabei ihre Seminargegenstände so gewählt, dass sie für den Deutschunterricht am Gymnasium geeignet waren. Das Entwerfen von Unterrichtseinheiten war als eine Möglichkeit zum Scheinerwerb ausdrücklich vorgesehen. Dass in dem ab 1978 er-

scheinenden – leider nach fünf Jahren schon wieder eingestellten – Jahrbuch *Sammlung* Unterrichtseinheiten zu unterschiedlichsten Texten
und Problemen des Exils vorgestellt werden konnten, ist Ausdruck dieses Ansatzes, der auf eine Verankerung des Exils in den Lehrplänen und
Lesebüchern zielte.

Wer unterrichten will, muss Texte bereitstellen – und zwar in hinrei-
chender Zahl und an einem zugänglichen Ort. Beides erwies sich als
schwierig, insofern sich die geringe staatliche Wertschätzung der Exilstelle nicht nur in einem verschwindenden Buchanschaffungsetat dokumentierte, sondern auch in dem Umstand, dass das Institut und seine Bibliothek bis zu ihrer heutigen Unterbringung im Ossietzky-Lesesaal im
Gebäude der Staats- und Universitätsbibliothek Hamburg im Jahre
1983 viermal umziehen musste. Dass dennoch in kurzer Zeit ein Buch-
bestand zustande kam, der es ermöglichte, einen Seminarbetrieb zu beginnen, verdankt das Institut der Unterstützung durch das öffentliche
Bibliothekssystem der Stadt.

Auf der Ebene der Schulen führte die Textbeschaffung zu ganz anderen Problemen: häufig musste man auf Bücher aus der Produktion von
DDR-Verlagen zurückgreifen, was prompt den Protest einer bestimmten Elternklientel (»kommunistische Unterwanderung«) zeitigte – Pro-
teste, denen die Schulbehörde gerne nachging. Dieser Umstand ermu-
tigte angehende Lehrer in Zeiten von Radikalenerlass und Berufsverbot
nicht gerade, sich auf dem Feld der Exilliteratur zu versuchen.

Lehrpläne und Lesebücher waren ein Ort, an den man heran wollte,
Lexika und Literaturgeschichten ein anderer. Wie gründlich die Exilierten im Fach- und Öffentlichkeitsbewusstsein getilgt worden waren und
wie zögerlich sie dieser Öffentlichkeit wieder angeboten wurden, wird
nirgendwo augenfälliger als in Autorenlexika, die über einen größeren
Zeitraum in mehreren Auflagen erschienen sind. Wer beispielsweise in
den 1950er, 1960er und 1970er Jahren im »Lennartz«[21], dem meist ge-
lesenen Literaturlexikon im deutschsprachigen Raum, nicht vorkam,
war kulturell inexistent. Und war ein ehemals exilierter Autor wieder
aufgenommen, warfen die verquälten Wendungen, mit denen Schreib-
verbot, Exil und Ausbürgerung bzw. die Tatsache umschrieben wurden,
dass ein Autor zwölf Jahre lang nicht in Deutschland publiziert hatte,
ein bezeichnendes Licht auf die Erinnerungspolitik jener Jahrzehnte.

Nicht viel besser stand es um die Literaturgeschichten. Den Schul-
und Universitätsmarkt beherrschend waren Arbeiten, die unmittelbar
nach Kriegsende beziehungsweise Anfang der 1950er Jahre von einschlägig vorbelasteten Autoren (etwa Gerhard Fricke, Fritz Martini,
Elisabeth Frenzel) vorgelegt worden waren. Sie zeichneten sich dadurch
aus, dass sie für die infrage stehende Periode nicht einmal einen Begriff

hatten: entweder fassten sie die gesamte erste Hälfte des 20. Jahrhunderts zu einer Großepoche zusammen (Fricke: »Vom Expressionismus zur Gegenwart«) oder griffen zu blumigen Umschreibungen (Frenzel »1925–1950: Dichtung der verlorenen und verbürgten Wirklichkeit«). Da ist dann nicht mehr von »entarteter Kunst« die Rede, wohl aber von »Faszination durch Abbild, Zerrbild, Vexierbild«.[22]

Die Notwendigkeit derartige Arbeiten endlich zu ersetzen, wurde nicht einmal von widerständigen Fachvertretern bestritten. Um 1970 gab es kaum Germanisten (die Mitarbeiter der Hamburger Exilstelle eingeschlossen), die nicht an einem Literaturgeschichtsprojekt beteiligt waren. Literaturgeschichtsschreibung wurde zu dem Feld, auf dem sich die hitzige Methodendiskussion der vorausgegangenen Jahre beweisen sollte – ein Umstand, welcher der in Sachen Literaturtheorie und Methodenfragen stark engagierten Exilliteraturforschung jener Jahre sehr entgegenkam.

Die an der Hamburger Exilstelle entwickelten Vorstellungen zielten auf den Entwurf eines von der Endphase der Weimarer Republik bis in die 1950er Jahre reichenden Epochenpanoramas, das durch die Leitfrage nach den »(literarischen) Formen des Sich-Verhaltens zum deutschen Faschismus« seine Strukturierung erhalten sollte. Dabei musste es selbstverständlich zunächst darum gehen, neben der bereits gebräuchlichen Typologie »faschistische Literatur« und »Literatur der inneren Emigration« den demokratischen Traditionsstrang »Exilliteratur« zu etablieren – allerdings mit dem Ziel, es nicht bei dem Nebeneinander dieser Rumpfliteraturen zu belassen. Ziel war es vielmehr eine isolierte Betrachtung der Segmente perspektivisch zu überwinden zugunsten einer vergleichenden Betrachtung der in diesen Segmenten ausgebildeten thematischen Kategorien und ästhetischen Präferenzen.

Um das an einem Beispiel zu erläutern: Der »historische Roman« spielte bei Vertretern von allen drei Rumpfliteraturen eine gewichtige Rolle. Während die Ideologen des Faschismus das Genre für Zwecke der Mythenbildung und Vermittlung der Opferideologie nutzten, gab es im Exil eine Präferenz für Stoffe, die die demokratische Tradition (Henri IV) akzentuierten, daneben aber auch eine Neigung, sich mit Tyrannengestalten (Nero, Philipp II) auseinanderzusetzen – ein Zug, den man mit Autoren teilte, die der »Inneren Emigration« zugerechnet werden, das Tyrannenmotiv aber charakteristisch anders behandeln. Eine ähnliche »Konkurrenz« gab es bei dem Genre des Deutschland- und SA-Romans, bei den Themen Heimat und Vaterland sowie bei den ästhetischen Formen, in denen die jeweiligen Konzepte verfolgt werden.

In anderen Bereichen stieß die Idee der Einbettung in einen Geschichts- und Traditionszusammenhang an Grenzen. Das gilt etwa für

den Plan einer »Republikanischen Bibliothek«, die die Exilbibliothek
und die Bestände eines Friedensforschungsprogramms mit der »Sammlung Paul Walter Jacob« im Ossietzky-Lesesaal zusammenführen sollte.
Dem Schauspieler P. W. Jacob war es gelungen, über die Gesamtdauer
des Exils hinweg seine Bibliothek beisammenzuhalten und ins Exil nach
Buenos Aires zu retten. Sie stellt im Kleinen und auf ein repräsentatives
Exiliertenschicksal beschränkt dar, was Hanns W. Eppelsheimer 1958
für die Weltausstellung in Brüssel mit seiner »Bibliothek eines geistig interessierten Deutschen« versucht hatte: die Umrisse einer Epochen-Bio-
grafie in Buchbeständen nachzuzeichnen.[23]

Als gleichermaßen unrealisierbar erwies sich Ende der 1970er / Anfang der 1980er Jahre der Versuch, die Exilstelle in einen Forschungsverbund mit ihren ebenfalls im Kontext der 1968er Aufbruchsstimmung
gegründeten Parallelinstituten einzubringen. Eine wenigstens räumliche
Zusammenführung von Exilstelle, dem Institut für die Geschichte der
deutschen Juden und dem Institut für Friedensforschung mit der seit
1946 nominell bestehenden Forschungsstelle für die Geschichte des Nationalsozialismus in Hamburg (heute Forschungsstelle für Zeitgeschichte Hamburg) hätte einen einmaligen Forschungs- und Biblio-
theks-Pool ergeben, von dem vor allem die interessierte Öffentlichkeit
profitiert hätte.[24]

»Interessierte Öffentlichkeit« war in jener Zeit in erster Linie die
boomende Laienforscherbewegung, die – durch die Beschweige-Strate-
gie der Politik und das wenig ausgeprägte Interesse der Fachwissen-
schaften auf den Plan gerufen – in Stadtteilinitiativen und Projektgrup-
pen vor Ort erfahrbar gemacht hatte, dass Geschichte nichts Abstraktes,
Versunkenes ist, das ausschließlich von Gesetzen und Statistiken, von
Verfassungen und Verträgen handelt. Ihren Ansatz, Geschichte als die
Lebensgeschichte von Menschen und ihren Erfahrungen, ihren Lebensbedingungen und den daraus resultierenden Hoffnungen und Ängsten
zu begreifen, glaubte sie in der Arbeit der Exilstelle wiederzufinden, die
viele Initiativen deshalb auch als Anlaufstelle nutzten. Dass diese Zusammenarbeit gelegentlich auch Ergebnisse zeitigte, die zunehmend darauf hindeuteten, dass Hamburg in den 1930er Jahren gerade nicht
»ganz anders«, sondern eine Art »Mustergau« gewesen war, ließ einflussreiche Kreise der Stadt, denen »Hofgeschichtsschreibung« wichtiger als kritische Reflexion war, vermehrt nervös reagieren. Resultate dieser Verunsicherung waren die sogenannte »Hamburger Initiative«, die
50 Jahre nach der Machtübergabe an die Nationalsozialisten auf breiter
Front die fundierte Erforschung und die Aufarbeitung der Stadtgeschichte einleitete[25], und die Neuordnung der Exilstelle.

VII

Man könnte den Eindruck gewinnen, die Hamburger Exilstelle sei eine »PR-Agentur in Sachen Exil« gewesen und habe angesichts dieser Umtriebigkeit vergessen, dass allen diesen Aktivitäten jedoch Forschung vorauszugehen hat. Von zentraler Bedeutung für die Gründungsphase waren nämlich die drei großen Dokumentationen, die im Forschungsverbund der DFG geplant und durchgeführt wurden: Die »Quellen zur politischen Emigration« (Dokumentation I), die »Erschließung ungedruckter Quellen deutschsprachiger Emigranten« (Dokumentation II) sowie die in Hamburg erarbeitete Dokumentation III, die die katalogmäßige Aufnahme und inhaltliche Erschließung gedruckter autobiografischer Zeugnisse deutschsprachiger Emigranten zum Gegenstand hatte. Der Katalog steht in identischen Ausführungen in Hamburg, Frankfurt und München.

Ziel der Dokumentation war die Bereitstellung eines Findapparates, der zwischen Quelle und Benutzer vermittelt und dabei zu allen soziologisch, psychologisch, mentalitäts- und politikgeschichtlich etc. relevanten Fragen des Exils auf der Basis autobiografischer Zeugnisse Aussagen macht. Der autobiografische Text wurde hierbei als Dokument des realen Lebensvollzugs betrachtet und wie eine historisch-soziologische Quelle behandelt. Die Dokumentation wollte dem Benutzer nachweisen, wo er Aussagen zu bestimmten Fragestellungen finden kann, und deutlich machen, von welchem Relevanzgrad diese Äußerungen sind und mit welcher Dichte das Quellenmaterial auf bestimmte Forschungsinteressen reagiert. Um einen Eindruck von dem Fragerahmen zu erhalten, muss man das Regelwerk zu diesem Katalog ansehen, der schon aufgrund des Umstandes, dass alle für die Exilforschung dieser Phase maßgeblichen Personen an ihm beteiligt waren, ein ziemlich präzises Bild von den Forschungsinteressen dieser Gründungsphase gibt.

Nach Abschluss der von der DFG geförderten Erschließung (Ende 1978) wurde die bibliografische Recherche zu diesem Bestand mit einem Stipendium der Hansischen Universitätsstiftung bis Ende 1983 fortgeführt. In diese Fortschreibung sind auch die Ergebnisse des seit 1980 erscheinenden *Biographischen Handbuchs der deutschsprachigen Emigration nach 1933* zur Vervollständigung des Quellenmaterials im Bereich der nichtliterarischen Emigranten eingegangen. Der zunächst nur als Katalog vorliegende Bestand wurde in Manuskriptform zusammengefasst. Es weist rund 1050 größtenteils in Autopsie geprüfte Titel nach. Damit stellt er vermutlich die bislang vollständigste Bibliografie der Exil-Autobiografik dar – und könnte Basismaterial für weitere Interessen im Bereich der (Auto-)Biografie-Forschung sein.[26] Das Manuskript wurde nach der Neuausrichtung der Forschungsstelle ab 1984 nicht mehr publiziert; heute ist nicht einmal mehr eine Kopie des Manuskripts im Berendsohn-Institut auffindbar. Ähnliches gilt für den Findapparat der Dokumentation III, die materiell (zwar nicht im Lesesaal, zumindest aber noch in einem Depot) vorhanden, aber praktisch nicht zu benutzen ist; das Regelwerk, das ihm zugrunde liegt, und die Benutzungsrichtinien sind nicht mehr auffindbar.

Nicht unmittelbar aus der Arbeit der Hamburger Exilstelle hervorgegangen, aber auf die Dokumentation III bezogen und in freundlicher Nachbarschaft zu ihr entstanden, ist das von Heinz Hillmann initiierte und von Rolf Krause durchgeführte Projekt »Literatur als Bearbeitungsform der nationalsozialistischen Verfolgungsinstitutionen«.[27] In seinem Mittelpunkt stand nicht primär die historiografische Frage nach dem, was in diesem oder jenem Lager geschah, wie der Alltag dort aussah oder welche größeren politischen und administrativen Entscheidungen zur Entstehung des nationalsozialistischen Verfolgungsapparates geführt haben. Vielmehr ging es primär darum, wie einzelne Menschen mit dieser extremen Bedrohung umgegangen sind und – vor allem – welche Rolle Schreiben, also Literatur im weitesten Sinne, dabei gespielt hat. Die Prämissen des Projektes waren, dass »Ausmaß und Art der Menschen vernichtenden nationalsozialistischen Verfolgung in aller Regel den Vorstellungs- und Erwartungsspielraum der tradierten Sinnorientierung sprengten. Die nationalsozialistischen Verfolgungsinstitutionen sind deshalb nicht nur Orte der physischen Zerstörung, sondern sie stehen auch für die Gefährdung und Zerstörung von bisher Erfahrung integrierenden Deutungsmustern, von Identität. Eines der Medien, in denen solche einschneidenden Zerstörungen von Sinnwelten bearbeitet werden, ist das Schreiben und damit Literatur im weitesten Sinne. Das Untersuchungskorpus des Projekts lieferten die rund 450 autobiografischen, in selbstständiger Form und in deutscher Sprache publizierten Verfolgungsberichte, die bis Ende 1990 ermittelt werden konnten.

Wie die Dokumentation III zerfällt das Projekt in einen Textarbeits- und Erschließungsteil sowie einen Sammel- und Bibliografiekomplex. Während die Auswertungs- und Interpretationsarbeit durch die zahlreichen Publikationen von Rolf Krause gut dokumentiert sind, gaben die Projektmittel seinerzeit offenbar den Druck der Bibliografie zum Projekt nicht mehr her. Ähnlich wie bei der Dokumentation III liegt seither ein nahezu druckfertiger bibliografischer Apparat vor, zu dessen endgültiger Fertigstellung es eines vergleichsweise kleinen Betrages bedarf. Projektziel der Dokumentation III war schließlich auch, alle ermittelten Texte materiell in der Exilbibliothek bereitzustellen. Die

Hamburger Exilstelle dürfte damit über einen nahezu kompletten Bestand an autobiografischen Schriften des Exils verfügen.[28]

VIII

Hans Wolffheim hat die Exilstelle nur bis Ende Oktober 1973 leiten können – zu wenig Zeit, um sein Konzept von Exilliteratur verwirklicht zu sehen; genug Zeit aber, um der Forschungsstelle ihr Programm und ihren Charakter, vor allem aber: einen Status zu geben. Den Mut, den sich Wolffheim von staatlicher Seite immer gewünscht hatte, bewies die Universität Hamburg 1976, als sie – in einer für Kunsthochschulen und Akademien gängigen, für Universitäten aber gänzlich unüblichen Praxis – Hans-Albert Walter auf die Stelle berief, der als Autodidakt und quasi im Alleingang die Exilliteraturforschung in der Bundesrepublik vorangetrieben hatte. Die Exilstelle war inzwischen von einer Alibieinrichtung zu einem Prestigeobjekt aufgestiegen. In keinem Hochglanzprospekt der Stadt fehlte der Hinweis auf diese »weltweit einzige Forschungseinrichtung ihrer Art« und der Besuch des Instituts stand auf der Agenda nahezu jeder diplomatischen Delegation, die in Hamburg Station machte.

Intern sah es freilich anders aus. Walter fand eine Institutshülle mit Minimalausstattung vor, Servicepersonal gab es praktisch nicht, der Buchanschaffungsetat betrug DM 3500. Um jede weitere Ausstattungsmark und Servicestunde musste gefeilscht werden – zumeist erfolglos. Die standesbewussten Vertreter der akademischen Gremien ließen Walter spüren, wie wenig sie seinen Weg zum Professorentitel jenseits gymnasialer und universitärer Zertifizierung schätzten. An die Stelle der erhofften finanziell abgesicherten Forschungsarbeit trat das akademische Intrigenspiel, ein aufreibender universitärer Lehr- und Sprechstundenbetrieb, der erfolglose Gremienpoker. Nicht zuletzt auch aus Sorge um den Fortgang des eigenen Mammutprojekts gab Walter schließlich auf, 1979 ließ er sich zunächst beurlauben, 1981 zog er sich endgültig zurück.

Die Wiederbesetzung der unverzüglich neu ausgeschriebenen Stelle erst zum Sommersemester 1984 lässt erahnen, dass die Exilforschung in eine neue Phase eingetreten war: sie war zu einem kulturell umstrittenen Kampffeld geworden. Ein erstes Bewerbungsverfahren wurde abgebrochen, weil die Kommission nach einjähriger Arbeit einen Bewerber auf Platz 1 der Berufungsliste gesetzt hatte, der einflussreichen Persönlichkeiten der Universität und des öffentlichen Lebens nicht zusagte. Im August 1983 wurde daher ein zweites Mal ausgeschrieben. In einem von vornherein diskreditierten Verfahren führten die erwähnten Kreise eine Entscheidung herbei, die Gewähr dafür bot, dass die Hamburger Exilforschung in eine Phase der Musealisierung eintreten konnte und fürderhin nicht mehr in aktuellen gesellschaftlichen Kontexten (Neonazismus, Gedenkstättenpolitik) sowie bei schulpolitischen Innovationen (Lehrplanentwürfe) auftrat.

In der Zeit zwischen Walters Rückzug und der Wiederbesetzung seiner Stelle lag die Forschung allerdings nicht brach. Im Gegensatz zu der nach Wolffheims Tod geübten Praxis, die kommissarische Leitung an den Wissenschaftlichen Angestellten oder ein Mitglied des Literaturwissenschaftlichen Seminars (unter anderem Klaus Briegleb) zu delegieren, hat man in den 1980er Jahren externe Vertreter berufen. So etwa von 1979 bis 1981 Lutz Winckler, dessen Hamburger Zeit durch eine umfangreiche Vortrags- und Kongresstätigkeit gekennzeichnet war, aus der mindestens zwei im Nachhinein als für diese Forschungsperiode charakteristisch anzusehende Sammelbände hervorgegangen sind.[29] Im Wintersemester 1981 kam dann Karl Prümm, dessen Tätigkeit zeigt, wie ernst es der Exilstelle mit ihrem Literaturgeschichtsprojekt war, das die Exilliteratur an die Literaturentwicklung als eine Form des »Sich-Verhaltens zum Faschismus« zurückbinden wollte.[30]

IX

Einer der jüngeren Exilforscher hat prognostiziert, dass »der Weg der deutschen Exilforschung aus ihrer gegenwärtigen Krise über ein umfassendes Projekt der Selbstkritik führen wird.«[31] Ich vermag nicht mich diesem Vorschlag anzuschließen, plädiere vielmehr dafür, die Phasen der Exilforschung als legitime wissenschaftliche Reaktionen auf die gesellschaftlichen Verhältnisse zu betrachten, unter denen sie stattgefunden haben (im Sinne des mehrfach bemühten »Sich-Verhaltens zu ...«). Ansonsten ist auf einen wirklichen Paradigmenwechsel zu hoffen, wie er etwa in der Programmerklärung der neu berufenen Leiterin der »Walter-A.-Berendsohn-Forschungsstelle für deutsche Exilliteratur« versprochen wird. Möge sie in den Tiefen des Hamburger Exilstellenarchivs das eine oder andere – Bibliografie, Findapparat, Projektskizze – finden, das ihr in der Zukunft nützen könnte.

1 So Ernst Loewy: »Zum Paradigmenwechsel in der Exilliteraturforschung«. In: *Exilforschung. Ein internationales Jahrbuch.* Bd. 9: *Exil und Remigration.* München 1991, S. 208–217. — **2** Claus-Dieter Krohn: »Quo vadis Exilforschung? In: *Neuer Nachrichtenbrief der Gesellschaft für Exilforschung e. V.* Nr. 27 (Juni 2006); Lutz Winckler: »Mythen der Exilforschung?«. In: *Exilforschung. Ein internationales Jahrbuch.* Bd. 13: *Kulturtransfer im Exil.* München 1995, S. 68–81. Das Jahrbuch hat sich daran nicht beteiligt und Forschern aus der DDR, so etwa Dieter Schiller, Platz zu einer kritischen Bilanz eingeräumt; vgl. dessen Aufsatz »Zur Exilliteraturforschung in der DDR. Ein Rückblick aus persönlicher Sicht«. In: Ebd. Bd. 14: *Rückblick und Perspektiven.* München 1996, S. 95–118. — **3** Hans-Albert Walter: »Deutsche Exil-Literatur. Bericht über das Stockholmer Symposium«. In: *Die Zeit* Nr. 40 (3.10.1969). — **4** Im Mai 1933 wird Berendsohn die venia legendi entzogen, seine formelle Entlassung erfolgt zum 1. August 1933. Mit der 6. Ausbürgerungsliste wird ihm dann 1936 zunächst Staatsbürgerschaft und im Zuge dieser Maßnahme auch der Doktortitel aberkannt. — **5** Hans Wolffheim: *Sinn und Deutung der Sonett-Gestaltung im Werk Eichendorffs.* Bremen 1933. Das Gutachten von Petsch vom 11. Mai 1933 vermerkt: »Im Ganzen handelt es sich um eine selbständige und fleißige Arbeit, die der Verfasser unter besonders schwierigen Lebensverhältnissen zum Abschluß gebracht hat.« — **6** Seine eigenen Interessen lagen lebensgeschichtlich bedingt beim Ästhetizismus und beim George-Kreis sowie bei der Entwicklung, die die Autoren dieser Stilrichtung bis zum Beginn des Zweiten Weltkriegs genommen hatten. Heinrich Mann steht bei ihm exemplarisch für diese Entwicklung; mit Karl Wolfskehl, Alfred Mombert, Rudolf Borchardt und Rudolf Pannwitz ergibt sich eine weite Kontinuitätslinie zum Exil, und zwar jene Linie, von der die Kritiker der frühen Exilforschung behaupten, sie käme im Denken der Gründergeneration gar nicht vor. — **7** Claus-Dieter Krohn: »Die Entdeckung des ›anderen Deutschland‹ in der intellektuellen Protestbewegung der 1960er Jahre in der Bundesrepublik und den Vereinigten Staaten«. In: *Exilforschung. Ein internationales Jahrbuch* 13 (1995) (s. Anm. 2), S. 16–51, hier S. 29, Zitat Rühmkorf. Ebd. S. 30. — **8** Zit. n. Jon Mendrala und Philipp Dudek: »Schon 40 Jahre ohne Muff«. In: *taz* v. 9.11.2007. — **9** Zit. n. Werner Skrentny: »Hier war alles vernünftiger als anderswo«. In: GAL-Fraktion in der Hamburger Bürgerschaft (Hg.): *Es ist Zeit für die ganze Wahrheit.* Hamburg 1985; hierbei handelt es sich um die später unterdrückte Begleitbroschüre für die sog. »Hamburger Initiative« zur (nunmehr endgültigen) »Aufarbeitung der NS-Zeit in Hamburg«, (s. a. Anm. 25). — **10** Forschungsstelle für Zeitgeschichte (Hg.): *Hamburg im ›Dritten Reich‹.* Göttingen 2005, 2. Aufl. 2008. — **11** Der Kontakt ist auch nach Wolffheims Tod nicht abgerissen, konzentrierte sich aber auf die Versorgung mit homöopathischen Mitteln, deren Vertrieb in Schweden verboten ist. — **12** Äußerung in Gegenwart d. Vf., ca. Juni 1971. Vgl. dazu auch Weichmanns Ablehnungsgründe, als ihm die SPD-Führung 1969 die Kandidatur zur Bundespräsidentenwahl angetragen hatte. Er zweifelte, ob die Entwicklung der Bundesrepublik es schon erlaube, einem Juden das höchste Staatsamt zu übertragen; s. Uwe Bahnsen: *Die Weichmanns in Hamburg. Ein Glücksfall für Deutschland.* Hamburg 2001, S. 355 ff. — **13** Um die Reichweite dieses Etatpostens abschätzen zu können: ein Originalwerk der Exilliteratur war seinerzeit kaum unter DM 100 zu haben, relevante Forschungsliteratur kaum unter DM 50. — **14** Zu diesem Gesamtkomplex s. Jan Hans und Werner Röder: »Emigrationsforschung«. In: *Akzente* Dez. 1973, S. 580–591. — **15** Wenn ein neueres Forschungsvorhaben diese Vorstellung mit »Personen« definiert, »die wegen ihrer Ethnizität, ihrer politischen Überzeugung, ihrer Religion, ihrer künstlerischen Expressivität, ihres Lebensstils oder ihrer Sexualität der NS-Willkür ausgesetzt waren, sich aktiv gegen das NS-Regime wandten oder sich aus Gründen grundsätzlicher Gegnerschaft für das Exil entschieden« – so handelt es sich selbstredend um die bessere Gegenstandsbestimmung – freilich um eine, die ohne den avancierten Forschungsstand, dem sie entspringt, nicht möglich gewesen wäre. — **16** Wilhelm Sternfeld und Eva Tiedemann haben dieses Prinzip in ihrer grundlegenden Bibliografie *Deutsche Exil-Literatur 1933–1945. Eine Bio-Bibliographie.* Zweite, verb. u. stark erw. Aufl. Heidelberg 1970. (1. Aufl. 1962) beispielgebend vorgeführt. — **17** Loewy: »Paradigmenwechsel« (s. Anm. 1); Winckler: »Mythen der Exilforschung« (s. Anm. 2) und in besonders provozierender Weise Stephan Braese: »Fünfzig Jahre ›danach‹. Zum Antifaschismus-Paradigma in der deutschen Exilforschung«. In: *Exilforschung. Ein internationales Jahrbuch.* Bd. 14: *Rückblick und Perspektiven.* München 1996, S. 133–149. — **18** Varian Fry an Gerty Felice Antburg Wolmut am 13. April 1942, zit. bei Sheila Isenberg: *A Hero of Our Own.* Lincoln/NE 2005, S. 237. An der Herausgabe einer deutschsprachigen Ausgabe von Frys *Surrender on Demand* (New York 1945) hat die Hamburger Exilstelle seit 1968 gearbeitet. Rund 15 Jahre ist das Manuskript allen einschlägigen Verlagen angeboten worden, bevor sich der Hanser-Verlag zu einer Veröffentlichung entschloss. S. Varian Fry: *Auslieferung auf Verlangen. Die Rettung deutscher Emigranten in Marseille 1940/41.* Hg. u. m. einem Anh. vers. v. Wolfgang und Jan Hans. München 1986. — **19** Für diesen Zusammenhang s. Reinhard Kühnl: *Formen bürgerlicher Herrschaft.* Reinbek b. Hamburg 1971. Die heute nur noch selten zitierte Abhandlung gehörte in dem in Frage stehenden Zeitraum zur Standardlektüre und erlebte bis 1980 eine Gesamtauflage von 155 000 Exemplaren. — **20** Die Bandbreite von Positionen, im Übrigen auch unter DDR-Wissenschaftlern, dokumentiert eine Diskussion, die in *Sammlung. Jahrbuch für antifaschistische Literatur und Kunst.* Bd. 3. Frankfurt/M. 1980 abgedruckt ist: »Probleme der Erforschung und Vermittlung von Exilliteratur«, mit Sigrid Bock, Wolfgang Emmerich, Jan Hans, Jost Hermand, Wulf Koepke, Uwe Naumann, Lutz Winckler und Dieter Schiller, S. 144–165. Vgl. a. Christian Fritsch und Lutz Winckler (Hg.): *Faschismuskritik und Deutschlandbild im Exilroman.* Berlin 1981; Lutz Winckler (Hg.): *Antifaschistische Literatur.* 3 Bde. (Bd. 1 u. 2: Programme, Autoren, Werke; Bd. 3: Prosaformen (Literatur im historischen Prozess. Gert Mattenklott und Klaus R. Scherpe (Hg.), Rd. 10–12)). Königstein/Ts. 1977, 1979. — **21** Franz Lennarzt: *Deutsche Schriftsteller der Gegenwart. Einzeldarstellungen zur Schönen Literatur in deutscher Sprache.* (zuerst 1938 u. d. Titel *Die Dichter unserer Zeit. Einzeldarstellungen zur deutschen Dichtung der Gegenwart*) – Gesamtauflage bis 1985: 270000 Exemplare. — **22** So in Herbert A. und Elisabeth Frenzel: *Daten deutscher Dichtung. Chronologischer Abriß der deutschen Literaturgeschichte.* Köln 1953. Nachdem in der *Frankfurter Allgemeinen Sonntagszeitung* vom 10. Mai 2009 auf die antisemitische Dissertationsschrift Elisabeth Frenzels und die erstaunlichen Lücken in dem Lexikon hingewiesen worden waren, hat der Deutsche Taschenbuchverlag das zweibändige Handbuch, das bis 2007 35 Auflagen erlebt hatte, aus seinem Programm genommen. Hat man von den »Mängeln« bei dtv erst 2009 erfahren? — **23** Der Voll- und Anständigkeit halber sei erwähnt, dass Jacob der Hamburger Exilstelle nicht nur seine Bibliothek und seine Archive, sondern auch sein umfangreiches Geldvermögen vermacht hat. Dass wesentliche, die Erinnerung an das Exil befördernde Aktivitäten in der Hansestadt bis heute nicht ohne die finanziellen Hilfen der Weichmann- bzw. P. Walter Jacob-Stiftung stattfinden können, dass also inzwischen die ehemals Exilierten zu Finanziers der Exilforschung geworden sind – in Hamburg treibt es niemandem die Schamröte ins Gesicht. — **24** Seit einigen Jahren arbeiten drei der genannten Institute unter einem Dach, die Exilstelle ist nicht dabei. — **25** Sie begann allerdings erst einmal mit der Unterdrückung der für diesen Zweck in Auftrag gegebenen Broschüre (s. Anm. 9). — **26** Projektbearbeiter war Rainer Zimmer. Umfangmäßig übersteigt seine Bibliografie die Arbeit von Ingrid Hannich-Bode: »Autobiographien aus dem Exil«. In: *Exilforschung. Ein internationales Jahrbuch.* Bd. 14 (s. Anm. 17), S. 200–208 um ein Vielfaches. — **27** Rolf Krause: »Über Auschwitz schreiben«. In: *Wissenschaftsberichte aus der Universität Hamburg.* Hamburg 1989. S. 31–35; Ders.: »Schreiben als Spätform der Bewältigung des nationalsozialistischen Terrors«. In: Hans Stoffels (Hg.): *Terrorlandschaften der Seele.* Regensburg 1994. S. 181–205. — **28** Auf dieses Projekt verweise ich besonders gern, widerlegt es doch die so häufig und bereitwillig wiederholte These von der ersten Generation der Exilforscher, die angeblich deshalb derart monomanisch auf den Antifaschismus fixiert gewesen sei, weil das ihr die Auseinandersetzung mit dem Holocaust erspart habe. — **29** Die Beiträge des Kollegiums sind veröffentlicht in: Fritsch und Wincker (Hg.) Faschismuskritik und Deutschlandbild im Exilroman (s. Anm. 20). — **30** Karl Prümm: *Die Literatur des Soldatischen Nationalismus der 20er Jahre. Gruppenideologie und Epochenproblematik.* 2. Bde. Kronberg/Ts. 1974. — **31** So Braese: »Fünfzig Jahre ›danach‹« (s. Anm. 17). S. 133.

Manfred Briegel

Zur Rolle der Deutschen Forschungsgemeinschaft

I Grundlagen der Förderung

Vorausgeschickt seien ein paar Sätze über Funktion und Arbeitsweise der Deutschen Forschungsgemeinschaft (DFG), etwas komprimiert, wie sie sich vor allem für die fragliche Zeit der 1970er und 1980er Jahre zeigte. Als größte Forschung fördernde Institution des Landes ist die DFG keine staatliche Einrichtung, sondern eine Selbstverwaltungsorganisation der Wissenschaft, d.h. eine wissenschaftsgeleitete und von Wissenschaftlern geführte Institution. Das gilt, auch wenn bei konkreten Einzelfinanzentscheidungen Vertreter aus Bund und Ländern mit am Tisch sitzen, zahlenmäßig in der Minderheit. Eine Gelehrtenrepublik wird sie gerne genannt mit einem aus dem Kreis der Wissenschaftler gewählten Hochschullehrer an der Spitze. Die Gemeinschaft der Forschenden im Lande, könnte man auch sagen, ist die DFG, jeder gehört dazu, in unterschiedlicher Nähe, vom Präsidenten über Mitglieder der Gremien bis zu den antragsberechtigten Wissenschaftlern.[1] Die Vorgaben der Förderung sind formaler Art (Stipendien, Mittel für Mitarbeiterverträge, Reisen, Apparate und dergleichen mehr, Berücksichtigung der öffentlichen Bewirtschaftungsgrundsätze), sie sind nicht inhaltlicher Art – mit der umfänglichen Ausnahme, die auch zur verstärkten Förderung der Exilforschung führte, nämlich in der Weise von inhaltlich definierten Schwerpunkten (SP). Im Kerngeschäft wartet die DFG (die Geschäftsstelle), verkürzt gesprochen, darauf, was an Anträgen zugeschickt wird; denn jeder Wissenschaftler kann für seine zeitlich und sachlich eingegrenzte Projektidee zu beliebigem Zeitpunkt einen Antrag einreichen und stellt sich damit der Beurteilung durch seinesgleichen. In den Geistes- und Sozialwissenschaften macht diese Einzelförderung den Hauptanteil aus.[2]

Bei Schwerpunkten wird ganz anders verfahren. Da wird eine inhaltlich beschriebene und definierte wissenschaftliche Thematik ausgeschrieben und auf diese Weise versucht, in einem als vernachlässigt oder besonders aktuell eingeschätzten Forschungsfeld Anträge hervorzulocken, mit anderen Worten, gezielt zur Antragstellung zu ermuntern; die Anträge sollen zu einem festgelegten Datum eingereicht werden, damit die verschiedenen Projekte vergleichend betrachtet und koordiniert werden können. Schwerpunkt ist ein terminus technicus der Forschungsförderung, der des Weiteren bedeutet, dass es für jede Schwerpunktsetzung einen eigenen Haushaltsansatz gibt, in der Regel für fünf Jahre mit der Möglichkeit einer Verlängerung. Schwerpunkt ist auch im Alltagssinn zu verstehen und besagt dann, dass sich die DFG um die gemeinte Thematik in den nächsten Jahren besonders kümmern wird.

Die Entscheidung über die Einrichtung eines SP trifft der Senat, das oberste wissenschaftspolitische Gremium der DFG, der sich nur aus Wissenschaftlern zusammensetzt. Er trifft die Entscheidung aufgrund von Vorschlägen/Anträgen, die ihm vorgelegt werden, er konzipiert selbst keine Schwerpunkte. Auch im Fall der Exilforschung ist also weniger interessant, was der Senat dazu meinte, sondern wie es zu dem Vorschlag eines SP »Exilforschung« kam. Diese eigentlich wichtige Frage ist nun im Einzelnen nicht mehr genau zu verfolgen. Es war eine Fülle von allgemeineren und spezielleren Anregungen, Beobachtungen, Hinweisen, Fragen und Anfragen, von Einzelnen wie von Gruppen/Institutionen, die bei vielen, die mit Forschung aktiv oder fördernd zu tun haben, das Bewusstsein weckten, dass mit dem Exil 1933 bis 1945 ein Forschungsfeld vorliegt, in dem wesentlich mehr gearbeitet werden müsste und für das die größte Forschungsförderungsorganisation entsprechend etwas tun sollte.

Das passte um 1970 in veränderte politisch-gesellschaftliche Gegebenheiten und Stimmungen. Folgt man Hans-Ulrich Wehler, so hatte schon vor der 68er Bewegung eine »Fundamentalliberalisierung« eingesetzt; die 1960er Jahre seien ein »wahres ›Dezennium des Umbruchs‹« gewesen.[3] Themen und Diskussionen kamen auf, an die zuvor nicht zu denken war. Man braucht nur zu erinnern: die Kontroverse um Fritz Fischers Buch *Griff nach der Weltmacht* von 1961; im selben Jahr der Eichmann-Prozess in Jerusalem; 1963 Rolf Hochhuths Schauspiel *Der Stellvertreter* auf der Bühne und im Handel; kaum später begann in Frankfurt/Main der Auschwitzprozess (bis August 1965); noch im Jahr des Prozessendes erschien Peter Weiss' den Prozess verarbeitendes »Oratorium« *Die Ermittlung* als Buch und auf der Bühne; im selben Jahr zeigte die Deutsche Bibliothek in Frankfurt die Ausstellung »Exil-Literatur 1933–1945« mit einem wichtigen Katalog.[4] All dies war Ausdruck eines sich verändernden Klimas in einer bewegten Zeit mit der äußerlichen Kulmination der 68er Studentenbewegung. Mit Willy Brandt schließlich, Symbolfigur für viele und bewegende Kraft zugleich, war ein aus dem Exil Zurückgekehrter (und vom politischen Gegner so unwürdig Geschmähter) Bundesaußenminister und ab 1969 Bundeskanzler.

Der Bereich von Wissenschaft und Forschung konnte davon nicht unberührt bleiben. In den 1960er Jahren, ganz deutlich ab Mitte des

Jahrzehnts, sehen Prinz und Weingart eine Phase der inneren und äußeren »Destabilisierung«, nachdem ab 1945 eine Phase der Kontinuität zu konstatieren war.[5] Das bedeutete eben, dass auch hier allmählich Fragenkomplexe sichtbar wurden, die bis dahin nicht in den Blick gekommen waren. Ein Fanal im geisteswissenschaftlichen Bereich war sicherlich der Deutsche Germanistentag 1966 in München, dessen kritischer Kern in dem weit verbreiteten Suhrkampbändchen *Germanistik – eine deutsche Wissenschaft* Ausdruck fand.[6] Für das Phänomen Exil gab es gewiss einzelne Dissertationen und Aufsätze zu einem Exilwerk oder einem exilierten Autor, aber wohl ohne das Bewusstsein einer Exilforschung und entsprechende Zusammenhänge. Ausdrücklich thematisiert war das Exil beispielsweise 1968 in der frühen Arbeit von Werner Röder.[7] Im selben Jahr begann die DFG-Förderung der umfänglichen Arbeit des Einzelgängers Hans-Albert Walter mit Bewilligungen an Walter Jens.[8] Umfangreiche Basisarbeiten (»Grundforschung« genannt) materialsichernder und materialerschließender Art wurden in Bibliotheken, Archiven und außeruniversitären Instituten durchgeführt, dort waren bekanntlich die Anfänge einer strukturierten Exilforschung in der Bundesrepublik. Daran war die DFG beteiligt mit vielen Besprechungen und Förderung aus den allgemeinen Bibliotheksmitteln. Werner Berthold, an diesen »Dokumentationen« selbst mitarbeitend, hat beim Exilkolloquium 1972 in Kopenhagen einem internationalen Publikum darüber berichtet.[9]

All dies, politische Entkrustungen, gesellschaftlich-kulturelle Stimmungen, Neuanfänge im Wissenschaftsbereich, die erschließenden Dokumentationen, bildeten den Hintergrund und boten Ausgangspunkte für überlegtes Vorgehen bei der DFG ab etwa 1970. Dass man dabei auch ein politisches Interesse an der Intensivierung der Erforschung des Exils sehen konnte, war dann im Senat der DFG 1973 bei der Entscheidung über die Schwerpunktsetzung durchaus deutlich. Der Weg bis dorthin und bis zum Beginn der SP-Förderung war recht lang.

II Exilforschung als Schwerpunktprogramm der DFG

Am 23. April 1970 trafen sich auf Einladung der DFG an der Erforschung des Exils Interessierte, Forscher und Exilerfahrene, in der Geschäftsstelle in Bonn. Es waren dies Werner Berthold von der Deutschen Bibliothek, der Germanist Karl Otto Conrady (Köln), der Historiker Erich Matthias (Mannheim), der Literaturwissenschaftler Hans Mayer (Hannover), sein Assistent Wolfgang Promies, Werner Röder vom Institut für Zeitgeschichte in München, Hans-Albert Walter (Hofheim/

Taunus) und mehrere Mitglieder der Geschäftsstelle der DFG. Eingeladen waren ferner Hilde Domin, Golo Mann und Paul Raabe, die alle aus unterschiedlichen Gründen nicht teilnahmen. Domin und Raabe bekundeten Interesse, ohne dass es im Folgenden zu aktiver Beteiligung gekommen wäre. Die Gesprächsleitung hatte Hans Mayer.[10]

Mit dieser Einladung bat die DFG zu einem »ersten orientierenden Gespräch«, um »Lücken und Desiderate in der Erforschung des Exils festzustellen«. Die Gespräche sollten zeigen, auf welche Weise und in welchem Umfang die Forschungsgemeinschaft helfen könne. Denn was bisher in diesem Bereich getan wurde, erschien nicht ausreichend.

Als größere Arbeitsfelder diskutiert wurden literaturbezogene Fragestellungen (Exil als literarisches Thema, Bedeutung des »Dritten Reichs« für die Exilliteratur), historisch-soziologische Fragestellungen (Soziologie der Schriftsteller im Exil, Soziologie von Verlagen) hinführend auf den Hauptkomplex Realität des Exils, Fokussierung auf einzelne Exilländer (genannt wurden hier vor allem Holland und Frankreich), speziellere Sachkomplexe wie Asylrechtsvorschriften und deren Handhabung. Besonders verfolgenswert erschienen alternativ die Modelluntersuchung der Verhältnisse in einem Land aus dem Blickwinkel verschiedener Disziplinen oder die Untersuchung eines bestimmten Problems querschnittartig durch einige Exilländer.

Eine Festlegung erfolgte bei diesem sondierenden Gespräch naturgemäß noch nicht. Die angeschnittenen Fragen wurden weiterverfolgt in Briefen und in Treffen eines lockeren Arbeitskreises (drei allein im Jahr 1970). Für kurze Zeit stießen hinzu der Politologe Richard Löwenthal (Berlin) und der Publizist Walter Fabian, für lange Zeit dann vor allem Eberhard Lämmert (Heidelberg) und Hermann Weber (Mannheim); häufig beteiligt waren ferner Heinz Boberach (Bundesarchiv Koblenz), Jan Hans (Hamburger Arbeitsstelle für deutsche Exilliteratur), Anton Hoch (Institut für Zeitgeschichte München), Walter Huder (Akademie der Künste Berlin), Alfred Kantorowicz (Hamburg), Hans Wolffheim (Hamburg), Bernhard Zeller (Marbach). Hans Mayer, der sich längere Zeit in den USA aufhielt, beteiligte sich nach dem zweiten Treffen nicht mehr. Der Arbeitskreis nannte sich »Exilforschung«, gelegentlich wurde er als »Exilliteratur« missverstanden. Des Weiteren wurde die Erschließung wichtiger Quellen wie Verlagsarchive diskutiert. Untersucht werden sollte nach Hans Mayer (brieflich 29. September 1971) »die Realität des Exils und der verschiedenen Exilländer, gerade auch mit den entsprechenden Auswirkungen auf die Exilliteratur«. Als generelle Aufgabe wurde erwogen, »eine politische Soziologie des Exils in historischer Sicht zu erstellen, wobei der literarische Aspekt in Verbindung dazu zu sehen sei« (Sitzung 9. Dezember 1970).

Doch die Bemühungen traten etwas auf der Stelle. Das zeigte sich bereits in der zweiten Sitzung am 28. September 1970 in Bonn. Richard Löwenthal referierte über Faschismustheorien im Exil. Das ergab interessante Diskussionen, lief aber nicht zielgerichtet auf strukturierte Aktivitäten der DFG hinaus. Dazu kam noch, dass Hans Mayer, der auch diese Besprechung leitete, Wert auf eine gewisse Öffentlichkeit legte und Presse einladen ließ, was den Charakter eines Arbeitstreffens eher beeinträchtigte – das Presseecho war im Übrigen äußerst gering.

Die mangelnde Zielgerichtetheit zeigte sich erneut im Oktober 1971 bei einer Gutachterbesprechung über einen Antrag aus der seit Kurzem bestehenden »Hamburger Arbeitsstelle für deutsche Exilliteratur«, woran auch Wissenschaftler aus Dänemark und Schweden teilnahmen (Stockholmer Koordinationsstelle, Plan eines großen Symposions in Kopenhagen). Die Gelegenheit wurde zu Gesprächen über die Schwerpunktsetzung genutzt. Da ergab sich als Fazit, dass es für einen Schwerpunkt im Sinn der DFG zu früh sei, aber der lockere Arbeitskreis sollte wie bisher tätig sein unter der Leitung von Eberhard Lämmert.

Dieser offene Kreis traf sich bereits Ende Januar 1972 wieder. Was dabei an Aufgaben für einen Arbeitskreis »Exilforschung« genannt wurde, griff zu weit aus: »Informationsaustausch, Anregung von Arbeiten, Begutachtung von Anträgen, Öffentlichkeitsarbeit, Umfrageaktion über laufende Arbeiten an den Universitäten«, dazu dann auch noch die Aktivierung der Universitäten für die Behandlung des Exils in Forschung und Lehre. Dass dies nicht alles so ohne Weiteres zu verwirklichen war, es sei denn durch ein eigenes Büro, lag auf der Hand. Sehr viel tat jedoch schon länger eine kleine Gruppe in die Exilforschung Involvierter: Werner Berthold, Jan Hans, Werner Röder, Hans-Albert Walter. Diese »Vierergruppe«, wie sie sich nannte, wurde entsprechend vom Arbeitskreis beauftragt.

Anfang 1973 war es dann soweit, dass für einen Antrag auf Einrichtung eines SP, worüber der Senat der DFG entscheiden sollte, gemeinsam ein Konzept erarbeitet wurde. Dies geschah in einer Sitzung am 20. Januar 1973 in Bonn und führte zur Vorlage für die Sitzungen des Senats im Sommer und im Herbst des Jahres.

Methodische Überlegungen hatten bisher kaum eine Rolle gespielt. Von vornherein war klar, dass der Gegenstandsbereich einen interdisziplinären Ansatz erforderte. Das wurde jetzt besonders betont: »Aufgrund der sozioökonomischen, politischen, historischen und biographischen Implikationen des Forschungsgegenstandes ist eine adäquate Gegenstandserfassung jedoch nur auf dem Wege einer die Grenzen der Einzeldisziplinen übergreifenden Zusammenarbeit möglich«, heißt es in der Senatsvorlage. Ebenso war deutlich – und zum Teil bereits Praxis –, dass unterschiedliche Einrichtungen, Archive, Bibliotheken, Universitäten und außeruniversitäre Institute zusammenarbeiten müssten. Eine Definition von »Exil« wurde nicht versucht, wurde gar nicht diskutiert. Wie schwierig es ist, stringent sich bündelnde Kriterien in der Mannigfaltigkeit von Motiven und Verhaltensweisen zu finden, zeigen beispielsweise die eingehenden Untersuchungen zu ostmitteleuropäischen Exilschriftstellern der Nachkriegszeit, die am Leipziger »Geisteswissenschaftlichen Zentrum Geschichte und Kultur Ostmitteleuropas« unternommen wurden.[11] Die von Karl Corino einst aufgeworfene Frage, ob wir im Jahrhundert der Exilliteratur leben,[12] wäre gar nicht hilfreich gewesen, und vollends unbrauchbar sind die gelegentlich anzutreffenden Metaphorisierungen von »Exil« für die Existenzweise des Intellektuellen oder des modernen Menschen überhaupt. Der Gegenstandsbereich des zu etablierenden SP war fraglos deutlich: die Folgen der Gewaltherrschaft im »Dritten Reich« 1933 bis 1945 für politisch und »rassisch« bedrohte Menschen und deren Flucht/Vertreibung einschließlich Vor- und Nachgeschichte. Als Titel wurde »Exilforschung« festgelegt, die Benennung also, die bei den Vorbereitungen stets gebraucht wurde; eine Doppelbenennung »Exil- und Emigrationsforschung« wurde als wenig handhabbar verworfen. Programmatisch war dann der Untertitel in der Vorlage an den Senat: »Das Exil 1933 bis 1945 in seinen sozio-ökonomischen Bedingungen, seine kulturellen und politischen Leistungen«.

In dieser Vorlage wurden für das wissenschaftliche Programm drei Bereiche genannt: »Weiterführung der bisherigen Ansätze und Komplettierung des Grundforschungsprogramms; Durchführung der auf der Basis der geleisteten Grundforschung notwendigen und möglichen Vorhaben der weiterführenden Forschung; Eingliederung des Forschungsgegenstandes in die historische Kontinuität durch Aufarbeitung von Vor- und Wirkungsgeschichte des Exils.« In der Grundforschung und in der weiterführenden Forschung sollten diejenigen Gruppen von Exilierten genauer untersucht werden, die erst ansatzweise dokumentiert seien; genannt wurden hier die jüdische (Massen-)Emigration, die Wissenschafts- und die Künstleremigration. Bei der weiterführenden Forschung wurde neben den gruppenspezifischen Untersuchungen hingewiesen auf die Notwendigkeit von Regionalstudien und von übergreifenden Themen, die die Gesamtemigration betreffen. Im letzteren Sinn wurden vor allem folgende Themen aufgeführt: »Programmatische Vorstellungen der Exilierten für ein Nachkriegsdeutschland (neben allgemein politischen auch pädagogische und erziehungspolitische Konzepte); Wechselbeziehungen zwischen Emigration und Widerstand; Volksfrontidee und Spanischer Bürgerkrieg; Untersuchungen zur sog.

›Emigrationsneurose‹; Sprachprobleme der literarischen Produktion im Exil; Wechselbeziehungen zwischen Lebensbedingungen und Aufgabenstellung der Exilierten.« Auch wenn das Schwergewicht der zu initiierenden Arbeiten naturgemäß auf dem Zeitraum 1933 bis 1945 liegen würde, sollten doch ebenso »die historischen und politischen Voraussetzungen des Exils sowie seine Folgeerscheinungen und Wirkungen auf literarischem, politischem und wissenschaftsgeschichtlichem Gebiet« untersucht werden. – Es ist unschwer zu erkennen, dass hier ein Wunschprogramm formuliert wurde, von dem nicht anzunehmen war, dass es in fünf und auch nicht in den dann zugestandenen zehn Jahren abgearbeitet werden würde.

Die Erforschung der »im Exil entstandenen kulturellen Objektivationen« war das wissenschaftliche Ziel, das Primäre also, wenn die große Förderorganisation der Grundlagenforschung aktiv werden soll. Es war jedoch stets klar, dass an der gewählten Thematik darüber hinaus auch ein politisches Interesse besteht (ein »erhebliches« Interesse steht sogar in der Senatsvorlage): Es gehe »um die Erhellung und Bewusstmachung der Existenz des sogenannten ›anderen Deutschland‹ und seiner Leistungen während der Zeit des Nationalsozialismus.« Dies ist jedoch für die Förderentscheidung nur ein, wenn auch gewichtiges, zusätzliches Argument. Jeder SP-Vorschlag muss rein wissenschaftlich bestehen können.

Der geschilderte Vorschlag für einen SP »Exilforschung« wurde dem Senat der DFG für seine Sitzung vom 16. März 1973 als Anmeldung zugestellt; es gab keine Diskussion hierüber. Entschieden wurde in der Sitzung vom 25. Oktober – das normale zweistufige Verfahren. Die Zustimmung erfolgte ohne größere Diskussion und galt wie üblich für fünf Jahre ab 1974 (wobei sich die Zeitangabe je auf das Datum der Bewilligungen bezieht, nicht auf die De-facto-Verwendung der bewilligten Mittel).

Der genehmigte SP wurde im Februar 1974 ausgeschrieben. Mit Brief des Präsidenten (der Physiker Maier-Leibnitz) wurden 52 Wissenschaftlerinnen und Wissenschaftler aus einer Reihe von Fächern namentlich auf die Möglichkeit zur Antragstellung in dem beschriebenen thematischen Rahmen aufmerksam gemacht. Die Angeschriebenen wurden gebeten, weitere interessierte oder zu interessierende Wissenschaftler auf diese Möglichkeit hinzuweisen. Als Einreichtermin galt der 15. April. Die Adressatenliste war zuvor (11. Dezember 1973) vom Arbeitskreis »Exilforschung« besprochen worden, ebenso waren Namen von möglichen Gutachtern erwogen worden. Im SP-Verfahren werden die eingegangenen Anträge von den Gutachtern mit den Antragstellern diskutiert. Es werden also Antragsteller (oder Bearbeiter oder beide) gemeinsam mit den Gutachtern zu einer Sitzung eingeladen;[13] so können, soweit noch nötig, Abstimmungen zwischen den Projekten vorgenommen werden und, auch außerhalb der offiziellen Sitzung, gemeinsam interessierende Fragen erörtert werden. So auch bei der »Exilforschung« geschehen. Die Gutachtergruppe bestand im Kern aus Wolfgang Frühwald, Walter Hinck und Wolfgang Schieder, zeitweise Eberhard Lämmert, Werner Link, Hermann Weber. Für Anträge aus einem Fach, für das in der Gutachtergruppe keine Kompetenz vorhanden war, wurden, wie auch sonst üblich, vor der Sitzung ein oder zwei schriftliche Gutachten aus dem betreffenden Fach eingeholt. Wenigstens eines der Mitglieder der Prüfungsgruppe soll stets ein gewählter Fachgutachter tätig sein; das war bei der »Exilforschung« der Fall mit Frühwald, Hinck und Lämmert.

Die Reaktion auf die Ausschreibung war etwas zögerlich und nicht recht in den normalen zeitlichen Ablauf (eine Sitzung im Jahr) zu bringen. Das hatte zur Folge, dass sich die Prüfungsgruppe nach der ersten Antragsbesprechung (Juli 1974) schon nach gut einem halben Jahr wieder zur Diskussion von Anträgen traf und in den Jahren 1975 und 1976 atypisch je zwei Sitzungen stattfanden (im Februar und im Oktober). Im Juni 1975 besprachen die Prüfungsgruppe und der Arbeitskreis »Exilforschung« mögliche Antragsinitiativen. Diskutiert wurden vor allem zwei Projektideen, die dann auch in erfolgreiche Anträge mündeten: Rundfunkaktivitäten im Exil (mit Ernst Loewy besprochen) und Filmemigration (mit Günter P. Straschek besprochen). Der *Jahresbericht* der DFG 1974 weist nur sieben geförderte Projekte aus (ohne die Dokumentationen), bis zum Abschluss des SP waren es insgesamt über 40 Vorhaben unterschiedlichen Umfangs.[14] Neben den erwähnten Projekten zur Rundfunktätigkeit und zur Filmemigration kamen im Folgenden Projekte aus der Musikwissenschaft hinzu, aus Soziologie, Psychologie, Theaterwissenschaft, Ingenieurwissenschaft und vor allem Geschichtswissenschaft. Damit war ein guter Stand erreicht.

Im Lauf der Jahre 1976 und 1977 zeichnete sich immer deutlicher ab, dass die vom Senat zugestandenen fünf Jahre nicht ausreichen werden (1978 wäre dann das letzte Jahr gewesen, in dem noch Bewilligungen hätten ausgesprochen werden können). Einige der in Bearbeitung befindlichen Projekte würden erkennbar noch Zeit darüber hinaus benötigen, und wichtige Fragestellungen und Problemfelder waren kaum bearbeitet und könnten durch die fortgeschrittene »Grundforschung« gut angegangen werden.

So wurden in der Prüfungsgruppe und von Mitgliedern der Arbeitsgemeinschaft Überlegungen für eine Fortführung des SP angestellt, die im Sommer 1978 zur Formulierung eines Verlängerungsantrags an den

Senat führten. In dieser Senatsvorlage wird als Hauptbegründung angeführt, gegenüber 1973 sei erst heute der Themen- und Problemkreis des deutschen Exils 1933 bis 1945 in seinem gesamten Umfang erkennbar: »Was noch 1973 als ein vergleichsweise begrenztes und überschaubares Gebiet galt, ist durch die Arbeit der vergangenen fünf Jahre in seiner eigentlichen Vielfalt und Komplexität überhaupt erst bewußt geworden.« D. h., die bisherige Forschung, gerade auch durch die SP-Förderung ermöglicht, legt recht zwingend eine Fortführung der verstärkten Förderungsbemühungen um die Thematik nahe. Als Desiderate wurden genannt: Regionalstudien, Arbeiten zu Exilorganisationen, Hilfsorganisationen, gruppenspezifische Projekte (zum Beispiel Gewerkschaftsexil, kirchliches Exil), Sprachkonservierung als Folge der Isolation im Exil, auch die Remigration sollte betrachtet werden.[15] Auch jetzt wurde wieder die (kultur)politische Bedeutung der SP-Arbeit hervorgehoben: Die bundesdeutsche Exilforschung habe sich »als ein gewichtiges Element der Kultur- und Wissenschaftskonkurrenz zu der seit Jahren voll entfalteten Exilforschung der DDR erwiesen; (...) als ein dringend nötiges Korrektiv gegenüber den dezidierten Versuchen zur Vereinseitigung der Geschichte, zur Ausklammerung und zum Verschweigen wesentlicher Exilbereiche und -themen.« Der Senat hat dem ohne größere Diskussion am 19. Oktober 1978 zugestimmt und SP-Förderung für weitere fünf Jahre bewilligt. Erwähnt wurde in der Sitzung, dass die (tatsächlich auffällige) geringe Zahl an Ablehnungen auf Auswahlarbeit im Vorfeld der Antragstellung beruhe.

Die Bemühungen der DFG um eine Intensivierung der Exilforschung und um die Einrichtung und Förderung eines entsprechenden SP fielen in die Zeit eines erwachenden öffentlichen Interesses an der Exilliteratur. Sie standen also im Spannungsfeld zwischen den öffentlich artikulierten Erwartungen und der – wie bekannt – sehr heftigen und zum Teil sehr drastisch formulierten Kritik an der »Grundforschung«, auf die die Exilforschung reduziert wurde, d. h. an den weit ausgreifenden Materialerschließungen. Diese Kritik, bei der die DFG nicht namentlich angesprochen war, kulminierte wohl im Jahr 1973 und ist unter anderem mit den Namen Manfred Durzak und Peter Laemmle verbunden.[16] Interessiert war sie an der Literatur und griff damit von vornherein zu kurz. Denn im Blick war längst das Exil als Gesamtphänomen, innerhalb dessen die Literatur einen, wenn auch wichtigen und aufschlussreichen, Aspekt unter vielen bildet. Werner Berthold hatte dies beim Kopenhagener Exilsymposion 1972 deutlich ausgesprochen.[17] Von »totaler Materialerfassung« war in der Kritik die Rede, von »methodischer Sackgasse«[18], von »grenzenlosem Positivismus«[19], vom »Widerspruch zwischen der politischen und literarischen Wertung«, vom Zweifel, »zu welchem Zweck und für wen eigentlich dokumentiert wird«.[20] Im Kern musste man eine solche Fundamentalkritik beherzigen und stets die Funktionalität von Datensammlungen bedenken. Bei den Überlegungen innerhalb der DFG lag hier kein Problem vor. Es war stets klar, dass das Ziel auswertende Darstellungen sein müssen, andernfalls wäre es gar nicht zu einer SP-Setzung gekommen. Resümierend heißt es deshalb in der Senatsvorlage von 1978, dass die Sammel- und Dokumentationsbemühungen ohne den befürchteten Perfektionismus unternommen worden seien, die Dokumentation sei nicht zum Selbstzweck geworden, sondern »durch sie wurden auswertende Einzelarbeiten in großer Zahl ermutigt, parallel dazu begonnen und zum Teil bereits abgeschlossen.«[21]

Die Entwicklung der Exilforschung, innerhalb und außerhalb der DFG, von der Materialsicherung zur interpretierenden Darstellung lässt sich schön am »Handbuch der deutschen Exilpresse 1933–1945« von Lieselotte Maas aufzeigen. Es begann 1967 mit dem bibliografischen Nachweis von Hunderten von Exilzeitschriften und der Mikroverfilmung eines Großteils davon. Daran schloss sich, schon im Rahmen eines Handbuchplans, die bibliografische Detailaufschlüsselung an – einschließlich Register die Bände 1 bis 3 des Handbuchs. Schließlich wurden wichtige und für verschiedene Richtungen repräsentative Zeitschriften in einem umfänglicheren Band (= Band 4) interpretiert und dargestellt, d. h. der »Materialwust« wurde ausgewertet.[22]

1983 war das letzte Jahr für Bewilligungen im Rahmen des SP. Die Arbeiten waren mit diesem Jahr natürlich nicht alle abgeschlossen, einige zogen sich unter planmäßiger Verwendung der bewilligten Gelder in das Jahr 1985, vereinzelt wohl auch 1986, hin. Als Gesamtsumme der Bewilligungen weist der Jahresbericht 1983 genau DM 10 Mio. aus. Die über 40 Projekte hatten unterschiedliche Größe und Laufzeit.[23] Publikationen verschiedenen Formats gingen daraus hervor: Handbücher, Aufsätze, Monografien.[24] Natürlich blieben bei den Projekten Lücken (jüdische Massenemigration, kirchliches Exil, weitere Regionalstudien). Auch die gern beschworene Interdisziplinarität, wie immer man sie definieren und beschreiben will, kam wohl nicht zustande. Doch die erreichte Pluridisziplinarität ergab schon ein sehr aspektreiches Bild großer Teile des Gesamtphänomens Exil.

Der Interdisziplinarität sollten anspruchsvolle Kolloquien aufhelfen. In der Senatsvorlage von 1978 gab es dafür Vorschläge, die nur begrenzt umgesetzt wurden. Im September 1979 fand ein internationales Kolloquium zum Thema »Geglückte und misslungene Integration deutscher Emigranten in den Niederlassungsländern (1933–1945)« auf der Reisensburg bei Günzburg statt. Die überarbeiteten Beiträge aus dem SP

und von einigen ausländischen Teilnehmern wurden 1981 veröffentlicht.[25] Das abschließende Kolloquium wurde im März 1986 von der
Hamburger Arbeitsstelle für deutsche Exilliteratur ausgerichtet und
1988 publiziert.[26]

Auf dem Abschlusskolloquium wurde auch diskutiert, dass ein großer und bearbeitbarer Forschungsbedarf unter dem Motto Wissenschaftsexil zu sehen sei. Das war zuvor schon gelegentlich zur Sprache
gekommen, jetzt war man sich einig, dass man hier etwas tun sollte.[27] So
kam es nach mehreren Besprechungen zu dem an den Senat gerichteten
Antrag, ein SP-Programm »Wissenschaftsemigration« einzurichten.
Dem stimmte der Senat im Oktober 1987 zu (für fünf Jahre ab 1988).[28]
Das Konzept, weitgehend von Peter Lundgreen (Bielefeld) formuliert,
ging dezidiert von einem disziplingeschichtlichen Ansatz aus. Nicht um
Einzelschicksale sollte es gehen, sondern um das Schicksal von ganzen
Wissenschaften. Wissenschaftliche Programme, Schulen, Paradigmen,
Institutionen sollten im Mittelpunkt des Interesses stehen, und zwar in
abgrenzender Perspektive zur Wissenschaftsentwicklung in Deutschland (Haben die Emigrierten/Exilierten »tatsächlich eine ›andere‹ Wissenschaft betrieben«?) und im Hinblick auf die Wissenschaftsentwicklung und Veränderung durch die Wissenschaft im Ausland. »Nach den
bisher vorliegenden Untersuchungen«, heißt es in der Senatsvorlage,
»wurde nicht nur eine sehr große Zahl einzelner Wissenschaftler vertrieben; mit ihnen wurden erfolg versprechende, aber ›unerwünschte‹
Entwicklungen wissenschaftlicher Disziplinen abgebrochen.« Angestrebt war somit eine Verbindung von Exilforschung und Wissenschaftsgeschichte. Der zeitliche Rahmen der Untersuchungen sollte
nach vorn und nach hinten ausgedehnt werden; im Grunde war Wissenschaftsgeschichte von 1919 bis 1955, vereinzelt bis in die 1960er Jahre
gemeint, sodass auch Wiederanknüpfungen nach 1945 und Remigration
eingeschlossen waren. Diesem Konzept entspricht das andere Grund-
wort im Titel: »Emigration« statt »Exil«, ohne dass dies ausdrücklich
diskutiert wurde. Im Gegensatz zu »Exil« hat »Emigration« auch eine
Kollektivbedeutung, bezeichnet hier also eine Gruppe von ins Exil oder
in die Emigration Gezwungenen.[29]

Die obligatorische Ausschreibung erfolgte Mitte Dezember 1987 mit
Brief des Präsidenten an 52 namentlich genannte Adressaten, verbunden
wieder mit der Bitte, auch andere Wissenschaftler zu informieren, die
vielleicht an einer Mitwirkung interessiert wären. Anfang Februar 1988
verschickte die DFG noch eine entsprechende Pressemitteilung. In der
Prüfungsgruppe wirkten mit: Eberhard Lämmert (Berlin), Dieter Langewiesche (Geschichte, Tübingen), Peter Lundgreen (Wissenschaftsgeschichte, Bielefeld), Peter Weingart (Soziologie, Bielefeld), Rolf Winau

tensivierung einschlägiger Forschung einfach an der Zeit war. Nach Renate Mayntz gibt es »keinen völlig kontextfreien Erkenntnisprozess«.[43] Für den SP »Exilforschung« müsste eher gelten: stark kontextabhängig. Dies hatte wohl auch Wolfgang Frühwald im Sinn, als er 1994 bei einer einschlägigen Buchvorstellung ausführte, dass »Exilforschung von Beginn an eng mit der politischen Entwicklung des neuen Deutschland verflochten war«.[44] Auf die »soziale Bedingtheit jedes Erkennens« hatte schon der polnische Bakteriologe und Wissenschaftstheoretiker Ludwik Fleck 1935 hingewiesen.[45] Nach ihm ist wissenschaftlicher Fortschritt eingebettet in die soziokulturellen und politischen Gegebenheiten einer bestimmten historischen Situation. So haben Wissenschaftler das erfolgreiche Konzept »Exilforschung« ausgearbeitet.

1 Ganz in diesem Sinne beschrieb vor Kurzem auch der Indologe Axel Michaelis von der Universität Heidelberg die DFG. In: *Frankfurter Allgemeine Zeitung*, 2.11.2011 (Artikel »Wutwissenschaftler«). — **2** Siehe die *Tätigkeitsberichte* der DFG, ab 1970 = *Jahresbericht*, Bd. 1, mit Text und statistischen Angaben, ab 1975 im Kapitel »Forschungsförderung nach Wissenschaftsbereichen« das Unterkapitel »Geistes- und Sozialwissenschaften«; der *Tätigkeitsbericht* 1975 z. B. vermerkt mehr als 70 % der Vorhaben dieser Fächer in der Einzelförderung, dem sogenannten Normalverfahren (NV) (S. 71). — **3** Hans-Ulrich Wehler: *Deutsche Gesellschaftsgeschichte. Bd. 5: Bundesrepublik und DDR. 1949–1990*. München 2008, S. 277 ff. — **4** *Exil-Literatur 1933–1945*. Ausstellung der Deutschen Bibliothek, Frankfurt am Main. Ausstellung und Katalog: Werner Berthold. Frankfurt/M. 1965; 1966 und 1968 erschienen eine 2. und eine 3. Auflage. — **5** Wolfgang Prinz und Peter Weingart (Hg.): *Die sog. Geisteswissenschaften: Innenansichten*. Frankfurt/M. 1990, S. 15. — **6** *Germanistik – eine deutsche Wissenschaft*. Beiträge von Eberhard Lämmert, Walther Killy, Karl Otto Conrady und Peter v. Polenz. Frankfurt/M. 1967. — **7** Werner Röder: *Die deutschen sozialistischen Exilgruppen in Grossbritannien. Ein Beitrag zur Geschichte des Widerstandes gegen den Nationalsozialismus*. Hannover 1968. — **8** Da Walter selbst nicht antragsberechtigt war (abgeschlossenes wissenschaftliches Studium als Antragsvoraussetzung fehlte), verwand sich Jens für ihn bei der DFG. — **9** *Protokoll des II. Internationalen Symposiums zur Erforschung des deutschsprachigen Exils nach 1933 in Kopenhagen 1972*. Hg. vom Deutschen Institut der Universität Stockholm. Stockholm Ende 1972 (maschinenschriftlich), S. 19 ff. — **10** Die Akten zum SP »Exilforschung« befinden sich im Bundesarchiv Koblenz unter der Signatur B 227/212171 bis/212175 (fünf Ordner) – im Folgenden ohne weitere Kennzeichnung daraus zitiert. — **11** Eva Behring, Alfrun Kliems und Hans-Christian Trepte (Hg.): *Grundbegriffe und Autoren ostmitteleuropäischer Exilliteraturen 1945–1989. Ein Beitrag zur Systematisierung und Typologisierung*. Stuttgart 2004, vor allem S. 17 ff. — **12** Karl Corino (Hg.): *Autoren im Exil*. Frankfurt/M. 1981, S. 296. — **13** Die Gutachter waren also nicht nur bekannt, sondern auch Gesprächspartner. Bei den hitzigen öffentlichen Angriffen auf die DFG im Jahr 2011 u. a. wegen Anonymität der Gutachter ist es nicht überflüssig, dies zu betonen. — **14** Die geförderten Projekte sind jeweils im gedruckten *Jahresbericht* der DFG aufgelistet, und zwar im Band 2: *Programme und Projekte*, Kap. »Schwerpunktprogramme«, Unterkap. »Geisteswissenschaften«. — **15** Vgl. auch Wolfgang Frühwald und Wolfgang Schieder (Hg.): *Leben im Exil. Probleme der Integration deutscher Flüchtlinge im Ausland 1933–1945*. In Verbindung mit Walter Hinck, Eberhard Lämmert und Hermann Weber. Hamburg 1981, S. 17, wo die beiden

(Medizingeschichte, Berlin). Gewählter Fachgutachter war Langewiesche (Winau war es wenige Jahre zuvor).

Die Resonanz auf die Ausschreibung war erfreulich. 1988 konnten 14 Projekte in die Förderung aufgenommen werden (davon als Ausnahmen je ein kleineres in Australien und USA). Insgesamt wurden 24 Vorhaben gefördert. Die Gesamtsumme der Bewilligungen betrug DM 6,1 Mio. Wie angestrebt waren neben geisteswissenschaftlichen Projekten auch einige Vorhaben aus dem naturwissenschaftlichen Bereich einschließlich Biomedizin dabei (Biologie, Pharmazie, Physik, Ingenieure). Sehr zu bedauern war, dass kein Projekt im Bereich der Chemie konzipiert wurde. Der SP verlief sehr regelmäßig, der Betreuungsaufwand war wesentlich geringer als beim SP »Exilforschung«. Ein Kolloquium fand am 25. und 26. September 1990 in Siegen statt, ein zweites im letzten Bewilligungsjahr am 21. und 22. September 1992 in Aachen, je ohne Publikation, es waren Kolloquien in der Art von Arbeitsgesprächen. Ein später auszurichtendes Abschlusskolloquium kam nicht zustande.

Beim Aachener Kolloquium wurde diskutiert, ob der SP verlängert werden sollte, ohne klares Ergebnis. Die Teilnehmer des SP wurden dann schriftlich darüber befragt. Die Antworten ergaben weiterhin keine brauchbaren Äußerungen für eine Weiterverfolgung. Der SP wurde durchaus als erfolgreich angesehen, aber es zeigte sich doch auch eine gewisse Erschöpfung. Ein Punkt aus dem Senatsprogramm wurde auch nicht ansatzweise verwirklicht, nämlich sehr anspruchsvolle Forschungsberichte (»normale« Forschungsberichte fördert die DFG nicht). Diese sollten »eine ›Vermessung‹ des Forschungsfeldes leisten und auf besonders vernachlässigte, aber wichtige und der Forschung zugängliche Teilgebiete verweisen«. So bedeutsam dies gewesen wäre, es hat sich niemand gefunden, etwas Derartiges zu unternehmen.

Beide Schwerpunkte waren dezidiert auf das Faktum Exil ausgerichtet. Die übergreifende Perspektive der Verfolgung, also auch derer, die freiwillig oder gezwungen im Deutschen Reich und seinem Einflussbereich geblieben sind, blieb insgesamt oder auch nur für eine bestimmte Gruppe außer Betracht. In den Blick kam diese Perspektive seit den 1980er Jahren, auch beim Abschlusskolloquium vom März 1986 klang dies an[30], und sie wurde andernorts praktiziert: Gut ein Jahr später gab es beispielsweise beim deutschen Romanistentag in Freiburg eine Sektion »Deutsche Romanisten als Verfolgte des Nationalsozialismus – Romanistik im Exil«.[31] Auch das im Rahmen des zweiten Schwerpunktprogramms geförderte Projekt zu den Wirtschaftswissenschaften unterschied in der Durchführung zwischen den entlassenen, aber im Lande gebliebenen Fachvertretern und den emigrierten, ohne dass dies allerdings im Titel und in der Einleitung explizit gemacht wurde.[32] Und noch heute ist in Hamburg ein Onlinelexikon in Arbeit, das *Lexikon verfolgter Musiker und Musikerinnen der NS-Zeit*, herausgegeben von Claudia Maurer Zenck und Peter Petersen.[33]

Doch wurde bei dem Abschlusskolloquium auch davor gewarnt, den Gegenstandsbereich Exil und Exilforschung stark auszuweiten – das würde den spezifischen Zugriff auf das Phänomen Exil, muss man hinzufügen, wie es in den beiden Schwerpunkten gemeint war, erschweren. Exilforschung sollte sich nicht auf Dauer verselbstständigen, sie sollte stattdessen allmählich in die Bezugswissenschaften integriert werden. Exilforschung wäre dann, so drückte es Wolfgang Frühwald aus, »eine spezifische Perspektivierung der jeweiligen Bezugswissenschaft«.[34] Das schließt eigene Zeitschriften und Gesellschaften nicht aus, so wie es auch eine interdisziplinäre Romantikforschung mit entsprechenden Strukturen gibt, ohne dass jemand von Romantikwissenschaft spricht. Zu einer Benennung als Fach – also Exilwissenschaft – ist es m. W. bis heute nicht gekommen, mit zwei ganz singulären Ausnahmen.[35]

III Die Exilforschung im Planungskontext der DFG

Das SP-Verfahren wird zu den koordinierten (kooperativen) Förderungsprogrammen gerechnet.[36] Die Projekte stehen dann nicht vereinzelt da, sondern entstehen und werden gesehen in Verbindung und in Abstimmung mit anderen Vorhaben im Themenbereich der SP-Setzung, freilich nicht ganz in der, zumindest theoretisch, strengen Weise wie bei Sonderforschungsbereichen und Forschergruppen (sensu DFG). Innerhalb und außerhalb der DFG werden die koordinierten Programme unter dem Motto Planung gesehen. Sie gelten im Bereich der wissenschaftsgeleiteten Forschungsförderung als planbar. So war nicht der Ausgangspunkt der DFG nach dem Zweiten Weltkrieg. In Abwehr staatlicher Regelungen wie im »Dritten Reich« – gegen jeglichen »Führungsanspruch« in der Wissenschaft wendet sich der Jahresbericht 1951/52[37] – stand ganz die einzelne Forscherpersönlichkeit mit ihren Ideen im Mittelpunkt der Bemühungen – und ist es zu einem nicht unbeträchtlichen Teil heute noch. 1952/53 ging man mit der Einführung von Schwerpunkten zu einer begrenzten Prioritätssetzung über. Das geschah nicht völlig freiwillig, denn die Bundesregierung wollte Sondermittel für die Forschungsförderung geben, knüpfte dies aber an die Bedingung, dass thematische (besser: wissenschaftsbereichsartige) Schwerpunkte gesetzt wurden. Der Anteil der, wie man meint, geplanten Förderung wurde dann stetig größer. Die Historikerin Karin Orth stellt ihre jüngst erschienene Arbeit über die Geschichte der DFG von 1949 bis Anfang der 1970er Jahre unter das Widerspiel von Autonomie und Planung in der Forschung, also das freie Spiel der Ideen versus Lenkung und Steuerung.[38] Von »beschränkter Planung« sprach die DFG bei der Einführung des SP-Verfahrens[39], beschränkt im Hinblick auf den relativ geringen Finanzanteil. Dieser vergrößerte sich durch neue Förderprogramme, ohne dass neben den vorgeschlagenen Strukturen auch Inhalte definiert wurden: 1962 kamen die Forschergruppen dazu, 1968 die Sonderforschungsbereiche, 1990 die Graduiertenkollegs. Die Geistes- und Sozialwissenschaften partizipierten daran insgesamt stets in deutlich geringerem Ausmaß als die anderen Wissenschaftsbereiche, das Normalverfahren war der wichtigste Aktivitätsraum.

Zu der Zeit, als in der DFG über eine Intensivierung der Exilforschung nachgedacht wurde, griffen in der Bundesrepublik Überlegungen zu einer »Planung ohne Planwirtschaft« um sich, die einer wirtschaftlichen Freiheit nicht hinderlich sein sollte.[40] Für die DFG stellt Karin Orth eine regelrechte »Planungseuphorie« fest.[41] Zu einer gewissen Planung im Sinne einer schätzenden Vorausschau sah sich die DFG schon seit 1961 veranlasst, Vorausschau über inhaltliche Tendenzen, Förderungsstrukturen und Finanzbedarf. Gedruckt wurde dies als »Aufgaben und Finanzierung« für jeweils drei Jahre, wegen der Farbe des Einbands auch »Grauer Plan« genannt.[42] Ab 1970 wurde nun für mehrere Jahre, bis die »Planungseuphorie« wieder abklang, umfänglich geplant mit einem eigenen Senatsausschuss, mit Planungskommissionen, -gruppen und -untergruppen. In den Geistes- und Sozialwissenschaften, die nicht von ungefähr als wenig homogen empfunden wurden, gab es zunächst sechs, dann sogar elf Untergruppen. Die Exilforschung spielte bei den Planungsüberlegungen auf Senatsebene praktisch keine Rolle. Im »Grauen Plan VI« für die Jahre 1979 bis 1982 steht eine recht ausführliche Darstellung des laufenden SP »Exilforschung«. Da hatte der Senat der zweiten 5-Jahresphase bereits zugestimmt, es gab nichts groß mehr zu planen. Der SP konnte ohne die offiziellen Planungsbemühungen leben.

Damit ist der SP »Exilforschung« ein Beispiel dafür, dass »Planung« in der DFG in sehr eingeschränktem Sinn zu verstehen ist. Es gibt keine Verpflichtung, und es gibt keine Sanktionen. Die Ausschreibung eines SP ist ein Angebot, von dem man Gebrauch machen kann oder auch nicht. Auf der Ebene der thematischen Setzung bedeutet dies, eine Nennung im »Grauen Plan« muss nicht zu einer Verwirklichung führen, aus unterschiedlichen Gründen. Umgekehrt kann ein SP-Vorschlag/Antrag an den Senat kommen und von diesem genehmigt werden, ohne dass er in den Planungstexten aufgeführt ist. So, im letzteren Sinn, war es auch bei der »Exilforschung«. Das könnte so zu verstehen sein, dass eine I

Herausgeber ähnliche und weiterführende Ausführungen machen. — **16** Manfred Durzak: »Deutschsprachige Exilliteratur. Vom moralischen Zeugnis zum literarischen Dokument«. In: Ders. (Hg.): *Die deutsche Exilliteratur 1933–1945.* Stuttgart 1973, S. 9 ff.; Peter Laemmle: »Vorschläge für eine Revision der Exilforschung«. In: *Akzente.* 20 (1973), Heft 6, S. 509 ff. — **17** *Protokoll des II. Internationalen Symposiums* (s. Anm. 9), S. 34. — **18** Durzak: »Deutschsprachige Exilliteratur« (s. Anm. 16), S. 12. — **19** Manfred Durzak: »Literarische Diaspora. Stationen des Exils«. In: Ders.: »Deutschsprachige Exilliteratur« (s. Anm. 16), S. 42. — **20** Laemmle: »Vorschläge« (s. Anm. 16), S. 517, 512 f. — **21** Siehe auch Frühwald und Schieder: *Leben im Exil* (s. Anm. 15), S. 16. — **22** Lieselotte Maas: *Handbuch der deutschen Exilpresse 1933–1945.* Hg. von Eberhard Lämmert. München Bd. 1 1976, Bd. 2 1978, Bd. 3 1981, Bd. 4 1990. Der Band 4 behandelt Zeitschriften der Exilphase vor Kriegsausbruch; ein 5. Band sollte die anschließende Phase erörtern, ist aber, wohl aus Gesundheitsgründen der Verfasserin, nie erschienen, doch wurden einzelne Aufsätze veröffentlicht. — **23** Eine Beschreibung des bis 1984 erreichten Standes findet sich in: Manfred Briegel: »Der Schwerpunkt Exilforschung bei der Deutschen Forschungsgemeinschaft«. In: *Gesellschaft für Exilforschung e. V. Nachrichtenbrief* Nr. 3 / Dezember 1984, S. 11–23. — **24** Eine (nicht vollständige) Bibliografie von Veröffentlichungen aus dem SP findet sich in: Manfred Briegel und Wolfgang Frühwald (Hg.): *Die Erfahrung der Fremde. Kolloquium des Schwerpunktprogramms ›Exilforschung‹ der Deutschen Forschungsgemeinschaft.* Weinheim 1988. Die größte Lücke bildet die Filmemigration. Der Bearbeiter des langjährigen Projekts, G. P. Straschek, ist im September 2009 gestorben, sein umfangreiches Material kommt voraussichtlich an die Deutsche Bibliothek in Frankfurt/Main (Auskunft von Thomas Koebner, Nov. 2011). — **25** Frühwald und Schieder: *Leben im Exil* (s. Anm. 15). — **26** Siehe Anm. 24. — **27** Siehe ebd., S. 12. — **28** Die Unterlagen zu diesem SP befinden sich unter dem Az. 322175 (zwei Ordner) in der Geschäftsstelle der DFG in Bonn, werden aber demnächst an das Bundesarchiv Koblenz abgegeben. — **29** *Deutsches Fremdwörterbuch.* Begonnen von Hans Schulz, fortgeführt von Otto Basler. 2. Aufl., völlig neu bearbeitet im Institut für deutsche Sprache. Bd. 5. Berlin–New York 2004, Stichwort »Emigrant«, S. 114. – Ein solches Konzept hat Wolfgang Frühwald etwas ausführlicher in einem Aufsatz vorgestellt: »Die Vertreibung der Wissenschaften aus Deutschland. Aufgaben und Perspektiven. Vorschlag zu einem Forschungsprogramm«. In: *Jahrbuch der historischen Forschung in der Bundesrepublik Deutschland.* Berichtsjahr 1986 (1987), S. 47–56. — **30** Vgl. Briegel und Frühwald: *Die Erfahrung der Fremde.* (s. Anm. 24), S. 6 f. (Ernst Loewy). — **31** Publiziert unter dem Titel *Deutsche und österreichische Romanisten als Verfolgte des Nationalsozialismus.* Hg. von Hans Helmut Christmann und Frank-Rutger Hausmann in Verbindung mit Manfred Briegel. Tübingen 1989. — **32** Harald Hagemann und Claus-Dieter Krohn (Hg.): *Biographisches Handbuch der deutschsprachigen wirtschaftswissenschaftlichen Emigration nach 1933.* 2 Bde. München 1999. — **33** www.lexm.uni-hamburg.de (9.5.2012). — **34** Briegel und Frühwald: *Die Erfahrung der Fremde* (s. Anm. 24), S. 9. — **35** Karina von Tippelskirch gibt in ihrer Kurzbiografie an, sie habe in Marburg »Schwerpunkt Exilwissenschaft« studiert (*Exilforschung. Ein internationales Jahrbuch* 17 [1999], S. 268), was sich nicht nachweisen lässt. Die »Systematik der Gesamthochschulbibliotheken (GHBS)«, online 2007, erwähnt in einem Durcheinander von wissenschaftsbezogenen Begriffen auch »Exilwissenschaft« (Hinweis von Thomas Lampe, Bibliothek der Hochschulrektorenkonferenz in Bonn). — **36** Zu diesen Programmen in der Literaturwissenschaft und darüber hinaus in den Geisteswissenschaften vgl. Jörg Schönert: »Konstellationen und Perspektiven kooperativer Forschung«. In: Peter J. Brenner (Hg.): *Geist, Geld und Wissenschaft. Arbeits- und Darstellungsformen von Literaturwissenschaft.* Frankfurt/M. 1993, S. 384–408. — **37** *Bericht der Deutschen Forschungsgemeinschaft über ihre Tätigkeit vom 1. April 1951 bis zum 31. März 1952,* S. 11. — **38** Karin Orth: *Autonomie und Planung. Förderpolitische Strategien der Deutschen Forschungsgemeinschaft 1949–1968.* Stuttgart 2011 (= Studien zur Geschichte der Deutschen Forschungsgemeinschaft, hg. von Rüdiger vom Bruch, Ulrich Herbert und Patrick Wagner. Bd. 8). Zur Planung vor allem Kap. V.1. 6.–8. — **39** *Bericht der Deutschen*

Forschungsgemeinschaft über ihre Tätigkeit vom 1. April 1952 bis zum 31. März 1953, S. 12. — **40** Hans Lenk: »Prolegomena zur Wissenschaftstheorie der Planung«. In: Deutsche Forschungsgemeinschaft: *Kolloquium über Forschungsplanung.* Wiesbaden 1971, S. 13–41. — **41** Orth: *Autonomie und Planung* (s. Anm. 38), S. 8. — **42** Seit 1987 unter dem Titel *Perspektiven der Forschung und ihrer Förderung.* — **43** Renate Mayntz: *Die Bestimmung von Forschungsthemen in Max-Planck-Instituten im Spannungsfeld wissenschaftlicher und außerwissenschaftlicher Interessen: Ein Forschungsbericht.* MPIFG Discussion Paper 01/8, Nov. 2001, S. 6. — **44** Wolfgang Frühwald: »An die Nachgeborenen. Die Stimme des Exils am Ende der Nachkriegsgeschichte«. In: Wolfgang Frühwald: *Zeit der Wissenschaft. Forschungskultur an der Schwelle zum 21. Jahrhundert.* Köln 1997, S. 240. — **45** Ludwik Fleck: *Entstehung und Entwicklung einer wissenschaftlichen Tatsache.* Frankfurt/M. 1980, S. 53 (Erstausgabe Basel 1935).

Patrik von zur Mühlen

Forschungen der Friedrich-Ebert-Stiftung zum politischen Exil

Die Rolle als Pflegestätte der Exilforschung war der Friedrich-Ebert-Stiftung (FES) gewissermaßen in die Wiege gelegt worden. 1925 nach dem Tode des Reichspräsidenten Friedrich Ebert als eine Art Spendenfonds der Sozialdemokratie gegründet und vom Parteivorstand der SPD verwaltet, war die Institution 1933 vom NS-Regime verboten und ihr Vermögen beschlagnahmt worden. Damals emigrierte der Parteivorstand ins Ausland, seine damit begonnene Odyssee durch mehrere europäische Staaten endete erst nach dem Zweiten Weltkrieg. Zahlreiche Sozialdemokraten, insbesondere Mandatsträger aus dem Reichstag, den Landtagen, den Kommunalparlamenten sowie Funktionäre aus Verbänden und Presse gingen gleichfalls ins Exil. Ein großer Teil von ihnen kehrte nach dem Zweiten Weltkrieg wieder zurück und prägte nachhaltig die deutsche Nachkriegspolitik. Das erklärt auch den Umstand, dass im Vorstand der 1946 wieder begründeten und 1956 als Stiftung konstituierten Friedrich-Ebert-Stiftung Rückkehrer aus dem Exil eine entscheidende Rolle spielten: Willi Eichler als Vorstandsmitglied, Fritz Heine als langjähriger Schatzmeister, Willy Brandt und Waldemar von Knoeringen als Kuratoriumsmitglieder und in den 1980er Jahren Heinz Kühn als Vorsitzender.[1] Dieser Personenkreis hatte im Exil politische Erfahrungen gesammelt und Einflüsse aufgenommen, von denen die Mehrheit der Deutschen durch die NS-Diktatur abgeschottet worden war. Während die Themen Emigration und Exil in der Frühphase der Nachkriegszeit öffentlich als Tabu behandelt wurden, waren sie vor dem eigenen Erfahrungshintergrund in diesem Personenkreis gelebte Wirklichkeit geblieben.

Dennoch bildete dieser Themenkreis in der Erwachsenenbildung der Friedrich-Ebert-Stiftung zunächst keinen Schwerpunkt. Die Erziehung zur Demokratie, die Auseinandersetzungen im Rahmen des Ost-West-Konflikts und die Beschäftigung mit den Problemen der Dritten Welt wurden als vordringlicher angesehen.

Die Rückbesinnung auf Exil und Emigration als Bestandteile der jüngeren deutschen Geschichte war Ergebnis eines umfassenden Prozesses, der in den 1960er Jahren das bisher vielfach praktizierte Beschweigen der NS-Zeit und ihrer Folgeprobleme allmählich überwand.

Die Studentenbewegung suchte und entdeckte intellektuelle Vorläufer und Vorbilder, die ins Exil gegangen und nach 1945 teilweise wieder zurückgekehrt waren oder zumindest kurze Gastspiele in Deutschland gegeben hatten, erwähnt seien nur Theoretiker wie Theodor W. Adorno, Max Horkheimer, Herbert Marcuse oder Ernst Bloch. Es erwachte das Interesse für exilierte Vertreter der »entarteten Kunst« und ehemals missliebiger Wissenschaften, aber auch für den Werdegang namhafter Politiker wie Willy Brandt, denen ihre Exilzeit in Wahlkämpfen von konservativer Seite zum Vorwurf gemacht wurde. Diese Entwicklung war weder durch ein einzelnes Ereignis ausgelöst noch durch einzelne Persönlichkeiten angestoßen worden. Immerhin aber lässt sich sagen, dass in die Zeit der Kanzlerschaft des ehemaligen Emigranten Brandt seit 1969 die Anfänge der organisierten, vernetzten Exilforschung fallen, die von ihm in den folgenden Jahren durch eigene Äußerungen tatkräftig unterstützt wurde.[2]

Die Friedrich-Ebert-Stiftung war personell und sachlich gut vorbereitet, um diesen Trend aufzunehmen und sich frühzeitig mit der Geschichte des sozialdemokratischen Exils zu befassen, die weit über die genannten persönlichen Kontexte hinausging. Sie war treuhänderischer Verwalter des SPD-Parteiarchivs, dessen Geschichte aufs Engste mit dem Widerstand gegen das NS-Regime, mit Emigration und Exil zu tun hatte. Bekanntlich hatte der Parteivorstand aus begründeter Furcht vor der Verhaftung durch das NS-Regime im Frühjahr 1933 seinen Sitz nach Prag verlegt und gleichzeitig sein Archiv dem Zugriff der Nazis dadurch entzogen, dass er es über zuverlässige Speditionsfirmen zunächst in die Tschechoslowakei und ab 1937 nach Dänemark verbringen ließ. Diese Materialien stammten aus älterer Zeit und umfassten auch Archivalien aus der Frühzeit der Sozialdemokratie. Aber gleichzeitig produzierte der Parteivorstand durch seine Arbeit neues Schriftgut, das er – soweit es für seine politische Arbeit entbehrlich schien – gleichfalls in Dänemark deponieren ließ. Ältere, wertvolle Bestände wie den Marx-Engels-Nachlass verkaufte er, nachdem sich Verhandlungen mit der Sowjetunion zerschlagen hatten, dem Internationalen Institut für Sozialgeschichte in Amsterdam, wo er noch heute aufbewahrt wird.[3]

Wegen der zunehmenden Bedrohung der Tschechoslowakei verlegte der Parteivorstand 1938 seinen Sitz vorübergehend nach Paris und nach der französischen Niederlage 1940 nach London. Einiges Schriftgut aus der Pariser Zeit konnte er nach London retten, anderes blieb zurück und fiel schließlich dem Reichssicherheitshauptamt in die Hände, das die Materialien nach Berlin schickte. Nach dem Kriege nahm sich seiner das SED-Regime an; es liegt heute in der Sammlung SAPMO-BArch im

Bundesarchiv Berlin. Kleinere Bestände beschlagnahmte nach 1944 die französische Polizei; sie lagern heute in den Archives Nationales und sind nicht zugänglich. Schließlich produzierte der Parteivorstand in London weiteres Schriftgut. Dieses und das aus früheren Zeiten mitgenommene Material nahm der Parteivorstand nach dem Krieg mit zurück nach Deutschland, zunächst nach Hannover, ab 1950/51 nach Bonn. Es wurde in den 1960er Jahren der Friedrich-Ebert-Stiftung zur treuhänderischen Aufbewahrung übergeben und machte etwa 36 laufende Stellmeter aus. Allein diese Materialsammlung hätte die Friedrich-Ebert-Stiftung zu einer wichtigen Institution für die Geschichte des deutschen Exils gemacht.[4]

Hinzu kam ein überraschendes Ereignis. 1967 entdeckte man in der Zentrale des Schwedischen Gewerkschaftsverbandes in Stockholm Kisten, in denen das als verschollen geltende Schriftgut des Parteivorstandes aus seiner Prager Zeit enthalten war. 1939 hatte die sozialdemokratische dänische Schwesterpartei aus Sorge vor der drohenden Kriegsgefahr von sich aus die bei ihr deponierten Archivalien nach Schweden gebracht. Dort lagerte die schwedische sozialdemokratische Partei die meisten Kisten in einem Keller des Gewerkschaftshauses ein, der eigentlich der Textilarbeitergewerkschaft vorbehalten war. Das Wissen um dieses Depot geriet in Vergessenheit, zumal die Gewerkschaft sich später auflöste und der Schlüssel zum Keller verloren ging. Nur zwei Kisten, die nicht mehr in den Kellerraum gepasst hatten, wurden bereits 1953 entdeckt und der SPD übergeben. Es war das Verdienst des 1938 nach Schweden geflüchteten Sozialdemokraten Karl Ilgner, dass er mit seinen Nachforschungen nicht nachließ und schließlich 1967 den Fundort des größeren Teils der Archivalien ermitteln konnte. Im Februar 1968 wurden die Kisten dem Vorsitzenden der Sozialdemokratischen Partei, Willy Brandt, übergeben; im Mai 1968 gelangten sie endgültig nach Bonn.[5]

Das inzwischen angewachsene Archivgut des Parteivorstandes in der Friedrich-Ebert-Stiftung war mit Aufgaben verbunden, mit denen sich die Partei überfordert fühlte. Dies hatte rechtliche und organisatorische Folgen. Der Parteivorstand überantwortete nunmehr das gesamte historische Schriftgut der SPD der Stiftung, die für dessen fachgerechte Archivierung, Konservierung und Verzeichnung fortan verantwortlich war. Als eigene Organisationseinheit wurde 1969 das Archiv der sozialen Demokratie der Friedrich-Ebert-Stiftung geschaffen, bis 1984 zunächst noch mit der Bibliothek vereint. Einen wesentlichen Kernbereich der Archivalien bildeten die in Stockholm aufgefundenen Sopade-Akten, die mit denen aus der Pariser und Londoner Zeit des SPD-Parteivorstandes ab 1971 – durch finanzielle Unterstützung der Deutschen

Forschungsgemeinschaft neu geordnet – zu einem Bestand zusammengefügt und verzeichnet wurden. Diese umfassende Arbeit war 1972/73 abgeschlossen. Hinzu kamen Nachlässe und andere Erwerbungen von Schriftgut, das inzwischen verstorbene sozialdemokratische Emigranten dem Archiv vermacht hatten.[6]

Damit wurde das Archiv der sozialen Demokratie neben dem Institut für Zeitgeschichte in München und dem Exilarchiv der Deutschen Nationalbibliothek in Frankfurt am Main eine der wichtigsten Stätten für die Erforschung von Exil und Emigration. In dem 1994 von der Herbert & Elsbeth Weichmann Stiftung herausgegebenen Quelleninventar werden in der Friedrich-Ebert-Stiftung sechs Archivbestände von Organisationen angeführt.[7] Hinzu kommen noch Akten parteiübergreifender Organisationen und thematisch neu angelegte Sammlungen sowie 47 Nachlässe und personenbezogene Sammlungen.[8]

Dieses in nicht einmal drei Jahrzehnten aufgebaute Archiv erfuhr noch Erweiterungen, als der Deutsche Gewerkschaftsbund 1994 seine historischen Archivbestände der Friedrich-Ebert-Stiftung übergab. Dadurch gelangten die Akten der Internationalen Transportarbeiter-Föderation/ITF sowie fünf Nachlässe namhafter Gewerkschafter, die ins Exil gegangen waren, in das Archiv der sozialen Demokratie in Bonn. Obwohl die meisten Nachlässe von Emigranten aus dem sozialdemokratischen Umfeld inzwischen im AdsD oder auch in anderen Institutionen archiviert worden sind, sodass dieses Sammelgebiet weitgehend als abgeschlossen angesehen werden darf, kann die Stiftung derzeit immer noch weitere persönliche Unterlagen erwerben.

Der Aufbau eines thematisch so stark in eine Richtung ausgerichteten Archivs erforderte sachkundiges Personal, das sich in dem Themenbereich auskannte und selbst Forschungen anstellen konnte. Bisher hatte sich die kleine Abteilung für Sozial- und Zeitgeschichte im Forschungsinstitut der FES vor allem mit der Geschichte des deutschen Widerstandes 1933–1945 befasst sowie mit Themen der Parteien- und der Sozialgeschichte. Parallel zu den ersten Ergebnissen ihrer Sammeltätigkeit setzte daher jetzt die wissenschaftliche und pädagogische Beschäftigung der Friedrich-Ebert-Stiftung mit Exil und Emigration ein.

Aber auch Kooperationen mit anderen Institutionen waren die Folge des inzwischen angewachsenen Archivgutes, sodass der Austausch von Informationen sowie andere fachliche Berührungspunkte ein Netzwerk in Sachen Exilforschung förderten. Als Beispiel hierfür sei die Tatsache angeführt, dass sich die Stiftung 1968 gemeinsam mit dem Bundesarchiv, dem Institut für Zeitgeschichte, dem DGB-Archiv, dem IISG in Amsterdam und anderen Institutionen an einem archivalischen Großprojekt zur »Sicherung der Aktenbestände zur politischen Emigration in den staatlichen und privaten Archiven« beteiligte. Das Ergebnis dieses Projekts ist ein im Institut für Zeitgeschichte zugänglicher archivalischer Nachweiskatalog für exilrelevante Organisationsakten und Nachlässe in den daran beteiligten Institutionen.

Vor dem Hintergrund ihrer eigenen archivalischen Bestände, der in anderen Institutionen erschlossenen Archivalien und wohl auch in der Absicht, die Erforschung der Arbeiterbewegung und insbesondere der Sozialdemokratie nicht allein den Forschern der DDR zu überlassen, reifte der Entschluss, sowohl die Geschichte des Widerstandes der Arbeiterbewegung als auch Themen des Exils für die nächsten Jahre zu einem ihrer Schwerpunkte der historischen Forschung zu machen. Die Erforschung des Widerstandes hatte hier zunächst Vorrang, wie eine Reihe von lokalen und regionalen Studien zeigen. Aber bald stellte sich heraus, dass Exil und Widerstand nicht voneinander zu trennen sind, sodass auch aus dieser Erkenntnis vor allem das sozialdemokratische Exil in den Focus der Forschungsinteressen rückte. Darin war die Stiftung allerdings kein Vorreiter. Dazu hatte es bereits Studien in den 1950er und frühen 1960er Jahren gegeben, so insbesondere die des Mannheimer Politologen Erich Matthias und des amerikanischen Historikers und einstigen Emigranten Lewis J. Edinger.[9] In den 1960er Jahren erschienen am Lehrstuhl für Politische Wissenschaften der Universität Marburg mehrere Dissertationen, die sich mit linkssozialistischen Parteien im Zwischenfeld von KPD und SPD und insbesondere auch mit deren Exilaktivitäten befassten.[10]

Ein mehr editorischer und weniger wissenschaftlicher Beitrag, der gleichwohl die Erforschung des politischen Exils 1933–1945 befruchtete, war die Herausgabe von Schriften Willy Brandts während seiner Exilzeit im FES-eigenen Verlag *J. H. W. Dietz Nachf. GmbH* in Bad Godesberg.[11] Im September 1966 veranstaltete die Stiftung in ihrer Heimvolkshochschule in Bergneustadt ein fünftägiges Symposium zum Thema »Widerstand, Verfolgung und Emigration 1933–1945«, in dem erstmals die Forschungsschwerpunkte benannt wurden, die die Stiftung in den nächsten Jahren ansteuerte.[12] Für die wissenschaftlichen Netzwerke, die durch die Exilforschung entstanden, ist die Feststellung von Bedeutung, dass unter den neun Referenten dieser Tagung sich mehrere Wissenschaftler befanden, die fachlich und institutionell wesentliche Impulse zur weiteren Forschung gaben: Werner Berthold, langjähriger Direktor des Exilarchivs in der Deutschen Bibliothek in Frankfurt, Werner Röder, späterer Archivleiter des Instituts für Zeitgeschichte und einer der beiden Herausgeber des Handbuchs zur deutschsprachigen Emigration nach 1933, Helmut Müssener, Verfasser einer ersten Länderstudie für das deutsche Exil (in diesem Falle Schweden) sowie Hans-

Albert Walter, zeitweilig Leiter der Arbeitsstelle für Exilliteratur an der Universität Hamburg und vor allem Verfasser der mehrbändigen Geschichte der deutschen Exilliteratur 1933–1950.

Diese Veranstaltung diente der Orientierung hinsichtlich möglicher Arbeitsfelder für die künftige Arbeit und schuf gleichzeitig Kontakte, die für das bereits angesprochene Netzwerk »Exilforschung« folgenreich waren: zum Institut für Zeitgeschichte in München, zur Abteilung für Exil-Literatur der Deutschen Bibliothek in Frankfurt am Main, zum Bundesarchiv in Koblenz, zum Politischen Archiv des Auswärtigen Amts in Bonn sowie zu zahlreichen Hauptstaats-, Landes- und Stadtarchiven, zur Akademie der Künste in (West-)Berlin sowie zum Internationalen Institut für Sozialgeschichte in Amsterdam, zu den Leo Baeck Instituten in New York und London und zu weiteren wissenschaftlichen Einrichtungen in Wien, Paris, Kopenhagen, Oslo, Stockholm und anderen Städten. Eine blockübergreifende Zusammenarbeit mit Einrichtungen in der DDR oder der Sowjetunion war damals allerdings nicht möglich.

Frühzeitig suchte die Stiftung, die Thematik des Exils in die Öffentlichkeit und in die politische Bildung zu tragen. Im Januar 1972 eröffnete sie in Oberhausen die Ausstellung »Die deutsche politische Emigration 1933–1945«, die auch in anderen Städten gezeigt wurde.[13] Vor allem aber wandte sie sich nun der editorischen und wissenschaftlichen Bearbeitung dieses Themenkomplexes zu. Zunächst waren es überwiegend Veröffentlichungen von Papieren aus Exilbeständen, die einem breiten Interessentenkreis den Zugang zu schwer einsehbaren Archivalien erleichtern sollte. 1968 brachte Erich Matthias, der Mannheimer Ordinarius für politische Wissenschaften, eine Dokumentation von Papieren aus dem Nachlass des sozialdemokratischen Politikers Friedrich Stampfer heraus. *Mit dem Gesicht nach Deutschland* war, soweit erkennbar, eine erste Quellenedition von Briefen und Schriften zum politischen Exil und sollte durch seine eindrucksvolle und lebensnahe Vermittlung des Exilalltags und der politischen Aktivitäten im Ausland wichtige Impulse für die weitere Forschung liefern.[14]

Bereits 1971 hatte der Mitarbeiter der Stiftung Arnold Sywottek, der später an die Universität Hamburg berufen wurde, eine Studie über die Konzeptionen der KPD in der Illegalität und im Exil veröffentlicht. Diese Arbeit war zwar vor seinem Eintritt in die FES verfasst worden, brachte jedoch Erfahrungen und Kenntnisse der Exilforschung in das wissenschaftliche Arbeitsprogramm der Stiftung ein. Zwei Jahre später veröffentlichte die FES eine Studie von Frank Moraw zur Parole der »Einheit« in der deutschen Sozialdemokratie sowie Werner Röders wichtige Arbeit *Die deutschen sozialistischen Exilgruppen in Großbri-*

tannien. Und 1976 erschien gleichfalls in der Schriftenreihe des Forschungsinstituts der FES Klaus Misgelds Darstellung der »Internationalen Gruppe demokratischer Sozialisten« im Stockholmer Exil 1942–
1945, die für die Nachkriegsentwicklung der deutschen und österreichischen Sozialdemokratie eine ähnliche Bedeutung erlangte wie die
SOPADE in London.[15]

Im Jahre 1974 beschloss der Vorstand der Friedrich-Ebert-Stiftung,
bei der Deutschen Forschungsgemeinschaft (DFG) Gelder für ein eigenes Forschungsprojekt zu beantragen, das sich mit den »Parteien und
Gruppen der Arbeiterbewegung im Saargebiet 1933–1935« befassen
sollte. Bekanntlich stand das Saargebiet seit 1920 unter Völkerbunds-
verwaltung und sollte 15 Jahre später in einer Abstimmung darüber entscheiden, ob es den Status quo beibehalten, den Anschluss an Frankreich oder die Rückkehr zu Deutschland wolle. Nach seiner politischen
Verfassung durften Parteien und Organisationen an der Saar weiterwir-
ken, während sie im Reich längst unterdrückt worden waren. Das Saargebiet war also für viele Verfolgte ein erstes Refugium oder Etappenziel
auf ihrem Emigrationsweg und zugleich ein wichtiges Operationsgebiet
für den innerdeutschen Widerstand. 1979 fand dieses Projekt seinen
Niederschlag in einer Monografie.[16]

Die Durchsicht des SOPADE-Bestandes im Archiv der sozialen Demokratie hatte den Bearbeiter des Saar-Projekts auf ausführliche Korrespondenzen von Sozialdemokraten gestoßen, die als Zeitzeugen und
teilweise auch als Kämpfer aus dem Spanischen Bürgerkrieg berichteten.
Dieser bislang nicht ausgewertete archivalische Schatz bewog den Bearbeiter, der Friedrich-Ebert-Stiftung ein Projekt über die deutsche
Linke im Spanischen Bürgerkrieg vorzuschlagen. Die DFG sagte ihre
Finanzierung zu und so begann eine mehrjährige Forschungsarbeit in
deutschen Archiven, im IISG in Amsterdam, im Dokumentationsarchiv
des Österreichischen Widerstands (DÖW) in Wien, im Schweizerischen
Sozialarchiv in Zürich und vor allem in spanischen Archiven in Madrid
und Salamanca, die wenige Jahre nach Francos Tod erstmals der wissenschaftlichen Forschung zugänglich gemacht worden waren. Das Ergebnis dieser Arbeit war eine viel beachtete Studie, die 1983 veröffentlicht wurde.[17]

Wie sehr sich inzwischen die Exilforschung als Netzwerk nicht nur
zwischen Institutionen, sondern auch zwischen Personen etabliert
hatte, zeigte sich an der Entstehungsgeschichte dieser Studie. Sie war in
engstem Erfahrungs- und Gedankenaustausch mit Mitarbeitern des Instituts für Zeitgeschichte, des DÖW, des IISG und des Schweizerischen
Sozialarchivs entstanden. Gegenseitige Hinweise auf Literatur und vor
allem auf wenig beachtete Archivbestände, deren Bezeichnungen oft

wenig über ihren Inhalt aussagten, waren unabdingbar für die erschöpfende Auswertung von Archivalien.

Für ein Folgeprojekt beantragte die Friedrich-Ebert-Stiftung bei der DFG Mittel für eine Studie über das deutsche Exil in Lateinamerika. Bislang gab es dazu nur wenige Studien zu Ländern oder einzelnen Persönlichkeiten sowie die Gesamtdarstellung von Wolfgang Kießling im Rahmen des DDR-Publikationsprojekts *Kunst und Literatur im antifaschistischen Exil 1933–1945*, das sich zu wesentlichen Teilen auf das umfangreiche Schriftgut in den Archiven der Akademie der Künste sowie des Instituts für Marxismus-Leninismus (IML) stützte.[18] Kießlings Studie war für die Exilforschung trotz der einseitigen KPD/SED-Ausrichtung insofern von Bedeutung, als sie Informationen aus Archivalien preisgab, deren Einsichtnahme westdeutschen Exilforschern verwehrt wurde. Auf diese Weise konnten die Forschungsergebnisse der DDR-Historiker in manchen Fragen eine gewisse Monopolstellung einnehmen. Die restriktive Haltung der DDR-Archive änderte sich auch nicht, als die FES und das IML in archivalischen Fragen einen ersten Materialaustausch vereinbarten. Dem zuständigen FES-Mitarbeiter wurden 1983 im IML als einziges Schriftgut der maschinenschriftliche Text der längst als Buch publizierten Memoiren des kommunistischen Mexiko-Emigranten Paul Merker sowie einige völlig belanglose Korrespondenzen Merkers aus der Nachkriegszeit vorgelegt.

Die Auseinandersetzung mit Kießlings Studie bestimmte zunächst auch die Orientierung des FES-Projekts, das sich vorwiegend auf die politischen Exilgruppen in Lateinamerika konzentrierte. Hier war es von großem Vorteil, dass die Mittel der DFG dem Projektbearbeiter auch eine Archivreise durch einige lateinamerikanische Staaten (Ecuador, Chile, Argentinien, Uruguay, Brasilien) gestatteten. Der Kontakt zu den ehemaligen Emigranten vor Ort machte deutlich, dass die politischen Gruppierungen und Komitees mitsamt ihren Zeitschriften und Zirkularen nur von einer kleinen Minderheit der deutschsprachigen Emigration getragen oder wahrgenommen wurden. Die große Mehrheit der meist bürgerlich-jüdischen Flüchtlinge hatte sich einst in Gemeinden und jüdischen Sozial- und Kulturvereinen organisiert, aber selten Kontakt zu politischen Gruppierungen gesucht. Diese wichtige Erkenntnis führte zu einer Neukonzipierung des Projekts, indem neben dem politischen Engagement in der lateinamerikanischen Emigration auch die soziale und kulturelle Integration thematisiert wurde. Aufgrund von Interviews und Materialien, die von Zeitzeugen übergeben wurden, konnte die Studie neue Fragen stellen und beantworten.[19]

Die Materialien, die der Bearbeiter sammeln und über die Vertretungen der Friedrich-Ebert-Stiftung in Lateinamerika nach Deutschland transportieren lassen konnte, bildeten nachträglich sogar den Grundstock einer eigenständigen archivalischen Sammlung im Archiv der sozialen Demokratie, die beispielsweise auch die Mitgliederkartei einer politischen Emigrantenvereinigung in Ecuador mit zahlreichen Angaben zur Herkunft, zum Fluchtweg, zur beruflichen und politischen Entwicklung enthält.[20] Dagegen waren die Erträge aus Studien in staatlichen Archiven eher dürftig. Nur im argentinischen Nationalarchiv fand der Bearbeiter Materialien, die die Einwanderung von deutschen Flüchtlingen nachwiesen.

Etwa zeitgleich führte die Friedrich-Ebert-Stiftung gemeinsam mit dem Institut für Zeitgeschichte und mit Fördermitteln der Deutschen Forschungsgemeinschaft ein weiteres Projekt durch, die (Teil-)Biografie des späteren Vorsitzenden der bayerischen Sozialdemokratie während seiner Londoner Exiljahre.[21] Waldemar von Knoeringen verkörperte wie viele andere Sozialdemokraten, die aus dem britischen und skandinavischen Exil zurückkehrten, die »Verwestlichung« der Sozialdemokratie, ihre Hinwendung zum parlamentarischen demokratischen und sozialen Verfassungsstaat und die Abwendung von einstigen marxistischen Theoriebeständen.

Als letztes Projekt, für das mittlerweile keine DFG-Mittel mehr zur Verfügung standen, widmete sich die Friedrich-Ebert-Stiftung der Erforschung eines Fluchtweges, der vor allem während des Zweiten Weltkrieges über die Iberische Halbinsel führte. Diesem Fluchtweg kam insofern eine besondere Bedeutung zu, als fast alle anderen Fluchtmöglichkeiten aus dem vom NS-Regime dominierten Europa versperrt waren. Die neutralen Länder Schweden, Schweiz, Irland oder Türkei waren entweder hermetisch abgeriegelt oder nur schwer zu erreichen. Allein von Frankreich aus war bis etwa 1942 – danach nur noch sporadisch – der Exodus über das mit NS-Deutschland zwar befreundete, aber nicht kriegführende Spanien und das neutrale Portugal in Richtung Übersee möglich. Beide Länder sperrten sich, allerdings ohne großen Erfolg, gegen den Flüchtlingsstrom und bemühten sich daher um deren »Abfluss« nach Nord- und noch mehr nach Lateinamerika.[22]

Mit diesem Projekt, das 1992 abgeschlossen wurde, endete vorerst die Serie der von der Friedrich-Ebert-Stiftung betriebenen Forschungen über das deutsche Exil. Das Sonderförderprogramm der Deutschen Forschungsgemeinschaft war abgelaufen. Der Zusammenbruch des SED-Regimes in der DDR und die deutsche Wiedervereinigung 1989/90 nahmen zudem in der Folgezeit die volle Aufmerksamkeit der FES-eigenen Abteilung für Sozial- und Zeitgeschichte für die Erforschung der DDR-Geschichte in Anspruch, sodass kein Mitarbeiter mehr für noch ausstehende Projekte erübrigt werden konnte. Ein in Zusammenarbeit mit dem Land Berlin geplantes Projekt, eine biografische Studie über den früheren Berliner Regierenden Bürgermeister Ernst Reuter und sein Exil in der Türkei zu veröffentlichen, zerschlug sich, sodass ein amerikanischer Historiker dieses Vorhaben übernahm. Dennoch wurde die Exilforschung keineswegs endgültig aufgegeben. Benachbarte Forschungsbereiche berührten immer wieder diesen Themenkomplex, so die umfangreiche Gesamtdarstellung des FES-Mitarbeiters Michael Schneider über die Arbeiterbewegung in der NS-Zeit, die zu einem beträchtlichen Teil auch Exil und Emigration der verbotenen Arbeiterparteien und Gewerkschaften behandelt.[23]

Nach einer Pause von fast zehn Jahren griff die Friedrich-Ebert-Stiftung noch einmal ein Exil-Thema auf, diesmal in Form einer Edition von Briefen und Schriften des aus Danzig stammenden Journalisten, Politikers und späteren Presseunternehmers Erich Brost. Dieser hatte sich als sozialdemokratischer Parlamentarier im Danziger Volkstag und als Journalist heftig gegen die nationalsozialistische Gleichschaltung der damaligen Freien Stadt Danzig gewehrt und musste daher 1936 ins Exil gehen. Die Stationen seiner Emigration waren Polen, Finnland und Schweden, von wo er während des Krieges nach Großbritannien weiterreisen konnte. Dort stand er in engem Kontakt zum Exil-Parteivorstand der SPD. Nach dem Krieg kehrte er nach Deutschland zurück und baute mit der *Westdeutschen Allgemeinen Zeitung* und anderen Blättern ein großes Presseunternehmen auf. Seine Briefe aus den Jahren 1936–1955 und Zeitungsartikel aus der Zeit 1937–1939 geben ein anschauliches Bild von den teilweise dramatischen Ereignissen jener Jahre und von den Perspektiven der deutschen Emigration.[24]

Alle bisherigen Forschungsprojekte waren in der Regel auch Gegenstand der politischen Bildungsarbeit der Friedrich-Ebert-Stiftung. In fast allen Fällen wurden die publizierten Projektergebnisse in Form von Vorträgen oder Symposien einer breiteren Öffentlichkeit vermittelt. Aber auch Universitäten, Archive, Forschungsinstitute, Volkshochschulen und andere Einrichtungen luden den Bearbeiter der Projekte zu Vorträgen und Podiumsgesprächen ein. Über die Exilforschung als Netzwerk wirkten die Projekte der Friedrich-Ebert-Stiftung über den Rahmen der eigenen Institutionen hinaus.

Obwohl die Forschungsarbeiten der Friedrich-Ebert-Stiftung über das deutschsprachige Exil nunmehr im Wesentlichen abgeschlossen waren, bedeutete dies nicht das Ende der publizistischen und verlegerischen Betreuung dieses Themenbereichs. Schon früher hatten die FES-eigenen Verlage immer wieder Monografien oder Aktenpublikationen zur Geschichte des deutschen Exils oder zu Themen, die eng mit diesem zusammenhingen, veröffentlicht. Dazu gehören seit den 1980er Jahren

Studien zu den zwischen Sozialdemokratie und Kommunismus ange-
siedelten linken Kleingruppen in der späten Weimarer Republik und der
NS-Zeit, wie sie Jan Foitzik lieferte[25], über eine spezielle Gruppe des
Kommunistischen Widerstandes im »Dritten Reich« von Beatrix Herlemann[26], eine sozialgeschichtliche Studie zur Emigration deutsch-jüdischer Frauen in die USA von Sybille Quack[27] oder der von Sabine
Lemke-Müller herausgegebene Sammelband zur *Ethik des Widerstands*
im Internationalen Sozialistischen Kampfbund.[28] Die von dem amerikanischen Historiker William Smaldone verfasste Biografie über den sozialdemokratischen Politiker und Theoretiker Rudolf Hilferding, der
nach Frankreich emigriert war, dort während des Zweiten Weltkrieges
gefasst wurde und unter bislang ungeklärten Umständen in Gestapo-
Haft starb, gehört ebenfalls in diesen Kontext.[29] Als weiteres Beispiel ist
Ursula Bitzegeios Biografie über den exilierten Gewerkschafter Hans
Gottfurcht zu nennen, der nach Großbritannien emigrierte und nach
dem Krieg eine wichtige Rolle im Internationalen Arbeitsamt in Genf
spielte.[30] Schließlich sei als vorerst letzte Publikation mit Exilthematik
die Studie von Karin Gille-Linne über die sozialdemokratischen Poli-
tikerinnen Herta Gotthelf und Elisabeth Seibert genannt, die im britischen Exil wesentliche Impulse für ihre frauenpolitischen Aktivitäten in
der Nachkriegszeit empfingen.[31]

Die Friedrich-Ebert-Stiftung hat zudem immer wieder Aktenpublikationen aus Organisationsbeständen und Nachlässen des sozialdemokratischen Exils herausgebracht, wobei sie in späterer Zeit in Gemein-
schaftsprojekten auch in zunehmendem Maße auf Quellen anderer
Institutionen zurückgriff. Nach dem Ende der SED-Herrschaft und der
deutschen Wiedervereinigung stützten sich derartige Publikationen in
starkem Maße auf bislang nicht zugängliche Archivalien der DDR. Als
letzte erschienen 1994–1998 Aktenpublikationen des Exilvorstands der
SPD (SOPADE) sowie der linken Gruppe »Neu Beginnen«.[32] Im weiteren Sinne muss man auch die Mitarbeit der FES im Stiftungsrat der
Bundeskanzler-Willy-Brandt-Stiftung hinzurechnen, zu deren Aufgaben die Edition der Schriften Brandts in der »Berliner Ausgabe« gehörte; ihre zehn Bände sind seit 2000 im FES-eigenen Dietz-Verlag
erschienen. Die von dem norwegischen Historiker Einhart Lorenz bearbeiteten ersten beiden Bände dieser Ausgabe sind der Jugend und vor
allem der Exilzeit des späteren Bundeskanzlers gewidmet.[33]

Schließlich sollten auch solche Aktivitäten der Friedrich-Ebert-Stiftung im Bereich der Exilforschung genannt werden, die keinen Niederschlag in Publikationen fanden, aber in starkem Maße ihre Öffentlichkeitsarbeit bestimmten. Nur aus jüngster Zeit sei hier erinnert an die
große Ausstellung über Sozialdemokratie und Gewerkschaftsbewe-

gung, die 2008 aus Anlass des 75. Jahrestages der Machtübernahme durch das NS-Regime unter dem Titel »Nein zu Hitler!« mit großem Erfolg in Bonn und Berlin gezeigt wurde.[34] Oder das gemeinsam mit der Hans-Böckler-Stiftung veranstaltete Symposium »Exil und Netzwerke« im April 2011, das die politische und gewerkschaftliche Emigration im britischen Exil während des Zweiten Weltkrieges thematisierte.[35]

Nicht zuletzt gab und gibt es einen Sektor, den man als »stille Exilforschung« bezeichnen kann: Aktivitäten, die der Erforschung des Exils und der Bedeutung seines Vermächtnisses für die demokratische Nachkriegsordnung auf indirekte Weise dienen. In etlichen Fällen förderte die Stiftung Projekte von dritter Seite durch finanzielle Zuwendungen, technische und organisatorische Hilfen. So unterstützte sie im Frühjahr 1983 eine mehrtägige große Konferenz zum Thema Exil und Emigration an der Universität Osnabrück zum 50. Jahrestag der NS-Machtergreifung. Sie vergab Stipendien, Beihilfen für Archivreisen und Druckkostenzuschüsse, sie stellte Bildmaterial für Ausstellungen zur Verfügung und war in ihren Einrichtungen Gastgeber für Tagungen und Konferenzen anderer Organisationen, die sich mit Exil und Emigration befassten. Erwähnenswert sind hier die Jahrestagung der Gesellschaft für Exilforschung in der damaligen FES-Heimvolkshochschule in Freudenberg im März 1990 und die Konferenz der Arbeitsgemeinschaft »Frauen im Exil« der Gesellschaft für Exilforschung in Bad Münstereifel im Oktober 1991. Viele Jahre lang war die Friedrich-Ebert-Stiftung förderndes Mitglied der Gesellschaft für Exilforschung.

Die Zeit der umfassenden wissenschaftlichen Projekte zur Exilforschung und ihrer Förderung durch die Friedrich-Ebert-Stiftung ist abgelaufen, nicht aber ihre gelegentliche Thematisierung in der Bildungs- und Öffentlichkeitsarbeit, wie dies einige hier genannte Beispiele deutlich gemacht haben. In gewisser Weise übernahm – allerdings auf thematisch breiterer Basis – die 1989 in Hamburg gegründete Herbert & Elsbeth Weichmann Stiftung die Aufgaben der FES, als diese begann, ihre materielle Förderung für die Exilforschung zu reduzieren. Hervorgegangen aus einer Anregung von Elsbeth Weichmann, der Witwe des früheren Ersten Bürgermeisters der Freien und Hansestadt Hamburg, baute ein meist der Sozialdemokratie nahe stehender Kreis der Hansestadt diese Stiftung auf, die durch Veranstaltungen, Stipendien, Reisekostenhilfen, Druckkostenzuschüsse und andere Zuwendungen sowie durch eine umfassende Öffentlichkeitsarbeit das Vermächtnis des Exils, welches auch das Ehepaar Weichmann erlebt hatte, in Erinnerung hält.

Wenn die Exilforschung eingangs als wissenschaftliches Netzwerk bezeichnet wurde, so gilt dies auch für die personellen Querbeziehungen. So war und ist der Bearbeiter der Exilprojekte der Friedrich-Ebert-Stiftung von Anbeginn Vorstandsmitglied der Gesellschaft für Exilforschung und zugleich Beiratsmitglied der Herbert & Elsbeth Weichmann Stiftung. Ähnliche Strukturen finden sich in anderen Institutionen, abgesehen von den vielen auf diese Weise geschaffenen persönlichen Kontakten und Querbeziehungen zwischen Forschern, Archivaren, Bibliothekaren und anderen mitwirkenden Personen. In diesem Netzwerk von Institutionen in Deutschland und auch im Ausland, das die Exilforschung förderte und in die Öffentlichkeit trug, ist die Stellung und Wirkung der Friedrich-Ebert-Stiftung im Rückblick nicht wegzudenken.

1 Vgl. Patrik von zur Mühlen: *Die internationale Arbeit der Friedrich-Ebert-Stiftung. Von den Anfängen bis zum Ende des Ost-West-Konflikts.* Bonn 2007, S. 49. — 2 Vgl. etwa Willy Brandt: *Exil-Literatur 1933–1945.* Hg. von Inter Nationes. Bad Godesberg 1968; Ders.: »Literatur und Politik im Exil«. In: Bernt Engelmann (Hg.) *Literatur des Exils. Eine Dokumentation über die P.E.N.-Jahrestagung in Bremen vom 18. bis 20. September 1980.* München 1981, S. 164 ff. — 3 Paul Mayer: »Die Geschichte des sozialdemokratischen Parteiarchivs und das Schicksal des Marx-Engels-Nachlasses«. In: *Archiv für Sozialgeschichte* VI/VII (1966/67), S. 5–198. — 4 Jürgen Reimer: »Quellen und Materialien zur politischen Emigration und zum innerdeutschen Widerstand gegen das Dritte Reich«. In: *Internationale wissenschaftliche Korrespondenz zur Geschichte der deutschen Arbeiterbewegung* H. 5 (Dez. 1967), S. 1–38; Steffi Rönnefarth: *Die Aktenüberlieferung des SPD-Exilparteivorstands (Sopade-Bestand) im Archiv der sozialen Demokratie der Friedrich-Ebert-Stiftung.* Dipl.-Arbeit der FH Potsdam, 1996, S. 38–40. — 5 Paul Mayer: »Der Stockholmer Dokumentenfund. Das Archiv der SOPADE«. In: *Internationale wissenschaftliche Korrespondenz zur Geschichte der deutschen Arbeiterbewegung* H. 15 (April 1972), S. 46–48; Rönnefarth, Aktenüberlieferung (s. Anm. 4), S. 37. — 6 Friedrich-Ebert-Stiftung: *Jahresberichte 1968*, S. 11, und *Jahresberichte 1971*, S. 34. — 7 Im Einzelnen handelt es sich um folgende Bestände: Exil-SPD/Sopade, Sopade/Vorstandsprotokolle, Sopade/Bestand Erich Ollenhauer, Sopade/Bestand Erich Rinner, Sozialistische Arbeiterpartei/SAP, Internationaler Sozialistischer Kampfbund/ISK und Sozialistische Jugend-Internationale/SJI. — 8 Heinz Boberach, Patrik von zur Mühlen, Werner Röder und Peter Steinbach (Hg.): *Quellen zur deutschen politischen Emigration 1933–1945.* München 1994. Vgl. hierzu Archiv der sozialen Demokratie: *Bestandsübersicht.* Bonn 1994. — 9 Erich Matthias: *Sozialdemokratie und Nation. Ein Beitrag zur Ideengeschichte der sozialdemokratischen Emigration in der Prager Zeit des Parteivorstandes.* Stuttgart 1952; Lewis J. Edinger: *Sozialdemokratie und Nationalsozialismus. Der Parteivorstand der SPD im Exil von 1933–1945.* Hannover – Frankfurt/M. 1960. — 10 Hanno Drechsler: *Die Sozialistische Arbeiterpartei Deutschlands (SAPD). Ein Beitrag zur Geschichte der deutschen Arbeiterbewegung am Ende der Weimarer Republik.* Meisenheim/Glan 1965. – Kurt Kliem: *Der sozialistische Widerstand gegen das Dritte Reich, dargestellt an der Gruppe »Neu Beginnen«.* Phil Diss. (hekt.). Marburg 1957; Werner Link: *Geschichte des*

Internationalen Jugendbundes (IJB) und des Internationalen Sozialistischen Kampfbundes (ISK). Ein Beitrag zur Geschichte der Arbeiterbewegung in der Weimarer Republik und im Dritten Reich. Meisenheim/Glan 1964; Karl Hermann Tjaden: *Struktur und Funktion der »KPD-Opposition« (KPO). Eine organisationssoziologische Untersuchung zur »Rechts«-Opposition im deutschen Kommunismus zur Zeit der Weimarer Republik.* Meisenheim/Glan 1964. — **11** Willy Brandt: *Draußen. Schriften während der Emigration.* Hg. von Günter Struwe. Bad Godesberg 1966. — **12** *Widerstand, Verfolgung und Emigration 1933–1945.* (Referate auf der Tagung des Forschungsinstituts der Friedrich-Ebert-Stiftung vom 25.-30. September 1966 in Bergneustadt, hekt.). Bad Godesberg 1967. — **13** Forschungsinstitut der Friedrich-Ebert-Stiftung (Hg.): *Die deutsche politische Emigration 1933–1945. Katalog zur Ausstellung.* Bonn-Bad Godesberg 1972. — **14** Erich Matthias (Hg.): *Mit dem Gesicht nach Deutschland. Eine Dokumentation über die sozialdemokratische Emigration. Aus dem Nachlaß von Friedrich Stampfer, ergänzt durch andere Überlieferungen.* Bearb. Werner Link. Düsseldorf 1968. — **15** Arnold Sywottek: *Deutsche Volksdemokratie. Studien zur politischen Konzeption der KPD 1933–1946.* Düsseldorf 1971; Frank Moraw: *Die Parole der »Einheit« und die Sozialdemokratie. Zur parteiorganisatorischen und gesellschaftspolitischen Orientierung der SPD in der Periode der Illegalität und in der ersten Phase der Nachkriegszeit 1933–1948.* Bonn – Bad Godesberg 1973; Werner Röder: *Die deutschen sozialistischen Exilgruppen in Großbritannien. Ein Beitrag zur Geschichte des Widerstands gegen den Nationalsozialismus.* Bonn – Bad Godesberg 1968, 2. Aufl. 1973; Klaus Misgeld: *Die »Internationale Gruppe demokratischer Sozialisten« in Stockholm 1942–1945. Zur sozialistischen Friedensdiskussion während des Zweiten Weltkrieges.* Bonn–Bad Godesberg 1976. — **16** Patrik von zur Mühlen: *»Schlagt Hitler an der Saar!« Abstimmungskampf, Emigration und Widerstand im Saargebiet 1933–1935.* Bonn 1979. — **17** Patrik von zur Mühlen: *Spanien war ihre Hoffnung. Die deutsche Linke im Spanischen Bürgerkrieg 1936 bis 1939.* Bonn 1983. — **18** Wolfgang Kießling: *Exil in Lateinamerika* (Kunst und Literatur im antifaschistischen Exil 1933–1945, Bd. 4). Leipzig 1980. — **19** Patrik von zur Mühlen: *Fluchtziel Lateinamerika. Die deutsche Emigration 1933–1945: politische Aktivitäten und soziokulturelle Integration.* Bonn 1988. — **20** Vgl. Boberach u. a.: *Quellen* (s. Anm. 8), S. 53 f. — **21** Hartmut Mehringer: *Waldemar von Knoeringen. Eine politische Biographie. Der Weg vom revolutionären Sozialismus zur sozialen Demokratie.* München u. a. 1989. — **22** Patrik von zur Mühlen: *Fluchtweg Spanien-Portugal. Die deutsche Emigration und der Exodus aus Europa 1933–1945.* Bonn 1992. — **23** Michael Schneider: *Unterm Hakenkreuz. Arbeiter und Arbeiterbewegung 1933 bis 1939.* Bonn 1999. — **24** Erich Brost: *Wider den braunen Terror. Briefe und Aufsätze aus dem Exil.* Hg. von der Friedrich-Ebert-Stiftung. Bearb. von Marek Andrzejewski und Patrik von zur Mühlen. Bonn 2004. — **25** Jan Foitzik: *Zwischen den Fronten. Zur Politik, Organisation und Funktion linker politischer Kleinorganisationen im Widerstand 1933 bis 1939/40.* Bonn 1986. — **26** Beatrix Herlemann: *Auf verlorenem Posten. Kommunistischer Widerstand im Zweiten Weltkrieg. Die Knöchel-Organisation.* Bonn 1986. — **27** Sybille Quack: *Zuflucht Amerika. Zur Sozialgeschichte der Emigration deutsch-jüdischer Frauen in die USA 1933–1945.* Bonn 1995. — **28** Sabine Lemke-Müller: *Ethik des Widerstands. Der Kampf des Internationalen Kampfbunds (ISK) gegen den Nationalsozialismus.* Bonn 1996. — **29** William Smaldone: *Rudolf Hilferding. Tragödie eines deutschen Sozialdemokraten.* Bonn 2000. — **30** Ursula Bitzegeio: *Über Partei- und Landesgrenzen hinaus. Hans Gottfurcht (1896–1982) und die gewerkschaftliche Organisation der Angestellten.* Bonn 2009. — **31** Karin Gille-Linne: *Verdeckte Strategien. Herta Gotthelf, Elisabeth Seibert und die Frauenarbeit der SPD 1945–1949.* Bonn 2011. — **32** Marlis Buchholz und Bernd Rother (Hg.): *Der Parteivorstand der SPD im Exil. Protokolle der Sopade 1933–1940.* Bonn 1994 (überwiegend aus ehem. DDR-Archiven, nur teilweise AdsD); Bernd Stöver: *Berichte über die Lage in Deutschland. Die Lagemeldungen der Gruppe Neu Beginnen aus dem Dritten Reich 1933–1935.* Bonn 1996; Ludwig Eiber: *Die Sozialdemokratie in der Emigration.* Bonn 1998. — **33** Willy Brandt: *Hitler ist nicht Deutschland. Jugend in Lübeck – Exil in Norwegen 1928–1940.* Bearb. von Einhart

Lorenz (= Berliner Ausgabe, Bd. 1). Bonn 2002; Willy Brandt: *Zwei Vaterländer. Deutsch-Norweger im schwedischen Exil – Rückkehr nach Deutschland 1940–1947*. Bearb. von Einhart Lorenz (Berliner Ausgabe, Bd. 2). Bonn 2000. — **34** Vgl. den Ausstellungskatalog *Nein zu Hitler! Sozialdemokratie und Freie Gewerkschaften in Verfolgung, Widerstand und Exil 1933–1945*. Bonn 2008. — **35** *Neuer Nachrichtenbrief der Gesellschaft für Exilforschung e. V.* Nr. 37 (Juni 2011), S. 15 f.

Primus-Heinz Kucher

Exilforschung in Österreich
Rückblick, Zwischenbilanzen und Versuch eines Ausblicks.[1]

I »Unzugehœrig« – Anfänge und Versäumnisse: österreichische Exilforschung bis in die späten 1980er Jahre.

Im Bereich individueller Kontakte, jenem der (sehr partiellen) Rezeption der im Exil entstandenen Literatur und der Exilkultur (Theater, Musik, Film) lassen sich bereits um 1946 fragile, bald aber zurückgestellte Bemühungen um ein Gespräch ausmachen:[2] Als bekanntere Beispiele figurieren Otto Basils Bemühungen, Autoren wie Hermann Broch oder Theodor Kramer in seiner Zeitschrift *Plan* (1945–1948) vorzustellen, Willy Verkaufs aus Jerusalem nach Wien transferierter Verlag, die Zeitschrift *Österreichisches Tagebuch* oder Viktor Matejkas vielfältige Kontaktaufnahmen ins Exil. Es sind Bemühungen, die von Irritationen und Verletzungen auf der einen Seite ebenso geprägt waren wie von kulturpolitisch lange nachwirkenden exilfeindlichen Ressentiments auf der anderen, von einem, so Thomas Bernhard, nationalsozialistisch-katholisch-provinziellen Bodensatz. Um die wissenschaftliche Befassung mit dem Exil, um den Stellenwert wie die materiellen und intellektuellen Möglichkeiten universitärer Forschung zu allen Bereichen der Exilkultur und der ins Exil vertriebenen Wissenschaft war es ebenfalls lange Zeit schlecht, ja im Grunde beschämend bestellt.

Sieht man von vereinzelten frühen Dissertationen ab, so bleibt festzuhalten, dass erst in den 1970er Jahren, nach der Initialzündung des 1975 vom Dokumentationsarchiv des österreichischen Widerstands (DÖW) und der Dokumentationsstelle für Österreichische Literatur (DOKU) organisierten Exilsymposiums (siehe dazu den Beitrag von Helmut Müssener), über Ausstellungen und nachfolgende Tagungen seit den späteren 1980er Jahren schrittweise die wissenschaftliche Beschäftigung mit dem Exil eingesetzt hat.[3] Ohne wichtige Anstöße durch die außeruniversitäre Forschung, durch Ausstellungs- und Dokumentationstätigkeit, insbesondere aus dem Umfeld des DÖW und der DOKU, unterstützt durch Exilkontakte der Österreichischen Gesellschaft für Literatur (ÖGL) sowie, für den Bereich des Wissenschaftsexils, von Einrichtungen wie dem Institut für Wissenschaft und Kunst (iwk), aber auch ohne das Auf- und Eintreten jüngerer Schriftsteller und kritischer Stimmen, die ihre Prägungen in der Post-1968er Geschichte Österreichs, in Widerstands- und Antifaschismuszirkeln erhalten haben, wären vermutlich manche der nachfolgenden Initiativen (zum Beispiel Gründung von Gesellschaften in den 1980er Jahren, die sich mit Autorinnen und Autoren, mit den kulturellen und wissenschaftlichen Leistungen des Exils, deren [Nicht]Rezeption und Wirkungsästhetik befassen), Dissertationen und Publikationen nicht zustande gekommen. Diese schwierigen Anfänge, die selbstlos von Stimmen aus dem Exil gefördert wurden (Mimi Grossberg, Elisabeth Freundlich, Erich Fried, Peter Heller, Felix Kreissler, Hilde Spiel, Harry Zohn, dem späten Remigranten Leon Askin und viele andere mehr), einschließlich polemischer Zwischenrufe (Strelka/Zeman)[4], sind mittlerweile gut dokumentiert und müssen hier nicht im Detail rekapituliert werden.[5]

In Erinnerung sind freilich einige Wegmarken zu rufen, etwa ein Schlüsseltext, der die literaturwissenschaftliche Befassung mit Autoren der Zwischenkriegszeit in Wien wie in Berlin um die Erfahrung des Exils angereichert hat: die Alfred-Polgar-Biografie von Ulrich Weinzierl, hervorgegangen aus einer Dissertation an der Universität Wien 1977, die in ihren überarbeiteten Buchauflagen von 1985 beziehungsweise 1995 auch eine erfreuliche Resonanz und Wirkung nach sich gezogen hat.[6] Als weiterer Meilenstein in der (literatur)wissenschaftlichen Beschäftigung mit Exilfragen ist die Studie von Klaus Amann über den P.E.N. von seiner Gründung 1923 bis in die frühen 1970er Jahre anzuführen. Eine Studie, die nicht nur institutionsgeschichtlich österreichische Spezifika thematisiert (etwa im Zuge des Kongresses von Ragusa/Dubrovnik 1933), sondern auch das faszinierende Spektrum sehr differenter Exil- und Remigrationsbiografien und kulturpolitisch bedeutender Protagonisten (David Josef Bach, Hermann Broch, Franz Theodor Csokor, Ernst Fischer, Robert Neumann, Arthur Koestler, Friedrich Torberg und andere) erstmals zur Diskussion stellt.[7]

Aber erst in den späteren 1980er Jahren, im Kontext gestiegenen Interesses an der österreichischen Kultur von außen, d.h. zunächst aus dem Umfeld des Fin-de-siècle-Booms (Allan Janik, Carl Emil Schorske, Stephan Edelston Toulmin, Jacques Le Rider etc.), sowie im Kontext des sogenannten Bedenkjahres 1988 anlässlich der 50. Wiederkehr des »Anschlusses« vom 12. März 1938 konnten zuerst Kollaborations-, Widerstands- und schließlich Exilthemen auch an den Universitäten Fuß fassen. Überwog dabei zunächst der Aspekt der Aufarbeitung der Verstrickung in den Nationalsozialismus, so kamen sukzessive Fragen der Vertreibung, Deportation und des Holocausts zur Sprache und über sie zwangsläufig das Exil, das in diesem Kontext zudem als umfassende politisch-kulturelle, wissenschaftsgeschichtliche und künstlerisch-ästheti-

sche Dimension und Zäsur in den Blick genommen wurde. Die ver-
dienstvollen Sammelbände *Vertriebene Vernunft I* und *II*, herausgegeben und maßgeblich initiiert von Friedrich Stadler, der mit Peter Weible
1993 auch die international wahrgenommene und interdisziplinär konzipierte Großausstellung *The Cultural Exodus from Austria* auf der
Biennale in Venedig wissenschaftlich betreut und kuratiert hat, markierten den Beginn einer breiter und international angelegten Erforschung
des Wissenschaftsexils, legten aber auch für das literarische und künstlerische Exil erste Zwischenbilanzen und dabei beeindruckende Ver-
messungen von Exil- und Migrationsräumen vor.[8] Man kann diese beiden Bände mit Fug und Recht als Grundlage und Ausgangspunkt
nahezu sämtlicher späteren Forschungen zum kulturellen wie zum Wis-
senschafts-Exil im Besonderen ansehen.

Es ist vermutlich kein Zufall, dass 1989 auch die Edition der Nachfolgestudie von Marie Jahoda zu ihrer vielzitierten *Marienthal*-Studie
zustande kam und ihr Herausgeber Christian Fleck in der Folge einen
Forschungsschwerpunkt rund um die ins Exil vertriebene österreichische Soziologie, insbesondere zu Paul Lazarsfeld, Marie Jahoda, aber
auch zu Bruno Bettelheim entwickelt hat.[9] Im selben Jahr legte eine
Gruppe von Psychologen einen Band unter dem Titel *Der Einmarsch in
die Psyche* vor, während ein Sammelband zu Theater- und Kulturkon-
zeptionen im Exil verstreute programmatische Texte wieder zugänglich
machte und die Österreichische Gesellschaft für Musik die Tagung *Österreichische Musiker im Exil*, versehen mit einer Publikation der Vorträge, durchführte.[10] Ebenfalls 1988/89 stellte sich das Wiener Juridi-
cum in Form eines Seminars unter dem Titel *Nationalsozialismus und
Recht* erstmals den Verstrickungen von Kollaboration, Nicht-Remigration und Vertreibung seiner vielen 1938, zum Teil aber schon vorher in
die Emigration gedrängten und gezwungenen Kollegen wie zum Beispiel Albert A. Ehrenzweig oder Hans Kelsen.[11]

Exil und (meist gescheiterte) Remigration waren schließlich das
Thema einer ersten großen universitären Exiltagung 1988 in Innsbruck.
Neben Grundfragen wie Exildauer, Heimkehr, Identität, Autobiografie,
organisationssoziologischen Aspekten des Exils sowie zwölf Fallstudien zu Autorinnen und Autoren kamen dabei, wie bereits in den Bänden *Vertriebene Vernunft*, auch Zeitzeugen zu Wort. Der Tagungsband,
1991 unter dem Titel *Eine schwierige Heimkehr* erschienen, ist daher
auch als Quellen- und Forschungsband von Interesse und lieferte einen
ersten Zwischenstand literaturgeschichtlicher Forschung zum Exil.[12]

Zu den Schlüsseltexten, die in der Folge maßgeblich zur Ausdiffe-
renzierung und Sensibilisierung der österreichischen Exilforschung beigetragen haben, zählte zweifellos der schmale, aber aufrüttelnde Band *Un-*

zugehörig von Ruth Beckermann, der 1989 die besondere Situation der jüdischen Opfer und ins Exil Vertriebenen sowie die fortwährende Verdrängung von Vertreibung, Arisierung und Vernichtung nach 1945 und den fortbestehenden latenten wie offenen Antisemitismus herausgearbeitet hat – einen Antisemitismus, den zehn Jahre später Robert Schindel als hinterhältiges »Täuschungsverhältnis« bezeichnete.[13]

Sieht man von einigen wenigen Einzeldisziplinen in den Naturwissenschaften, der Medizin sowie der Kunstgeschichte ab, so markierten die Jahre 1988–1990 eine Zäsur in der wissenschaftlichen und öffentlich wirksamen Beschäftigung mit Aspekten des Exils und der Remigration. Dieser Charakter einer Zäsur ergab sich nicht zuletzt vor dem Hintergrund der über das Dokumentarische hinausreichenden Intentionen und Implikationen dieser Forschungsarbeiten, denn sie brachen gängige politische Legitimations- und Diskursmuster auf, die das Selbstverständnis des Staates und der Nachkriegsgesellschaft wesentlich ausmachten. Sie kommentierten den *morbus austriacus* und stellten nachhaltig infrage, was zum Selbstverständnis der politischen Eliten in diesem »Land ohne Eigenschaften« (Robert Menasse) zählte. Dazu gehörte auch die These, das erste Opfer der NS-Aggression gewesen zu sein bei gleichzeitiger Verdrängung vielfacher Verstrickungen in den NS-Mordapparat, ferner die bürokratisch-rechtliche Privilegierung der Täter gegenüber den Opfern, insbesondere bei Restitutionsverfahren und somit die fortbestehende Marginalisierung des Exils.

Zu den langsam sich ändernden Wahrnehmungen von Vertreibung und Exil, von Antisemitismus, der Shoah und den jüngeren Restitutionsdebatten haben erste herausragende, oft mit dem Odium des Skandalösen belegte literarische Texte und die sie begleitenden Positionierungen von Autoren in der Öffentlichkeit beigetragen. Genannt seien nur Elfriede Jelineks *Burgtheater* (1984), Thomas Bernhards *Heldenplatz* (1988), Hilde Spiels *Anna und Anna* (1988) oder Albert Drachs Neuauflage seiner *Unsentimentalen Reise* (1988). Hinzu kommen Erich Frieds Einsatz für die Exilforschung, zum Beispiel rund um die Zeitschrift *Aufrisse*, oder Erich Hackls mit Faschismus, Exil und Shoah verknüpfte Romanbiografien seit *Auroras Anlass* (1988), aber auch sein beharrliches Eintreten für Texte aus dem beziehungsweise über das Exil in Form von Besprechungen in der Tagespresse und in Literaturzeitschriften.

II Aufbrüche in beziehungsweise seit den 1990er Jahren

Im Anschluss an die genannten Projekte und Publikationen Ende der 1980er Jahre etablierten sich auch an den österreichischen Universitäten verschiedene informelle Forschungsschwerpunkte beziehungsweise Forschungsvorhaben, deren gemeinsames Merkmal unter anderem darin bestand, aus der Not mangelnder Forschungsinfrastrukturen heraus Kooperationen mit außeruniversitären Institutionen wie Exilgesellschaften, Literaturarchiven, Literaturhäusern, kulturellen Vereinigungen und Bibliotheken eingehen und entwickeln zu müssen. Aus diesen Kooperationen und Projekten entstand weitgehend das, was wir heute als österreichische Exilforschung ansehen können – dem Prekären abgerungene, sich selbst organisierende und vernetzende Arbeitsfelder, die mitunter temporäre und detaillierte Clusterbildungen hervorgebracht haben oder zumindest das Potenzial hierfür besäßen.

Den Anfang bildete nach früheren kurzlebigen Initiativen das 1990 erstmals erschienene Jahrbuch der *Theodor Kramer Gesellschaft* (TKG) unter dem Reihentitel *Zwischenwelt*, das Beiträge von Schriftstellern wie zum Beispiel Anna Krommer, Michael Guttenbrunner, Janko Messner, Hans Raimund, Willy Verkauf-Verlon, von Künstlern und Literaturwissenschaftlern versammelte.[14] Mittlerweile liegen zwölf Bände vor, darunter mehrere, die den jeweiligen Forschungsstand zu einem Thema abgesteckt und mitgeschrieben haben wie zum Beispiel Band 4 zur *Literatur und Kultur des Exils in Großbritannien* (1995), Band 6 zum Thema *Innere Emigration in Österreich* (1998) oder Band 8 zur *Jiddischen Kultur* (2003). Rund 30 weitere Buchpublikationen des Verlags der TKG, darunter etliche in Kooperation mit externen Verlagen wie zum Beispiel dem Rimbaud Verlag, und die seit 1984 bestehende, vierteljährlich erscheinende Zeitschrift *Zwischenwelt* (ursprünglich: *Mit der Ziehharmonika*), runden diese Forschungs- und Publikationstätigkeit eindrucksvoll ab.[15] Als eines der bahnbrechenden Ergebnisse kann darunter das im Jahr 2000 vorgelegte *Lexikon der österreichischen Exilliteratur* angesehen werden.[16]

Aus einem Fotoausstellungsprojekt an der DOKU (dem heutigen *Literaturhaus*) und damit einhergegangenen Begleitveranstaltungen kristallisierte sich 1992 die Idee zum Aufbau einer Bibliothek der österreichischen Exilliteratur (ÖEB) heraus, die 1993 als eigene Abteilung durch das Bundesministerium für Unterricht und Kunst eingerichtet wurde.[17] Vom Selbstverständnis her versteht sich die ÖEB als »Forschungs-, Dokumentations- und Serviceeinrichtung«, die über Daten- und Materialspeicherung hinaus auch und gerade die »Verbindung zu den Überlebenden«, eine vitale Diskussion zwischen Exil und Postexil zu ihren vordringlichen Anliegen gemacht hat, sichtbar in zahlreichen Ausstellungen, Einzelveranstaltungen, Publikationen, in der Abhaltung der Internationalen Erich-Fried-Tage sowie in der Mitbetreuung akademischer Abschlussarbeiten.[18] So vielfältig die Initiativen und Projekte in den letzten 20 Jahren auch waren und die Begleitpublikationen zu den Ausstellungen dokumentieren dies eindrucksvoll, so sind neben den Fried-Tagungen weitere durch Publikationen ausgewiesene Schwerpunkte rund um einen Kreis von Autorinnen und Autoren entstanden, zum Beispiel zu Mimi Grossberg, Jakov Lind, Lore Segal und Fred Wander sowie zu übergreifenden Themen wie Lateinamerika, Theater und Film oder Kinder- und Jugendliteratur.[19] Schließlich verfügt die DOKU / ÖEB mittlerweile über einen (Teil-)Nachlassbestand zu gut 20 Autorinnen und Autoren sowie Einzelmaterialien zu über 2000 Personen und Stichworten, inklusive aktueller, kontrovers geführter Debatten (Restitution, Kunstraub, Gedenkstätten, Walser-Debatte etc.).

In den 1990er Jahren legte das DÖW, dessen Aufgabenfeld Nationalsozialismus und Widerstand auch die traumatischen Erfahrungen der Vertreibung und der Shoah sowie Aspekte der Remigration forschungspolitisch einschließt, drei wichtige Quellen- und Dokumentationsbände zu zentralen Räumen des österreichischen Exils in der Reihe *Österreicher im Exil* vor: zu Großbritannien (1992), zu den USA (1995) und zur Sowjetunion (1999), welche an die früheren Bände zu Frankreich (1984) und Belgien (1987) anschlossen.[20] Ergänzend dazu sind die vor Kurzem recherchierten Länderschwerpunkte in der Zeitschrift *Zwischenwelt* zu sehen, insbesondere zu den kleineren, weniger bekannten, partiell mit Widerstands- und Untergrundexistenz verbundenen Fluchträumen wie zum Beispiel dem Exil in Ungarn (bis 1944) oder jenem in Jugoslawien sowie Ausstellungs- und Erinnerungsprojekte im *Literaturhaus*, zuletzt etwa zum Exilraum Island. Zu Italien liegt ebenfalls ein neuerer Band vor, der Einzelanalysen und Zeugnisse versammelt, ferner zu Palästina / Israel unter dem anspielungsreichen Titel *Exil in der Heimat* sowie zu Shanghai, das seit dem Erinnerungsbuch *Shanghai Passage* von Franziska Taussig (1987) schon gut erschlossen ist.[21] Zwischen 1995 und 2007 betreute das DÖW außerdem das Projekt *Gedenken und Mahnen*, das nicht nur Gedenkstätten konzipierte und realisierte, sondern diese auch wissenschaftlich dokumentierte, so mit dem Band *Gedenken und Mahnen in Wien 1934–1945* (1998) oder dem *Theresienstädter Gedenkbuch* (2005).[22]

Anzuführen sind hier schließlich rund 20 Gespräche und Vorträge im Rahmen der *Wiener Vorlesungen* seit Mitte der 1980er Jahre, die einen Versuch der Anerkennung herausragender Exilpersönlichkeiten und damit eine Form intellektueller Remigration darstellen. Der Exilforschung erschlossen sie über begleitende Publikationen Texte, Erfahrungswelten und Zugänge, die auch die Forschungsdiskussion belebten und begleitet waren von Ausstellungs- und Rechercheprojekten, insbesondere in den Bereichen Kunst und Film.[23]

Nach den Tagungsbänden *Vertriebene Vernunft I* und *II* forcierte Ende der 1990er Jahre auch das iwk, das über seine *iwk-mitteilungen* seit 1987 regelmäßig Beiträge zur Exilforschung vorgelegt hat, weiterhin Schwerpunkte im Bereich des Themenfeldes Exil-Remigration und zwar im Umfeld der Biografieforschung, zu der unter anderem bedeutende Datenbanken erstellt wurden. Wichtige Forschungsfelder bildeten fortan die Bereiche Kinder- und Jugendliteratur, wie dies mehrere durch den Jubiläumsfonds der Nationalbank geförderte abgeschlossene beziehungsweise noch laufende Forschungsprojekte dokumentieren, sowie die 2005 eingerichtete begleitende Buchreihe *biografiA* (9 Bände bis 2012).[24]

Für den Bereich der vertriebenen Musik hat schließlich der *Verein Orpheus Trust* (1996–2006) wegweisende Sammlungs- und Forschungsarbeiten vorangetrieben, so über das von Primavera Driessen Gruber durchgeführte FWF-Projekt *Verfolgte Musik*, oder mittels Veranstaltungen vielfach ausgeblendete kulturelle und künstlerische Kontexte in die öffentliche Wahrnehmung gerückt und zudem eine Datenbank zu rund 5000 Musikschaffenden mit mehr als 13000 Werken erstellt. Aufgrund ausgebliebener notwendiger Förderungen und des Desinteresses ministerieller wie universitärer Institutionen wurde der Gesamtbestand im August 2006 der Akademie der Künste in Berlin übergeben – eine je nach Blickwinkel erfolgreiche oder ernüchternde Bilanz österreichischer Wissenschafts- und Kulturpolitik.[25]

Vor diesem Hintergrund bildeten sich auch an den Universitäten die bereits erwähnten informellen Schwerpunkte zur Exilforschung heraus. Konnte man dabei einerseits den Umstand, dass etliche Mitwirkende an den Projekten zum Wissenschaftsexil sich in den späten 1990er Jahren oder danach habilitierten und entsprechende universitäre Positionen errangen, als Glücksfall betrachten, so gelang es andererseits leider nicht, eine übergreifende universitäre Forschungsstrategie zum Themenfeld Exil innerhalb der Institution zu entwickeln, etwa in Form eines Sonderforschungsbereichs oder eines Doktorandenkollegs. Immerhin war es möglich, im Rahmen von Einzelforschungsprojekten einige der größten Desiderata aufzuarbeiten. Dies traf zum Beispiel auf die gerade für Österreich vor und nach 1934/1938 vitale Sphäre der Publizistik mit ihren zahlreichen Schnittflächen zum Feuilleton, zur Literatur- und Kulturkritik zu – wie die Anthologie *Vertriebene Wahrheit* eindrucksvoll aufzeigt – sowie auf die längere Zeit wenig goutierten Bemühungen, die prominente Wiener Wissenschaftstheorie und Sozialforschung zurückzuholen beziehungsweise im Wissenschaftsbetrieb überhaupt erst wieder zu verankern.[26] Auch im Bereich des Theaterexils und der Remigration von Exiltheater und Exilkabarett konnten zum Teil in Kooperation mit Exilgesellschaften, wichtige Vorhaben realisiert werden, so im Umfeld von Berthold und Salka Viertel.[27]

Dass es unter den Universitäten eher jene der Peripherie waren (Innsbruck, Klagenfurt, Salzburg), an denen sich informelle Schwerpunkte und zwar vorwiegend in literaturwissenschaftlich-kulturhistorischer Perspektive etablieren und, in Grenzen, institutionelle Unterstützung finden konnten, überrascht nur auf den ersten Blick. Es lässt sich einerseits mit der bereits entwickelten außeruniversitären Forschungsinfrastruktur in Wien, andererseits mit den Schwierigkeiten, außeruniversitäre Initiativen in der Peripherie umzusetzen, erklären, wobei Innsbruck mit seiner bereits erwähnten Tagung *Eine schwierige Heimkehr* (1988) gefolgt von einer weiteren in Kooperation mit der TKG und dem Brenner-Archiv über *Literatur in der Peripherie* eine Vorreiterrolle zukam.

An der Universität Wien entstanden zwar eine Reihe von Diplomarbeiten und Dissertationen aus verschiedenen exilrelevanten Bereichen, doch tendenziell brauchte es lange, um erkennbare Schwerpunkte zu formieren. So konzentrierte sich die Zeitgeschichtsforschung in den 1990er Jahren deutlicher auf Aspekte der Analyse des NS-Apparates in Österreich und auf Fragen des Widerstands als auf Exil-Remigration. Allerdings konnte über die Gründung des *Österreichischen Literaturarchivs* (ÖLA, 1996) an der Österreichischen Nationalbibliothek in Kooperation mit dem Institut für Germanistik und dem seinerzeitigen Mentor Wendelin Schmidt-Dengler Beachtliches auf dem Gebiet der Sicherung und Aufbereitung von Nachlassbeständen (Alfredo Bauer, Albert Drach, Erich Fried, Ödön von Horváth, Hilde Spiel, Manès Sperber und andere) geleistet werden. Neben den bereits erwähnten Bemühungen um das Wissenschaftsexil als dem wohl konstantesten Exilforschungsbereich[28] hat in den letzten Jahren auch die Wiener Zeitgeschichte über die Einrichtung der Schwerpunkte *Visuelle Zeit- und Kulturgeschichte*, in deren Rahmen 2009 eine international und interdisziplinär ausgerichtete Feuchtwanger-Tagung organisiert wurde, sowie *Diktaturen, Gewalt und Genozide* dem Themenkomplex Vertreibung-Exil Aufmerksamkeit gewidmet.[29] Dies kann für den Forschungsbereich Vertriebene Pädagogik mit seinen vielfältigen theoretisch-methodischen, aber auch sozialpolitischen Implikationen, leider nicht gesagt werden. Dass die einst international viel beachtete Wiener Reformpädagogik seit 1934 / 1938 im Exil war, steht außer Frage, ebenso, dass sich ihr nach 1945 nahezu keine Rückkehrmöglichkeiten eröffnet haben, obgleich etwa Siegfried Bernfeld solche mit Viktor Matejka 1946 diskutiert hat.[30] Am Standort Graz ist wiederum über mehrere Jahre einlässlich zu österreichischen Schriftstellern im Nationalsozialismus geforscht worden, während Exilfragen eher über die vom Franz-Nabl-Institut mitkoordinierte Buchreihe *Dossier extra* (etwa zu Albert Drach und Veza Canetti) sowie in individuellen Forschungsvorhaben, etwa zu Lebenswegen und Karrieren von österreichischen ExilantInnen in den USA und Kanada, aufgegriffen wurden.[31]

III Von »Brüchen & Brücken« zum gegenwärtigen Status quo

Das bisher skizzierte heterogene und vielgestaltige institutionelle Spektrum der österreichischen Exilforschung dokumentiert eine thematische und methodisch-theoretische Verbreiterung und Vertiefung von Fragestellungen und Herangehensweisen einerseits, zum Beispiel durch kontinuierliche Reflexion des Exilbegriffs in Richtung (sprach-kultureller) Transkulturalität, und von Immigrationserfahrungen durch exemplarische Exilbiografien (Jakov Lind, Frederic Morton, Tuvia Rübner, Hilde Spiel) andererseits. Ferner zielt die Forschung durch Integration bislang vernachlässigter alltagskultureller Aspekte auch auf genderrelevante und kulturkomparatistische Fragestellungen, die tendenziell die frühen dokumentarischen Rekonstruktionsbemühungen um Ansätze aus der neueren Gedächtnis- und Erinnerungskulturforschung anzureichern versprechen. Allerdings erlaubt dieses heterogene Spektrum nur ungefähre Prognosen über künftige Forschungsperspektiven und intendierte Schwerpunktbildungen und muss sich auf die vorliegenden programmatisch ausgerichteten Forschungszwischenbilanzen beschränken. Einen wichtigen Schritt in Richtung Anbindung an die internationale Diskussion und Diskursvielfalt stellte zweifellos die Gründung der *Österreichischen Gesellschaft für Exilforschung* (öge) 2003 dar, welche dem Selbstverständnis nach Plattform für alle Institutionen sein will, die sich im weitesten Sinn der Exilforschung verschrieben haben. Programmatisch in diesem Sinn war das 2004 abgehaltene Symposium unter dem Titel »Brüche & Brücken« an der Universität Wien angelegt, das den Akzent auf die Nicht-Remigration und deren Konsequenzen für den Wissenschafts- und Kulturbereich legte, sowie von grundsätzlichen Reflexionen über Perspektiven der Exilforschung begleitet war. So hat zum Beispiel Erika Weinzierl, Doyenne der österreichischen Zeitgeschichtsforschung, das noch immer mangelnde »gesellschaftliche Bewusstsein von der Bedeutung des Exils« in der medialen und politischen Öffentlichkeit beklagt und in ihm einen Faktor für den weiterhin prekären Stellenwert in der Forschungslandschaft ausgemacht. Friedrich Stadler wiederum hat auf die »verdeckte Wirkungsgeschichte« der Remigration, d. h. deren Niederschlag in der Gründung wichtiger außeruniversitärer Institutionen (iwk, Forum Alpbach, DÖW) hingewiesen, aber auch strukturelle Zusammenhänge zwischen dem historischen Exil-Remigrations-Komplex mit gegenwärtigen Problemen globaler Vertreibungs- und Migrationserfahrungen als komparatistisch aufschlussreiche Forschungsaufgaben sowie eine stärkere Einbeziehung der Shoah in die Remigrationsthematik in den Raum gestellt.[32] Unter die Forderung einer eingehenden Reflexion des Subjektstatus versus eines positivistischen Materialstatus in Exilkontexten und deren Erforschung stellte schließlich Konstantin Kaiser seinen einleitenden Beitrag. Fast im Sinn einer impliziten Antwort darauf hat Frederic Morton seine Amerikaintegration mit der Entdeckung von subjektzentrierten Defiziten nach erfolgter Joseph-Roth-Lektüre und der Notwendigkeit, sein Schreibexil zu definieren, verknüpft: »I encountered more of the sudden deficits, the ambushes, the treacherous ubiquity of exile. In fact, my own writing exile was a theme that I could not escape.«[33]

Eine Vorbemerkung der HerausgeberInnen listet schließlich zehn leitende, übergreifende und für künftige Forschungsarbeiten als relevant erachtete Fragen auf, die durchweg auf strukturelle Aspekte nicht oder kaum erfolgter Remigration, auf diskursive Verhandlungsmuster und habituelle Kontexte ebenso wie auf institutionelle Bedingungen politischer wie kultureller Natur abzielen. Die Beiträge des Bandes selbst, die nebenbei auch die Exiltopografie um Länder und Orte wie Irland, Buenos Aires und die Philippinen ergänzen und ein repräsentatives Spektrum des wissenschaftlichen und künstlerischen Exils aufreißen, stellen sich diesen programmatischen Prämissen, sind dabei aber von unterschiedlichen Forschungsansätzen und -voraussetzungen geprägt. Konzentrieren sich einzelne Beiträge auf bislang noch nicht erschlossene Themenfelder, etwa auf den Anteil der Frauen unter den vertriebenen Physikern des Wiener Instituts für Radiumforschung oder auf die akademische Ausbürgerung durch Aberkennung von Doktorgraden und der keineswegs einheitlichen Wiedergutmachungsverfahren nach 1945, so verbinden andere ihre Rekonstruktionsarbeit einlässlicher mit Grundsatzfragen zur nicht zustande gekommenen Remigration, die zum Beispiel die einst herausragende, weit über Österreich hinaus diskursdominante Wiener Schule der Psychoanalyse und der Individualpsychologie nach 1945 massiv betroffen hat. Gleichsam paradigmatisch für die wissenschaftspolitische Haltung insgesamt hat diese institutionelle Ignoranz weite Bereiche der universitären wie künstlerisch-kultu-

rellen Realität und Praxis geprägt – eine Haltung, die neben fortbestehenden antisemitischen Ressentiments die Leistungen des Exils aus der
Reorganisierung von Wissenschaft, Kunst und Kultur nach 1945 ausgespart sehen wollte.[34] Dass diese »offene Wunde«, so ein Zwischentitel
im Band, auch zwischen Emigranten und Remigranten mitunter zu
kontroversen und prekären Positionierungen geführt hat, erhellt Evelyn
Adunka in ihrer Fallstudie zur vielfach zersplitterten österreichisch-jü-
dischen Emigration / Alija und zu den nachfolgenden Beziehungen aus
Israel mit der wiedererstandenen Wiener Kultusgemeinde am Beispiel
der rivalisierenden Erinnerungs- und Geschichtskonzepte von Hugo
Gold, Josef Fraenkel oder Jakob Rosenthal.[35] Was in mehreren Beiträgen dabei unausgesprochen mitverhandelt wird, das komplexe Verhältnis zwischen kommunikativen und kulturellen Erinnerungsstrategien
und der Formung von Gedächtnispraxen über die Zeitgenossenschaft
hinaus, stellt sich aufgrund der schon biologisch bedingten Abfolgen
von der ersten zur zweiten und nun bald dritten Generation von ExilantInnen, die meist als ImmigrantInnen sich ihrer Exilgeschichte unter
einer »cross-cultural-identity« zuwenden, bereits heute als überhand-
nehmende Realität dar. Mit den dabei wirksam werdenden narrativen,
inter- und transkulturellen Diskursen und Potenzialen bilden sich Paradigmen heraus, denen sich die Exilforschung auch in Österreich zu
stellen haben wird.[36]

Davon betroffen sind die Text- beziehungsweise Werkzeugnisse, die
sich im Zuge modifizierender Exil- und Postexilerfahrungen verändern
und ausdifferenzieren. Beispielhaft sei hier nur auf Leo Spitzers Erinnerungsbuch und zugleich Ent- beziehungsweise Relokalisierungsbi-
lanz *Hotel Bolivia: The Culture of Memory in a Refugee from Nazism*
(1998) – in seiner deutschsprachigen Ausgabe mit dem subtil differenten
Untertitel *Auf den Spuren der Erinnerung an eine Zuflucht vor dem Nationalsozialismus* (2003) – verwiesen oder auf den im Zuge der Viennale
2011 präsentierten Film *Das Weiterleben der Ruth Klüger* von Renata
Schmidtkunz. Hat die amerikanische Originalausgabe von Spitzers Er-
innerungsspuren vorwiegend die Rekonstruktion des kindheitlichen
Emigrations- und partiellen Immigrationsraumes Bolivien / La Paz im
Blick, so modifiziert sich dieser in der deutschsprachigen insofern, als in
programmatischen Vor- und Nachbemerkungen der Erinnerungs- und
Gedächtnishorizont strukturell auf jüdisch-identitäre Konstellationen
sowie auf jene kulturellen Transfers und überraschenden Bewusstwer-
dungen, aber auch zum Konstruktionscharakter von Erinnerungen aus-
geweitet wird: »Meine erneute Lektüre von ›Hotel Bolivia‹ führte mir
aber auch vor Augen, dass dieses in den Vereinigten Staaten auf Englisch
verfasste Werk eigentlich bereits eine doppelte Übersetzung ist – meine

eigene, subjektive Version mündlicher und schriftlicher Berichte und
Erinnerungen (...)« Sowie: »(...) Die Übertragung meines Buches ins
Deutsche und die Publikation in einer von der Österreichischen Exilbibliothek (...) herausgegebenen Reihe kommt einer Rückkehr zur ursprünglichen Sprache und Kultur gleich.«[37]

IV Exkurs: Germanistik und Exilforschung

Innerhalb der österreichischen Germanistik hat die Exilforschung seit
Ende der 1990er Jahre trotz Fehlens institutioneller Ressourcen – die
einzige der Exilforschung dem Namen nach zurechenbare Stelle existierte zwischen 1999 und 2003 an der Universität Klagenfurt in Form einer Arbeits- und Forschungsstelle für Jüdische Literatur, die bis zu seinem verfrühten Tod Armin A. Wallas innehatte[38] – zumindest punktuell
einige bemerkenswerte Projekte umsetzen und damit den Stellenwert
von Forschungszusammenhängen und Forschungsfragen zur Diskussion stellen können. Zwar wies der Wiener IGV-Kongress 2000 keine eigene Exilsektion im Programm aus und schenkte daher der Exilforschung insgesamt wenig Augenmerk, doch schon 2001 hat die
Österreichische Gesellschaft für Germanistik (ÖGG, damals unter Salz-
burger Vorsitz) ihre Jahrestagung unter das Thema »Judentum und Antisemitismus« gestellt und dazu zwei Publikationen vorgelegt. Diese haben unter anderem Grundfragen der Exilliteratur angesprochen, einen
Schwerpunkt auf die literarische Auseinandersetzung mit der Shoah
gesetzt, Oral history und Biografieprojekte sowie den Stand der
Forschung zum Generalthema innerhalb der Auslandsgermanistik (mit
Österreichschwerpunkt) vorgestellt. Dabei sei, so Johann Holzner,
eine über den »nationalen Forschungsraum Österreich« sowie die traditionellen Periodisierungen hinausgreifende, noch zu schreibende Gesamtdarstellung angemahnt worden, in der »intertextuelle Linien« zur
Gegenwartsliteratur, der Aspekt mehrfacher Migrations- und Akkultu-
rationserfahrungen sowie Identitätskonzepte im Zusammenhang mit einer bewussteren Auseinandersetzung der Exilierten mit jüdisch-öster-
reichischen Kontexten aus dem Exil heraus stärker fokussiert werden
müssten.[39] Dass eine so deutliche Akzentuierung auf Exil-Shoah im
Rahmen der ÖGG möglich war, verdankte sich neben einer flankie-
renden Debatte und Sensibilisierung in der kulturpublizistischen
Öffentlichkeit (Nachwirkungen der Waldheim-Affäre und der Restitu-
tionsprozesse) wesentlich drei größeren universitären Forschungsprojekten: einem Interviewprojekt mit SchriftstellerInnen österreichischer
Herkunft in Israel über Motive der Sprachwahl und der Publikations-

bedingungen (Klaus Müller-Salget / Bernadette Rieger), dem linguistisch ausgerichteten Projekt über das Emigrantendeutsch in Israel in der ersten und zweiten Generation (Anne Betten / Myriam Du-nour / Monika Dannerer), zu dem auch mehrere Dissertationen angefertigt wurden, sowie dem ersten Onlineforschungs- und Dokumentationsprojekt www.literaturepochen.at / exil (Karl Müller und Primus-Heinz Kucher), das 2001 offiziell abgeschlossen, aber in den Folgejahren durch zusätzliche Beiträge weiter ausgestaltet werden konnte.[40]

Für die österreichische Germanistik haben diese Projekte und Tagungen nicht nur wichtige Impulse geliefert, sondern insofern einem Paradigmenwechsel zugearbeitet, als der Stellenwert des Exils als Forschungsfeld an Gewicht und Sichtbarkeit gewinnen konnte, wenngleich entscheidende Karriereschriften und größere Forschungsprojekte nach wie vor die Ausnahmen darstellen.[41] Aus den Entwicklungen der letzten Jahre wird freilich auch immer deutlicher erkennbar, dass sich Forschungsperspektiven über die traditionellen Felder hinaus und damit die nötigen Ressourcen fast nur mehr in interdisziplinären Verbünden und Initiativen gewinnen lassen. Als instruktives Beispiel dafür können die Vernetzungsstrategien an der Universität Salzburg gelten: ausgehend von der Einrichtung der Zeitschrift *Chilufim* (2006) war 2008 die Gründung des überfakultären *Zentrums für Jüdische Kulturgeschichte* möglich, begleitet von der Gründung des *Stefan Zweig Centre*, sodass im Verbund und in Kooperation mit ähnlichen Plattformen, etwa dem Grazer *Centrum für Jüdische Studien*, und Initiativen im Kontext der Zeitschrift *transversal. Zeitschrift für Jüdische Studien* Akzente gesetzt werden können, v. a. im Hinblick auf kompetente theologisch-kulturelle Expertisen zu Exil- und Post-Exilfragestellungen, die in Individualprojekten nicht in vergleichbarem Ausmaß zu gewährleisten sind.[42]

Ein weiteres Beispiel neuartiger Forschungsvernetzung stellt das seit 2006 laufende Projekt *First Letters from Exile / Erste Briefe aus dem Exil* dar, das als Kooperation zwischen dem Bard College (New York) und dem Marbacher Literaturarchiv seinen Ausgang genommen und sich mittlerweile zu einem beachtlichen informellen Forschungsverbund einschließlich österreichischer Mitwirkung entwickelt hat.[43] Im Zuge der Recherchen zur ersten der beiden *First Letters*-Publikationen hat sich gezeigt, dass noch unbearbeitete Nachlassbestände in die Forschung einbezogen und Aspekte des Exil- und Postexilalltags berücksichtigt werden können und müssten. Stichworte sind hierbei: »hybride Kulturen«, »transdisziplinäre Biografien« und »Alteritätsdiskurse«. Diese Gesichtspunkte versprechen komparatistisch fruchtbar zu machende Explorationen und Projekte zu Betrachtungen über die historische Exilerfahrung hinaus hin zu jüngeren, gegenwärtigen Migrationsdebatten im kulturellen wie politischen Kontext, wie sie übrigens in der österreichischen Gegenwartsliteratur durch Texte und Positionierungen von Anna Mitgutsch, Doron Rabinovici, Anna Kim, Hamid Sadr oder Vladimir Vertlib seit gut einem Jahrzehnt in Romanen, Essays oder Interviews bereits vorliegen.

V Resümee und Ausblick

Vor diesem skizzierten Hintergrund sind die bereits angelaufenen Arbeiten für ein von der *öge* und der TKG koordiniertes *Handbuch der Österreichischen Exilforschung* sowie die Vorbereitungen für die Tagung der *öge* zur *Exilforschung zu Österreich. Leistungen, Defizite, Perspektiven* im März 2013 zu sehen.[44] Versucht man abschließend aus dem Dargelegten ein vorläufiges Resümee zu ziehen, so wird man nicht umhinkommen, einerseits der österreichischen Exilforschung der letzten zwei Jahrzehnte eine erstaunliche Leistungsbilanz gemessen an der Aufsplitterung der Ressourcen und der institutionell prekären Absicherungen zuzubilligen. Andererseits zeigen sich neben den angesprochenen strukturellen Schwächen und dem Umstand, dass Exilforschung in Österreich wesentlich außerhalb der Universitäten verankert ist und größere Vorhaben mitunter kompliziert-kakanische Kooperationsformen erforderlich machen, einzelne Bereiche, die nach wie vor systematischer Recherchen bedürfen. Das gilt etwa für die Vertreibung beziehungsweise das Exil der Reformpädagogik sowie Teilaspekte aus dem Kunst- und Architekturbereich, die bereits auf der *öge*-Tagung 2004 eingemahnt wurden.[45] An dieser Stelle muss eingeräumt werden, dass die wissenschaftsinterne Vernetzung zwischen den vorwiegend individuell vorangetriebenen Projekten trotz digitaler Möglichkeiten mitunter suboptimal ist. Sieht man ferner von begleitenden Buch- oder Ausstellungskatalogen ab, so fehlen übersichtliche und leicht zugängliche Dokumentationen leider allzu oft. Aufschlussreich dafür ist die an sich sehr verdienstvolle Projektdatenbank des *Österreichischen Nationalfonds*, die rund eintausend geförderte Einzelprojekte im Schnittfeld zwischen Nationalsozialismus, Widerstand, Holocaust, Exil und Gedenkkultur enthält, eine Datenbank, die Insidern geläufig ist, nicht aber jene (Forschungs-)Öffentlichkeit erreicht, die sie nötig hätte und in der sie weiterführende Kooperationen und Projekte mitinitiieren könnte.

Ohne in Larmoyanz verfallen zu wollen, hat es gelegentlich den Anschein, dass manche der hoffnungsvollen Aufbrüche aus der Phase um 1988–1990 nicht die wünschenswerte Nachhaltigkeit oder Vertiefung erreicht, andere dagegen überraschend anmutende Parallelaktionen gezeitigt haben. Hat etwa 1987 die Publikation *Landschaft des Exils/ Landscape of Exile*, an der Erich Fried, Wieland Schmied und vor allem Georg Eisler mit Aquarellen und grafischen Arbeiten mitgewirkt haben, einladende Aussichten auf die Aufarbeitung der Exilkunst eröffnet, die auch durch die Restitutionsdebatte und Provenienzforschung den Weg in eine breitere Öffentlichkeit geschafft hat[46], so konnte daraus, abgesehen von Ausstellungskatalogen, weder zu Eisler selbst noch zu seinem Freundeskreis (zum Beispiel Ernst Eisenmayer, Ernst Deutsch) ein weiterführendes Forschungsvorhaben entwickelt werden. Auch das interessante Œuvre und die spannende Vita der 1927 in Wien geborenen Malerin Soshana Afroyim, die nach vielen Exiljahren und diversen Migrationsbewegungen seit 1985 wieder in Wien lebt, dürfte nur Insidern bekannt sein und blieb bis dato aus Exilkunstforschungen ausgespart. Unter den Parallelaktionen sei auf das *Orpheus-Trust*-Projekt und ein ähnlich gelagertes zur digitalen Sicherung von Nachlässen von Musikschaffenden durch das *exil.arte-Institut für Analyse, Theorie und Geschichte der Musik und darstellenden Kunst* an der Universität Wien, gefördert durch den Nationalfonds (2008), verwiesen.

Dennoch vermochte die (österreichische) Exilforschung für nahezu alle Wissenschafts-, Kultur- und Kunstbereiche wichtige Akzente zu setzen und das Wesentliche aufzuarbeiten; dass sie auch ihr theoretisch-methodisches Instrumentarium in Zukunft den sich ändernden Bedingungen wie den Entwicklungen im internationalen Forschungsdiskurs anpassen, d.h. produktiv rezipieren wird müssen, liegt auf der Hand. Dabei sind Forderungen nach einer Verlagerung vom kommunikativen Erinnern hin auf ein »rekonstruierendes Gedächtnis«, auf eine Verräumlichung des Exils durch verstärkte Integration visueller Methoden und Materialien sowie eine Forcierung u. a. auch postkolonialer Ansätze gerade der österreichischen Exilforschungspraxis so fremd nicht mehr. Fehlen hierzu zwar aktuellere Theoriedebatten und Positionierungen, so geben die (mitunter ressourcenbedingt erzwungenen) interdisziplinären Kooperationen, die durchaus innovativen Präsentationsformen von Exilthemen, insbesondere am Literaturhaus Wien, am Jüdischen Museum der Stadt Wien, die Netzwerkarbeit der *öge*, die Plattform www.erinnern.at sowie die Initiativen am Zentrum für Jüdische Kulturgeschichte der Universität Salzburg und nicht zuletzt die zahlreichen Einzelprojekte, die durch den Nationalfonds gefördert werden, doch Anlass zur Hoffnung, dass die österreichische Exilforschung auch im kommenden Jahrzehnt den skizzierten Herausforderungen einiges wird abringen können.

1 Dieser Forschungsbericht war ursprünglich gemeinsam mit Ursula Seeber (Literaturhaus Wien, Österreichische Exilbibliothek) geplant, wobei sie sich schwerpunktmäßig den außeruniversitären, der Verf. den universitären Entwicklungen im Bereich der Exilforschung in Österreich widmen wollte. Aufgrund ihrer schweren Erkrankung musste im Jänner 2012 kurzfristig umdisponiert werden, weshalb dieser Bericht keineswegs Vollständigkeit liefern kann bzw. beanspruchen will. Für die anregenden Gespräche mit ihr im Vorfeld dieses Projekts in Wien und für die vielen wertvollen Hinweise möchte der Verf. hiermit herzlich seinen Dank aussprechen. — **2** Vgl. Volker Kaukoreit und Wendelin Schmidt-Dengler (Hg.): *Otto Basil und die Literatur um 1945.* Wien 1998; weiters dazu Willy Verkauf-Verlon: *Mit scharfer Optik.* Wien 1989. — **3** Vgl. z. B. die Dissertationsschrift von Ulrich Weinzierl: *Alfred Polgar. Eine Biographie.* 1977 als Diss. Wien bei W. Schmidt-Dengler (s. Anm. 6). — **4** Vgl. Herbert Zeman (Hg.): *Geschichte der Literatur in Österreich von den Anfängen bis zur Gegenwart.* Bd. 7: *Das 20. Jahrhundert.* Graz 1999, S. 42, sowie Joseph P. Strelka: *Exil, Gegenexil und Pseudoexil.* Tübingen 2003. — **5** Vgl. dazu die Beiträge von Konstantin Kaiser, Heinz Lunzer, Wolfgang Neugebauer und Erika Weinzierl in dem für die Geschichte der österreichischen Exilforschung wichtigen Resümee-Sammelband: Evelyn Adunka und Peter Roessler (Hg.): *Die Rezeption des Exils. Geschichte und Perspektiven der österreichischen Exilforschung.* Wien 2003. — **6** Ulrich Weinzierl: *Er war Zeuge. Alfred Polgar. Ein Leben zwischen Publizistik und Literatur.* Wien 1978; Neuaufl. unter dem Titel: *Alfred Polgar. Eine Biographie.* Wien–München 2. Aufl. 2005. — **7** Vgl. Klaus Amann: *P. E. N. Politik. Emigration. Nationalsozialismus. Ein österreichischer Schriftstellerclub.* Graz–Wien 1984. — **8** Vgl. Friedrich Stadler (Hg.): *Vertriebene Vernunft. Emigration und Exil österreichischer Wissenschaft 1930–1940.* Bde. I und II. Wien–München 1987, bearb. Neuauflage Wien–Münster 2004. Zum literarischen Exil vgl. bes. Bd. II (zit. Aufl. 2004), S. 520–598; Peter Weibel und Friedrich Stadler (Hg.): *Vertreibung der Vernunft. The Cultural Exodus from Austria.* Wien 1993; ferner Ders.: *Kontinuität und Bruch. 1938–1945–1955.* Wien–München 1988, in dem u. a. einer der ersten die Vertreibung ergänzenden und von öffentlichen Kontroversen und Prozessen begleiteten Beiträge zur österreichischen Medizin unter dem NS enthalten ist: Michael Hubenstorf: »Kontinuität und Bruch in der Medizingeschichte. Medizin in Österreich 1938 bis 1955«, S. 299–332. — **9** Marie Jahoda: *Arbeitslose bei der Arbeit. Die Nachfolgestudie zu ›Marienthal‹ aus dem Jahr 1938.* Hg. von Christian Fleck. Frankfurt/M. – New York 1989; M. Jahoda, P. F. Lazarsfeld und H. Zeisel: *Marienthal. The Sociography of an Unemployed Community.* With a new introduction by Christian Fleck. New Brunswick–New York–London 2002; Paul F. Lazarsfeld: *Empirische Analyse des Handelns.* Hg. von Christian Fleck. Frankfurt/M. 2007 bzw. Paul F. Lazarsfeld: *An Empirical Theory of Social Action.* Oxford 2011. — **10** Vgl. Karl Fallend, Bernhard Handlbauer und Werner Kienreich (Hg.): *Der Einmarsch in die Psyche. Psychoanalyse und Psychiatrie im Nationalsozialismus und die Folgen.* Wien 1989 bzw. Peter Roessler und Konstantin Kaiser (Hg.): *Dramaturgie der Demokratie. Theaterkonzeptionen des österreichischen Exils.* Wien 1989. — **11** Vgl. Gernot Heiß, Siegfried Mattl, Sebastian Meissl, Edith Saurer und Karl Stuhlpfarrer (Hg.): *Willfährige Wissenschaft. Die Universität Wien 1938 bis 1945.* Wien 1989. — **12** Johann Holzner, Sigurd Paul Scheichl und Wolfgang Wiesmüller (Hg.): *Eine schwierige Heimkehr. Österreichische Literatur im Exil.* Innsbruck 1991. — **13** Ruth Beckermann: *Unzugehörig. Österreicher und Juden nach 1945.* Wien 1989, S. 10: »Unsere Gefühle und Gedanken, unsere Identität als Kinder der Überlebenden, werden in diesem Land ignoriert und beleidigt«, S. 18: »In diesem Land wurde nach 1945 weder die Verstrickung der Österreicher in den Nationalsozialismus noch die Problematik des Zusammenlebens von Juden und Nichtjuden nach Auschwitz öffentlich diskutiert.« Ferner dazu Robert Schindel: *Schweigend ins Gespräch vertieft. Anmerkungen zu Geschichte und Gegenwart des jüdisch-nichtjüdischen Verhältnisses in den Täterländern.* München 1999, S. 3. — **14** »Über Kramer hinaus und zu ihm zurück« Zwischenwelt. Bd. 1. Hg. von der Theodor Kramer Gesellschaft. Redaktion: Siglinde Bolbecher, Johann Holzner, Konstantin Kaiser, Primus-Heinz Kucher und Willy Verkauf-Verlon. Wien 1990. — **15** Vgl. ferner Bd. 2: *Die Welt des*

Jura Soyfer (1992), Bd. 3: *Literatur in der Peripherie* (mit Schwerpunkten zu Th. Kramer und Hermynia Zur Mühlen), Bd. 5: *Traum von der Realität. Berthold Viertel* (1998), Bd. 7: *Chronist seiner Zeit. Theodor Kramer* (2000), Bd. 9: *Frauen im Exil* (2007), Bd. 10: *Diaspora – Exil als Krisenerfahrung. Jüdische Bilanzen und Perspektiven* (2006), Bd. 11: *Ohnmacht und Empörung* (2008) sowie Bd. 12: *Subjekt des Erinnern?* (2012). Unter den Buchpublikationen des Verlags der TKG sei nur verwiesen auf den Prosaband Stella Rotenbergs *Ungewissen Ursprungs* (1997), auf Marie Frischaufs *Der graue Mann* (2000), auf das *Lexikon der österreichischen Spanienkämpfer 1936–1939* (2003, 2. bearb. Aufl. 2008), auf die Anthologie *In welcher Sprache träumen Sie? Österreichische Exillyrik* (2007). Bei Rimbaud erschienen im Kooperationsprogramm z. B. die Lyrikbände von Ilana Shmueli *Zwischen Jetzt und dem Jetzt* sowie *Scheindele* von Jaffa Zins (beide 2007). — **16** *Lexikon der österreichischen Exilliteratur.* Hg. von Siglinde Bolbecher und Konstantin Kaiser. Unter Mitarbeit von Evelyn Adunka, Nina Jakl und Ulrike Oedl. Wien–München 2000. Es enthält rund 700 Biografien. — **17** Vgl. Ursula Seeber: »Nach dem ›Bedenkjahr‹. Sammeln, Dokumentieren und Publizieren am Beispiel der Österreichischen Exilbibliothek«. In: Adunka und Roessler: *Rezeption des Exils* (s. Anm. 5), S. 121–132. Vgl. auch die Homepage der Exilbibliothek: www.literaturhaus.at/index.php?id=6539 (7.5.2012). — **18** Ebd., S. 124 f. — **19** Das Publikationsspektrum ist auf der Homepage des Literaturhauses leicht einsehbar (s. Anm. 17). Herauszuheben ist allerdings eine der verdienstvollsten Publikationen mit Anschubcharakter für nachfolgende Forschungen, nämlich: Alisa Douer und Ursula Seeber (Hg.): *Wie weit ist Wien: Lateinamerika als Exil für österreichische Schriftsteller und Künstler.* Wien 1995. — **20** Vgl. *Österreicher im Exil. Großbritannien 1938–1945.* Bearb. von Wolfgang Muchitsch. Wien 1992; *Österreicher im Exil. USA 1938–1945.* Bearb. von Peter Eppel. 2 Bde. Wien 1995; *Österreicher im Exil. Sowjetunion 1934–1945.* Bearb. von Barry McLoughlin und Hans Schafranek. Wien 1999; die geänderte Periodisierung geht auf die »Schutzbundemigration« 1934–36 zurück; danach ist noch ein Band zu *Mexiko 1938–1947*, bearb. von Christian Kloyber und Marcus G. Patka, Wien 2002, erschienen. — **21** Vgl. *Zwischenwelt* Nr. 2–3/2007 (Exil in Ungarn), Nr. 1–2/2010 (Exil in Jugoslawien) bzw. Nr. 4/2011 (Exil in Jugoslawien II). Ferner vgl. Evelyne Adunka: *Exil in der Heimat. Über die Österreicher in Israel.* Innsbruck–Wien u. a. 2002; zu Israel vgl. auch Alisa Douer und Edith Blaschitz (Hg.): *Neuland. Israelische Künstler österreichischer Herkunft.* Wien 2001; ferner Christina Köstner und Klaus Voigt (Hg.): *Österreichisches Exil in Italien 1938–1945.* Wien 2009; Helga Embacher und Margit Reiter: »Geschlechterbeziehungen in Extremsituationen. Österreichische und deutsche Frauen im Shanghai der dreißiger und vierziger Jahre«. In: Georg Armbrüster u. a. (Hg.): *Exil Shanghai 1938–1947. Jüdisches Leben in der Emigration.* Berlin 2000, S. 133–146; Elisabeth Buxbaum: *Transit Shanghai. Ein Leben im Exil.* Wien 2008, eine Verbindung aus Familiengeschichte und Rekonstruktion des Exilalltags sowie der Medien-, Kultur- und Kleinkunstszene. — **22** *Gedenken und Mahnen in Wien 1934–1945. Gedenkstätten zu Widerstand und Verfolgung, Exil, Befreiung.* Eine Dokumentation bearb. von Herbert Exenberger und Heinz Arnberger. Wien 1998, sowie *Theresienstädter Gedenkbuch. Österreichische Jüdinnen und Juden in Theresienstadt 1942–1945.* Hg. vom Institut Theresienstädter Initiative/DÖW, Prag 2005. In diesem Zusammenhang ist auch die namentliche Erfassung der österreichischen Holocaustopfer (derzeit 63200) zu erwähnen, die über die Homepage des DÖW zugänglich ist. — **23** Vgl. dazu den Sammelband von Hubert Ch. Ehalt (Hg.): *Ich stamme aus Wien. Kindheit und Jugend von der Wiener Moderne bis 1938.* Weitra 2008; die Vorlesungstexte selbst sind meist separat im Picus-Verlag in einer eigenen Reihe verlegt worden. Wegweisend für den Bereich der ins Exil vertriebenen Fotografie (u. a. Trude Fleischmann, Walter Curtin, Wolf Schuschitzky) war z. B. die von Anna Auer kuratierte Ausstellung 1998 in der Kunsthalle Wien (mit deutsch-englischem Katalog) unter dem Titel *Übersee. Flucht und Emigration österreichischer Fotografen 1920–1940*, dem kurz darauf ein Interviewband folgte: A. Auer: *Fotografie im Gespräch.* Passau 2001. Zum Themenbereich Filmexil vgl. die zahlreichen Projekte von filmexil@synema.at von Brigitte Mayr und Michael Omasta. — **24** Vgl. *iwk-mitteilungen* Nr. 2/1987 (Vergessene und Unbekannte),

Nr. 4/1987 (Erweiterung des Faschismus-Begriffs), Nr. 1–2/1990; unter den Forschungsprojekten seien hier erwähnt: Science Exile/Die österreichische Wissenschaftsemigration –
Ein fächerübergreifendes multimediales Bildungsmodul im Internet (2000–2002, Char-
lotte Zwiauer) sowie das seit 1998 laufende biografiA-Projekt (Susanne Blumesberger, Ilse
Korotin, Johannes Marte u. a.) mit bereits zahlreichen abgeschlossenen Modulen (siehe
www.iwk.at [7.5.2012]) und begleitenden Publikationen, z. B. von Ilse Korotin, Heidi
Schrodt (Hg.): *Gertrud Herzog-Hauser (1894–1953): Klassische Philologin, Universitäts-
dozentin und Schuldirektorin*. Wien 2009. — **25** Vgl. dazu das noch bestehende Onlineportal: www.orpheustrust.at (7.5.2012); unter den neueren Publikationen sei v. a. erwähnt:
Michel Cullin, Primavera Gruber Driessen u. a. (Hg.): *Douce France? Musikexil in Frank-
reich/Musiciens en France 1938–1945*. Wien 2008. — **26** Wolfgang R. Langenbucher und
Fritz Hausjell (Hg.): *Vertriebene Wahrheit. Journalismus aus dem Exil*. Wien 1995; die Studie enthält neben einem ausführlichen Vorwort 75 Primärtexte, deren Verfasser ein Spektrum abdecken, das von G. Anders über B. Frei, E. Fried, A. Kuh, A. Polgar, J. Roth hin zu
B. Viertel und M. Winter reicht. Ferner dazu den Forschungsbericht von Fritz Hausjell:
»Lang ignoriert, aber intensiv nachgeholt. Bilanz und Perspektiven zur Kommunikations-
wissenschaftlichen Erforschung des österreichischen Journalismus im Exil 1933/34–
1945«. In: Adunka und Roessler (Hg.): *Rezeption des Exils* (s. Anm. 5), S. 155–175. Zur
Wissenschaftstheorie vgl. z. B. bereits die frühe (Auswahl-)Edition der Werke von Otto
Neurath: *Gesammelte philosophische und methodologische Schriften*. Bd. 1–2. Hg. von
Rudolf Haller und Heiner Rutte. Wien 1981, sowie die Beiträge von Friedrich Stadler:
»Paul Feyerabend and the Forgotten ›Third Vienna Circle‹« und Michael Schorner:
»Comeback auf Umwegen. Die Rückkehr der Wissenschaftstheorie in Österreich«. In:
Ders. (Hg.): *Vertreibung, Transformation und Rückkehr der Wissenschaftstheorie. Am Bei-
spiel von Rudolf Carnap und Wolfgang Stegmüller*. Wien–Berlin 2010, S. 169–187 und
189–252; hervorgegangen aus einem FWF-Projekt (2005 ff.). — **27** Vgl. Hilde Haider-
Pregler und Peter Roessler (Hg.): *Zeit der Befreiung. Wiener Theater nach 1945*. Wien
2. Aufl. 2001; Katharina Prager und H. Haider-Pregler (Hg.): *»Ich bin nicht gone Hollywood«. Salka Viertel – Ein Leben in Theater und Film*. Wien 2007; Brigitte Dalinger: *»Ver-
loschene Sterne«. Geschichte des jüdischen Theaters in Wien*. Wien 1998; Regine Thumser
und Christian Klösch (Hg.): *From Vienna. Exilkabarett in New York 1938–1950*. Wien
2002 (Begleitbuch zur gleichnamigen Ausstellung im Literaturhaus 2002); Jeanne Benay,
Alfred Pfabigan u. a. (Hg.): *Österreichische Satire 1933–2000. Exil – Remigration – Assimilation*. Bern u. a. 2003; weitere Forschungsarbeiten verzeichnet die Bibliografie bei Ingeborg Reisner: *Kabarett als Werkstatt des Theaters. Literarische Kleinkunst in Wien vor dem
Zweiten Weltkrieg*. Wien 2004, S. 435–438 (Kabarett im Exil, zusammengestellt von Brigitte Puchegger). — **28** Neben den Arbeiten von Ch. Fleck und F. Stadler sei hier noch
hingewiesen auf Kurt Mühlberger: *Vertriebene Intelligenz 1938*. Wien 1993 und Wolfgang
L. Reiter: »Naturwissenschaften und Remigration: Vertreibung ohne Rückkehr«. In: *Austriaca. Cahiers Universitaires d'Information sur l'Autriche*. Rouen, Nr. 56/2003, S. 147–
161. — **29** Vgl. Frank Stern (Hg.): *Feuchtwanger und Exil. Glaube und Kultur 1933–1945.
»Der Tag wird kommen«*. Bd. 2. Oxford–Bern u. a. 2011. — **30** Vgl. Johann Dvorák: »Die
›Gelehrtenrepublik der Arbeit‹. Wissenschaft, Schulreform und Volksbildung im ›Roten
Wien‹ und ihre Zerstörung durch Austrofaschismus und Nationalsozialismus«. In: *Vertriebene Vernunft II* (s. Anm. 8), S. 886–890; zu Persönlichkeiten wie Ernst Papanek oder
Siegfried Bernfeld liegen aus Österreich bedauerlicherweise keine nennenswerten Studien
vor. Zu Letzterem vgl. z. B. den Beitrag von Roland Kaufhold: »Siegfried Bernfeld:
Psychoanalyse, Pädagogik und Zionismus«. In: *Tribüne. Zeitschrift zum Verständnis
des Judentums*, H. 185/2008, S. 178–188, gekürzte Fassung auf dem Onlineportal:
www.haGalil.com, 16.5.2010 (16.2.2012). Es handelt sich um einen Beitrag, der die Interdisziplinarität und Modernität in Bernfelds pädagogischen Projekten der späten 1920er
Jahre herausarbeitet und somit indirekt auch das Verlustpotenzial durch Exil und nicht
erfolgte Rezeption kenntlich macht. — **31** Vgl. die Publikationen der Forschungsstelle Österreichische Literatur im Nationalsozialismus (U. Baur) www.uni-graz.at/…ns/

uarc1ww_weitere-publikationen_oelin.htm (12.2.2012, diese Liste enthält allerdings den 2011 erschienenen Band zu Kärnten nicht) bzw. Beatrix Kampel-Müller: *Lebenswege und Lektüren. Österreichische NS-Vertriebene in den USA und Canada.* Tübingen 2000. — **32** Vgl. Erika Weinzierl: »Gesellschaftliche Perspektiven der Exilforschung« und Friedrich Stadler: »Brüche und Brücken. Über Probleme der heutigen Exilforschung am Beispiel der Remigration«. In: Sandra-Wiesinger-Stock, Erika Weinzierl und Konstantin Kaiser (Hg.): *Vom Weggehen. Zum Exil von Kunst und Wissenschaft.* Wien 2006, S. 30–33, bes. S. 32 sowie S. 26–29, bes. S. 27. — **33** Frederic Morton: »Exile – The Modern Heritage«. In: Ebd., S. 34–40, hier S. 36. — **34** Stellvertretend dazu z. B. Christine Kranzler: »Österreichische Emigranten auf den Philippinen – erste Forschungsergebnisse«; Brigitte Bischof: »Die Vertreibung der Physik aus Wien, R / Emigration und Entwicklung des Studiums unter besonderer Berücksichtigung von Frauen«; Herbert Posch: »»Akademische Ausbürgerungen« an der Universität Wien. Nationalsozialistische Aberkennung von Doktortiteln österreichischer ExilantInnen«; Bernhard Handlbauer: »Brüche und Brücken – Psychoanalyse und Individualpsychologie im Exil« oder den Aspekt der Ressentiments schlüssig herausarbeitend Susanne Alge: »»Ganz leicht war es nicht, bis ich stand, wo ich stehe...‹. Die lange Zeit zwischen Rückkehr und Heimkehr der österreichischen Schriftstellerin Elisabeth Freundlich«. Alle ebd., S. 130–143, 219–230, 299–321, 364–374. — **35** Evelyn Adunka: »Erinnerungen österreichischer ExilantInnen an die Wiener Jüdische Gemeinde«. In: Wiesinger Stock, Weinzierl und Kaiser: *Vom Weggehen* (s. Anm. 32), S. 42–55. — **36** Anregende Ansätze dazu liefern die Beiträge im Bd. 27 des *Jahrbuchs Exilforschung* unter dem Thema *Exil, Entwurzelung, Hybridität.* Hinzuweisen wäre auch auf die Reihe »anders erinnern« im Verlag der TKG, z. B. auf den Band von Isaak Malach: *Isja, ein Kind des Krieges. Eine Erinnerung.* Wien 2009, in dem die prekäre Situation jüdischer Sowjetbürger nach dem deutschen Überfall von 1941 aus der Erinnerungsperspektive erfolgter Immigration in Wien seit den frühen 1990er Jahren rekonstruiert wird. — **37** Leo Spitzer: *Hotel Bolivia. Auf den Spuren der Erinnerung an eine Zuflucht vor dem Nationalsozialismus.* Aus dem Amerikanischen von Ursula C. Sturm. Wien 2003, S. 21 f. Zum Konstruktionscharakter von Erinnerungen, dargelegt an unterschiedlicher Wahrnehmungen des zeitgenössischen Antisemitismus in Bolivien vgl. ebd., S. 290. Zum Aspekt mehrfacher kultureller und sprachlicher Migration und »Übersetzung« vgl. auch die Autobiografie von Benno Weiser Varon: *Ich war Europäer. Roman einer Generation.* Aus dem Span. übersetzt von Reinhard Andress u. Egon Schwarz. Wien 2008. — **38** Vgl. dazu Primus-Heinz Kucher: »Judaica austriaca rediviva?« In: *Aschkenas. Zeitschrift für Geschichte und Kultur der Juden.* H. 1 / 2004, S. 217–223, wo auch Arbeiten zur deutsch-jüdischen Literatur besprochen werden. — **39** Johann Holzner: »Österreichische Literatur im Exil«. In: Anne Betten und Konstanze Fliedl (Hg.): *Judentum und Antisemitismus. Studien zur Literatur und Germanistik in Österreich.* Berlin 2003, S. 93–105, bes. 104. Dieser Beitrag ist eine bearb. Fassung seines Beitrags »Österreichische Literatur« In: Claus-Dieter Krohn, Patrik von der Mühlen, Gerhard Paul und Lutz Winckler (Hg.): *Handbuch der deutschsprachigen Emigration 1933–1945.* Darmstadt 1998, Sp. 1050–1061. Zum Shoah-Schwerpunkt vgl. die Beiträge ebd. von Hans Höller und Andrea Reiter, ergänzend dazu: *Stimulus. Mitteilungen der Österreichischen Gesellschaft für Germanistik.* H. 2 / 2001. Wien 2002 (Roundtable-Beiträge der Auslandsgermanist / inn / en zum Thema »Judentum und Antisemitismus in der österreichischen Literatur und in der Germanistik«, redigiert von P. H. Kucher und Richard Schrodt). — **40** Vgl. Bernadette Rieder: »Deutsch schreiben in Israel«. In: Betten und Fliedl (Hg.): *Judentum und Antisemitismus* (s. Anm. 39), S. 199–211 mit Verweis auf vorangegangene Publikationen von Klaus Müller-Salget; diesem Themenkomplex haben sich außerdem mehrere Publikationen der Zeitschrift bzw. Buchreihe *Mnemosyne* (Armin A. Wallas) gewidmet, z. B. der Band von Shlomo Erel (Hg.): *Kaleidoskop Israel. Deutschsprachige Einwanderer in Israel erzählen.* Vorwort von Armin A. Wallas. Klagenfurt 1994, sowie Armin A. Wallas: »Deutsch-jüdische Schriftsteller und die Literatur Israels«. In: Daniel Hoffmann (Hg.): *Handbuch zur deutsch-jüdischen Literatur des 20. Jahrhunderts.* Paderborn 2002, S. 441–179; Anne Betten (Hg.): *Sprachbewahrung* *nach der Emigration – Das Deutsch der 20er Jahre in Israel.* Teil I: *Transkripte und Tondokumente.* Tübingen 1995 (mit CD), Teil II (gem. mit M. Du-nour u. M. Dannerer). Tübingen 2000 (mit CD), sowie dies.: *Wir sind die Letzten, Fragt uns aus. Gespräche mit Emigranten der dreißiger Jahre in Israel.* Gerlingen seit 1995, Neuaufl. Gießen 2004. Das Textkorpus ist auch am Institut für Deutsche Sprache in Mannheim unter folgender Adresse abrufbar http://dsav-oeff.ids-mannheim.de/DSAV/KORPORA/IS/IS_DOKU.htm (7.5.2012). — **41** Vgl. z. B. den Tagungsband von Jürgen Struger (Hg.): *Der Kanon. Perspektiven, Erweiterungen und Revisionen.* Wien 2008, darin, auch mit kritischem Blick auf verengende Kanonbildungen, inbes. Michael Rohrwasser: »Unser Kanon der Exilliteratur«, S. 251–269. Vgl. ferner den Förderpreis der ÖGG an die Dissertationsschrift von Robert Leucht: *Experiment und Erinnerung. Der Schriftsteller Walter Abish.* (Wien 2005), publiz. Wien–Köln 2006, die u. a. die Exil- und Immigrationsfrage dieses aus Wien stammenden nunmehr amerikanischen Autors thematisiert, sowie die aus einem FWF-Projekt in Innsbruck hervorgegangene Dissertation und Buchpublikation von Bernadette Rieder: *Unter Beweis: Das Leben. Sechs Autobiographien deutschsprachiger SchriftstellerInnen aus Israel.* Göttingen 2008; die in Salzburg entstandene Dissertation von Daniela Hessmann: *Kanonbildung, Türhüter und Diskursmächte im literarischen Leben Österreichs am Beispiel der Rezeption von Exilliteratur seit 1945.* Wien 2005 oder die aus einer Wiener Dissertationsschrift hervorgegangene Publikation von Eugen Banauch: *Fluid Exile. Jewish Exile Writers in Canada 1940–2006.* Heidelberg 2009, die sich auf Henry Kreisel, Carl Weinberger, Charles Wassermann (in Wien geboren) bzw. den aus Frankfurt gebürtigen Eric Koch konzentriert und in einer Nachbemerkung »additional fields for German Canadian Exile Studies« anführt, z. B. zum galizisch-jiddischen Autor Melech Ravitch oder zu der aus Wien gebürtigen, Französisch und Jiddisch schreibenden Monique Bosco. — **42** So z. B. die Durchführung des Internat. Symposiums *Diaspora – Exil als Krisenerfahrung. Jüdische Bilanzen und Perspektiven* (2005, publ. 2006) oder 2008 das Symposium *Discours – Performance – Mediality in Jewish Studies* (Univ. Graz gemeinsam mit dem Historischen Seminar der Universität Basel); ein Teil der Beiträge ist veröffentlicht in: *transversal* H.1/2009. Von Salzburg aus wird auch erfolgreich ein FWF-Projekt zu Robert Neumann betreut (Karl Müller und Franz Stadler), am Brenner-Archiv der Universität Innsbruck (J. Holzner) eines zur Geschichte der ÖGL vorbereitet, wobei die vielfältigen Beziehungen zwischen dessen Leiter W. Kraus und ExilantInnen aufgearbeitet werden sollen. — **43** Vgl. die Website des Projektinitiators David Kettler http://www.bard.edu/contestedlegacies/project/sequel/(7.5.2012); ferner die Buchpublikationen: Primus-Heinz Kucher, Johannes Evelein und Helga Schreckenberger (Hg.): *Erste Briefe aus dem Exil 1945–1950. (Un)Mögliche Gespräche. Fallbeispiele des literarischen und künstlerischen Exils.* München 2011; bzw. Detlef Garz und David Kettler (Hg.): *Nach dem Krieg – Nach dem Exil. Erste Briefe/First Letters. Fallbeispiele aus dem sozialwissenschaftlichen und philosophischen Exil.* München 2012. — **44** Die Vorbereitungstagung zum Handbuchprojekt fand vom 24.-25. September 2010 in Wien unter dem Titel *Grundprobleme der österreichischen Exilliteratur* statt. — **45** Vgl. Matthias Boeckl: »Migrationsforschung über Kunst und Architektur im 20. Jahrhundert«. In: Wiesinger-Stock, Weinzierl und Kaiser: *Vom Weggehen* (s. Anm. 32), S. 423–429. — **46** Vgl. Gabriele Anderl und Alexandra Caruso (Hg.): *NS-Kunstraub in Österreich und die Folgen.* Innsbruck–Wien–Bozen 2005.

Hélène Roussel, Lutz Winckler

Exil in Frankreich
Selbstbehauptung, Akkulturation, Exklusion – über einige Themen der Forschung

Mit einem Exkurs von Michael Werner
Kulturtransfer und Verflechtung – das Exil als Sammelpunkt
soziokultureller Interaktionen

Der 1983 anlässlich der Ausstellung *Deutsche Emigranten in Frankreich – Französische Emigranten in Deutschland, 1685–1945 / Émigrés français en Allemagne – Émigrés allemands en France, 1685–1945* erschienene Katalog[1] zog eine erste vergleichende Bilanz der französischen Forschung zu Emigration und Exil. Themenstellung und zeitlicher Rahmen der Ausstellung und des Katalogs verweisen auf den übergreifenden historischen Kontext, in dem die Wahrnehmung und Erforschung der deutschen Emigration in Frankreich nach 1933 steht. Dieser Kontext umfasst das politische Exil und die ökonomisch motivierten deutschen Migrationen im Frankreich des 19. Jahrhunderts, die deutschen und französischen politischen Emigranten im Zeitalter der französischen Revolution und verweist als historischer Fluchtpunkt zurück auf die Emigration der Hugenotten und Waldenser am Ende des 17. Jahrhunderts nach Deutschland. Die Perspektive der langen Dauer macht deutlich, dass das Exil nach 1933 in einer langen Tradition ökonomischer wie politischer Migrationsbewegungen steht, die ab dem 19. Jahrhundert vor allem in eine Richtung, nach Frankreich, gehen. Das verweist auf einen historischen und symbolischen Tatbestand: den Wandel Frankreichs zum Immigrationsland, und auf die Bedeutung des durch die französische Revolution begründeten Universalismus der Menschenrechte, der Frankreich zum Gastland der politisch Verfolgten werden lässt.

Es überrascht daher nicht, Spezialisten der Emigrations- und Exilforschung für die Epoche der französischen Revolution und das 19. Jahrhundert wie Alain Ruiz[2] oder Jacques Grandjonc unter den Forschern wiederzufinden, die sich mit dem deutschen Exil in Frankreich nach 1933 beschäftigt haben. Dass sich die Erforschung des deutschen Exils nach 1933 relativ spät entwickelte – die Forschungsgruppe um Gilbert Badia an der Université Paris 8 entstand in den späten 1970er Jahren und die um Jacques Grandjonc in Aix-en-Provence an der Université de Provence in den frühen 1980ern –, hatte politische, akademische und methodologische Gründe. Der gaullistische Mythos einer den überwiegenden Teil der französischen Bevölkerung umfassenden Résistance und der damit einhergehende politische Konformismus verhinderte die kritische Aufarbeitung der Geschichte der 1930er Jahre und der Vichy-Periode. Eine neue Situation ergab sich nach 1968 mit der Öffnung der französischen Gesellschaft und der Universitäten für kritische Fragestellungen und Methoden, die auch die eigene Geschichte, ihre universalistischen Mythen und den Umgang mit Minderheiten und Migranten betrafen. Für die Exilforschung war entscheidend, dass im Zuge der gesellschaftswissenschaftlichen Methodenreflexion die streng philologische, textorientierte Germanistik im Zeichen der »civilisation« zu einer Kulturwissenschaft erweitert wurde, die die Forschung auf interdisziplinäre Grundlagen stellte. Waren schon lange Zeit vorher beachtliche Schritte in diese Richtung von Germanisten wie Charles Andler, Edmond Vermeil und Robert Minder unternommen worden, so spielte 1968 auch in dieser Hinsicht eine entscheidende Rolle. In der Tat ging die Exilforschung in Frankreich eindeutig von den Germanisten aus und nicht etwa, wie es möglicherweise zu erwarten gewesen wäre, von den Fachhistorikern, von denen sich in den 1970er Jahren nur wenige mit der deutschen Geschichte im 20. Jahrhundert befassten. Eine wichtige Ausnahme bildet der Historiker Jacques Droz, der in *Histoire de l'antifascisme en Europe, 1923–1939* den deutschen Antifaschismus auch als Widerstandsversuch aus dem Exil betrachtet.[3]

Nicht nur der Mythos der Résistance, der weite Teile der französischen Öffentlichkeit von den Gaullisten bis zu den Kommunisten zusammenführte, begann im Zuge der Studentenbewegung hinterfragt zu werden. Gleichzeitig öffneten sich die Studien- und Forschungsprogramme der stark vergangenheitsorientierten germanistischen Abteilungen der deutschen Geschichte und Literatur des 20. Jahrhunderts. Die vergleichende Geschichtswissenschaft gab den Primat der im engeren Sinn politischen und diplomatischen Geschichte auf und ging über zur Erforschung der Bevölkerungsmigrationen zwischen Deutschland und Frankreich. Dadurch wurde der Blick frei für die Untersuchung von Transfer- und Akkulturationsprozessen.

Bei den ersten in Frankreich wirkenden Exilforschern, bei Gilbert Badia, Joseph Rovan, Rita Thalmann, Jacques Grandjonc bestand ein weiteres Motivationsmoment darin, gegen Vorurteile anzugehen, die die Deutschen insgesamt mit dem Nationalsozialismus identifizierten oder, etwa in der Bundesrepublik, die deutschen Exilanten als »Vaterlandsverräter« verdächtigten. Von dieser ersten Generation französischer

Exilforscher wurde das antifaschistische Engagement im Exil als eine Form von Widerstand gegen das NS-Regime aufgefasst und mit einer grundsätzlichen Kritik an der Vichy-Politik gekoppelt – eine Kritik, die den oben genannten nationalen Konsens infrage stellte.

Wichtig, wenn nicht entscheidend, war auch der biografische Umstand, dass die älteren unter diesen Forschern direkte, lebenswichtige Erfahrungen aus der zu ihrem Forschungsobjekt gewordenen Zeitspanne der 1930er, 1940er Jahre bezogen hatten: Erfahrungen mit dem Exil nach Frankreich aus Deutschland bei Rita Thalmann und Joseph Rovan beziehungsweise aus Österreich bei Felix Kreissler und Richard Thieberger; die Beteiligung an der Résistance bei Gilbert Badia, Felix Kreissler und Joseph Rovan, oder die Erfahrungen als französischer Kulturoffizier in der französischen Besatzungszone nach 1945 bei Richard Thieberger. Im Alter sollten zwei von ihnen auf diese Erfahrungen mit autobiografischen Büchern zurückkommen: Joseph Rovan[4] mit *Mémoires d'un Français qui se souvient d'avoir été Allemand* (1999) und Rita Thalmann mit *Tout commença à Nuremberg* (2004).

I

Die sich in diesem Kontext herausbildende Exilforschung war, was ihre Methoden, ihre Gegenstände und Themen betraf, kulturwissenschaftlich orientiert. Nicht die Literatur, sondern Politik, Alltag, gesellschaftliche Institutionen und Medien standen im Mittelpunkt der Forschung. In zwei Bänden – *Les barbelés de l'exil* (1979)[5] und *Les bannis de Hitler* (1984)[6] – veröffentlichte die von Gilbert Badia geleitete Forschungsgruppe an der Université Paris 8 ihre Ergebnisse. Ein weiterer Band: *Exilés en France. Souvenirs d'antifascistes allemands émigrés (1933– 1945)*[7] dokumentierte Zeugnisse und Erinnerungen ehemaliger Exilanten. Badia, der nach dem Krieg als Journalist an der von Louis Aragon geleiteten Zeitung *Ce soir* gearbeitet und sich mit einer Arbeit über Rosa Luxemburg habilitiert hatte, sah das Exil im Kontext der Geschichte der französischen Linken und deren antifaschistischem Engagement in den 1930er Jahren und der Geschichte der deutschen Linken in der Weimarer Zeit. Ihn und die Mitarbeiter der Forschungsgruppe interessierte die Geschichte der deutschen politischen Exilanten in Frankreich, ihre politischen und kulturellen Aktivitäten im Kontext des europäischen Widerstands gegen den Faschismus, wie er in der französischen Volksfront seinen Ausdruck fand. Ihr Aufstieg und Scheitern bildeten den historischen Hintergrund für die thematische Aufarbeitung des Exils. Untersucht wurden, auf der Basis der damals zugänglichen archivalischen

Quellen, von autobiografischen Zeugnissen, publizistischen Texten und staatlicher Gesetzgebung: die Lebens- und Arbeitsbedingungen des Exils, die Aktivitäten jüdischer, politischer, religiöser und universitärer Hilfsorganisationen[8], die Arbeit kultureller Institutionen, darunter die Exilverlage[9], das Institut zum Studium des Faschismus[10], der Freie Künstlerbund[11] und die Freie deutsche Hochschule.[12] Ein weiteres Thema, das einen Schwerpunkt der Aixer Forschungsgruppe um Jacques Grandjonc in ihrem Studienband *Zones d'ombres 1933–1944*[13] bilden wird, stellt bereits einen Hauptschwerpunkt in *Les barbelés* dar: die Verschärfung der französischen Fremdengesetzgebung 1938/39[14] und die Einrichtung der Internierungslager im Herbst 1939.[15] Eine ausführliche Studie ist dem Lager Gurs gewidmet.[16]

Auch die Erforschung des österreichischen Exils in Frankreich begann in diesen Jahren. Hatte sich Joseph Rovan in *Les barbelés* mit der monarchistischen österreichischen Emigration nach Frankreich befasst[17], so erschienen in den frühen 1980er Jahren die ersten größeren Arbeiten zu diesem Exil. Angeregt wurden sie durch die Arbeit des Wiener Dokumentationsarchivs des österreichischen Widerstandes (DÖW) und zugleich durch in Frankreich lebende Spezialisten der österreichischen Geschichte und Kultur im 20. Jahrhundert, die sich um zwei von Felix Kreissler an der Universität Rouen gegründete Institutionen sammelten: dem Centre d'études et de recherches sur l'Autriche (CERA) und dessen seit 1977 erscheinender Zeitschrift *Austriaca*. Im Umkreis des DÖW entstanden die Dokumentation *Österreicher im Exil. Frankreich 1938–1945*[18] und Ernst Schwagers Studie *Die österreichische Emigration in Frankreich 1938–1945*.[19] Von *Austriaca* wurde eine Nummer den *Écrivains autrichiens émigrés en France*[20] (1986) und eine weitere dem Thema *Exil et retours d'exil*[21] (1993) gewidmet.

Les barbelés de l'exil und *Les bannis de Hitler* stecken ein Forschungsterrain ab, das zwei erinnerungsgeschichtliche Konstanten aufweist. Es geht einmal um eine historische und gegenwartsbezogene Legitimität des Exils und seines Anspruchs, als das »andere Deutschland« eine politische und kulturelle Alternative zum nationalsozialistischen Deutschland darzustellen, und um die selbstkritische Befragung einer genuin französischen, in den Menschenrechten begründeten Tradition der Solidarität mit Migranten und politisch Verfolgten. Zwei Ereignisse und Prozesse gehören zum Themenkomplex eines in diesem Sinn politisch gedeuteten Exils. Es handelt sich um den Versuch, eine parteienübergreifende Volksfront der deutschen Emigranten als politisches Zentrum des »anderen« antifaschistischen Deutschland zu begründen und um deren kulturpolitisches, transnationales Pendant, den ersten internationalen Schriftstellerkongress »Zur Verteidigung der Kultur« – beide in Paris: dem Hotel Lutétia als Ort der politischen, der Mutualité als Ort der kulturellen Debatten. Die Historikerin Ursula Langkau-Alex hat die Geschichte der deutschen Volksfront 1932–1939 geschrieben[22], der Romanist Wolfgang Klein hat die kommentierte Dokumentation des Kongresses zur Verteidigung der Kultur vorgelegt.[23] Beide Standardwerke stützen sich auf eine breite archivalische Grundlage und dokumentieren die programmatischen Bemühungen um gemeinsames, auf unterschiedliche politische Positionen und kulturelle Traditionen zurückgreifendes – und daher nicht widerspruchsfreies – Handeln gegenüber dem Faschismus. Im Umkreis dieser Arbeiten erschien die Studie des Kulturhistorikers Jean-Michel Palmier: *Weimar en exil* (1988)[24], deren erster Band *Exil en Europe* sich in den Ausführungen zum Exil in Frankreich stark auf die Arbeiten der von G. Badia angeleiteten Forschungsgruppe sowie auf die von Wolfgang Klein und von Ursula Langkau-Alex stützt. Ein Hauptverdienst dieser Studie liegt darin, frühe Forschungsergebnisse und Schriften von Zeitzeugen für ein breiteres Publikum synthetisiert zu haben und einen Überblick über das Kulturexil anzubieten.[25]

Beide oben stellvertretend genannten Ereignisse – die politischen Debatten um eine deutsche Volksfront und der internationale Schriftstellerkongress zur Verteidigung der Kultur – sind Teil einer übergreifenden Gegenöffentlichkeit, deren politisches Zentrum die exilierten Parteien und politischen Gruppierungen bilden, die von den Sozialdemokraten, Kommunisten und linksorientierten Kleingruppen über die Liberalen bis hin zu Katholiken und Vertretern des konservativen Exils reichen.[26] Das kulturelle Zentrum dieser Gegenöffentlichkeit bilden die Exilpresse und Verlage, kulturelle Institutionen wie die deutsche Freiheitsbibliothek[27] und das Internationale Antifaschistische Archiv, der Schutzverband deutscher Schriftsteller[28] und sein Gegenpart, der Bund Freie Presse und Literatur[29], der Freie Künstlerbund, die Freie Deutsche Hochschule.[30]

Das antifaschistische Engagement, das den Diskurs der Exilöffentlichkeit bestimmte, führte aber zu keiner Zeit zu einem gemeinsamen Bild des »anderen Deutschland«. Die unterschiedlichen politischen Vorstellungen und kulturellen Traditionen, die im Volksfrontbündnis für kurze Zeit zusammengeführt wurden, brachen im Verlauf der Auseinandersetzungen mit den Moskauer Prozessen und der Einschätzung der Sowjetunion wieder auf. Diese und andere Konflikte und programmatische Differenzen, wozu auch die künstlerischen Debatten um den Realismus und den Surrealismus gehörten, schlugen auf die gesamte Exilöffentlichkeit durch und zerstörten deren innere Kohäsion.[31] Am Beispiel der Affäre um das *Pariser Tageblatt* bzw. die *Pariser Tageszei-*

tung (PTB/PTZ) hat das Michaela Enderle-Ristori gezeigt.[32] Die Exilöffentlichkeit strukturierte nicht nur die politischen und kulturellen
Aktivitäten des Exils, sondern überschnitt sich, zumindest an den Rän-
dern, mit der französischen und internationalen Öffentlichkeit. Deutsche und französische Sozialisten und Kommunisten arbeiteten in den
internationalen Hilfskomitees, der Roten Hilfe beziehungsweise dem
Matteotti-Komitee, zusammen; exilierte Pazifisten wurden von der
französischen Liga für Menschenrechte unterstützt[33]; ein französischer
Anwalt war der Ankläger im spektakulären Londoner Gegenprozess
zum Leipziger Reichstagsbrandprozess; französische Intellektuelle und
Pazifisten unterstützten die internationale Kampagne zur Verleihung
des Friedensnobelpreises an Carl von Ossietzky. Französische Gelehrte
und Schriftsteller beteiligten sich am Gründungskomitee der Deutschen
Freiheitsbibliothek. Deutsche Autoren publizierten in der französischen Presse (am bekanntesten ist das Beispiel der *Dépêche de Toulouse*,
in der Heinrich Mann und Georg Bernhard regelmäßig, andere wie Alfred Kerr und Theodor Wolff gelegentlich schrieben[34]). Französische
Politiker, Intellektuelle und Journalisten der unterschiedlichsten Richtungen wirkten an Willi Münzenbergs *Zukunft* mit und traten der kurzlebigen, von ihm gegründeten Deutsch-Französischen Union bei.[35] In
diesem Zusammenhang sind noch zwei wichtige Aufsätze Rita Thalmanns zu verzeichnen, die sie als einen ersten Versuch verstand, die
überaus komplexen Beziehungen der deutschen Immigration der 1930er
Jahre und der französischen Öffentlichkeit zu analysieren: »L'immigration allemande et l'opinion publique en France de 1933 à 1936«[36] und
»L'émigration allemande et l'opinion publique française de 1936 à
1939«.[37] Die Hinweise auf die Bedeutung einer deutsch-französischen
Kooperation im Exil sowie auf den internationalen Charakter dieser
Aktivitäten verweisen zugleich auf einen neuen Schwerpunkt, der die
Forschung seit Beginn der 1990er Jahre bestimmen sollte.

II

Die Wendung zu Fragen der Akkulturation und des Transfers bedeutete
einen Blickwechsel von einem am Verständnis des »anderen Deutschland« orientierten, nationalgeschichtlichen Exilbegriff hin zu einem interkulturellen Verständnis des Exils – eine thematische und methodische
Wendung, die von der Forschung zu den deutsch-französischen Beziehungen, zu Migration und Exil im 18. und 19. Jahrhundert ausging. Im
Anschluss an den von Michael Werner und Michel Espagne entwickelten Begriff des Kulturtransfers[38] kann das Exil nach 1933 als interkul-

tureller Übersetzungsvorgang von Erfahrungen aus der eigenen in die fremde Kultur – und umgekehrt: von der fremden in die eigene Kultur – begriffen werden. Journalisten, Künstler und Schriftsteller, politische und kulturelle Institutionen übernehmen in diesem Prozess die Funktion von Vermittlern.[39] Neben Politik und Kultur gewinnt der Alltag als konkreter Ort des Transfers, als Ort der Integration oder des Ausschlusses, der Akkulturation oder der Zurückweisung zentrale Bedeutung.

Albrecht Betz ist in seinem Buch *Exil und Engagement*[40] dem kulturellen Transfer am Beispiel der literarischen Debatten zwischen französischen und exilierten deutschen Schriftstellern und Intellektuellen nachgegangen. Als diskursiver Rahmen dienen die »Ideen von 1789«, deren Tradition und Erneuerung zum Leitfaden eines gemeinsamen deutsch-französischen Engagements gegen den von den Nationalsozialisten betriebenen Abbau der universellen Menschenrechte werden. Die Darstellung reicht von den französischen Interventionen (Romain Rolland) und den deutsch-deutschen Debatten (der Briefwechsel Klaus Manns mit Gottfried Benn) des Jahres 1933 über die antifaschistische Solidarisierung französischer und exilierter Schriftsteller, Publizisten und Philosophen (Heinrich Mann, André Gide, André Malraux, Julien Benda, Henri Barbusse) anlässlich des 1935 in Paris stattfindenden Internationalen Schriftstellerkongresses zur Verteidigung der Kultur bis hin zu den Konflikten angesichts der Prozesse in der Sowjetunion, wie sie sich in den »Reiseberichten« Gides und Feuchtwangers über ihre Erfahrungen in der Sowjetunion und den daran anschließenden Diskussionen niederschlugen.[41] Die Darstellung des an den Ideen von 1789 orientierten französisch-deutschen Ideenaustauschs bezieht auch die in Frankreich sich artikulierende deutsche Gegenposition ein: Am Beispiel Friedrich Sieburgs wird deutlich, wie sein Frankreichbild zum Katalysator einer antirepublikanischen, mit den Werten der Französischen Revolution brechenden Gesinnung wird.[42]

Die Untersuchung der Transferprozesse bildete auch das Thema der Arbeiten der Forschungsgruppe Paris 8 ab Mitte der 1980er Jahre. Im Mittelpunkt stand die publizistische Kommunikation. Einen ersten Versuch, die Exilperiodika, ihre Autoren und Redakteure in das französische Umfeld wiedereinzufügen, stellte das deutsch-französische Kolloquium »Deutsche Exilpresse und Frankreich 1933–1940« vom Dezember 1989 dar.[43] In einer nächsten Arbeitsphase wurden Alltag, Politik und die Künste als Felder der interkulturellen Übersetzung untersucht. Die Quelle bildet das *Pariser Tageblatt / Pariser Tageszeitung*, die in mehr als 2000 Nummern mit einer Auflage von 15 000 (1933), später 8000 Exemplaren in Paris erschien. Die Forschungsergebnisse wurden in zwei von H. Roussel und L. Winckler herausgegebenen Bänden 1989 und 2002 veröffentlicht.[44] Der letzte Band wendet sich Fragen der Akkulturation und des Transfers zu. Es werden Beispiele für die Mythosbildung im Exil anhand exemplarischer Schauplätze und Daten französischer Topografie und Geschichte analysiert. Vorgestellt werden publizistische Vermittler wie Salomon Grumbach, Hellmut von Gerlach, Paul Westheim, Ferdinand Hardekopf, Franz Hessel und Hermann Wendel.[45] Ein Schwerpunkt liegt auf der Untersuchung des Feuilletons und des Lokalteils als den publizistischen Institutionen der Vermittlung. Die Literaturkritik, die Filmseite, die Theaterkritik, die Musikberichterstattung und die Galerieberichte Paul Westheims[46] werden daraufhin untersucht, wie in der kulturellen Berichterstattung und der kulturellen Produktion des Exils der Blick vom »Eigenen« sich zum »Fremden« öffnet, das künstlerische Exil seinen Orientierungsrahmen erweitert, indem es sich der zeitgenössischen französischen Kultur, ihren Traditionen und Normen zuwendet.[47] Im Kontext dieser Forschungen entstand, grundlegend für die Literaturkritik und zur Thematik kultureller Vermittlung, Michaela Enderle-Ristoris Studie *Markt und intellektuelles Kräftefeld: Literaturkritik im Feuilleton von »Pariser Tageblatt« und »Pariser Tageszeitung« (1933–1940).*[48]

Eine zentrale konzeptionelle Rolle im Prozess des kulturellen Transfers spielt der Paris-Diskurs. Folgende Funktionen sind zu unterscheiden: Er dient erstens der Information und Orientierung im Exilalltag und spielt so eine wichtige Rolle beim Aufbau einer neuen sozialen Identität der Emigranten; er ist zweitens Teil einer publizistischen Strategie, in der über die Formulierung von Bildern und Gegenbildern (Paris – Berlin, Frankreich – Deutschland) und entsprechenden Diskursen (Freiheit – Unterdrückung, Demokratie – Diktatur, »Kultur« – »Barbarei«) eine antifaschistische Öffentlichkeit konstruiert wird; er ist drittens Ausdruck und Medium eines interkulturellen Transfers von Erfahrungen und Normen, Mentalitäten, kulturellen Traditionen und politischen Positionen zwischen deutscher Exilöffentlichkeit und französischer Öffentlichkeit – ein Prozess freilich, der in der relativ kurzen Zeitspanne des Exils und seiner freien Ausdrucksmöglichkeiten sich nicht voll entfalten konnte. Zur Erforschung des Parismythos im Exildiskurs trug L. Wincklers Dokumentation von Hermann Wendels Parisfeuilletons[49] bei. Analysen des Paris-Diskurses gehörten auch zum Programm der Jahrestagung 2000 der Gesellschaft für Exilforschung mit dem Thema »Paris als Metropole des Exils«. Neben der Rolle von Paris als Schauplatz von Alltagserfahrungen und Standort der Konkretisierungsversuche politisch-kultureller Pläne des deutschsprachigen Exils wurde die Stadt dort als Quelle von Stadtfantasien und als literarisches Thema behandelt, wie es in dem von Anne Saint Sauveur-Henn herausgegebenen Tagungsband *Fluchtziel Paris. Die deutschsprachige Emigration 1933–1940*[50] deutlich wird. Nicht zuletzt werden im Paris-Diskurs die kulturellen Traditionslinien deutlich, die das Exil nach 1933 mit dem »anderen« deutschen Exil nach 1789 und nach 1830 verbinden.

Transfer kann auch im weiten Sinn als sozialer Prozess von Integration und Ausgrenzung begriffen werden.[51] Die Untersuchung des sozialen Transfers stößt auf besondere Schwierigkeiten, weil sie auf schwer zugängliches statistisches Material zurückgreifen muss. Julia Franke hat in ihrer Untersuchung über die jüdische Emigration aus Deutschland in Paris nach 1933[52] auf die statistischen Unterlagen der Volksbefragung aus dem Jahr 1936 und auf Protokolle der französischen Geheimpolizei zurückgreifen können. Auf dieser rd. 1400 Personen umfassenden Datenbasis werden die Existenzbedingungen, die ökonomischen Ressourcen, die Berufspraxis und die kulturelle Identität dieser etwa ein Fünftel der Pariser Emigration ausmachenden Personengruppe untersucht. Die Ergebnisse vermitteln den Eindruck, dass der Mehrheit dieser aus Kaufleuten und Akademikern bestehenden, für das französische Exil nicht repräsentativen Personengruppe eine soziale Integration gelang. Unterstrichen wird dieser Befund durch die Analyse der Topografie der Wohnorte:[53] Die Mehrheit wohnte in den bürgerlichen Arrondissements des Pariser Westens, nur eine Minderheit im ärmeren Norden oder in der mehrheitlich von Arbeitern bewohnten Banlieue. Der sozialen Integration steht eine gewollte kulturelle Exklusion gegenüber: Eine kulturelle Autonomie, die in der Tradition der bürgerlichen »Kulturnation«, wie sie für das assimilierte deutsche Judentum kennzeichnend war, verharrte. Dem gelungenen, wenn auch einseitigen Transfer des »sozialen Kapitals«, steht eine Verweigerung des Transfers des »kulturellen Kapitals« gegenüber.[54]

Mehrere Studien, die sich mit dem deutschsprachigen Künstlerexil befassen, setzen sich auch mit dieser Problematik des Transfers des »kulturellen Kapitals« auseinander sowie mit der Rolle des geografischen Standortes der Künstler im Exil. Im Bereich der bildenden Kunst sei hier auf Ines Rotermund-Reynard verwiesen: »*Dies ist ein Land, in dem ein Kunstmensch leben kann.« Der Kunstkritiker Paul Westheim im Prozess der Akkulturation während der französischen und mexikanischen Emigration 1933–1963*[55] sowie auf Nicolas Surlapierre: *Les artistes allemands en exil en France de 1933 à 1945: Histoire et imaginaire*[56], der überzeugend zeigt, wie auf eine Phase hoher Konzentration exilierter bildender Künstler in Paris im Zeichen der Volksfront eine Phase geografischer Zerstreuung über das französische Territorium nach dem Scheitern des Projekts folgt. Einen gelungenen Transfer in Paris als französischer Musikhauptstadt stellt Anna Langenbruch[57] in ihrer Studie *Topographien musikalischen Handelns im Pariser Exil. Eine Histoire croisée des Exils deutschsprachiger Musikerinnen und Musiker im Paris der 30er Jahre* (2011)[58] am Beispiel der exilierten Musikerinnen und Musiker und ihrer vielfältigen Verbindungen mit dem Pariser Kulturleben vor. Ihr am »spatial turn« und der »histoire croisée« orientierter alltagsgeschichtlicher Ansatz ermöglicht ihr, die vielen Spielarten musikalischen Handelns aufzuzeigen, die die Musiker in komplexer Interaktion mit dem Pariser Musikleben entwickeln konnten. So kommt sie zu dem Ergebnis, dass das Paris der 1930er Jahre »Anlass für kulturelle Verflechtungen und entschiedene Abgrenzung, temporärer oder dauerhafter musikalischer Handlungsraum«[59] wurde.

Als eine Folge der Entwicklung der Studien zur kulturellen Hybridität eröffnete sich in den letzten Jahren für die Exilforschung (wie schon vorher für die Migrationsforschung) ein neues Arbeitsfeld, und zwar die Erforschung der Exilliteratur als kultureller Übersetzungsprozess und der Prozess ihrer (sprachlichen) Übersetzung als bilateraler beziehungsweise internationaler Kulturtransfer. Der von Bernard Banoun, Michaela Enderle-Ristori[60] und Sylvie Le Moël edierte Band *Migration, exil et traduction*[61] (2011) beleuchtet im deutsch-französischen Raum facettenartig den Funktionswandel der Übersetzung als Kulturtransfer in der langen Dauer, vom Mittelalter bis zur Gegenwart, insbesondere im französischen Exil der 1930er Jahre.

III

Zusätzlich zu den Paris-zentrierten Arbeiten, die von der Forschungsgruppe um Gilbert Badia, später von Hélène Roussel und Lutz Winckler sowie von Albrecht Betz initiiert wurden, bildete sich, ursprünglich angeregt von Jacques Grandjonc, ein neuer geografischer Schwerpunkt mit der Erforschung des Exils im Südosten Frankreichs (speziell Aix-en-Provence und Marseille, Sanary-sur-Mer und Nizza) heraus. Neben die Bestandsaufnahme der für das kulturelle Leben relevanten Personen[62] trat die Beschreibung kultureller Zentren und die Untersuchung so wichtiger Zeitschriften wie der von Jan Ballard herausgegebenen Marseiller Zeitschrift *Cahiers du Sud*, in denen Walter Benjamin, Rudolf Leonhard und Ernst Erich Noth veröffentlichten.[63] Zum weiteren Umkreis dieser Forschungen gehören das Begleitbuch zur Ausstellung »Exil am Mittelmeer. Deutsche Schriftsteller in Südfrankreich von 1933–1941«[64] sowie der von Ruth Werfel edierte Band *Gehetzt. Südfrankreich 1940. Deutsche Literaten im Exil*[65], die Dissertation von Magali Laure Nieradka über die Rolle von Sanary: ›*Die Hauptstadt der deutschen Literatur‹. Sanary-sur-Mer als Ort des Exils deutschsprachiger Schriftsteller*[66] und die für ein breiteres Publikum geschriebenen Bücher von Manfred Flügge.[67]

In den letzten Jahren ist Alain Ruiz mit einer Reihe von Aufsätzen hervorgetreten, die der Spurensuche von Exilanten in Aquitanien und den Pyrenäen gewidmet sind[68], unter anderem dem Romanisten Wilhelm Friedmann[69] und Carl Einstein.[70] Zur Präsenz politischer und rassisch verfolgter Exilanten in dieser Gegend bereitet er zur Zeit ein Buch vor.[71]

Hier sei noch auf monografisch angelegte Arbeiten hingewiesen, die über biografische Schilderungen und Werkanalysen hinaus auch die neue geografische Bindung im Exil problematisieren und Verflechtungen der Autoren mit dem französischen Umfeld nachgehen.[72] In diesen Zusammenhang gehören eine Reihe von neueren Arbeiten, die unterschiedliche methodische Zugriffe miteinander verbinden und über Frankreich als Exilland hinausweisen.[73] Dazu zählen: Daniel Azuélos, »*L'identité blessée. Étude sur le problème de l'identité chez les Judéo-allemands exilés aux États-Unis entre 1933 et 1949 à travers la revue Aufbau* (New York)«[74], Valérie Robert, *De l'exclusion à la réinterprétation: le discours des intellectuels en exil sur les intellectuels en Allemagne nazie (1933–39)* sowie ihre Studie *Partir ou rester. Les intellectuels allemands devant l'exil 1933–1939.*[75] Auch Tagungsbände sind hier zu nennen, wie der von Jürgen Doll herausgegebene *Exils migrations, creation. Exil anti-nazi, témoignages concentrationnaires*[76], und die drei kürzlich erschienenen, von Daniel Azuélos herausgegebenen Bände: *Habiter ou ignorer l'autre: les écrivains de l'exil*[77], in dem Interpretationen, Sichtweisen und Transfers der Exilanten in den Exilländern unter dem Aspekt der Integration oder der Ablehnung beziehungsweise der Indifferenz betrachtet werden, *Les penseurs allemands et autrichiens à l'épreuve de l'exil* (mit einigen Beiträgen über Hannah Arendt, Walter Benjamin, Siegfried Kracauer und den Maler Davringhausen im französischen Exil) und *Alltag im Exil.*[78] Es erschienen auch französische Studien zum deutschsprachigen Exil in anderen Ländern, so Françoise Kreissler: *Exil ou asile à Shanghaï? Histoire des réfugiés d'Europe centrale (1933–1945)*, Anne Saint Sauveur-Henn: *Un siècle d'émigration allemande vers l'Argentine (1853–1945)* und Patrick Farges: *Le trait d'union ou l'intégration sans l'oubli: Itinéraires d'exilés germanophones au Canada après 1933.*[79]

IV

Die hier vorgestellten Paradigmen der Exilforschung in Frankreich – das Exil als Versuch der politischen Selbstbehauptung im Rahmen des antifaschistischen Konzepts vom »anderen Deutschland« und das Exil als Akkulturationsprozess und Ort des kulturellen und sozialen Transfers – bleiben auf den relativ kurzen Zeitrahmen der Jahre zwischen 1933 und 1939 beschränkt. Die Bemühungen um ein politisches und kulturelles deutsch-französisches antifaschistisches Engagement, die Versuche einer sozialen Integration der Emigranten und kultureller Akkulturation finden mit dem Kriegsbeginn 1939 ein jähes Ende. Internierung, Flucht durch Frankreich[80], Emigration aus Frankreich[81] nach Übersee[82], die Deportation »nichtfranzösischer« jüdischer Emigranten gehorchen einer Logik der Exklusion, deren Struktur und Verlauf insbesondere durch die Arbeit der Forschungsgruppe von J. Grandjonc, Aix-en-Provence, aufgearbeitet wurden. Innerhalb eines weiten, die deutsche politische Emigration von der französischen Revolution bis zum Vormärz und die wirtschaftlichen Migrationsbewegungen im 19. Jahrhundert umfassenden Rahmens, wie er sich in der Zeitschrift *Cahiers d'études germaniques*[83] seit den 1970er Jahren abzeichnete[84], bildete sich in den 1980er Jahren dieser Schwerpunkt heraus. Der bereits erwähnte, 1990 von Jacques Grandjonc und Theresia Grundtner herausgegebene Band *Zones d'ombres 1933–1944*[85] gibt eine erste Bilanz der Forschungen und verweist auf künftige Forschungsschwerpunkte. Von den im Band vorgestellten drei Themenkreisen – der personellen Zusammensetzung und den kulturellen Aktivitäten der in Südfrankreich lebenden Exilanten[86], der Internierung und dem Lagersystem[87], der 1942 einsetzenden Deportation[88] – stehen vor allem die letzten beiden Themen im Mittelpunkt der nachfolgenden Forschungen. Zwei Tendenzen zeichnen sich dabei ab: eine *Zones d'ombres* bereits vorausgehende und sich in der Folge verstärkende Regionalisierung der Forschung und, daran anschließend, erste Versuche einer Gesamtdarstellung des Lagersystems in Südfrankreich. Auf den frühen autobiografischen Bericht von Hanna Schramm über das Lager Gurs[89] und die in der DDR erschienene Untersuchung von Sibylle Hintze über die politischen Flüchtlinge im Lager Le Vernet[90] folgten in den 1990er Jahren eine Reihe von Einzeluntersuchungen, die gestützt auf archivalisches Material die Geschichte einzelner Lager aufarbeiteten. Dazu gehören die Arbeiten von Anne Boitel und Joël Mettay über Rivesaltes[91], von Pierre Cros über Saint-Cyprien[92], von Gabriele Mittag und Claude Laharie über Gurs[93], von Mechthild Gilzmer über Rieucros[94], von Henriette Asséo unter anderen über das Sinti- und Romalager in Saliers[95], von Eric Conan über die Kinderlager in Pithiviers und Beaune-la-Rolande.[96]

Die Geschichte des Lagers Les Milles, die bereits einen Schwerpunkt der Untersuchungen in *Zones d'ombres* gebildet hatte, ist von Doris Obschernitzky aufgearbeitet worden.[97] Gestützt auf umfassendes Quellenmaterial, darunter auch aus regionalen Archiven, kann die Verfasserin die unterschiedlichen Phasen und Funktionen des Lagers vom Internierungslager (1939/40) bis zum Durchgangslager für die Deportation (1942) nachzeichnen und genaue Angaben über den zeitlich variierenden Umfang und die Zusammensetzung der internierten beziehungsweise zur Deportation bestimmten Lagerinsassen machen. Eine Darstellung des Lageralltags informiert über die Lebensbedingungen, Ernährung und Kleidung, die ärztliche Versorgung, den Krankenstand und die Todesfälle. Die Darstellung des Lagers und der Internierten verbindet sich mit der Analyse der übergeordneten administrativen Entscheidungsprozesse und Verantwortlichkeiten für die Internierung und die Kontrolle des Lagers, für die Möglichkeiten der Weiteremigration und schließlich der Deportation.

Christian Eggers, der wie Doris Obschernitzky der Forschungsgruppe in Aix-en-Provence angehörte, hat auf der Grundlage langjähriger Recherchen eine Gesamtdarstellung des Lagersystems in der nicht besetzten Zone vorgelegt.[98] Dabei konnte er auf bereits vorliegende Einzeluntersuchungen und auf die grundlegende Darstellung von Serge Klarsfeld über die Deportation der jüdischen Bevölkerung zurückgreifen.[99] Eggers untersucht in drei großen Abschnitten das Lagersystem in der unbesetzten Zone (Teil 1), die Geschichte der Lagerinsassen (Teil 2) und das administrative System der Zusammenarbeit zwischen Vichy und den deutschen Besatzungsbehörden (Teil 3). Vor allem die ersten beiden Teile sind innovativ, weil auf archivalischen Recherchen beruhend. Eggers unterscheidet drei verschiedene Lagertypen: Internierungslager einschließlich der für politische Gegner vorgesehenen Straflager, ferner Arbeitslager und schließlich Deportationslager. In der Periode zwischen 1939 und 1940 überwiegen die Internierungslager; 1941 erhalten die Arbeitslager eine zunehmende und bis zum Ende der deutschen Besatzung anhaltende Bedeutung, mit zwischen 55 000 und 70 000 Personen. Die Deportationslager werden 1942 eingerichtet, nach dem vorläufigen Abschluss von Massendeportationen aus dem Süden teilweise, wie etwa Les Milles, geschlossen und durch ad hoc gebildete Zentren für den Transit nach Drancy ersetzt. Eggers geht davon aus, dass bis Ende 1942 11 000 aus Deutschland oder dem mitteleuropäischen Sprachraum stammende Personen aus dem Süden nach Drancy und von dort in die Vernichtungslager transportiert wurden.[100] In der

Gesamtbewertung betont Eggers einerseits, wie stark das französische Lagersystem im Einflussbereich Vichys von einer fremdenfeindlichen, antisemitischen Ausgrenzungsideologie und -praxis bestimmt ist. Gleichzeitig unterstreicht er andererseits, dass die mithilfe der Organe Vichys durchgeführte Deportation erst im Zuge einer »Integration des französischen Lagersystems in das den ganzen deutsch besetzten Teil Europas bedeckende Netz der Endlösung« möglich wurde.[101]

Diejenigen unter den deutschen Exilierten, die während der Besatzungszeit in Frankreich geblieben waren, weil sie nicht hatten fliehen können oder weil sie entschieden hatten, trotz aller Gefahr zu bleiben, lebten dort prekär unter falscher Identität. Für die aktiven Antifaschisten unter ihnen war die erste Möglichkeit, an ihr Engagement der 1930er Jahre wiederanzuknüpfen, die Teilnahme an der Résistance[102] – eine Möglichkeit, die nicht wenige unter ihnen (ca. 3000 Deutsche) sowie viele Exilanten aus Osteuropa wahrnahmen.[103] Deutsche und österreichische exilierte Kommunisten beteiligten sich an den Widerstandsgruppen der FTP-M.O.I.[104], insbesondere an der Gruppe »Travail allemand«, zusammen mit französischen Widerstandskämpfern wie Gilbert Badia. In den Cevennen gab es eine aus deutschen Antifaschisten bestehende Widerstandsgruppe, das »Maquis de Bonnecombe«, das später »Maquis Montaigne« hieß.[105] Der Teilnahme österreichischer Exilierter an der Résistance widmete die Zeitschrift *Austriaca* 1984 eine Nummer: *La Résistance autrichienne*.[106] 1996 erschien dazu der von Paul Pasteur und Felix Kreissler edierte Tagungsband *Les Autrichiens dans la Résistance*.[107]

Die Exilforschung in Frankreich, die Arbeiten französischer Germanisten und einer Anzahl deutschsprachiger Kollegen haben über Jahrzehnte als wichtige Impulsgeber für die Erforschung der Presse und Literatur, der politischen Parteien des Exils, der Lebensbedingungen, der Integration und der Verfolgung aus Deutschland vertriebener Personen, insbesondere auch deutscher und österreichischer Juden, gewirkt und dabei gleichzeitig den Methodenwandel der traditionellen Literatur- und Geschichtswissenschaft in eine interdisziplinäre Kulturwissenschaft unterstützt und vorangetrieben. Trotz einer Anzahl offener Probleme – wie der Geschichte der bildenden Künste und der Musik, der Erforschung des Alltags und der Topografie des Exils, des Austausches und der Wechselwirkungen im Bereich kultureller Aktivitäten – scheint der Augenblick gekommen, an dem die Exilforschung ihren Sonderstatus aufgibt und sich in übergreifende Forschungszusammenhänge reintegriert. Zu denken ist an die Literatur- und Geschichtsforschung und hier wieder an eine für die Problematik der Akkulturation und des Transfers offene kulturwissenschaftliche Komparatistik oder an die Migrationsforschung[108], für die das politische Exil nach 1933 nur ein Sonderfall der ebenfalls 1933 einsetzenden Migration bildet – eine Migration, die seit dem 19. Jahrhundert bis in die Gegenwart hinein für die französische Geschichte bestimmend ist. Migrationen sind inzwischen zu einem weltweiten Vorgang geworden. Damit treten die nationalgeschichtlichen Aspekte von Migration und Exil hinter transnationalen Zusammenhängen zurück, Raumfaktoren werden ebenso wie der historische Faktor Zeit neu definiert. Was dies für die Exilforschung bedeutet, soll abschließend angedeutet werden.

V Exkurs: Kulturtransfer und Verflechtung – das Exil als Sammelpunkt soziokultureller Interaktionen

Migration von Menschen war von jeher ein historischer Rahmen und ein Anlass kulturellen Transfers. Auf Wanderungen und Reisen, aber auch als Emigranten und Immigranten transportierten die Menschen Wissen, Techniken, Vorstellungen, Sprachen, Kunstfertigkeiten sowie alle Arten von Gegenständen, in denen derartige Vorstellungen und Kompetenzen inkorporiert waren. Ortsveränderungen von Menschen haben in der Regel kulturelle Prozesse zur Folge, die man auf unterschiedlichen Ebenen und unter verschiedenem Blickwinkel untersuchen kann: Akkulturation, Kolonisierung, Hybridisierung, Anpassung, Entwicklung von Diaspora-Konfigurationen, kulturelle Selbstbehauptung – all diese Begriffe öffnen Perspektiven für die Untersuchung derartiger Prozesse.

Hinter den mit diesen Forschungsfeldern aufgeworfenen Fragen steht das Problem der Lokalisierung beziehungsweise der Mobilität von Kultur. Seit der antiken Ethnografie, seit Herodot und Poseidonios, hat man die Vorstellung kultureller Praktiken gewissermaßen »verräumlicht«. Einerseits wurden Gesellschaften (auch wenn man das Wort noch nicht kannte) bestimmten geografischen und klimatischen Zonen zugeschrieben, die deren Besonderheiten erklären sollten. »Barbaren« lebten im Norden, wilde, heißblütige Völker im Süden, während die Hellenen im gemäßigten Klima zuhause waren. Die entsprechende Mental Map war, wenn man so will, »hellenozentrisch« oder »romanozentrisch«. Der Kartograf, der eine solche Geografie der Kulturen entwarf, situierte sich selbst in der Mitte. Derartige, auf dem Gegensatz von Zentrum und Peripherie aufbauende Vorstellungen bestanden bis zum Beginn des 19. Jahrhunderts und wurden in veränderter und relativierter Form durch Geopolitik und Sozialgeografie im 20. Jahrhundert wiederbelebt. Auf der anderen Seite war eine zumindest begrenzt dynamische Vor-

stellung von Kulturen im Raum zu beobachten. Das war das diffusio-
nistische Modell, das ebenfalls seit der Antike existierte, sich aber dann
vor allem ab der zweiten Hälfte des 19. Jahrhunderts in Form der Kul-
turkreislehre entwickelte. Es ging davon aus, dass Kulturen sich aus-
breiten und dabei andere Kulturen verdrängen oder aussterben lassen.
Auch in diesem Modell ist eine Zentrum/Peripherie-Vorstellung festzustellen, doch werden hier Übertragungsvorgänge miteinbezogen,
vom Zentrum zur Peripherie und von einer Kultur zur anderen. In beiden Fällen jedoch wird ein direkter Zusammenhang von Kultur und
Raum vorausgesetzt, den man kartografisch darstellen kann. Eine besonders eindrückliche Illustration solcher Darstellungen liefert die Kulturgeografie der 1920er Jahre, wo geologische, ethnografische, sprach-
wissenschaftliche und archäologische Daten übereinandergelegt und
kartografisch abgebildet werden, um die plastische Vorstellung eines
Kulturraums zu erzeugen.[109]

Heute wissen wir – und nicht nur wegen der politischen Instrumen-
talisierung der Kulturgeografie in den 1930er und 1940er Jahren –, dass
die Beziehungen von Kultur und Raum erheblich komplexer sind. Kultur als soziale Praxis konfiguriert den Raum (den sozialen wie den ge-
genständlich materialisierten) und umgekehrt gehen räumliche Gegebenheiten in soziale und kulturelle Praktiken ein und strukturieren sie
bis zu einem gewissen Grade.[110] Wie der vielfach besprochene neuere
spatial turn der Kultur- und Sozialwissenschaften[111] anzeigt, ist mit der
Problematik der Erfassung der räumlichen Dimension sozialen Handelns nicht nur eine empirische, sondern auch eine erkenntnistheoretische Frage aufgeworfen, auf die hier nicht näher eingegangen werden
kann. Nur soviel sei festzuhalten, dass eine unreflektierte Verwendung
räumlicher Vorstellungen den Kulturtransferforscher leicht aufs Glatt-
eis führen kann. Kulturen lassen sich nicht nach der Art von Flächen ab-
bilden. Sie sind an die Menschen gebunden, die sie transportieren, und
ihre räumliche Verbreitung hängt von den Kommunikationsstrukturen
ab, die sich bekanntlich historisch stark gewandelt haben. Wie andere
Formen von sozialen Räumen werden auch die Räume der Kultur von
den Bewegungen der Akteure sowie über die vom physischen Raum nur
noch bedingt abhängigen Vernetzungen der Kommunikationsströme
permanent neu konfiguriert. Ein Ausdruck wie »Grenzgänger zwischen
den Kulturen« kann deshalb immer nur metaphorisch und meistens
auch nur für Situationen verwendet werden, in denen ein Akteur seine
kulturelle »Mehrsprachigkeit« bewusst zu »Übersetzungshandlungen«
mobilisiert. Solche Übersetzungen sind allerdings überaus häufig und
bestimmen viele Alltagssituationen in Familien, Gruppen, zwischen Be-
rufsvereinigungen und Forschungscommunities, kurz zwischen allen

Personen, die sich auf unterschiedliche Codes und Normen beziehen. Mit ihrer Häufigkeit schwindet indessen die Anschaulichkeit einer Verräumlichung kulturspezifischer Prozesse, die eher vereinfacht, als dass sie komplexe Beziehungen darzustellen vermag. Territorialisierung oder räumliche Verankerung von Kultur läuft über lokale Handlungen ab. Aber sie schafft kein geschlossenes, etwa durch politische Strukturen oder durch Rechtsverhältnisse bestimmtes Territorium. Darum ist der Begriff des Kulturraums analytisch prinzipiell fragwürdig und sollte immer historisiert werden.

Projiziert man die vorangehenden Bemerkungen auf die Situation des Exils, so ergeben sich mehrere theoretische und methodische Konsequenzen. Exilierte befinden sich per definitionem in einem komplexen Raumgefüge. Sie haben einen Ort verlassen, ein Haus, eine Stadt, ein Land und sind an einen anderen Ort, in ein anderes Haus, eine andere Stadt, ein anderes Land mit einer anderen Sprache geflohen. Auf der Flucht transportieren sie Kompetenzen, Wissen, Erfahrungen, Gefühle, die sie in die neuen Kontexte einbringen können. Gelingt ihnen diese Umsetzung in die neue Situation, werden sie Träger eines Kulturtransfers, einer kulturellen Übertragungsleistung. Die Exilforschung ist voll von Analysen derartiger Transfervorgänge aus nahezu allen Bereichen der Kultur, von der Literatur, den Künsten, Musik und Medien bis zu Wissenschaft, Technologie und zur politischen Kultur. Die Kulturtransferforschung kann hier zeigen, in welchem Umfang die Exilierten zur Umgestaltung und Bereicherung der Gesellschaften beitrugen, die sie aufgenommen haben. Betrachtet man die Situation und die Aktivitäten der Exilanten genauer, so wird indes schnell deutlich, dass mit der Akzentuierung der Transferleistung von einer wie auch immer gearteten Ausgangskultur in eine bestimmte Rezeptionskultur nur eine von mehreren Handlungsebenen erfasst wird. Exilierte wirken nicht nur in die Aufnahmegesellschaften hinein, sie wenden sich auch vielfach gezielt an die Ausgangsgesellschaft und, darüber hinaus, an ein übernationales, offenes Publikum, je nachdem, was sie tun, welche Ziele sie verfolgen und welche Mittel ihnen zur Verfügung stehen. Viel hängt davon ab, wie sie selbst die Dauer des Exils einschätzen und wie sich ihre Einschätzung im weiteren Verlauf des Exils verändert. Und schließlich richtet sich eine spezifische Art ihrer Aktivitäten an sie selbst, an die Gruppe der Exilierten. Sie tun sich zu gemeinsamen Aktionen zusammen, verschaffen sich Strukturen und Organisationen zur Selbsthilfe oder zur Realisierung von Projekten, sie bilden Formen von eigener Sozialität aus, schaffen so etwas wie eine Emigrantenkultur.

Innerhalb all dieser Möglichkeiten und Zwänge (unter den Letzteren natürlich als Erster der des Überlebens unter den zumeist bitteren Be-

dingungen des Exils) wird sich der eine mehr für die eine oder andere
Handlungsebene entscheiden oder mehrere Ebenen zugleich zu bespie-
len versuchen. Für viele, deren Beruf mit Sprache zu tun hat, bleibt die
sprachliche Akkulturation ein Problem, für Mediziner die Anerkennung der Diplome, für Juristen die Kompetenz in fremden Rechtspre-
chungssystemen usf. Dabei ist jede Existenz singulär, was Verallgemei-
nerungen erschwert. Immerhin ist klar, dass sich alle Emigranten/
Exilanten in einem komplizierten Geflecht von Handlungsräumen und
Interdependenzketten bewegen, zu dessen Analyse methodische Instru-
mente wie das der *histoire croisée* nützlich sein können.[112] Dadurch wird
es möglich, verschiedene, in mehreren Richtungen verlaufende Transfers sowie verschiedene Handlungsebenen analytisch miteinander zu
verbinden. Und zugleich kann man sich auch auf diese Weise genauer
Rechenschaft darüber ablegen, wie die einzelnen raumzeitlichen oder
sozialen Untersuchungsebenen (*échelles*) miteinander verwoben sind
und sich wechselseitig konstituieren, die nationale und die lokale, die
kurzfristige und die längerfristigen, die individuelle der Einzelschicksale, die der verschiedenen Gruppen (nach Beruf, Alter, Geschlecht,
Herkunft) und die der Exilierten als Ganzes. Für alle diese Ebenen gilt,
dass sie einerseits von den Akteuren selbst vorgegeben sind (d.h. sie
operieren selbst damit, ihre Pluralität ist für sie handlungsleitend) und
andererseits vom Forscher als analytische Ebenen konstruiert und miteinander verflochten werden. Ziel wäre, auf diese Weise nicht nur die
multipolare Konstellation des Exils, sondern auch die nach vielen Richtungen verlaufenden Prozesse zu erfassen, welche durch die Exilsituation generiert wurden. Erst so dürfte es gelingen, einige auch für den
heutigen Betrachter aufschlussreiche Aspekte des Erfahrungsraums der
Exilierten sichtbar zu machen, dessen Darstellung sich der Historiker
zur Aufgabe macht.

1 Deutsche Emigranten in Frankreich. *Französische Emigranten in Deutschland* 1685–
1945. Eine Ausstellung d. franz. Außenministeriums in Zusammenarbeit mit d. Goethe-
Institut Paris 1983. Paris 1984. — **2** Darüber, wie Alain Ruiz diese beiden Interessenge-
biete verbindet, gibt sein Aufsatz Auskunft: »De 1789 aux années du 3e Reich: l'émigration
de la ›meilleure Allemagne‹ en France. Une tradition«. In: Françoise Knopper und Alain
Ruiz (Hg.): *Les résistants au IIIe Reich en Allemagne et dans l'exil.* Toulouse 1998, S. 131–
157. — **3** Jacques Droz: *Histoire de l'antifascisme en Europe, 1923–1939.* Paris 2. Aufl.
2001. Vgl. ebd. »L'antifascisme de l'émigration allemande«, S. 86–120. — **4** Joseph Rovan,
d. i. Joseph Rosenthal. — **5** Gilbert Badia u. a.: *Les barbelés de l'exil. Études sur l'émigration allemande et autrichienne en France.* Grenoble 1979. — **6** Gilbert Badia u. a.: *Les bannis de Hitler. Accueil et lutte des exilés allemands en France (1933–1945).* Paris 1984. —
7 Gilbert Badia u. a.: *Exilés en France. Souvenirs d'antifascistes allemands émigrés (1933–*

1945). Paris 1982. — **8** Zu den Hilfsorganisationen vgl. in: Badia u.a.: *Les bannis* (s. Anm. 6) Jean-Baptiste Joly: »L'aide aux émigrés juifs: le Comité national de secours«, S. 37–64; Jacques Omnès: »L'aide aux émigrés politiques (1933–1938). L'exemple du Secours rouge, de la Ligue des droits de l'homme et du parti socialiste«, S. 65–101; Jean-Philippe Mathieu: »L'assistance des quakers«, S. 105–116. — **9** Zu den Exilverlagen Hélène Roussel: »Éditeurs et publications des émigrés allemands (1933–1939)«. In: Badia u.a.: *Les barbelés* (s. Anm. 5), S. 357–417. — **10** Jacques Omnès: »L'Institut pour l'étude du fascisme (INFA)«. In: Badia u.a.: *Les bannis* (s. Anm. 6), S. 185–198. — **11** Zu den bildenden Künstlern im französischen Exil und dem Freien Künstlerbund vgl. Hélène Roussel: »Les peintres allemands émigrés en France et l'Union des artistes libres«. Ebd., S. 287–326. Ergänzte deutsche Fassung: »Die emigrierten deutschen Künstler in Frankreich und der Freie Künstlerbund«. In: *Exilforschung. Ein internationales Jahrbuch*, Bd. 2 1984. Vgl. auch: Dieter Schiller u.a.: *Exil in Frankreich*, Bd. 7 von *Kunst und Literatur im antifaschistischen Exil 1933–1945*. Leipzig bzw. Frankfurt/M. 1981, S. 328–336. — **12** Hélène Roussel: »L'Université allemande libre (fin 1935–1939)«. In: Badia u.a.: *Les bannis* (s. Anm. 6), S. 327–356. Vgl. auch: Schiller u.a.: *Exil in Frankreich* (s. Anm. 11), S. 278–281. — **13** Jacques Grandjonc und Theresia Grundtner (Hg.): *Zones d'ombres 1933–1944. Exil et internement d'Allemands et d'Autrichiens dans le sud-est de la France.* Aix-en-Provence 1990. Deutsche Fassung: Dies.: *Zone der Ungewißheit. Exil und Internierung in Südfrankreich 1933–44.* Reinbek b. Hamburg 1993. — **14** Barbara Vormeier: »Législation répressive et émigration«. In: Badia u.a.: *Les barbelés* (s. Anm. 5), S. 159–167. Dazu s. auch Anne Grynberg: »L'accueil des réfugiés d'Europe centrale en France (1933–1939)«. In: *Les cahiers de la Shoah* (1994) Nr. 1. — **15** Françoise Joly, Jean-Baptiste Joly und Jean-Philippe Mathieu: »Les camps d'internement en France de septembre 1939 à mai 1940«. In: Badia u.a.: *Les barbelés* (s. Anm. 5), S. 169–220. — **16** Barbara Vormeier, Jean-Philippe Mathieu und Claude Laharie: »Le camp de Gurs«. Ebd., S. 221–287, sowie Gilbert Badia über die politischen Straflager Rieucros und Le Vernet: »Camps répressifs ou camps de concentration?«. Ebd., S. 289–332. — **17** Joseph Rovan: »L'émigration monarchiste autrichienne en France (1938–1940)«. Ebd., S. 137–158. — **18** DÖW (Hg.): *Österreicher im Exil. Frankreich 1938–1945.* Auswahl und Bearbeitung von Ulrich Weinzierl. Wien – München 1984. — **19** Ernst Schwager: *Die Österreichische Emigration in Frankreich 1938–1945.* Wien u.a. 1984. — **20** Richard Thieberger (Hg.): »Écrivains autrichiens émigrés en France«. *Austriaca* (1986) Nr. 19. — **21** Paul Pasteur und Friedrich Stadler (Hg.): »Exil et retours d'exil«. *Austriaca* (1993) Nr. 56. — **22** Ursula Langkau-Alex: *Deutsche Volksfront 1932–1939. Zwischen Berlin, Paris, Prag und Moskau.* 3 Bde. Berlin 2004 und 2005. Der erste Band: *Zur Vorgeschichte und Gründung des Ausschusses zur Vorbereitung einer deutschen Volksfront* (2004) ist die neu konzipierte Fassung des ersten Bandes des 1977 in Frankfurt/M. u. d. T. *Volksfront für Deutschland?* erschienenen Buchs. Bd. 2 behandelt die *Geschichte des Ausschusses zur Vorbereitung einer deutschen Volksfront* (2004); Bd. 3 umfasst *Dokumente zur Geschichte des Ausschusses zur Vorbereitung einer deutschen Volksfront, Chronik und Verzeichnisse* (2005) und enthält eine den gesamten Forschungszeitraum übergreifende »Nachbetrachtung«, S. 535–544. Der erforschte Zeitraum und die eine Lebensspanne umfassende Forschertätigkeit machen die drei Bände über das Thema der Volksfront hinaus zu einem Grundlagenwerk für die Erforschung der Geschichte des Exils, insbes. auch der exilierten Parteien, politischen Vereinigungen und Hilfsorganisationen in Frankreich zwischen 1933 und 1939. Wichtig ist der große Teile des ersten Bandes einnehmende Nachweis einer in die frühen 1930er Jahre zurückreichenden, auf außer- und überparteilichen Kontakten beruhenden »Vorgeschichte« der deutschen Volksfront. Neben dem Schwenk der Kommunistischen Internationale waren es vor allem die spezifischen politischen Erfahrungen des Scheiterns der ersten deutschen Demokratie, die bei den deutschen Sozialdemokraten und linkssozialistischen Gruppen, den Liberalen und den exilierten Intellektuellen in Paris den Weg zur Bildung des Komitees zur Vorbereitung einer deutschen Volksfront im Exil öffneten. – Eine ausführliche Bibliografie informiert über die einschlägigen Forschungen bis zum Veröffentlichungszeitraum. — **23** Akademie der Wissenschaften der DDR (Hg.): *Paris 1935. Erster Internationaler Schriftstellerkongress zur Verteidigung der Kultur. Reden und Dokumente.* Mit Materialien der Londoner Schriftstellerkonferenz 1936. Einleitung und Anhang von Wolfgang Klein. Berlin 1982. – Eine erweiterte und den neueren Forschungsstand berücksichtigende Ausgabe der Texte des Pariser Kongresses ist in französischer Sprache erschienen: Sandra Teroni und Wolfgang Klein (Hg.): *Pour la défense de la culture: Les textes du Congrès international des écrivains, Paris, juin 1935.* Dijon 2005. – **24** Jean-Michel Palmier: *Weimar en exil. Le destin de l'émigration intellectuelle allemande antinazie en Europe et aux États-Unis.* Paris 1988. Bd. 1: *Exil en Europe,* Bd. 2: *Exil aux États-Unis.* – Englische Ausgabe: *Weimar in Exile. The Antifascist Emigration in Europe and America.* London 2006. Palmier betont, worauf schon der Titel hindeutet, die Kontinuitäten von Weimarer Kultur und dem Exil nach 1933. Der Schwerpunkt liegt auf den Werken namhafter Künstler. Die Alltagsrealität des Exils, weniger spektakuläre kulturelle Aktualitäten und Akkulturationsprozesse treten demgegenüber zurück. — **25** Überblickscharakter hatte bereits die von Ruth Fabian und Corinna Coulmas herausgegebene Darstellung: *Die deutsche Emigration in Frankreich nach 1933.* München u.a. 1978. — **26** Dazu der Artikel »Frankreich« von Barbara Vormeier im *Handbuch der deutschsprachigen Emigration 1933–1945.* Darmstadt 1998 und die Bibliografie in Langkau-Alex: *Deutsche Volksfront 1932–1939* (s. Anm. 22), Bd. 3 2005. — **27** Dazu Dieter Schiller: »Die Deutsche Freiheitsbibliothek in Paris«. (1984/ 2006). In: Ders.: *Der Traum von Hitlers Sturz. Studien zur deutschen Exilliteratur 1933– 1945.* Frankfurt/M. 2010, S. 105–125. Ders.: »Der Tag des verbrannten Buches und die Deutsche Freiheitsbibliothek. Zum 70. Gründungstag der Deutschen Freiheitsbibliothek im Mai 1934«, *Pankower Vorträge* H. 62, Berlin 2004. Werner Treß: »›In unserem Lager ist Deutschland‹. Alfred Kantorowicz und die Gründung der Deutschen Freiheitsbibliothek in Paris«. In: *Argonautenschiff. Jahrbuch der Anna-Seghers-Gesellschaft Berlin und Mainz e. V.,* 20/2011, S. 77–86. — **28** Dieter Schiller: »Der Pariser Schutzverband deutscher Schriftsteller (Société allemande des gens de lettres, siège Paris). Eine antifaschistische Kulturorganisation im Exil«. (1984). In: Ders.: *Der Traum* (s. Anm. 27), S. 85–104. — **29** Ders.: »›In bewusstem Gegensatz zu der kommunistisch-ullsteinschen Bande‹ Schwarzschilds Bund Freie Presse und Literatur in Paris«. In: Anne Saint Sauveur-Henn (Hg.): *Fluchtziel Paris. Die deutschsprachige Emigration 1933–1940.* Berlin 2002, S. 215– 229. — **30** Für den Freien Künstlerbund s. Anm. 11; für die Freie Deutsche Hochschule s. Anm. 12. — **31** Vgl. dazu die Beiträge in Michel Grunewald u. a. (Hg.): *Autour du ›Front Populaire Allemand‹. Einheitsfront-Volksfront.* Bern 1990 und jetzt grundlegend für die politische und publizistische Öffentlichkeit des Exils in Frankreich: Langkau-Alex im Bd. 2 ihrer *Deutschen Volksfront 1932–1939* (s. Anm. 22). Den Umschlag der Volksfrontidee von einem die Literatur und Künste mobilisierenden in ein destruktives Moment hat Albrecht Betz dargestellt: *Exil und Engagement. Deutsche Schriftsteller im Frankreich der dreißiger Jahre.* München 1986. Zur Position Walter Benjamins in den literaturpolitischen Debatten vgl. die Untersuchung von Chryssoula Kambas: *Walter Benjamin im Exil. Zum Verhältnis von Literaturpolitik und Ästhetik.* Tübingen 1983, S. 158–181. Betz und besonders Kambas verweisen darauf, dass die kulturpolitischen Konflikte grundiert und überlagert waren vom Widerspruch zwischen einem traditionellen, von kommunistischen und bürgerlichen Schriftstellern vertretenen Kulturverständnis und einem sich darauf beziehenden auratischen Künstler- und Werkbegriff sowie einer avantgardistischen, die neuen Medien Fotografie und Film und die modernen technischen Reproduktionsmittel einschließenden Ästhetik, wie etwa Benjamin und Brecht sie vertraten. Als kulturpolitisches Bindemittel zwischen Kommunisten und bürgerlichen Sympathisanten (Heinrich Mann) diente der Rückgriff auf die Tradition nur solange, wie die politischen Differenzen über demokratische Verfahren und Grundsätze nicht in den Vordergrund traten, während die Distanz der künstlerischen Avantgarde und ihrer Theoretiker von Anfang an bestand. — **32** Michaela Enderle-Ristori: »Volksfront und ›Ehekrach‹. Über Willi Münzenbergs Versuch, mit Hilfe von Georg Bernhard eine Volksfront ohne die KPD zu organisieren«. In: *Francia* 28/3 (2001), S. 159–180. – Unter den damaligen Bedingungen des Zugangs zu archivalischen Quellen hat Walter F. Peterson die Redaktionsgeschichte der Zeitung aufgearbeitet: *The Berlin Liberal Press in Exile. A History of the Pariser Tageblatt-Pariser Tageszeitung 1933–1940.* Tübingen 1987. — **33** Vgl. u. a. dazu Karl Holl: »Hellmut von Gerlach. Demokrat, Pazifist, Freund Frankreichs im Pariser Exil«. In: Hélène Roussel und Lutz Winckler (Hg.): *Rechts und links der Seine. Pariser Tageblatt und Pariser Tageszeitung 1933–1940.* Tübingen 2002, S. 115–127. — **34** Heinrich Mann u. a.: *Propos d'exil. Articles publiés dans »La Dépêche« par les émigrés du IIIe Reich.* Toulouse 1983. Vgl. auch die ausführliche Bibliografie von Margot Taureck zu den Veröffentlichungen exilierter Schriftsteller in der französischen Presse im Anhang zum Buch von Betz (s. Anm. 31), S. 240–280. — **35** Dazu Hélène Roussels Aufsätze: »Zu Willi Münzenbergs verlegerischer Tätigkeit im Kontext seines Umgangs mit den Medien in der Weimarer Republik und im französischen Exil«. In: Hélène Roussel und Lutz Winckler (Hg.): *Deutsche Exilpresse und Frankreich 1933–1940.* Bern u. a. 1992, S. 157–198 und »Willi Münzenberg en exil et l'opinion publique française (1933–1940)«. In: Hans Manfred Bock u. a. (Hg.): *Entre Locarno et Vichy. Les relations culturelles franco-allemandes dans les années trente.* Bd. 2 Paris 1993, S. 731–754. Vgl. *Willi Münzenberg 1889–1940. Un homme contre.* Aix-en-Provence 1993. Deutsche Ausgabe: Tania Schlie und Simone Roche: *Willi Münzenberg (1889–1940). Ein deutscher Kommunist im Spannungsfeld zwischen Stalinismus und Antifaschismus.* Frankfurt/M. u. a. 1995. — **36** Rita Thalmann: »L'immigration allemande et l'opinion publique en France de 1933 à 1936«. In: *La France et l'Allemagne 1932–1936.* Paris 1980, S. 149–172. — **37** Dies.: »L'émigration allemande et l'opinion publique française de 1936 à 1939«. In: *Deutschland und Frankreich 1936–1939. Beihefte der Francia.* Bd. 10. München 1981, S. 47–70. Beide Aufsätze wurden später in deutscher Fassung zusammengeführt: Dies.: »Emigration aus Deutschland und die öffentliche Meinung Frankreichs 1933–1939«. In: Ursula Büttner (Hg.): *Das Unrechtsregime. Internationale Forschung über den Nationalsozialismus.* Bd. 2: *Verfolgung – Exil – Belasteter Neubeginn.* Hamburg 1986, S. 249–266. — **38** Zur theoretischen Grundlegung Michel Espagne und Michael Werner: »Deutschfranzösischer Kulturtransfer im 18. und 19. Jahrhundert. Zu einem neuen Forschungsprogramm des CNRS«. In: *Francia* 13, 1985, S. 502–509; Dies.: »Deutsch-französischer Kulturtransfer als Forschungsgegenstand. Eine Problemskizze«. In: Dies. (Hg.): *Transferts. Les relations interculturelles dans l'espace franco-allemand (XVIIIe et XIXe siècle).* Paris 1988, S. 11–34. Erprobt wurde dieses Konzept an Untersuchungen zu deutsch-französischen kulturellen Wechselbeziehungen im 18. und 19. Jahrhundert; vgl. dazu etwa Michel Espagne: *Les transferts culturels franco-allemands.* Paris 1999. – Neuerdings zeichnet sich eine methodische Modifizierung und Erweiterung des Transfer-Begriffs ab, dazu: Michael Werner und Bénédicte Zimmermann: »Vergleich, Transfer, Verflechtung. Der Ansatz der *histoire croisée* und die Herausforderung des Transnationalen«. In: *Geschichte und Gesellschaft* 28, 2002, H. 4, S. 607–636. Vgl. auch den Exkurs von Michael Werner: »Kulturtransfer und Verflechtung: das Exil als Sammelpunkt soziokultureller Interaktionen« am Ende dieses Beitrags. — **39** Zu Begriff und Geschichte der kulturellen und politischen Vermittler grundlegend Hans Manfred Bock: »Vom Beruf des kulturellen Übersetzens zwischen Deutschland und Frankreich, oder: Verzagen die Mittler?«. In: Ders. (Hg.): »*Dossier: Mittler*«. *Lendemains* 22, 1997, H. 86/87, S. 8–19 und ders.: *Kulturelle Wegbereiter politischer Konfliktlösung. Mittler zwischen Deutschland und Frankreich in der ersten Hälfte des 20. Jahrhunderts.* Tübingen 2005; darin vor allem das Kapitel »Mittler zwischen Nationen in der Sicht intellektuellensoziologischer und perzeptionsanalytischer Forschung. Nation als vorgegebene oder vorgestellte Wirklichkeit? Anmerkungen zur Analyse fremdnationaler Identitätszuschreibung«, S. 11–37. Betonen Michel Espagne und Michael Werner (s. Anm. 38) und Hans Manfred Bock die Notwendigkeit einer über das Exil nach 1933 hinausweisenden historiografischen und analytischen Perspektive der Mittlerfunktion und des interkulturellen Vergleichs für den Zeitraum des 19. bzw. 20. Jahrhunderts, so verlegen Michel Grunewald und Jochen Schlobach den Vergleichszeitraum bis in das 17. Jahrhundert zurück, wobei allerdings die zentrale Rolle der Vermittlung und Übersetzung »nationaler« Diskurse zurücktritt. Vgl. dies. (Hg.): *Médiations / Vermittlungen. Aspects des rela-*

tions franco-allemandes du XVIIe siècle à nos jours. Aspekte der deutsch-französischen Beziehungen vom 17. Jahrhundert bis zur Gegenwart. 2 Bde. Bern – Frankfurt/M. u. a. 1992. — **40** Betz: *Exil und Engagement* (s. Anm 31). — **41** Ebd., S. 125 ff. — **42** Zu Sieburgs Haltung in diesen Jahren vgl. auch Margot Taureck: *Friedrich Sieburg in Frankreich. Seine literarisch-publizistischen Stellungnahmen zwischen den Weltkriegen im Vergleich mit Positionen Ernst Jüngers.* Heidelberg 1987. — **43** Vgl. den gleichnamigen von Roussel und Winckler edierten Tagungsband (s. Anm. 33). Vgl. die frühen Arbeiten von Lieselotte Maas: *Handbuch der deutschen Exilpresse,* insbes. Bd. 4: *Die Zeitungen des deutschen Exils in Europa von 1933 bis 1939 in Einzeldarstellungen.* München 1990 und Hans-Albert Walter: *Exilpresse,* Bd. 4: *Deutsche Exilliteratur 1933–1950.* Stuttgart 1978. — **44** Hélène Roussel und Lutz Winckler (Hg.): *Pariser Tageblatt/Pariser Tageszeitung. Conceptions et pratiques du quotidien des émigrés allemands en France/Konzepte und Praxis der Tageszeitung der deutschen Emigranten in Frankreich.* Bremen Universitätsdruckerei 1989 (mit Beiträgen u. a. von Gilbert Badia, Michaela Enderle, Karl Holl, Françoise Kreissler, Ursula Langkau-Alex, Lieselotte Maas, Silvia Schlenstedt); Dies. (Hg.): *Rechts und links der Seine* (s. Anm. 33). — **45** Vgl. die entsprechenden Beiträge ebd. von Hélène Roussel:»Das deutsche Exil in den dreißiger Jahren und die Frage des Zugangs zu den Medien. ›Pariser Tageblatt‹/›Pariser Tageszeitung‹ im Kontext der deutschen Exilpresse in Frankreich«, S. 15– 35; Lutz Winckler:»Der 14. Juli – Aneignung eines Mythos«, S. 57–72 und »Paris-Mythos im Feuilleton«, S. 285–310; Gilbert Badia:»Salomon Grumbach – ein anonymer Interpret französisch-deutscher Politik«, S. 95–113; Karl Holl:»Hellmut von Gerlach. Demokrat, Pazifist, Freund Frankreichs im Pariser Exil«, S. 115–127; Ines Rotermund:»Die Realität des Visuellen. Der Kunstkritiker Paul Westheim und die französische Kunst«, S. 129–144; Lutz Winckler:»Hermann Wendel – ein ›Grenzfall‹«, S. 145–157; Hélène Roussel:»Ferdinand Hardekopfs Standort zwischen Frankreich und Deutschland. Seine Rolle als Vermittler zwischen französischer und deutscher Kultur und als Gedächtnis des Exils«, S. 159–182 und Sacha Zilberfarb:»Flanerie in einigen Pariser Texten von Franz Hessel«, S. 183–203. — **46** Ebd.: Michaela Enderle-Ristori:»Literaturkritik«, S. 207–218; Helmut G. Asper: »Filmseite/Filmkritik/Filmberichte«, S. 219–234; Claudie Villard:»Theaterkritik«, S. 235–250; Klaus Mävers:»Kontinuität und Diskontinuität in der Musikberichterstattung – Paul Bekker und danach«, S. 251–260; Arno Kapitza und Markus Labude:»Helfer und Mittler im Exilalltag: Der Lokalteil«, S. 271–284 und Ines Rotermund:»Auf den Spuren des Kunstflaneurs Paul Westheim. Pariser Kunstgalerien der dreißiger Jahre«, S. 261– 267. — **47** Einen weiteren Beitrag zur Erforschung der deutschen Exilpresse in Frankreich brachte auch die Dissertation von Gérard Brousseau: *Un journal libéral en exil: Das Neue Tage-Buch von Leopold Schwarzschild. Contribution à l'étude de la presse en exil.* Université de Bordeaux 3 1999 (unveröffentlicht). — **48** Michaela Enderle-Ristori: *Markt und intellektuelles Kräftefeld: Literaturkritik im Feuilleton von »Pariser Tageblatt« und »Pariser Tageszeitung« (1933–1940).* Tübingen 1997. — **49** Lutz Winckler (Hg.): *Unter der Coupole. Die Paris-Feuilletons Hermann Wendels 1933–1936.* Tübingen 1995, darin die Einleitung:»Der musealisierte Mythos der Stadt. Die Paris-Feuilletons Hermann Wendels«, S. 7–67. — **50** Vgl. Anm. 29. — **51** Dabei sollte der Parameter des Genders, auf den hier nicht hinreichend eingegangen werden kann, berücksichtigt werden. Hier sei dafür nur Rita Thalmanns Aufsatz als Beispiel angeführt:»Soziale und politische Selbstbehauptung deutschsprachiger Emigrantinnen in Frankreich 1933–1940«. In: Siglinde Bolbecher (Hg.): *Frauen im Exil. Zwischenwelt* 9 unt. Mitarb. v. Beate Schmeichel-Falkenberg. Klagenfurt 2007, S. 138–152. — **52** Julia Franke: *Paris – eine neue Heimat? Jüdische Emigranten aus Deutschland 1933 bis 1945.* Berlin 2000. S. auch dies.: *Réfugiés d'Allemagne en banlieue parisienne: accueil et vie quotidienne, 1933–1939.* Magisterarbeit, Université Panthéon-Sorbonne, Bibliothek des Centre d'histoire sociale du 20e siècle, 1993. — **53** Vgl. auch: Rita Thalmann:»Topographie de l'émigration du Troisième Reich à Paris«. In: André Kaspi und Antoine Marès (Hg.): *Le Paris des étrangers.* Paris 1989, S. 91–104. — **54** Dazu: Hélène Roussel und Lutz Winckler:»Zur Topographie des literarischen und publizistischen Exils in Paris.« In: *Exilforschung. Ein internationales Jahrbuch.* Bd. 20,

2002, S. 131–158. — **55** Binationale Dissertation, FU Berlin/École des Hautes Études en Sciences Sociales Paris, 2007 (unveröffentlicht). — **56** Dissertation Université de Picardie, Amiens 2000. Vertrieb Lille. – Davor war die Dissertation von Emmanuelle Foster entstanden: *Les artistes peintres et graveurs allemands en exil à Paris 1933–1939*. Université de Paris 1 1990 (unveröffentlicht). — **57** S. auch Anna Langenbruchs Aufsätze: »›Wenn wir, blätternd in seinen Strassen, Geschichte lesen‹: Die Exilzeitschrift *Die Zukunft* als Beispiel einer Historiografie der Orte des Pariser Musikerexils zwischen 1933 und 1940«. In: *Exilforschung. Ein internationales Jahrbuch*. Bd. 26, 2008, S. 78–101. Dies.: »Zum Abschluß sangen wir das Lied ›Brüder, zur Sonne, zur Freiheit …‹. Laienmusikleben im Pariser Exil am Beispiel des Deutschen Volkschors«. In: Daniel Azuélos (Hg.): *Alltag im Exil*. Würzburg 2011, S. 205–221. — **58** Anna Langenbruch: Binationale Dissertation, Hochschule für Musik, Theater und Medien Hannover/École des Hautes Études en Sciences Sociales Paris, Dezember 2011 (unveröffentlicht). — **59** Ebd., S. 430. Diese Studie ist die erste übergreifende Arbeit über das Wirken von Exilmusikern in Paris, nachdem der Tagungsband: Michel Cullin und Primavera Driessen Gruber (Hg.): *Douce France? Musik-Exil in Frankreich 1933–1945*. Wien 2008 bereits Facetten dazu geliefert hatte. — **60** 2007 hat Michaela Enderle-Ristori Bd. 25 des Jahrbuchs *Exilforschung: Übersetzung als transkultureller Prozess* redigiert und eingeleitet, der neben Beiträgen zur Geschichte und Theorie kultureller Übersetzung ihren Aufsatz »Übersetzung bei Heinrich Mann. Der ›Dritte Raum‹ als permanente Herausforderung« (ebd., S. 71–89) enthält, der sich auf das Exil in Frankreich bezieht. — **61** Bernard Banoun, Michaela Enderle-Ristori und Sylvie Le Moël (Hg.): *Migration, exil et traduction. Espaces francophone et germanophone XVIIIe-XXe siècles*. Tours 2011. — **62** Vgl. dazu Michèle Guerra-Robert: *Die deutsche und österreichische Emigration im Departement Alpes-Maritimes 1933–1945*. DES (Magisterarbeit) Universität Nice 1977; Jeanpierre Guindon »Pour une saisie informatisée de l'exil allemand et autrichien: l'exemple du Var (1933–1945)«. In: *Cahiers d'études germaniques* (1987) Nr. 13, S. 199–218. — **63** Vgl. dazu Petra Lingerat und Sybille Narbutt: »Die ›Cahiers du Sud‹ 1933–1942. Jean Ballard im Briefwechsel mit Ernst Erich Noth, Walter Benjamin und Rudolf Leonhard«. In: Grandjonc und Grundtner (Hg.): *Zone der Ungewißheit* (s. Anm. 13), S. 126–186. — **64** Ulrike Voswinckel und Frank Berninger (Hg.): *Exil am Mittelmeer. Deutsche Schriftsteller in Südfrankreich von 1933–1941*. München 2005. — **65** Ruth Werfel (Hg.): *Gehetzt. Südfrankreich 1940. Deutsche Literaten im Exil*. München 2008. Vgl. die Rezension von Wilfried Weinke im Jahrbuch *Exilforschung* 28/2010, S. 251–252. — **66** Magali Laure Nieradka: »*Die Hauptstadt der deutschen Literatur*«. *Sanary-sur-Mer als Ort des Exils deutschsprachiger Schriftsteller*. Göttingen 2010. — **67** Manfred Flügge: *Wider Willen im Paradies. Deutsche Schriftsteller im Exil in Sanary-sur-Mer*. Berlin 1996. Erweiterte u. verbesserte Ausgabe u. d. T. *Das flüchtige Paradies. Künstler an der Côte d'Azur*. Berlin 2008. — **68** Alain Ruiz: »Mai-juin 1940. Traces et témoignages d'émigrés du IIIe Reich en Gironde«. In: *Cahiers d'études germaniques* (2002/1) Nr. 42, S. 229–244. Vgl. ders.: »De 1933 à la fin de la ›drôle de guerre‹. Souvenirs et traces d'émigrés du Troisième Reich en Aquitaine«. In: Stephan Martens (Hg.): *L'Allemagne et la Seconde Guerre mondiale. Quelles mémoires?* Pessac 2007, S. 237–285. — **69** Alain Ruiz: »Après Carl Einstein et Walter Benjamin. La fin tragique de Wilhelm Friedmann, émigré du IIIe Reich«. Im Tagungsband: *Pyrénées 1940, ultime frontière pour Carl Einstein, Walter Benjamin et Wilhelm Friedmann*. Paris 2006, S. 123–171. — **70** Alain Ruiz: »De Paris au camp de Bassens et au gave de Pau: l'ultime parcours de Carl Einstein pendant la ›drôle de guerre‹«. In: Marianne Kröger und Hubert Roland (Hg.): *Carl Einstein im Exil. Kunst und Politik in den 1930er Jahren*. München 2007, S. 57–112. — **71** Alain Ruiz: »D'avant 1914 à la Seconde Guerre mondiale. Émigrés politiques et raciaux des pays germaniques et d'Europe de l'Est en Aquitaine et dans les Pyrénées«. Vgl. Françoise Knopper und Jean Mondot (Hg.): ›*Voyages … Voyages …*‹. *Hommage à Alain Ruiz*. Pessac 2010, S. 30. — **72** Kursorisch sei auf Michel Grunewalds Klaus-Mann-Monografie *Klaus Mann 1906–1949* (Bern 1984, 2 Bde.) und auf die Studie von Anne-Marie Corbin-Schuffels: *Manès Sperber: un combat contre la tyrannie* (1934–1960)«. Bern 1996 verwiesen (2010 war A.-M. Corbin-

Schuffels Mitveranstalterin des Symposiums »Manès Sperber, Zablotów – Paris – Vienne: l'itinéraire d'un intellectuel européen«). Vgl. auch die Protokollbände von vier Tagungen, die in den letzten Jahren in Frankreich stattfanden. In: Daniel Azuélos (Hg.): *Lion Feuchtwanger und die deutschsprachigen Emigranten in Frankreich von 1933 bis 1941 – Lion Feuchtwanger et les exilés de langue allemande en France de 1933 à 1941.* Bern 2006 wird Feuchtwangers Leben und Werk in Südfrankreich und das anderer, zumeist dort lebender Exilautoren untersucht, wie Heinrich Mann, Franz Werfel, Joseph Roth und Rudolf Leonhard, Soma Morgenstern und Emil Alphons Rheinhardt, Jean Améry und Fred Wander. – Das von Stéphane Pesnel veranstaltete internationale Pariser Symposium »Joseph Roth en exil à Paris (1933–1939)« beleuchtete u. a. die jüdische und kosmopolitische Dimension von Roths Schaffen und Editions- bzw. Übersetzungsprobleme seiner Exilwerke in Frankreich (der Protokollband erscheint 2012 in Paris). – Zu Klaus Mann sei der von Magali Laure Nieradka hrsg. Tagungsband *Wendepunkte-Tournants. Beiträge zur Klaus-Mann-Tagung aus Anlass seines 100. Geburtstages.* Sanary-sur-Mer 2006 (2008) erwähnt. – Die Beiträge der im Oktober 2010 in Paris von Hélène Roussel und Anne Saint Sauveur-Henn mitveranstalteten Jahrestagung der Anna-Seghers-Gesellschaft »Anna Seghers und Frankreich als Ort von Exil und Widerstand« wurden (sowie weitere Studien zu Werken der Autorin im französischen Exil) im Jahrbuch der Anna-Seghers-Gesellschaft *Argonautenschiff*, Bd. 20 von 2011, S. 47–119 abgedruckt. Ein Schwerpunkt der Beiträge liegt auf den Beziehungen der Autorin und ihres Werkes zu kulturellen Institutionen und Veranstaltungen des deutschen Exils in Paris. Die Beziehung der Autorin zu Frankreich wird nicht nur anhand der Biografie skizziert (von Marie-Laure Canteloube, deren Dissertation *Anna Seghers et la France* [2007] 2012 in Paris erschienen ist), sondern auch anhand ihrer lange Zeit nach dem Exil weitergeführten Auseinandersetzung mit französischer Revolution, Exil und Widerstand und deren Niederschlag in den *Karibischen Geschichten* gezeigt (Patrick Farges). — **73** 1998 erschienen in Zusammenhang mit dem Programm der französischen Concours für das Lehramt drei Tagungsbände: Françoise Knopper und Alain Ruiz (Hg.): *Les résistants au IIIe Reich en Allemagne et dans l'exil.* Toulouse; Hélène Roussel (Hg.): *Exil – Résistance – ›Autre Allemagne‹. L'opposition allemande au 3e Reich* in Zusammenarbeit m. Jean Mortier. Nanterre; Gilbert Krebs und Gérard Schneilin (Hg.): *Exil et résistance au national-socialisme 1933–1945.* Paris. — **74** Daniel Azuélos: *L'identité blessée. Étude sur le problème de l'identité chez les Judéo-allemands exilés aux État-Unis entre 1933 et 1949 à travers la revue* Aufbau *(New York).* Unveröffentlichte Dissertation. Université Paris 3, 1994. — **75** Valérie Robert: *De l'exclusion à la réinterprétation: le discours des intellectuels en exile sur les intellectuels en Allemagne nazie (1933–39).* Unveröffentlichte Dissertation. Université Paris 3 1999; Dies.: *Partir ou rester. Les intellectuels allemands devant l'exil 1933–1939.* Paris 2001. — **76** Jürgen Doll (Hg.): Exil anti-nazi, témoignages concentrationnaires«. »Exils, migrations, création. *Études germaniques.* Bd. 3. Paris 2008. — **77** Daniel Azuélos (Hg.): *Habiter ou ignorer l'autre – Les écrivains de l'exil.* Paris 2008, als Sondernummer der Zeitschrift *Études germaniques* Jg. 63 (2008) H. 4 erschienen. — **78** Ders. (Hg.): *Les penseurs allemands et autrichiens à l'épreuve de l'exil.* Paris 2010 und ders. (Hg.): *Alltag im Exil.* Würzburg, 2011. — **79** Françoise Kreissler: *Exil ou asile à Shanghai? Histoire des réfugiés d'Europe centrale (1933–1945).* Unveröffentlichte Habilitationsschrift. Université Paris 8 2000; Anne Saint Sauveur-Henn: *Un siècle d'émigration allemande vers l'Argentine (1853–1945).* Wien 1995; Patrik Farges: *Le trait d'union ou l'intégration sans l'oubli.* Paris 2008. — **80** Vgl. dazu u. a. Elisabeth Marum-Lunau: *Boches ici, Juifs là-bas – Correspondance d'exilés du IIIe Reich (1939–1942),* présentées par Jacques Grandjonc. Aix-en-Provence 1997. Deutsche Ausgabe: Dies.: *Auf der Flucht in Frankreich: »Boches ici, juifs là-bas«: der Briefwechsel einer deutschen Familie im Exil 1939–1942;* ausgewählt und kommentiert von Jacques Grandjonc; f. d. dt. Ausg. übersetzt u. erw. v. Doris Obschernitzki. Berlin 2000. — **81** Dazu vgl. Patrik von zur Mühlen: *Fluchtweg Spanien-Portugal. Die deutsche Emigration und der Exodus aus Europa 1933– 1945.* Bonn 1992, sowie den Ausstellungskatalog: Jacques Grandjonc u. a.: *Varian Fry, Mission américaine de sauvetage des intellectuels anti-nazis.* Marseille 1942. Arles 1999. S. auch den vom Aktiven Museum Berlin hg. Ausstellungskatalog: *Ohne zu zögern. Varian Fry: Berlin – Marseille – New York.* Berlin 2008. — **82** Vgl. dazu: Anne Saint Sauveur-Henn (Hg.): *Zweimal verjagt. Die deutschsprachige Emigration und der Fluchtweg Frankreich-Lateinamerika 1933–1945.* Berlin 1998. — **83** *Cahiers d'études germaniques* ist eine vom Centre d'Études Germaniques der Université de Provence ab 1972 in Aix-en-Provence hrsg. Zeitschrift. — **84** Vgl. Klaus Voigt, Jeanpierre Guindon, Chryssoula Kambas und Jacques Grandjonc (Hg.): »Exils et migrations d'Allemands 1789–1945«. In: *Cahiers d'études germaniques* (1987) Nr. 13 mit Beiträgen u. a. von Alain Ruiz, Michael Werner, Helga Jeanblanc, Michel Espagne zu Emigranten und Migranten im 18. und 19. Jahrhundert sowie zum Exil nach 1933. — **85** Grandjonc und Grundtner (Hg.): *Zone der Ungewißheit* (für diese sowie für die franz. Originalausgabe vgl. Anm. 13); hier zit. nach der deutschen Ausgabe. — **86** Vgl. im ersten Teil (Exil im Südosten Frankreichs) von Grandjonc und Grundtner (Hg.): *Zone der Ungewißheit* (s. Anm. 13) die Beiträge von Jeanpierre Guindon: »Sanary-sur-Mer – Hauptstadt der deutschen Literatur« und die mit Zeitzeugen geführten Gespräche. Ebd., S. 27–76; Petra Lingerat und Sybille Narbutt: »Die ›Cahiers du Sud‹ 1933–1942«. Ebd., S. 126–186. — **87** Vgl. ebd. die Beiträge im zweiten Teil (Internierung in Frankreich) von Barbara Vormeier: »Die Lage der deutschen Flüchtlinge in Frankreich. September 1939 bis Juli 1942«, S. 210–234; André Fontaine: »Internierung in Les Milles«, die »Wandmalereien von Les Milles« und »Das Theater von Les Milles. Winter 1939/40«, S. 249–291, S. 298–309, S. 310–326. — **88** Ausgangspunkt des dritten, die Deportation betreffenden Teils, bildet die Transformation von Les Milles in ein Transitlager der Deportation. Dazu ebd.: André Fontaine, Jacques Grandjonc und Barbara Vormeier: »Die Deportationen aus Les Milles August/September 1942«, S. 366–391; dazu auch zeitgenössische Aufzeichnungen von Henri Manen, Hans Fraenkel und Israel Salzer, S. 392–441. Karine Labernède untersucht den »Jüdische(n) Widerstand und jüdische Fluchthilfeorganisationen in Marseille 1940–1944«, S. 442–460; Laetitia de Traversay beschreibt »Katholische Hilfsmaßnahmen und Rettungsaktionen in Marseille«, S. 461–473; Anne Grynberg untersucht eine weitere regionale Hilfsorganisation, das »Nîmes-Komitee«, S. 474–490. — **89** Hanna Schramm: *Menschen in Gurs. Erinnerungen an ein französisches Internierungslager (1940–1941),* mit einem dokumentarischen Beitrag zur französischen Emigrantenpolitik (1933–1944) von Barbara Vormeier. Worms 1977 (Französische Ausgabe unter dem Titel: *Vivre à Gurs.* 1979 Paris.). – Dazu und zum Folgenden die ausführliche Bibliografie in: Christian Eggers und Carlo Saletti (Hg.): *Indésirables-indesirabili. Les camps de la France de Vichy et de l'Italie fasciste. (Chroniques allemandes* 12/2008. Université Stendhal-Grenoble 3), S. 223–232. Hier auch Angaben zu Publikationen über die spanischen Internierten, auf die im Folgenden nicht eingegangen wird. — **90** Sybille Hintze: *Antifaschisten im Lager Le Vernet.* Berlin 1988. — **91** Anne Boitel: *Le Camp de Rivesaltes, 1941–1942. Du centre d'hébergement au ›Drancy de la zone libre‹.* Perpignan 2001; Joël Mettay: *L'archipel du mépris: histoire du camp de Rivesaltes de 1939 à nos jours.* Canet 2001. — **92** Pierre Cros: *Saint-Cyprien, 1939–1945: le village, le camp, la guerre.* Canet 2001. — **93** Gabriele Mittag: *›Es gibt Verdammte nur in Gurs‹: Literatur, Kultur und Alltag in einem französischen Internierungslager: 1940–1942.* Tübingen 1996. – Der französische Historiker des Lagers Gurs ist Claude Laharie. Seine erste Publikation, gemeinsam mit Jean-Philppe Mathieu u. Barbara Vormeier (s. Anm. 16), erschien 1979 in: Badia u. a.: *Les barbelés* (s. Anm. 5). 1985 hat er eine Gesamtdarstellung veröffentlicht: Ders.: *Le camp de Gurs. Un aspect méconnu de l'histoire du Béarn.* Pau 1985. Zuletzt ist erschienen ders.: *Gurs: l'art derrière les barbelés, 1939–1944: les activités artistiques, sculpture, peinture, musique, artisanat des internés du camp de Gurs.* Biarritz 2008. — **94** Mechtild Gilzmer: *Fraueninternierungslager in Südfrankreich: Rieucros und Brens 1939–1944.* Berlin 1994. — **95** Henriette Asséo, Marie-Christine Hubert und Mathieu Pernot: *Un camp pour les bohémiens: mémoires du camp d'internement pour nomades de Saliers.* Arles 2001. Erste Hinweise auf das Lager hat Jacques Grandjonc in *Zones d'ombres/Zone der Ungewißheit* (s. Anm. 13) gegeben; s. dort Francis Bertrand und Jacques Grandjonc: »Ein ›Altes Zigeunerlager‹: Saliers«, S. 327–364. — **96** Eric Conan: *Sans* oublier les enfants: les camps de Pithiviers et de Beaune-la-Rolande (19 juillet-16 septembre 1942). Paris 1991. — 97 Doris Obschernitzky: Letzte Hoffnung – Ausreise. Die Ziegelei von Les Milles 1939–1942. Vom Lager für unerwünschte Ausländer zum Deportationszentrum. Berlin 1999. — 98 Christian Eggers: Unerwünschte Ausländer. Juden aus Deutschland und Mitteleuropa in französischen Internierungslagern 1940–1942. Berlin 2002. — 99 Serge Klarsfeld: Vichy-Auschwitz. Le rôle de Vichy dans la solution finale de la question juive en France. 2 Bde. Paris 1983–1985. Deutsche Ausgabe jetzt: Vichy-Auschwitz. ›Die Endlösung der Judenfrage‹ in Frankreich. Übersetzung u. Vorwort von Ahlrich Meyer. Darmstadt 2007. Vgl. dort S. 584–595 die aktualisierte Bibliografie. – Die Gesamtdarstellung der Lager von Denis Peschanski: La France des camps. Paris 2002 erschien gleichzeitig mit dem Buch von Christian Eggers. Berücksichtigt wurde die Untersuchung von Rita Thalmann: La mise au pas. Idéologie et stratégie sécuritaire dans la France occupée. Paris 1991. — 100 Eggers: Unerwünschte Ausländer (s. Anm. 98), S. 184. Vgl. auch den Überblick über das Lagersystem 1943 ebd., S. 186–191. — 101 Ebd., S. 169. Im Einzelnen vor allem die Darstellung im dritten Teil (Die deutschen Behörden), S. 333–397. — 102 Vgl. Denis Peschanski: Des étrangers dans la Résistance. Paris 2002. Stéphane Courtois, D. Peschanski und Adam Rayski: Le sang de l'étranger: les immigrés de la M.O.I dans la Résistance. Paris 1989. Florimond Bonte: Les antifascistes allemands dans la Résistance française. Paris 1969. Gaston Laroche: On les nommait les étrangers. Paris 1965. — 103 Vgl. dazu u.a. den Tagungsband: Karel Bartosek, René Gallissot und Denis Peschanski (Hg.): De l'exil à la résistance. Réfugiés et immigrés d'Europe Centrale en France 1933–1945. Paris 1989, Teil 3 »La Résistance« und dort Dieter Marc Schneider: »Les Allemands dans la Résistance« und im Teil 4 »Les destinées à la Libération« s. Felix Kreissler: »Le cas des Autrichiens de la Résistance en France aux lendemains de la Libération«; Hartmut Mehringer und Dieter Marc Schneider: »Deutsche in der europäischen Résistance«. In: Richard Löwenthal und Patrik von zur Mühlen (Hg.): Widerstand und Verweigerung in Deutschland 1933 bis 1945. Berlin u.a. 1984, S. 263–281. — 104 Francs-tireurs et partisans – Main d'oeuvre immigrée. — 105 Evelyne und Yvan Brès: Un maquis d'antifascistes allemands dans la Résistance française. Montpellier 1987. — 106 Austriaca Jg. 9 (November 1983) Nr. 17. Vgl. darin u.a.: Jean Philippon, Jean-Louis Panicacci und Michèle Robert: »L'émigration autrichienne et la Résistance dans les Alpes-Maritimes«, S. 17–51. — 107 Paul Pasteur und Felix Kreissler: Les Autrichiens dans la Résistance. Rouen 1996. Von Ingrid Strobl wurde der Genderaspekt des Widerstandes betont, und zwar in ihrem Aufsatz: »›Fräulein, warum sprechen Sie so gut deutsch?‹ Österreichische jüdische Exilantinnen in der Résistance«. In: Bolbecher (Hg.): Frauen im Exil (s. Anm. 51), S. 118–137. — 108 Vgl. u.a. den Tagungsband: Thomas Keller und Freddy Raphaël (Hg.): Lebensgeschichten, Exil, Migration/Récits de vie, exil, migration. Studien des Frankreich-Zentrums der Albert-Ludwigs-Universität Freiburg, Bd. 13 2006. — 109 Vgl. insbesondere Hermann Aubin, Theodor Frings und Josef Müller (Hg.): Kulturströmungen und Kulturprovinzen in den Rheinlanden. Bonn 1926. Dazu kritisch: Willi Oberkrome: Volksgeschichte. Methodische Innovation und völkische Ideologisierung in der deutschen Geschichtswissenschaft 1918–1945. Göttingen 1973, sowie Peter Schöttler: »Die Historische ›Westforschung‹ zwischen ›Abwehrkampf‹ und territorialer Offensive«. In: Ders. (Hg.): Geschichtsschreibung als Legitimationswissenschaft. Frankfurt/M. 1997, S. 204–261. — 110 Vgl. Martina Löw: Raumsoziologie. Frankfurt/M. 2002. — 111 Unter der zahlreichen Literatur: Roland Lippuner und Julia Lossau: »In der Raumfalle. Eine Kritik des spatial turn in den Sozialwissenschaften«. In: Georg Mein und Markus Rieger-Ladich (Hg.): Soziale Räume und kulturelle Praktiken. Über den strategischen Gebrauch von Medien. Bielefeld 2004, S. 47–64. — 112 Michael Werner und Bénédicte Zimmermann: »Penser l'histoire croisée: entre empire et réflexivité«. In: Annales. Histoire, Sciences Sociales 57 (2003), S. 7–34 (zur deutschen Fassung s. Anm. 38), sowie dies. (Hg.): De la comparaison à l'histoire croisée. Paris 2004.

Ursula Langkau-Alex

Die Forschungen in den Niederlanden
National-, Migrations- oder Exil-Geschichtsschreibung?

I Grundfragen

»Schätzungsweise 98 Prozent der Niederländer hat ausländische Vorfahren. Spuren von Migranten finden sich überall. In Archiven, Museen
und bei Ihnen zuhause.« So lautet, ins Deutsche übersetzt, der erste Satz
der Website *vijfeeuwenmigratie* des Centrum voor de Geschiedenis van
Migranten (»Fünfjahrhundertemigration« des Zentrums für die Geschichte von Migranten), die eigenständig und unter der Website des Internationaal Instituut voor Sociale Geschiedenis in Amsterdam zu finden ist. Der Aufgabenstellung des offiziell 1997 konstituierten Zentrums, in dem verschiedene niederländische und flämisch-belgische
Forschungsinstitute und Wissenschaftsdisziplinen zusammenarbeiten,
und seiner den Zeitraum von 1500 bis heute erfassenden Website
entspricht es, das Wort »migrant« mit »Einwanderer« zu übersetzen.
Allgemein werden in den Niederlanden unter dem Begriff »migrant«
subsumiert: Auswanderer/«emigrant«, auch: »landverhuizer«; Einwan-
derer/«immigrant«; Remigrant, sogar Flüchtling/«vluchteling«. Die
Begriffe Exil, Exilant (Exulant) gibt es offiziell nicht; sie sind in dem
dem *Duden* vergleichbaren *van Dale* als französisches Wort gekennzeichnet und mit »verbanning« beziehungsweise »ballingschap«/«bal-
lingsoord« und »balling« wiedergegeben.[1] So lautet die traditionelle
Übersetzung von Exilliteratur: »literatuur in ballingschap«. Und die
niederländische Exilregierung in London von 1940 bis 1945 wird als
»regering in ballingschap« bezeichnet. Die Äquivalente für Exil, Exilant
(Exulant) sind die eher neutralen Begriffe »emigratie«; »emigrant«, auch
»emigré«; von der deutsch(sprachig)en Exilliteratur nach 1933 wird
durchweg als »emigrantenliteratuur« gesprochen, entsprechend von der
Exilpresse als »emigrantenpers« usw.
   Ein erstes Symposium über »Die Niederlande und das deutsche Exil
1933–1940« (Leiden, 1. bis 3. Juni 1981)[2] endete mit der Diskussion darüber, ob nicht gleiche Definitionen für sprachlich gleiche Worte gefunden werden könnten – man fand sie nicht. Ebenso wenig fand man eine
Antwort auf die speziell mit dem Blick auf die Asylpraxis in den Niederlanden aufgeworfene Frage, wann nach 1933 und »von wem – Ge-

sellschaft, Regierung, Behörden – verschiedene Termini gebraucht worden (seien), nämlich Emigranten, Flüchtling, Deutscher, Fremder, Ausländer?«[3]

Erst Anfang der 1990er Jahre erschienen niederländische Publikationen, die aufgrund amtlicher Dokumente Licht in das Gewirr der Definitionen und der praktischen Anwendung von »Fremder« und »Flüchtling« brachten. Corrie K. Berghuis veröffentlichte 1990 im Auftrag des Innenministeriums Dokumente über »Zulassung, Abschiebung und Lageraufnahme jüdischer Flüchtlinge zwischen 1938 und 1940.«[4] Sie wies nach, dass zunächst, d. h. bis zum Frühjahr 1934, im Prinzip die Definition galt: »Ein Fremder ist kein Flüchtling, aber ein Flüchtling ist immer ein Fremder.«[5] Mit Zirkular vom 30. Mai 1934 dividierte die niederländische Regierung die Fremden im Lande, unter denen sich rund 75 000 Deutsche befanden, und die Flüchtlinge aus Deutschland auseinander. Diese Flüchtlinge wurden rechtsgültig unterschieden nach deutscher Nationalität und Staatenlosigkeit, nach anderen Nationalitäten und nach »polnischen Untertanen und anderen Personen aus Ost-Europa, die nicht unter die Kategorie Flüchtlinge fallen« – das waren hauptsächlich Juden, doch auch Sinti und Roma befanden sich unter ihnen. Damit, so urteilt Berghuis, wurde »faktisch das Fremdengesetz von 1849 außer Kraft« gesetzt. 1937 definierte die Amsterdamer Fremdenpolizei: »Flüchtlinge« als »Fremde, denen nur ein vorläufiger Aufenthalt erlaubt wird«. Im März 1938 wurden auf Regierungsbeschluss alle Flüchtlinge als »unerwünschte Fremde« an der Grenze abgewiesen.[6]

Dem formal bis 1967 geltenden »Gesetz zur Regelung von Zulassung und Ausweisung von Fremden« war das Asylrecht von Flüchtlingen inhärent. Zwar finden sich weder die Worte »Asyl« noch »Flüchtling«, doch die seinerzeitigen Debatten über die Notwendigkeit der Einführung eines Fremdengesetzes hatten sich an den Problemen entzündet, welche die zahlreichen politischen Flüchtlinge aus den Nachbarländern in der aktuellen ökonomischen Krise in den Niederlanden verursachten. Das Fremdengesetz sollte primär den sozial-ökonomischen Interessen der Eingesessenen gegenüber der Zuwanderung armer Fremder dienen. Einmal zugelassen, genoss der Fremde dann aber die gleichen Rechte wie der Eingesessene; lediglich Störer der öffentlichen Ruhe und Ordnung durften abgewiesen, ausgewiesen oder an einen bestimmten Ort verwiesen werden. Diese negative Entwicklung »vom traditionellen Asylrecht zur Einwanderungspolitik« zwischen 1815 und 1938 hat Marij Leenders 1993 dargelegt.[7]

Als Erklärungen für den rigorosen Kurs der staatlichen Instanzen nach 1933 finden sich in der Historiografie: die Wirtschaftskrise, der Schutz der Arbeitsplätze zugunsten der eigenen Bevölkerung, die

Furcht vor beziehungsweise die Rücksichtnahme auf möglicherweise offen ausbrechenden Antisemitismus sowie die Angst vor »Überfremdung«. Einen weiteren, vielleicht ausschlaggebenden Grund für alle Maßnahmen der Regierungen erhellt die 2005 vorgelegte Studie von Corrie van Eijl.[8] Sie nimmt die »spezifische internationale Dimension, die Wechselseitigkeit im Migrationsverkehr und die gegenseitigen Vereinbarungen« und deren »Veränderungen« zwischen 1840 und 1940 unter die Lupe. Anhand von ministeriellen und lokalen behördlichen Akten sowie Medienpublikationen zeigt sie auf, dass die Abwärtsspirale in der niederländischen Fremdenpolitik, insbesondere die Stigmatisierung der jüdischen Flüchtlinge nach 1933, in hohem Maße zur Politik des nationalsozialistischen Regimes gegenüber Ausländern und Juden im (Groß-)Deutschen Reich parallel läuft. Die vor 1933 abgeschlossenen bilateralen Verträge über Aufenthalts-, Arbeits-, Versicherungs-, Niederlassungs-, Handels- und andere Rechte der eigenen Staatsbürger im jeweils anderen Land galten nach 1933 weiterhin, mit laufenden Modifikationen, wobei das Prinzip des gegenseitigen Argwohns herrschte. Die in NS-Deutschland rechtlos gewordenen Juden wurden als Flüchtlinge in den Niederlanden nach dem Muster der – in diesem Falle ungeschriebenen – Gegenseitigkeit ebenfalls durchweg als rechtlos und als mehrfache Bedrohung für die Ruhe und Ordnung behandelt. Aus der Erkenntnis heraus, dass man in den Niederlanden der 1930er Jahre zunehmend besser »vreemdeling« als »vluchteling« sein konnte, hatten sich Juden dann auch vielfach als besuchsweise einreisende oder als durchreisende Fremde und nicht als Flüchtlinge ausgegeben, so van Eijl. Dies wird durch anderweitige Forschungsergebnisse bestätigt.[9]

Sind die drei zitierten niederländischen Studien der »Exilforschung« zuzurechnen? Nein und Ja. Aus der Sicht der Niederlande sind sie Teil der Geschichtsschreibung über die eigene Nation. Sie relativieren und korrigieren das Bild, das Louis de Jong in dem 1965 erschienenen Ersten Teil seines Monumentalwerks *Het Koninkrijk der Nederlanden in de Tweede Wereldoorlog* voller Mitgefühl vor allem für die jüdischen Flüchtlinge, aber auch verständnisvoll, wenngleich nicht kritiklos hinsichtlich der Maßnahmen der niederländischen Regierungen entworfen hat.[10] Aus unserer Sicht zähle ich sie zur Erforschung des Exils: Sie thematisieren die verschiedenen Stadien des Asyls, ihre Bedingungen und Hintergünde. Corrie van Eijl selbst stellt ihre Untersuchung ausdrücklich in den Kontext der internationalen Migrationsgeschichte. Ob die Forschung über Exil in den Niederlanden dazu angeregt hat, die Lücken hinsichtlich der Asylpolitik nach 1933, die auf dem Mangel an zugänglichen Archiven beruhten, zu schließen, bleibe dahingestellt. Festzustellen ist aber, dass sich im Laufe der 1980er Jahre in den Niederlanden ein

Klimawandel in der Beurteilung der jüngsten Vergangenheit anbahnte. In seiner Inauguralrede 1983 an der Universität von Amsterdam hatte der 1943 geborene Historiker Hans Blom das in der niederländischen Geschichtsschreibung seit Louis de Jong wiederholte, in der öffentlichen Meinung gefestigte Schwarz-Weiß-Schema über die Jahre 1933–1945 infrage gestellt.[11] Damit ermöglichte er auch eine vorurteilsfreie(re) Aufarbeitung der nationalen Geschichte.

II Zu den Anfängen der Exilforschung in den Niederlanden[12]

Der Anfang war aus mehreren Gründen schwierig. Die Niederlande waren nach dem Krieg zwar ein von der nationalsozialistischen Besetzung mit allen ihren Implikationen befreites, aber zerrissenes, armes, ausgehungertes Land. Viele Niederländer, selbst mehr oder weniger Opfer der Besatzungszeit, kehrten sich gegen die viel schwerer getroffenen Opfer, die jüdischen Überlebenden aus den Konzentrations- und Vernichtungslagern oder die Untergetauchten. Offener Antisemitismus machte sich breit.[13] Stärker noch war der weitverbreitete und Jahrzehnte währende Deutschen-Hass. Dieser Emotion entsprach auf der anderen Seite der Medaille das Gefühl der moralischen Überlegenheit gegenüber den »moffen«. Die deutsche Sprache war verpönt. Die moralische und die wissenschaftliche »Instanz«, die das Urteil über »goed en fout« fällte – »gut« für die niederländische Bevölkerung, »falsch« für die Deutschen und die Kollaborateure –, war Louis de Jong, Direktor des Rijksinstituut voor Oorlogsdokumentatie (Reichsinstitut für Kriegsdokumentation), dem Vorläufer des heutigen NIOD (Nederlands Instituut voor Oorlogs-, Holocaust- en Genocidestudies).[14] Fast ein Jahrzehnt vor dem Erscheinen der beiden ersten Bände des 14-teiligen Werks *Het Koninkrijk der Nederlanden in de Tweede Wereldoorlog*, dessen populäre Ausgaben seit 1969 millionenfach verkauft wurden, konzipierte de Jong die Fernsehserie *De Bezetting* (Die Besetzung). Sie wurde in fünf Teilen zwischen 1960 und 1964 jeweils um den »Befreiungstag« (5. Mai) ausgestrahlt und je ein Jahr später als Taschenbuchausgabe herausgebracht. Zusammen mit dem Film *De overval* (Der Überfall), der 1962 anlief und dessen Szenario ebenfalls de Jong entworfen hatte, riss die Fernsehserie alte Wunden, die während der Aufbaujahre des politisch, wirtschaftlich und sozial »normalen« Lebens etwas vernarbt waren, wieder auf.[15] Im Mai 1965 stieß der Verlag Scheltema & Holkema eine Diskussion über das Verhältnis von Niederländern zu Deutschen an. Obgleich weder von Verlagsseite noch von den Respondenten erwähnt, legt der Zeitpunkt der Initiative es nahe, einen direkten Zusammenhang mit den ersten, heimlich zustande gekommenen, über das Fernsehen ausgestrahlten Aufnahmen vom Spaziergang der verliebten Kronprinzessin Beatrix mit dem Deutschen Claus von Amsberg zu sehen. Die Nation war konsterniert, ein Sturm der Entrüstung brach los. Auf der Umschlagrückseite des zur Diskussion veröffentlichten Taschenbuchs schrieb der Verlag als Begründung: »Jetzt, da die Nachkriegsgeneration erwachsen wird und eigene Meinungen erkennen läßt, die oft ebenso unnuanciert sind wie die der älteren, ist die Zeit für ein Gespräch gekommen.« Auf die Frage, »Mogen wij noch anti-Duits zijn?« (Dürfen wir noch anti-deutsch sein?), antworteten vier Persönlichkeiten, die ähnlich de Jong vom Nationalsozialismus gezeichnet waren und die bekanntermaßen von beiden neuen deutschen Staaten vor allem die Bundesrepublik kritisch beobachteten: der Amsterdamer Journalist L. Aletrino; der Jurist, Professor für Kriminologie und Schriftsteller Willem Hendrik Nagel unter seinem im Widerstand zugelegten Pseudonym J. B. Charles; der Niederländer gewordene Psychiater und Schriftsteller Hans Keilson, der im Untergrund jüdische Waisenkinder betreut und seine Eltern in der Shoah verloren hatte; der Publizist Henk Wielek alias Willy Kweksilber aus Köln, Überlebender des Lagers Westerbork, Mitglied der sozialdemokratischen Partij van de Arbeid. Entgegen der weitverbreiteten Meinung, dass es im »Dritten Reich« nur Nazis und Mitläufer gegeben habe, belegte er mit konkreten Beispielen und mit einer Liste einschlägiger Publikationen den vielfältigen Widerstand. Die »Einleitenden Worte« zu dem Büchlein schrieb der aus Buchenwald zurückgekehrte niederländische sozialdemokratische Politiker Willem Drees; als Ministerpräsident von 1948 bis 1958 hatte er die Fundamente für eine rational begründete, florierende bilaterale Wirtschaftspolitik und eine ebenso rational begründete Verständigungspolitik mit der Bundesrepublik im Rahmen des westlichen Bündnisses gelegt. Bei aller unterschiedlichen Argumentation und Bewertung war den Autoren eines gemeinsam: die Hoffnung auf eine im Wissen um die schreckliche Vergangenheit gefestigte, kritische Jugend diesseits und jenseits des Rheins.[16] Die Studentenbewegung, die Außerparlamentarische Opposition in der Bundesrepublik gegen das Establishment, gegen die Restauration, gegen das Schweigen der Eltern über den Nationalsozialismus förderten in den nächsten Jahren diese Hoffnung.

Niederländer und ehemalige Emigranten schufen in den 1960er Jahren mit rational und emotional ambivalenten Vorträgen, Zeitungsartikeln und anderen Publikationen zunehmend Voraussetzungen dafür, dass wieder eine geistige Öffnung für »deutsche Kultur« jenseits der nationalsozialistischen Pervertierung entstehen konnte. Die Ausstellung

»Der deutsche literarische Expressionismus«, die im März 1970 in der Universitätsbibliothek Nijmegen gezeigt wurde, war meines Wissens eine der ersten sichtbaren Früchte solcher Bemühungen. Die Leihgaben stammten aus dem Schiller-Nationalmuseum in Marbach, von Roland Anhegger in Amsterdam und von den ehemaligen Emigranten Hein Kohn, Verleger in Hilversum, und Ludwig Kunz, Expressionismus-Experte und Übersetzer in Amsterdam.[17] Mit Reminiszenzen an wissenschaftliche und künstlerische Leistungen in den 1920er Jahren wurde wortwörtlich das »andere Deutschland« vorgestellt, das die Emigration verkörpert habe. Die Tatsache, dass in Westdeutschland ehemalige Nationalsozialisten wieder in Amt und Würden installiert waren – die DDR sah man allgemein weniger kritisch[18] –, ließ das Interesse an einer Erforschung des Exils oder zumindest an einer Geschichte des niederländisch-deutschen Antifaschismus wachsen. Es war Teil ihrer Lebensgeschichte.[19] Persönlich war man auch neugierig auf den Forscher oder die Forscherin, zumal wenn er oder sie aus der Bundesrepublik Deutschland kam. So habe ich es jedenfalls erfahren, nachdem ich 1966 nach Amsterdam gezogen war, wo mein Mann, aus Westberlin kommend, seit 1963 als Referent in der mitteleuropäischen, deutschsprachigen Abteilung des Internationaal Instituut voor Sociale Geschiedenis (IISG) arbeitete. Im Umzugsgepäck hatte ich mein bereits begonnenes historisch-politisches Forschungsprojekt über die deutsche Volksfrontbewegung im Exil im Allgemeinen, über den deutschen Volksfrontausschuss in Paris im Besonderen. Es war eine Arbeit, die Politiker unterschiedlicher Parteiungen, Gewerkschafter, parteilose Demokraten, Schriftsteller und andere Künstler, Juden und Christen »vereinte«. Dieses Spektrum schuf langsam Vertrauen nach verschiedenen Seiten hin, auch wenn mein »Forschungsland« nicht in erster Linie die Niederlande betraf: Die Frauen und Männer, die ich kennenlernte, waren größtenteils jüdischer Herkunft, politisch (links-)liberal, sozialdemokratisch oder – inzwischen – antistalinistisch-kommunistisch eingestellt.

III Zentren der Exilforschung in den Niederlanden

An erster Stelle ist das Internationaal Instituut voor Sociale Geschiedenis (IISG) in Amsterdam zu nennen. Es wurde offiziell 1935 gegründet mit der heute noch gültigen Aufgabenstellung, bedrohte Archive, Bibliotheken und Sammlungen zu retten und der Forschung zur Verfügung zu stellen.[20] Obgleich die Materialien der deutschen und der internationalen Arbeiter- und sozialen Bewegungen mit der Aufnahme im IISG nach 1933 Bestände im Exil wurden, wurde »Exilforschung« aufgrund der anderen Fragestellungen kein wissenschaftliches Leitthema des Instituts, wie es zum Beispiel in den letzten Jahren »Migration History« und »Global Labour History« sind. Exilforschung als solche nahm man im IISG erst wahr, als ab etwa Mitte der 1960er Jahre Besucher nach Materialien von oder über Emigranten, die Deutschland nach 1933 verlassen hatten, fragten. Es waren zumeist Studentinnen und Studenten aus Westdeutschland; auch ich war Anfang 1965 eine von ihnen. Nach meiner Niederlassung in Amsterdam rechnete ich mich zu den Exilforschern *in* den Niederlanden.

Im Rahmen des Schwerpunktprogramms der Deutschen Forschungsgemeinschaft (s. den Beitrag von Manfred Briegel) wurde vom Bundesarchiv, dem Institut für Zeitgeschichte und der Friedrich-Ebert-Stiftung eine »Dokumentation zur Emigration 1933–1945« für einen Zentralkatalog der künftigen Grundforschung erstellt, für die ich 1973/74 im IISG aus den Organisations- und Personenarchiven vor allem die politisch verfolgten deutschsprachigen Emigranten ermittelte. Aus dieser Dokumentation entstand der Zentralkatalog im IfZ in München, der die Grundlage für das *Biographische Handbuch der deutschsprachigen Emigration nach 1933* bildete.[21] Für Forschungen zum politischen deutschsprachigen Exil nicht nur in den Niederlanden, sondern weltweit blieb das IISG weiterhin die unumgängliche Institution. Gegen Ende der 1980er Jahre wurde auf Veranlassung des damaligen Vorsitzenden der Gesellschaft für Exilforschung e.V. Ernst Loewy erneut eine damals aktuelle Übersicht der im IISG befindlichen Quellen zur deutschsprachigen Emigration nach 1933 zusammengestellt.[22] Inzwischen ist eine Reihe weiterer Archivalien von Emigranten, die nach 1945 in den Niederlanden geblieben sind, hinzugekommen.

Für Forschungen zur deutschsprachigen Exilliteratur in den Niederlanden gibt es seit der Aufhebung des »Onderzoekscentrum voor Duitse emigrantenliteratuur in Nederland van de Rijksuniversiteit te Leiden« keine besondere Forschungseinrichtung mehr. Die Existenz dieses Zentrums in Leiden war mit seinem Gründer und Leiter Hans Würzner verbunden.[23] Der Germanist und Literaturwissenschaftler war nach seiner Promotion in Heidelberg 1957 immigriert, nachdem er eine Niederländerin geheiratet hatte. Nach seinem vom niederländischen Gesetzgeber vorgeschriebenen erneuten Studium am Fachbereich »Duitse Taal en Cultuur« (Deutsche Sprache und Kultur) – sie war erst 1956 innerhalb der Fakultät der Geisteswissenschaften eingerichtet worden – und abermaliger Dissertation, in der er Germanistik und Niederlandistik verband, beschäftigte er sich mit Exilliteratur erst 1972 in seiner Antrittsvorlesung als Außerordentlicher Professor über *Heinrich Mann. De tragiek van een politiek engagement.*[24]

Ein gegenseitiges Zur-Kenntnis-nehmen in den Niederlanden kam
erst über das II. Internationale Symposium zur Erforschung des
deutschsprachigen Exils nach 1933 zustande, das im August 1972 in Kopenhagen stattfand (siehe den Beitrag von Helmut Müssener). Ich
schrieb nach Erkundigungen im IISG, an der Universität von Amsterdam und im Bekanntenkreis nach Kopenhagen, dass mir außer einer
zeitweisen Beschäftigung des niederländischen Historikers Ger Harmsen an der Universität Groningen mit der deutschen Emigration[25], den
Sammlungen und zwei Publikationsvorhaben der Niederländerin Lili
Couvée-Jampoller[26] und meinen eigenen Forschungen zur Volksfront
»auf dem Gebiet der Erforschung der deutschen Emigration in den Niederlanden bzw. von niederländischer Seite nichts bekannt geworden«
sei.[27] Würzner kündigte als Teilnehmer in Kopenhagen dann an, dass er
an der Universität Leiden gerade ein Forschungszentrum für deutsche
Emigrantenliteratur einrichte.[28] Ein Jahr später bereits zeigte dieses
»Onderzoekscentrum voor Duitse emigrantenliteratuur in Nederland
van de Rijksuniversiteit te Leiden« im Goethe-Institut in Amsterdam
die Ausstellung *Deutsche Emigrantenliteratur in den Niederlanden,
1933–1940: Bücher, Briefe und Bilder.*[29] Das Material zur Ausstellung
stammte aus der Sammlung von Lili Couvée-Jampoller. Sie und Würzner hatten sich in Kopenhagen kennengelernt. Couvée-Jampoller war
eine der Ersten in den Niederlanden, die seit den frühen 1960er Jahren
systematisch Exilliteratur sammelte – weil sie »genug von Goethe«
hatte. Auf den Dichterfürsten und andere Klassiker hatte sich die Deutsche Literaturwissenschaft an der Universität von Amsterdam seit ihrer
Wiederzulassung 1947 zurückgezogen. Das galt auch noch nach der offiziellen Einrichtung eines »Deutschen Seminars« im Jahr 1960, an der
Couvée-Jampoller maßgeblich beteiligt gewesen war.[30]

Mit der Sammlung von Couvée-Jampoller erhielt Würzner den ersten
Fundus für sein Forschungszentrum, mit ihren Dokumenten und Vor-
arbeiten für die Publikationsvorhaben »Biographien deutscher Exil-
Schriftsteller in den Niederlanden« und »Korrespondenz Menno ter
Braak mit (Edgar) du Perron« lieferte sie das Material für seine – wiederum auf Niederländisch gehaltene – Rede über »Die deutsche Emig-
rantenliteratur und die niederländischen Schriftsteller« sowie für wei-
tere Arbeiten.[31] Ob das ehrgeizige Projekt einer »Erfassung der in den
Niederlanden erschienenen deutschsprachigen Exilliteratur (Bücher,
Zeitschriftenaufsätze), deutsche und niederländische Buchbesprechun-
gen, Übersetzungen ins Holländische und Aufsätze von holländischen
Schriftstellern über deutsche Emigranten« je vollständig realisiert
wurde, ist nicht festzustellen.[32] Immerhin lässt sich wahrnehmen, dass
Würzners Einrichtung einer »Interbellum-Forschergruppe« der Exilli-

teraturforschung in Leiden einen über Interpretationen hinausgehenden politischen, sozialen und wirtschaftlichen Kontext gegeben hat.[33]

IV Die Blütezeit der Exilforschung in den Niederlanden

Die späten 1970er Jahre bis etwa Mitte 1980 waren eine Blütezeit für die Exilforschung in den Niederlanden einschließlich beziehungsweise dank ihrer Vermittlung durch Publikationen, Lesungen, öffentliche Gespräche und Diskussionen. Ein glücklicher Umstand war, dass in Amsterdam noch relativ viele Zeitzeugen von Verfolgung, Emigration, Untertauchen, Konzentrationslager und Remigration in das Asylland Niederlande lebten. Sie nahmen an Veranstaltungen teil, waren bereit, ihre Erlebnisse, ihre Aufzeichnungen mitzuteilen. Mittelpunkt der Aktivitäten, die wiederum auf andere Vereinigungen und Institutionen ausstrahlten, war das Goethe-Institut in Amsterdam unter Leitung der Historikerin, dann auch Filmwissenschaftlerin Kathinka Dittrich.[34] Es gelang ihr in kürzester Zeit eine Reihe von kulturellen und wissenschaftlichen Institutionen in verschiedenen Städten zusammenzubringen, darunter auch das Rijksinstituut voor Oorlogsdocumentatie in Amsterdam. Resultat war zum einen das zusammen mit Hans Würzner und seinem Stab am Leidener Forschungszentrum für deutsche Exilliteratur organisierte Symposium »Die Niederlande und das deutsche Exil 1933–1940« Anfang Juni 1981[35], zum anderen die Veranstaltungen »Berlin – Amsterdam 1920–1940: Wechselwirkungen«, die sich 1982 mit Theater-, Kabarett-, Filmvorstellungen, Ausstellungen und Lesungen über Monate hinzogen. Sie wurden mit einem Diner in der »Lutherse Kerk« in Amsterdam vom Amsterdamer Bürgermeister Wim Polak und dem Regierenden Bürgermeister von Berlin Richard von Weizsäcker am 25. Februar 1982 eröffnet. Es war der in Amsterdam jährlich am Abend beim Denkmal des »Dokwerkers« (Hafenarbeiter) feierlich begangene Gedenktag des »Februarstreiks« 1941, einem Generalstreik gegen die anti-jüdischen Maßnamen der NS-Besatzungsmacht, den die nicht-jüdischen Hafenarbeiter in Amsterdam ausgelöst hatten. Dass der Eröffnungstermin der Veranstaltungsreihe in Unwissenheit dieser Tatsache festgesetzt, dann aber bewusst eingehalten wurde, bot dem Amsterdamer Bürgermeister die Gelegenheit, in seiner Rede an die Vergangenheit zu erinnern und gleichzeitig zu bezeugen, dass »es nun möglich sei, daß Deutsche und Niederländer zum ersten Mal nach dem Kriege gemeinsam Rechenschaft über die zwanziger und dreißiger Jahre abgäben.«[36] In dem repräsentativen Begleitband zu dieser Manifestation, der bei E. M. Querido's Uitgeverijen B. V. in Amsterdam erschien, schrieb unter anderen Sebastian Haffner zum Kapitel »Die politische und gesellschaftlich-kulturelle Situation«. Weitere Themen waren die Naturwissenschaften, die Psychoanalyse und die Soziologie; die Rubrik »kulturelle und künstlerische Wechselwirkungen« zählte 26 Beiträge, in denen so gut wie alle Sparten bis hin zu einer Untersuchung über »Die ›rationale‹ Küche in den Niederlanden und in Deutschland. Hintergründe, Entwicklungen und Konsequenzen für (Haus)Frauen« vertreten waren.[37]

Das Symposium und die Veranstaltungsreihe ergänzten einander und riefen ein lebhaftes, positives Echo in der Öffentlichkeit hervor. Der Symposium-Band vereinte erstmals von niederländischen Wissenschaftlern geschriebene Artikel über die politische, soziologische, soziale, wirtschaftliche und kulturelle Situation der Niederlande und von deutschen Wissenschaftlern geschriebene Artikel über die sozialdemokratische, kommunistische, bündische und kulturelle Emigration. In der niederländischen Ausgabe des Sammelbandes[38] waren es gerade die letztgenannten Beiträge, die spontane Reaktionen zeitigten: Nunmehr erwachsene Kinder ehemaliger Flüchtlinge schrieben Leserbriefe an Zeitungsredaktionen; Niederländer und Niederländerinnen riefen Autoren und Autorinnen an und berichteten über ihre Begegnungen mit Persönlichkeiten, die in dem Band genannt waren – so zum Beispiel eine Dame, die einst bei dem Soziologen und Philosophen Carl Mennicke an der Internationaal School voor Wijsbegeerte (Internationale Schule für Philosophie) in Amersfoort einige Vorlesungen gehört hatte. Der kulturelle Damenzirkel der *haute volée* und des kleinen Adels rund um Schloss Drakensteyn, dem damaligen Wohnsitz des Kronprinzessinnenpaares, bat um einen Vortrag über Emigrantenliteratur (den ich dann hielt).

Obgleich wissenschaftlich ebenso fundiert, konnten weder die vom Goethe-Institut Rotterdam und dem Studium Generale der Erasmus Universiteit Rotterdam konzipierte mehrtägige Veranstaltung »Boekverbranding – 50 jaar later« im April 1983 noch ein Symposium im April 1985 an der Universität Leiden über »Österreichische Exilliteratur in den Niederlanden 1934–1940« eine solche Breitenwirkung erzielen. Der Sammelband mit den Beiträgen zur Bücherverbrennung erschien 1985 nur auf Niederländisch aus Anlass der Befreiung der Niederlande.[39] Der Sammelband über das Österreich-Symposium erschien nur in deutscher Sprache.[40] Mag sein, dass die oder eine Eigenständigkeit der österreichischen Literatur in den Niederlanden nicht so anerkannt wurde, und über deutsche Exilliteratur hatte man schon vieles gehört und gelesen. Jedenfalls erlahmte das Interesse am Lesen von Exilliteratur, selbst wenn sie in niederländischer Übersetzung sorgfältig herausgegeben wurde.[41] Der tiefere Grund für das zunehmende Desinteresse, das den Schwung aus der Exilforschung nahm, sie aber nicht ganz zum Erliegen brachte, ist die Tatsache, dass die Niederlande in der zweiten Hälfte der 1980er Jahre mit vielen Asylbewerbern aus afrikanischen und asiatischen Ländern und damit mit anderen ethnischen und kulturellen, mehr noch mit sozialen und wirtschaftlichen Problemen konfrontiert wurden. Es begann die nicht enden wollende politische und öffentliche Debatte über Immigration und Integration. Die Emigranten der 1930er Jahre aus Deutschland und Österreich aber waren inzwischen, wenn vielleicht nicht ganz integriert, so doch Niederländer geworden.[42]

V Zu Exilforschern in den Niederlanden

An allen genannten Symposien, Veranstaltungen, Publikationen waren Personen beteiligt, die weder Niederländer noch »eingesessene Fremde« waren beziehungsweise sind. Auch sind nicht alle als »Exilforscher« zu bezeichnen. Auf dem ersten Symposium, »Die Niederlande und das deutsche Exil 1933–1940«, waren zwölf der insgesamt 18 Referenten Niederländer; zu ihnen zähle ich auch den naturalisierten Hans Würzner. Doch sie waren, wiederum mit Ausnahme von Würzner, keine Exilforscher im strengen Sinne. Sie waren vielmehr Experten auf ihren Wissenschaftsgebieten und konnten von da aus zur Erhellung der Hintergründe und der Umstände von Asyl und Exil oder über bestimmte Berufsgruppen der Emigration in den Niederlanden, wie zum Beispiel Maler oder Musiker, beitragen.[43]

Ein soziologischer Blick auf die Frauen und Männer in den Niederlanden, die sich wenigstens zeitweilig wissenschaftlich mit dem deutschsprachigen Exil in den Niederlanden beschäftigten oder noch beschäftigen, zeigt drei Kategorien: Betroffene, d. h. (ehemalige) Emigranten oder ihre Kinder oder andere Verwandte, bei denen oft die Berufswahl zu ihrer späteren wissenschaftlichen Arbeit führt[44], autochthone Niederländer, die aus moralischem oder politischem oder biografisch-bibliografischem Interesse heraus motiviert sind[45], sowie Ausländer (Deutsche), die aus welchen Gründen auch immer in die Niederlande gezogen sind oder sich dort jahrelang aufgehalten haben und aus Interesse an diesem Land und am kulturellen oder politischen Exil aus Deutschland Exilforschung mit deutsch-niederländischen Themen betrieben haben oder noch betreiben.[46]

VI Zur Vermittlung der Exilforschung in den Niederlanden

An erster Stelle möchte ich die zahlreichen Ausstellungen nennen, die in verschiedenen Institutionen und Museen zusammengestellt wurden und werden und zum Teil Symposien und Veranstaltungen begleiteten – oder umgekehrt. Eine Auflistung aller Ausstellungen würde sich lohnen, wäre jedoch sehr aufwendig. Ausstellungen führen sicht- und (fast) greifbar Personen, ihre Werke, ihre Umgebung, ihr Leben und Leiden vor. Dabei werden jüdische Emigranten durchweg unter die niederländischen Juden subsumiert, so auch in der Ausstellung des Stadtarchivs Amsterdam »In Memoriam. De gedeporteerde en vermoorde Joodse, Roma en Sinti kinderen 1942–1945«, die von Februar bis Mai 2012 gezeigt wurde. Des Weiteren gab es Filme, Fernsehdokumentationen und Rundfunksendungen, meistens zu besonderen Gedenktagen. Diese lassen sich im Filmmuseum beziehungsweise im Archiv des Nederlands Instituut voor Beeld en Geluid (Niederländisches Institut für Bild und Ton) in Hilversum leicht finden.

Ein besonderes Problem war die Vermittlung des deutschsprachigen Exils und seiner Erforschung in den Niederlanden über die Ostgrenze hinaus, nach Deutschland hinein. Ob außer dem Journalisten Peter Josef Bock, der zwischen 1980 und 1982 im Westdeutschen Rundfunk und im *Kölner Stadt-Anzeiger* mehrmals über den Komplex berichtete[47], noch eine Persönlichkeit aus den Niederlanden, eventuell über andere Kanäle, Zeugnis in deutschen Medien ablegte, habe ich nicht eruieren können. Fraglich bleibt auch, ob und welche Wirkung Bock erzielte. Die meines Wissens letzte große Vermittlungsaktion fand mit dem internationalen Symposium über »Deutsche Literatur im Exil in den Niederlanden 1933–1940« und der gleichnamigen Ausstellung in der Deutschen Nationalbibliothek in Frankfurt am Main statt, die Auftakt der Frankfurter Buchmesse 1993 mit dem Schwerpunkt »Flandern und die Niederlande« waren.[48] Die Ausstellung wurde anschließend im IISG in Amsterdam gezeigt, ergänzt noch um Materialien aus dessen Beständen.

VII Forschungsthemen, Desiderata und Perspektiven

Es sind so gut wie alle vorstellbaren Themen zumindest beiläufig, einige ausführlicher und andere wiederum, wie die allgemeinen rechtlichen Asylbedingungen, gründlich wissenschaftlich behandelt worden. Das Spektrum reicht von der Grundlagenforschung über Literatur (hier aber hauptsächlich Belletristik), Biografien (wobei mit Arbeiten über den Sozialdemokraten Alfred Mozer die europäische Perspektive ins Blickfeld kommt[49]), Film, Frauen[50], Malerei und andere Künste, Musik, politische Gruppierungen, Theater bis zum Verlagswesen. Thematisch würde hier zum Beispiel eine Arbeit über das Untertauch-Refugium *Castrum Peregrini* um Wolfgang Frommel, seinen esoterischen, am griechischen Knabenerziehungsideal orientierten George-Kreis, der nichtsdestoweniger realpolitisch Widerstandsarbeit mit der Kommunistischen Partei der Niederlande leistete, eine Lücke schließen.

Was im Allgemeinen fehlt, ist eine verbindende Perspektive und Analyse. Dieses Desiderat hat ein Kreis niederländischer Germanisten und Literaturwissenschaftler an der Universität Utrecht im Oktober 2010 in einem kleinen Kolloquium mit deutschen, belgischen und amerikanischen Kollegen aufgegriffen. Thema war: »Interaktionen: Deutschsprachige Exilliteratur im niederländischen und flämischen Kontext« angesichts mit dem Zeitabstand verschobener Perspektive und neuer Entwicklungen in der Literaturwissenschaft und angrenzenden Disziplinen.[51] Bisher wurde der damit begonnene »Brainstorm« allerdings nicht fortgesetzt.

So gut wie ganz ausgespart ist der vergleichende Blick auf heutiges Asyl und Exil. Ich bin der Überzeugung, dass hier eine Orientierung an der Migrationsforschung, wie sie ausgehend vom »Centrum voor de Geschiedenis van Migranten« an der Universität Leiden betrieben wird, not tut. Allerdings wäre darauf zu achten, dass spezifische Merkmale des deutschen Exils nach 1933 in den Niederlanden nicht verloren gehen dadurch, dass die Grenzen zwischen den Ursachen der (E)Migration verschwinden, wenn alle auf einen Nenner gebracht werden. Das droht zum Beispiel bei dem Projekt des »Nederlands Economisch Historisch Archief« (NEHA), das dem IISG angeschlossen ist, mit seinem Forschungsprojekt über die Ökonomie der Migranten in den Niederlanden.

Auf den Anfang dieses Beitrags zurückkommend zum Schluss noch ein Wort zu »Exilliteratur« und »Emigrantenliteratur«. Louis de Jong spricht in Band 1, *Voorspel*, von *Het Koninkrijk der Nederlanden in de Tweede Wereldoorlog* von »Exilliteratur«, wenn er die Literatur der Flüchtlinge aus Deutschland in den Niederlanden meint. Hans Würzner spricht immer von »Emigrantenliteratur«. Mir scheint, de Jong orientiert sich am englischen Sprachgebrauch, während Würzner sich im niederländischen Begriffsrahmen bewegt. In der Historiografie gehen beide Begriffe durcheinander, wie wir gesehen haben. Terminologisch kommen beide Sprachen zusammen in der gegenwärtigen Bezeichnung der Literatur von Flüchtlingen, Einwanderern, Auswanderern als *Migrantenliteratur*.

1 *Van Dale. Groot Woordenboek der Nederlandse Taal.* Utrecht–Antwerpen 11. Auflage 1984, S. 747. — **2** Kathinka Dittrich und Hans Würzner (Hg.): *Die Niederlande und das deutsche Exil 1933–1940.* Königstein/Ts. 1982; niederländische Ausgabe: Kathinka Dittrich/Hans Würzner (Red.), *Nederland en het Duitse Exil 1933–1940.* Amsterdam 1982. — **3** Ursula Langkau-Alex: »Die Niederlande und das deutsche Exil 1933–1940. Bericht über ein Symposium in Leiden vom 1. bis 3. Juni 1981«. In: *IWK – Internationale Wissenschaftliche Korrespondenz zur Geschichte der deutschen Arbeiterbewegung* 17. Jg. (1981) Nr. 3, S. 399–405, Zitat S. 404 f. — **4** Corrie K. Berghuis: *Joodse vluchtelingen in Nederland 1938–1940. Documenten betreffende toelating, uitleiding en kampopname* (Jüdische Flüchtlinge in den Niederlanden 1938–1940. Zulassung, Abschiebung, Aufnahmelager – Dokumente). Kampen 1990. — **5** Handschriftliche Notiz der Verf. in einem privaten Konvolut über die Niederlande, deren Ursprung – Symposium, Buch, Artikel oder Ausspruch eines Dritten? – nicht mehr rekonstruiert werden kann; das Zitat ist jedenfalls nicht der Studie von Berghuis entnommen. — **6** Berghuis: *Joodse vluchtelingen* (s. Anm. 4), Zitate in deutscher Übersetzung in: Ursula Langkau-Alex: »Asyl- und Exilpraxis in den Niederlanden«. In: Hans Würzner und Karl Kröhnke (Hg.): *Deutsche Literatur im Exil in den Niederlanden 1933–1940.* Amsterdam–Atlanta/GA 1994, S. 69–93, hier S. 85 f.; zur Fremdenpolizei 1937 und zum Regierungsbeschluss 1938 s. ebd., S. 83. — **7** Marij Leenders: *Ongenode gasten. Van traditioneel asielrecht naar immigratiebeleid, 1815–1938.* Hilversum 1993, auf S. 263–268 als Anlage 1 der Wortlaut des Fremdengesetzes von 1849; für die Jahre nach 1933 stützt sich Leenders weitgehend auf die Untersuchung des englischen Historikers Bob Moore: *Refugees from Nazi Germany in the Netherlands 1933–1940.* Amsterdam 1986; eine kurze Zusammenfassung markanter Flüchtlingszahlen und Aufnahmebestimmungen in den Niederlanden im 19. Jahrhundert bis 1914 nach Leenders und anderen Autoren in: Langkau-Alex: »Asyl- und Exilpraxis in den Niederlanden« (s. Anm. 6), S. 75–77 (Abschnitt »Der Nationalstaat und die Flüchtlinge«). — **8** Corrie van Eijl: *Al te goed is buurmans gek. Het Nederlandse vreemdelingenbeleid 1840–1940.* Amsterdam 2005 (Wem man den kleinen Finger reicht, der nimmt die ganze Hand. Die niederländische Fremdenpolitik 1840–1940; Haupttitel annähernd übersetzt), übersetzte Zitate S. 3 und S. 11. — **9** Ebd., S. 203; vgl. Ursula Langkau-Alex: »Die deutsche sozialdemokratische Emigration in den Niederlanden nach 1933«. In: Dittrich und Würzner: *Die Niederlande und das deutsche Exil* (s. Anm. 2), S. 91–106, hier S. 103, Anm. 4; vgl. dies.: »Asyl- und Exilpraxis in den Niederlanden« (s. Anm. 6), S. 86, dort bes. die auf der Quelle in Anm. 39 beruhende Darstellung. — **10** Louis de Jong: *Het Koninkrijk der Nederlanden in de Tweede Wereldoorlog 1939–1945.* Deel I: Voorspel. 's-Gravenhage (Staatsuitgeverij: populaire Ausgabe) 1969, 's-Gravenhage (Martinus Nijhoff: wissenschaftliche Ausgabe:) 1969, jeweils Kapitel 14: »Nederland en Duitsland«. — **11** Hans Blom: *In de ban van goed en fout?.* Amsterdam 1983. — **12** Zu den Niederlanden als Exilland s. Ursula Langkau-Alex und Hans Würzner: »Niederlande«. In: Claus-Dieter Krohn, Patrik von zur Mühlen, Gerhard Paul und Lutz Winckler (Hg.): *Handbuch der deutschsprachigen Emigration 1933–1945.* Darmstadt 1998, sp. S. 321 ff. — **13** Dienke Hondius: *Terugkeer. Antisemitisme in Nederland rond de bevrijding.* 's Gravenhage 1990 – eine Arbeit, die ebenfalls erst nach der Verfügbarkeit der relevanten Archive entstehen konnte; vgl. persönliche Quellen bei Ursula Langkau-Alex: »›Naturally, many things were strange but I could adapt‹. Women Emigrés in the Netherlands«. In: Sibylle Quack (Hg.): *Between Sorrow and Strength. Women Refugees of the Nazi Period.* Washington D.C. 1995, S. 97–119, hier S. 106 f. und S. 118 f. — **14** Louis de Jong (1914–2005), studierter Sozialgeograf und Historiker, war als links-sozialdemokratischer Journalist und Jude im Mai 1940 mit seiner Frau nach England geflüchtet, wurde in London Mitarbeiter, dann Direktor von Radio Oranje, war einer der Initiatoren des offiziell am 8. Mai 1945 gegründeten RIOD; seine Eltern, sein Zwillingsbruder und andere Familienangehörige wurden Opfer des Holocaust. — **15** Louis de Jong: *De Bezetting. Een weergave in boekvorm van de uitzendingen der Nederlandse Televisie-Stichting over Nederland in de Tweede Wereldoorlog.* Amsterdam. Teil 1: April 1961, 2. Aufl. Mai 1961, 3. und 4. Aufl. Februar bzw. September

1962, 5. Aufl., Juni 1963; Teil 2: 1962; Teil 3: 1963; Teil 4: 1964; Teil 5: 1965; Ders.: *De overval. Het verhaal van de gelijknamige film*. Amsterdam. 1. Aufl. 1962; 2.-4. Aufl. 1963; 5. Aufl. als »Salamander« Pocket 1965; De Overval gestaltet die Geschichte der Befreiung von über 50 politischen Häftlingen aus dem SD-Gefängnis in Leeuwaarden durch eine friesische Widerstandsgruppe. — **16** Leopold Aletrino, J.B. Charles, Hans Keilson, H. Wielek, met een inleidend woord van Dr. Willem Drees: *Mogen wij nog anti-Duits zijn?* Amsterdam 1965; die zitierten, übersetzten Passagen bzw. Hinweise sind den Seiten 50, 66, 84, 127 ff. und der Rückseite entnommen; Aletrino hatte ein Jahr nach der Befreiung *Van Hannibal tot Hitler*. Amsterdam 1946 veröffentlicht: zu J.B. Charles s. nl.wikipedia.org/wiki/Willem_Nagel_(schrijver) (7.5.2012); zu Han (Heinz) Wielek Kurzbiografie in: Werner Röder und Herbert A. Strauss (Hg.): *Biographisches Handbuch der deutschsprachigen Emigration nach 1933/International Biographical Dictionary of Central European Emigrés 1933–1945*, 3 Bde. München – New York – London – Paris 1980–1983, hier Bd. 1; zu Keilson s. ebd. Bd. 2, Teil 1 und Ursula Langkau-Alex: »›... ein Tropfen Liebe würzt das Hassen‹. Hans Keilson zum Neunzigsten«. In: *Neuer Nachrichtenbrief der Gesellschaft für Exilforschung e. V. (NNB)* (Dezember 1999) Nr. 14, S. 17–19; Dies.: »Unserem Ehrenmitglied Dr. med. Dr. hc. Hans Keilson zur Vollendung seines 100sten Lebensjahres – eine persönlich gefasste offizielle Hommage zum 12. Dezember 2009«. In: *NNB* (Dezember 2009) Nr. 34, S. 1–2; Dies.: »In memoriam Hans Keilson, Ehrenmitglied unserer Gesellschaft«. In: *NNB* (Dezember 2011) Nr. 38, S. 9; zu den deutsch-niederländischen Beziehungen siehe Horst Lademacher: *Zwei ungleiche Nachbarn. Wege und Wandlungen der deutsch-niederländischen Beziehungen im 19. und 20. Jahrhundert*. Darmstadt 1990, hier bes. Kapitel »Krieg und Nachkriegszeit« und »Abschließende Bemerkungen«; Martin Lak: »›Eine Angelegenheit von fundamentaler Bedeutung‹. Die Wechselwirkung der ökonomischen und politischen Beziehungen zwischen den Niederlanden und Deutschland, 1945–1949«. In: Hein A.M. Kleman und Friso Wielenga (Hg.): *Deutschland und die Niederlande. Wirtschaftsbeziehungen im 19. und 20. Jahrhundert*. Münster 2009, S. 45 ff. — **17** Deutsches Institut der Universität Stockholm (Hg.): *Stockholmer Koordinationsstelle zur Erforschung der deutschsprachigen Exil-Literatur*, Bericht I, Redaktionsschluss 15.7.1970, S. 99 f.; Roland Anhegger ist wahrscheinlich identisch mit R. Anhegger, der das Vorwort schrieb zu: H(ans) Würzner: *Deutsche Emigrantenliteratur in den Niederlanden, 1933–1940: Bücher, Briefe und Bilder. Eine Ausst(ellung) des Goethe-Institutes Amsterdam und »Het onderzoekscentrum voor Duitse emigrantenliteratuur in Nederland van de Rijksuniversiteit te Leiden«*. Katalog bearb. von G.A. von Winter, hg. vom Goethe-Institut Amsterdam (1973); zu Ludwig Kunz s. http://www.joodsmonumentzaanstreek.nl/pagina-801-Kunz-Ludwig.htm (7.5.2012) und *Biographisches Handbuch der deutschsprachigen Emigration* (s. Anm. 16) Bd. 2; zu Hein Kohn ebd., Bd. 2 und Peter Manasse: *Hein Kohn: exiluitgever*, o. O. 1999; Ders.: *Boekenvrienden Solidariteit. Turbulente jaren van een exiluitgevererij*. Den Haag 1999. — **18** Jacco Pekelder: *Die Niederlande und die DDR. Bildformung und Beziehungen 1949–1989*. Münster 2002. — **19** Als Beispiel für eine Reihe von Persönlichkeiten sei wiederum Han Wielek genannt. Er hatte sich schon bald nach seiner Flucht nach Amsterdam u. a. in der niederländischen Arbeiterjugendbildung engagiert, nach dem Krieg veröffentlichte er regelmäßig in der im Widerstand 1940 gegründeten Wochenzeitschrift Vrij Nederland; besonders hingewiesen sei hier auf zwei Titel: »30 jaar geleden: Duitse Emigranten in Nederland« (Vor 30 Jahren: Deutsche Emigranten in den Niederlanden). In: *Vrij Nederland*, 31.8.1963; und: *Het fascisme leeft – dood aan het fascisme. Tekst toespraak bij opening van 2 exposities van de S(ocialistische) J(eugd)*. Amsterdam (1965) – die beiden Ausstellungen, »Fascisme ›65« und »Anti-fascistische kunst«, waren im Anne Frank Haus zu sehen, in Erinnerung auch an die Ausstellung gegen die Olympischen Spiele 1936 in Berlin unter dem Titel DOOD (ein Wortspiel des niederländischen Wortes für Tod/tot mit den Anfangsbuchstaben von *Duitse Olympiade Onder Dictatuur*). — **20** Eine Gesamtübersicht aus Anlass des 75-jährigen Jubiläums des IISG: Jaap Kloosterman und Jan Lucassen: *Rebels with a cause. Five centuries of social history collected by the International Institute of Social History*. Amsterdam 2010; niederländische

Ausgabe: Dies.: *Wereldverbeteraars. Vijf eeuwen sociale geschiedenis verzameld door het Internationaal Instituut voor Sociale Geschiedenis.* Amsterdam 2010. Siehe auch die Beiträge von Christoph Stamm, Rainer Holze, Rolf Hecker, Eckhard Müller, Sigrid Kleinschmidt/Ursula Langkau-Alex in: Günter Benser und Michael Schneider (Hg.): *Bewahren – Verbreiten – Aufklären. Archivare, Bibliothekare und Sammler der deutschsprachigen Arbeiterbewegung.* Bonn–Bad Godesberg 2009, S. 41 ff., S. 216 ff., S. 231 ff., S. 287 ff., S. 309 ff. — **21** Siehe Anm. 16; in den 1980er Jahren verzeichneten Krystyna Rojahn, Amsterdam, und ich im Rahmen und im Auftrag des Archivs der sozialen Demokratie in der Friedrich-Ebert-Stiftung für die »Erstellung eines Spezialinventars von Quellen zur Geschichte der deutschen und internationalen Arbeiterbewegung in ausländischen (in diesem Falle: niederländischen) Parteiarchiven« einschließlich zugehöriger persönlicher Nachlässe auch Dokumente der deutschen Arbeiterbewegung im Exil nach 1933. — **22** Ursula Langkau-Alex: »Quellen zur deutschsprachigen Emigration nach 1933 im Internationaal Instituut voor Sociale Geschiedenis in Amsterdam«. In: Society for Exile Studies, Inc./Gesellschaft für Exilforschung e.V. (Hg.): *Nachrichtenbrief – Newsletter.* Frankfurt/M., Dezember 1988, Nr. 9–10, S. 28 ff.; Dies.: »Quellen zum deutschsprachigen Exil nach 1933 in Skandinavien im Internationaal Instituut voor Sociale Geschiedenis (IISG)«. In: Hans Uwe Petersen (Hg.): *Hitlerflüchtlinge im Norden. Asyl und politisches Exil 1933–1945.* Kiel 1991, S. 215 ff. — **23** Vgl. auch zum Folgenden Ursula Langkau-Alex: »Hans Würzner, Vorsitzender der Gesellschaft für Exilforschung 1991–1994. Ein Nachruf.« In: *NNB* (Dezember 2009) Nr. 34, S. 2 f. — **24** Hans Würzner: *Heinrich Mann. De tragiek van een politiek engagement.* Leiden 1972. — **25** Ger Harmsen arbeitete kritisch die Geschichte der Kommunistischen Partei Hollands nach 1933 auf, und in dem Kontext die Zusammenarbeit mit deutschen Kommunisten im Exil in den Niederlanden und im Widerstand in Deutschland, vor allem mit der Gruppe um Wilhelm Knöchel, s.: Ger Harmsen: *Daan Goulooze. Uit het leven van een kommunist.* Utrecht 1967, erweitert und überarbeitet; ders.: *Rondom Daan Goulooze. Uit het leven van kommunisten.* Utrecht 1980. — **26** L. Couvée-Jampoller, Kunsthistorikerin, hatte nach 1933 viele Kontakte zu politischen und literarischen Emigranten in den Niederlanden, ihre Sammlungen sind erstmals kurz dokumentiert in: Deutsches Institut der Universität Stockholm (Hg.): *Stockholmer Koordinationsstelle,* Bericht I (s. Anm. 17), S. 99. — **27** Korrespondenz Ursula Langkau-Alex mit Prof. Steffen Steffensen, Københavne Universitet, 27. April 1972–14. Oktober 1972, darin *Kurzer Bericht über Quellenlage, Forschungsstand und Forschungsplanung über die deutsche Emigration in den Niederlanden,* mit einer Liste von Nachlässen und Archiven deutscher Emigranten zu Politik und Wissenschaft, Anlage zum Brief vom 3. Juni 1972 (Privatarchiv ULA). — **28** Deutsches Institut der Universität Stockholm (Hg.): *Protokoll des II. Internationalen Symposiums zur Erforschung des deutschsprachigen Exils nach 1933 in Kopenhagen 1972.* Die führende niederländische Tageszeitung *NRC Handelsblad* widmete der Exilliteratur und der Gründung des Forschungszentrums eine dreiviertel Seite, s. Ben van der Velden: »Hitler kwam, de schrijvers gingen. Onderzoek naar het werk van Duitse emigranten in Nederland« (Hitler kam, die Schriftsteller gingen. Forschungen zu den Werken deutscher Emigranten in den Niederlanden). In: *NRC Handelsblad,* 6. Oktober 1972, »Cultureel Supplement« (Kulturelle Beilage). — **29** Siehe Deutsches Institut der Universität Stockholm (Hg.): *Stockholmer Koordinationsstelle. Bericht VII,* Redaktionsschluss 30. November 1973, S. 91 f. Zum Katalog s. Anm. 17; Zitat aus: Deutsches Institut der Universität Stockholm (Hg.): *Stockholmer Koordinationsstelle, Bericht I* (s. Anm. 17), S. 99. — **30** Telefonische Auskunft von Lili Jampoller, wie sich die jetzt 97-Jährige (geb. 1912) nennt, am 19.2.2012. Sie hatte in den 1930er Jahren gute Kontakte zu Emigranten aus Deutschland gehabt, die sie so weit wie möglich nach dem Krieg erneuerte. Über den in den Niederlanden verbliebenen Journalisten Kurt Baschwitz war sie in Kontakt mit Walter A. Berendsohn in Stockholm gekommen und hatte am I. Internationalen Symposium zur Erforschung des deutschsprachigen Exils nach 1933 in Stockholm teilgenommen. — **31** Zitat aus: Deutsches Institut der Universität Stockholm (Hg.): *Stockholmer Koordinationsstelle, Bericht I* (s. Anm. 17), S. 99; Hans Würzner: *De Duitse*

Emigrantenliteratuur en de Nederlandse Schrijvers. Rede uitgesproken bij de opening van het negenenvijftigste studiejaar van de School voor Taal- en Letterkunde. Jaarverslag 1972–1973. 's-Gravenhage o. D.; zu den Veröffentlichungen von Würzner s. Sofía Rodrígues Gômez: »Bibliographie«. In: Sjaak Onderdelingen (Hg.): *Interbellum und Exil. Liber Amicorum für Hans Würzner. Abschied von der Rijksuniversiteit Leiden.* Amsterdam – Atlanta/GA 1991 (= Amsterdamer Publikationen zur Sprache und Literatur, Bd. 90), S. 7 ff. — **32** Deutsches Institut der Universität Stockholm (Hg.): *Stockholmer Koordinationsstelle, Bericht IX*, Zitat S. 61; vgl. Hans Würzner: »Zur Exilforschung in den Niederlanden«. In: Ders.: *Zur deutschen Exilliteratur in den Niederlanden 1933–1940.* Amsterdam, S. 7 ff., hier S. 10. — **33** Vgl. Frits Boterman und Marianne Vogel: *Nederland en Duitsland in het interbellum. Wisselwerking en contacten. Van politiek tot literatuur.* Hilversum 2003. — **34** Zu Kathinka Dittrich van Weringh s. http://de.wikipedia.org/wiki/Kathinka_Dittrich_van_Weringh (7.5.2012). Entgegen den Mitteilungen dort war sie bereits von 1979 an (bis 1986) Leiterin des Goethe-Instituts Amsterdam. — **35** Dittrich und Würzner (Hg.): *Die Niederlande und das deutsche Exil* (s. Anm. 2). — **36** Zitat nach Peter Josef Bock: *Neues aus der Kulturlandschaft.* Sendung WDR/Landesredaktion, Forum West, 6. März 1982, vervielfältigtes Manuskript (Privatarchiv ULA), S. 1. — **37** Kathinka Dittrich, Paul Blom und Flip Bool (Hg.): *Berlijn – Amsterdam 1920–1940. Wisselwerkingen.* Amsterdam 1982, alle Zitate sind Übersetzungen. — **38** Dittrich und Würzner (Red.): *Die Niederlande und das deutsche Exil* (s. Anm. 2). — **39** Heinz Schneeweiss (Hg.): *Kun je woorden verbranden? Een publicatie met foto's ter gelegenheid van het Jaar van de Bevrijding van Nederland 1985.* Rotterdam 1985; das Goethe-Institut Rotterdam war 1973 eröffnet worden. — **40** Hans Würzner (Hg.): *Österreichische Exilliteratur in den Niederlanden 1934–1940.* Amsterdam 1986. — **41** Zu dem von Hans Würzner 1980 im mit dem Exil bis 1940 eng verbundenen Verlag Allert de Lange gestarteten, 1984 eingestellten Projekt *Exilbibliothek* s. Langkau-Alex: »Hans Würzner« (s. Anm. 23). — **42** Typisch ist die Unterscheidung vieler Emigranten zwischen »Heimat« und »Zuhause«. — **43** Siehe »Autorenverzeichnis«. In: Dittrich und Würzner: *Die Niederlande und das deutsche Exil* (s. Anm. 2), S. 237 ff. — **44** Beispielhaft: der Illustrator und Typograf Kurt Löb, der 1994 an der Universität von Amsterdam promovierte mit: *Exil-Gestalten. Deutsche Buchgestalter in den Niederlanden 1931–1950.* Arnhem 1995, s. nl.wikipedia.org/wiki/Kurt_Löb (7.5.2012); oder der Bibliothekar und vormalige Kurator im IISG Peter Manasse, der über Buchhändler, verschwundene/geraubte Archive, Bibliotheken und Einrichtungen publiziert, s. www.google.nl: Peter Manasse. Hinzurechnen möchte ich aber auch Dan Michman, 1947 von jüdischen Emigranten, die den Holocaust überlebt haben, in Amsterdam geboren, 1957 nach Israel emigriert, an der Bar-Ilan Universität, Rmat-Gan in Israel lehrend, forschte er 1972–1976 wieder in den Niederlanden über jüdisches Exil und promovierte darüber; des Weiteren den britischen Historiker Bob Moore, geboren von einer niederländischen Mutter, Professor of 20th Century European History (Netherlands; prisoner of war history; Holocaust), s. http://shef.ac.uk/history/staff/bob_moore (7.5.2012). — **45** Hier möchte ich Bart de Cort nennen. Er forscht, publiziert und filmt über jüdische Persönlichkeiten in den Niederlanden, sozialistische Gruppierungen und aktivistische, solidarische Zusammenarbeit mit (gleichgesinnten) Flüchtlingen aus Deutschland nach 1933 und hat ein Verzeichnis zur Grundlagenforschung verfasst, s. Bart de Cort: *Biographisches Verzeichnis der deutschsprachigen politischen Emigration in den Niederlanden (1933–1945).* Amsterdam 2006 (Typoskript, als digitaler Word-Bestand im Archiv des IISG, s. http://search.socialhistory.org, s. auch www.google.nl: Bart de Cort; ebenfalls zu nennen ist die ehemalige Bibliothekarin an der Koninklijke Bibliotheek in Den Haag, Madeleine Rietra, die seit Jahren u. a. Joseph Roth ediert. — **46** Beispiele: Kathinka Dittrich, die sich neben ihrer kulturellen Vermittlertätigkeit zwischen Deutschland und den Niederlanden mit dem Film beschäftigt hat und an der Universität von Amsterdam promovierte mit: *Achter het Doek: Duitse emigranten in de Nederlandse speelfilm in die jaren dertig.* Amsterdam 1987 (Auskünfte per mail an ULA, 20. Dezember 2011); Katja B. Zaich kam 1996 in die Niederlande, nachdem sie u. a. »Deutsche Sprache und Literatur mit

Schwerpunkt Theater und Medien« studiert hatte und setzt(e) hier ihr Interesse in Forschung über Theater und Kabarett im Exil, im Konzentrationslager Westerbork und im Untergrund fort, s. u. a. »*Ich bitte dringend um ein Happyend*«. *Deutsche Bühnenkünstler im niederländischen Exil 1933–1945.* Frankfurt/M. 2001; zum Schluss wäre ich selbst zu nennen, speziell zu Forschungen über Exil in den Niederlanden bis 1994, s. »Asyl- und Exilpraxis« (s. Anm. 6), S. 69, Anm. 1; Weiteres unter http://search.socialhistory.org (7.5.2012). — **47** Peter Josef Bock: *Interesse an der geistigen Opposition. Deutsche Literatur in den Niederlanden.* Westdeutscher Rundfunk, Hauptabteilung Politik – Landesredaktion (Forum West), 18. Oktober 1980 (hektogr. Ms); Ders.: *Die Niederlande und das deutsche Exil. Zu einem Symposium in Leiden.* Ebd., 4. Juli 1981 (hektogr. Ms); Ders.: »Zwischen Exil und Windstille. Goethe-Institut fördert Verständigung. Niederlande entdecken deutsche Kultur der 20er und 30er Jahre: Ausstellung ›Berlin – Amsterdam‹«. In: *Kölner Stadt-Anzeiger*, 10. März 1982. — **48** Siehe Würzner und Kröhnke (Hg.): *Deutsche Literatur im Exil* (s. Anm. 6); *Deutsche Literatur im Exil in den Niederlanden. Eine Ausstellung des Deutschen Exilarchivs 1933–1945.* Leipzig–Frankfurt/M.–Berlin 1993 (= Die Deutsche Bibliothek: Sonderveröffentlichungen Nr. 20. Hg. Klaus-Dieter Lehmann). — **49** A. Mozer-Ebbinge und R. Cohen (Hg.): *Alfred Mozer. ›Gastarbeider‹ in Europa.* Zutphen 1980; Friso Wielenga: »Alfred Mozer: Europeaan en democraat«. In: Marnix Kropka (Hg.): *Het twaalfde jaarboek voor het democratisch socialisme.* Amsterdam 1991, S. 135–164. — **50** Bei der Bearbeitung dieses Themas stellte ich fest, dass für das Erleben und Verarbeiten der Emigration das Alter oft ausschlaggebender, die Frage danach fruchtbarer ist als der Focus auf Gender, s. Langkau-Alex, »›Naturally, many things were strange‹« (s. Anm. 13), S. 103, Anm. 9, und S. 109 f., Anm. 24 und 25. — **51** E-Mail-Korrespondenz E. B. Andringa, Universität Utrecht – ULA seit 24. September 2009 bis heute, paraphrasierte Übersetzung aus der E-Mail.

Charmian Brinson, Anthony Grenville

Entwicklung der Exilforschung in Großbritannien

Die wissenschaftliche Erforschung der Exilanten aus Deutschland, die
sich nach 1933 in Großbritannien niederließen, ist in hohem Maße von
deren Aufnahme im Gastland und von den ganz besonderen Bedingungen bestimmt worden, die dort vorherrschten. Erstens war Großbritannien das einzige bedeutende Exilland in Europa, das nicht von den Nationalsozialisten besetzt wurde, was in der Entwicklung der Flüchtlingsgemeinschaft eine größere Kontinuität als anderswo ermöglichte.
Zweitens kam zu dieser Kontinuität die homogene Zusammensetzung
der Exilgemeinschaft: sie bestand (und besteht immer noch) hauptsächlich aus meist jüdischen Flüchtlingen aus den Ländern Deutschland,
Österreich und der deutschsprachigen Tschechoslowakei, die vor Ausbruch des Zweiten Weltkriegs nach Großbritannien kamen und durch
eine gemeinsame Sprache und die gemeinsame Sozialkultur des deutschsprachigen mitteleuropäischen Judentums verbunden waren.[1] Darin unterscheidet sie sich von jenen exilierten Gemeinschaften, die nach dem
Krieg aus den Überlebenden des Holocausts aus unterschiedlichen ost-
europäischen Ländern entstanden.

Drittens wurde diese Gemeinschaft nicht von einer bereits bestehenden jüdischen Gemeinde absorbiert, wie das in den beiden anderen bedeutenden Exilländern für jüdische Flüchtlinge aus Deutschland und
Österreich, nämlich Palästina/Israel und den USA der Fall war. Im zahlenmäßig kleineren und weniger dynamischen britischen Judentum
fehlte die Aufnahmefähigkeit der anderen beiden Exilländer. Dazu kam,
dass hier immer schon wenig Interesse daran bestand, engere Beziehungen zwischen den lang etablierten und traditionell ausgerichteten Gemeinschaften aus Osteuropa und den assimilierten und säkularisierten
bürgerlichen Juden aus den deutschsprachigen Städten des Westens zu
pflegen. Folglich bewahrten die vor dem Nationalsozialismus geflüchteten Juden in Großbritannien ihre spezifische soziale Identität, ihre besondere Gemeinschaft sowie ihre eigenen Gemeinschaftseinrichtungen
wie die Association of Jewish Refugees, die Wiener Library und andere
mehr. Sie bildeten so eine vom traditionellen englischen Judentum ab-
gegrenzte Gruppe, die ein ausgeprägtes kulturelles Bewusstsein ihres
Ursprungslandes beibehielt, sich aber gleichzeitig wie dieses erfolgreich
in die britische Gesellschaft integriert hat.

Obwohl es schwierig ist, sich auf genaue Zahlen festzulegen, kann die Anzahl der Exilanten, die vor dem Krieg aus den von Nazis besetzten Gebieten nach Großbritannien kamen, auf bis zu 80 000 geschätzt werden; eine Minderheit von ca. 10 000 Flüchtlingen aus politischen oder intellektuellen Kreisen bildete diejenige Gruppe, die am ehesten bereit war, nach dem Krieg in ihr Ursprungsland zurückzukehren. Der Großteil der jüdischen Flüchtlinge kam aus Deutschland; die Emigration nach Großbritannien begann gleich nach der nationalsozialistischen Machtübernahme, aber wirklich große Ausmaße nahm sie erst mit den Pogromen der sogenannten »Kristallnacht« von November 1938 an. Um ihr Leben zu retten, flohen Juden unter dem Druck der Verfolgungen in jedes Land, das bereit war, sie aufzunehmen. Die Emigration aus Österreich begann mit dem »Anschluss«, der Annexion Österreichs durch Deutschland im März 1938, die sofort eine Welle von antisemitischer Gewalttätigkeit auslöste und unmittelbar einen starken Andrang von Juden mit sich brachte, die verzweifelt bemüht waren, das Land zu verlassen. Laut Statistiken der Israelitischen Kultusgemeinde in Wien wählten an die 30 000 Juden als erste Zufluchtsstätte Großbritannien; von diesen emigrierten mehrere tausend in der Folge weiter in andere Länder, die meisten in die USA. Weiter kamen aus der Tschechoslowakei mehrere tausend Flüchtlinge nach Großbritannien als Folge der deutschen Besetzung des Sudetenlandes im Oktober 1938 und der anschließenden Besetzung der Rest-Tschechoslowakei im März 1939.

I

Im Großbritannien der ersten Nachkriegsjahre bildete die Erforschung des deutschsprachigen Exils kein Thema in der germanistischen oder historischen wissenschaftlichen Diskussion, und das obwohl sich Zehntausende von deutschen Exilanten weiter in Großbritannien aufhielten. Die Ausnahme bildeten hier vielleicht die Werke von herausragenden literarischen und intellektuellen Persönlichkeiten wie Erich Fried und H. G. Adler, wobei aber, zumindest zu diesem Zeitpunkt, ihre Rolle als Exilanten kaum bedacht wurde. Erst gegen Ende der 1980er Jahre wurde das Thema »deutschsprachiges Exil« in Universitätslehrpläne aufgenommen, und zwar als relativ unbedeutender Teil der Germanistik; der Wendepunkt kam 1988, als das Forschungszentrum »Research Centre for Germans and Austrians in Exile« am Institut für Germanistik an der Universität von Aberdeen von Professor J. M. Ritchie, dem Doyen der deutschsprachigen Exilforschung in Großbritannien, gegründet wurde. Im Jahre 1990 organisierte Ritchie in Aberdeen eine bahnbrechende Konferenz, die sich erstmalig ausschließlich mit dem deutschsprachigen Exil in Großbritannien beschäftigte und bei der eine Reihe von Wissenschaftlern aus Großbritannien und dem Ausland zusammentrafen, die bis dahin gar nichts oder sehr wenig von den Arbeiten der anderen auf diesem Gebiet wussten. Das Forschungszentrum von Aberdeen führte im Weiteren zur Gründung des Research Centre for German and Austrian Exile Studies an der Londoner Universität und wurde später darin integriert. Das Londoner Zentrum ist seit nunmehr 20 Jahren eine Organisation, die die Erforschung des deutschsprachigen Exils in Großbritannien durch Gemeinschaftspublikationen und Einzelpublikationen (einschließlich eines Jahrbuches)[2], durch Konferenzen und andere Veranstaltungen aktiv fördert. Man kann also sehen, dass der Anstieg des Interesses an der Exilforschung in Großbritannien ungefähr 20 Jahre später erfolgte als die vergleichbare Entwicklung in Deutschland, was möglicherweise ein Grund dafür ist, dass das britische wissenschaftliche Interesse auf diesem Gebiet noch relativ frisch ist und der Forschung hier noch viele weitere Aufgaben gestellt sind.

Als Randgebiet des Faches Germanistik an britischen Universitäten beschäftigte sich die Exilforschung zunächst hauptsächlich mit den Arbeiten aus dem literarischen Exil. Hier setzte Richard Dove im Jahre 2000 einen bedeutenden Meilenstein mit *Journey of No Return*[3], einer Sammelbiografie über fünf der bereits besser etablierten literarischen Exilanten, die in Großbritannien Zuflucht gesucht hatten: Alfred Kerr, Max Herrmann-Neiße, Robert Neumann, Karl Otten und, als bekanntesten unter ihnen, Stefan Zweig. In den 1990er Jahren, zur Zeit als Dove an seiner Biografie arbeitete, und danach entdeckten andere britische beziehungsweise in Großbritannien tätige Forscher weniger bekannte, ja halb vergessene Schriftsteller wieder wie Hermynia von zur Mühlen, Martina Wied, Hans José Rehfisch, Anna Gmeyner, Monty Jacobs, Ernst Sommer oder Ruth Feiner.[4] Es überrascht kaum, dass sich unter diesen bis dahin vernachlässigten Autoren eine beträchtliche Anzahl von Frauen befindet. Die Forschungsgruppe »Frauen im Exil« der deutschen Gesellschaft für Exilforschung macht es sich zur Aufgabe, Exilforscher beiderlei Geschlechts – in Deutschland und über die Grenzen hinaus – daran zu erinnern, welche besondere Rolle die Frauen im Exil spielten.

Unabhängig davon, ob sich die Exilschriftsteller vorwiegend mit Themen beschäftigten, die sich direkt oder nur indirekt auf die Emigration oder das Leben in Deutschland unter dem Nationalsozialismus bezogen, und ob es sich dabei um dokumentarische oder fiktive Texte handelte, wurden die Autoren und ihr Werk oft nur innerhalb eines durch das Exil vorgegebenen Parameters wahrgenommen. In der wissenschaftlichen Analyse und Bewertung wurden biografische und historische Elemente den literarischen Kriterien gleichgesetzt oder sogar über sie gestellt. Es ist, als ob die Auswirkungen des Exils ihre Arbeiten sowohl bestimmten als auch begrenzten; und derartige Betrachtungen beeinflussten auch die literarische Kritik an solchen Autoren. Das Verwischen des Unterschieds zwischen Fiktion und Tatsachen in den literarischen Arbeiten der Exilautoren und in ihrer Rezeption erklärt sich dadurch, dass viele unter ihnen auch als Journalisten Beiträge zur Exilpresse lieferten, was vor allem finanzielle Gründe hatte. Dabei setzten sie sich mit den aktuellen Themen von Krieg, Vertreibung und Verlust auseinander, was wiederum in ihr literarisches Werk einfloss.

Aufgrund dieser engen Verflechtungen sind einige britische Forscher bemüht, Untersuchungen der »Exilpublizistik« in ihre Arbeit miteinzubeziehen – und auf diesem Gebiet gibt es tatsächlich noch viel zu tun. Das richtungsweisende vierbändige Werk von Lieselotte Maas, *Handbuch der Deutschen Exilpresse*[5] und auch Hans-Albert Walters *Exilpresse*[6] beziehen sich relativ wenig speziell auf die Exilpresse in Großbritannien.[7] Darüberhinaus werden die Publikationen des österreichischen Exils in den Untersuchungen von Maas und Walter wie auch in Gerd Geysers 20-seitiger Arbeit »Exilpublizistik in Großbritannien« überhaupt nicht erwähnt.[8] Dabei wird allgemein noch immer nicht ausreichend bedacht – auch nicht von Forschern auf diesem Gebiet – wie umfassend, wenn auch fragmentiert, die Exilpresse in Großbritannien war. Zugegeben, die Zeitungen mit größeren Auflagen wie *Die Zeitung*, *Zeitspiegel* und *Einheit* haben in den letzten Jahren von britischen Exilspezialisten etwas mehr Aufmerksamkeit erfahren.[9] Auch gibt es schon einige vorbereitende Arbeiten über *Die Frau/Frau in Arbeit* – bemerkenswert als die einzige speziell für Frauen in der Emigration verfasste Zeitschrift – sowie über andere periodische Veröffentlichungen, aber mit alledem wird kaum mehr als nur die Oberfläche berührt. Nur *AJR Information/AJR Journal*, eine Veröffentlichung von erstaunlich langer Lebensdauer (die auch heute noch weiterbesteht), erfuhr durch Anthony Grenvilles kürzlich erschienene Monografie *Jewish Refugees from Germany and Austria in Britain 1933–1970* eine eingehende Behandlung.[10] Abgesehen von den oben erwähnten publizistischen Organen wurden zwischen 1933 und 1950 in Großbritannien zahlreiche andere Zeitschriften, Mitteilungsblätter, Rundbriefe und Bulletins von den Exilanten herausgegeben. Die meisten richteten sich an die Flüchtlinge, erschienen also auf Deutsch; andere erschienen auf Englisch, besonders Zeitschriften für junge Deutsche und Österreicher, bei denen man befürchtete, sie hätten ihre Muttersprache verlernt; ebenfalls in englischer Sprache erschienen Publikationen für einheimische Leser im britischen

214 Charmian Brinson, Anthony Grenville

Gastland. Vorläufige Untersuchungen ergaben eine Liste von etwa 60 Titeln, die Gesamtzahl solcher Veröffentlichungen liegt jedoch vermutlich eher bei 80.

In der Zeit als britische Germanisten quasi vergessene Werke der deutschen Exilliteratur und periodische Exilpublikationen entdeckten, die praktisch vor ihrer eigenen Haustür verfasst worden waren, entdeckten sie auch, dass das Fundament für ihre Forschung, nämlich die Ausarbeitung eines historischen und politischen Rahmens für das deutschsprachige Exil, zu einem erheblichen Teil bereits gelegt worden war. Im Jahre 1973 war die bahnbrechende Arbeit des Historikers A.J. Sherman, *Island Refuge* erschienen[11], gefolgt 1979 von Bernard Wassersteins *Britain and the Jews of Europe.*[12] Während in der britischen Geschichtsschreibung zu dieser Zeit das Thema des Exils keine wichtige Rolle spielte, wurde es zum besonderen wissenschaftlichen Anliegen der beiden anglo-jüdischen Historiker. Die maßgebende Geschichte der Ankunft und frühen Jahre der Flüchtlinge in Großbritannien *Whitehall and the Jews*[13] stammt von Louise London, einer Exilantin der zweiten Generation. Sie erschien im Jahr 2000.

Das Jahr 1980 hatte sich in einer Hinsicht als Meilenstein für die deutsche Exilforschung in Großbritannien erwiesen. Nach der Freigabe von offiziellen britischen Dokumenten über die Internierung von Ausländern erschienen zwei bedeutende Untersuchungen: Peter und Leni Gillman, »*Collar the Lot!*« und Ronald Stent, *A Bespattered Page?*[14] Eine beträchtliche Anzahl von Veröffentlichungen über die Internierung deutschsprachiger Männer und Frauen folgten seitdem von britischer Seite: Arbeiten aus historischer, politischer, literarischer und biografischer Sicht, darunter 1988 eine Wiederveröffentlichung von François Lafittes beißender Kritik an der Internierungspolitik der britischen Regierung: *The Internment of Aliens* (deren Erstpublikation schon 1940 erschienen war).[15]

Das Jahr 1983 sah eine weitere erwähnenswerte Veröffentlichung in der Geschichte der britischen Exilforschung, nämlich *Exil in Großbritannien*, herausgegeben vom deutschen Historiker am German Historical Institute in London, Gerhard Hirschfeld.[16] Dieses Buch hob sich von einigen Vorgängern dadurch ab, dass es historische, politische und kulturelle Beiträge interdisziplinär in einer Art kombinierte, die seitdem einen großen Teil der späteren britischen Exilstudien charakterisiert. Die bisher wohl wichtigste Arbeit ist der Band *Second Chance* (1991), herausgegeben von Werner E. Mosse, Julius Carlebach, ebenfalls Gerhard Hirschfeld, Aubrey Newman, Arnold Paucker und Peter Pulzer, der zahlreiche Arbeiten von Experten über unterschiedliche Aspekte der Geschichte der Juden in Großbritannien enthält.[17]

Es muss erwähnt werden, dass sich seit den 1970er Jahren eine methodische Veränderung und thematische Ausweitung der britischen Germanistik von der traditionellen Sprach- und Literaturwissenschaft hin zur Kulturwisssenschaft und zu landeskundlicher Forschung vollzog. Die Institute für Germanistik an britischen Universitäten bieten jetzt ebenso viele – wenn nicht sogar mehr – spezialisierte Lehrkurse über Film, Musik, Kunst, Wirtschaft, Geschichte und Politik an wie Vorlesungen über deutsche Literatur- und Sprachgeschichte bis hin zum Alt- oder Mittelhochdeutsch. Diesem Trend ist es zuzuschreiben, dass deutsche Exilstudien in den britischen Universitätslehrplan aufgenommen wurden und britische Literaturwissenschaftler zu interdisziplinären Forschern wurden. Ein Ereignis von besonderer Bedeutung war 1994 die Gründung des Centre for German-Jewish Studies an der Universität von Sussex mit Professor Edward Timms als Gründer und Direktor; das Zentrum widmet sich dem Studium der Geschichte, Kultur und Gedankenwelt des mitteleuropäischen Judentums. Unter den Nachfolgern von Edward Timms, Professor Raphael Gross und Professor Christian Wiese, konzentrierte sich das Zentrum aber nach wie vor eher auf die Ära vor 1933.

Wie weiter unten ausgeführt wird, zeigten sich die *deutschen* Exilforscher weniger geneigt, das Gebiet des deutschsprachigen Exils in Großbritannien zu untersuchen, als man vielleicht erwarten würde, vor allem wenn man sich die hohe Zahl der Exilanten sowie die Lücken in der bestehenden Forschung vor Augen hält, mit vielleicht einer bedeutenden Ausnahme, nämlich dem Gebiet der Politik. Werner Röders Untersuchung *Die deutschen sozialistischen Exilgruppen in Großbritannien*[18] bildet die Grundlage für einen bedeutenden Teil der nachfolgenden politikwissenschaftlichen Forschung wie der Arbeit von Anthony Glees, dem britischen Historiker und Exilanten der zweiten Generation, *Exile Politics During the Second World War*.[19] Mehr als ihre Kollegen aus anderen akademischen Gebieten nahmen die deutschen Politikwissenschaftler wohl die britische Exilszene wichtig, weil sich hier das Hauptquartier der SPD im Exil, der Sopade und auch der sozialistischen Splittergruppen Neubeginnen und ISK befand. Die bedeutende Veröffentlichung 1975 von Helene Maimann *Politik im Wartesaal*[20], machte deutlich, dass London eine gleichermaßen ausschlaggebende Rolle in der österreichischen Exilpolitik spielte.

Was Untersuchungen über kommunistische Exilanten in Großbritannien betrifft, ist es üblich geworden, das mehrbändige, von Forschern der Akademie der Wissenschaften der DDR verfasste Werk *Kunst und Literatur im antifaschistischen Exil*[21] wegen seiner parteipolitischen Ausrichtung zu bemängeln. Auch wenn dieser Einwand zutreffend ist, so liefert doch der Beitrag von Birgid Leske und Marion Reinisch *Exil in Großbritannien*[22] ein umfassendes Bild kommunistischer und damit sympathisierender Aktivitäten unter den deutschen Flüchtlingen in Großbritannien, wie man es nirgendwo sonst unter den veröffentlichten deutschen Quellen findet. Diese Arbeit war auch den britischen Exilforschern Charmian Brinson und Richard Dove bei ihrer Studie über eine der beiden großen kommunistisch inspirierten Flüchtlingsorganisationen, dem Freien Deutschen Kulturbund (FDKB), durchaus von Nutzen. In Anbetracht der Bedeutung des FDKB innerhalb der britischen Exilgemeinschaft ist es vielleicht interessant, Erwägungen darüber anzustellen, warum eben dieses Buch, *Politics By Other Means*[23], in Großbritannien und nicht in Deutschland verfasst und veröffentlicht wurde. Mit Ausnahme eines kurzen Überblicks über den FDKB, 1977 verfasst von der westdeutschen Autorin Ulla Hahn[24], hat der Kulturbund tatsächlich wenig oder gar keine kritische Aufmerksamkeit von westdeutschen Wissenschaftlern erfahren (und auch nicht nach 1989 im wiedervereinigten Deutschland). Der Ruf des Kulturbundes, bloß ein Ableger der KPD gewesen zu sein, war wohl ausreichend, deutsche Historiker davon abzuhalten, mehr als nur routinemäßig und häufig abwertend darauf zu verweisen.

In Großbritannien jedoch, wo ein größerer kritischer Abstand zu den Problemen, Hindernissen und historischen Konflikten der zwischendeutschen Beziehungen besteht, kann der Kulturbund als das gesehen werden, was er eigentlich war: ein mutiger, wenn auch begrenzter Versuch, seinen 1500 Mitgliedern aus der Gemeinschaft der deutschen Exilanten, die im London der Kriegszeit gestrandet waren, Halt zu geben und ihnen einen notwendigen Treffpunkt, ein breites kulturelles und gesellschaftliches Programm sowie materielle Unterstützung und Hilfe anderer Art zu bieten. In diese Studie und deren Vorläufer über das Austrian Centre, *Wien – London, hin und retour*[25] konnten die britischen Forscher zusätzlich einen speziell britischen Aspekt einbringen, nämlich ein eingehendes Verständnis des britischen Kontextes und, im Besonderen, die Erfassung der komplexen Beziehungen zwischen den Exilanten und ihren zahlreichen britischen Freunden und Unterstützern aus allen Lebensbereichen.

Hier kommt noch ein weiterer, nicht unwichtiger Faktor ins Spiel, und zwar die Feindseligkeit und das Misstrauen, das den Flüchtlingen von gewissen Seiten der britischen Öffentlichkeit und besonders von den britischen Behörden der Kriegszeit entgegengebracht wurde. Die Panikreaktion, die 1940 zu den Masseninternierungen der sogenannten »feindlichen Ausländer« führte und danach zur Deportation Tausender in Lager in Kanada und Australien, ist, wie oben erwähnt, in Untersuchungen über die britische Internierungspolitik bereits gut dokumentiert. Zwar gibt es offizielle Dokumente zu diesem Thema, die wegen ihrer »Sicherheitsempfindlichkeit« den Forschern noch nicht zugänglich gemacht worden sind. Dennoch bieten die inzwischen freigegebenen Dokumente, aus verschiedenen Ministerien, den Forschern einen relativ umfassenden Überblick über die britische Fremdenpolitik in der Vorkriegs- und Kriegszeit.

Eine etwas heiklere Situation besteht weiterhin für Forscher, die sich mit jenen Aspekten der britischen Aufnahme der Exilanten beschäftigen, die in das Gebiet »Sicherheitspolitik« fallen, ein Gebiet, das bis vor Kurzem in der britischen Geschichts- und Politikforschung kaum behandelt werden konnte. In den Vereinigten Staaten konnte Alexander Stephans bedeutendes Buch *Im Visier des FBI*[26] geschrieben werden, weil das FBI bereit war, seine Akten im Rahmen des American Freedom of Information Act von 1967 zugänglich zu machen. Der Sicherheitsdienst in Großbritannien (MI5) unterliegt nicht dem britischen Freedom of Information Act und macht daher seine Unterlagen nicht auf Anfrage zugänglich. Dennoch hat der MI5 vor etwa zehn Jahren begonnen, ausgewählte Akten über die deutschsprachigen Emigranten freizugeben (auch wenn die Kriterien für die Freigabe nicht publik gemacht werden); aus diesen ist ersichtlich, dass der Sicherheitsdienst eine Anzahl von deutschen und österreichischen Exilanten streng überwacht hat, besonders politische Flüchtlinge und deren Organisationen im Glauben, sie könnten eine Gefahr für das Gastland bilden. Verspätet werden jetzt aber auch auf diesem Gebiet der Exilforschung wissenschaftliche Untersuchungen unternommen.[27]

Und schließlich die Bereiche Kunst und Musik: die von den deutschsprachigen Emigranten geleisteten Beiträge auf diesen Gebieten sind inzwischen so weitgehend anerkannt worden, dass ihr Studium die engen Grenzen der Exilforschung überwunden hat und bereits zur Hauptrichtung der akademischen und kulturellen Diskussion in Großbritannien gehört. So gibt es zum Beispiel Master of Arts Kurse an britischen Universitäten, in denen das Studium der deutschen Exilkunst eine bedeutende Rolle spielt; ferner organisiert in Großbritannien die Kurt-Schwitters-Gesellschaft regelmäßige Zusammenkünfte; auch hat die Ben Uri Kunstgalerie in London wiederholt Ausstellungen von Werken der Exilkünstler veranstaltet, so 2009 unter dem Titel »Forced Journeys – Artists in Exile in Britain 1933–1945«. Auf dem Gebiet der Musik wurde das Amadeus-Quartett, von dem drei seiner vier Mitglieder sich während der Internierung kennengelernt hatten, sehr bald zu einem integralen Teil des britischen Kulturlebens; das Jewish Music Institute an der School of Oriental and African Studies der Universität London umfasst heute unter anderem ein International Centre for Suppressed Music mit Hauptaugenmerk auf die von den Nationalsozialisten unterdrückte Musik des frühen 20. Jahrhunderts. Die Veranstaltung »Continental Britons – the Émigré Composers« war besonders erfolgreich; sie bestand aus einem Seminar und zwei Konzerten in der Wigmore Hall, einer Konzerthalle, die traditionellerweise von den Exilanten stark frequentiert wurde. Daniel Snowmans Buch von 2002, *The Hitler Emigrés*[28] zeigt gerade auf dem Gebiet der Musik besonders eindrücklich den Kulturtransfer und die Bereicherung auf, welche von den Exilanten ausging.

II

Wie schon angedeutet, wäre vielleicht zu erwarten gewesen, dass ausgewählte Gruppen unter den Exilanten aus Deutschland und Österreich bei deutschen Forschern unterschiedlicher Fachrichtungen eingehenderes Interesse gefunden hätten. Überraschenderweise ist dies aber im Großen und Ganzen nicht der Fall. Es gibt keine grundlegende deutsche Monografie über die Exilanten; keine maßgebende Studie über den Kindertransport; die Transmigranten nach Großbritannien (ungefähr 5000 jüdische Männer, die zum Großteil in den Jahren 1938/39 aus den Konzentrationslagern entlassen wurden mit der Auflage, Deutschland sofort zu verlassen) werden fast überhaupt nicht erwähnt; und bis zum Erscheinen einer österreichischen Studie, Traude Bollaufs *Dienstmädchen-Emigration*[29] im Jahre 2010, gab es keine deutschsprachige Arbeit über die Tausende von Flüchtlingen, die als Hausangestellte nach Großbritannien kamen. Die einzige größere Studie über die Exilanten von deutscher Seite ist die Dissertation der Sozialanthropologin Marion Berghahn, die 1984 in englischer Übersetzung unter dem Titel *Continental Britons*[30] erschien. Deutsche Historiker haben wenig Interesse an der Erforschung von Organisationen wie die Association of Jewish Refugees gezeigt, obwohl diese schon seit 70 Jahren viele Tausend jüdische Überlebende der nationalsozialistischen Verfolgung vertritt.

Die Entfernung zwischen Großbritannien und Deutschland beträgt nur einige hundert Kilometer, dennoch scheint eine psychologische Kluft zwischen deutschen Forschern und deutsch-jüdischen Flüchtlingen aus Deutschland zu bestehen; es ist, als ob es leichter fiele, das Thema »jüdische Flüchtlinge aus dem Nationalsozialismus« in Ländern wie Israel und den USA zu untersuchen, wo es bekannterweise größere jüdische Bevölkerungsgruppen gibt als in der näher liegenden nicht-jüdischen Gesellschaft in Europa. Man könnte fast sagen, dass mehr Arbeiten von deutschen Forschern über die inzwischen untergegangenen Exilgemeinden in Lateinamerika unternommen worden sind als über die größere und blühendere Gemeinde in Großbritannien; oder man könnte feststellen, dass bis zum jetzigen Zeitpunkt kein deutscher, in Großbritannien tätiger Forscher ein so ambitioniertes Forschungsprojekt unternommen hat wie Gisela Holfters Versuch einer Übersicht über die gesamte irische Exilgemeinde, obwohl nur einige hundert jüdische Exilanten nach 1933 in Irland aufgenommen wurden – im Vergleich zu den Zehntausenden, die nach Großbritannien kamen. Gleichfalls auffallend ist die Tatsache, dass unter den relativ wenigen deutschen Forschern, die über jüdische Exilanten in Großbritannien arbeiten, viele außerhalb der Universität tätig sind oder waren: so der verstorbene Radiojournalist Jens Brüning oder der unermüdliche Chronist der untergegangenen jüdischen Gemeinde von Hamburg, Wilfried Weinke.

Wenn sich etablierte deutsche Forscher mit dem Thema »jüdische Exilanten in Großbritannien« beschäftigen, so ist die Behandlung oft nur flüchtig; so zum Beispiel in der von Götz Aly zusammen mit Michael Sontheimer verfassten Darstellung *Fromms* über die Ausplünderung und Vertreibung der Familie Fromm.[31] In dieser Arbeit wird dem Leben von Julius Fromm als Exilanten in Großbritannien lediglich ein Teil im elfseitigen Kapitel zum »Überleben in London, Paris und Berlin« zugeteilt. Dies ist nur eines von vielen Beispielen, wo deutsche Forscher mit der lebendigen Gemeinde von ehemaligen deutschen Juden in Großbritannien in unmittelbaren Kontakt gekommen sind, um sie dann aber nur wie eine Fußnote aus der Vergangenheit zu behandeln. Es scheint, dass die deutsch-jüdischen Flüchtlinge unmittelbar von Opfern Hitlers zu Museumsstücken deklariert wurden, wobei die dazwischenliegenden Stadien ihrer Geschichte ignoriert werden, obgleich diese Geschichte noch nicht zu einem Abschluss gekommen ist. Fast könnte man behaupten, dass die Exilanten nur noch Teil des kulturellen Gedächtnisses der deutschen Wissenschaftler (um Aleida Assmanns Ausdruck zu gebrauchen) sind, aber nicht mehr als in der Gegenwart anwesend betrachtet werden. Sie sind aus dem Bereich des kommunikativen Gedächtnisses der Mitlebenden verbannt worden, in dem sie beziehungsweise ihre Nachkommen aber noch präsent sind.

Tatsache ist, dass Großbritannien eines der wichtigsten Aufnahmeländer für die jüdischen Flüchtlinge aus den von den Nazis vor dem Zweiten Weltkrieg besetzten Ländern war, und die britische Exilgemeinschaft bestand aus einer Vielzahl von Gruppen, angefangen von den Kindern des Kindertransports und den Hausangestellten bis hin zu den Akademikern und Wissenschaftlern, die mit Hilfe der Society for the Protection of Science and Learning (ursprünglich Academic Assistance Council) nach Großbritannien gekommen waren. Folglich gibt es hier noch ein weites Aufgabenfeld; der einzig umfassende Überblick über das Leben der Exilanten in Großbritannien nach 1945 ist Anthony Grenvilles oben erwähnte Studie *Jewish Refugees from Germany and Austria in Britain, 1933–1970*. Was das Alltagsleben im Exil anbelangt, wurden bereits eine Anzahl von Arbeiten durchgeführt, insbesondere Projekte auf dem Gebiet Oral History wie die Sammlung von Tonbandaufnahmen von Interviews, die der Studie *Changing Countries*[32] einer Autorengruppe des Research Centre for German and Austrian Exile Studies zugrunde liegt. Ein größeres, 150 gefilmte Interviewaufnahmen umfassendes Projekt, *Refugee Voices*, entstand im Auftrag der Association of Jewish Refugees und wurde von Anthony Grenville und Bea Lewkowicz zwischen 2003 und 2008 entwickelt und durchgeführt.

Die Exilanten bildeten auch zahlreiche Organisationen innerhalb der eigenen Gemeinschaft, und einige davon bestehen heute noch. Beispiele dafür sind die Association of Jewish Refugees, die 1941 als Vertretung der jüdischen Flüchtlinge aus Mitteleuropa gegründet wurde; die Wiener Library, die älteste Quelle der Welt für Materialien zum Nationalsozialismus, zur Judenverfolgung und zur Massenvernichtung; die Belsize Square Synagoge, die 1939 von Flüchtlingen als New Liberal Jewish Congregation gegründet wurde; der Londoner Zweig des Leo Baeck Institute, jetzt an der Queen Mary Universität London; und der Club 1943, der 1943 als Diskussionsforum über kulturelle und historisch-politische Themen gegründet und erst jüngst, im Dezember 2011 aufgelöst wurde. Eine Reihe dieser Organisationen sind im 10. Band des *Yearbook of the Research Centre for German and Austrian Exile Studies* (2008) dargestellt, der sich mit Exilorganisationen in Großbritannien beschäftigt.[33]

Heute besteht ein beträchtliches Interesse an den Erfahrungen der Zweiten Generation, besonders zum Thema der Trauma-Übertragung von der ursprünglichen Elterngeneration, und so sind Gruppen wie die Association of Children of Jewish Refugees und das Second Generation Network entstanden; diese Gruppen haben bis jetzt jedoch erst relativ bescheidene Ausmaße angenommen. Es bleibt zu hoffen, dass weitere deutsche und österreichische Forscher sich mit der Geschichte der Emigranten in Großbritannien beschäftigen und somit die Arbeiten ihrer britischen Kollegen ergänzen.

Besonderer Dank gilt Frau Dr. Marietta Bearman, die den Autoren bei der Übersetzung des vorliegenden Textes sehr behilflich war.

1 S. Anthony Grenville: *Jewish Refugees from Germany and Austria in Britain, 1933–1970. Their Image in »AJR Information«.* London 2010. — **2** Unter dem Titel *The Yearbook of the Research Centre for German and Austrian Exile Studies.* Themen sind u. a.: Exilanten bei der BBC (Bd. 5); Künste im Exil (Bd. 6); Internierung (Bd. 7); Exil aus Österreich (Bd. 8); Exil aus der Tschechoslowakei (Bd. 11); Politisches Exil (Bd. 12). — **3** Richard Dove: *Journey of No Return. Five German-Speaking Literary Exiles in London.* London 2000. — **4** S. z. B. Andrea Hammel: *Everyday Life as Alternative Space in Exile Writing. The Novels of Anna Gmeyner, Selma Kahn, Hilde Spiel, Martina Wied and Hermynia Zur Mühlen.* Oxford u. a. 2008. — **5** Lieselotte Maas: *Handbuch der deutschen Exilpresse 1933–1945.* 4 Bde. München – Wien 1976–1990. — **6** Hans-Albert Walter: *Deutsche Exilliteratur 1933–1950. Exilpresse.* Darmstadt 1974/Stuttgart 1978. — **7** Der geplante 5. Band der Arbeit von Maas, der sich mit einigen der in Großbritannien publizierten Zeitschriften beschäftigt hätte, ist nicht erschienen. — **8** In: Hanno Hardt, Elke Hilscher und Winfried B. Lerg (Hg.): *Presse im Exil. Beiträge zur Kommunikationsgeschichte des deutschen Exils 1933–45.* München – London 1979. — **9** Vgl. Charmian Brinson und Marian Malet: *»Die Zeitung«.* In: William Abbey, Charmian Brinson, Richard Dove, Marian Malet und Jennifer Taylor (Hg.): *Between Two Languages. German-speaking Exiles in Great Britain, 1933–45.* Stuttgart 1995, S. 215–243; Jennifer Taylor: *»Zeitspiegel, Young Austria, Austrian News. Die Pressearbeit des Austrian Centre.«* In: Marietta Bearman, Charmian Brinson, Richard Dove, Anthony Grenville und Jennifer Taylor: *Wien – London, hin und retour. Das Austrian Centre in London 1939–1947.* Wien 2004, S. 69–93; Jennifer Taylor: *»Einheit.«* In: Abbey u. a.: *Between Two Languages,* S. 169–188. — **10** Grenville: *Jewish Refugees from Germany and Austria* (s. Anm. 1). *AJR Information* erschien erstmals im Januar 1946 und seitdem monatlich. Im Jahre 2000 wurde es in *AJR Journal* umbenannt. — **11** Ari Joshua Sherman: *Island Refuge. Britain and Refugees from the Third Reich.* London 1973. — **12** Bernard Wasserstein: *Britain and the Jews of Europe 1939–1945.* Oxford 1979. — **13** Louise London: *Whitehall and the Jews. British Immigration Policy and the Holocaust.* Cambridge 2000. — **14** Peter und Leni Gillman: *»Collar the Lot!« How Britain Interned and Expelled its Wartime Refugees.* London – Melbourne – New York 1980; Ronald Stent: *A Bespattered Page? The Internment of His Majesty's »most loyal enemy aliens«.* London 1980; Michael Seyfert: *Im Niemandsland. Deutsche Exilliteratur in britischer Internierung.* Berlin 1984. — **15** François Lafitte: *The Internment of Aliens.* London 1988 (ursprünglich Harmondsworth 1940). — **16** Gerhard Hirschfeld (Hg.): *Exile in Great Britain. Refugees from Hitler's Germany.* Leamington Spa–Atlantic Highlands/N. J. 1984. — **17** Werner E. Mosse (Hg.): *Second Chance. Two Centuries of German-speaking Jews in the United Kingdom.* Tübingen 1991. — **18** Werner Röder: *Die deutschen sozialistischen Exilgruppen in Großbritannien 1940–1945.* Hannover 1968. — **19** Anthony Glees: *Exile Politics During the Second World War. The German Social Democrats in Britain.* Oxford 1982. — **20** Helene Maimann: *Politik im Wartesaal. Österreichische Exilpolitik in Großbritannien 1938–1945.* Wien – Köln – Graz 1975. — **21** *Kunst und Literatur im antifaschistischen Exil.* 7 Bde. Leipzig 1979–83. — **22** Birgid Leske und Marion Reinisch: *»Exil in Großbritannien«.* In: Ebd. Bd. 5: *Exil in der Tschechoslowakei, in Großbritannien, Skandinavien und Palästina.* Leipzig 1980 (Bd. 5). — **23** Charmian Brinson und Richard Dove: *Politics by Other Means. The Free German League of Culture in London 1939–1946.* London 2010. — **24** Ulla Hahn: *»Der freie deutsche Kulturbund in Großbritannien: eine Skizze seiner Geschichte.«* In: Lutz Winckler (Hg.): *Antifaschistische Literatur.* Bd. 2. Kronberg/Ts. 1977. — **25** Bearman u. a.: *Wien-London, hin und retour* (s. Anm. 9). — **26** Alexander Stephan: *Im Visier des FBI. Deutsche Exilschriftsteller in den Akten amerikanischer Geheimdienste.* Stuttgart 1995. — **27** Charmian Brinson und Richard Dove beenden zur Zeit eine Studie über den Geheimdienst MI5 und die deutschsprachigen Flüchtlinge. — **28** Daniel Snowman: *The Hitler Emigrés. The Cultural Impact on Britain of Refugees from Nazism.* London 2002. — **29** Traude Bollauf: *Dienstmädchen-Emigration. Die Flucht jüdischer Frauen aus Österreich und Deutschland nach England 1938/39.* Wien – Berlin 2010. — **30** Marion Berghahn: *Continental Britons.*

German-Jewish Refugees from Nazi Germany. London 1984. — **31** Götz Aly und Michael Sontheimer: *Fromms: Wie der jüdische Kondomfabrikant Julius F. unter die deutschen Räuber fiel.* Frankfurt/M. 2007. — **32** Marian Malet und Anthony Grenville (Hg.): *Changing Countries: The Experience and Achievement of German-speaking Exiles from Hitler in Britain from 1933 to today.* London 2002. — **33** S. Beiträge in: Anthony Grenville und Andrea Reiter (Hg.): *»I didn't want to float, I wanted to belong to something.« Refugee Organisations in Britain 1933–1945. Yearbook of the Research Centre for German and Austrian Exile Studies.* Bd. 10 (2008).

Françoise Kreissler

Europäische Emigranten (1933–1945) in der chinesischen Geschichtsschreibung
Zwischen Politik und Geschichte

I Exil in China: ein historischer Rückblick

Als in den Jahren 1933 bis 1941 Tausende Emigranten aus dem »Dritten Reich« und den von der Wehrmacht besetzten Gebieten in China Zuflucht suchten, fanden sie größtenteils in Shanghai Aufnahme.[1] Die ausländischen Niederlassungen der kosmopolitischen Metropole – *International Settlement* und *Concession française* – boten Ausländern die Möglichkeit, sich ohne wesentliche bürokratische Hindernisse in der Stadt niederzulassen. Beide Enklaven unterstanden einer internationalen beziehungsweise französischen Verwaltung und entgingen somit jeglicher Kontrolle durch die chinesischen Behörden. Angesichts der geringen Anzahl von deutschen Exilanten, die zwischen 1933 und Anfang 1938 in Shanghai eingetroffen waren, wurden diese weder von chinesischer noch ausländischer Seite wirklich wahrgenommen, mit Ausnahme jedoch des deutschen Generalkonsulats, bei dem eine Meldepflicht für emigrierte Staatsangehörige bestand, und zwar bis Ende 1941, als das Deutsche Reich die Ausbürgerung aller jüdischen Emigranten verfügte.

Ab Sommer 1938 signalisierte die lokale ausländische Presse die Ankunft einer steigenden Zahl von Flüchtlingen aus dem »Dritten Reich«. Obwohl die chinesische Presse Shanghais seit 1933 die Ereignisse im nationalsozialistischen Deutschland verfolgte und sich auch manchmal mit dem Antisemitismus und dessen Folgen auseinandersetzte, beschränkte sich ihre Berichterstattung bezüglich der Emigranten auf die Übernahme von Informationen der ausländischen Presseagenturen.

Trotz der politischen Situation Shanghais, wo seit Ausbruch des chinesisch-japanischen Krieges im Juli 1937 Millionen vor den japanischen Invasoren geflohene Chinesen eingetroffen und auch die unter chinesischer Verwaltung stehenden Stadtteile seit November 1937 unter japanische Besetzung geraten waren, während die beiden ausländischen Niederlassungen ihre Neutralität im chinesisch-japanischen Konflikt bekundet hatten, bedeuteten die Flüchtlinge aus dem »Dritten Reich«

keine wirtschaftliche oder finanzielle Belastung für die Lokalbehörden. Hingegen hatte die jüdische Bevölkerung Shanghais, d. h. Juden verschiedener Staatsangehörigkeit und staatenlose Juden aus Russland, seit Anfang 1938 ihre Besorgnis bekundet, denn den sephardischen und aschkenasischen Juden Shanghais oblag es, die nötigen Hilfsorganisationen zur Aufnahme und Unterstützung der europäischen Flüchtlinge aufzubauen, nachdem sich die internationale sowie die französische Stadtverwaltung in der europäischen Flüchtlingsfrage für nicht zuständig erklärt hatten.[2] Bis zum Kriegsausbruch zwischen Deutschland und der Sowjetunion (Juni 1941) konnten sich etwa 20 000 Flüchtlinge nach Shanghai retten.

Da sie in der Regel über keine finanziellen Mittel verfügten, wurden die Emigranten aus dem »Dritten Reich« nach ihrer Ankunft in Shanghai in sogenannten »Heimen«, zum Teil Eigentum jüdischer Inhaber, im Stadtteil Hongkou untergebracht, der zwar zum *International Settlement* gehörte, jedoch unter japanischer Besatzung stand. Eine geringe Anzahl von Flüchtlingen aus Europa konnte sich dank finanzieller Hilfe ihrer meist nach USA geflohenen Familien in den neutralen ausländischen Niederlassungen etablieren und war nicht auf Hilfe und Unterstützung der lokalen und internationalen jüdischen Hilfsorganisationen angewiesen.

Zwar bedeutete für alle Emigranten das Exil in Shanghai die Rettung vor den antisemitischen Verfolgungen in Europa, es führte jedoch gleichzeitig zu einer radikalen Entwurzelung mit all ihren wirtschaftlichen, sozialen und psychischen Konsequenzen. Die politische Situation und die Lebensbedingungen in den japanisch besetzten Stadtteilen bewirkten in den darauffolgenden Jahren die Ghettoisierung der Flüchtlingsgemeinschaft, insbesondere ab Anfang 1943, als alle nach 1937 aus Mittel- und Osteuropa eingewanderten Staatenlosen von den japanischen Besatzern zum Umzug in eine »Designated Area« innerhalb Hongkous gezwungen wurden. Kurz davor hatten die lokalen japanischen Behörden alle feindlichen Ausländer in Internierungslagern in Shanghai zusammengefasst. Diese letzte Maßnahme traf auch die sephardischen Juden meist britischer Staatsangehörigkeit, während die aschkenasischen Juden von beiden Maßnahmen ausgenommen waren. Emigranten aus dem »Dritten Reich« und den von ihm besetzten Gebieten, die sich in der internationalen oder französischen Niederlassung beruflich niedergelassen und gesellschaftlich eingelebt hatten, mussten 1943 nach Hongkou ziehen und sich den neuen Gegebenheiten fügen. In den letzten Kriegsjahren waren die Emigranten im Wesentlichen auf sich selbst gestellt und mussten ums Überleben kämpfen.

Während der japanischen Besatzungsjahre, insbesondere nachdem Anfang der 1940er Jahre mit Ausbruch des Pazifikkrieges (Dezember 1941) und der Rückgabe der Niederlassungen an China (Sommer 1943) die ausländischen Verwaltungen nicht mehr existierten, unterstanden die Emigranten den japanischen Behörden beziehungsweise deren chinesischen Kollaborateuren, welche die Stadtverwaltung übernommen hatten. Als Vermittlungs- und Aufsichtsinstanz fungierte ein jüdisches Komitee, vorwiegend aus aschkenasischen Juden zusammengesetzt, auch wenn einzelne Emigranten persönliche Angelegenheiten direkt mit den chinesischen Behörden zu regeln versuchten. Die in Hongkou gettoisierten staatenlosen Emigranten, welche im Unterschied zur chinesischen Bevölkerung die Designated Area nicht ohne japanische Genehmigung verlassen durften, lebten von der Außenwelt abgeschlossen und wurden vom restlichen Shanghai kaum noch wahrgenommen.

Erst nach Kriegsende im ostasiatischen Raum (September 1945) und der Befreiung Shanghais von der japanischen Besetzung konnten die europäischen Emigranten wieder Kontakt zu den internationalen jüdischen Hilfsorganisationen, zu den in Shanghai stationierten amerikanischen Streitkräften und auch zu den Familienangehörigen, die sich in verschiedene Länder hatten retten können oder in Europa überlebt hatten, wieder aufnehmen. Ziel der meisten Emigranten war es nun, sobald wie möglich China hinter sich zu lassen, insbesondere nachdem die chinesische Nationalregierung diese illegalen Einwanderer aufgefordert hatte, das Land zu verlassen. Den meisten von ihnen gelang es bis Ende 1948 oder Anfang 1949, noch vor der Eroberung der Stadt durch die kommunistischen Truppen (Mai 1949), aus China auszureisen.

Viele Emigranten hatten ein knappes Jahrzehnt in der chinesischen Metropole überlebt, sie hatten durch die Aufrechterhaltung ihrer europäischen Identität das Straßenbild von Hongkou geprägt und durch ihr vielfältiges Wirken im Bereich von Kunst und Presse zum kulturellen Überleben der Emigrantengemeinschaft beigetragen. Dass sie trotzdem nicht in die Geschichte der Stadt eingegangen sind, beruht auf verschiedenen Ursachen. Vor allem mag es daran gelegen haben, dass die ehemaligen Shanghaier Emigranten, sofern sie der Erwachsenengeneration angehörten, die Shanghaier Jahre als missglücktes Exil empfanden. Auch die innerchinesischen politischen Kontexte haben durchaus zur marginalen Bedeutung der Exilthematik beigetragen und erklären die jahrzehntelang betont distanzierte Perzeption durch die chinesische Geschichtsschreibung.

Dass die Erforschung des Shanghaier Exils in der Volksrepublik China ein noch geringeres Interesse als im Ausland weckte, ist wahrscheinlich darauf zurückzuführen, dass die ausländische Präsenz insgesamt bis Ende der 1980er Jahre kein Forschungsobjekt war.

II Kontexte der historischen Forschung in der VR China

Im Vergleich zu den meisten europäischen Ländern und den USA zeigte sich in China erst relativ spät ein Interesse an Fragen des Exils aus dem »Dritten Reich«. Dafür gibt es mehrere, hier nur kurz angeführte Gründe. In den 1930er und 1940er Jahren wirkten sich Nationalsozialismus und Judenverfolgung kaum auf die Geschichte und Politik Chinas aus. Während Europa seit dem 19. Jahrhundert zunehmend mit dem Antisemitismus konfrontiert wurde, war dieser in China weder unter Politikern noch unter Intellektuellen Gegenstand von Debatten.[3] Die Auseinandersetzung mit jüdischen Fragen galt den chinesischen Akademikern lediglich als marginaler Forschungsgegenstand, auch wenn sich einige von ihnen seit Anfang des 20. Jahrhunderts der Geschichte der Juden im alten China zuwandten.[4]

Als sich im Laufe des 19. und 20. Jahrhunderts Ausländer in mehreren Großstädten Chinas niederließen, eine Folge der erzwungenen Öffnung des Landes nach Ende der Opiumkriege, erweckten die jüdischen Einwanderer unter ihnen keine besondere Aufmerksamkeit. Auch nach Ende des chinesisch-japanischen Krieges (1937 bis 1945) und des darauffolgenden Bürgerkriegs (1946 bis 1949) blieb die Geschichte der ausländischen Gemeinden eine periphere Frage, und Ausländer insgesamt fielen, namentlich ab 1949, unter die Kategorien »Imperialisten« beziehungsweise »Kapitalisten«. Eine Ausnahme bildeten lediglich einzelne Ausländer, die sich im Laufe der 1930er und 1940er Jahre in den Dienst der kommunistischen Streitkräfte gestellt hatten und von der Geschichtsschreibung in der VR China bis heute als »internationalistische Freunde und Kämpfer im Dienste des chinesischen Volkes« gewürdigt werden.[5]

Ende der 1970er Jahre, nach drei Jahrzehnten des Maoismus, schlug die Volksrepublik einen neuen Reformkurs ein, der sich nicht nur auf Politik, Wirtschaft und Gesellschaft auswirkte, sondern auch auf Kultur und Wissenschaft. Nach dem Jahrzehnt der Kulturrevolution (1966 bis 1976) begann in der VR China der Neuaufbau der Forschungs- und Wissenschaftsinstitutionen, von denen man auch eine Neuorientierung der Erforschung der Zeitgeschichte hätte erwarten können. Allerdings blieben Forschungsinstitute an Hochschulen, Universitäten und der Akademie für Sozialwissenschaften den Zentralbehörden und deren politischen Anweisungen unterstellt.[6] Trotz dieser Abhängigkeiten konnten neue Forschungsprojekte initiiert werden, insbesondere an der chinesischen Akademie für Sozialwissenschaften, die in der Frühphase des Neuaufbaus auf zum Teil vor der Kulturrevolution ausgebildete Wissenschaftler und Akademiker zurückgreifen konnte. In den 1980er Jahren waren auch wieder einzelne historische Archive zugänglich, sowohl für chinesische als auch für ausländische Wissenschaftler, allerdings waren die Einsichts- und Auswertungsmöglichkeiten noch sehr restriktiv.[7] Nachdem ausländische Historiker zunehmend die neuen Forschungsmöglichkeiten in China hatten nutzen können, erschienen nun außerhalb Chinas regelmäßig Publikationen, welche chinesische Archivquellen miteinbezogen. Sie wurden in China mit Interesse aufgenommen und meist für den internen Gebrauch in den Forschungsinstitutionen übersetzt und ausgewertet. Namentlich in Shanghai wurde, bedingt durch die Vergangenheit der kosmopolitischen Stadt, die Lokalgeschichte neu aufgearbeitet und gleichzeitig die Geschichte der Ausländer miteinbezogen, die bis dahin als Tabuzone galt.

Die 1958 gegründete Shanghaier Akademie für Sozialwissenschaften (Shanghai Academy for Social Sciences, SASS) war zwischen 1968 und 1978 stillgelegt worden. In den ersten Jahren nach der Wiederaufnahme ihrer Forschungstätigkeit konnten nun wieder Jungakademiker aufgenommen werden, deren Auswahl nicht mehr ausschließlich auf politischen Kriterien basierte.[8] Ein zusätzlicher, wichtiger Faktor, der auch dazu beitrug, das Spektrum der bisher zugelassenen Forschungsbereiche zu erweitern, war die Intensivierung des Wissenschaftsaustausches mit nichtkommunistischen Ländern. Außerdem profilierte sich die Stadt Shanghai, die bei der Pekinger Zentralregierung seit 1949 wegen ihrer internationalen Vergangenheit als verrufen galt, ab 1978 mit dem eigenen Forschungszentrum für die Stadtgeschichte in der SASS und durch eine aktive Publikationspolitik zu ihrer Lokalgeschichte.[9] Dabei ist festzustellen, dass während der 1980er Jahre auch nichtchinesische Forschungsthematiken Aufnahme in verschiedenen Instituten fanden, wobei diese sich bedingtermaßen an die Kontexte der chinesischen Außenpolitik anpassten.

Auch die Geschichte der Juden in China wurde von einigen Wissenschaftlern, die bereits vor der Kulturrevolution über dieses Thema geforscht hatten, wiederaufgenommen. So konnten zum Beispiel die von PAN Guangdan bereits Anfang der 1950er Jahre geführten Untersuchungen im Jahre 1983 publiziert werden.[10] Ausschlaggebend für die Neubelebung der wissenschaftlichen Arbeit zur jüdischen Geschichte war wohl Sydney Shapiros Projekt, die Forschungsarbeiten der chinesischen Wissenschaftler auch Interessenten außerhalb der VR China zugänglich zu machen, das zugleich dazu beitrug, das Thema »Juden in

China« in den 1980er Jahren auch der jüngeren chinesischen Forschergeneration nahezubringen.[11] Einige von ihnen wandten sich der Zeitgeschichte zu und untersuchten die Präsenz von Juden im China des ausgehenden 19. Jahrhunderts und der ersten Hälfte des 20. Jahrhunderts.
Sowohl die ab 1977 eingeführte Reformpolitik als auch die neuen außenpolitischen Kontexte, die 1979 zur Aufnahme der diplomatischen
Beziehungen zu den USA führten, förderten diese neuen Forschungs-
tendenzen. Mit dem Interesse an der Thematik Juden in China fand
auch die Exilforschung Aufnahme unter den neuen Forschungsthemen,
wobei allerdings betont sei, dass Exil in China als Flüchtlingsproblema-
tik aufgefasst wurde. Emigranten aus dem »Dritten Reich« sind in die
chinesische Geschichtsschreibung als jüdische Flüchtlinge (youtai nanmin) eingegangen. Ihre nationale Identität als Europäer aus Deutschland, Österreich, der Tschechoslowakei, Ungarn oder Polen, ihre soziale
oder politische Vergangenheit, die sie im chinesischen Exil ablegen
mussten, werden von der chinesischen Geschichtsforschung aber kaum
berücksichtigt. Sie werden namentlich als Opfer des Antisemitismus
wahrgenommen, die dank der Flucht nach China beziehungsweise
Shanghai der bevorstehenden Vernichtung entkommen konnten.

Diese Auffassung hat sehr wahrscheinlich dazu beigetragen, dass das
Thema Exil Bestandteil der jüdischen Studien (youtai yanjiu) ist. Diese
Sichtweise kann jedoch gleichzeitig auf die ersten englischsprachigen
Publikationen zum chinesischen Exil zurückgeführt werden, die sich
ausschließlich auf die jüdische Emigration fokussierten.[12] Sofern Veröffentlichungen nicht in englischer Sprache vorliegen, bleiben sie von der
chinesischen Historiografie meist unberücksichtigt. Dies gilt sowohl für
die ersten bereits Ende der 1940er Jahre erschienenen Zeitzeugnisse als
auch für die frühen deutschsprachigen Veröffentlichungen zum Exil in
Shanghai und für die neuesten wissenschaftlichen Publikationen.[13] Insgesamt ist zu erkennen, dass die chinesische Forschung über das Exil aus
dem »Dritten Reich« sich eng an die englischsprachige Forschung an-
lehnt, insbesondere an die nordamerikanische, teilweise auch an die israelische, sofern sie in englischer Sprache vorliegt. Hinzu kommt, dass
der internationale politische Kontext seit den 1980er Jahren auch auf
den Wissenschafts- und Kulturaustausch gewirkt hat. So blieb insbesondere die Aufnahme der diplomatischen Beziehungen zwischen der
VR China und den Vereinigten Staaten von Amerika im Januar 1979
nicht ohne Folgen für die Exilforschung in China, und es ist anzunehmen, dass der Besuch von Michael Blumenthal, dem Finanzminister der
Regierung Jimmy Carter, im Jahre 1979 in Shanghai entscheidend war.
Als 13-jähriger Jugendlicher war Michael Blumenthal 1939 mit seinen
Eltern aus Berlin nach Shanghai geflohen und konnte in Hongkou die

Kriegsjahre überleben. Nach diesem Besuch vergingen jedoch noch einige Jahre, ehe sich Shanghaier Wissenschaftler den jüdischen Flüchtlingen in Shanghai zuwandten, denn nach Ende der Kulturrevolution standen zunächst andere Forschungsinteressen im Vordergrund.

III Institutionalisierung der Exilforschung und die ersten Publikationen zum Shanghaier Exil (1988–1994)

Nachdem Sydney Shapiro 1983 zur Erforschung der Geschichte der Juden in China aufgerufen hatte[14], entstand fünf Jahre später, 1988, das Center of Jewish Studies Shanghai (CJSS). Der Gründer des Forschungszentrums, PAN Guang, dessen damaliger Forschungsschwerpunkt auf der Geschichte der jüdischen Flüchtlinge in Shanghai während des Zweiten Weltkriegs lag, war Mitarbeiter des Instituts für Osteuropa-, Zentral- und Westasienforschung an der Shanghaier Akademie für Sozialwissenschaften.[15] Shapiros bereits erwähnte Publikation über die Juden im alten China 1984 sowie die ersten amerikanischen Veröffentlichungen über Juden in China im 20. Jahrhundert hatten mit Sicherheit zur Initiative PAN Guangs beigetragen. Das in Shanghai gegründete Forschungszentrum war damals das einzige, welches sich der Exilforschung, der jüdischen Kultur und Geschichte, später auch der Israelforschung widmete, Forschungsbereiche, die seit den 1990er Jahren als Schwerpunktthemen der SASS gelten. Bis heute untersteht das Forschungszentrum der Leitung von PAN Guang.[16] Kurz nach Gründung dieses Forschungszentrums wurde im Sommer 1988 in der Stadt Hangzhou auch die erste Wissenschaftliche Konferenz zur jüdischen Geschichte und Kultur (Youtai lishi wenhua xueshu taolunhui) abgehalten.

Im Jahr 1989 kam es zur Gründung weiterer Forschungszentren mit Schwerpunkt Geschichte des Judentums, so an der Tongji Universität in Shanghai und an der Universität Nanjing, das heißt an zwei der angesehensten Universitäten. Wenige Jahre später, ab 1992, konnte die Nanjinger Universität erstmals einen Magister- und Promotionsstudiengang im Fach Jüdische Studien anbieten. Weitere Forschungsinstitutionen für jüdische Studien entstanden in der ersten Hälfte der 1990er Jahre, so zum Beispiel in der nordchinesischen Stadt Harbin (1993) und an der Shandong Universität (1994), aber auch in Peking, Kaifeng, Xi'an, Kunming. Dennoch blieb Shanghai das eigentliche Zentrum der jüdischen Studien, wo auch regelmäßig Veranstaltungen, Konferenzen, Ausstellungen zum Thema Exil stattfinden.

Nach den Ereignissen von Tian'anmen im Juni 1989, die eine Unterbrechung des wissenschaftlichen Austausches zwischen einigen westlichen Demokratien und der VR China zur Folge hatten, wurden bald wieder internationale Projekte in Shanghai initiiert. In Zusammenarbeit mit dem Simon Wiesenthal Center (USA) organisierte im Dezember 1991 das Center of Jewish Studies Shanghai, welches nunmehr dem Chinese Institute for Peace & Development Studies der SASS angegliedert war, eine erste Ausstellung *Jüdische Flüchtlinge in Shanghai, 1938–1945*, die unter dem doppelten Motto »To Cherish the Memory Forever: Jewish Community in Shanghai 1938–1945« und »The Courage to Remember the Holocaust 1933–1945« lief. Die Ausstellung erinnerte die Besucher an die nicht so weit zurückliegende Geschichte Shanghais, war aber zugleich ein erkennbarer Hinweis auf die bevorstehende Aufnahme diplomatischer Beziehungen zu Israel, die kurz darauf im Januar 1992 erfolgte. Dieses hochpolitische Ereignis führte in den anschließenden Monaten zu regelmäßigen Besuchen israelischer Staatsmänner[17] in China, oft mit einem Aufenthalt in Shanghai verbunden, wo sie auch Gast des Center of Jewish Studies und dessen Direktor PAN Guang waren, der seinerseits zu Beginn des Jahres 1992 an der offiziellen Zeremonie zur Aufnahme der Beziehungen zwischen der VR China und Israel in Peking teilgenommen hatte.[18]

Kurz vor der Offizialisierung der bilateralen Beziehungen zu Israel waren Ende der 1980er Jahre die ersten Publikationen chinesischer Wissenschaftler zum Shanghaier Exil erschienen. Der 1989 von XU Buzeng verfasste Artikel über *Jüdische Flüchtlinge in Shanghai während des Zweiten Weltkriegs* war mit großer Wahrscheinlichkeit der erste in chinesischer Sprache zur Exilthematik publizierte Artikel in der VR China.[19] Nach einem historischen Überblick über die Emigration aus Deutschland in den Jahren 1938 und 1939 präsentiert der Autor die Aufnahmebedingungen in Shanghai für deutsche und österreichische Flüchtlinge und geht anschließend auf das Kulturleben der Emigranten ein, wobei er die nach Shanghai emigrierten Musiker näher untersucht. In den darauffolgenden Jahren wird XU Buzeng wiederholt Aufsätze über emigrierte Musiker verfassen und insbesondere auf deren Einfluss auf ihre chinesischen Schüler eingehen.[20] Diesem ersten informationsreichen Artikel folgte kurz danach ein von PAN Guang verfasster Beitrag über die Shanghaier Emigration: *The Holocaust Survivors in Shanghai – Notes on Jewish Refugees In Shanghai*.[21] Während XU Buzeng auf jeden Quellenhinweis verzichtet, stützt sich PAN Guang auf meist englischsprachige Quellen oder ins Chinesische übersetzte ausländische Publikationen. Dabei versucht er der grundlegenden Frage von Shanghai als »idealem Zufluchtsort für jüdische Flüchtlinge aus Europa« nachzugehen, wofür er drei wesentliche Argumente vorbringt, die sichtlich einer sinozentrierten Lesart entsprechen, historisch aber auf nicht ganz fundierten Begründungen beruhen. PAN Guang führt als erstes Argument »den in China nicht vohandenen Antisemitismus« an, betont ferner, dass in den 1930er Jahren die meisten Länder die Immigration von jüdischen Flüchtlingen einschränkten und unterstreicht schließlich den damaligen »offenen Status« von Shanghai, ohne auf die vorgebrachten Feststellungen näher einzugehen.

Diese auf westlicher Sekundärliteratur beruhende Darlegung des Autors wird bis heute von der chinesischen Geschichtsschreibung kaum hinterfragt oder durch chinesische Quellen ergänzt und gilt als paradigmatische Vorgabe für jede historische Untersuchung zum Thema Exil. Ferner bleiben im Allgemeinen die englischsprachigen Publikationen der Ausgangspunkt der meisten chinesischen Untersuchungen, wobei die in der zweiten Hälfte der 1970er Jahre in USA erschienenen frühen Publikationen erstmals zu Beginn der 1990er Jahre in chinesischer Übersetzung veröffentlicht wurden. Während David Kranzlers Buch, von XU Buzeng übersetzt, im November 1991 in Shanghai erscheint, folgt im Jahr darauf die chinesische Übersetzung des Buches von Marvin Tokayer und Mary Swartz.[22] Diese Übersetzungen gaben wohl den Ansporn zu den ersten Buchpublikationen chinesischer Autoren zur zeitgenössischen Geschichte der Juden in China, die meist auch einige Beiträge zum Thema jüdische Exilanten in Shanghai miteinbezogen. Der bereits 1988 geplante Sammelband über die Geschichte der Juden in Shanghai, unter Leitung von TANG Peiji, erschien schließlich 1992 als einer der ersten Bände der Ende 1989 gegründeten Reihe »Jüdische Kultur«.[23] Er präsentiert sich als Überblicksgeschichte der sephardischen, aschkenasischen und europäischen Juden in Shanghai und stützt sich im Wesentlichen auf westliche Sekundärliteratur, nur in geringerem Maße auf chinesische Aufsätze und Presseartikel. Gleichzeitig gehen die Autoren auf Spurensuche der jüdischen Vergangenheit Shanghais, die eine Lokalisierung der wichtigsten Orte des jüdischen Lebens in der chinesischen Metropole ermöglicht. Diese systematische Spurensuche durch die Autoren ist mit Sicherheit eines der interessantesten Charakteristika des Buches.

Die frühen 1990er Jahre waren insgesamt eine Zeit intensiver kulturpolitischer, wissenschaftlicher und populärwissenschaftlicher Aktivitäten im Bereich der jüdischen Studien. Namentlich das von XU Xin an der Universität Nanjing aufgebaute Center for Jewish Studies, dessen Forschungsschwerpunkt bei der jüdische Kultur liegt[24], organisierte im Laufe der Jahre Ausstellungen und Konferenzen zur Förderung der »internationalen Zusammenarbeit« und zur »chinesisch-jüdischen Völkerfreundschaft«.[25] Von XU Xins Publikationen ist in erster Linie die unter seiner Leitung 1993 erschienene einbändige chinesische Ausgabe der *Encyclopedia Judaica* hervorzuheben, die sich durch eine beachtliche Anzahl von Kurzbeiträgen über die Geschichte der Juden in China beziehungsweise Shanghai auszeichnet.[26] Auch einige Kurzbiografien von Emigranten, wie etwa Fanny Gisela Halpern oder Alfred Wittenberg, wurden in die chinesische Ausgabe der *Encyclopedia Judaica* aufgenommen. Sie fand in China größten Anklang, wurde äußerst positiv von der Presse rezensiert, galt sozusagen als Markstein der jüdischen Studien und wurde 1995 als bestes Nachschlagewerk des Landes ausgezeichnet.[27]

Diese Gründerjahre der chinesischen Exilforschung endeten im April 1994 mit zwei markanten Ereignissen in Shanghai: einerseits der ersten *Internationalen Tagung über Juden in Shanghai*, von mehreren Shanghaier Instanzen ko-organisiert (CJSS, Büro für Auslandsbeziehungen der Stadt Shanghai, Gesellschaft für Freundschaftsbeziehungen der Stadt Shanghai, Behörden des Stadtteils Hongkou), zu der etwa 200 Teilnehmer aus aller Welt anreisten, darunter auch eine Anzahl von ehemaligen Shanghaier Emigranten, und andererseits, einem zweiten symbolkräftigen Ereignis, das parallel zur internationalen Tagung stattfand, der Errichtung einer Gedenktafel für die jüdischen Flüchtlinge im Huishan-Park in Hongkou, welche auf eine Initiative der Hongkouer Stadtverwaltung zurückgeht.[28] Den folgenden Jahren ist anzumerken, dass nach der Aufnahme der israelisch-chinesischen Beziehungen (1992) und mit der Eröffnung des Holocaust Memorial Museums in Washington (1993) die Exilthematik in China einen deutlichen Aufschwung erlebt, gekennzeichnet durch eine verstärkte Erinnerungskultur und zahlreiche populärwissenschaftliche Publikationen.

IV Exilforschung seit 1995: zwischen Spurensuche und politischem Aktivismus

Während bis in die frühen 1980er Jahre der chinesisch-japanische Krieg als maßgeblicher Wendepunkt der Geschichte Chinas im 20. Jahrhunderts galt, der den Kommunisten zur Macht verhalf, wird seit den 1990er Jahren der Zweite Weltkrieg, welcher bis dahin als außerchinesischer Vorfall galt, zunehmend in die chinesische Geschichte integriert. Die Führungsspitzen der kommunistischen Partei und der Regierung betonen immer wieder die entscheidende Rolle Chinas an der Seite der Alliierten im Sieg gegen den Faschismus.[29]

Anlässlich des 50. Jahrestages des »chinesischen Sieges« fanden im Jahr 1995 Gedenkfeiern für all jene statt, die in China zum Sieg über den Faschismus und den Nationalsozialismus beigetragen hatten. In diesem

Symboljahr wurde der 1938 nach Shanghai emigrierte österreichische Arzt Jakob Rosenfeld (1903 bis 1952) besonders gewürdigt und geehrt. Er hatte sich 1940 der kommunistischen Armee angeschlossen und war während des Krieges in die KP Chinas aufgenommen worden. Schon seit Beginn der 1990er Jahre, als in Österreich eine erste Biografie zu Rosenfeld erschien[30], war mehrmals an dessen Engagement erinnert worden, vor allem in der Provinz Shandong, wo er 40 Jahre nach seinem Tod gewissermaßen zum Lokalhelden erhoben wurde.[31] Auch in der Mandschurei, wo er an der Seite der Volksbefreiungsarmee diente, wurde seiner gedacht[32], während im Jahr darauf eine Konferenz zu Ehren seines 90. Geburtstages in Peking stattfand. Im Symboljahr 1995 erschien in Peking die chinesische Übersetzung der Biografie Rosenfelds, herausgegeben vom Pekinger Germanisten DU Wentang.[33] Im Jahr darauf fand in Shanghai anlässlich des 25. Jahrestags der Aufnahme der diplomatischen Beziehungen zwischen der VR China und Österreich die Ausstellung *A Great Friend of the Chinese People: The Life Story of Dr. Jacob Rosenfeld* statt. Zu diesen besonderen Anlässen wurde das chinesische Volk aufgerufen, Jakob Rosenfeld, diesen Freund Chinas, der sein Leben für China und das chinesische Volk eingesetzt hatte, niemals zu vergessen. Die Ehrungen für Jakob Rosenfeld, den österreichischen Norman Bethune, setzen sich in den darauffolgenden Jahren fort.[34] Trotz der stark politisch ausgerichteten Komponente dieses Rosenfeld-Kults soll nicht unerwähnt bleiben, dass diese Art von Ehrungen in manchen Fällen auch neue Archivalien und Zeitzeugnisse zutage förderten. Im Kontext der Exilthematik kann diese Form von politischer Heroisierung zweifellos zu neuen biografischen Kenntnissen über Einzelschicksale von Emigranten aus dem »Dritten Reich« beitragen. Allerdings erschwert diese an Personenkult und Heroisierung grenzende Perzeption, mit ihrer aus maoistischen Zeiten verklausulierten Rhetorik, sicherlich auch die Entschlüsselung und wissenschaftliche Analyse der Abhandlungen.

In den letzten Jahren des 20. Jahrhunderts mehrten sich die offiziellen Besuche von Staatsmännern und -frauen in Shanghai und im Stadtviertel Hongkou.[35] Der Besuch des *jüdischen Shanghai* wurde für Politiker aus dem westlichen Ausland quasi zum Pflichtprogramm.[36] Als diplomatisches Gegenstück gelten in Israel die Besuche chinesischer Staatsmänner in der Gedenkstätte Yad Vashem. Als der Vorsitzende des Volkskongresses LI Peng im Oktober 1999 Yad Vashem besuchte, nutzte er diesen historischen Moment, um den Direktor der Jerusalemer Gedenkstätte darauf hinzuweisen, dass »auch Chinesen in Shanghai während des Zweiten Weltkriegs Juden gerettet hatten.«[37]

In den Jahren davor waren neue Kenntnisse vorgetragen worden. PAN Guang hatte nämlich durch ehemalige Emigranten von der Aktion des chinesischen Diplomaten HE Fengshan (1901 bis 1997) erfahren, der in seiner Funktion als Generalkonsul in Wien zwischen 1938 und 1940 mehrere Tausend chinesischer Visa für Shanghai an österreichische Juden ausgestellt hatte, die nach der Annexion Österreichs versuchten auszuwandern. Innerhalb weniger Jahre wurde die Biografie des chinesischen Diplomaten mithilfe der von seinen Nachkommen zur Verfügung gestellten Dokumente aufgearbeitet. Der »chinesische Schindler«, der zur Rettung europäischer Juden beigetragen hatte, wurde im Januar 2001 in Yad Vashem als »Gerechter unter den Gerechten« geehrt.[38] Etwa zur gleichen Zeit wurde das Engagement auch eines zweiten chinesischen Diplomaten bekannt, der 1939 und 1940 in Berlin den von den Japanern errichteten Satellitenstaat Manzhouguo vertrat. Als junger Diplomat hatte WANG Tifu (1911 bis 2010) ebenso wie sein Kollege in Wien an Berliner Juden Visa erteilt, die ihnen die Ausreise aus dem nationalsozialistischen Deutschland ermöglichten.[39] Die Aktion der chinesischen Diplomaten, von denen der eine im Dienste der Guomindang-Regierung, der andere im Dienste des Manzhouguo-Staates stand, wird in der VR China als Beweis für die humanistische Haltung der Diplomaten, aber auch des chinesischen Volkes insgesamt, gegenüber den im nationalsozialistischen Deutschland verfolgten Juden gesehen.

Neben den zahlreichen populärwissenschaftlichen Publikationen, die das persönliche Schicksal der beiden Diplomaten erwähnen, erschienen ferner ab 1995 mehrere Beiträge, Bildbände und Sammelbände zum Shanghaier Exil. Während die einzelnen Artikel über das Exil in Shanghai meist eine Synthese von nicht chinesischen Publikationen bringen[40], erweitern Bildbände, Sammelbände und Monografien eindeutig den bisherigen Wissensstand, wobei hier nur die wichtigsten dieser Publikationen kurz erwähnt werden können.

Der 1995 von PAN Guang veröffentlichte zweisprachige Bildband (chinesisch/englisch) über *Juden in Shanghai*, eine Fotodokumentation von eher enttäuschender Qualität, die sich hauptsächlich auf das jüdische Leben im Shanghai des 20. Jahrhunderts bezieht[41], wird im selben Jahr ergänzt durch einen Sammelband von Originalzeitzeugnissen und Erinnerungen von Shanghaier Juden, Letztere meist aus dem Englischen übersetzt.[42] Nicht nur in China, und besonders in Shanghai, fand der Bildband beachtlichen Anklang und große Resonanz. Die äußerst positiven Reaktionen können darauf zurückgeführt werden, dass bis dahin weltweit noch keine Bildbände erschienen waren, die einen Gesamtüberblick über das jüdische Leben in Shanghai boten. Der Sammelband von Zeitzeugnissen blieb allerdings von der westlichen Exilforschung bis heute fast gänzlich unerwähnt.

Ferner sei hier die Monografie von XU Buzeng zu den kulturellen jüdischen Eliten in Shanghai hervorgehoben.[43] In der englischsprachigen Einleitung hebt der Autor hervor, dass während der vergangenen Jahre zwar viele Publikationen zur jüdischen Bevölkerung Shanghais erschienen seien, er betont jedoch: » But little has been mentioned by these publications regarding the remarkable contributions of the Jewish intellectual elite to the culture of Shanghai and modern China in general. Nor has much been said about the deep friendship forges between this intellectual elite and their Chinese counterparts. As a matter of fact, the Jewish contributions to the culture of Shanghai in the realms of music, art, film, puppet theatre, education, medicine, urban planning, and architectural design have been truly substantial.«[44] Der Autor setzt den Schwerpunkt auf die Rolle und den Einfluss jüdischer Musiker in Shanghai und präsentiert einzelne Lebensläufe von jüdischen Persönlichkeiten, nicht ausschließlich von Emigranten, die das Kulturleben Shanghais prägten. Im Laufe seiner Forschungsreisen in Europa und USA konnte der Autor zahlreiche Interviews führen, entscheidend aber waren seine Untersuchungen in China, wo er ehemalige Schüler von emigrierten Musikern ausfindig machen konnte. Die akribischen Nachforschungen und die systematische Spurensuche, denen XU Buzeng nachging, brachten zahlreiche wertvolle Informationen. Für den Leser bleibt das Ergebnis dennoch teilweise enttäuschend wegen der gänzlich fehlenden Quellenangaben.[45]

Hervorgehoben sei hierzu noch, dass auch zu Beginn des 21. Jahrhunderts die erfahrenen Autoren sich nicht gänzlich von ihrem politischen Netzwerk unabhängig machen konnten. XU Buzengs Monografie über die Shanghaier jüdischen Eliten wird mit einem Vorwort aus der Feder von WANG Shu, dem ehemaligen chinesischen Botschafter in Wien, eingeleitet. Diese politische Komponente scheint auch im von PAN Guang im Jahr 2001 herausgegebenen zweisprachigen Bildband auf: *Youtairen zai Zhongguo. The Jews in China*, in dem das Kapitel IV (Haven for Holocaust Victims from Nazi Europe) das Emigrantenleben in Shanghai in Dokumenten und Fotografien schildert. Der Bildband fand bei den obersten Partei- und Regierungsspitzen großen Anklang, sodass dessen deutsche und französische Übersetzung vom Propagandabüro der kommunistischen Partei gefördert wurde und rechtzeitig zum 60. Jahrestag des Kriegsendes erscheinen konnte.[46]

Seit Beginn des 21. Jahrhunderts sind allerdings neue Tendenzen in der chinesischen Exilforschung feststellbar, die im Wesentlichen von einer jüngeren Generation von Wissenschaftlern vertreten werden. So erscheinen erstmals Untersuchungen zum außerchinesischen Exil, welche sich ausschließlich auf westliche Publikationen stützen, den chinesischen Lesern damit einen ersten globalen Überblick zur Exilthematik bieten und dadurch zum näheren Verständnis der außerchinesischen historischen Kontexte des Shanghaier Exils beitragen.[47] In den letzten Jahren wurden ferner an chinesischen Universitäten erste Magisterarbeiten und Dissertationen vorgelegt, die zum Teil auf das Shanghaier Exil eingehen.[48] Wenige Arbeiten gehen über eine Synthese der chinesischen und ausländischen Sekundärliteratur hinaus, mit Ausnahme von Diplomarbeiten, welche die Shanghaier Lokalgeschichte untersuchen, in denen wiederum die Exilthematik eher am Rande aufscheint. Sie bieten aber dennoch eine bisher oft vernachlässigte chinesische Perspektive, die in der nichtchinesischen Exilforschung über Shanghai bisher unberücksichtigt blieb. Die Diplomarbeit von YE Lanlian zum Beispiel untersucht innerhalb des Stadtteils Hongkou den Sektor Tilanqiao, in dem zahlreiche Emigranten lebten.[49] Tilanqiao wird hier aus der sozialen und architektonischen Perspektive erforscht, die einen interessanten Einblick in den Alltagskontext der Emigranten bietet.[50] Diese Untersuchung erwähnt auch, dass aufgrund der sprachlichen Differenzen die chinesischen Bewohner und die Emigranten nebeneinander und nicht miteinander lebten, worin sie sich von den offiziellen Darlegungen unterscheidet, die eine völkerfreundschaftliche Lebensweise vorziehen.[51]

Das hier vorgelegte Gesamtbild konnte nicht alle Aspekte und Ergebnisse der Exilforschung in der VR China berücksichtigen. Abschließend sei noch darauf hingewiesen, dass in den letzten Jahren bereits Untersuchungen erschienen, die eine erste Bilanz zu den Forschungsergebnissen im Bereich der jüdischen Studien aufstellen. Unverkennbar stellt die Exilforschung kein Schwerpunktthema dar, wofür XU Xin, einer der erfolgreichsten Wissenschaftler die zutreffende Erklärung gibt: das Hauptziel der Spezialisten für jüdische Studien bestehe darin, der Bevölkerung die politischen, wirtschaftlichen und kulturellen Fragen des Nahen und Mittleren Ostens zu erläutern und näherzubringen, insbesondere auch die Konfliktfelder. Ergänzend bemerkt er dazu, dass etliche der Fachgelehrten Spezialisten für Fragen des Nahen Ostens und/oder Israels seien.[52] Dies mag auch eine wesentliche Begründung dafür sein, dass die chinesische Exilforschung sich nicht gänzlich von der politischen Sphäre abzugrenzen vermag.

V Vorläufige Bilanz

Nach jahrzehntelangem Schweigen der chinesischen Historiografie zur Geschichte des Exils in Shanghai herrscht seit Ende der 1980er Jahre eine leidenschaftliche Rückbesinnung, wie die insbesondere seit Mitte der 1990er Jahre erschienenen Publikationen, zahlreiche Gedenkveranstaltungen, Ausstellungen und internationale Konferenzen zeigen. Diese große Rückbesinnung geht weit über den Rahmen der Geschichtsschreibung hinaus und greift gewissermaßen auch auf die politische Sphäre über. Diese in den Jahren der Reformpolitik begonnene historische Aufarbeitung des Shanghaier Exils hat auch im Wissenschafts- und Kulturbereich neue Maßstäbe gesetzt.

Von Beginn an stützte sich die Erfoschung des Exils in Shanghai auf die außerchinesische Geschichtsschreibung und übernahm größtenteils deren Normen, aus denen sich nach und nach eine eigene chinesische Lesart entwickelte. Der von PAN Guang, dem Initiator der chinesischen Exilforschung ursprünglich formulierte Lesart wurde dann als normative Auslegung von den chinesischen Wissenschaftlern übernommen. Wie weiter oben bereits erwähnt sprachen laut PAN Guang drei Grundargumente für Shanghai als musterhaften Zufluchtsort für jüdische Emigranten: der in China inexistente Antisemitismus, China als großzügiges Aufnahmeland für jüdische Flüchtlinge, als alle anderen Länder ihre Tore schlossen und der offene Status Shanghais. Diese Bedingungen, die bis heute noch auf eine umfassend fundierte historische Analyse warten, wurden vom Leiter des Center for Jewish Studies Shanghai als das »Shanghaier Modell« definiert, welches bis heute als Standardinterpretation der chinesischen Exilforschung gilt.[53]

Die Grundlagen dieses Konzepts beruhen insbesondere auf einem fortwährend ergänzten Korpus von Einzelschicksalen, das als einzigartiger Fundus die gesamte historische Darstellung in starkem Maße bestimmt. Nach jahrzehntelanger Erforschung der Exilthematik bleiben PAN Guang und manche seiner Kollegen bis heute der Auffassung, dass die Oral History sowie die Privatarchive der Zeitzeugen die wesentliche Basis bieten für eine aus chinesischer Perspektive geführte Untersuchung und Analyse des europäischen Exils.[54] Fraglich ist jedoch, ob anhand von Einzelschicksalen die historische Realität aus- und aufgearbeitet werden kann, womit weitere Fragen zum Umgang mit historischen Quellen sowie zu deren Auswahlkriterien aufgeworfen werden. Dieser methodische Komplex kann hier nicht weiter geklärt werden. Angemerkt sei dazu nur, dass die chinesischen Publikationen zum Shanghaier Exil ein recht undifferenziertes Quellenkorpus zur Grundlage haben, und im Wesentlichen auf englischsprachigen Sekundärquellen basieren. So drängt sich der Eindruck auf, dass die ausländische Forschung nicht nur den Anstoß zur chinesischen Exilforschung gegeben hat, sondern diese weitgehend bestimmt. Vermutlich muss in der chinesischen Exilforschung ein Generationswechsel eintreten, ehe jüngere Wissenschaftler, aufbauend auf den bisherigen, trotz allem beachtlichen Ergebnissen der chinesischen Exilforschung[55], sich intensiver der archivalischen Recherche und der Quellenanalyse annehmen und damit Abstand gewinnen von der überlieferten Fokussierung auf eine zeitverschobene Oral History, die eine diskordante Geschichtsrealität hervorbringt.

Im Text und in den Anmerkungen wurde das international übliche »hanyu pinyin« als Standardumschrift verwendet

1 Einige Emigranten aus dem »Dritten Reich« hatten Ende der 1930er Jahre auch in Nordchina Zuflucht gefunden, vor allem in der Stadt Tianjin und in der Mandschurei. FANG Jianchang schätzt die Zahl der jüdischen Emigranten in der Mandschurei auf etwa 200 Personen, wovon 160 in Harbin lebten. FANG Jianchang: »Jindai Zhongguo Dongbei de youtairen«. In: *Heilongjiang shehui kexue* 4 (1996), S. 56. — **2** Die seit Mitte des 19. Jahrhunderts in Shanghai ansässigen, aus dem Irak bzw. aus Indien stammenden jüdischen Kaufleute werden im Shanghaier Sprachgebrauch als *sephardische Juden* bezeichnet, während die zu Beginn des 20. Jahrhunderts oder während der Oktoberrevolution aus Russland eingewanderten Juden als *aschkenasische Juden* bezeichnet werden. — **3** Zur Perzeption des Judentums in China, vgl. ZHOU Xun: *Chinese Perceptions of the ›Jews‹ and Judaism. A History of the Youtai.* Richmond 2001. — **4** Sydney Shapiro: *Jews in Old China. Studies by Chinese Scholars.* New York 1984. Sydney Shapiro, ein in New York ausgebildeter Jurist, reiste 1947 nach China und etablierte sich 1949 in Peking. 1963 wurde er chinesischer Staatsbürger und ab 1983 Abgeordneter der Politischen Konsultativkonferenz des chinesischen Volkes. Vgl. Donald Daniel Leslie: *Jews and Judaism in Traditional China. A Comprehensive Bibliography.* Nettetal 1998. — **5** Der kanadische Arzt Norman Bethune (1890–1939), ehemaliger Spanienkämpfer, gilt bis heute als Vorbild dieser Ausländer, die sich in den Dienst der chinesischen kommunistischen Streitkräfte stellten. — **6** Vgl. *Resolutionen über einige Fragen zur Geschichte der KP Chinas seit 1949.* Peking 1981. — **7** Mitte der 1980er Jahre wurden z. B. im Shanghaier Stadtarchiv ausländischen Wissenschaftlern keine Bestandskataloge vorgelegt und der Zugang zu den Archivalien beruhte wesentlich auf der Verhandlungskapazität der Archivbenutzer. — **8** Vgl. *Shanghai shehui kexueyuan yuanshi, 1958–2008.* Shanghai 2008. — **9** Ebd., S. 223–225. — **10** Shapiro: *Jews in Old China* (s. Anm. 4), S. 46. — **11** Interview mit Sydney Shapiro, Peking 1986. Shapiro hatte bereits Anfang 1983 einen Artikel veröffentlicht, in dem er den Wunsch äußerte, dass chinesische Akademiker sich der Erforschung der Geschichte der Juden in China annahmen. Sydney Shapiro: »Xiwang Zhongguo xuezhe yanjiu Zhongguo de youtairen lishi«. In: *Zhongwai guanxi shi xuehui tongxun,* 3 (1983), S. 15–16. — **12** Die ersten Untersuchungen zum chinesischen Exil erschienen in der zweiten Hälfte der 1970er Jahre in den USA, so etwa David Kranzler: *Japanese, Nazis and Jews. The Jewish Refugee Community of Shanghai 1938–1945.* New York 1976, sowie Marvin Tokayer und Mary Swartz: *The Fugu Plan. The untold Story of the Japanese and the Jews during World War II.* New York–London 1979. David Kranzler promovierte in Geschichte des Judentums an der Yeshiva Universität in New York. Marvin Tokayer war jahrelang Rabbiner der jüdischen

Gemeinde in Japan. — **13** Diese ersten Zeitzeugnisse wurden in jiddischer Sprache von nach Shanghai geflüchteten Warschauer jüdischen Intellektuellen verfasst. Vgl. Jacob Hersh Fishman: *Farwogelte yidn.* Shanghai 1948; Yosef Rotnberg: *Fun warshe biz shanhai.* Mexiko 1948; Rosa Shoshano-Kahan: *In faier un flamen.* Buenos Aires 1949. Die ersten deutschsprachigen Untersuchungen zum Shanghaier Exil stammen von ehemaligen Shanghaier Emigranten, die ab Ende der 1940er Jahre in der DDR lebten. Vgl. Alfred Dreifuss: »Schanghai – Eine Emigration am Rande«. In: Eike Middell (Hg.): *Exil in den USA.* Leipzig 1979, S. 446–517; Genia Nobel und Günther Nobel: »Als politische Emigranten in Shanghai«. In: *Beiträge zur Geschichte der Arbeiterbewegung* 6 (1979), S. 882–894. Das Werk von Gerd Kaminski und Else Unterrieder: *Von Österreichern und Chinesen.* Wien 1980, enthält ein Kapitel über »Die österreichische Emigration in China« (S. 775–812) sowie ein weiteres Kapitel über den emigrierten österreichischen Arzt »Dr. Jakob Rosenfeld« (S. 828–848). — **14** Shapiro: (s. Anm. 11), S. 15–16. — **15** S. Anm. 8, S. 373. — **16** Ebd., S. 373–374. PAN Guang wurde in den Jahren der Kulturrevolution ausgebildet und schrieb seine Diplomarbeit über *Napoleons Expedition nach Ägypten*, in der er u. a. die Geschichte der »Befreiung der Juden durch Napoleon« untersuchte. Vgl. LIN Ying: »Zhei yi sheng yu youtai yanjiu jieyuan«. In: *Shanghai & Hongkong Economy* (Jan. 2008), S. 76–77. Nachdem PAN Guang in den 1990er Jahren die ersten Publikationen über Juden in Shanghai und China verfasst hatte, wurde er insbesondere in den USA und Israel für seine Publikationen anerkannt. Im Laufe der Jahre erhielt PAN Guang internationale Auszeichnungen für sein Werk: in USA (1993), Kanada (1996), Russland (2004), Österreich (2006). — **17** Ende 1992 findet der Besuch in Shanghai von Präsident Chaim Herzog statt, dessen Onkel in Hongkou verstorben war. Im Mai 1993 besucht der Außenminister Shimon Peres das CJSS, im Oktober 1993 hält Jitzhak Rabin in Hongkou eine Ansprache, in der er seinen Dank an die Shanghaier Bevölkerung ausspricht, für die Aufnahme und Rettung von Juden aus dem »Dritten Reich«. — **18** LIN Ying (s. Anm. 16). In den 1990er Jahren mehren sich die diplomatischen Besuche in Shanghai aus den Vereinigten Staaten (Michael Blumenthal, 1994; Hillary Clinton und Madeleine Albright, 1998), Österreich (Thomas Klestil, 1995) und Deutschland (Gerhard Schröder, 1999). — **19** XU Buzeng: »Nazui tudao xia de yueshengzhe – ji di erci shijie dazhan shijian de youtai nanmin«. In: *Shanghai dang'an* (1989) Nr. 1, S. 37–43. — **20** Hier drei der wesentlichen Beiträge von XU Buzeng: »Youtai yinyuejia zai Shanghai«. In: *Jinxiandai yinyue shi* 3 (1991), S. 35, 36–43 und *Jinxiandai yinyue shi* 4 (1991), S. 10–16; »Bozhong yu Zhongguo de youtai yinyuejia Wei Dengbao« (»Alfred Wittenberg in Shanghai«). In: *Yinyue aihao zhe* 10 (2005), S. 24–27; »Deguo youtai lü Hu yinyuejia Ku Tena« (»Fritz Kuttner in Shanghai«). In: *Yinyue aihao zhe* 1 (2009), S. 22–25. Der in englischer Sprache erschienene Beitrag von XU Buzeng: »Jews and the Musical Life of Shanghai«. In: Jonathan Goldstein (Hg.): *The Jews of China.* Armonk-London 1999, S. 230–250 bezieht sich nur teilweise auf emigrierte Musiker aus dem »Dritten Reich«. — **21** PAN Guang: »Da tusha de xincun zhemen zai Shanghai – guanyu erzhan shijian Shanghai youtai nanmin yanjiu de jige wenti« (»The Holocaust Survivors in Shanghai – Notes on Jewish Refugees In Shanghai«). In: *Yiselie. Youtaixue yanjiu (Israel. Judaic Studies).* Shanghai 1990, S. 153–171. — **22** S. Anm. 12. — **23** TANG Peiji, XU Buzeng, YAN Huimin *u. a.*: *Shanghai youtairen.* Shanghai 1992, S. 276. — **24** Das Forschungszentrum wird im Jahre 2001 umbenannt in Institute of Jewish Studies at Nanjing University. Seit 2006 trägt es den Namen The Diane and Guilford Glazer Institute of Jewish Studies und wird wesentlich vom Diane & Guilford Glazer Fund finanziert. — **25** Folgende Konferenzen wurden im Laufe der Jahre von XU Xin organisiert: *International Conference on Jewish Studies* (1996); *International Symposium on the History of the Jewish Diaspora in China* (2002); *International Symposium on Judaism* (2004); *International Symposium on Holocaust and Nanjing Massacre in WW II: Jewish and Chinese Experiences* (2005). — **26** XU Xin und LING Jiyao (Hg.): *Youtai baike quanshu.* Shanghai 1993. Unter den Kurzbeiträgen finden sich z. B. Einträge über »jüdische Friedhöfe in Shanghai« (S. 32), »jüdische Schulen in Shanghai« (S. 32–33), die »jüdische Presse in Shanghai« (S. 34), die »Shanghaier Yeshiva« (S. 35–36), »Juden in Tianjin« (S. 51), »Juden in Harbin« (S. 58) usw.

— **27** In der 2. Auflage (1998) der *Encyclopedia* konnte auf Anweisung der höchsten Regierungsinstanzen das Vorwort eines chinesischen Wissenschaftlers aus politischen Motivationen nicht mehr erscheinen. Vgl. Lihong SONG: »Some Observations on Chinese Jewish Studies«. In: *Contemporary Jewry* (2009) Nr. 29, S. 199. — **28** Der auf der Gedenktafel dreisprachig (chinesisch, englisch, hebräisch) eingravierte Text lautet in seiner englischen Version: *The Designated Area for stateless Refugees. From 1937 to 1941, thousands of Jews came to Shanghai fleeing from Nazi persecution. Japanese occupation authorities regarded them as »stateless refugees« and set up this designated area to restrict their residence and business. The designated area was bordered on the west by Gongping Road, on the east by Tongbei Road, on the south by Huimin Road, and on the north by Zhoujiazui Road. Hongkou District People's Government.* Der chinesische Text unterscheidet sich minimal von der englischen Übersetzung und erwähnt die »Zeit des Zweiten Weltkriegs« anstatt der Jahre »1937 bis 1941«. — **29** Vgl. die Ansprache des Präsidenten JIANG Zemin am 3. September 1995. *Renmin ribao* 4. September 1995. — **30** Gerd Kaminski: *General Luo, genannt Langnase. Das abenteuerliche Leben des Dr. med. Jakob Rosenfeld*. Wien 1993. — **31** Im Oktober 1992 wurde anlässlich einer *Gedenkfeier für Dr. Jakob Rosenfeld* ein Krankenhaus nach ihm benannt in Anwesenheit eines zahlreichen Publikums, offizieller Vertreter der Provinz Shandong und Vertreter der österreichischen Regierung. — **32** Zehn Jahre später erscheinen zwei Beiträge über Jakob Rosenfeld in einem 2004 publizierten Sammelband über *Juden in Harbin*. Der Verfasser des ersten Beitrags, als Vorwort konzipiert, ist der damalige Sekretär der kommunistischen Partei der Provinz Heilongjiang, SONG Fatang: »Luo Shengte yiran huo zai women xin zhong« (»Dr. J. Rosenfield Still Living Amongest us«). In: QU Wei und LI Shuxiao (Hg.): *Ha'erbin youtairen (Collection of Research Papers on Harbin Jews)*. Peking 2004, S. 1–4. Vgl. auch: FU Mingjing: »Weidade guojizhuyi zhanshi Luo Shengte daifu yu Dongbei jiefang zhanzheng« (»Great International Fighter Dr. J. Rosenfield and the Liberation War in North-East China«). Ebd., S. 92–97. — **33** Gerd Kaminski: *Luo Shengte zhuan*. Peking 1995. Im selben Jahr besucht der österreichische Präsident Thomas Klestil Shanghai und drückt seinen Dank aus für die »Rettung der jüdischen Emigranten aus Österreich«. — **34** Anlässlich des 100. Geburtstags von Jakob Rosenfeld erscheint 2003 in Peking die chinesische Übersetzung seines Tagebuchs mit einer Einleitung von DU Wentang, der Rosenfeld als »(...) unseren Kameraden, unseren Freund und unseren Bruder« würdigt (Vorwort zur chinesischen Ausgabe, S. 1), während der chinesische Staatspräsident HU Jintao in einem kurzen Vorwort den »Kämpfer des internationalen Kommunismus«, den »österreichischen Freund«, als »Modell der chinesisch-österreichischen Völkerfreundschaft« ehrt (S. 5). Vgl. Gerd Kaminski: *Zhongguo de da shidai. Luo Shengte zai Hua shouji*. Peking 2003; XU Buzeng, Spezialist für die Geschichte der emigrierten Musiker, verfasst ebenfalls einen Artikel über Rosenfeld, den er als »Bethune der 4. Neuen Armee« bezeichnet. XU Buzeng: »Xin sijun zhongde ›Bai Qiu'en‹ Luo Shangte«. In: *Shiji* 1 (2007), S. 62–67. — **35** S. Anm. 18. — **36** Anlässlich des Besuchs von Bundeskanzler Gerhard Schröder in Shanghai (1999) erschien in der *Wenhui bao* ein Artikel dessen Autor, PAN Guang, einen Vergleich aufstellt zwischen dem Besuch von Kanzler Schröder in der Shanghaier Ohel Rachel Synagoge und dem Besuch von Willy Brandt in Warschau (1970). *Wenhui bao*, 22. Nov. 1999. — **37** PAN Guang: *Youtairen zai Zhongguo*. Shanghai 2005, S. 226. Während dieses Besuchs in Israel erinnerte LI Peng ebenfalls daran, dass im Zweiten Weltkrieg »der deutsche Faschismus 6 Millionen Juden ermordet« hatte, was »eine unvergessliche Tat« war. In China, setzte LI Peng fort, wurden im Weltkrieg »30 Millionen Menschen ermordet«. *Renmin ribao* 30. Nov. 1999. — **38** Vgl. PAN Guang und WANG Jian: *Yige ban shiji yilai de Shanghai youtairen – youtai minzu shi shang de dongfang yi ye*. Shanghai 2002, S. 275. Von den zahllosen in China erschienenen Beiträgen über HE Fengshan seien als Beispiel nur zwei angeführt: ZENG Ruihua: »Zhongguo ›Xin Dele‹ He Fengshan«. In: *Hunan wenshi* 6 (2001), S. 39–41 und YUAN Nansheng: »He Fengshan. Zhengjiu youtairen zui duode waijiaoguan«. In: *Xiangchao* 7 (2006), S. 48–52. — **39** Vgl. FENG Zejun: »Weiman zuihou yi wei waijiaoguan Wang Tifu chen fu lu«. In: *Lishi yu renwu* 1 (2011), S. 51–54; TAN Dun-

min: »Xian wei ren zhide Dongbei ›Xin Dele‹«. In: *Wenshi chunqiu* 6 (2009), S. 4–9.
WANG Tifu wird in der VR China als der »Schindler aus dem Nordosten«, d. h. aus der
Mandschurei geehrt. — **40** Vgl. z. B. FANG Jianchang: »Erzhan shijian deji youtai nan-
min zai Shanghai«. In: *Deguo yanjiu (Deutschland-Studien)* 13 (1998), Nr. 3, S. 40–44. —
41 PAN Guang: *Youtairen zai Shanghai. The Jews in Shanghai.* Shanghai 1995. Zehn
Jahre später, 2005, wurde der Bildband neu aufgelegt. — **42** PAN Guang und LI Peidong
(Hg.): *Youtairen yi Shanghai. Shanghai Jews Memoirs.* Shanghai 1995. — **43** XU Buzeng:
*Hunfeng youtairen. Youtai wenhua qingying zai Shanghai (The Jewish Cultural Elite of
Shanghai).* Shanghai 2007. — **44** Ebd. S. 009. — **45** Im Jahr 2007 erschien eine Monografie
über die jüdischen Gemeinden und das Shanghaier Musikleben zwischen 1850 und 2005,
welche auch die Emigrantengemeinde untersucht. TANG Yating: *Shanghai youtai shequ
de yinyue shenghuo (1850–1950, 1998–2005).* Shanghai 2007. Der Autor hatte bereits 1998
einen Artikel über *das Musikleben der jüdischen Flüchtlinge in Shanghai* verfasst. TANG
Yating: »Shanghai youtai nanmin shequ de yinyue shenghuo«. In: *Yinyue yishu* 4 (1998),
S. 7–13, S. 28. — **46** PAN Guang (Hg.): *Youtairen zai Zhongguo. The Jews in China.*
Peking 2005. Der Band gilt nun als geeignetes Geschenk der chinesischen Regierung und
Diplomaten für ausländische Gäste. S. Anm. 8, S. 373–374. Vgl. auch: http://
www.cjss.org.cn/200706175.htm (12.12.2011). — **47** Hier seien insbesondere die Veröf-
fentlichungen von LI Gongzhen über das Exil nach Palästina erwähnt: LI Gongzhen:
»Deyizhi youtairen xiang Balesitan de yiju (1933–1945)«. In: *Lishi yanjiu* 1 (2004) und LI
Gongzhen: »Deyizhi youtairen xiang Balesitan de yiju (1933–1941)«. http://cultu-
re.zjol.com.cn/05culture/system/2008/08/29/009889414.shtml (9.2.2012). Der Autor verfasste 2005 einen Beitrag zum Exil deutscher Wissenschaftler. LI Gongzhen: »Nacui
Deguo liumang kexuejia de zhouji zhuang«. In: *Lishi yanjiu* 4 (2005). Die im Internet
abrufbaren Texte verweisen auf keine Quellen. Für weitere bibliografische Hinweise vgl.
WANG Meiling: *Nazui shiqi Deguo youtairen waiqian yanjiu (Study on the Jewish Emigration from Germany during the Nazi Period).* Huadong shifan daxue 2009. — **48** Die
erste dieser Arbeiten über *die Juden und China seit 1840* wurde im Jahre 2000 in Shanghai
abgeschlossen, unter Betreuung von PAN Guang. Die Arbeit liegt gewissermaßen in der
Tradition der chinesischen jüdischen Studien zum 19. und 20. Jahrhundert und bietet eine
Zusammenfassung der Geschichte der Shanghaier jüdischen Gemeinden (Sephardim,
Aschkenasim, Emigranten aus dem »Dritten Reich«) seit Mitte des 19. Jahrhunderts. Die
Arbeit wertet chinesische und ausländische Sekundärliteratur aus, auch wenn die Biblio-
grafie eine Liste von historischen Archiven aufweist. Da jede Problematisierung der The-
matik ausbleibt, bietet die Arbeit kaum neue wissenschaftliche Ergebnisse. CHEN
Chongwu: *Youtairen yu Zhongguo. Guanyu 1840 nian hou lai Hua youtairen ji qi yu
Zhongguo guanxi de yanjiu.* Huadong shifan daxue 2000. — **49** Bereits 2006 war ein Bild-
band zum jüdischen Gemeindeleben im Sektor Tilanqiao erschienen. ZHANG Yanhua
(Hg.): *Tilanqiao: Youtairen de nuoya fangzhou.* Shanghai 2006. — **50** YE Lanlian: *Jindai
Shanghai tilanqiao chengqu yanjiu.* Shanghai shifan daxue 2007. — **51** Ebd. S. 67. —
52 Die wesentlichen Veröffentlichungen zur Geschichte der jüdischen Studien in der VR
China sind: PAN Guang (Hg.): *Youtai yanjiu zai Zhongguo. Sanshi nian huigu: 1978–2008.*
Shanghai 2008. ZHANG Qianhong und SHANG Wanli: »Jin shinian lai (1997–2007) guo-
nei youtai yanjiu de tese« (»The Features of the Study of Jews in China during 1997–
2007)«. In: *Henan daxue xuebao* 18 (September 2008) Nr. 5, S. 1–8. XU Xin: »Zhongguo de
youtai yanjiu« (»Jewish Study in China«). In: *Xiya Feizhou* (2010), Nr. 4, S. 54–58. Lihong
SONG (s. Anm. 27), S. 195–214. — **53** Vgl. *Jiefang ribao* 20. Februar 2005. — **54** Vgl.
http://www.cjss.org.cn/20110510.htm (12.12.2011). — **55** Im Jahre 2010 wurde das von
PAN Guang vorgelegte Forschungsprojekt »Europäische jüdische Flüchtlinge in China
(1933 bis 1945): Geschichte, Dokumente und Theorie« in die vom Staat ausgezeichneten
und finanzierten Forschungsschwerpunkte aufgenommen. S. *Guangming ribao* 20. September 2010.

Doerte Bischoff, Susanne Komfort-Hein

Vom *anderen Deutschland* zur Transnationalität
Diskurse des Nationalen in Exilliteratur und Exilforschung

> Es ist eine eigene Sache mit dem Patriotismus,
> mit der wirklichen Vaterlandsliebe. (...) So beginnt
> die deutsche Vaterlandsliebe erst an der
> deutschen Grenze, vornehmlich aber beim Anblick
> deutschen Unglücks in der Fremde.
>
> Heinrich Heine: Vorrede zum ersten Band des
> *Salon*

Die immer noch gängige Bestimmung von »Exilliteratur« in germanistischen Kontexten schränkt den Begriff auf zweierlei Weise ein: zunächst durch eine eindeutige historische Referenz, womit »Exilliteratur« als Epochenbegriff festgeschrieben wird, und darüber hinaus durch eine Fokussierung nationalsprachlicher und -literarischer Phänomene, wodurch die Frage nach der Verortung der im Exil 1933 bis 1945 entstandenen Literatur in einer deutschen Kulturtradition in den Vordergrund gestellt wird. Beide Klassifizierungen, die in mancher Weise zeitgeschichtlichen Debatten und Selbstbeschreibungen im literarischen Feld des Exils nach 1933 verpflichtet sind, erscheinen im Licht aktueller Forschungsparadigmen und Tendenzen der Gegenwartsliteratur, die vielfältig Rückwendungen und Korrespondenzen zur klassischen Exilepoche inszeniert, in mancher Hinsicht fragwürdig. Vor dem Horizont dieser neueren Perspektiven ergeben sich, so die These, auch alternative Lektüren, welche bislang eher marginalisierte Aspekte traditioneller Exiltexte in den Blick rücken beziehungsweise andere als die in der Forschung besonders kanonisierten Texte in den Fokus der Aufmerksamkeit stellen.[1]

Die folgenden Überlegungen gehen von der Beobachtung aus, dass die Kategorie des Nationalen, die für die deutsche Literaturgeschichtsschreibung seit ihrer Begründung im 19. Jahrhundert zentral gewesen ist[2] und die viele Dokumente des Exils 1933 bis 1945 noch geradezu obsessiv beschwören, zugleich und gerade in Exil-Kontexten grundsätzlich problematisiert wird. Ausgehend von einer neuerlichen Betrachtung einiger für den historischen Zusammenhang charakteristischen Schriften, in denen *Deutschland* oder *das Vaterland* Ausgangs- und

Fluchtpunkt der poetischen und politischen Rede sind, soll ein Bogen zu Gegenwartstexten geschlagen werden, in denen die Verhandlung des Exils aus Nazideutschland Figuren von Erinnerung, Identität und Gemeinschaft hervortreten lässt, die, indem sie das nationale Paradigma unterlaufen, jeweils auch an spezifische Schreibweisen geknüpft werden, die eindimensionale Perspektiven und referenzialisierende Fluchtpunkte zur Disposition stellen.

I Heine im Exil: transhistorische und transkulturelle Perspektiven

Im *Reallexikon der deutschen Literaturwissenschaft* unterscheidet Bernhard Spies ein allgemeines Verständnis von Exilliteratur, das Texte beträfe, »deren Autoren durch Verbannung, Vertreibung oder Flucht von (…) ihrer angestammten sprachlich-kulturellen Lebenswelt getrennt wurden« und die germanistische Definition des Begriffs, die »nur diejenigen Werke [umfasse], die 1933 bis 1945 von Flüchtlingen aus Hitlers Machtbereich verfaßt wurden.«[3] Dazwischen wird Heinrich Heine als Beispiel genannt, das der allgemeineren Bestimmung zugeordnet werden müsse. Der Ausschluss dieses deutschsprachigen Autors aus der germanistischen Epochenzuschreibung, als welche der Begriff Exilliteratur hier fungiert, erscheint durch diese Hervorhebung jedoch zugleich besonders akzentuiert. Gegen diese kategorisierende Abgrenzung stehen zahlreiche Dokumente des Exils 1933–1945, die Heine ausdrücklich als einen der ihren erinnern: »Heine hat alle Stadien der Emigration mit uns geteilt: Die Flucht und die Heimatlosigkeit und die Zensur und die Kämpfe und das Heimweh«[4], resümiert Anna Seghers, Gründerin und Präsidentin des Heinrich-Heine-Klubs in Mexiko, am Ende ihrer Exilzeit. Noch bevor er ins skandinavische Exil ging, hatte der Germanist Walter A. Berendsohn 1932 in Hamburg eine Internationale Heinrich-Heine-Gesellschaft begründet, »als kämpferische Geste gegen den wachsenden Ungeist der Zeit.«[5] Brecht stellt in zwei Exilgedichten (*Besuch bei den verbannten Dichtern* und *Die Auswanderung der Dichter*) Verbindungen zu anderen, in unterschiedlichen Zeiten und Ländern exilierten Autoren – von Ovid über Dante bis Voltaire – her, wobei der Name Brechts nicht nur durch dessen Flucht »unter das dänische Strohdach«[6], sondern auch in unmittelbarem Bezug auf Heine in diese illustre Reihe der Dichtergestalten gestellt wird. Hilde Domin, die bereits 1932 ins Exil ging, aber erst 1951 in Santo Domingo (deutsch) zu schreiben begann, inszeniert einen regelrechten Dialog mit Heine, indem sie Passagen aus seinen Texten in ein fiktives Interview einfügt.[7]

»Heine im Exil« betitelt Hermann Kesten einen Artikel, der bereits 1939 in der *Pariser Tageszeitung* erscheint und der Heines Anspruch, ein »deutscher Dichter« zu sein, mit deutlichem Bezug auf die aktuelle Exilsituation jener Intellektuellen und AutorInnen, denen diese Pariser Exilzeitung ein Forum bot, erinnert und bekräftigt.[8] Gegen einen chauvinistischen, aggressiv ausgrenzenden Nationalismus, der auch schon in den 1830er und 1840er Jahren »zehntausende deutsche politische Emigranten und Dutzende deutscher Literaten« nach Paris ins Exil getrieben habe, qualifiziere sich Heine als »Dichter der deutschen Freiheit« gerade darin, dass er mit dem Europäischen und dem Weltbürgertum zugleich immer die Öffnung und Überschreitung des Nationalen auf das Andere hin im Blick gehabt habe: »Heines Vaterland? Die ganze Erde war es: Wer bestimmt ist, der ganzen Welt zu gehören, verlässt bald seines Vaters Haus.«[9] Kestens Argumentation, die in manchem typisch ist für die Rhetorik des Patriotismus im Exil, ist dabei durchaus doppelsinnig: Zum einen wird – gegen die Diffamierung der Exilanten als Verräter und Vertreter eines »undeutschen Geistes« durch die NS-Kulturpolitik – der Patriotismus der damals wie heute außer Landes Geflüchteten als der eigentlich wahre gefeiert. Zum anderen wird dieser gegenüber einer Ausrichtung auf Europa und der Idee des Weltbürgertums relativiert.[10]

In der unmittelbaren Frontstellung gegen den faschistischen Definitions- und Repräsentanzanspruch im Hinblick auf Heimat und Patriotismus bleibt der Versuch der Exilanten, diese ihrerseits als privilegierte Chiffren des eigenen Identitätsanspruchs zu begründen und sie zu Kampfbegriffen auf dem Feld wechselseitiger »Eigentlichkeitsbehauptungen« zu machen, jedoch der Diskurslogik der Gegner weiterhin ausgesetzt. Dagegen bringt das Argument, dass das Verlassen des Vaterlands, das Exil (sogar unabhängig davon, ob es erzwungen oder freiwillig gewählt sei) erst eigentlich dazu befähige, Differenz (Deutschland/Frankreich) als fruchtbares Element zu begreifen und in ihr die Voraussetzung umfassenderer Gemeinschaftsentwürfe zu sehen, einen neuen Akzent in die Diskussion. Ob nun die Orientierung auf Europa oder gar die Welt eher einer Logik der Repräsentanz oder der Alterität folgt, hängt jeweils von den diskursiven Kontexten ab. Für sich allein ist die Rede von derartigen übernationalen Bezugsgrößen diesbezüglich noch nicht aussagekräftig; vielmehr ist in jedem einzelnen Fall zu bestimmen, ob damit eher die Vorstellung evoziert wird, der Exilant repräsentiere, indem er das Deutsche verkörpert, zugleich auch Europa oder die Welt, als deren *Kap* das Eigene beziehungsweise Deutschland dann gedacht würde[11], oder ob mit dem Exil grundsätzlich die Erfahrung eines Bruchs mit der Vorstellung eines anzueignenden Ganzen verknüpft wird.

Obwohl sich in der Heine-Rezeption im Exil beide Tendenzen, auch in einzelnen Texten nicht immer klar voneinander getrennt, ausprägen, stellt sie insgesamt doch ein Feld dar, in dem Muster und Rituale nationaler Selbst-Vergewisserung Verunsicherungen und Verschiebungen ausgesetzt werden, deren durchaus auch produktive Konsequenzen bis heute spürbar sind. Auch das 1935 in Kopenhagen erschienene Heine-Buch Walter A. Berendsohns vereint beide Tendenzen, indem es einerseits Heine als dem »echte[n] Deutschland« verpflichtet beschreibt und seinen Anteil an der »Weltliteratur, dem Werden des literarischen Gemeinguts der Völker« behauptet und andererseits jenen irreduziblen »Kulturdualismus« des Diaspora-Judentums als Quelle seines Schaffens betont, das nicht auf ein kulturelles Erbe, eine nationale Zugehörigkeit festgelegt werden könne.[12] Bemerkenswert ist hier, dass das Projekt, im Exil ein Buch über Heine zu schreiben, nicht nur mit den »verwandte[n] Zeiten« begründet wird, die »oft halb vergessene Dichtungen wieder überraschend lebendig«[13] machten, sondern dass der Bezug zum Schreibenden und zur Gegenwart ausdrücklich über Heines Judentum hergestellt wird: »In diesem Augenblick ist es meine Pflicht als Emigrant, dem man Heimat und Vaterland, Lebens- und Arbeitskreis in Hamburg (nach Düsseldorf der anderen Heine-Stadt) genommen hat, klar auszusprechen, dass wir Juden mit Fug und Recht stolz sind auf das grosse jüdische Erbe in Heines Wesen und Werk.«[14] Dies freilich wird seiner »Verwurzelung im deutschen Geistesleben«[15] an die Seite gestellt, womit als das Unverwechselbare und Kulturschöpferische eine Hybridität aufscheint, welche die homogenisierenden und naturalisierenden Implikationen der verwendeten Begriffe Erbe und Verwurzelung unterläuft. Berendsohns Studie beschäftigt sich vor allem mit der Rezeption (und Übersetzung) Heines in skandinavischen Ländern und Sprachen, verbindet also die transhistorische Perspektive auf das Exil bereits mit einer transkulturellen, die zudem ausdrücklich der faschistischen Konstruktion von der einheitlichen, judenfeindlichen »nordischen Rasse« entgegentritt. Das totalitäre Reinheits-Phantasma der NS-Kulturpolitik, der zufolge »Sprache und Schrifttum im deutschen Volke« wurzele, von dem Juden ausgeschlossen wurden, kontrastiert er hier also mit einer Spurensuche, die auf der Fruchtbarkeit kultureller Differenz, Übersetzung und wechselseitiger Begegnung insistiert.

Wenn ein Jahr nach Erscheinen des Buches in Paris der *Schutzverband deutscher Schriftsteller im Exil* einen Heinrich-Heine-Preis auslobte und die Verleihung für die folgenden Jahre ausdrücklich auf den Jahrestag der Bücherverbrennung legte[16], so wurde in ähnlicher Weise gegen die faschistische Propaganda zur Germanisierung der Literatur protestiert: Die im Kontext der Bücherverbrennungen 1933 proklamierten *Thesen gegen den undeutschen Geist* hatten ein ausdrückliches Verbot für Juden gefordert, Deutsch zu schreiben. Jüdische Werke hätten in hebräischer Sprache zu erscheinen und seien ansonsten als Übersetzung zu kennzeichnen. Dass diesem literarischen »Totschlagsversuch« gerade im Hinblick auf Heine weitere folgten, wurde von der Exilpresse aufmerksam verfolgt, etwa nachdem in den *Nationalsozialistischen Monatsheften* eine Abrechnung mit Heine publiziert worden war, die diesem das Attribut *deutscher Lyriker* absprach und ihn stattdessen ganz im Sinne der fünften These »gegen den undeutschen Geist« (»Der Jude kann nur jüdisch denken. Schreibt er deutsch, dann lügt er«) als »daitscher Betrüger« abkanzelte.[17] Gerade in dem hier impliziten Verständnis von Übersetzung, in der Behauptung eines essenzialistischen Kulturmodells, das mit Blick auf deutsch-jüdische AutorInnen natürlich hinreichend absurd erscheint, gewinnt das Gegenmodell von Übersetzung als transkulturellem beziehungsweise transnationalem Prozess[18], wie Berendsohn es stellvertretend für viele Exilanten in den Blick rückt, besonderes Gewicht.

Literarisch umgesetzt findet man diese Aufmerksamkeit auf Mehrsprachigkeit und Übersetzung etwa in Exilgedichten Mascha Kalékos, denen nicht nur immer wieder ein Heine'scher Ton attestiert worden ist, sondern die wiederholt auch explizit auf Heines Texte Bezug nehmen, als deren Kontrafakturen einige von ihnen sich geben. Charakteristisch erscheint hier eine Mischung der Sprachen und Idiome als Ausdruck einer exilischen Kondition in Szene gesetzt, die einerseits von der Erfahrung einer irreduziblen Abtrennung von Ursprung und Herkunft gezeichnet ist, deren poetisches Potenzial andererseits aber gerade diesem Zustand des Ausgesetztseins zwischen den Kulturen entspringt.[19] Beispielhaft wird dies in ihrem Gedicht *Emigranten-Monolog* deutlich:

Ich hatte einst ein schönes Vaterland,
So sang schon der Refugee Heine.
Das seine stand am Rheine,
Das meine auf märkischem Sand.

Wir alle hatten einst ein (siehe oben!)
Das fraß die Pest, das ist im Sturm zerstoben.
O, Röslein auf der Heide,
Dich brach die Kraftdurchfreude.

Die Nachtigallen wurden stumm,
Sahn sich nach sicherm Wohnsitz um,
Und nur die Geier schreien
Hoch über Gräberreihen.

Das wird nie wieder wie es war,
Wenn es auch anders wird.
Auch wenn das liebe Glöcklein tönt,
Auch wenn kein Schwert mehr klirrt.

Mir ist zuweilen so als ob
das Herz in mir zerbrach.
Ich habe manchmal Heimweh.
Ich weiß nur nicht, wonach ...[20]

Die Rückwendung auf Heine und seine unverwechselbare postromantische Sprache stiftet hier einerseits Kontinuität über die Zeiten hinweg, andererseits wird aber, indem sich die Gemeinsamkeit über einen Verlust herstellt, auch ein Bruch markiert. Dieser Bruch ist – das Goethe-Zitat aus dem Heideröslein, das sich hier auf »Kraftdurchfreude« reimt, ist dafür deutlichstes Signal – ein Bruch mit einer deutschen Kulturtradition und der Vorstellung ihrer Repräsentanz, zu der Heine ja bereits in einem äußerst ambivalenten Verhältnis steht.[21] Die transhistorische Perspektive konstituiert hier also gerade nicht eine *andere* Geschichte, vielmehr stellt sie die Idee eines historischen Kontinuums oder Deutungszusammenhangs, aus dem heraus das Gegenwärtige begriffen werden könnte, als solche infrage. Das »Jetzt der Erkennbarkeit« Heines, um einen Ausdruck Walter Benjamins zu verwenden, ist so nicht in Begriffe oder eine übergreifende Idee überführbar, vielmehr wird mit der Idee der Repräsentanz und Kontinuität der deutschen Literatur und Geistigkeit zugleich die Idee einer Literaturgeschichtsschreibung grundsätzlich erschüttert, die Vergangenes an seinen historischen Platz weisen und es in Begriffen auf Distanz halten zu können glaubt. Anders als bei Hilde Domin wird in Kalékos Gedicht ausdrücklich kein Dialog prätendiert – vielmehr markiert der Titel die Rede des Gedichts ja bereits als Monolog, der zwar gewissermaßen einen Widerhall im Vergangenen findet, ohne jedoch ein Gemeinsames als Fluchtpunkt benennen zu können. Denn der Fluchtpunkt ist kein gemeinsamer Ursprung (das Vaterland), sondern der Bruch mit diesem und insofern offen und ungewiss im Hinblick auf einen (Selbst-)Entwurf auf die Zukunft hin. Die Verortung des Ich in einem kollektiven Erfahrungsraum, die im Beginn der zweiten Strophe angedeutet wird, welche die mit Ich einsetzende erste zunächst wörtlich wiederholt und in der parallelen Konstruktion ein Wiedererkennen suggeriert (*ich* hatte einst ein Vaterland – *wir alle* hatten einst ein...), wird durch das Fehlen des Bezugsobjekts durchgestrichen, das sich nur mehr als Lücke manifestiert. Der klassifikatorische Verweis (»siehe oben!«) durchbricht die poetische Rede – anstatt Stilmittel der Bekräftigung und Kohärenzstiftung zu sein, wird die Wiederholung hier zur leeren, formalistischen Geste. Diese setzt wiederum die Referenz auf das Herkommen, das Eigene und Eigentliche einer Zirkelstruktur aus, die immer wieder nur auf die singuläre Evokation eines Verlorenen führt, ohne doch durch ein kollektives Erinnerungsdispositiv gestützt oder beglaubigt werden zu können.

Neben dieser Perspektive auf das Problem nationalkultureller Selbst-Vergewisserung eröffnet das Gedicht auch eine transkulturelle Perspektive, insofern die Konfrontation mit der anderen Kultur des Exillandes (das hier nicht wie bei Heine Frankreich, sondern – als Spur der Exilerfahrung Mascha Kalékos in den USA – englischsprachig ist) im Wort *refugee* bezeugt wird, das Teil des Gedichts, in diesem aber zugleich ein Fremdkörper ist. Wie jene »silberne Rippe«[22], als die Benjamin das Fremdwort im poetischen Text einmal bezeichnet hat, sticht es heraus und verweist auf das Unorganische nicht nur dieses Elements, sondern der Sprache überhaupt, die als geschichtliches Zeugnis immer auch Zeugnis »des Mißlingens jener Vereinheitlichung«[23] ist, welche der Nationalismus behauptet und betreibt. »An den Fremdwörtern erweist sich die Unmöglichkeit der Sprachontologie« heißt es bei Adorno.[24]

In seiner Problematisierung kulturgeschichtlicher Kohärenz und Repräsentation einerseits, seiner Öffnung auf translinguale und transnationale Perspektiven andererseits steht das Gedicht Kalékos in bemerkenswertem Kontrast zu Kategorisierungen der Exilliteratur, wie sie bereits in Exilkontexten vorgeschlagen und propagiert wurden und wie sie sich auch in der literaturwissenschaftlichen Bestimmung der Exilliteratur vor allem in den 1970er und 1980er Jahren, mit einer Wirkung gerade auf literarhistoriografische Zuordnungen aber bis heute, durchgesetzt haben. Bereits 1933 hatte Heinrich Mann in einem Artikel über die »Aufgaben der Emigration« in der *Neuen Weltbühne* »die Emigration« als »Stimme ihres stumm gewordenen Volkes« bezeichnet und das durch die Exilanten repräsentierte »beste Deutschland« seiner faschistischen Verunglimpfung und Barbarisierung entgegengestellt.[25] Dem Anspruch des Nationalsozialismus, *die deutsche Kultur* zu vertreten, setzte eine ganze Reihe von zeitgenössischen Reden und in Exilorganen publizierten programmatischen Schriften den Repräsentationsanspruch der Vertriebenen entgegen: »Das Wort vom Volke der Dichter und Denker, das das braune Regime so systematisch zuschanden machte, bewährte sich an der deutschen Emigration von der ersten Stunde an. Wie die deutsche Literatur und Wissenschaft im Innern des Reiches Stück um Stück zerschlagen wurde, blühte sie außerhalb der Reichsgrenzen unvermindert weiter, kaum daß ihr die Verpflanzung anzumerken war.«[26] So heißt es in dem 1935 erschienenem *Führer durch die deutsche Emigration* von Wolf Franck. Es fragt sich natürlich, inwiefern diese Diagnose einer spurlosen »Verpflanzung« auf literarische Texte der Zeit tatsächlich zutrifft. Schon Kalékos *Emigranten-Monolog* stellt ja eher Spuren einer Transplantation am Körper des Gedichts aus, als dass es als eine wohin immer transponierte Ganzheit figurierte.

Als hybrider Körper, der sich nicht als Metapher einer homogenen Kulturnation vereindeutigen lässt, unterläuft das Gedicht die sich vor allem ab 1935 im Exildiskurs ausprägende Rede vom *anderen Deutschland* und die ihr impliziten moralischen, politischen und kulturellen Repräsentations- und Erbansprüche. Dass diese Rede gerade auch im Hinblick auf literaturwissenschaftliche Kategorisierungen nachhaltig gewirkt hat, lässt sich gleichwohl in vielen Dokumenten der Exilforschung in der westdeutschen, noch deutlicher freilich in der ostdeutschen Germanistik nachvollziehen, in der das *andere Deutschland* zum Gründungsnarrativ der Kulturpolitik des *anderen* deutschen Staates bereits unmittelbar nach 1945 erhoben wurde. Alfred Kantorowicz' Rede *Deutsche Schriftsteller im Exil* von 1947 dokumentiert die Schnittstelle, indem sie die Behauptung, die Exilanten zeugten vom anderen Deutschland – da sie die Muttersprache dem Missbrauch entzogen und »legitime Kulturbestände der alten Welt mit in die neue hinüberzuretten«[27] sich bemüht hätten – unmittelbar in die Forderung einer aktiven und maßgeblichen Beteiligung und Repräsentationsfunktion dieser Exilanten am Aufbau einer neuen Gesellschaft münden ließ.

Ist die Problematik dieses zählebigen Mythems vom »anderen Deutschland« auch inzwischen vielfach artikuliert und untersucht worden[28], so bleibt die Frage, welche Konsequenz daraus im Hinblick auf die historiografische Beschreibung der Exilepoche gezogen werden kann. Eignet sich, zumal angesichts der Tatsache, dass es inzwischen auch andere deutschsprachige Texte gibt, die ein Exil, diesmal in Deutschland, als Exil*land* bezeugen, der Begriff Exil überhaupt zur Kennzeichnung einer historisch und kulturell abgrenzbaren Epoche? Sind die Bezüge zu Exiltexten und -narrationen anderer Zeiten und Kulturen, welche in Gedichten, Romanen und Dramen der klassischen Exilepoche hergestellt werden, nicht Symptom dafür, dass eine derartige Fixierung der eigentümlichen Tendenz dieser Texte, historische und nationale Einhegungen des Phänomens aufzusprengen, zuwiderläuft? Zu fragen ist, ob nicht gerade Exilnarrative, denen auf unterschiedliche

Weise Spuren von Abtrennung und Verlust eingezeichnet sind, der kulturellen, transgenerationellen Überlieferung Leerstellen und Brüche einschreiben, die diese auf andere und anderes hin öffnen, die also zum Beispiel Lektüren und Korrespondenzen über Zeiten und Räume hinweg provozieren.

Transnationale Perspektiven, wie sie aktuell in der Literatur wie auch in Literatur- und Kulturtheorie verhandelt werden, greifen nicht auf universalisierende Konzepte einer idealen menschlichen Kultur zurück, in der Grenzen mit der Überschreitung getilgt und Unterschiede im großen Ganzen aufgehoben wären. Vielmehr nehmen sie ausgehend von dem Befund, dass es zunehmend Lebens- und Schreibentwürfe gibt, die sich zwischen nationalkulturellen Erzählungen verorten und die keiner einzigen Herkunft und Orientierung zuzurechnen sind, jene Brüche und Ausgrenzungen in den Blick, die durch die homogenisierenden Impulse des nationalen Dispositivs erzeugt werden.[29] Eine Literatur, die sich von diesen Brüchen her schreibt, entwickelt spezifische Verfahren, so die These, konkurrierende kulturelle Deutungen zu durchqueren, Widersprüche auszustellen und auszuhalten sowie Prozesse kultureller Grenzziehung und Bedeutungsstiftung als solche vorzuführen.[30] »Nicht mehr das Leiden im fremden Land steht im Zentrum der Migrationstexte, sondern Konzepte einer homogenen kulturellen Identität werden durch hybride Lebensentwürfe und Schreibweisen in Frage gestellt.«[31]

Ist tatsächlich das Leiden am fremden Land und am Exil ein markanter Topos der deutschsprachigen Exilliteratur seit 1933[32], so zeichnet sich in deren intensiver Heine-Rezeption zugleich eine andere Dimension ab, indem nämlich das Leiden am *eigenen* Land in den Blick gerückt wird. Die nationale Herkunft als Ursprung und Inbegriff des Eigenen wird damit nicht mehr nur als von einer äußeren Macht in Besitz genommene vorgestellt, vielmehr wird die Bewegung der Ent-Eignung und Ent-Ortung selbst zum Ausgangsmoment für Schreibweisen, die sich diesen nicht (nur) heilend entgegenstemmen[33], sondern die demgegenüber auch Ansätze für deren produktive Mimesis erkennen lassen.[34] Im Bezug auf Heine wird schließlich nicht eine ungebrochene Kulturtradition erinnert, vielmehr werden Brüche und Ausgrenzungen als integrales und womöglich strukturelles Moment dieses Erbes selbst vorgeführt. Wie Heine Patriotismus an die Erfahrung von Aus-Grenzung und die Überschreitung jener Grenze knüpft, durch die sich die Kulturnation und später der Nationalstaat als Repräsentanten des Deutschen verorten und legitimieren, stellt auch die nationale Rhetorik im Exil immer wieder die Exilierung, welche die Beschwörung des Eigenen ja gerade an dessen Ent-Ortung bindet, als paradoxe Voraussetzung einer Heimatliebe aus, die sich als sprachlich-rhetorische Konstruktion, als imaginärer Entwurf ohne *eigentliche* Referenz zu erkennen gibt.[35]

II Kein Fluchtpunkt Nation: Peter Weiss' autobiografische Reflexionen

Peter Weiss gehörte zu denen, für die sich nach 1945 als Fluchtpunkt des Exils gerade nicht der Wiedergewinn einer verlorenen Heimat abzeichnete, sondern deren fortgesetzter Entzug. Es erfolgte aus seinem schwedischen Exil eben keine Rückkehr nach Deutschland, geschweige denn eine Rückkehr zu kulturellen und nationalen Identifizierungen.[36] Erschwerend kommt hinzu, dass Peter Weiss in beiden ehemaligen deutschen Staaten ein äußerst kontrovers aufgenommener Autor geblieben ist: »Die Erfahrung zeigt mir, daß innerhalb jenes Blocks, der sich selbst *freie westliche Welt* nennt, jede künstlerische Äußerung, die von subjektiven Erlebnissen und formalen Experimenten geprägt ist, Anerkennung findet, wie auch eine soziale Kritik gewürdigt wird, soweit sie die unter Humanismus und Demokratie getarnten Grenzen der Gesellschaftsordnung nicht durchbricht. (...) So wie im westlichen Staat vor allem eine politische Zurückhaltung vom Autor erwartet wird, so wird im östlichen Staat vor allem eine eindeutige politische Haltung gefordert.«[37]

Nach den frühen schwedischsprachigen Publikationen verfasste Weiss erst am Ende der 1950er Jahre erste Texte in deutscher Sprache. Die simultane Ungleichzeitigkeit der Verortungen – des fortgesetzten Exils – bildet auch den Resonanzboden eines mit lakonischer Geste gezeichneten Notizbucheintrags des Autors: »Bin inzwischen zu einem ›deutschsprachigen Autor‹ geworden (...) und schreibe in der Sprache, die ich als Kind lernte und als 17jähriger verlor.«[38] Die Bezeichnung »deutschsprachiger Autor« ist über die Anführungszeichen als eine höchst ungesicherte, unzuverlässige Zuweisung markiert, die erklärungsbedürftig scheint: Kein Wort von einer Heimkehr in die Muttersprache, von einer Wiederaneignung des Verlorenen, keine Rede von einem in nationaler Kultur oder Sprache wurzelnden Ursprung des Ich. Das Schreiben in der deutschen Sprache begründet sich in dieser kurzen Notiz gleichsam schon in ihrem Abgrund und im Wissen um den Bruch alles Ursprünglichen, um den auch Weiss' Lessingpreisrede *Laokoon oder Über die Grenzen der Sprache* aus dem Jahr 1965 kreist. Das mit der Vertreibung aus der Sprache einhergehende Exil bedeutet insofern »eine besondere Weise von Verwerfung und Entfremdung«[39], als am Anfang das trennende Wort steht, das den »plötzlich als Fremdkörper« Gezeichneten aus der (Sprach-)Gemeinschaft ausstößt und ihn »zu einem neuen Dasein«[40] aburteilt, in dem alles Sprechen und mithin alles Sagbare fortan immer schon von diesem zerstörerischen Gewaltakt kontaminiert ist. Buchstäblich von Grund auf entzogen wird damit ebenso jegliche Referenz auf Herkunft, auf das, »von dem er damals meinte, es gehöre ihm (...).«[41] Gemeint ist auch der Zustand des »Wohnens in der Sprache«, der »bis zu den Markierungen« reicht, »die jeden der Sprechenden in dem Gebilde zusammenhalten, das sie ihr eigenes Land nennen.«[42]

Wenn dem Exilanten in Weiss' *Laokoon*-Rede statt der Zugehörigkeit zu einem imaginären Nationalen – im Sinne Benedict Andersons[43] – hingegen nur die Spuren zufälliger »Aufenthalte auf geographischen Punkten« anhaften, wenn es heißt, dass von »Nationen gestellte Ansprüche (...) für ihn jegliche Bedeutung verloren«[44] haben, dann kann sich dieses Exil nicht (mehr) auf einen kollektiven Ursprung (des Vaterlands, des Zuhauseseins in der Muttersprache) oder ein kollektives Gedächtnis berufen. Zugleich ist damit ebenso die Unmöglichkeit einer bloßen Opposition zur totalitären Identitätspolitik des Nationalsozialismus markiert. Vielmehr bleibt jeder Versuch der Vergewisserung von Identität, Herkunft oder Geschichte auf die irreversible Beschädigung verwiesen, die ihre »Male in jedem Einzelnen« hinterlässt, wie Adorno in seinen *Minima Moralia* anmerkt und dem Exilanten bescheinigt: »Enteignet ist seine Sprache und abgegraben die geschichtliche Dimension, aus der seine Erkenntnis die Kräfte zog.«[45] Der Untertitel, den Adornos Aphorismensammlung aus dem Exil trägt, »Reflexionen aus dem beschädigten Leben«, ist dementsprechend als nachdrücklicher Verweis darauf zu lesen, dass sich jedes Identitätsbegehren und jeder Geschichtsentwurf an dieser – eben auch eigenen – Beschädigung zu messen hat.

In Peter Weiss' *Laokoon*-Rede ist dem Exil ebenfalls im Resonanzraum der deutschen Sprache ein das politische Ende des Nationalsozialismus überdauernder, traumatisch besetzter Erinnerungsmodus eingeschrieben, der Gegenwart und Vergangenheit kollidieren lässt und in dem gleichsam jedes Wort die totalitäre Gründungsgewalt nationaler Identität[46] überträgt, jeder kommunikative Akt durch sie gestört wird: »Zwischen den ausgesprochenen Wörtern und seinem Gehör lag die Erinnerung an ein Fliehen.«[47] Das traumatische Moment des schmerzhaften Verwiesenseins auf das Vergangene, in dem das vermeintlich Eigene und Eigenste zum Fremden wurde, erlaubt keine Rückkehr in eine geschichtlich integrierbare nationalkulturelle Heimat. Die exilische Kondition bedeutet hier die unauslöschbare Signatur eines auf Dauer gestellten Ausnahmezustands, einer dementsprechend prekären, singulären Freiheit des Exilanten, die »grenzenlos«[48] ist, weil sie sich, vor allem eingedenk des katastrophischen Ausmaßes ethnonationaler Identitätspolitik des Nationalsozialismus, auf kein kollektiv geteiltes Identitätsnarrativ berufen kann. In dem Sinne haftet der exterritorialen Position, die den »von Nationen gestellte(n) Ansprüchen« keine Bedeutung beimisst, immer schon die Negativität der exilischen Kondition an. Es sind, wie Katja Garloff im Hinblick auf Peter Weiss' »skeptical cosmopolitism« feststellt, ihre »catastrophic leftovers, that continue to undermine the cosmopolitan ideal.«[49]

Peter Weiss' autobiografischer Roman *Fluchtpunkt* verhandelt diese unauflösbaren Ambivalenzen. Der Fluchtpunkt eines Exils der Unzugehörigkeit ohne Rückkehr bildet im diskursiven Raum des Romans die Kontrastfolie zu einem Exil, das als Modus der Unterbrechung, des Wartens, gedacht wird und sich in der imaginären Gemeinschaft eines antifaschistischen, *anderen Deutschland* aufgehoben sieht. Verteilt auf zwei Figuren des Textes werden beide Dimensionen des Exils miteinander konfrontiert und in eine wechselseitige Kommentierung gerückt. So ist gleich zu Beginn von einem Freund des Icherzählers, Max Bernsdorf, im Stockholmer Exil die Rede: »Er wartete auf den Tag der Rückkehr. Es gab für ihn noch eine Landschaft, mit der er verwurzelt war. In seinen verräucherten, kotfarbenen Pensionszimmern lag er und träumte von einem Stück Boden, das er Heimat nannte, obgleich er daraus vertrieben worden war.«[50] In dem Maße, in dem jedoch Max Bernsdorf sich von der exilischen Gegenwart in »den engen Stuben in der Fremde« abkehrt und sich in einer verzweifelt konservierten nationalen Vergangenheit einschließt, scheint er jene, »fremd« und »eigen« unterscheidende, binäre Logik im hegemonialen Diskurs des Nationalen auf problematische Weise mit einer aporetischen Zirkelbewegung zu reproduzieren: »In den Schweden sah er einen Feind, der vor dreihundert Jahren über seine Vorfahren hergefallen war (…).«[51] Die ihren Blick auf die Vergangenheit richtende, essenzialistische Verortung, die sich in ein nationales Erinnerungsnarrativ einschreibt und an »eine Wiedergeburt glauben«[52] will, um dem Exil einen buchstäblich entscheidenden Sinn abzuverlangen, konfrontiert der Text mit der hybriden, wurzellosen Existenz des Icherzählers, d. h. mit dem radikalen Entzug der Identitätsvergewisserung und ihrer ideologischen Fundamente. Dessen Fluchtpunkt verkörpert eben nicht eine zu restituierende Heimat, sondern nur mehr die Bruchlinien, Reste und Trümmer einer »kulturelle(n) Konstruktion von nationalem Sein.«[53] Auch hier ist keine Rede von einer Ankunft im Exilland Schweden, nicht »von der Empfindung einer Bleibe«[54], sondern von einem künstlerischen Selbstentwurf, in dem es »keine Grenzen, keine Nationen«[55] gibt, der bisweilen »alle Nationen« in sich »zur Sprache kommen« lässt und sich der »Ablagerung aus allen Kanten Europas« öffnet, mit dem Ausdruck einer »einzige(n) ungestalte(n) Gärung, eine(r) Kakophonie (...).«[56]

Die implizite Antwort auf die politisch begründete Frage Bernsdorfs, »auf welcher Seite stehst du«[57], gibt der wiederholte Verweis auf ein Aushalten(müssen) von Liminalität, das sich auf nichts berufen, Eigenes und Fremdes nicht trennen kann und folglich nicht in der Position einer einfachen Negation aufgeht, sondern vermeintlich feste Entitäten beziehungsweise Identitäten dekonstruiert. »Zeiten, Begriffe und Traditionen, mit denen wir unsere ungewisse, dahingleitende Jetztzeit in die Zeichen der Geschichte verwandeln«[58], gilt es für den Icherzähler immer wieder neu auszuhandeln und zu übersetzen, in flüchtigen Übereinkünften mit jenen transitorischen Stätten, denen von jeher die Spuren des Nomadischen eingezeichnet sind, den »Hafengegenden, (...) Jahrmärkten und (...) Zirkuszelten, wo die Gedanken offen waren für Veränderlichkeit und Wanderschaft.«[59]

Der Begriff des Fremden begleitet das Ich als ein relationaler Begriff, der dessen Unzugehörigkeit in einander ausschließenden Zuschreibungen und die vermeintliche Identität im stets wechselnden Zwielicht der Differenz aufscheinen lässt: »Daß ich kein Deutscher, und väterlicherseits von jüdischer Herkunft war, erfuhr ich erst kurz vor der Auswanderung. (...) Ich war Fremder, wo ich auch hinkam. (...) In dem Land, in dem ich aufgewachsen war und dessen Sprache ich sprach, war ich zum Fremdling ernannt worden. In England schrie man mir Fritz nach. Als wir ein paar Jahre später in die Tschechoslowakei kamen, in das Land, dem ich meinem Paß nach angehörte, schalt man mich wieder einen Deutschen, weil ich die Landessprache nicht konnte, doch dann sollte ich für dieses Land Militärdienst leisten.«[60]

Mit der Figur des jüdischen Vaters, der zum Christentum konvertierte, im Ersten Weltkrieg in der österreichisch-ungarischen Armee kämpfte, für seine Kriegsverletzung mit einem Orden geehrt wurde und der verzweifelten Hoffnung auf eine gelingende Assimilation anhängt, wird eine weitere Position ins Spiel gebracht, die eine mögliche Gegenbildlichkeit zwischen einem mit dem Blick nach Deutschland gerichteten, antifaschistischen Exil (Bernsdorf) und der hybriden, entwurzelten Existenz des Icherzählers stört beziehungsweise durchquert: Eines Morgens im Bad richtet der Sohn den Blick auf das verborgene Körpermal, das den Vater ins Exil trieb: »Ich sah ihn im warmen Wasser liegen, von der Hose umflossen, die mir sein Geschlecht verbarg, das beschnitten war, und das er mir nie gezeigt hatte.«[61] Dieses Körperzeichen gilt der vernichtenden ethnonationalen Definitionsmacht des Nationalsozialismus als ein Stigma des *Fremdkörpers*, das jedes Assimilationsbegehren des Vaters und dessen Bekenntnis zum Nationalismus (beziehungsweise dessen Kriegsorden als Auszeichnung im Dienst der nationalen Sache) radikal ad absurdum führt. Insofern wird das scheiternde Assimilationsbegehren des Vaters auch zum katastrophischen Resonanzraum für die fernen Pensionszimmer des im schwedischen Exil auf Rückkehr in seine deutsche Heimat wartenden Bernsdorf. Dessen Hoffnung auf eine, die Rückkehr in ein »anderes Deutschland« ermöglichende, geschichtlich-politische Zäsur wird aus der wurzellosen Erzählerposition des Ich mit einer anderen Zäsur überschrieben. Sie verweist gleichermaßen auf die von Heimweh getriebene Erinnerung des Einzelnen wie auch auf das im nationalen Gedächtnis so wirkmächtige symbolische Identitätsversprechen der deutschen Kulturnation mit deren Paradoxien und Entstellungen: »Die Reise, die ich selbst ins Land meiner Herkunft unternahm, weckte in mir nicht den Wunsch, wieder dort ansässig zu werden. Die Fremde, mit der ich mich konfrontierte, war um so beunruhigender, als mir doch jedes Wort mit solcher Vertrautheit entgegenkam. Es war das Wiedersehen in einem Traum, in dem alles zu erkennen war, in dem alles offen und entblößt lag und doch von einer ungeheuerlichen Entstellung durchsetzt war (…), doch was hier lag, war nicht wert, wieder angenommen zu werden, es ließ sich nur für Zeit und Ewigkeit verfluchen.«[62]

Der den Ort der eigenen Herkunft verfremdende Blick des als Fremdkörper Ausgestoßenen reflektiert im Zurückschauen unmittelbar und buchstäblich den tiefen Riss, der das vermeintlich Eigene, Vertraute unheilbar verwundet hat, und entblößt die ideologischen Fundamente Heimat, Kultur, Nation, die von der barbarischen Gewalt des Holocaust nicht mehr abzulösen sind. Im Blick des Ausgestoßenen, Unzugehörigen bleiben Heimweh und die auf ewig reklamierte Verwerfung von Heimat in unaufhebbarer Ambivalenz gefangen. Er repräsentiert das andere Gedächtnis zu den geschichtspolitischen Bestandsaufnahmen einer durch den nationalsozialistischen Terror vermeintlich geschändeten Kulturnation, die beide deutsche Staaten jenseits aller ideologischen Differenzen symbolpolitisch für sich beanspruchten und somit einem *anderen Deutschland* überhistorische Dauer gegenüber einer historischen Episode »in finsteren Zeiten«[63] zusprachen.

Die an den Schauplatz Paris gebundene kosmopolitische Vision des Ich, in der unübersehbar der Sartre'sche Existenzialismus seine Spuren hinterlässt[64], entwirft sich am Ende als eine ebenso grenzenlose wie auch haltlose Freiheit. So bekundet der letzte Satz: »An diesem Abend im Frühjahr 1947, auf dem Seinedamm in Paris, (…) sah ich, daß ich teilhaben konnte an einem Austausch von Gedanken, der ringsum stattfand, an kein Land gebunden.«[65] Diese Vision einer sich selbst ermächtigenden sozialen Teilhabe des exilierten Ich ist nicht ohne ihre

Negativität, ohne die Reste und Trümmer kollektiver Identitätsverge-
wisserungen im Namen von Kultur und Nation zu denken. Insofern gehen die im *Fluchtpunkt* verhandelten Entwürfe exilischer Kondition,
das Heimatkonstrukt eines *anderen Deutschland* und die hybride Position der Unzugehörigkeit, nicht in einer Gegenbildlichkeit auf. Sie
sind vielmehr aufeinander verwiesen, da vermeintlich *kosmopolitischer
Freiheit* wie *Heimat* die Narbe einer existenziellen Erfahrung gewaltsamer Entortung eingeschrieben bleibt.

In dem Sinne unterscheidet auch Jean Améry das Exil derjenigen, deren »Vergangenheit (...) urplötzlich verschüttet« war, von der »Selbst-
verbannung jener Emigranten, die ausschließlich ihrer Gesinnung wegen dem Dritten Reich entwichen«[66] und sich ihrer »für bessere Tage«
der Rückkehr im Gepäck bewahrten deutschen Kultur versicherten:
»Die namenlosen Flüchtlinge lebten in einem der deutschen und internationalen Realität gerechteren gesellschaftlichen Sein: das davon bestimmte Bewußtsein gestattete, erforderte, erzwang eine gründlichere
Erkenntnis der Wirklichkeit. Sie wußten, daß sie Verjagte waren und
nicht Konservatoren eines unsichtbaren Museums deutscher Geistesge-
schichte.«[67]

III Damals, dann und danach: Barbara Honigmanns Emigration aus dem *anderen Deutschland*

Die im Gründungsjahr der DDR in Ostberlin geborene Barbara Honigmann, deren jüdische Eltern als überzeugte Kommunisten aus dem
englischen Exil zurückgekehrt waren, um sich am Aufbau des sozialistischen deutschen Staates zu beteiligen, bemerkt in einem ihrer autobiografischen Essays: »Ich glaube, wir Kinder von Juden aus der Generation meiner Eltern sind, vielleicht überall, aber in Deutschland
besonders lange, Kinder unserer Eltern geblieben. (...) Denn es war
schwer, der Geschichte und den Geschichten unserer Eltern zu entrinnen.«[68] In der Essaysammlung *Damals, dann und danach* verschränkt
Honigmann die Frage nach dem traumatisch besetzten Erbe eines erinnernden Nachlebens des Exils in der Generation der Nachgeborenen
mit den eigenen Aushandlungen kultureller Identität, im Spannungsfeld
einer »allumfassenden Fremdheit«[69] sowie im Hinblick auf die sich er-
innernder Verfügung entziehende Geschichte eigener Herkunft: »Die
Geschichte unserer Eltern kannten wir aber nur bruchstückhaft, und
das Judentum überhaupt nicht. (...) So war unsere Herkunft eher mys-
tischer Art, ein Geheimnis (...).«[70] Was das Geheimnis so nachhaltig
verschließt und die Erinnerung tilgt, wird vor allem auf die *Ankunft* der

Eltern in der sozialistischen Staatsdoktrin der DDR zurückgeführt[71], welche die jüdische Tradition ausblendet und die abgründige Vorgeschichte der Shoah vergessen zu haben scheint.

In dieser Generationengeschichte eines Nachlebens des Exils bleibt nachdrücklich die Ambivalenz einer historisch-politischen Zäsur wirksam, die unmittelbar nach dem Krieg in der sowjetischen Besatzungszone mit dem Versprechen eines radikalen Neuanfangs verbunden war und eine 1933 gewaltsam unterbrochene Tradition, die der deutschen Arbeiterbewegung, fortzusetzen suchte, mit der sich vor allem aber auch das »Assimilationskonzept der Kommunistischen Internationale zur Lösung der jüdischen Frage und zur Überwindung des Antisemitismus« verband: »Juden sollten sich, ungeachtet der jeweiligen soziokulturellen Umstände, durch Verzicht auf eine (wie auch immer begriffene) jüdische Identität in die kommunistische Bewegung einfügen.«[72] Die Vision eines *Neuen Deutschland*, einer klassenlosen Gesellschaft ohne Antisemitismus, zeichnet einen antifaschistischen Diskurs der Remigration aus, dem sich auch marxistische jüdische Exilanten wie Barbara Honigmanns Eltern anzuschließen suchten.

Das ideologische Versprechen einer Wiederaneignung der gewaltsam enteigneten nationalkulturellen Heimat mag neben der bereits erwähnten Rede von Alfred Kantorowicz *Deutsche Schriftsteller im Exil* noch an einem weiteren Beispiel veranschaulicht werden, einem kurzen Kommentar Johannes R. Bechers, des ersten Präsidenten des 1945 gegründeten Kulturbundes zur demokratischen Erneuerung Deutschlands und späteren Kulturministers der DDR. Bechers Bekenntnis zur Rückkehr aus dem sowjetischen Exil lässt im Namen eines nationalen Kollektivs der exilierten Volksfront das Erbeverständnis des antifaschistischen kulturpolitischen Gründungsmythos der DDR bereits anklingen: »Als ich in Berlin mit dem Flugzeug auf dem Tempelhofer Feld inmitten der Ruinen landete (...) und als ich dann durch die Schluchten unkenntlich entstellter Straßen fuhr, (...) da wurde mir endgültig zur Gewißheit, was ich bisher nur geahnt hatte, daß ein neuer Tag auch meines Lebens angebrochen sei, und daß ich mit dem mir noch verbleibenden Rest nur mehr dem einen zu dienen habe: dem Wiederaufbau, dem Auferstehen Deutschlands.«[73] Diese Wiedergeburtsvision, die dem Exil nachträglich einen zukünftigen Sinn zuordnet, speist sich aus der Vorstellung einer erlösenden Wiederbelebung des »deutsche(n) Humanismus«, vornehmlich auf die goethezeitliche Weimarer Kultur bezogen, die in Bechers *Deutsche(m) Bekenntnis* – so die programmatische kulturpolitische Gründungsrede des Kulturbundes zur demokratischen Erneuerung Deutschlands – als das Andere der »Hitlerbarbarei«[74] entworfen wird, als ein unveräußerliches, unteilbares, mit sich identisches nationalkulturelles Erbe, das aus der vermeintlichen Fremdherrschaft und aus dem entstellenden Missbrauch durch den Nationalsozialismus gerettet werden kann.[75]

Die Rede vom *anderen, eigentlichen Deutschland* vollzieht mit dem moralischen, politischen und kulturellen Repräsentationsanspruch den symbolischen Akt der Delegitimation nationalsozialistischer Erbepolitik und bleibt doch zugleich in deren Logik der Zuschreibung eines *Eigentlichen* gefangen.[76] Dass sich der Akt symbolischer Landnahme von Heimat (und Behauptung von Patriotismus) – aus der exilierten Position des fundamentalen Abgetrenntseins heraus – mit dem Kontinuitätsanspruch einer gewaltsam unterbrochenen Tradition verbindet, dokumentiert unter anderem auch Anna Seghers Rede über *Vaterlandsliebe*, die sie 1935 anlässlich des I. Internationalen Schriftstellerkongresses zur Verteidigung der Kultur in Paris hielt: »Doch wer in unseren Fabriken gearbeitet, auf unseren Straßen demonstriert, in unserer Sprache gekämpft hat, der wäre kein Mensch, wenn er sein Land nicht liebte.« Die nationalkulturelle Heimat wird in Seghers Rede zu einer Frage der politischen und moralischen Legitimität in Frontstellung zum faschistischen Blut-und-Boden-Mythos und damit zu einer Frage der Aneignung, von der sie nicht freigesprochen werden kann: »Es gibt keine Heimaterde schlechthin (...)«[77], es gibt nur, so ließe sich ergänzen, den legitimen Besitzer schlechthin, dessen Repräsentanzanspruch mit historischer Notwendigkeit autorisiert ist. Seghers markiert damit als eine assimilierte deutsch-jüdische Marxistin, die ihren Identitätsanspruch nicht auf die religiöse Zugehörigkeit zur Jüdischen Gemeinde gründet, die Position eines kollektiven Klassenstandpunkts, dessen patriotischem Bekenntnis nicht nur der Verlust einer (vorübergehend) abgebrochenen Tradition (der Arbeiterbewegung) eingeschrieben bleibt, sondern auch ein unheilbarer Riss: der gewaltsame Entzug nationalkultureller Zugehörigkeit mit der Zuweisung einer *jüdischen* Identität durch die totalitäre, ethnonationale Identitätspolitik des Nationalsozialismus.[78] Jene macht das Exil aber nicht mehr allein im Fokus eines politischen Antifaschismus verstehbar, sondern als unmittelbar existenziell erzwungene Flucht. Indem die DDR als ihren nationalen Gründungsmythos die historisch-politische Ankunft des exilierten antifaschistischen Deutschland reklamierte, konnte das nationalsozialistische Erbe als ein westdeutsches Problem ideologisch abgespalten werden[79], was es einem – so Ralph Giordano – »verordnete(n) Antifaschismus« ermöglichte, »Staat und Bevölkerung (...) offiziell zu Mitsiegern des Zweiten Weltkriegs«[80] zu erklären, zugleich aber auch die Shoah einem weitgehend vergessenden Erinnern zu überantworten, mithin jenes Exil auszublenden, das zur Frage des nackten Überlebens wurde, sowie die Frage jüdischer Identität unsichtbar zu machen.[81]

Barbara Honigmanns beiläufiger Verweis – »In guten alten DDR-Ta-
gen durfte sogar offiziellerweise gesagt werden: ›Wir kennen kein jüdisches Volk‹.«[82] – markiert in dem Sinne ein Vergessen, dessen prekäre
Ambivalenzen die Ostberliner Protagonistin Anna in Honigmanns
Briefroman *Alles, alles Liebe!* ausstellt: »Eine offen judenfeindliche Haltung würden sie hier nicht wagen, und wenn sie den Zionismus noch so
sehr zum Rassismus deklarieren. Daß wir in Deutschland leben, schützt
uns jetzt paradoxerweise, und auch die gewisse Prominenz unserer Eltern in diesem Lande; ihre antifaschistische Vergangenheit, die ja der er-
logene Gründungsmythos dieses Landes ist, bewahrt uns vor Zudring-
lichkeiten.«[83] Der Preis dieses Schutzes ist in Honigmanns autobiografischen Essays als Gefangensein in der paradoxen Konstellation von
Sichtbarkeit und Unsichtbarkeit jüdischer Identität problematisiert, zugleich als Suche nach einer nicht nur ex negativo gefassten Verortung:
»Emigration, KZ, Widerstand, Jude waren die Paßwörter (...).«[84]
Die väterliche Genealogie der Assimilation entziffert die Icherzähle-
rin entsprechend als ein von Generation zu Generation übertragenes,
angestrengtes und leidvolles Begehren nach nationalkultureller Integration, dessen Resonanzraum bis in die Aufklärung reicht: »Mein Urgroßvater, mein Großvater und mein Vater haben davon geträumt, in der
deutschen Kultur ›zu Hause‹ zu sein, sie haben sich nach ihr gesehnt,
sich ihr entgegengestreckt und gereckt und unglaublich verrenkt, um
sich mit ihr vereinigen zu können.«[85] Es ist das von Generation zu Generation weitergereichte Erbe einer unerwidert »einseitige(n) Liebe«[86],
das auch deshalb in Aporien mündet, weil es Selbstaufgabe und Opfer
verlangt.[87] Es ist die Geschichte des Urgroßvaters, der mit der Bibel-
übersetzung Moses Mendelssohns sozialisiert, sich an der 1848er Revolution beteiligte und sich für die juristische Legitimierung jüdischer
Emanzipation in Preußen engagierte, die Geschichte des Großvaters,
der im Ersten Weltkrieg »dem deutschen Vaterland den erstgeborenen
Sohn Heinrich zum Opfer«[88] brachte, und des Vaters, dessen Vornamen
man ansieht, dass »vom Judentum nichts mehr übrig war«, und der es
»schon fast ›vergessen‹«[89] zu haben schien, bis ihn die gewaltsame Vertreibung ins Exil daran erinnerte, und nach dem Krieg keiner mehr hat
»wissen wollen, was Juden überhaupt sind (...).«[90] Der Blick in die Familiengeschichte offenbart ein unerfüllt bleibendes Assimilationsver-
sprechen, eine stets aufgeschobene, entzogene Ankunft im Zentrum eines national-kulturellen Repräsentationsanspruchs. Dem Verschwinden
und Vergessen entzogen bleibt diesem Blick auf die Geschichte allein die
Differenz.
Bereits im Titel der genealogischen Erzählung *Von meinem Urgroßvater, meinem Großvater, meinem Vater und von mir* markiert die Kon-

junktion »und« Verbindung beziehungsweise Kontinuität und Bruch zugleich. An dieser Bruchstelle begründet Barbara Honigmann, die 1984 die DDR verlässt, um sich der Jüdischen Gemeinde in Straßburg anzuschließen und sich zu einem religiösen Judentum zu bekennen, auch einen symbolischen Austritt, eine selbst gewählte Exilierung aus der (Familien-)Geschichte der Assimilation als Lebens- und Schreibprogramm, das sich gerade aus deren Aporien der Suche nach national-kultureller Verortung speist: »Im Unterschied zu den Überzeugungen meines Urgroßvaters, meines Großvaters und meines Vaters glaube ich nun nicht mehr daran, daß man, sozusagen wegen guter Führung, vorzeitig aus dem Exil entlassen werden kann.«[91]

Die gewählte exilische Position, die sich von der Generationenfolge eines (scheiternden) Assimilationsbegehrens abtrennt, sucht die Konsequenz aus diesem Dilemma der Verunsicherungen und des fortwährenden Entzugs von Zugehörigkeit zu ziehen und tritt damit zugleich deren Nachfolge an, indem sie den Entzug mimetisch zur Schau stellt: Sie wird einerseits als Überwindung der prekären Ambiguität von »evocation and repression of Jewish visibility« reklamiert[92], einer auch von Honigmann diagnostizierten negativen Symbiose im Zusammenleben von Deutschen und Juden nach 1945, die »in Auschwitz ein Paar geworden sind.«[93] Andererseits macht diese exilische Position, die sich im Aushalten von Liminalität entwirft, indem sie sich ihm aussetzt, diesen Bruch sichtbar und entzieht damit auch dem Begriff nationaler Identität das vermeintlich sichere Fundament. Am »Rande bleiben, (…) nur in einer Nachbarschaft zu den Deutschen«[94], Trennung und Ent-Ortung begründen in dem Sinne das Schreibprogramm, das den »Verlusten der Kontinuität und des Behaustseins nachzuspüren«[95] sucht, ohne Verlorenes, Kontinuität und Heimat restituieren zu wollen, gerade auch, wenn es heißt: »Als Jude bin ich aus Deutschland weggegangen, aber in meiner Arbeit, in einer sehr starken Bindung an die deutsche Sprache, kehre ich immer wieder zurück.«[96] Schreiben, Literatur wird vielmehr zum Prozess eines permanenten Aushandelns von Herkunft, Orientierung und Identität, von Nähe und Distanz.

An die reale Überschreitung der nationalen Grenze Deutschlands (nach Frankreich) knüpft sich hier – wie bereits bei Heinrich Heine – in deren buchstäblich literarischer Übersetzung eine paradox anmutende, imaginäre Rückkehr zur deutschen Kultur, die sich jedoch nicht einer Ankunft versichert oder gar eines essenzialistischen Kulturverständnisses[97], auch wenn das scheinbar unveräußerliche, literarische deutsche Kulturerbe den zunächst irritierenden Resonanzraum der eigenen Literatur bildet: »Ich beziehe mich (…) in allem, was ich schreibe, auf Goethe, Kleist, auf Grimms Märchen und die deutsche Romantik.«[98] In die-

sem Resonanzraum ertönen jedoch auch Missklänge, so im Verweis
darauf, dass »die Herren Verfasser wohl alle mehr oder weniger Anti-
semiten waren.«[99] Die unzugehörige, stets gefährdete exterritoriale Position des Schreibens, die sich zur Auflage macht, die Liminalität nicht
aufzulösen, wird hier nicht bloß zur Voraussetzung einer weiteren An-
eignungsgeschichte des« anderen Deutschlands.« Vielmehr zeichnet sie
dem Begehren national-kultureller Verortung und der Unveräußerlich-
keit des deutschen Kulturerbes eine Differenz ein, die über die Zäsur
von Auschwitz ihre abgründige Unlesbarkeit erfährt. Die selbstge-
wählte Exilposition öffnet zugleich den erinnernden Resonanzraum eines – auch im *anderen Deutschland* – vergessenen, unsichtbaren jüdischen Exils. Darüber hinaus konstituiert sich bei Honigmann über die
Ersetzung territorialer Verortung durch deutsche Sprache und Literatur
und durch die Übertragung von Zugehörigkeit in einen kulturellen
Zwischenraum, der französischen, deutschen und jüdischen Kultur[100],
ein »ästhetische(r) Diasporabegriff«[101], in dem Schreiben als »Getrennt-
sein« dem Exil »sehr ähnlich« ist, »Schriftsteller sein und Jude sein«[102]
zusammenfinden.

IV Gefährliche Verwandtschaft: Exil und Erinnerung bei Zafer Şenocak

Ist für Honigmanns Texte charakteristisch, dass sie, indem sie auf das
historische Exil als familiäres wie kollektives Erbe Bezug nehmen,
Schreib- und Existenzweisen entfalten, die eher Zerstreuung als Einheit
reflektieren und die als exilische einen Traditionsbruch erinnern, so lässt
sich eine ähnliche Tendenz in der neueren deutsch-türkischen Literatur
beobachten. Dabei ist jedoch bereits diese Bindestrich-Identifizierung
nur unzureichend geeignet, den weitreichenden Konsequenzen jener
Kritik und Subversion des Nationalen gerecht zu werden, wie sie etwa
bei Emine Sevgi Özdamar, Feridun Zaimoglu, Yadé Kara, Vladimir
Vertlib oder Zafer Şenocak vielfältig literarisch inszeniert erscheinen.
Gegen die Vorstellung, transnationale AutorInnen befänden sich zwischen zwei in sich homogenen und gegeneinander abgrenzbaren Kulturen, an einem Zwischenort, von dem aus sie über deren Begegnung,
Befruchtung oder Abstoßung berichteten, hat sich inzwischen die Einsicht durchgesetzt, dass man es hier nicht mit vereinzelten Randgängern
zu tun hat, sondern mit Zeugen und Akteuren einer »tektonische(n)
Verschiebung (...) in den heutigen Grundbedingungen deutscher Kultur.«[103] Was dies für die Erinnerung des Exils 1933 bis 1945 und für eine
Neuorientierung der Exilforschung bedeuten kann, soll im Folgenden
noch mit Blick auf den Roman *Gefährliche Verwandtschaft* von Zafer

Şenocak ansatzweise erkundet werden. Der 1998 erschienene Roman wurde bemerkenswerterweise zunächst außerhalb seines deutschen Erscheinungskontextes in den angloamerikanischen Ländern und in Frankreich intensiv und begeistert rezipiert, bevor er verspätet in den vergangenen Jahren auch von der deutschen Literaturwissenschaft entdeckt wurde. Dass seine Aufnahme hierzulande so zögerlich war, hat einige Kommentatoren dazu veranlasst, Parallelen zur gleichfalls von Abwehr und Verspätung geprägten Rezeption der deutschsprachigen Exilliteratur zu konstatieren.[104] Offenbar stand der Roman, der ebenso pointiert wie provokant deutsche, jüdische und türkische Geschichte verbindet, quer zum intellektuellen Diskurs der Nachwendeära, in der die Frage nach der Erinnerung der Shoah im wiedervereinigten Deutschland und dem Verhältnis von Tätern und Opfern im Vordergrund stand.[105]

Auch *Gefährliche Verwandtschaft* erinnert ausdrücklich an das Exil aus Nazideutschland, indem der Protagonist mütterlicherseits einer deutsch-jüdischen Familie entstammt, die sich 1934 durch eine Flucht in die Türkei rettete und in Istanbul ansiedelte. Tatsächlich hatte ja die Regierung Atatürks, die eine umfassende Modernisierung und Verwestlichung der Türkei anstrebte, um qualifizierte deutsche Emigranten regelrecht geworben. In der Rede des autodiegetischen Erzählers im Roman wird diese besondere Situation ausführlich gewürdigt: »Die deutsche Exilgemeinde in Istanbul wuchs rasch an. Viele gelehrte Leute kamen in die Stadt. In Ankara rieb man sich die Hände. Die Regierung wollte die zurückgebliebene Türkei in kurzer Zeit modernisieren. Die Türkei solle ein europäischer Staat werden, abgeschnitten von ihren orientalischen Traditionen. Die Deutschen kamen wie gerufen. Man konnte kaum verstehen, wie Hitler die fähigsten Wissenschaftler aus seinem Land jagen konnte. Ein Büro in der Schweiz vermittelte die Juristen, Ökonomen, Architekten und Philologen an die Universitäten in der Türkei, an Fakultäten, die eigens für sie gegründet wurden.«[106] Die Formulierung, dass hier ein Schnitt mit den Traditionen vollzogen werden soll, deutet in diesem Zitat aber bereits an, dass die Modernisierungsbestrebungen in der Türkei noch eine weitere, eine Schattenseite haben. Denn zu den orientalischen Traditionen, die abgetrennt und überwunden werden sollen, gehört auch, woran der Text an anderer Stelle erinnert, das kosmopolitische Nebeneinander unterschiedlichster Völker und Religionen im Osmanischen Reich, wie es sich vor allem in Thessaloniki ausgeprägt hatte: »Eine von Christen, Juden und Muslimen bewohnte kosmopolitische Hafenstadt, in der man französisch sprach, deutsches Bier trank und vom Handel reich werden konnte.«[107] Thessaloniki allerdings wird, auch das erzählt der Text, 1912 von den

Griechen eingenommen: Juden und Türken fliehen aus der Stadt. Zugleich führt die Erwähnung Thessalonikis auf die Spuren Talat Paschas, der als Führer der Jungtürken während des Ersten Weltkrieges für die Deportation hunderttausender Armenier verantwortlich war.[108] Im Roman erwähnt der Protagonist diesen Teil der türkischen Geschichte zunächst eher beiläufig im Zusammenhang mit einer Beschreibung des Projekts, das seine Lebensgefährtin Marie verfolgt, die an einem Dokumentarfilm über Talat Pascha und dessen gewaltsamen Tod 1921 durch einen armenischen Überlebenden in Berlin arbeitet.

Der sich aufdrängenden unheimlichen Nähe, den Verstrickungen zwischen den Geschichten der beiden Länder versucht sich der Erzähler zunächst durch Abwehr zu entziehen: »Talat Pascha geht mich nichts an. Er ist Maries Projekt.«[109] Eine solche Abspaltung erweist sich jedoch in dem Maße als unmöglich, in dem der Erzähler sich – unter dem Eindruck der deutschen Wiedervereinigung, welche die Frage nach dem deutschen Nationalstaat wieder aufleben lässt[110] – mit dem anderen Teil seiner Familiengenealogie auseinanderzusetzen beginnt. Denn da seine Mutter in Istanbul einen türkischen Mann kennengelernt und geheiratet hat, erbt der Sohn zweierlei Erinnerung, die sich nicht in einer konsistenten Erzählung homogenisieren lassen. Die Fokussierung von nur einer Geschichte erscheint vor diesem Hintergrund als Verdrängung, die der Herausforderung, welche die Konfrontation mit dem Exil hinsichtlich der Revision traditioneller Identitäts- und Erinnerungskonzepte darstellt, offensichtlich nicht gerecht werden kann. Der türkische Vater und sein Erbe sind deutlichster Ausdruck dafür, dass das Exil nicht einfach als ein Zustand temporärer Entortung betrachtet werden kann, sondern dass es in seinen Nachwirkungen die Vorstellung einer eindeutigen Zugehörigkeit, die an ein nationalkulturelles Dispositiv gebunden bleibt, grundsätzlich erschüttert. Dabei wird, ähnlich wie bei Honigmann, die Gebrochenheit kultureller Identität und Erinnerung vor allem von der jüngeren Generation, hier verkörpert durch den Icherzähler, am eigenen Leibe erlebt und bis zu einem gewissen Grade auch reflektiert. An der Mutter des Erzählers wird demgegenüber ein Assimiliationsbegehren vorgeführt, das einerseits auf die Geschichte des deutschen Judentums seit dem 19. Jahrhundert verweist, zugleich aber andererseits vor dem Horizont ethnonationaler Vertreibungs- und Vernichtungspolitik im 20. Jahrhundert nur mehr als ohnmächtiges Bemühen erscheint, die traumatischen Brüche zu verdecken und auf Distanz zu halten.

Nachdem die aus Deutschland emigrierte Familie zunächst durchaus freundlich in der Türkei aufgenommen worden war, sodass sie sich »fast schon nicht mehr im Exil, sondern in einer zweiten Heimat«[111] fühlte,

264 Doerte Bischoff, Susanne Komfort-Hein

wurde die Situation der jüdischen Flüchtlinge während des Zweiten
Weltkriegs zunehmend schwieriger. Die NS-Regierung versuchte, die
emigrierten Juden zu erfassen und zu schikanieren und die Konflikte
zwischen der faschistisch gesinnten reichsdeutschen Kolonie und den
Emigranten spitzten sich zu, wie eine in den Text eingefügte anekdotische Erzählung von zwei politisch in Opposition stehenden deutschen
Buchhändlern in Istanbul beschreibt. Eine Assimilation im Aufnahmeland wird also bereits durch den Umstand erschwert, dass der Konflikt
zwischen nationalsozialistischen und jüdischen Deutschen sich nicht
auf ein Diesseits oder Jenseits nationaler Grenzen übertragen lässt, sondern dass er offensichtlich in verschiedene Länder, auch in das vermeintlich so freundliche Exilland, verschoben erscheint – eine Konstellation,
die ähnlich ja auch in vielen lateinamerikanischen Exilländern vor und
nach 1945 typisch war. Erst recht wird Assimilation fragwürdig, als die
Familie der Mutter nach dem Krieg – wie tatsächlich ein großer Teil der
in die Türkei Emigrierten, sofern sie nicht bereits in die USA gegangen
waren[112] –, nach München zurückkehrt. Konkreter Anlass der Rückkehr ist für die Mutter 1954 offenbar ihre Schwangerschaft und der
Wunsch, dem Kind eine eindeutige Identität zu ermöglichen und ihm
»ein unbequemes Leben zwischen den Welten« zu ersparen.[113]
   Tatsächlich entdeckt der heranwachsende Junge bald die Bibliothek
seines Großvaters, die wundersamerweise das Zerstörungswerk der
Nazis überstanden hat und vertieft sich in die Lektüre von Exilautoren
wie Thomas Mann, von dem ja der Anspruch überliefert ist, »wo ich bin,
ist die deutsche Kultur«.[114] Das Erbe des Großvaters, der sich anstatt
dem Glauben seiner Väter dem »Humanismus in der Tradition der deutschen Aufklärung« verpflichtet gefühlt hatte[115], tritt er dennoch nur insofern an, als er allmählich die diesem Glauben an eine *gute* deutsche
Tradition, die Einheit und Halt stiftet und – trotz allem – zur Identifikation einlädt, inhärente Struktur der Verleugnung erkennt. Jenes »ungebrochene Verhältnis« zu Deutschland, das die Mutter dem Sohn vermitteln möchte, lässt sich nur durch massive Abspaltungen, der
türkischen Herkunft des Vaters – indem zu Hause plötzlich kein Türkisch mehr gesprochen wird –, aber auch der Shoah, der die gesamte
nicht emigrierte Familie der Mutter zum Opfer gefallen ist, herstellen:
»In der Familie meiner Mutter gab es keine Überlebenden. Man sprach
nicht darüber.«[116] Damit stellt der Text Bezüge her zwischen dem nicht
repräsentierbaren Anderen der Shoah, die jede kohärente, einheitsstif-
tende kulturelle Erinnerung infrage stellt, und einer Öffnung gegenüber
anderen Erinnerungen (wie der der Deutschtürken), die gleichermaßen
als Teil der europäischen Familien-Geschichte in den Blick rücken. Das
Exil intensiviert Kontakte und Austauschbeziehungen zwischen den

Kulturen und bringt vorausgehende kulturelle Verflechtungen und Korrespondenzen zum Vorschein, die im Horizont nationalkultureller Perspektiven vergessen oder verleugnet werden. Es konfrontiert aber auch
mit der Einsicht, dass die Abgründe homogenisierender Gemeinschafts-
erzählungen nicht außerhalb dieser zu finden sind, sondern vielmehr
diesen als deren Schatten oder Kehrseite eignen.

Im Laufe der Erzählung trennt sich Sascha Muhteschem, die Erzäh-
ler-Figur, von seiner Freundin Marie, was als mimetischer Nachvollzug
jenes Bruchs gelesen werden kann, den Sascha nun immer stärker als
einen die eigene Identität durchziehenden freilegt. Hatte er zuvor noch
einen Teil der ihn betreffenden Geschichte gleichsam an sie delegiert,
nicht ohne sie immer wieder für ihre voreingenommene westliche Perspektive auf die türkischen Figuren und Verhältnisse zu kritisieren, so
widmet er sich nun ernsthaft dem Versuch, jene Notizbücher, die sein
türkischer Großvater ihm – geschrieben in arabischen und kyrillischen
Buchstaben – hinterlassen hat, zu entziffern und zu sich in Beziehung zu
setzen. Die Information, die er noch von seinem Vater als letzte Hin-
terlassenschaft erhalten hat, dass der Großvater sich von 1919 bis 1921
in Istanbul versteckte, und sein Tod 1936, mutmaßlich ein Suizid[117], sind
dabei rätselhafte Anhaltspunkte, an denen sich ein Geheimnis kristallisiert, dessen Auflösung auch die Möglichkeit einer Klärung der eigenen
Identität zu bergen scheint: »Ich sehnte mich danach, tiefere Schichten
meiner selbst zu finden. Diese Tiefe war nur durch die Entdeckung meiner Herkunft zu erreichen. Ich wollte nicht mehr wurzellos sein, un-
verantwortlich für alles, was länger als 20 Jahre her war. Plötzlich erschien mir Großvater als das Geheimnis, das zwischen mir und meiner
Herkunft stand. Ich mußte sein Geheimnis lüften, um zu mir selbst zu
kommen.«[118]

Doch diese Wunschfantasie einer restlosen Aneignung des verborge-
nen, abgespaltenen Anderen erweist sich als Phantasma, da alle Über-
setzungsversuche wiederum auf – zum Teil ausdrücklich literarische –
Texte führen und die identifikatorische Selbst-Vergewisserung immer
wieder ins Leere geht. Der zu entziffernde Text, von dem Sascha ein für
alle Mal Aufschluss über sich selbst erhofft, ist nicht nur in verschiedenen Sprachen geschrieben, er führt in die Irre, indem er etwa Sprache
und die zugehörigen Buchstaben auseinandertreten lässt. Der erste
Übersetzer, den Sascha in Ermangelung eigener Sprach- und Schrift-
kenntnisse engagiert, stellt fest: »Dein Großvater war ein Scharlatan.
Der hat nicht nur die großen Russen unvollständig wiedergegeben,
sondern auch noch teilweise Türkisch mit kyrillischen Buchstaben geschrieben. Das kann ich zwar lesen, aber nicht verstehen.«[119] Darüber
hinaus handelt es sich offenbar um einen in sich inkohärenten Text, eine

Ansammlung von Verweisen und Zitaten, die ebenso gut Hinweis wie Camouflage, Aufdeckung oder Verschleierung einer Wirklichkeit sein können, die sich als solche der Darstellung entzieht. Bleiben sie letztlich unentschlüsselbar, so sind sie dennoch und gerade darin als Verweise auf die Erzählerfigur lesbar, indem nämlich die nachgelassenen Notizbücher des Großvaters auf jenen Roman beziehbar sind, den Sascha, selbst Autor, zu schreiben versucht, der aber ohne Zentrum und Fluchtpunkt, ein unabschließbares *work in progress*, bleibt.[120]

Schließlich findet diese Struktur auch eine Entsprechung in der Anlage des Textes selbst, der den Brüchen nachspürt, die nicht nur zwischen Sprachen, Kulturen, Religionen, Identitäten zutage treten, sondern diese von sich selbst spalten. Das Erzählen von Geschichten wird dabei als notwendige Weise kultureller Erinnerung reflektiert, welche die unhintergehbare Ambivalenz von Aneignung und Verlust, Aufklärung und Verdunkelung des Eigenen als solche vorzuführen in der Lage ist. Am Ende des Romans steht ein Schluss, der die Auflösung des den Großvater umgebenden Geheimnisses suggeriert – der Tod wird als Selbstmord erzählt, mit dem der Großvater auf den Brief seiner ehemaligen armenischen Geliebten 20 Jahre nach den Geschehnissen reagiert. Damals hatte er ihren Namen als einzigen von der Deportationsliste gestrichen. Als Verfolgte und Exilantin hatte sie aber dennoch erfahren, wofür er die Verantwortung trägt. Der Status dieser abschließenden Erzählung zwischen Fakt und Fiktion bleibt jedoch ungeklärt. Annäherung an ein familiäres wie nationales Trauma und Abwehr einer unerträglichen und unmöglichen Re-Präsentation desselben zugleich, fungiert diese Schlusserzählung als eine Art Deckerinnerung, die einen Bruch im Eigenen zu heilen sucht, ihn zugleich aber markiert: Indem der Erzähler den eigenen Großvater mit einem Genozid in Verbindung bringt, konfrontiert er sich mit einem schwierigen Erbe, das jedoch durch die versöhnenden Umstände der romantisierenden, Liebe und Reue insinuierenden Version vom Suizid gleichzeitig – als Genozid – verharmlost und verleugnet wird. Dabei stellt das er-lösende und aufklärende Erzählen diese Ambivalenz jedoch zur Schau, indem es sich als der Übersetzung ausgesetzt reflektiert, die niemals das Eigentliche präsentiert und immer einen fiktionalen Anteil besitzt: »Jede Übersetzung ist nur eine Version.«[121]

Präsentiert sich der Erzähler selbst als »Übersetzer«, der »die Welt der Migranten, der Randgänger« beschreibt, indem er eine Logik, die »(a)bseits des Zentrums herrscht«, in die dominante Ordnung transponiert[122], so findet auch er selbst sich gelegentlich der Übersetzung ausgesetzt, wenn etwa sein Name Muhteschem aufgrund klanglicher Ähnlichkeiten mit »Möchtegern«-Deutscher in Verbindung gebracht wird.

Anstatt dieses Wortspiel als Herabsetzung aufzufassen, macht er sich diese Beschreibung begeistert zu eigen: »Das gefiel mir, das löste meine Identitätsprobleme auf einen Schlag.«[123] Der Selbstbehauptung bleibt so die Pose, die rhetorische Inszenierung eingeschrieben; indem das Selbstbild eine verstellende Übersetzung und Fremdzuschreibung imitiert, stellt es das Eigene als von sich selbst Differierendes zur Schau.[124] Gerade im Anspruch von Deutschtürken, die »neuen Patrioten Deutschlands« zu sein, den der Text auch – als kursiv gesetzte Rede des Immobilienmaklers Ali – zitiert, manifestiert sich eine Wiederholung potenziell unheilvoller Selbstsetzungen und Ausgrenzungen (»Ihr Kranken! Wir werden euch heilen […].«[125]), in der im Text zur Schau gestellten Pose wird aber zugleich dieser Anspruch eines Marginalisierten als Rede erkennbar, die (selbst erfahrene) Brüche und Risse zu heilen versucht und die in der verschobenen Mimesis der Sprache der Dominanzkultur dieser das von ihr Ausgegrenzte einschreibt. Gegen Konzepte kultureller Assimilation, die Ansprüche des Nationalen festschreiben und letztlich auf Abspaltungen und Verleugnungen beruhen[126], wird hier der Blick geöffnet für transkulturelle, transnationale Prozesse, denen jeder Versuch einer Identitätsbestimmung ausgesetzt ist.

Neben der Übersetzung und der Mimesis ist es vor allem die Metapher der Prothese, die auf ein alternatives Schreiben des Exils führt, das die Logik des nationalen Diskurses, auf den es gleichwohl bezogen ist, unterläuft. Die entortete Identität ist eine, die das, was ihr zu einer völligen Angleichung, zur Identität in und mit dem Kollektiv fehlt, das Abgeschnittene, nur durch eine (fiktionale, rhetorische) Hinzufügung kompensieren kann, die als gemachte, als künstlich prothesenhafte erkennbar bleibt.[127] Wie das Fremdwort im Text Kalékos, das mit Benjamin als »silberne Rippe« beschrieben wurde, macht sich auch hier eine Hybridität nicht nur zwischen zwei Kulturen, sondern zwischen naturalisierter und »fremdgemachter« Sprache kenntlich, welche Naturalisierungsprozesse und Körpermetaphern, wie sie im Kontext von Nationaldiskursen unablässig begegnen, einer grundsätzlichen Irritation aussetzt.

Die in diesem Beitrag exemplarisch betrachteten Texte werfen die Frage auf, wie das Exil als das, was durch nationale Herrschaftsansprüche und mit Blut geschaffene Grenzen[128] hervorgerufen wird, erinnert werden kann, ohne dass diese erinnernde Aneignung selbst wieder der Logik der ausschließenden Grenzsetzung und Selbstbehauptung verfällt. Wurde in der Forschung bisher gelegentlich auf die Nähe solcher Texte zur klassischen Exilliteratur hingewiesen, häufig jedoch mit dem Zusatz, es wäre beispielsweise »völlig verfehlt, Şenocaks Literatur als

Exilliteratur zu behandeln«[129], so zeigt sich nach dem Durchgang durch Lektüren von Texten über das Exil, die vor, während und nach der eigentlichen deutschen Exilepoche entstanden sind, dass eine Ausweitung der Perspektive von diesen Texten nicht nur gerechtfertigt, sondern in mancher Weise sogar regelrecht und konsequent eingefordert wird.

1 Von einem »(partial) turn within German exile studies« ist gelegentlich bereits in Kontexten die Rede, in denen interkulturelle Aspekte des Exils untersucht werden. Vgl. Eugen Banauch: *Fluid Exile. Jewish Exile Writers in Canada* 1940–2006. Heidelberg 2009, S. 62. Wichtige Impulse geben Arbeiten, welche Begriffe und Kategorien aus den *Postcolonial Studies* für die Exilforschung fruchtbar machen. Vgl. den von Claus-Dieter Krohn besorgten Band *Exilforschung 27* (2009): *Exil, Entwurzelung, Hybridität.* Vgl. in diesem Band bes. Stephan Braese: »Exil und Postkolonialismus«, S. 1–19. — **2** Hans Ulrich Gumbrecht: »Posthistoire Now«. In: Ders. u. Ursula Link-Heer (Hg.): *Epochenschwellen und Epochenstrukturen im Diskurs der Literatur- und Sprachhistorie.* Frankfurt/M. 1985, S. 34–50, hier S. 40. — **3** Bernhard Spies: »Exilliteratur«. In: Klaus Weimar (Hg.): *Reallexikon der deutschen Literaturwissenschaft.* Bd. I. Berlin–New York 1997, S. 537–541, hier S. 537 f. — **4** Anna Seghers: »Abschied vom Heinrich-Heine-Klub«. In: Dies.: *Über Kunstwerk und Wirklichkeit.* Bd. I: *Die Tendenz in der reichen Kunst.* Berlin 1970, S. 205–208, hier S. 207. Vgl. hierzu und zur Heine-Rezeption im Exil allgemein auch Ariane Neuhaus-Koch: »›Heine hat alle Stadien der Emigration mit uns geteilt‹«. In: Joseph A. Kruse u. a. (Hg.): *Aufklärung und Skepsis. Internationaler Heine-Kongreß 1997 zum 200. Geburtstag.* Stuttgart–Weimar 1999, S. 649–665. Zur Heine-Rezeption bis zum Kaiserreich vgl. Jürgen Brummack: *Heinrich Heine. Epoche – Werk – Wirkung.* München 1980, S. 263–334. — **5** Walter A. Berendsohn: *Der lebendige Heine im germanischen Norden.* Kopenhagen 1935, S. 20. — **6** Bertolt Brecht: »Die Auswanderung der Dichter«. In: *Gesammelte Gedichte* Bd. 2. Frankfurt/M. 2. Aufl. 1978, S. 495; »Besuch bei den verbannten Dichtern«. In: Ebd., S. 663 f. — **7** »Hilde Domin interviewt Heinrich Heine 1972 in Heidelberg«. In: Hilde Domin: *Gesammelte autobiographische Schriften.* München–Zürich 1992, S. 233–242. — **8** Hermann Kesten: »Heine im Exil«. In: Sonntagbeilage der *Pariser Tageszeitung* Nr. 1038, 2./3. 7.1939, S. 3. — **9** Ebd. ausdrücklich heißt es auch: »Börne war deutscher Patriot, Heine ein Patriot des künftigen Europa.«— **10** Vgl. ebd.: »Aus den Ländern aller 36 deutschen Tyrannen waren die landesüblichen Genies und Narren nach Paris geflohen, echte Genies und authentische Narren, und alle waren deutsche Patrioten.«— **11** Vgl. Jacques Derrida: »Das andere Kap«. In: Ders.: *Das andere Kap. Die vertagte Demokratie. Zwei Essays zu Europa.* Frankfurt/M. 1992, S. 9–80; außerdem Doerte Bischoff: »Repräsentanten für Europa? Thomas und Heinrich Mann als Grenz-Gänger eines Europa-Diskurses in ihren Essays 1914–1933«. In: Jürgen Wertheimer (Hg.): *Suchbild Europa. Künstlerische Konzepte der Moderne.* Amsterdam 1995, S. 18–37. — **12** Berendsohn: *Der lebendige Heine* (s. Anm. 5), S. 12, 14, 23. — **13** Ebd., S. 20. — **14** Ebd., S. 13. — **15** Ebd., S. 15. — **16** Vgl. *Pariser Tageblatt,* 10.5.1936, S. 3. — **17** Vgl. *Pariser Tageszeitung,* 4.11.1936, S. 4 (»Schluss mit Heinrich Heine ...«). Ein literarischer Totschlagsversuch). — **18** Vgl. den Titel von *Exilforschung. Ein internationales Jahrbuch.* Bd. 25: »Übersetzung als transkultureller Prozess«. München 2007. — **19** Kaléko, die 1938 von Berlin über Paris in die USA emigrierte, war es in der Zwischenkriegszeit gelungen, sich durch ihre Großstadtgedichte und Gebrauchslyrik im Stile der Neuen Sachlichkeit in der literarischen Szene Berlins zu behaupten und sich einen Namen als »waschechte Berlinerin« zu machen. Vgl. Karina von Tippelskirch: »Mimikry als Erfolgsrezept: Mascha Kalékos Exil im Exil«. In: Helga Schreckenberger (Hg.): *Ästhetiken des Exils.* Amsterdam – New York 2003, S. 157–171, hier S. 166 f. Tatsächlich war sie jedoch als Kind jüdischer Eltern in der multiethnischen und mehrsprachigen Umgebung Galiziens aufgewachsen und auch in Berlin noch neben dem Deutschen von jiddischen Einflüssen umgeben, wovon ihr überwiegend in hebräischen Buchstaben auf Deutsch geschriebenes Tagebuch Zeugnis ablegt. Ihre Emigration in die USA stellte bereits eine wiederholte Exilierungserfahrung dar. — **20** Mascha Kaléko: *Verse für Zeitgenossen*. Cambridge/Mass. 1945, S. 24. In der 1958 erstmals in Deutschland erscheinenden Ausgabe ist das Wort »Refugee« durch Flüchtling ersetzt. — **21** Vgl. hierzu auch Sigrid Weigel: »Phantome der Kulturnation«. In: *taz* 8.4.2008. Während der Formulierung der nationalen Tradition in der ersten Hälfte des 19. Jahrhunderts habe Heine »auf den teils zwanghaften Charakter einer Einheitsstiftung qua Abstammung und Herkunft« hingewiesen. »Diese Erbschaft im kulturellen Gedächtnis der deutschen Nation stellt eine Spur dar, deren genaueres Studium lohnt, um sich der Frage nach dem Ort der Kulturnation in der Vorgeschichte des ›Dritten Reiches‹ zu nähern.«— **22** Walter Benjamin: »Einbahnstraße«. In: *Gesammelte Schriften*. Bd. IV.1. Hg. v. Rolf Tiedemann und Hermann Schweppenhäuser. Frankfurt/M. 1972, S. 83–148, hier S. 131. — **23** Theodor W. Adorno: »Wörter aus der Fremde«. In: Ders.: *Noten zur Literatur*. Frankfurt/M. 1981, S. 216–232, hier S. 219. Vgl. auch ebd., S. 218: »Die Fremdwörter bildeten winzige Zellen des Widerstands gegen den Nationalismus«. — **24** Ebd., S. 221. Zu weiteren Beispielen für Sprachwechsel und Mehrsprachigkeit in der Exil-Literatur vgl. Primus-Heinz Kucher: Sprachreflexion – Sprachwechsel im Exil. www.literaturepochen.at/exil/lecture_5011.pdf (18.2.2012). — **25** Heinrich Mann: »Aufgaben der Emigration«. In: Heinz Ludwig Arnold (Hg.): *Deutsche Literatur im Exil 1933–1945*. Bd. I: Dokumente. Frankfurt/M. 1974, S. 3–8, hier S. 8. — **26** Wolf Franck: *Führer durch die deutsche Emigration*. Paris 1935, S. 50. Hier zit. nach Konrad Feilchenfeldt: *Deutsche Exilliteratur 1933–1945. Kommentar zu einer Epoche*. München 1986, S. 22. — **27** Alfred Kantorowicz: »Deutsche Schriftsteller im Exil«. In: Arnold: *Deutsche Literatur im Exil* (s. Anm. 25), S. 286–295, hier 293. — **28** Eingehend hat 1992 Thomas Koebner analysiert, dass vor allem in den ersten Fluchtjahren »in Paris, Zürich oder Prag Symbole und Figuren aus dem imaginären Museum der deutschen Nationalromantik mobilisiert« wurden und sich die »Kennzeichnung eines anderen Deutschlands (…) fast immer im Dunstkreis nationaler (manchmal auch nationalistischer) Stereotype« bewegte. Thomas Koebner: »Das ›andere Deutschland‹. Zur Nationalcharakteristik im Exil«. In: Ders.: *Unbehauste. Zur deutschen Literatur in der Weimarer Republik, im Exil und in der Nachkriegszeit*. München 1992, S. 197–219, hier S. 201. In seiner wichtigen kritischen Revision der Exilforschung hat 1995 Lutz Winckler u. a. das Festhalten an der Vorstellung einer unkorrumpierten Kulturnation, als deren Repräsentanten sich viele Exilschriftsteller sahen, als Mythos analysiert, der auch noch die Exilforschung der 1960er und 1970er Jahre prägte. Lutz Winckler: »Mythen der Exilforschung«. In: *Exilforschung. Ein internationales Jahrbuch* 13 (1995), S. 68–81; vgl. außerdem Claus-Dieter Krohn: »Die Entdeckung des ›anderen Deutschlands‹ in der intellektuellen Protestbewegung der 1960er Jahre in der Bundesrepublik und in den Vereinigten Staaten«. In: Ebd., S. 16–51; Carsten Jakobi: »Das ›andere Deutschland‹ – alternativer Patriotismus in der deutschen Exilliteratur und Nationaldiskurs des 18. Jahrhunderts«. In: Ders.: *Exterritorialität. Landlosigkeit in der deutschsprachigen Literatur*. München 2006, S. 155–178. — **29** Vgl. etwa Azade Seyhan: *Writing outside the Nation*. Princeton 2001. Hier bes. »Introduction: Neither Here/Nor There: The Culture of Exile«, S. 3–21; vgl. außerdem dies.: »Unfinished Modernism: European Destinations of Transnational Writing«. In: Mirjam Gebauer und Pia Schwarz Lausten (Hg.): *Migration and Literature in Contemporary Europe*. München 2010, S. 11–21; Frank Schulze-Engler: »Transnationale Kultur als Herausforderung für die Literaturwissenschaft«. In: *Zeitschrift für Anglistik und Amerikanistik* 50.1 (2002), S. 65–79. — **30** Vgl. etwa Eva Hausbacher: »Migration und Kultur: Transnationale Schreibweisen und ihre ›postkoloniale‹ Lektüre«. In: Gisella Vorderobermeier und Michaela Wolf (Hg.): »*Meine Sprache grenzt mich ab…«. Transkulturalität und kulturelle Übersetzung im Kontext von Migration*. Wien–Münster 2008, S. 51–78. — **31** Ebd., S. 54. — **32** Vgl. hierzu etwa das

Kapitel »Größe und Erbärmlichkeit des Exils« in der von Wolfgang Emmerich und Susanne Heil herausgegebenen Gedichtsammlung *Lyrik des Exils*. Stuttgart 1997, in deren Vorwort Emmerich Bilder und Beschreibungen des Exils als Verdammung, Hölle oder Gefängnis zusammenfassend beschreibt. Ebd., S. 50. — **33** Eine solche Tendenz prägt einen großen Teil der eher konventionell verfassten Literatur im Exil, wie in der Forschung immer wieder festgestellt wurde. — **34** Zum hier virulenten Konzept der Mimesis bzw. Mimikry, das in der postkolonialen Literatur und Theorie eine wichtige Rolle spielt, vgl. auch Hausbacher: »Migration und Literatur« (s. Anm. 30), S. 71 f. — **35** Vgl. hierzu Salman Rushdie: »Heimatländer der Phantasie«. In: Ders.: *Heimatländer der Phantasie. Essays und Kritiken 1981–1991*. München 1992, S. 21–35, hier S. 22. Dort heißt es: »Man sagt, daß Schriftsteller in meiner Lage, Exilanten, Emigranten oder Verbannte, von diesem selben Gefühl des Verlusts verfolgt werden: von dem Verlangen, zurückzublicken, selbst wenn man Gefahr läuft, in eine Salzsäule verwandelt zu werden. Aber wenn wir dennoch zurückblicken, müssen wir es in dem (...) Bewußtsein tun, daß (...) wir Fiktionen erschaffen, (...) unsichtbare, imaginäre Heimatländer«. Vgl. auch Benedict Anderson: *Die Erfindung der Nation. Zur Karriere eines folgenreichen Konzepts*. Frankfurt/M. 2. Aufl. 1996. — **36** Von einer paradoxen Ankunft im (west)deutschen Literaturbetrieb spricht Katja Garloff: *Words from Abroad. Trauma and Displacement in Postwar German Jewish Writers*. Detroit 2005, S. 56. Vgl. u. a. auch Arnd Beise: *Peter Weiss*. Stuttgart 2002; Alfons Söllner: *Peter Weiss und die Deutschen. Die Entstehung einer politischen Ästhetik wider die Verdrängung*. Opladen 1988. — **37** Peter Weiss: »10 Arbeitspunkte eines Autors in der geteilten Welt«. In: Ders.: *Rapporte 2*. Frankfurt/M. 1971, S. 14–23, hier S. 16, 20. — **38** Peter Weiss: *Notizbücher 1960–1971*. Bd. 1. Frankfurt/M. 1982, S. 54 f. — **39** Dieter Mersch: »Ästhetik des Widerstands und die Widerständigkeit des Ästhetischen. Peter Weiss' intermediale Kunst«. In: Margrit Bircken u. a. (Hg.): *Ein Riss geht durch den Autor. Transmediale Inszenierungen im Werk von Peter Weiss*. Bielefeld 2009, S. 17–37, hier S. 17. — **40** Peter Weiss: »Laokoon oder Über die Grenzen der Sprache«. In: Ders.: *Rapporte*. Frankfurt/M. 1968, S. 170–187, hier S. 174. — **41** Ebd., S. 173. — **42** Ebd., S. 174. — **43** Vgl. Anderson: *Die Erfindung der Nation. Zur Karriere eines folgenreichen Konzepts* (siehe Anm. 35). — **44** Weiss: »Laokoon oder Über die Grenzen der Sprache« (s. Anm. 40), S. 186. — **45** Theodor W. Adorno: *Minima Moralia. Reflexionen aus dem beschädigten Leben*. Frankfurt/M. 1951, S. 32. — **46** Bei Zygmunt Baumann: *Verworfenes Leben. Die Ausgegrenzten der Moderne*. Hamburg. 2. Aufl. 2006, S. 50 wird diese nationalstaatliche Gründungsgewalt folgendermaßen umschrieben: »Im Zeitalter der Moderne hat der Nationalstaat durchgehend das Recht beansprucht, über die Unterscheidung von Ordnung und Chaos zu bestimmen, über Gesetz und Gesetzlosigkeit, Bürger und homo sacer, Zugehörigkeit und Ausschuß, nützliches (= legitimes) Produkt oder Abfall.«— **47** Weiss: »Laokoon oder Über die Grenzen der Sprache« (s. Anm. 40), S. 186. — **48** Ebd., S. 176. — **49** Garloff: *Words from Abroad* (s. Anm. 36), S. 55, 73. Katja Garloff weist ebenso auf die kritische Distanz hin, die Peter Weiss' kosmopolitischen Entwurf von seiner langen Tradition bis in die Aufklärung hinein absetzt: »Historically, cosmopolitanism has hardly been free of ethnocentrism (...). Though cosmopolitanism denotes a tolerant openess toward other cultures, a cosmopolitan lifestyle is usually contingent upon a secure position within a particular culture, or at least commensurable with the alignment to a particular culture« (S. 69). — **50** Peter Weiss: *Fluchtpunkt*. Frankfurt/M. 1965, S. 7 f. — **51** Ebd., S. 8. — **52** Weiss: *Fluchtpunkt* (s. Anm. 50), S. 13. — **53** Homi K. Bhabha: »DissemiNation: Zeit, Narrative und die Ränder der modernen Nation«. In: Ders.: *Die Verortung der Kultur*. Tübingen 2000, S. 207–253, hier S. 209. — **54** Weiss: *Fluchtpunkt* (s. Anm. 50), S. 64. — **55** Ebd., S. 10. — **56** Ebd., S. 64. — **57** Ebd., S. 12. — **58** Bhabha: »DissemiNation: Zeit, Narrative und die Ränder der modernen Nation« (s. Anm. 53), S. 232. — **59** Weiss: *Fluchtpunkt* (s. Anm. 50), S. 9. — **60** Ebd., S. 9 und 13 f. — **61** Ebd., S. 53. Vgl. dazu auch Garloff: *Words from Abroad* (s. Anm. 36), S. 72 f. — **62** Weiss: *Fluchtpunkt* (s. Anm. 50), S. 163. — **63** Vgl. dazu z. B. den Katalog zur gleichnamigen Marbacher Ausstellung: Bernhard Zeller (Hg.): *Klassiker in finsteren Zeiten 1933–1945. Eine Ausstellung des Deutschen Literatur-

archivs im Schiller-Nationalmuseum Marbach am Neckar. 2 Bde. Marbach 1983. —
64 Vgl. dazu u. a. Michael Hofmann: »Entwürfe gegen die Ichauflösung. Spuren des kritischen Existentialismus Sartres im literarischen Werk von Peter Weiss«. In: Irene Heidelberger-Leonard (Hg.): *Peter Weiss. Neue Fragen an alte Texte.* Opladen 1994, S. 140–153;
Susanne Komfort-Hein: »›Verurteilt zu dieser Freiheit‹ – Augenblicke einer widerständigen Ästhetik in Peter Weiss' literarischer Erinnerungsarbeit«. In: Cornelia Blasberg und
Franz-Josef Deiters (Hg.): *Denken/Schreiben in der Krise – Existentialismus und Literatur.* St. Ingbert 2004. S. 399–425. Irene Heidelberger-Leonard weist in dem Zusammenhang auf die Konsequenzen der vom Icherzähler des *Fluchtpunkts* anerkannten »jüdi-
sche(n) Kondition als einen unausweichlichen geschichtlichen Faktor« hin: »Peter Weiss
und sein Judentum. ›Die Ermittlung‹, die ihrer Ermittlung harrt.« In: *Peter Weiss Jahrbuch*
11 (2002), S. 39–55, hier S. 46. — **65** Weiss: *Fluchtpunkt* (s. Anm. 50), S. 197. — **66** Jean
Améry: *Jenseits von Schuld und Sühne. Bewältigungsversuche eines Überwältigten.*
3. Aufl. Stuttgart 1997, S. 77, 76. — **67** Ebd., S. 80. — **68** Barbara Honigmann: »Selbstporträt als Jüdin«. In: Dies.: *Damals, dann und danach.* München 2002, S. 11–18, hier S. 11. —
69 Michael Braun: »Barbara Honigmanns Weg ›Nach Hause in die Fremde‹«. In:
Ders. u. a. (Hg.): *»Hinauf und zurück. In die herzhelle Zukunft«. Deutsch-jüdische Literatur im 20. Jahrhundert.* Bonn 2000, S. 471–486, hier S. 471. — **70** Barbara Honigmann:
»Gräber in London«. In: Dies.: *Damals, dann und danach.* (s. Anm. 68), S. 19–37, hier
S. 27. — **71** Vgl. Hartmut Steinecke: »›Schriftsteller sind, was sie schreiben‹: Barbara
Honigmann«. In: Dieter Borchmeyer (Hg.): *Signaturen der Gegenwartsliteratur.* Würz-
burg 1999, S. 89–97. — **72** Vgl. dazu Mario Keßler: »Verdrängung der Geschichte. Anti-
semitismus in der SED 1952/53«. In: Moshe Zuckermann (Hg.): *Zwischen Politik und
Kultur – Juden in der DDR.* 2. Auflage. Göttingen 2003, S. 34–47, hier S. 36. — **73** Johan-
nes R. Becher: »Statt einer Biographie«. In: *Der Spiegel*, 6. 12. 1947, S. 15. — **74** Johannes
R. Becher: »Deutsches Bekenntnis«. In: Ders.: *Gesammelte Werke.* Bd. 16: *Publizistik II
1939–1945.* Berlin–Weimar 1978, S. 495. — **75** Vgl. dazu u. a. Jakobi: »Das ›Andere
Deutschland‹« (s. Anm. 28), S. 165. Eine umfangreiche Zusammenstellung zahlreicher
Dokumente bietet Karl Robert Mandelkow (Hg.): *Goethe im Urteil seiner Kritiker. Dokumente zur Wirkungsgeschichte Goethes in Deutschland.* Teil IV: 1918–1982. München
1984; vgl. auch Karl Robert Mandelkow: *Goethe in Deutschland. Rezeptionsgeschichte
eines Klassikers.* Bd. II: 1919–1982. München 1989. — **76** Die NS-Erbepolitik ihrerseits
verfolgte das Projekt einer Umcodierung des *Geistes von Weimar*, und zwar im Kampf
gegen dessen vermeintlichen Missbrauch durch die kosmopolitische Moderne und die
Kultur der Weimarer Republik. Vgl. dazu u. a. Lothar Ehrlich u. a. (Hg.): *Das Dritte Weimar. Klassik und Kultur im Nationalsozialismus.* Köln – Weimar – Wien 1999. — **77** Anna
Seghers: »Vaterlandsliebe«. In: Michael Winkler (Hg.): *Deutsche Literatur im Exil 1933–
1945.* Stuttgart 1977, S. 187–190, hier S. 188 f. — **78** Jean Améry skizziert diesen Riss als
nachträglichen Entzug nationalkultureller Zugehörigkeit: »Über Zwang und Unmöglichkeit, Jude zu sein«. In: Ders.: *Jenseits von Schuld und Sühne* (s. Anm. 66), S. 130–156. Vgl.
auch Barbara Einhorn: »Nation und Identität. Erzählungen von Exil und Rückkehr«. In:
Zuckermann (Hg.): *Zwischen Politik und Kultur – Juden in der DDR* (s. Anm. 72), S. 110–
119. — **79** Vgl. Bernd Faulenbach: »Zur Funktion des Antifaschismus in der SBZ/DDR«.
In: *Deutschland Archiv* (1993) H.6, S. 754–759. — **80** Ralph Giordano: *Die zweite Schuld
oder Von der Last Deutscher zu sein.* Berlin 1990, S. 371. Giordano spricht ebenfalls von
einem »mühsam als *Anti-Zionismus* getarnte(n) Antisemitismus« (S. 372). — **81** Vgl. dazu
auch Herfried Münkler: »Antifaschismus und antifaschistischer Widerstand als politischer
Gründungsmythos der DDR«. In: *Aus Politik und Zeitgeschichte* 45 (1998), S. 16–29;
Volkhard Knigge und Thomas A. Seidel (Hg.): *Versteinertes Gedenken. Das Buchenwalder
Mahnmal von 1958.* 2 Bde. Spröda 1997; Mario Kessler: *Antisemitismus, Zionismus und
Sozialismus. Arbeiterbewegung und jüdische Frage im 20. Jahrhundert.* 2. Aufl. Mainz
1994. — **82** Honigmann: »Selbstporträt als Jüdin« (s. Anm. 68), S. 17. — **83** Barbara
Honigmann: *Alles, alles Liebe! Roman.* München 2003, S. 127 f. — **84** Honigmann: »Grä-
ber in London« (s. Anm. 70), S. 27. Zum Aspekt der Sichtbarkeit vgl. auch Susanne Düwell:

»(Un)sichtbarkeit in der deutsch-jüdischen Gegenwartsliteratur.« In: Susanne Schönborn (Hg.): *Zwischen Erinnerung und Neubeginn. Zur deutsch-jüdischen Geschichte nach 1945.* München 2006, S. 214–231. — **85** Barbara Honigmann: »Von meinem Urgroßvater, meinem Großvater, meinem Vater und von mir«. In: Dies.: *Damals, dann und danach* (s. Anm. 68), S. 39–55, hier S. 45. — **86** Gershom Scholem: »Wider den Mythos vom deutsch-jüdischen Gespräch«. In: Ders.: *Judaica 2.* Frankfurt/M. 1970, S. 7–12, hier S. 10. — **87** Zu den aporetischen Momenten im Projekt der jüdischen Assimilation vgl. Andreas Kilcher: »Exterritorialitäten. Zur kulturellen Selbstreflexion der aktuellen deutsch-jüdischen Literatur«. In: Sander L. Gilman und Hartmut Steinecke (Hg.): *Deutsch-jüdische Literatur der neunziger Jahre. Die Generation nach der Shoah.* Berlin 2002, S. 131–146, hier S. 132–134. — **88** Honigmann: »Von meinem Urgroßvater, meinem Großvater, meinem Vater und von mir« (s. Anm. 85), S. 42. — **89** Ebd., S. 43. — **90** Ebd., S. 44. — **91** Ebd., S. 47. — **92** Sander L. Gilman und Karen Remmler (Hg.): *Reemerging Jewish Culture in Germany. Life and Literature since 1989.* New York 1994, S. 3. Vgl. auch Christa Guenther: »Exile and the construction of identity in Barbara Honigmann's trilogy of diaspora« In: *Comparative Literature Studies* Vol. 40 (2003), Nr. 2, S. 215–231, hier S. 217. — **93** Honigmann: »Selbstporträt als Jüdin« (s. Anm. 68), S. 16. Zur negativen Symbiose vgl. den grundlegenden Beitrag von Dan Diner: »Negative Symbiose. Deutsche und Juden nach Auschwitz.« In: *Babylon. Beiträge zur jüdischen Gegenwart* 1 (1986), S. 9–20. — **94** Honigmann: »Von meinem Urgroßvater, meinem Großvater, meinem Vater und von mir« (s. Anm. 85), S. 45. — **95** Karen Remmler: »Orte des Eingedenkens in den Werken Barbara Honigmanns«. In: Gilman und Steinecke (Hg.): *Deutsch-jüdische Literatur der neunziger Jahre* (s. Anm. 87), S. 43–58, hier S. 43. — **96** Honigmann: »Selbstporträt als Jüdin« (s. Anm. 68), S. 18. — **97** Andreas Kilcher verweist in dem Zusammenhang auf das entschiedene Moment der Negation eines Assimilationsbegehrens: »Exterritorialitäten. Zur kulturellen Selbstreflexion der aktuellen deutsch-jüdischen Literatur« (s. Anm. 87), S. 137. — **98** Honigmann: »Selbstporträt als Jüdin« (s. Anm. 68), S. 18. — **99** Ebd. — **100** Barbara Honigmann: »Meine sefardischen Freundinnen«. In: *Damals, dann und danach* (s. Anm. 68), S. 63–81, hier S. 72. — **101** Kilcher: »Exterritorialitäten. Zur kulturellen Selbstreflexion der aktuellen deutsch-jüdischen Literatur« (s. Anm. 87), S. 138. — **102** Honigmann: »Von meinem Urgroßvater, meinem Großvater, meinem Vater und von mir« (s. Anm. 85), S. 47. — **103** Leslie Adelson: »Against Between – Ein Manifest gegen das Dazwischen«. In: *Text + Kritik. Zeitschrift für Literatur.* Sonderband: Literatur und Migration (2006), S. 36–46, hier S. 36. — **104** Vgl. Andreas Huyssen: »Diaspora and Nation. Migration Into Other Pasts«. In: *New German Critique* 88 (2003), S. 147–164, hier S. 157. — **105** Vgl. Zafer Şenocak: *Gefährliche Verwandtschaft.* München 1998, S. 40: »Ich bin ein Enkel von Tätern und Opfern.« Die programmatische »Trialogisierung« von Deutschen, Juden und Türken in diesem Roman ist von der Forschung immer wieder behandelt worden, vgl. etwa Roland Dollinger: »Hybride Identitäten: Zafer Şenocaks Roman *Gefährliche Verwandtschaft*«. In: *Seminar 38* (2002), S. 59–73; Jochen Neubauer: *Türkische Deutsche, Kanakster und Deutschländer. Identität und Fremdwahrnehmung in Film und Literatur: Fatih Akin, Thomas Arslan, Emine Sevgi Özdamar, Zafer Şenocak und Feridun Zaimoğlu.* Würzburg 2011, S. 396–452. — **106** Şenocak: *Gefährliche Verwandtschaft* (s. Anm. 105), S. 55. — **107** Ebd., S. 72. — **108** Vgl. ebd., S. 72. — **109** Ebd., S. 74. — **110** Ebd., S. 33. Der Roman lässt sich auch als Wende- und Berlinroman lesen. In der Beschreibung des Mauerfalls als körperliches Geschehen, das die Vereinigung mit dem Aufbrechen von Wunden assoziiert und Chancen und Gefahren eines neuen Deutschlands mit Blick auf Juden und Türken gleichermaßen artikuliert, trifft sich der Text mit anderen Romanen wie Thomas Hettches *Nox* oder Yadé Karas *Selam Berlin.* — **111** Ebd., S. 55. — **112** Kemal Bozay: *Exil Türkei. Ein Forschungsbeitrag zur deutschsprachigen Emigration in der Türkei (1933–1945)*, Münster 2001, S. 101 f. — **113** Şenocak: *Gefährliche Verwandtschaft* (s. Anm. 105), S. 58. Dass die Mutter dieses Projekt »später als gescheitert empfunden haben« muss, wird im Text bereits darin angedeutet, dass das Kind in der Türkei gezeugt, aber in Deutschland geboren wird: jede quasi-natürliche Verknüpfung von genealogischem Prinzip (*ius sanguinis*), Geburt und Boden wird damit gleichsam im Kein unterlaufen. — **114** Vgl. Heinrich Mann: *Ein Zeitalter wird besichtigt.* Berlin 1947, S. 208. — **115** Ebd., S. 57. — **116** Ebd., S. 59. — **117** Vgl. ebd., S. 23, 27. Der Zeitraum des Versteckens – folgt man der zum Schluss konstruierten Geschichte, derzufolge der Großvater in den Völkermord an den Armeniern verstrickt war – entspricht fast genau demjenigen, in dem sich Talat Pascha in Berlin aufhielt, um dem gegen ihn inzwischen in der Türkei verhängten Todesurteil wegen seiner Verantwortung für eben diesen Völkermord zu entgehen. — **118** Ebd., S. 118. — **119** Ebd., S. 116. — **120** Vgl. ebd. — **121** Ebd., S. 117. — **122** Ebd., S. 94. — **123** Ebd., S. 130. — **124** Schlägt man deutsche Übersetzungen des türkischen Wortes muhteşem nach, so stößt man auf Begriffe wie *hervorragend, herausragend, kaiserlich,* aber auch *pompös* – eine Vieldeutigkeit, die offenbar sowohl Überlegenheit und Geltung wie übertriebene Inszenierung umfasst. — **125** Ebd., S. 97. — **126** Hier trifft sich der Text mit kritischen Analysen jüdischer Assimilation in Vergangenheit und Gegenwart, wie sie etwa in Hannah Arendts Schriften im Exil zu finden sind. Vgl. Hannah Arendt: »We Refugees«. In: *Menorah Journal* 1943. Zur Assimilationskritik bei Şenocak vgl. auch Dollinger: »Hybride Identitäten« (s. Anm. 105), S. 64. — **127** Vgl. Şenocak: *Gefährliche Verwandtschaft* (s. Anm. 105), S. 121: »Ich bin nichts Ganzes. Mir fehlt eine Hälfte, um für ganz genommen zu werden. Ich ersetze die fehlende Hälfte mit einer prothesenartigen Identität, etwas Geborgtem, das ich je nach Zeit und Ort wechseln kann.« Die Prothesenmetapher ist auch in Romanen von Doron Rabinovici präsent, die, wie etwa *Ohnehin* ebenfalls die Frage behandeln, auf welche Weise die Erinnerung an die Shoah mit Diskursen um kulturelle Alterität und transnationale Identitäten verbunden werden kann und muss. — **128** Vgl. ebd., S. 77: »Großvater hatte sein Leben an Grenzen verbracht, die mit Blut geschaffen worden waren.«— **129** Vgl. Roland Dollinger: »›Stolpersteine‹: Zafer Şenocaks Romane der neunziger Jahre«. In: *Gegenwartsliteratur* 2 (2003), S. 1–28, hier S. 10.

Hinrich C. Seeba

Heimweh im Exil
Anmerkungen zu einer verdrängten Sehnsucht

Als Theodor W. Adorno unter dem Titel »Was ist deutsch?« (1966), für ihn ganz ungewöhnlich, auch einmal persönlicher sprach und auf die Gründe seiner Rückkehr aus dem amerikanischen Exil zu sprechen kam, erwähnte er ganz nebenbei das Heimweh, das ihn geleitet hat, um das persönliche Eingeständnis sofort wieder durch objektive Gründe, das Vertrauen auf die Eigentlichkeit der deutschen Sprache, zu relativieren: »Der Entschluß zur Rückkehr nach Deutschland war kaum einfach vom subjektiven Bedürfnis, vom Heimweh motiviert, sowenig ich es verleugne. Auch ein Objektives machte sich geltend. Das ist die Sprache. Nicht nur, weil man in der neu erworbenen niemals, mit allen Nuancen und mit dem Rhythmus der Gedankenführung, das Gemeinte so genau treffen kann wie in der eigenen. Vielmehr hat die deutsche Sprache offenbar eine besondere Wahlverwandtschaft zur Philosophie, und zwar zu deren spekulativem Moment, das im Westen so leicht als gefährlich unklar – keineswegs ohne allen Grund – beargwöhnt wird.«[1] Das Heimweh ist offenbar eine so mächtige Antriebskraft, dass nicht einmal Adorno sie ganz »verleugnen« kann, aber die bloße Sehnsucht wäre für ihn zu »einfach« und zu »subjektiv« gewesen, um eine ausreichende Begründung für die Rückkehr nach Deutschland herzugeben. Deshalb verlässt sich Adorno lieber auf den seit Heinrich Heine unter Emigranten gepflegten Topos der Sprache als Heimat, um über die Entmetaphorisierung des Topos doch zuzugeben, dass ihm die deterritorialisierte Heimat nicht ausreichte und er, anstatt nur in der deutschen Sprache zu Hause zu sein, nach Deutschland selbst zurückkehren musste, um sich an Ort und Stelle philosophisch weiterentwickeln zu können. Genauer besehen, handelt es sich um einen argumentativen Drahtseilakt, der in seiner berechneten Beiläufigkeit verrät, wie heikel das Eingeständnis von Heimweh im Exil ist.

Umso mehr lohnt es sich, diesem verschämten Eingeständnis einer meistens unterdrückten Sehnsucht nachzugehen, um zu sehen, wie Exilanten damit umgegangen sind und mit welchen Mitteln sie es kompensiert haben.

Die literarische Urszene des Heimwehs, an die sich die vielen Goethe-Liebhaber unter den Exilanten erinnern konnten, zeigt die nach

Tauris (auf der heutigen Krim) entrückte Iphigenie sehnsüchtig in die Richtung ihrer verlorenen Heimat schauend: »Denn ach! mich trennt das Meer von den Geliebten,/Und an dem Ufer steh ich lange Tage,/Das Land der Griechen mit der Seele suchend«.[2] Das sentimentalische »Ach«, das laut Schiller immer eine geschichtsphilosophisch bedeutsame Verlusterfahrung begleitet, ist die elegische Klage einer Sehnsucht, das Verlorene wiederzufinden, sei es die griechische Heimat im Fall Iphigenies oder die griechische Antike im Fall jener Deutschen, die sich nach einer utopischen Alternative im klassischen Gewand sehnten.[3] Der Begriff der Heimat repräsentiert – mit einem Theorem der postmodernen Semiotik als Zeichen, das auf das physisch abwesende Bezeichnete nur verweist – *the presence of the absent*, die Vergegenwärtigung eines Abwesenden, weil er immer schon den Verlust einer Geborgenheit voraussetzt, die als Vergangenheit in der Gegenwart nur aufscheint.

Die freiwillige oder erzwungene Entfernung vom angestammten »Vaterland« ist also die Voraussetzung jenes Heimwehs, das erstmals im 18. Jahrhundert diagnostiziert wurde, weil in Frankreich dienende Schweizer Soldaten und in Preußen siedelnde Schweizer Bauern an diesem *morbus helveticus*, das Wieland auch »Schweizerheimweh« genannt hat[4], bekanntlich ganz besonders litten.[5] Für Heinrich Heine, der das Heimweh im Pariser Exil durchlitten hat, wurde es in den *Elementargeistern* (1835) zu einer anthropologischen Grundbefindlichkeit: »Aber der Mensch ist nicht immer aufgelegt zum Lachen, er wird manchmal still und ernst, und denkt zurück in die Vergangenheit; denn die Vergangenheit ist die eigentliche Heimat seiner Seele, und es erfaßt ihn ein Heimweh nach den Gefühlen die er einst empfunden hat, und seien es auch Gefühle des Schmerzes.«[6] Solcher universaler Sehnsuchtsschmerz ist in der gegenwärtigen Popkultur als *saudade* vor allem mit der melancholischen Stimme der am 17. Dezember 2011 gestorbenen kapverdischen Sängerin Cesária Évora verbunden, deren weltweit bekanntester Song *Sodade* sich auf dem Album *Miss Perfumado* (1992) findet.[7]

Heimweh ist, weil es nur in der Fremde auftritt, die schmerzlich wohltuende Sehnsucht nach den Spuren der verlorenen Vergangenheit, aber auch das tröstliche Versprechen einer in die Zukunft projizierten Rettung, die mit einem entsprechenden Goethe-Wort aus der *Campagne in Frankreich* (1792) einen schon hier und jetzt genossenen Vorlauf auf das Jenseits repräsentiert: »denn man ist schon halb gerettet, wenn man, aus traurigster Lage, im fremden Land einen hoffnungsvollen Blick in die gesicherte Heimat zu tun aufgeregt wird; so genießen wir diesseits auf Erden, was uns jenseits der Sphären zugesagt ist.«[8] Dabei entlädt sich die Spannung von Heimat und Fremde in dem chiastisch verschlungenen Wechselbezug von Heimat in der Fremde einerseits und

Verfremdung der Heimat andererseits: »IPHIGENIE: Kann uns zum Vaterland die Fremde werden? – ARKAS: Und dir ist fremd das Vaterland geworden.«[9] Während Ersteres eine offene Frage bleibt, ist Letzteres schon eine unbezweifelte Erfahrungstatsache, die besonders das unversöhnte Heimweh im Exil betrifft: Ob Iphigenie in Tauris, Schweizer Siedler in Preußen oder deutsche Juden in Amerika – das Heimweh im Exil kann eine überwältigende Sehnsucht sein, die mit dem fremd gewordenen »Vaterland« irgendwie zurechtkommen muss.

Wenn Exilforschung in einer Art Paradigmenwechsel heute nicht mehr unter dem politischen Aspekt der einst vorrangigen Faschismuskritik gesehen und betrieben wird, der Adorno den dialektischen Duktus vorgeschrieben hat, sondern erst unter dem existenziellen Aspekt der Fremdheitserfahrung, wie sie im Hinblick auf Migrationsliteratur geradezu Mode geworden ist, wieder Auftrieb gewinnen konnte, dann kommt dem Motiv und der Erfahrung der ersehnten Rückkehr nach Deutschland eine besondere, auch wissenschaftsgeschichtlich signifikante Bedeutung zu, weil sich in dem Heimwehmotiv (in beiderlei Bedeutung: als Thema und als Anregung) beide Paradigmen überschneiden: als uneingestandene Sehnsucht nach einer Heimat, von der sich das politische Gewissen allerdings längst losgesagt hat. Für den schneidenden Schmerz, den die unheimliche Präsenz des überwunden Geglaubten immer noch auslöst, hat Peter Gay, in Erinnerung an seine Ankunft im amerikanischen Exil am 10. Januar 1941, ein besonders einprägsames Bild gefunden: »Berlin seemed far away, but that was an illusion; for years I would pick fragments of it from my skin as though I had wallowed among shards of broken glass.«[10] Da die sogenannte Reichskristallnacht, nach der sich die in Berlin lebende Familie Fröhlich (Gay) zur Emigration entschloss, im Englischen *Night of Broken Glass* heißt, zeigt die verbale Assoziation an, dass die offenen Wunden von den metaphorisierten Glasscherben, die da so einschneidend unter die Haut gegangen sind, so politisch bedingt wie existenziell sind. In der Dialektik dieser politisch-existenziellen Ambivalenz ist das als Phantomschmerz empfundene Heimweh im Exil nur ungenügend wahrgenommen und anerkannt worden, weil sich einerseits die aus der Heimat vertriebenen Exilanten, meistens Juden, angesichts des Ungeheuerlichen, das von ihrer verlorenen Heimat ausging, die Schwäche sentimentaler Anhänglichkeit moralisch nicht erlauben wollten und weil andererseits diese dem Gefühl abgetrotzte rationale Verweigerung dem anhaltenden antisemitischen Klischee entgegenkam, dass Juden eigentlich kein Heimweh haben können, weil sie doch überall und nirgendwo zu Hause sind. Die Schnittwunden des Exils, für die den meisten Nicht-Betroffenen jedes Sensorium fehlt, sind eine offene Wunde geblieben, von der beide Seiten aus unterschiedlichen Gründen wegsehen wollen.

Heimweh ist also ein sehr schwieriges, ein sehr deutsches Thema, an dem sich Adornos Frage »Was ist deutsch?« immer neu entzündet, um sich an den traditionellen Antworten zu reiben. Dass die Frage ausgerechnet auf Richard Wagner zurückgeht, der in seinem Aufsatz »Das Judentum in der Musik« (1850), einem der schlimmsten Zeugnisse des Antisemitismus, Juden jede Fähigkeit zum Gebrauch der deutschen Sprache abgesprochen hatte[11], hat die Abgrenzung von Heimweh gegen alle Deutschtümelei nicht gerade einfacher gemacht. Wagners (etymologisch falsche) Antwort auf seine Frage »Was ist deutsch?« (1865) hatte zu identifizieren versucht, wer als deutsch dazugehört, und damit der biologischen Verortung von Heimat zugearbeitet: »Das Wort ›deutsch‹ findet sich in dem Zeitwort ›deuten‹ wieder: ›deutsch‹ ist demnach, was uns *deutlich* ist, somit das Vertraute, uns Gewohnte, von den Vätern Ererbte, unserem Boden Entsprossene.«[12] Deutsch ist also, antithetisch durch den immer mitgedachten Gegensatz zum Fremden definiert, nur der in Blut und Boden Verwurzelte, der seine Heimat nicht anders verlieren kann als durch freiwillige Wanderschaft. Aber auch der verlorene Sohn findet, wenn er reumütig in die Heimat seiner Väter zurückkehrt, Trost und Vergebung. Heimat, Heimweh und Heimkehr wurden imaginiert als Konstanten einer heilen Welt, die erst im 20. Jahrhundert in die Brüche ging.[13]

Einerseits mag unter vielen Exilanten, die sich nach einer Heimkehr hätten sehnen können, angesichts der Zerstörung ihrer einstigen Heimat das Gefühl der Genugtuung oder sogar der Rache für ihre Verfolgung, Vertreibung und Vernichtung überwogen haben. So bekannte Hans Jonas, der sich bei der Auswanderung über England nach Palästina geschworen hatte, »(n)ie wiederzukehren, es sei denn als Soldat einer erobernden Armee«[14], und der dann tatsächlich 1945 mit der Jüdischen Brigade der britischen Armee nach Deutschland und sogar in seine Heimatstadt Mönchengladbach zurückkehrte: »Bei diesem Anblick (der *Mondlandschaft* zerstörter deutscher Städte, HCS) empfand ich etwas, was ich nie wieder erleben möchte, aber auch nicht verschweigen will – das Gefühl jauchzender, befriedigter oder wenigstens halb-befriedigter Rache. Das gehört zu den unedlen Gefühlen des Herzens, aber ich war erfüllt von dem Gedanken, dass das Gräßliche, was hier geschehen, was an unseren Angehörigen verübt worden war, wenigstens nicht ganz ungerächt geblieben war.«[15] So findet man bei Hans Jonas keine Spuren des Heimwehs, außer dass es ihm auch in Jerusalem selbstverständlich war, bei den Zusammenkünften seines erlauchten Freundeskreises (Hans Jakob Polotsky, Hans Lewy, George Lichtheim, Hans Sambursky und

Gershom Scholem) Deutsch zu sprechen: »- nicht etwa aus Verbindung mit dem Deutschtum, sondern einfach, weil das die uns natürliche Sprache war, in der wir uns am besten auszudrücken vermochten. Selbst ein so eifriger Zionist und Judaist wie Scholem hat niemals gefordert, man müsse eigentlich hebräisch reden. Vor der Torheit, man dürfe nicht deutsch sprechen, da Deutschland jetzt das verruchte Land und unser größter Feind sei, waren wir vollkommen gefeit. Wenn man es sich recht überlegt, so haben ja jene, die ehrenhalber geschworen hatten, nie wieder, auch nicht im privaten Kreis, deutsch zu sprechen, in gewisser Weise Hitler ein Monopol auf die deutsche Sprache eingeräumt, das ihm nicht zustand, und ein Erbe ausgeschlagen, auf das sie jedes Recht hatten, nämlich sich in ihrer eigenen Sprache auszudrücken.«[16] So hat sich der deutschsprachige Zirkel jüdischer Intellektueller auch in Jerusalem in der Sprache eine exterritoriale Heimat bewahrt: gewissermaßen, in den genealogischen Metaphern einer endgültig abgelegten Herkunft, eine »Muttersprache« ohne »Vaterland«.

Und andererseits war in Deutschland noch Jahrzehnte nach dem Krieg der Begriff der »Heimatvertriebenen« so eindeutig besetzt – ausgerechnet mit derselben konservativen, oft revisionistisch motivierten Vorstellung von Bodenständigkeit und Erdverwurzelung, der die vermeintlich wurzellosen Juden zum Opfer gefallen waren –, dass das Heimweh als im eigentlichen Wortsinn nostalgische Sehnsucht nur den »deutschen«, aber nicht den »jüdischen« Opfern der Vertreibung zugestanden wurde. Die unglückliche Kopula »Deutsche *und* Juden«, die bis in unsere Gegenwart die wechselseitige Ausschließung rhetorisch fixiert hat, erleichterte solche Trennung der Opfererfahrung, die der eigenen Seite zugestand, was sie der anderen verweigerte. Aber hatte nicht schon Heinrich Heine, als ihn das Heimweh im Pariser Exil plagte und er nach über zehn Jahren zum ersten Mal in das heftig kritisierte Deutschland zurückkehrte, ironisch verfremdet zugegeben, dass beim Grenzübergang seine Augen »begunnen zu tropfen«[17]? Solches in seiner Rührseligkeit ironisierte Heimweh vertriebener Juden anzuerkennen und sich womöglich auch noch dafür schuldig zu fühlen, dass Juden, sofern sie überhaupt überlebt hatten, einen besonderen Grund hatten, an diesem für typisch deutsch gehaltenen Gefühl nicht minder zu leiden, überforderte offenbar sogar die gutwilligeren Deutschen, die genug damit zu tun hatten, die Vernichtung der Juden im Holocaust anzuerkennen und zu »bewältigen«. Die Bezichtigung der anderen, vor allem der Russen, Polen und Tschechen, als Heimatvertreiber schien alle Energie aufzuzehren, die für eine Selbstbezichtigung nötig gewesen wäre, um sich selbst den Spiegel der früheren Heimatvertreibung vorzuhalten, die auf das deutsche Konto ging. Für das Heimweh der vertriebenen Ostpreußen, Schlesier und Sudetendeutschen gab es einen durch Verlust markierten Ort jenseits der nun enger gezogenen Grenzen, an den sie nicht zurückkehren *konnten*, für das Heimweh der aus Deutschland vertriebenen Juden nur einen durch Verbrechen markierten Unort innerhalb der Grenzen, an den die meisten nicht zurückkehren *wollten*, weil sich in ihm die Zuhausegebliebenen scheinbar schuldfrei einzurichten verstanden haben.

Wie problematisch die Anerkennung eines Heimwehs von exilierten Juden bis heute geblieben ist, erwies sich jüngst wieder einmal im Zusammenhang mit einem der in Deutschland bekanntesten und, vielleicht auch aus schlechtem Gewissen, gefeiertsten Remigranten. Den Kunsthändler Heinz Berggruen, den es aus dem Exil nach Berlin zurückgezogen hat, wo er geboren, aufgewachsen und schließlich auch gestorben ist, muss doch, so wollte man glauben, Heimweh nach Hause getrieben haben. Er war aus Berlin geflohen und über Berkeley, wo er im German Department *teaching assistant* war und gleichzeitig eine Affäre mit Frida Kahlo begann, als er für den *San Francisco Chronicle* über eine Ausstellung ihres Mannes Diego Rivera berichten sollte, schließlich nach New York gekommen, wo er ein sehr erfolgreicher, mit Picasso und Paul Klee befreundeter Kunsthändler wurde.[18] Seine »Rückkehr ins sehnsüchtig vermißte Europa«, wie es in der *Berliner Zeitung* vom 28. November 2011 hieß, ohne dass das mitgedachte Wort »Heimweh« zu fallen brauchte, wurde schnell zur Legende jüdisch-deutscher Versöhnung, weil er in seiner Heimatstadt Berlin seine bedeutende Kunstsammlung im dafür zur Verfügung gestellten Stüler-Bau gegenüber dem Schloss Charlottenburg ausstellte und schließlich, im Jahr 2000, zu einem günstigen Preis, immerhin für 253 Millionen DM, der Stadt Berlin vermachte. Anlässlich einer New Yorker Verkaufsausstellung, die seinen Abschied von den USA markierte, fühlte sich Berggruen in einem von Roger Cohen, dem damaligen Berliner Korrespondenten der *New York Times*, geführten Interview sogar gezwungen, seinen Entschluss zur endgültigen Rückkehr nach Berlin mit einer Versöhnungsgeste zu verteidigen, wobei von dem ihm später unterstellten Heimweh natürlich nicht die Rede war: »I'm here to make an effort at reconciliation. Jews in America ask me how I can go back to a country where people behaved like swine, which they did. I understand them, particularly those who lost relatives. But I am a rather tolerant person, and what I seek is a means of bridging, of overcoming the horrors of the past.«[19] Die selbstgeschmiedete Legende einer solchen im Dienst der Kunst vollzogenen Versöhnung war für einige zu schön, um wahr zu sein. Deshalb hat sich Vivien Stein, heute in Paris lebende Nachkommin einer bedeutenden deutsch-jüdischen Familie aus Böhmen, daran gemacht, in ihrem schnell umstrittenen Buch *Heinz Berggruen. Leben und Legende* (2011) die Legende des versöhnlichen Heimwehs nach Berlin als geldgierige Steuerflucht bloßzustellen, und damit, sicher ungewollt, antisemitische Ressentiments bedient, weil dem »typischen« Juden, der überall und nirgends zu Hause ist, vor allem Geldgier, aber nie Heimweh nachgesagt wird.[20]

Das Beispiel Berggruens zeigt, wie schwierig es ist, das Heimweh eines jüdischen Exilanten, das seine Rückkehr mitbestimmt haben könnte, aus der Kontroverse herauszuhalten. Der Begriff der Heimat ist so konservativ-deutsch besetzt, dass die meisten auch heute bei dem Wort »Heimatvertriebene« nur an Trachten tragende und Fahnen schwingende Nachkommen von Schlesiern auf tendenziell revanchistischen Pfingsttreffen denken, niemand aber an die zuerst in ihrer Heimat verfolgten und dann, wenn sie überhaupt überlebten, aus ihrer Heimat vertriebenen jüdischen Exilanten. Dass auch sie vom Heimweh nach dem Land, das einmal ihre Heimat war und das sie hassen lernen mussten, weil es ihre eigenen Landsleute waren, die nach ihrem Besitz und Leben trachteten, umgetrieben und gequält werden könnten, passt nicht in das immer noch antisemitisch gefärbte Bild vom unsteten, nicht an Blut und Boden gebundenen, städtisch-kosmopolitischen Juden.

Heimweh eines Juden nach einer Großstadt – diese doppelte Verfremdung eines sehr deutschen Topos wird im Fall von Walter Benjamins *Berliner Kindheit um neunzehnhundert* (1938), der sogar Adorno in seinem Nachwort die »Gewalt des Schmerzes ums Unwiederbringliche« bescheinigt hat[21], nur im Zeichen einer geschichtsphilosophisch überhöhten Melancholie wahrgenommen: als Trauer über den Verlust einer Welt, die mit der Kindheit endgültig verloren und unwiederbringlich vergessen ist: »Nie wieder können wir Vergessenes ganz zurückgewinnen«, so sagt Benjamin, »und das ist vielleicht gut. Der Chock des Wiederhabens wäre so zerstörend, daß wir im Augenblick aufhören müßten, unsere Sehnsucht zu verstehen. So aber verstehen wir sie, und um so besser, je versunkener das Vergangene in uns liegt.«[22] Nur im Vorwort hat Benjamin, der sich schon in Berlin als »Heimatloser« fühlte[23], diese Sehnsucht beim Namen genannt: »Ich (…) rief die Bilder, die im Exil das Heimweh am stärksten zu wecken pflegen – die der Kindheit – mit Absicht in mir hervor«. Und er hat nur versucht, das »Gefühl der Sehnsucht«, damit es ihn nicht überwältigt, »durch die Einsicht, nicht in die zufällige biographische, sondern in die notwendige gesellschaftliche Unwiederbringlichkeit des Vergangenen in Schranken zu halten.«[24] So ist, wie später bei Adorno, selbst das in der Einschränkung eingestandene Heimweh im Exil, weil ihm die sentimentale Befriedigung verwehrt ist, nur ein Anlass zu seiner gesellschaftskritischen Überwindung in der Abwehr fortschrittsfeindlicher Reaktion.

Wenn es also kaum unmittelbare schriftliche Zeugnisse gibt, die die Vermutung eines solchen Heimwehs bestätigen könnten, so begegnen uns doch offensichtliche Fälle der Projektion, einer produktiven Kompensation für die ungestillte Sehnsucht. So hat Egon Schwarz die Übertragung des Heimwehs auf das Studium und die Lehre der deutschen Sprache und Literatur in seinen frühen Memoiren *Keine Zeit für Eichendorff* (1979) bezeugt, die ab 2005 unter dem Titel *Unfreiwillige Wanderjahre* neu aufgelegt wurden. Er könne sagen, »mir Heimatlosem sei die amerikanische Universität eine Art Heimat geworden«[25], und in seiner Wahl der Germanistik könne man, »wenn man will, auch eine Art Rückkehr erblicken.«[26] Seine nur noch metaphorische »Rückkehr« erfüllte sich also, trotz regelmäßiger Besuche in der Heimatstadt Wien, in der amerikanischen Laufbahn eines Germanisten, der sich kritisch mit der deutschsprachigen Literatur auseinandersetzt und dafür – im Widerspruch zum vorherrschenden weltfremd-hagiografischen New Criticism – die im Exil gelernte »historische Bedingtheit alles Menschlichen« zum methodischen Ansatz erklärt.[27] Sein Bekenntnis, dass er »auf der Suche nach authentischer Selbstverwirklichung eine autobiographische Methode der Literaturbetrachtung entwickeln mußte«[28], rechtfertigt die Rückführung der akademischen Projektion von Heimweh auf die in der Literaturkritik nur halbversteckte persönliche Erfahrung. Die Trias Geschichte – Existenz – Literatur, die Egon Schwarz für sich reklamiert und in seinem Rilke-Buch *Das verschluckte Schluchzen. Poesie und Politik bei Rainer Maria Rilke* (1972) längst erprobt hatte, sollte denn auch in der Sammlung von Aufsätzen seines Mentors Bernhard Blume nachklingen.

Die von Egon Schwarz unter dem charakteristischen Titel *Existenz und Dichtung* (1980) herausgegebenen Essays von Bernhard Blume beginnen mit einem Albtraum. Darin stellt sich Blume vor, was gewesen wäre, wenn er gegen Ende des 19. Jahrhunderts an der Stelle des Germanisten August Sauer in Prag gestanden hätte und dem unbekannten Rilke, der um Rat zu ihm gekommen war, anders als Sauer geraten hätte, mit seinen schlechten Anfangsversen aufzuhören und sich lieber dem Bankfach zuzuwenden. In diesem Albtraum begegnen sich die beiden Aspekte des Titels, das gefürchtete Fehlurteil in der *Dichtung* und das unterdrückte Heimweh nach einer Alternative in der *Existenz*: »nicht in Kalifornien, sondern an der deutschen Universität in Prag« zu sein[29], anderswo und anderswann, ein halbes Jahrhundert vor der Katastrophe, die Rilke aus Prag vertrieben hätte, wenn er nicht selbst aus der Schreckensstadt seiner Kindheit geflohen wäre, wie sie später auch ihn selbst, Blume, aus Stuttgart vertrieben hat. Am Beispiel Rilkes führt Blume vor, was es heißt, »seine Existenz zu leisten«[30], vor allem wenn sie wie bei

Rilke durch »Außenseitertum« geprägt ist.[31] Deshalb versteht Blume die letzte Zeile des Rilke-Gedichts *Archaischer Torso des Apoll* »Du mußt dein Leben ändern« als existenziellen Aufruf an ihn selbst, als Rilke in Paris »vor dem Nichts stand«[32], weil die Aufgabe, »seine Existenz allein auf seine dichterische Produktion zu begründen«[33], unlösbar schien. Trotz aller Diskretion, die Blume im Hinblick auf mögliche autobiografische Konjekturen bewahrt, muss es unseren Ohren doch wie eine doppelte Projektion klingen, wenn er Rilkes »konkrete Einsamkeit in Paris« zum Anlass nimmt, dessen Helden Malte Laurids Brigge der »letzten Einsamkeit, einer Ungeborgenheit im wörtlichsten und im metaphysischen Sinne« auszusetzen.[34] Denn Rilke hat mit Malte geleistet, was auch sein Interpret sich selbst zur Aufgabe gestellt haben muss: »dem Dasein, sofern es furchtbar ist, ohne Beschönigung und ungetröstet ins Auge zu sehen.«[35] Immer wieder finden sich Spuren der »Übertragung«, die Blume anderswo im psychologischen Sinn der Projektion erwähnt.[36] Rilke, an dem Blume die Übertragung seiner existenziellen Gefährdung diagnostiziert, gerät selbst unübersehbar zur Projektionsfläche der Bedrohung, der sich die Existenz im Exil ausgesetzt sah, aber auch der Sehnsucht nach ihrer Bewältigung.

Als Bernhard Blume diesen Rilke-Vortrag, mit dem seine Aufsatzsammlung unter demselben Titel beginnt, am 4. Dezember 1975 im Goethe-Institut in San Francisco hielt, war ich unter den Zuhörern. Es ist mir bis heute unvergesslich, mit welcher, wie mir damals schien, respektvollen Altherren-Grandezza sich ein anderer bedeutender Emigrant, der damals 65-jährige Heinz Politzer, mit dem ich zu dem Vortrag gekommen war, und der damals 74-jährige Bernhard Blume hinterher begrüßten, der eine aus Wien, auf Kafkas Prag bezogen und seit 1960 in Berkeley lehrend und der andere aus Stuttgart, auf Rilkes Prag bezogen und, nach seiner Emeritierung in Harvard, seit 1966 noch einmal in San Diego lehrend. Hier begegneten sich zwei Emigranten, der eine als Jude 1938 aus Österreich vertrieben, nachdem er in Prag noch mit Max Brod die Kafka-Ausgabe begonnen hatte, und der andere wegen seiner jüdischen Frau Carola 1936 aus Deutschland emigriert, nachdem er noch bei Hermann Pongs in Hamburg promoviert hatte, einander offenbar mit großer Hochachtung zugewandt und nicht ahnend, dass sie drei Jahre später beide innerhalb weniger Tage im kalifornischen Exil sterben würden, Bernhard Blume am 25. Juli 1978 in San Diego und Heinz Politzer am 30. Juli 1978 in Oakland. Beide waren Dichter, bevor sie Literaturwissenschaftler wurden, Politzer Lyriker und Blume Dramatiker, beide waren blendende Stilisten, präzise interpretierende Essayisten der Literaturkritik und beide aus einer solchen (gedachten beziehungsweise erlittenen) Tiefe existenzieller Gebrochenheit um die Rettung der von ihren Verfolgern missbrauchten Sprache ringend, dass zur Begründung dieses sprachbewussten Engagements nur an die Erfahrung des Exils erinnert werden kann.

Beide hatten sie die Trostlosigkeit der Existenz in der Fremde erfahren, die Blume an Rilke wie dieser an Malte in Paris exemplfiziert hat. Beide haben Trost in der Dichtung gefunden, in der fiktionalen Alternative, die sie ganz unterschiedlich wahrgenommen und gedeutet haben. Blume hat in der Lehre der deutschen Sprache und Literatur zunächst am Mills College in Oakland die Pflege und Vermittlung einer gefährdeten Kulturtradition gesehen, in der das unterdrückte Heimweh nur ganz leise mitschwingt: »indem ich junge Amerikaner in die deutsche Literatur einführte, konnte ich an einem Erbe festhalten, das ich liebte und mit dem ich vertraut war.«[37] Die Sehnsucht nach der verlassenen Heimat erscheint nur als Liebe zum vertrauten deutschen »Erbe«, das es gegen seine Verächter zu bewahren galt, das geistige Erbe als Antidot zum »Blutserbe« der nazistischen Rhetorik.

Während Blume, in der scheinbar objektiven Betonung der »Aufgabe«, der sich Rilke immer wieder gestellt hat, nämlich »seine Existenz zu leisten«[38] und »eine Heimat zu schaffen«[39], die nicht mehr an einen geografischen Ort gebunden ist, ein geradezu preußisches Pflichtbewusstsein an den Tag legte, überließ sich der vom Exil gebrochenere Politzer mehr dem Leiden. So klagte er, wenn ich, der aus Deutschland freiwillig zugewanderte Neu-Kalifornier, von dem südlichen Licht in der San Francisco Bay Area schwärmte, die meine neue Heimat werden sollte, über »den verdammten blauen Himmel«, weil das mediterrane Licht ihn daran erinnerte, dass er sein geliebtes Wien, das der wichtigste Fixpunkt seines Lebens geblieben war und gegen Ende seines Lebens, als er sich noch Hoffnungen auf eine ehrenvolle Rückkehr machte, geradezu zur Obsession wurde, nicht freiwillig verlassen hatte. Wusste Politzer, dass es in der ganzen Welt nur einen einzigen Zielort seines Heimwehs gab, die liebevoll so genannte »Wienerstadt«, so hielt es Blume mit seinem Lieblingsautor Rilke, der sich nirgendwo zu Hause fühlte und gleichwohl eine transzendente Heimat begehrte. Deshalb geht es ihm in dem Aufsatz »Die Stadt als seelische Landschaft« (1951) um die existenzielle »Seßhaftigkeit, die Ausdruck für ein Zuhausesein im Dasein überhaupt ist«, nur als Kontrastfolie für die »Heimatlosigkeit« der »Unbehausten«, die keinen festen Heimatort mehr haben und ihn auch nicht mehr brauchen, um sich in dieser Welt zurechtzufinden. Das sei aufzuzeigen am transparenten Beispiel Rilkes, der sich von seiner Geburtsstadt Prag losgesagt hat und auch in Paris nicht heimisch wurde, als »ein auferlegtes Schicksal, das geleistet werden muß«.[40] Diese für Rilke reklamierte Leistung zieht sich als Leitmotiv so sehr nicht nur durch diesen Aufsatz, dass man darin nur Blumes eigene Leistung und den dankbaren Stolz, es geschafft zu haben, gespiegelt sehen kann.

Heinz Politzer, der sich an Franz Kafka hielt und nie den geradezu heiteren Rückblick des anderen, ebenfalls aus Wien vertriebenen Kafka-Forschers Walter Sokel gewonnen hat[41], war weniger glücklich in der Bewältigung der quälenden Sehnsucht. Er hat sich am Beispiel Grillparzers, dessen düsterer Physiognomie eines Wiener Raunzers er sich selbst annäherte, mit einem Leitbild Kleists in die Abgründigkeit des Biedermeiers vertieft[42] und ist dem von Egon Schwarz nahegelegten autobiografischen Duktus nur langsam nähergekommen. Während der Vorbericht zur deutschen Ausgabe (1965) seines Kafka-Buchs von 1962 noch sehr distanziert die dritte Person und das Passiv bemüht (»Die Arbeit des Autors wurde von allem Anfang an aus diesen Quellen gespeist.«)[43] und die eigene Grenzerfahrung an Kafka exemplifiziert (»An der Grenze zweier Erdteile, zweier geschichtlicher Epochen lebend, hat Kafka eines der Endwerke der bürgerlichen Zivilisation Europas geschaffen.«)[44], ist das kurz vor seinem Tod entstandene Vorwort zur Taschenbuchausgabe des Kafka-Buchs (1978) viel persönlicher und in der ersten Person geschrieben, viel transparenter auch auf die eigene Melancholie des Abschieds von einer untergegangenen Welt. Da erzählt er, wie er mit seinem Nachbarn (im Jerusalemer Exil) Martin Buber den Plan zu einer Literaturgeschichte der deutsch-jüdischen Symbiose entwickelt hat, die mit einem Kafka-Kapitel schließen sollte: »Deutschjüdische Literatur konnte nicht mit gewissenhafterer Skepsis zu Grabe getragen werden als mit der klassisch-ambivalenten Prosa Franz Kafkas.«[45] Die Bilderwelt Kafkas ist die unheimliche Verkörperung der *presence of the absent*, die in der fiktionalen Vergegenwärtigung den Untergang einer Welt beschwört, nach der alles Heimweh unerfüllt bleiben muss. Und in diesem Vorwort steht, vordergründig auf die verspätete Entdeckung der Handschrift Kafkas bezogen, der überraschende Satz, der das ganze Leid des kaum unterdrückten Heimwehs nur ahnen lässt: »Die Dämmerung des Dämonischen beginnt erst in der Erinnerung.«[46] Kafka war kaum der geeignete Autor, die Dämonen der Vergangenheit abzuschütteln.

Während fast die Hälfte der Emigranten in den amerikanischen German Departments Österreicher waren, deren Bezugspunkt Wien war, kam die andere Hälfte aus den verschiedensten Regionen Deutschlands, ohne dass Berlin, abgesehen von Walter Benjamins *Kindheit in Berlin*, je eine mit Wien vergleichbare Rolle als exklusiver Heimatort gespielt hätte. Ziel des Heimwehs unter Emigranten war deshalb immer Wien und nicht Berlin, das auch unter Emigranten, die mit Wien wenig im Sinn hatten, aber in Wien eine akzeptable Alternative zum völlig zerstörten und auseinandergerissenen Berlin sahen, kein Ort des Begehrens war. Das berühmteste Lied der Berlin-Sehnsucht nach dem Krieg, die von Hildegard Knef gesungene Schnulze des schon im »Dritten Reich« erfolgreichen Schlagerkomponisten Ralph Maria Siegel »Ich hab' noch einen Koffer in Berlin« (1957) galt den Ausgebombten und den vor den Russen in den Westen geflohenen Berlinern, nicht aber den schon vorher aus Berlin vertriebenen Juden, die nicht nur einen Koffer in Berlin hatten zurücklassen müssen, wenn sie ihrer drohenden Vernichtung entkommen wollten. Den emigrierten Juden, die sich geschworen hatten, nie wieder deutschen Boden zu betreten, bot das deutschsprachige, aber nicht mehr deutsche Wien – bis zur Waldheim-Affäre im naiven Glauben an die österreichische Fiktion der Opferrolle – ein viel schöneres Ersatzziel, das sie ruhigen Gewissens besuchen zu können meinten. In Israel hieß es, dass sich deutschsprachige Emigranten für ihren geplanten Wienbesuch eine trübe Wetterlage aussuchten, um dem von Politzer verdammten blauen Himmel zu entkommen, wie sie auch bei ihren nostalgischen Zusammenkünften die dunklen Vorhänge zugezogen haben sollen, um das gleißende Licht ihrer mediterranen Zuflucht wegzublenden.[47]

Heinz Politzer übersah gern wider besseres Wissen, dass die in Wien wieder mächtigen Kollegen der 1970er Jahre, auf deren Unterstützung er fälschlich hoffte, Herbert Seidler und Heinz Kindermann, Alt-Nazis waren, die seine ersehnte Rückkehr auf eine Wiener Lehrkanzel hintertreiben würden, und hat noch über den Tod hinaus an der Territorialität der Heimat festgehalten: Seine Urne wurde nach Salzburg überführt und dort auf dem Petersfriedhof beigesetzt. Bernhard Blume hingegen, der in San Diego beigesetzt wurde, hat an der Entterritorialisierung des Heimatbegriffs mitgewirkt und zugleich die Isolierung der Exilanten durchklingen lassen: In dem vordergründig motivgeschichtlichen Aufsatz »Die Insel als Symbol in der deutschen Literatur« (1949) spricht er am Anfang, mit Bezug auf Nietzsche, von der »Einsamkeit, in die der Mensch in unserer Zeit geraten ist«[48], und von der »extremen Isolierung, in die sich der Mensch am Beginn des 20. Jahrhunderts geführt sah«[49], und am Ende, mit Bezug auf Ernst Wiechert, von dem »Mann, dem die Welt aus den Fugen geraten ist.«[50] Ausgehend von Robinson Crusoes »Verzweiflungs-Insel«[51] erwähnt er eher nebenbei auch die »Klage um die Inseln, die man besessen und verloren hat, als Heimat und Erfüllung.«[52] Umso auffallender ist bei einem sonst so glanzvollen Stilisten die Anonymisierung der Sehnsucht nach »Heimat und Erfüllung«, mit Bezug auf Gerhart Hauptmann, in einer sperrigen Passivkonstruktion, die keine elegische Stimmung aufkommen lässt: »aber in dieses Europa wird doch am Ende zurückgekehrt.«[53]

In keinem Fall war die Rückkehr, so dürfen wir vermuten, die »Erfüllung«, die sich die unterdrückte Sehnsucht insgeheim erträumt hat. Die Diskretion, mit der die meisten Exilanten von ihrer subjektiven Befindlichkeit abgelenkt haben, um wie Adorno allenfalls an der deutschen Sprache und wie Marcel Reich-Ranicki an der deutschen Literatur als »portativer Heimat« festzuhalten[54], kann nicht darüber hinwegtäuschen, dass der Verlust der Inseln der Seligen endgültig ist. Mit dieser Erkenntnis dürfte sich das Heimweh allerdings bei keinem der Betroffenen erledigt haben. Und so mag auch für viele von ihnen die Schmerzensklage gelten, die sich Heine noch ganz unverhohlen abringen konnte: »Glücklich sind die, welche in den Kerkern der Heimat ruhig hinmodern (...) denn diese Kerker sind eine Heimat mit eisernen Stangen, und deutsche Luft weht hindurch und der Schlüsselmeister, wenn er nicht ganz stumm ist, spricht er die deutsche Sprache! (...) Es sind heute über sechs Monde, dass kein deutscher Laut an mein Ohr klang, und alles was ich dichte und trachte, kleidet sich mühsam in ausländische Redensarten (...). Ihr habt vielleicht einen Begriff vom leiblichen Exil, jedoch vom geistigen Exil kann nur ein deutscher Dichter sich eine Vorstellung machen, der sich gezwungen sähe, den ganzen Tag französisch zu sprechen, zu schreiben, und sogar des Nachts, am Herzen der Geliebten französisch zu seufzen! Auch meine Gedanken sind exiliert, exiliert in eine fremde Sprache.«[55] Offensichtlich hatte Heine, bei aller Kritik an der deutschen Reaktion, keine Gründe wie Adorno, im 19. Jahrhundert noch ganz unvorstellbare Gründe, sein subjektives Heimweh zu verleugnen und durch das objektivierende Denken in der eigenen Sprache zu ersetzen.

---

1 Theodor W. Adorno: »Was ist deutsch?« (zuerst in: *Frankfurter Allgemeine Zeitung*, 2. 4. 1966). In: *Bundesrepublikanisches Lesebuch.* Hg. von Hermann Glaser. München 1978, 335–346, hier S. 344. Vgl. zu Adornos Privilegierung des Deutschen Dagmar Barnouw: »Untröstlich in Amerika. Adorno und die Utopie der Eigentlichkeit«. In: *Merkur* 8 (1999), S. 754–762, hier S. 758: »Die perfektionierte Herrschaft der middleclass (Kleinbürgertum) in Amerika erschien Adorno als die gigantische Verschwörung der englischsprachigen Glücksgier gegen die Eigentlichkeit der deutschsprachigen Utopie. So rügte er an der ›vernünftig eingerichteten‹ amerikanischen Existenz seines ehemaligen Mentors Kracauer immer wieder ›erbittliche‹ Anpassung und Glücksgelöbnis; auch die Mahnung, dass das Eigentliche nur auf deutsch gesagt werden könne, gehört hierher (...).« Vgl. zu Adornos Sprachverständnis zuletzt Gerhard Richter (Hg.): *Language Without Soil: Adorno and Late Philosophical Modernity.* New York 2010. — **2** Johann Wolfgang von Goethe: *Iphigenie auf Tauris* (1786). In: *Goethes Werke.* Hg. von Erich Trunz. Bd. 5. Hamburg: 6. Aufl. 1964, S. 7–67, hier S. 7 (I, 1, v. 10–12). — **3** Vgl. zur Kritik an der Ideologisierung deutscher Gräkomanie, konzipiert als frühe Warnung vor dem »Dritten Reich« und deshalb in Deutschland verboten, Eliza M. Butler: *The Tyranny of Greece Over Germany: A study of* the influence exercised by Greek art and poetry over the great German writers of the eighteenth, nineteenth and twentieth centuries [1935]. Boston 1958. — **4** So – laut Friedrich Kluge: Etymologisches Wörterbuch der deutschen Sprache. 19. Auflage bearbeitet von Walter Mitzka. Berlin 1963, S. 300 – in einem Brief vom 28. Dezember 1787. — **5** Vgl. Hinrich C. Seeba: »Immigranten. Zur Geschichte der multikulturellen Begegnungen in Deutschland. Von den Hugenotten und Holländern zu den Chinesen und Türken«. In: Hinrich C. Seeba: Denkbilder. Detmolder Vorträge zur Kulturgeschichte der Literatur. Bielefeld 2011, S. 264–278. — **6** Heinrich Heine: Elementargeister. In: Ders.: Sämtliche Schriften. Hg. von Klaus Briegleb. Bd. 3. München 1971, S. 643–703, hier S. 691. — **7** Vgl. Nachruf in: The New York Times, 19. 12. 2011, S. B 10. — **8** Johann Wolfgang von Goethe: Campagne in Frankreich (1792). In: Goethes Werke. Hg. von Erich Trunz. Bd. 10. Hamburg 1963, S. 188–400, hier S. 292. — **9** Goethe: Iphigenie auf Tauris (s. Anm. 2), S. 9 (I, 2, v. 76 f.). — **10** Peter Gay: My German Question: Growing up in Nazi Berlin. New Haven – London 1998, S. 169. — **11** Richard Wagner: »Das Judenthum in der Musik«. In: Ders.: Gesammelte Schriften. Bd. 5. Leipzig 1887, S. 66–85: »Unsere ganze europäische Civilisation und Kunst ist aber für den Juden eine fremde Sprache geblieben; denn, wie an der Ausbildung dieser, hat er auch an der Entwickelung jener nicht theilgenommen, sondern kalt, ja feindselig hat der Unglückliche, Heimathlose ihr höchstens nur zugesehen. In dieser Sprache, dieser Kunst kann der Jude nur nachsprechen, nachkünsteln, nicht wirklich redend dichten oder Kunstwerke schaffen.« (S. 71). — **12** Richard Wagner: »Was ist deutsch?« (1865/1878). In: Ders.: Gesammelte Schriften und Dichtungen in zehn Bänden. Hg. von Wolfgang Golther. Bd. 10. Berlin – Leipzig u. a. 1913, S. 36–55, hier S. 37. In Wirklichkeit geht das Wort »deutsch« auf das althochdeutsche Wort »diot« = Volk zurück und bedeutet, im Unterschied zum Lateinischen, volkssprachlich. — **13** Vgl. Hinrich C. Seeba: »›Heimat deine Sterne!‹ Die Vertreibung aus dem Paradies und die Heimat der Sprache«. In: Seeba: Denkbilder (s. Anm. 5), S. 298–318. — **14** Hans Jonas: Erinnerungen. Nach Gesprächen mit Rachel Salamander. Vorwort von Rachel Salamander. Geleitwort von Lore Jonas. Hg. und mit einem Nachwort versehen von Christian Wiese. Frankfurt/M.–Leipzig 2003, S. 132. — **15** Ebd., S. 216. — **16** Ebd., S. 154 f. — **17** Heinrich Heine: Deutschland. Ein Wintermärchen (1844). In: Ders.: Sämtliche Schriften. Hg. von Klaus Briegleb. Bd. 4. München 1971, 571–644, hier S. 577 (v. 8). — **18** Vgl. Heinz Berggruen: Hauptwege und Nebenwege. Erinnerungen eines Kunstsammlers. Berlin 1997. Taschenbuchausgabe Frankfurt/M. (Fischer Verlag) 2001. — **19** Zitiert in Roger Cohen: »An Odyssey of Passion and Prudence: Behind Masterworks for Sale, the Unerring Eye of a Determined Collector«. In: The New York Times, 7. 5. 2001, S. B1+4. — **20** Vivien Stein: Heinz Berggruen. Leben und Legende. Zürich 2011. Vgl. zur Diskussion um das Buch ein Interview auf der Webseite des Deutschlandfunks vom 17. November 2011 (»Berggruen im Zwielicht«): http://www.dradio.de/dlf/sendungen/kulturheute/1606991/(9.5.2012). — **21** Walter Benjamin: Berliner Kindheit um neunzehnhundert. Mit einem Nachwort von Theodor W. Adorno. Fassung letzter Hand und Fragmente aus früheren Fassungen. Frankfurt/M. 7. Aufl. 1996, S. 111 (Nachwort von Adorno, 1950). — **22** Ebd., S. 96. — **23** Ebd., S. 95. — **24** Ebd., S. 9. — **25** Egon Schwarz: Keine Zeit für Eichendorff. Chronik unfreiwilliger Wanderjahre. Königstein/Ts. 1979, S. 161. Die programmatische Absage an Eichendorff schließt auch den romantischen Heimwehschmerz ein, den Eichendorffs bekanntes Gedicht In der Fremde (1833, von Robert Schumann vertont im Liederkreis op. 39, 1840) festgehalten hat: »Aus der Heimat hinter den Blitzen rot/Da kommen die Wolken her,/Aber Mutter und Vater sind lange tot,/Es kennt mich dort keiner mehr.« (in: Werke. Hg. von Wolfdietrich Rasch, München 1966, S. 233). — **26** Schwarz: Keine Zeit für Eichendorff. (s. Anm. 25), S. 160. — **27** Ebd., S. 163. — **28** Ebd., S. 170. — **29** Bernhard Blume: Existenz und Dichtung. Essays und Abhandlungen. Ausgewählt von Egon Schwarz. Frankfurt/M. 1980, S. 11. — **30** Ebd., S. 14. — **31** Ebd., S. 16. — **32** Ebd., S. 24. — **33** Ebd., S. 25. — **34** Ebd., S. 26. — **35** Ebd., S. 27. — **36** Ebd., S. 56. — **37** Bernhard Blume: Narziß mit Brille. Kapitel einer Autobiographie. Aus dem Nachlaß zusammengestellt und herausgegeben von Fritz Martini und Egon Schwarz. Heidelberg 1985, S. 93. Die englische Ausgabe der Memoiren erschien u. d. T. *A Life in Two Worlds: An Experiment in Autobiography.* Translated by Hunter and Hildegarde Hannum. New York 1992. — **38** Blume, *Existenz und Dichtung* (s. Anm. 29), S. 14. — **39** Ebd., S. 47. — **40** Ebd., S. 43. — **41** Vgl. Walter H. Sokel: »Kafka as a Jew«. In: *New Literary History* 30:4 (1999), S. 837–853. — **42** Vgl. Heinz Politzer: *Grillparzer oder Das abgründige Biedermeier.* Wien–München–Zürich 1972. Dazu Hinrich C. Seeba: »Abgründe eines Raunzers: Zu Heinz Politzers Menschenbild des Biedermeier«. In: Robert Pichl und Clifford A. Bernd unter Mitarbeit von Margarete Wagner (Hg.): *The Other Vienna: The Culture of Biedermeier Austria. Österreichisches Biedermeier in Literatur, Musik, Kunst und Kulturgeschichte.* Wien 2002, S. 297–306. — **43** Heinz Politzer: *Franz Kafka. Der Künstler.* Frankfurt/M. 1965, S. 7. — **44** Ebd., S. 9. Es handelt sich hier um das Selbstzitat aus einem früheren Kafka-Aufsatz von 1950. — **45** Heinz Politzer: *Franz Kafka. Der Künstler.* Frankfurt/M. 1978, S. 13. — **46** Ebd., S. 11. — **47** Diese anekdotische Evidenz von Heimweh verdanke ich dem ehemaligen deutschen Generalkonsul in San Francisco Rolf Schütte, der vorher in der deutschen Botschaft in Tel Aviv tätig war. — **48** Blume: *Existenz und Dichtung* (s. Anm. 29), S. 167. — **49** Ebd. — **50** Ebd., S. 178. — **51** Ebd., S. 169. — **52** Ebd., S. 175. — **53** Ebd., S. 177. — **54** So Marcel Reich-Ranicki, mit einem Heine-Zitat, in einem Interview der ARD-Show »Boulevard Bio« (mit Alfred Biolek) am 7. September 1999. — **55** Heinrich Heine: *Ludwig Börne. Eine Denkschrift* (1840). In: Ders.: *Sämtliche Schriften.* Hg. von Klaus Briegleb. Bd. 4. München 1971, S. 7–143, hier S. 123 f. (5. Buch).

Martin Münzel

Unternehmeremigration
Desiderate und Perspektiven

2007 wurde das 25-jährige Bestehen des *Jahrbuchs Exilforschung* zum
Anlass genommen, rückblickend daran zu erinnern, dass die »euphorischen Zeiten«, in denen es galt, unbekanntes Neuland großflächig zu erschließen und die Öffentlichkeit darüber aufzuklären, »welchen unwie-
derbringlichen Verlust die Vertreibung der vom ›anderen Deutschland‹
repräsentierten einzigartigen Kultur nach 1933 bedeutet«, längst vorü-
ber sind.[1] Nach ihrem in Deutschland relativ späten Beginn ist die ge-
schichtswissenschaftliche Auseinandersetzung mit der Exil- und Emi-
grationsbewegung der NS-Zeit umso intensiver vorangetrieben worden. Mittlerweile steht die Etablierung dieses Forschungszweigs außer
Frage und haben sich thematisch, theoretisch und methodisch vielgestaltige Perspektiven und Ansätze ausdifferenziert, stehen ganz spezifische Aspekte von Akkulturation, Integration und Identität im Zentrum
und gilt das Interesse geschlechtsspezifischen Fragen ebenso wie der
zweiten Einwanderergeneration oder inzwischen auch der Remigration.
  Lässt man indes die Themen der Exilforschung einmal entlang aller
Ausgaben des *Jahrbuchs* seit 1983 Revue passieren, fällt auf, dass, ganz anders als Kultur, Kunst, Politik und Wissenschaft, ein gesellschaftliches
Feld fast an eine Tabuisierung gemahnt: die Wirtschaft. Sieht man vom
Sonderfall der Verleger ab (hierzu unten mehr), befasst sich von 441 Beiträgen nur einer – dies sind ganze 0,23 % – explizit mit der Gruppe der
Unternehmer.[2] Und generell erweist eine Bestandsaufnahme der For-
schung schnell, wie wenig bisher Dimensionen und Prozesse der mas-
senhaften Zwangsauswanderung von Wirtschaftsvertretern – Groß- und
Kleinunternehmern, Banken- und Industrierepräsentanten, Firmeninha-
bern und Ladenbesitzern – thematisiert und in welchem Maße sowohl ihr
Leben und Wirken in den Zufluchtsländern als auch die Folgewirkungen
ihres Exodus innerhalb Deutschlands vernachlässigt worden sind.
  Vor dem Hintergrund dieser Erkenntnis sollen die folgenden
Überlegungen dazu dienen, sich der Unternehmeremigration als For-
schungsdesiderat anzunähern und anhand verschiedener Aspekte auf
die Potenziale des Themas und auf mögliche Ansatzpunkte für weitere
Forschungen hinzuweisen.

I

Wie naheliegend eine Einbeziehung der Unternehmer in die Emigrationsforschung eigentlich ist, lässt sich zunächst mit einem kurzen Blick auf das bereits vor 30 Jahren erschienene *Biographische Handbuch der deutschsprachigen Emigration nach 1933* bewusst machen.[3] Ernst Loewy sah in dieser »großangelegten Bestandsaufnahme« den Ausdruck eines Paradigmenwandels, einer thematischen Vereinigung von Exil und Emigration. »Mit diesem Werk wird (...) die Bevorzugung des Exils zugunsten einer umfassenden Berücksichtigung der gesamten Fluchtbewegung aus dem NS-Reich verlassen.«[4] Mit der Abkehr von der Fixierung auf das antifaschistische Exil und der gleichberechtigten Fokussierung der – vom Umfang her fast zehnfach höheren – jüdischen Massenemigration sollte die Auswanderung nach 1933 als Einheit behandelt werden.[5] Und nicht zuletzt waren es die Unternehmer, die als Forschungsobjekt von der Herstellung einer »Parallelität der Dokumentation und Analyse beider Phänomene«[6] hätten profitieren sollen, denn fast ein Zehntel der in der mehrbändigen Kompilation aufgenommenen rund 8700 Kurzbiografien ist diesem Personenkreis zuzuordnen.

Warum aber wurde dieser Weg nicht weiterverfolgt und blieben die damit aufgezeigten Chancen weitgehend ungenutzt? Hierfür lassen sich verschiedene Erklärungsansätze anführen.[7] Zunächst ist zu konstatieren, dass es dem öffentlichen Bild von Unternehmern bis heute an scharfen Konturen mangelt und diese bei ihrer Außendarstellung selbst sehr zurückhaltend sind.[8] Auch in der Retrospektive erscheinen Persönlichkeiten des Wirtschaftslebens dann schwerer fassbar als andere historische Akteure, wenn es sich bei ihnen nicht um spektakuläre Ausnahmefälle handelt oder es um ihr mäzenatisches Wirken geht. Hoffnungsvoll stimmt allerdings, dass sich zunehmend auch Wirtschaftshistoriker an ambitionierte biografische Studien wagen, etwa zu Friedrich Flick, Hans Matthöfer oder Paul Silverberg.

Weiterhin ist auf die Überakzentuierung besonders erfolgreicher Unternehmer und wirtschaftlicher Pionierleistungen hinzuweisen. Außer Sichtweite geraten dabei die Erscheinungsformen konjunkturbedingten, durch Fehlentscheidungen hervorgerufenen oder aber eben auch durch Enteignung und Vertreibung erzwungenen unternehmerischen Scheiterns. Zwar ist der Prozess der Ausraubung und Entrechtung jüdischer Unternehmer nach 1933 vor dem Hintergrund des Arrangements zwischen nichtjüdischer Unternehmerschaft und NS-Regime inzwischen detailliert ausgeleuchtet worden. Darüber hinaus dominiert jedoch das Interesse an den Kontinuitäten in den Einflusssphären der deutschen Wirtschaft, während die möglichen Transfers unternehmerischen Know-hows aus den angestammten Wirkungsfeldern heraus im Dunkeln bleiben.

Ein Zusammenhang besteht dabei freilich auch mit der Quellenlage. Es fehlen zentrale Archive, die sich der Sammlung und Erschließung von Unternehmernachlässen widmen, und selbst in den historischen Beständen großer Unternehmen lassen sich oftmals überraschend wenig Spuren finden.[9] Biografische Darstellungen können sich daher nicht selten auf kaum mehr als auf Presseausschnitte stützen oder weichen auf allgemeinere unternehmensgeschichtliche Aspekte aus. Erschwerend kommt hinzu, dass gedruckte autobiografische Reflexionen von Unternehmern selten sind und von wenigen Ausnahmen abgesehen[10] die Zeit der Emigration gar nicht oder allenfalls am Rande tangieren. Innerhalb der Exilforschung, die gerade den intellektuellen und künstlerischen Ausdrucksformen von Verfolgungs- und Emigrationserfahrungen ihr besonderes Augenmerk geschenkt hat, fanden Unternehmer daher kaum Beachtung.

Schließlich verbanden diejenigen, die aus der deutschen Banken-, Industrie- und Handelswelt vertrieben wurden, im Zufluchtsland das Ziel eines beruflichen Wiederaufstiegs meist mit der Absicht, hier dauerhaft zu bleiben. In Verbindung mit ihrer auf eher individuellen ökonomischen Erfolg ausgerichteten Orientierung spielten sie daher im Kreis derjenigen politischen und intellektuellen Exilanten, die sich durch gemeinsame parteipolitisch-idealistische Zielvorstellungen motiviert an Planungen für einen gesellschaftlichen Neubeginn in Deutschland nach Kriegsende beteiligten, keine Rolle – gerade solche Aktivitäten und Diskussionen aber haben bisher stets einen Schwerpunkt der Exilforschung gebildet. Auch Gestaltungsentwürfe für die deutsche Nachkriegswirtschaft kamen kaum von Unternehmerseite, sondern stammten, realistisch-anspruchsvoll und auf eine internationale Koordinierung ausgerichtet, vor allem aus den Reihen deutscher Sozialwissenschaftler, die etwa an der New School for Social Research in New York und hier insbesondere am Institute of World Affairs mit ihren Expertisen zu gefragten Ansprechpartnern amerikanischer Behörden avancierten.[11]

Zu den Ausnahmen zählte Otto Jeidels, der als früherer Geschäftsinhaber der Berliner Handels-Gesellschaft einer der herausragenden deutschen Bankiers der Zwischenkriegszeit gewesen war und 1939 in das New Yorker Privatbankwesen wechselte, bevor er 1943 Vizepräsident der Bank of America wurde. Jeidels stellte sich dem US-Unternehmer Lewis Brown für eine Befragung zur Verfügung, die in Browns *Report on Germany* einfloss, der wiederum eine Grundlage des Marshall-Plans bildete.[12] Darüber hinaus beschäftigte sich Jeidels, der über umfassende Kenntnisse der deutschen Industrie, aber auch in interna-

tionalen Wirtschafts-, Handels- und Währungsangelegenheiten verfügte, mit der weiteren Entwicklung seines Heimatlandes. Er warnte vor
den Folgen von Gebietsabtretungen und Einschränkungen beim Export
und in der Industrie, aber auch vor der Entlassung sämtlicher ehemaliger NSDAP-Mitglieder unter den Managern und Unternehmenseigen-
tümern. Der deutsche Staat, so Jeidels, wäre damit von Beginn an be-
lastet und die Demokratie stärker diskreditiert als in der Weimarer
Republik nach dem Ersten Weltkrieg.[13]

Noch zwei thematische Bereiche sollen an dieser Stelle angesprochen
werden. Zum einen die bereits erwähnten Verleger, deren Sonderstel-
lung unter den Unternehmern mit ihrer spezifischen Position zwischen
»Gesinnung« und »Geschäft«, Kunst und Kommerz und Bildungs- und
Wirtschaftsbürgertum verschiedentlich thematisiert worden ist. Aufgrund ihrer Nähe zum literarischen Feld und ihrer Brückenfunktion
zwischen Schriftstellern und Öffentlichkeit ist auch ihre Emigrationsgeschichte zum Untersuchungsgegenstand geworden.[14] Wahrgenommen worden sind die im Ausland errichteten Verlage gleichwohl in erster Linie als »Kristallationskerne der intellektuellen Emigration«[15],
während die genuin unternehmenshistorische Perspektive meist eher
unscharf bleibt. Dabei wäre es lohnenswert, sich auf die Konfrontation
mit andersartigen Buchhandels-, Vertriebs- und Auslieferungsstruktu-
ren auf einem entschieden kommerzieller ausgerichteten Markt zu konzentrieren und nach den Rückwirkungen auf das unternehmerische
Selbstverständnis der Verleger zu fragen.

Zum anderen ist auf die Unternehmeremigration nach 1933 als Teil
der deutsch-jüdischen Geschichte hinzuweisen. Denn sieht man vom
prominenten Ausnahmefall des Mülheimer Stahlindustriellen Fritz
Thyssen ab, handelte es sich bei den Flüchtlingen aus dem Wirtschafts-
bereich nach 1933 durchweg um Emigranten jüdischer Religion oder
Herkunft. Somit kann die Diskussion um mögliche Spezifika und tra-
dierte Muster jüdischen Unternehmertums[16] auch auf die Zeit der Emigration bezogen werden, verbunden mit der Frage, welche Bedeutung
der – bewusst oder unbewusst wahrgenommene – gemeinsame deutsch-
jüdische Hintergrund und wiederum äußere antisemitische Barrieren
auch und gerade in der neuen Umgebung des Zufluchtslands hatten.
Wie stark dies zur möglichen Herausbildung solidarischer Netzwerke
als wesentlichem Bestandteil unternehmerischen Erfolgs beitrug, wird
freilich meist nur schwer von Kohärenzkräften zu trennen sein, die aus
dem gemeinschaftlichen Emigrationsschicksal und der verbindenden
unternehmerischen Vergangenheit erwuchsen. Interessant sind zudem
mögliche Aktivitäten in jüdischen Hilfsorganisationen, für die in herausragender Weise der Hamburger Bankier Max Warburg stand. Schon

in Deutschland hatte Warburg Tausende bei ihrer Auswanderung unterstützt und sich im Rahmen des Haavara-Abkommens mit Palästina engagiert, ab 1938 aber auch in New York seinen prominenten Namen und die Verbindungen seiner Familie genutzt und in Flüchtlingskomitees seine Kräfte zur Verfügung gestellt.[17] Offen bleibt bisher, in welchem Umfang solche Institutionen auch Hilfestellungen boten, die gezielt auf Unternehmer ausgerichtet waren.[18]

II

Als Teil der Auswanderungsbewegung aus dem NS-Herrschaftsgebiet waren auch die Unternehmer von der restriktiven Flüchtlingspolitik vieler Staaten betroffen. Dabei lagen die Ursachen dieser Abwehrhaltung nicht zum geringsten Teil in den Nachwirkungen der Weltwirtschaftskrise und den angespannten nationalen Arbeitsmärkten. Die möglichen Effekte einer wirtschaftlichen Stimulierung, die von den Aktivitäten ins Land kommender Unternehmer ausgehen konnten, war man offenbar nicht bereit wahrzuhaben.

Bei einer geografischen Differenzierung rücken zunächst die europäischen Nachbarländer ins Zentrum, deren Anteil unter den Zufluchtsstaaten dann aber von 72–77 % (1933) auf nur noch ein Viertel (1938) absank.[19] Bestehende Geschäftsverbindungen, kurze Reisewege und Hoffnungen auf vielleicht baldige Rückkehrmöglichkeiten machten etwa Frankreich zu einem wichtigen primären Ziel; hier waren 1936/37 6 % der anerkannten deutschen Emigranten zuvor selbstständige Unternehmer gewesen.[20] Vergleichbar waren die Niederlande, die verschiedene Vorteile für die Verlagerung oder Neugründung von Firmen boten. Ungeachtet der direkten und indirekten Schaffung von schätzungsweise 15 500 neuen Arbeitsplätzen in 450 Flüchtlingsunternehmen bestanden aber von Beginn an Vorbehalte gegenüber den deutschen Unternehmern. Die bis Winter 1936 ansteigende Arbeitslosigkeit blieb auch danach auf hohem Niveau und mehr und mehr wurde die Haltung der Regierung von Ängsten vor mittelständischem Antisemitismus und dem Aufstieg linksextremer Bewegungen beeinflusst.[21]

Eine besonders intensive Abschottungspolitik verfolgte die Schweiz, in der Aufenthalte nur befristet gestattet und häufig keine Niederlassungsbewilligungen gewährt wurden. Teil der »behördliche(n) Konzeption der Schweiz als Transitland« waren rigorose Arbeitsverbote und Vermögensvorschriften, die insbesondere auf die Verhinderung wirtschaftlicher Existenzgründungen abzielten. Unternehmer, die versuchten, ihre Aktivitäten nach »Arisierung« ihrer Firmen aus dem Deut schen Reich in die Schweiz zu verlagern, stießen auf Ablehnung.[22] So konnte der ehemalige Vorstandssprecher der Deutschen Bank Georg Solmssen, der 1938 Deutschland nur widerstrebend verließ, nachdem er sich in jahrelangem Abwehrkampf seinem Ausscheiden aus der Wirtschaftselite entgegengestemmt hatte, sein 1936 erworbenes Anwesen am Zürichsee nur mit einer behördlichen Ausnahmegenehmigung landwirtschaftlich bewirtschaften.[23] Und auch der zuvor mächtige Kölner Braunkohlenindustrielle Paul Silverberg war – durch seine wirtschaftliche Ausbootung und die antisemitische Verdrängung resigniert – in Lugano, das er zur Jahreswende 1933/34 als Rückzugsort gewählt hatte, nicht mehr unternehmerisch aktiv. »Das Ende meiner industriellen Laufbahn u(nd) meiner Arbeit für allgemeine Interessen hatte ich mir anders gedacht. Aber die Entwicklung ist stärker wie ich und ich will den Rest meines Lebens in Ruhe leben.«[24]

Auch in Großbritannien wurden zumindest bis zu den Novemberpogromen 1938 in Politik und Öffentlichkeit Widerstände gegenüber deutschen Emigranten manifest. Jedoch kam es im Juli 1939 mit dem »Refugee Industries Committee« zur Schaffung einer Hilfsorganisation für geflohene ausländische Unternehmer und Fabrikanten, Hunderte von Flüchtlingsunternehmen beschäftigten schließlich gerade in von hoher Arbeitslosigkeit geprägten »Special Areas« zehntausende Menschen.[25] Verschiedene Beispiele zeigen gleichwohl, wie sehr sich die persönlichen und unternehmerischen Einzelschicksale unterschieden. Während sich der Druckereiexperte und Verleger Rudolf Ullstein in einer Londoner Metallfabrik als Dreher verdingen musste, konnte sich der Frankfurter Großindustrielle Richard Merton zumindest eingeschränkt in der British Metal Corporation betätigen, die in enger Verbindung zu der durch seinen Vater Wilhelm 1881 gegründeten Metallgesellschaft stand, bevor er sich nach Kriegsausbruch aufs Land zurückzog. Hingegen gelang es dem 1934 emigrierten Hamburger Privatbankier Siegmund Warburg in der Londoner City an wichtige geschäftliche Verbindungen und das »soziale Kapital« seiner Familie anzuknüpfen und an der Spitze des Bankhauses S.G. Warburg & Co. zu einer der weltweit bedeutendsten Finanzunternehmer aufzusteigen.[26]

Geringe Attraktivität für viele Flüchtlinge mit unternehmerischen Interessen besaß angesichts sprachlicher Hürden, vielfach landwirtschaftlicher Prägung und noch vergleichsweise rückständiger Industriestrukturen Palästina. Er sehe für sich selbst »keinerlei Chance für eine spätere Betätigung« als Unternehmer, stellte etwa Max von der Porten fest, der 1933 an der Erstellung einer Expertise über die Möglichkeiten der industriellen Entwicklung in Palästina beteiligt war und zuvor als Generaldirektor der Vereinigten Aluminium-Werke im Lausitzer Lautawerk zu einem der einflussreichsten deutschen Industrievertreter gezählt hatte. Neben Hotels für die Fremdenindustrie, Autoreparaturwerkstätten sowie Kühl- und Lagerhäusern würde »nur Kleinindustrie, wie Kistenfabrik, Konservendosenfabrik, Eisfabrik, Papierfabrik, Ziegelei, Thonröhrenfabrik bestenfalls in Frage kommen.«[27]

Wenn Palästina dennoch als Zielland gewählt wurde, war häufig die Sympathie für den Zionismus ein Motiv, so bei der aus München stammenden Bankiersfamilie Feuchtwanger, die 1936 in Tel Aviv die J. L. Feuchtwanger-Bank Ltd. gründete, oder dem seit 1931 auch als Verleger tätigen Zwickauer Warenhausunternehmer Salman Schocken. Wie in verschiedenen anderen Fällen auch war das Land jedoch für den schon 1933 emigrierten Schocken nur eine Zwischenstation; nach einer ersten USA-Reise Ende 1939 ließ er sich ein Jahr darauf endgültig in New York nieder.[28]

Für Forschungen, die sich mit dem Einfluss eingewanderter Unternehmer auf die ökonomische Entwicklung eines Landes befassen, kann die Betrachtung Palästinas dennoch aufschlussreich sein. Denn in gewisser Parallelität zur Geschichte der deutschen Einwanderer in den USA des 19. Jahrhunderts trafen die außer Landes Geflohenen auf eine Wirtschaft, die sie in einer entscheidenden Phase mitgestalten und -prägen konnten. Von Bedeutung dürfte dabei das erwähnte, im August 1933 geschlossene Haavara-Abkommen gewesen sein, das bis 1939 für deutsche Auswanderer einen Vermögenstransfer durch den Verkauf deutscher Waren ermöglichte und mit zum Aufbau der palästinensischen Wirtschaft beitrug.[29]

Während der temporäre Aufenthalt in vielen europäischen Staaten vor deren Besetzung durch die Deutschen im Zweiten Weltkrieg oftmals kaum zur Entfaltung neuer wirtschaftlicher Aktivitäten ausgereicht haben dürfte, änderte sich dies in den USA, dem wichtigsten Ziel der Flüchtlingsströme seit 1937. Auch wenn bis Kriegsende mit schätzungsweise 132 000 deutsch-jüdischen Emigranten[30] die Dimensionen des 19. Jahrhunderts nicht annähernd erreicht wurden, erinnert dies an die besondere Anziehungskraft, die die Neue Welt schon Jahrzehnte zuvor ausgeübt hatte, und an zahlreiche Unternehmensnamen, die bis heute mit dem wirtschaftlichen Erfolg deutscher Einwanderer im »Land der unbegrenzten Möglichkeiten« assoziiert werden.[31] Allerdings sind Verbindungslinien und Vergleiche insofern nur bedingt tragfähig, als sich der unternehmerische Aufstieg der Deutsch-Amerikaner im Laufe des 19. Jahrhunderts meist innerhalb mehrerer Generationen vollzog, während die Flüchtlinge in den 1930er Jahren innerhalb kürzester Zeit Fuß fassen mussten. Zudem handelte es sich bei Letzteren häufig um gut ausgebildete Fachleute, die auf eine entwickelte und zugleich von der Weltwirtschaftskrise geschädigte Wirtschaft trafen, in der ein Raum für unternehmerische Pionierleistungen und Entfaltungsmöglichkeiten, wie ihn die früheren Einwanderer vorgefunden hatten, nicht in vergleichbarer Weise existierte.

Für hier ansetzende Forschungen sind empirische Studien hilfreich, deren Entstehung in den 1940er Jahren wiederum insbesondere auf Vorwürfe zurückgingen, die europäischen Flüchtlinge stellten eine unerwünschte wirtschaftliche Konkurrenz dar. Einen besonderen Stellenwert nimmt die auf einer umfangreichen empirischen Basis fußende US-weite Untersuchung *Refugees in America* des US-Soziologen Maurice Davie ein. Sie richtet ihr Augenmerk unter anderem auf die wirtschaftliche Integration der Emigranten, auf die von ihnen errichteten Unternehmen und die Versuche des Transfers europäischer Produkte, Betriebsmethoden und Patente.[32]

Innerhalb der USA ist das Wirtschafts- und Finanzzentrum New York, das zur wichtigsten Metropole zehntausender Deutscher und europäischer Flüchtlinge wurde, naheliegender Ausgangspunkt für Untersuchungen zur Unternehmeremigration.[33] Hier gelang, wie jetzt auf der Basis von 126 Fällen gezeigt werden kann, der Hälfte der Einwanderer, in der gleichen Branche unternehmerisch tätig zu werden wie zuvor in Deutschland, unter den jüngsten von ihnen lag dieser Anteil bei sogar nahezu zwei Dritteln. Greift man das Beispiel der Verleger heraus, waren 16 von 34 (= 47,1 %) auch jenseits des Atlantiks auf ähnlichem Gebiet aktiv, mit einem Anteil von 50 Prozent war aber zugleich der Grad der unternehmerisch-beruflichen Umorientierung besonders hoch.[34] Zusätzliche Kenntnisse über Hindernisse und Vorteile bei Versuchen einer unternehmerischen Re-Etablierung könnten Vergleiche etwa mit der amerikanischen Westküste oder London bringen.

III

Unabhängig von der geografischen Perspektive werden es in der Regel zunächst frühere Spitzenvertreter der deutschen Wirtschaft sein, die im Mittelpunkt von Forschungen zur Unternehmeremigration stehen. Zwar ist für die Exilforschung »nach der liebevollen Beschäftigung mit den großen und edlen Geistern« zu Recht schon lange die Hinwendung zur »namenlosen« Emigration jener »kleinen Leute« gefordert worden, »die sich nicht künstlerisch, literarisch oder politisch artikuliert hatten noch solches je beabsichtigten, die einfach wegen ihrer jüdischen Herkunft entwurzelt und verjagt worden sind«.[35] Doch ähnlich wie Marita Krauss die Remigrationsforschung zwangsläufig vorerst als Teil der Eli-

tenforschung sieht[36], wird es erst einmal überwiegend die Gruppe der
Großindustriellen, Bankiers, Konzernlenker und Direktoren sein, die
von den Quellen her überhaupt fassbar wird.[37]

Dennoch ist nicht mit antiquierten Darstellungen zur Geschichte he-
roischer Wirtschaftsführer zu rechnen, denn im Gegenteil bietet sich gerade hier die Chance, die Relevanz des familiären und des sozialen Um-
felds für den Erfolg unternehmerischen Handelns herauszuarbeiten.
Zunächst war es häufig gerade die Familie, die überhaupt den Ausschlag
für den Entschluss zum Verlassen des Landes gab, zuweilen selbst dann,
wenn die Erwartungen hinsichtlich der weiteren in Deutschland bestehenden unternehmerischen Möglichkeiten optimistisch waren. Nach
1945 waren es dann wiederum oftmals Familienmitglieder, die es – auch
nach erfolgreichen Restitutionsbemühungen – vehement ablehnten, in
die frühere Heimat zurückzukehren. »Jetzt nach Deutschland hiesse
fuer mich, die Ernaehrung der Familie und was ich sonst zu ernaehren
oder zu behueten habe, riskieren. Immer wieder derselbe Konflikt«[38], so
der ehemalige Bankier Paul Kempner 1946, der Pläne einer Wiedererrichtung des Bankhauses Mendelssohn & Co. in Berlin oder Frankfurt
verfolgte.

In der Emigration selbst erfuhr die Familie mit ihren Generationen
übergreifenden Loyalitäts- und Vertrauensstrukturen in gewisser Weise
eine Neubelebung als traditionelle Basis unternehmerischen Aufstiegs.
Oftmals war es gerade der familiäre Zusammenhalt, der zur unverzichtbaren Stütze eines beruflichen Neuanfangs wurde, nachdem die finanzielle und ideelle Hilfe von Verwandten und Freunden, die bereits im
Zufluchtsland lebten, vielfach die ersten Grundlagen für das Überleben
schufen. Im Rahmen der Studie Maurice Davies nach den größten Veränderungen in ihrem Lebensalltag befragt, war die häufigste Antwort
der aus Europa in die USA emigrierten Frauen, dass sie Einkommens-
bezieherinnen geworden seien; erst an zweiter Stelle folgte die Famili-
entrennung.[39] Und beim nicht untypischen unternehmerischen Neuein-
stieg mittels eines oft vom häuslichen Wohnzimmer aus betriebenen
Kleinstbetriebs erwies sich gerade die Mitarbeit vieler Ehefrauen als
wichtige Hilfe. So unterstützte Maria (»Manci«) Ullstein ihren Mann
Karl bei der Handkolorierung von Schwarz-Weiß-Fotografien, nachdem dieser 1934 als Druckereiexperte aus dem Vorstand des Verlags-
konzerns Ullstein ausgeschieden war und die Familie 1938 in die
Schweiz und 1941 nach New York emigriert war. Seine Frau habe sich
sehr gut eingearbeitet, konnte Karl Ullstein berichten, sie sei eine »große
Künstlerin«, die die Kolorierungstechnik mit Exaktheit und Finesse be-
herrsche. »Manci vor Allem hat sich eine famose Arbeitstechnik erworben. Sie malt bereits eben so geschickt wie sie gekocht hat.«[40]

Geht man von einem Unternehmerbegriff aus, der sich nicht in funktionaler Position, Führungsfähigkeit und persönlichem Leistungsvermögen erschöpft, tritt neben die familiären Grundlagen die »Eingebettetheit« wirtschaftlichen Handelns in soziale Beziehungen.[41] Im Hinblick auf Wirtschaftsakteure, die sich in einem neuen Umfeld bewähren mussten, ergeben sich daraus verschiedene übergeordnete Fragen: Wie stark erweiterten oder begrenzten neben »ökonomischem Kapital« und Finanzressourcen auch Kenntnisse der Sprache, der Landesverhältnisse, des Marktes und der Geschäftsmethoden den unternehmerischen Aktionsradius? Welche Rolle spielten zugleich auch »soziales Kapital« und Reputation des Einzelnen und inwieweit führte fehlende Akzeptanz innerhalb der angestammten Wirtschaftskreise zur Herausbildung von Elementen einer »Emigrantenwirtschaft«, die auf schon in Deutschland herausgebildeten Kontaktnetzwerken beruhte?

Berührt wird damit auch der Bereich von Studien zu ethnischem Unternehmertum und dem Wirtschaftsverhalten von Minoritäten im Spannungsfeld von Selbstwahrnehmung und äußerer Zuschreibung.[42] Gefragt wird dabei, inwiefern gemeinsame kulturelle Werte als Ressource unternehmerischen Erfolgs identifiziert werden können und Geschäftsaktivitäten gesellschaftlicher Minderheiten Ausdruck der Bewahrung bestehender kultureller Prägungen sind, aber auch, welche gegenseitigen Beeinflussungen zwischen diesen Minderheiten und äußerer Umwelt zu Wandel und Transformation im Unternehmertum führen.

Ebenfalls hiermit verbunden, wenngleich in eine etwas andere Richtung führend, ist der Blick auf den Transfer von Produkten und Fachkenntnissen. Für die Niederlande weist Bob Moore auf die – oft kaum quantifizierbaren – Effekte durch die Einführung von Technologien, Prozessen und Ideen hin. So konnte der Import neuer Methoden innerhalb bestehender niederländischer Industrien effizienzsteigernd wirken und in niedrigeren Kosten für die Konsumenten resultieren. Der Aufbau neuer Industrien bereicherte den Markt mit zusätzlichen Produkten, verringerte den Importbedarf und vergrößerte das Potenzial für zukünftige Exporte. Und auch die Verlagerung des Bezugs von Rohstoffen in die Niederlande hatte hier ökonomisch belebende Wirkung.[43]

Denkt man an die USA, wäre es ertragreich, in Umkehrung der wissenschaftlichen Debatten um die »Amerikanisierung« der deutschen Wirtschaft die Beeinflussung amerikanischer Management-, Produktions- und Marketingmethoden, Technologien und Geschäftspraktiken durch die deutschen Emigranten der 1930er und 1940er Jahre systematischer zu untersuchen. Dass sich solche Einflüsse durchzusetzen vermochten, wird dabei nicht immer so naheliegend erscheinen wie – um eines der prominentesten Beispiele zu nennen – im Falle des vormaligen

Generaldirektors der größten bayerischen Brauerei Löwenbräu, Hermann Schülein. Seit 1936 Direktor der New Yorker Liebmann Brewery, entwickelte Schülein ein trockenes Lager-Bier der Marke »Rheingold«, dessen europäischer Charakter den Geschmack vieler Amerikaner traf. Dass das Getränk für Jahrzehnte zum erfolgreichsten Bier im Großraum New York wurde, war aber auch auf brillante Marketingstrategien Schüleins zurückzuführen, etwa die populäre Wahl der »Miss Rheingold«, an der sich bis zu 25 Millionen Menschen beteiligten.[44]

Auch an die Verleger ist hier nochmals zu erinnern, die etwa im Bereich der Wissenschaftsverlage (Walter Johnson, Bernhard Springer) oder des Taschenbuchs (Kurt Enoch) die Internationalisierung und Dynamisierung des Verlagswesens vorantrieben, im Fotojournalismus und in der Bildvermarktung (Kurt Safranski, Kurt Kornfeld, Ernst Mayer) in Deutschland existierende Entwicklungsvorsprünge erfolgreich unternehmerisch ausnutzten oder wie Kurt und Helen Wolff (Pantheon Books) an charakteristisch europäischen Verlags- und Geschäftspraktiken festzuhalten vermochten.[45]

Weniger eindeutige Befunde werden indessen bei einer Einbeziehung des Bankwesens zu erwarten sein, scheinen Bankiers doch ohnehin internationaler ausgerichtet zu sein. Vielleicht waren es aber gerade ihre Erfahrungen mit dem deutschen Universalbanksystem und der für Deutschland charakteristischen engen Verbindung von Banken und Industrie, aus denen sich nach der Emigration innovative Impulse speisten. Mit dem Ende des Krieges werde den deutschen Immigranten das Feld des internationalen Bank- und Finanzgeschäfts offenstehen, prophezeite etwa der zuvor in Berlin tätige New Yorker Privatbankier Walter Floersheimer, »und hoffentlich wird man in späteren Zeiten einmal sagen können: Was einst spanische Refugees für die Entwicklung des Handels in Amsterdam, Saloniki und London getan haben, Aehnliches wurde von den aus Deutschland vertriebenen Finanzleuten in den Vereinigten Staaten geleistet.«[46]

Auf abstrakterer Ebene wird erkennbar, dass die Verbindung von Emigrations- und Unternehmergeschichte letztlich Aufschlüsse über das Aufeinandertreffen verschiedener Kapitalismusmodelle, Wirtschaftssysteme und Unternehmenskulturen verspricht und als Teil der Diskussion um die »Varieties of Capitalism« gesehen werden kann.[47] Sie kann zur Klärung der Frage beitragen, wie substanziell insbesondere die Gegenüberstellung von eher kooperativem »rheinischen Kapitalismus« und dem marktradikaleren Produktionsregime US-amerikanischer Prägung ist oder ob nicht schon in den 1930er Jahren transnationale Strukturmuster dominierten.

Jedenfalls, so mag deutlich geworden sein, sollte sich die Emigrati-
ons- und Exilforschung gegenüber einem Einschluss auch der Unternehmer in ihre wissenschaftliche Agenda aufgeschlossen zeigen. Auch
wenn die historische Spurensuche zweifellos aufwendig ist, kann hier in
vielerlei Hinsicht erkenntnistheoretisches und praktisches Neuland erschlossen werden, ganz abgesehen von der Vielzahl neu auftretender
fruchtbarer Fragestellungen und lohnender thematischer Aspekte. Und
einmal mehr ist dabei die Herausforderung durch die Transdisziplina-
rität der Forschungsperspektiven[48] eher Gewinn als Last.

1 »Das Jahrbuch wird 25«. In: *Exilforschung. Ein internationales Jahrbuch*. Bd. 25: *Über-
setzung als transkultureller Prozess*. München 2007, S. VII–VIII, die Zitate S. VII. —
2 Herbert Loebl: »Das Refugee Industries Committee. Eine wenig bekannte britische
Hilfsorganisation«. In: *Exilforschung. Ein internationales Jahrbuch*. Bd. 8: *Politische
Aspekte des Asyls*. München 1990, S. 220–241. — **3** Herbert A. Strauss und Werner Röder
(Hg.): *Biographisches Handbuch der deutschsprachigen Emigration nach 1933*. 3 Bde.
München u. a. 1980/1983. — **4** Ernst Loewy: »Zum Paradigmenwechsel in der Exillitera-
turforschung«. In: *Exilforschung. Ein internationales Jahrbuch*. Bd. 9: *Exil und Remigra-
tion*. München 1991, S. 208–217, die Zitate S. 213. — **5** »Einleitung«. In: Strauss und Röder
(Hg.): *Biographisches Handbuch* (s. Anm. 3), S. XIII–LVIII, hier S. LI. — **6** Ebd., S.
XIV. — **7** Überlegungen hierzu bereits bei Martin Münzel: »Die vergessenen Emigranten.
Die Auswanderung deutsch-jüdischer Unternehmer nach 1933 als Desiderat der historischen Forschung«. In: Irene Diekmann u. a. (Hg.): »*... und handle mit Vernunft«. Beiträge
zur europäisch-jüdischen Beziehungsgeschichte*. Hildesheim – Zürich – New York 2012 (=
Haskala. Wissenschaftliche Abhandlungen, Bd. 50), S. 468–485. — **8** Hierzu jüngst Manfred Köhler: »Das Unternehmerbild in deutschen Zeitungen«. In: *Archiv und Wirtschaft*.
44. Jg. (2011). H. 4, S. 186–191. — **9** Siehe beispielsweise die Hinweise auf die Problematik
bei Avraham Barkai: *Oscar Wassermann und die Deutsche Bank. Bankier in schwieriger
Zeit*. München 2005, S. 38 ff., 103 ff., und bei Martin Münzel und Dieter Ziegler: »Globe-
trotter der deutschen Hochfinanz. Gutmann als Direktor der Dresdner Bank«. In: Vivian J.
Rheinheimer (Hg.): *Herbert M. Gutmann. Bankier in Berlin, Bauherr in Potsdam, Kunst-
sammler*. Leipzig 2007, S. 39–60, hier S. 39, 41. — **10** Gottfried Bermann Fischer: *Bedroht –
bewahrt. Weg eines Verlegers*. Frankfurt/M. 10. Aufl. 2003; Ders.: *Wanderer durch ein
Jahrhundert*. Frankfurt/M. 5. Aufl. 2001; Arnold Bernstein: *Ein jüdischer Reeder. Von
Breslau über Hamburg nach New York*. Hamburg – Bremerhaven 2001; Julian Castle Stan-
ford: *Tagebuch eines deutschen Juden im Untergrund*. Darmstadt 1980; *Memoirs of Kurt
Enoch. Written for His Family*, PD o.O. o.J. (New York 1984); Hans Fürstenberg: *Erinne-
rungen. Mein Weg als Bankier und Carl Fürstenbergs Altersjahre*. Wiesbaden 1965; Fritz V.
Grünfeld: *Heimgesucht – Heimgefunden. Betrachtung und Bericht*. Berlin 1979; Fritz H.
Landshoff: *Amsterdam, Keizersgracht 333. Querido Verlag. Erinnerungen eines Verlegers*.
Berlin 2001; Richard Merton: *Erinnernswertes aus meinem Leben, das über das Persönliche
hinausgeht*. Frankfurt/M. 1955; Eric M. Warburg: *Zeiten und Gezeiten. Erinnerungen*. PD
Hamburg 1982. Siehe als Ausnahme außerdem die unter dem Titel *Seidenraupen* als Roman
konzipierte, allerdings unveröffentlicht gebliebene Autobiografie des Berliner Bankiers
Hugo Simon (1880–1950), der Mitinhaber der Privatbank Bett, Simon & Co. und kurzzei-
tiger preußischer Finanzminister war. Das Werk ist vor allem als »außergewöhnliches und
höchst lesenswertes Dokument über die geistige Befindlichkeit des deutschen Linksbür-
gertums während des Wilhelminismus und während der Weimarer Zeit« interessant, reflektiert zum Teil aber auch die Zeit der Emigration. Vgl. Izabela Maria Furtado Kestler: »Der

deutsche Jude Hugo Simon (1880–1950) – Bankier, Mäzen, Bildungsbürger. Seine Abrechnung mit Deutschland in dem bis heute unveröffentlichten Exilroman ›Seidenraupen‹«. In: Wolfgang Benz und Marion Neiss (Hg.): *Deutsch-jüdisches Exil: das Ende der Assimilation? Identitätsprobleme deutscher Juden in der Emigration.* Berlin 1994, S. 125–150 (S. 150), und Frithjof Trapp: »Die Autobiographie des Bankiers und Politikers Hugo Simon. Politische Reflexion im Medium des deutschen Idealismus«. In: *Exil* 6. Jg. (1986), S. 30–38. — **11** Claus-Dieter Krohn: »›Let us be prepared to win the peace‹. Nachkriegsplanungen emigrierter deutscher Sozialwissenschaftler an der New School for Social Research in New York«. In: Thomas Koebner, Gert Sautermeister und Sigrid Schneider (Hg.): *Deutschland nach Hitler. Zukunftspläne im Exil und aus der Besatzungszeit 1939–1949.* Opladen 1987, S. 123–135. — **12** Lewis H. Brown: *A Report on Germany.* New York 1947. — **13** Otto Jeidels an Frank Altschul, 24. August 1945, Frank Altschul Papers, Columbia University, New York. Vgl. zu Jeidels demnächst Martin Münzel und Christopher Kobrak: »Otto Jeidels. Cosmopolitan Banker«. In: Jeff Fear (Hg.): *German-American Business Biography.* Vol. IV: *The Age of the World Wars (1918–1945),* vgl. dazu immigrant-entrepreneurship.org. — **14** Siehe u. a. *Exilforschung – Ein internationales Jahrbuch.* Bd. 22: *Bücher, Verlage, Medien.* München 2004; Richard Abel und Gordon Graham (Hg.): *Immigrant Publishers. The Impact of Expatriate Publishers in Britain and America in the 20th Century.* New Brunswick – London 2009, sowie neuerdings Ernst Fischer: *Verleger, Buchhändler & Antiquare aus Deutschland und Österreich in der Emigration nach 1933. Ein biographisches Handbuch.* Elbingen 2011. — **15** Horst Möller: *Exodus der Kultur. Schriftsteller, Wissenschaftler und Künstler in der Emigration nach 1933.* München 1984, S. 59. — **16** Vgl. u. a. Werner E. Mosse: *Jews in the German Economy. The German-Jewish Economic Élite 1820–1935.* Oxford 1987; Martin Münzel: *Die jüdischen Mitglieder der deutschen Wirtschaftselite 1927–1955. Verdrängung – Emigration – Rückkehr.* Paderborn u. a. 2006, S. 73 ff. — **17** Gabriele Hoffmann: *Max M. Warburg.* Hamburg 2009, S. 190 ff.; Ron Chernow: *Die Warburgs. Odyssee einer Familie.* Berlin 1996, S. 618 ff. — **18** Siehe aber zur Rolle des niederländischen »Dutch Jewish Refugee Relief Committee« Bob Moore: »Jewish Refugee Entrepreneurs and the Dutch Economy in the 1930s«. In: *Immigrants & Minorities.* 8. Jg. (1990), S. 46–63, hier S. 52 ff. — **19** Herbert A. Strauss: »Jewish Emigration from Germany. Nazi Policies and Jewish Responses (I)«. In: *Leo Baeck Institute Yearbook.* 25. Jg. (1980), S. 313–361, hier S. 351. — **20** Barbara Vormeier: »Frankreich«. In: Claus-Dieter Krohn u. a. (Hg.): *Handbuch der deutschsprachigen Emigration 1933–1945.* Darmstadt 1998, Sp. 213–250, hier Sp. 221. — **21** Moore: »Jewish Refugee Entrepreneurs« (s. Anm. 18). — **22** Elmar Fischer: »Abwehr im Innern: zur schweizerischen Flüchtlingspolitik im Zweiten Weltkrieg«. In: *Zeitschrift für Geschichtswissenschaft.* 48. Jg. (2000), S. 214–238 (das Zitat S. 214). — **23** Münzel: *Die jüdischen Mitglieder* (s. Anm. 16), S. 205 ff., 275, und Historisches Institut der Deutschen Bank, Frankfurt am Main, P1/14 (Personalakte Solmssen). — **24** Paul Silverberg an Paul Reusch, 18. Dezember 1933, Stiftung Rheinisch-Westfälisches Wirtschaftsarchiv zu Köln, Abt. 130/400101290/35 b, Bl. 234. Vergeblich äußerte Silverberg wenige Tage später: »Ich muß arbeiten können in der Welt[,] u[nd] zu Hause läßt man mich nicht arbeiten. Und verkümmern will ich nicht.« Silverberg an Reusch, 21. Dezember 1933, ebd., Bl. 231. Vgl. zur Emigration Silverbergs Boris Gehlen: *Paul Silverberg (1876–1959). Ein Unternehmer.* Stuttgart 2007, S. 511 ff.; Münzel: *Die jüdischen Mitglieder* (s. Anm. 16), S. 250 ff., 309 ff. — **25** Loebl: »Refugee Industries Committee« (s. Anm. 2), und ders.: »Flüchtlingsunternehmen in den wirtschaftlichen Krisengebieten Großbritanniens«. In: Gerhard Hirschfeld (Hg.): *Exil in Großbritannien. Zur Emigration aus dem nationalsozialistischen Deutschland.* Stuttgart 1983, S. 205–235. — **26** Münzel: *Die jüdischen Mitglieder* (s. Anm. 16), S. 401, 355 f., 262 f., 334. Niall Ferguson: *Der Bankier Siegmund Warburg. Sein Leben und seine Zeit.* München 2011. Vgl. auch zum in der Automobilindustrie engagierten Ingenieurunternehmer Mac Goldsmith, der seit 1937 in der britischen Industrie erfolgreich war, Gerhard Wolf: »Mac Goldsmith: A Jewish Career in the German Automobile Industry (1925–1936)«. In: *Leo Baeck Institute Yearbook.* 51. Jg. (2006), S. 153–189 und ders.: »Mac Goldsmith and the Modernisation of British Industry (1936–1982)«. In: *Leo Baeck Institute Yearbook*. 52. Jg. (2007), S. 211–244. — **27** Gleichwohl hatte von der Porten die »Hoffnung, den wirklich bedauernswerten Menschen zu helfen und die sehr drückende Untätigkeit abzuschütteln, wenn auch nur für eine begrenzte Zeit«. Von der Porten an Hans Schäffer, 26. September 1933, Leo Baeck Institut im Jüdischen Museum Berlin (LBI), MF 512, Reel 1; vgl. auch ebd., 8. Oktober 1933, und ebd. Schäffer an von der Porten, 30. September 1933. Vgl. insgesamt Nachum Gross: »Der Anteil jüdischer Unternehmer aus Deutschland am Aufbau der israelischen Wirtschaft«. In: Haus der Geschichte Baden-Württemberg (Hg.): *Jüdische Unternehmer und Führungskräfte in Südwestdeutschland 1800–1950. Die Herausbildung einer Wirtschaftselite und ihre Zerstörung durch die Nationalsozialisten (Laupheimer Gespräche 2002)*. Berlin – Wien 2004, S. 211–229. Max von der Porten war dann seit Ende 1934 bis Herbst 1939 der wichtigste in die Türkei emigrierte Unternehmer, die nach Gründung der Republik 1923 unter Atatürk zu einer demokratisch verfassten und europäisch orientierten Industriegesellschaft umstrukturiert wurde. Bei der Modernisierung der Wirtschaftspolitik und der Durchsetzung etatistischer Prinzipien wurde nicht zuletzt auf aus Deutschland geflohene Wissenschaftler, Wirtschafts- und Verwaltungsfachleute zurückgegriffen, wobei von der Porten Berater des Ministerpräsidenten wurde, zahlreiche Berichte und Studien verfasste und seine langjährigen Erfahrungen in der deutschen Industrie einbrachte. Vgl. Ilhan Tekeli und Selim Ilkin: *Max von der Porten und die Entstehung der staatlichen Wirtschaftsunternehmen in der Türkei*. Istanbul 1993; Münzel: *Die jüdischen Mitglieder* (s. Anm. 16), S. 266 ff. und insgesamt Fritz Neumark: *Zuflucht am Bosporus. Deutsche Gelehrte, Politiker und Künstler in der Emigration 1933–1953*. Frankfurt/M. 1980. — **28** Heike Specht: *Die Feuchtwangers. Familie, Tradition und jüdisches Selbstverständnis im deutsch-jüdischen Bürgertum des 19. und 20. Jahrhunderts*. Göttingen 2006, S. 260 ff.; Anthony David: *The Patron. A Life of Salman Schocken 1877–1959*. New York 2003, S. 226 ff., 301 ff. Vgl. auch die Autobiografie des Ende 1938 nach Palästina geflohenen Textilfabrikanten Fritz Grünfeld: *Heimgesucht* (s. Anm. 10), S. 162 ff. — **29** Zum Haavara-Abkommen insgesamt Werner Feilchenfeld, Dolf Michaelis und Ludwig Pinner: *Haavara-Transfer nach Palästina und Einwanderung deutscher Juden 1933–1939*. Tübingen 1972. — **30** Vgl. Herbert A. Strauss: »Jewish Emigration from Germany. Nazi Policies and Jewish Responses (II)«. In: *Leo Baeck Institute Yearbook*. 26. Jg. (1981), S. 343–409, hier S. 358 ff.; Maurice R. Davie: *Refugees in America. Report of the Committee for the Study of Recent Immigration from Europe*. New York – London 1947, S. 23. — **31** Der intensiveren Analyse der eigentlichen aus Deutschland kommenden unternehmerischen Impulse und ihrer Bedeutung für den Aufstieg der USA zur wirtschaftlichen Supermacht widmet sich jetzt ein biografisches Projekt des German Historical Institute in Washington. Ziel ist die Erstellung einer fünfbändigen *German-American Business Biography*, die zahlreiche biografische Essays zu deutschstämmigen Unternehmern seit 1720 umfassen wird. Dabei wird der von Jeffrey Fear herausgegebene Band IV: *The Age of the World Wars* den Zeitraum 1918–1945 umfassen. Vgl. Hartmut Berghoff und Uwe Spiekermann: »Immigrant Entrepreneurship: The German-American Business Biography, 1720 to the Present. A GHI Research Project«. In: *Bulletin of the German Historical Institute* 47, Fall 2010, S. 69–82, sowie www.ghi-dc.org/index.php?option=com_content&view=article&id=964&Itemid=856 (25.11.2011). Fallstudien existieren bisher ansonsten insbesondere zu osteuropäisch-jüdischen Einwanderern des 19. und frühen 20. Jahrhunderts und zum Wirtschaftsverhalten von Bevölkerungsminderheiten asiatischer oder lateinamerikanischer Herkunft, beispielsweise Eli Lederhendler: *Jewish Immigrants and American Capitalism, 1880–1920. From Caste to Class*. Cambridge u. a. 2009 oder im Vergleich mit London Andrew Godley: *Jewish Immigrant Entrepreneurship in New York and London 1880–1914. Enterprise and Culture*. New Hampshire – New York 2001. — **32** Davie: *Refugees* (s. Anm. 30); vgl. auch ders.: »Recent Refugee Immigration from Europe«. In: Ruby Jo Reeves Kennedy (Hg.): *The Papers of Maurice R. Davie*. New Haven 1961, S. 195–206. Siehe außerdem Sophia M. Robison: *Refugees at Work*. New York 1942; Gerhart Saenger: *Today's Refugees, Tomorrow's Citizens. A Story of Americanization*. New York – London 1941; *Dividends from new Ameri-*

cans. *A report prepared by the National Refugee Service describing business enterprises established in the United States by refugees.* New York 1941. — **33** Vgl. u. a. Michael Winkler: »Metropole New York«. In: *Exilforschung. Ein internationales Jahrbuch.* Bd. 20: *Metropolen des Exils.* München 2002, S. 178–198; Steven M. Lowenstein: *Frankfurt on the Hudson. The German-Jewish Community of Washington Heights, 1933–1983. Its Structure and Culture.* Detroit 1989; Geneviève Susemihl: »*... and it became my home.*« *Die Assimilation und Integration der deutsch-jüdischen Hitlerflüchtlinge in New York und Toronto.* Münster 2004. — **34** Diese Ergebnisse beruhen auf einem vom Autor durchgeführten und von der Gerda Henkel Stiftung geförderten Forschungsprojekt, in dem auf Basis von 166 Personen die Emigration deutscher Unternehmer nach New York zwischen 1933 und 1944 untersucht wird. — **35** Wolfgang Benz: »Das Exil der kleinen Leute«. In: Ders. (Hg.): *Das Exil der kleinen Leute. Alltagserfahrung deutscher Juden in der Emigration.* München 1991, S. 7–37, die Zitate S. 9. — **36** Marita Krauss: *Heimkehr in ein fremdes Land. Geschichte der Remigration nach 1945.* München 2001, S. 80 ff. — **37** Vgl. entsprechend auch die Kriterien für die Aufnahme von Unternehmern in das *Biographische Handbuch.* Zugrunde gelegt werden hier der Besitz eines branchenführenden Unternehmens oder eine leitende Position sowie »persönliche Pionierleistungen in Industrie, Handel und Finanz, leitende Funktionen in Industrie- und Wirtschaftsverbänden« sowie »anerkannte Expertentätigkeit etwa auf bank-, börsen- oder betriebswirtschaftlichem Gebiet«. In der Regel weniger ausschlaggebend dürfte die »Einführung neuer wirtschaftlicher Methoden, Produkte und Dienstleistungen in ökonomisch weniger entwickelten Niederlassungsländern« sein. Vgl. »Einleitung«. In: Strauss und Röder: *Biographisches Handbuch* (s. Anm. 3), S. LV. — **38** Kempner an Hans Schäffer, 3. März 1946, LBI, MF 512, Reel 10. — **39** Davie: *Refugees* (s. Anm. 30), S. 120 f. — **40** Karl Ullstein an Antonie Ullstein, 1. Oktober 1942, 11. November 1941, 25. April 1942, Privatbesitz Marion von Rautenstrauch, Köln. — **41** Siehe zum modernen Begriff des Unternehmers u. a. Geoffrey Jones und R. Daniel Wadhwani: »Entrepreneurship«. In: Geoffrey Jones und Jonathan Zeitlin (Hg.): *The Oxford Handbook of Business History,* Oxford – New York 2007, S. 501–528; Youssef Cassis und Ioanna Pepelasis Minoglou (Hg.): *Entrepreneurship in Theory and History.* New York 2005; Mark Casson: »Der Unternehmer. Versuch einer historisch-theoretischen Deutung«. In: *Geschichte und Gesellschaft.* 27. Jg. (2001), S. 524–544; zum »Embeddedness«-»Ansatz wegweisend Mark Granovetter: »Economic Action and Social Structure: The Problem of Embeddedness«. In: *American Journal of Sociology.* (1985) Nr. 91, S. 481–510. — **42** Siehe hierzu beispielsweise Kenneth Lipartito: »Business Culture«. In: Jones und Zeitlin (Hg.): *Oxford Handbook* (s. Anm. 41), S. 603–628; Harold Pollins: »Immigrants and Minorities – The Outsiders in Business«. In: *Immigrants and Minorities.* (1989) Nr. 8, S. 252–270; Nachum T. Gross: »Entrepreneurship of Religious and Ethnic Minorities«. In: Werner E. Mosse und Hans Pohl (Hg.): *Jüdische Unternehmer in Deutschland im 19. und 20. Jahrhundert.* Stuttgart 1992, S. 11–23, sowie die Beiträge in Roger Waldinger, Howard Aldrich und Robin Ward: *Ethnic Entrepreneurs. Immigrant Business in Industrial Societies.* Newbury Park – London – New Delhi 1990 und in Ivan Light und Bhachu Parminder (Hg.): *Immigration and Entrepreneurship. Culture, Capital, and Ethnic Networks.* New Brunswick – London 2004. — **43** Moore: »Jewish Refugee Entrepreneurs« (s. Anm. 18), bes. S. 54. — **44** Vgl. hierzu demnächst Martin Münzel und Beate Schreiber: »Hermann Schülein«. In: Fear: *German-American Business Biography* (s. Anm. 13). — **45** Vgl. Abel und Graham: *Immigrant Publishers* (s. Anm. 14) und z. B. schon Ernst Fischer: »Die deutschsprachige Verlegeremigration in den USA nach 1933«. In: John M. Spalek, Konrad Feilchenfeldt und Sandra H. Hawrylchak (Hg.): *Deutschsprachige Exilliteratur seit 1933.* Bd. 3: USA, Teil 3. Bern – München 2002, S. 272–306. — **46** Walter Floersheimer: »Finanzmänner in neuen Feld«. In: *Aufbau,* 2.12.1944, S. 44. — **47** Vgl. dazu insgesamt u. a. Volker R. Berghahn und Sigurt Vitols (Hg.): *Gibt es einen deutschen Kapitalismus? Tradition und globale Perspektiven der sozialen Marktwirtschaft.* Frankfurt/M. – New York 2006; Peter A. Hall und David Soskice (Hg.): *Varieties of Capitalism. The Institutional Foundations of Comparative Advantage.* Oxford 2001. — **48** »Das Jahrbuch wird 25«. In: *Exilforschung* (s. Anm. 1), S. VII.

Wiebke von Bernstorff

Geschichte(n) machen
Für eine Wiederaufnahme der historisch-politischen Perspektive in der Exil(literatur)- und Genderforschung

»Wir haben beschlossen«, sagte er, »die Frage nach der besten Geschichte fallenzulassen. Sie waren alle sehr gut, finden wir, und überhaupt kann es bei solchen Geschichten keinen Wettbewerb geben.«[1]
Chris und Betsy verkünden diesen Beschluss in Erika Manns Exilroman
Zehn jagen Mr. X, nachdem drei emigrierte Kinder, die in Amerika in einer Schule mit dem Namen »Neue Welt« Zuflucht gefunden hatten, ihre
Flucht- und Rettungsgeschichten erzählt haben. Der anfänglich aus
Langeweile geborene Impuls, einen Geschichtenwettbewerb zu veranstalten, wirkt plötzlich deplatziert im Angesicht dieser Exil-Geschich-
ten. Von einer solchen Haltung hat auch die Exilforschung ihren Ausgang genommen. Die Dignität der Geschichte(n) des Exils war und ist
bis heute deren Grundlage. In *Zehn jagen Mr. X* bilden die Geschichten
für die Kinder den Anlass, gemeinsam aktiv für den Krieg gegen
Deutschland einzutreten. Ähnliches gilt für die Exilforschung. Die un-
erhörten Geschichten der Exilanten waren Anlass für eine politisch mo-
tivierte Erforschung des Exils. In der Folge wurde Geschichte neu erzählt. Erika Mann erzählt die – von Dankbarkeit gegenüber dem
eigenen Exilland USA getragene – Geschichte von den Geschichten der
Kinder 1942 auf Englisch (*A Gang of Ten*), nicht zuletzt auch als Beitrag
zum Kampf gegen den Nationalsozialismus.

Geschichte(n) machen und Geschichten erzählen geschieht immer
intentional. Darauf hat seit den 1970er Jahren nicht zuletzt auch die
Frauenforschung hingewiesen. Der kritische Blick auf die Geschichts-
konstruktionen war sowohl in der Exilforschung als auch in der Frauenforschung Ausgangspunkt und auch Legitimation für die Etablierung
der neuen Disziplinen. Wie beide Disziplinen Geschichten neu erzählten, welche Geschichten gemeinsam entstanden und welche zukünftigen Geschichten noch zu entdecken sind, wird im Folgenden dargestellt
werden. Zu Beginn soll ein Überblick über die Frauenforschung zu einer kritischen Bestandsaufnahme einladen. Der Frage nach den Potenzialen der Genderforschung und ihrer methodisch differenten Ansätze
für die Exilforschung wird im zweiten Teil anhand einer Betrachtung

der Forschungsgeschichte dieser beiden Disziplinen nachgegangen. Anschließend werden Perspektiven für die Exilforschung skizziert.

I Frauen im und über das Exil

Silvia Bovenschen[2] nahm 1979 in *Die imaginierte Weiblichkeit* die mannigfachen (literarischen) Repräsentationen von Frauen in den Texten von Männern im Gegensatz zur Abwesenheit der realen Frauen in den Geschichtserzählungen zum Anlass, diese Repräsentationen näher zu untersuchen. Die erste größere Untersuchung zum Thema Frauen im Exil durch Gabriele Kreis ging ebenfalls von der Beobachtung aus, dass eine Diskrepanz besteht zwischen der häufigen Erwähnung der Frauen in den Texten von Männern und dem fast vollständigen Fehlen eigener Textzeugnisse dieser Frauen.[3] In *Frauen im Exil. Dichtung und Wirklichkeit*[4] von 1984 berichtete Kreis über ihre Interviews mit Frauen berühmter Exilanten. Unter anderem sprach sie mit Marta Feuchtwanger, Elsbeth Weichmann und Karola Bloch. Sie verband die Interviews mit eigenen Reflexionen zur Rolle der Frau im Exil und der Darstellung von Frauen in der Literatur. Die Frauenforschung in der Exilforschung kann seitdem auf eine über 20-jährige Geschichte zurückblicken, die selber ebenfalls immer wieder Gegenstand der Reflexion geworden ist. Ausgehend von der Initialzündung, als die man Kreis' *Frauen im Exil* ohne Weiteres bezeichnen kann, fragten Forscherinnen nach den Frauen im Exil, ihren Lebensbedingungen und Werdegängen sowie nach den dazu oft in Widerspruch stehenden Repräsentationen von Frauen in Exiltexten von Männern. Heike Klapdor-Kops zum Beispiel untersuchte *Heldinnen. Die Gestaltung der Frauen im Drama deutscher Exilautoren (1933–1945)*.[5] Das von Renate Wall erarbeitete *Kleine Lexikon deutschsprachiger Schriftstellerinnen 1933–1945* vermittelte 1988 unter dem Titel *Verbrannt, verboten, vergessen* zum ersten Mal einen Eindruck von dem sich neu eröffnenden Forschungsfeld für die Exilliteraturforschung.[6] 2004 ist dieses Lexikon, das sich inzwischen auch nicht mehr »klein« nennt, in erneut überarbeiteter Fassung erschienen.[7] Die 203 biografischen Nachweise sind weiterhin eine unverzichtbare Quelle für die Exilforschung.

Im Bemühen, den Widerspruch von der heroischen Rolle der Frauen in den Texten als unermüdliche Helferinnen und den eigenen biografischen Erzählungen der Exilantinnen aufzuklären, die häufig dem Muster des vermeintlich nicht erzählenswerten einfachen Lebens folgten[8], kam es anfangs nicht zu einer Infragestellung der diesen Rollenerzählungen zugrunde liegenden Geschlechterbilder. Stattdessen betonten die

Forscherinnen die herausragende Funktion der Frauen im Exil. Dieser Reflex auf die Erzählungen der Frauen, in deren Zentrum häufig die Männer standen, ist zwar nachvollziehbar, führte aber zu einer Fortschreibung der Heroisierungen und damit Funktionalisierungen von Geschlechterrollen. So fasste Beate Schmeichel-Falkenberg ihre Überlegungen zu »Women in Exile«[9] in sieben Thesen zusammen: 1. Frauen waren die treibende Kraft für die Entscheidung ins Exil zu gehen. 2. Frauen waren im Exil flexibler und anpassungsfähiger. 3. Frauen verdienten im Exil meistens den Lebensunterhalt. 4. Autorinnen hatten weniger Chancen publiziert zu werden. 5. Die Schriften der Frauen geben genauere und realistischere Einblicke in das Leben im Exil. 6. Frauen trugen die Verantwortung für andere (Kinder, Eltern) und 7. Selbstmorde von Frauen im Exil waren sehr selten.

Diese heute in weiten Teilen widerlegten oder ausdifferenzierten Annahmen[10] bestimmten lange Zeit die im Wesentlichen von biografischen und quellensichernden Intentionen geleitete Forschung zu Frauen im Exil. Gestützt wurden diese Heroisierungen dabei nicht nur von den Quellen männlicher Provenienz, in denen Frauen die Aufgaben der Lebenserhaltung und des Heimatersatzes zugeschrieben wurden, sondern auch von einigen Texten der Exilantinnen selbst, die ebenfalls mit Mythologisierungen »der Frauen« arbeiteten. Insbesondere Anna Seghers' *Frauen und Kinder in der Emigration*[11], ein vermutlich um 1934 für die Pariser Tageszeitung geschriebener aber erst postum veröffentlichter Essay, avancierte zu einem der wichtigsten Referenztexte in dieser Diskussion.[12] Dort zeichnet Seghers auf der Grundlage von Akten der *Roten Hilfe* in Paris Emigrantinnenschicksale nach, die sie als Beispiele für die jahrhundertealte Kraft *der* Frauen deutet. Die mythologischen Bilder, in die sie ihre ansonsten den Dokumenten verpflichteten Beschreibungen einkleidet, dienen Seghers dazu, den Heroisierungen der Taten männlicher Widerstandskämpfer ein Gegengewicht gegenüberzustellen. Sie fordert dazu auf, die gleiche Aufmerksamkeit und Wertschätzung, die dem aktiven und direkten Kampf gegen den Faschismus zukommt, für die Bewältigung der Alltagsaufgaben in der Emigration aufzubringen.

Obwohl diesem Bestreben der Wunsch nach einer Auflösung hergebrachter Wertungen zugrunde liegt, wird im Text die Geschlechterdichotomie nicht infrage gestellt, sondern mythologisierend fortgeschrieben. Das ist ein in diesem historischen Kontext wenig verwunderlicher Befund. Problematisch dagegen ist die unkritische Übernahme solcher Mythologisierungen und Heroisierungen durch die Forschung, worauf Irmela von der Lühe 1996 im *Jahrbuch Exilforschung* hingewiesen hat.[13] Den von Lutz Winckler im vorangegangenen Jahrbuch analysierten und kritisierten »Mythen der Exilforschung«[14] (»Das andere Deutschland«, »Realismus« und »Antifaschismus«) fügt sie den Mythos von der aufopferungsvollen, pragmatischen, den Lebensunterhalt bestreitenden Frau hinzu, den es kritisch zu hinterfragen, nicht zu tradieren gelte. Sie plädiert in der Folge für eine Erforschung der Alltagsgeschichte des Exils, deren Grundlage eine Infragestellung der klassischen Hierarchie »der Begriffe ›allgemein‹ und ›besonders‹, ›typisch‹ – ›spezifisch‹, ›politisch‹ – ›privat‹«[15] sein müsse. Erst mit einer kritischen Sichtung solcher den Forschungen bisher zugrunde liegenden Hierarchisierungen geraten unter anderem die zahlreichen Exilromane von Autorinnen in den Blick. Schon 1992 hatte Sonja Hilzinger auf diese Texte hingewiesen und dabei nachweisen können, dass die Vorbehalte diesen gegenüber (mangelnde literarische Qualität, mangelnde Repräsentativität und Popularität) einer faktischen Grundlage entbehren.[16] Auch die weitere Erforschung der tatsächlichen Lebensbedingungen der Frauen im Exil konnte einiges zur Revidierung des Mythos beitragen. Nimmt man zur Kenntnis, dass zum Beispiel 1936 über 50 Prozent der Exilantinnen in den USA ledig waren, eröffnen sich neue Fragen jenseits der beschriebenen Heroisierungen.[17]

An der Tätigkeit der Arbeitsgemeinschaft *Frauen im Exil* in der *Gesellschaft für Exilforschung* lassen sich exemplarisch Möglichkeiten und Schwierigkeiten der Frauenforschung studieren.[18] Seit ihrer Gründung 1990 kam die Arbeitsgemeinschaft ohne feste institutionalisierte Anbindung aus, was erhebliche finanzielle und organisatorische Schwierigkeiten mit sich brachte, die aber die Qualität der Forschungsarbeit vielleicht sogar eher förderte als beeinträchtigte. Zudem gelang es den Organisatorinnen, noch lebende Zeitzeuginnen aktiv einzubinden.[19] Damit wurde ein wichtiger Beitrag geleistet zur Sicherung eines beide Geschlechter integrierenden Erinnerungsdiskurses. Dass eine solche Erweiterung des dominanten Diskurses zur Erschließung neuer, bisher unbeachteter Felder der Forschung führt, zeigen unter anderem die Tagungsbände zu Kindern im Exil[20], zur Verarbeitung des Exils im Leben der Töchter Exilierter[21] und zum Einfluss der Exilantinnen auf Konzepte der Pädagogik / Psychologie und der Sozialen Arbeit.[22] Die Frage nach dem Verhältnis der Generationen unter den besonderen Bedingungen des Exils und nach den Nachwirkungen des Exils in die nächste Generation und damit über 1945 hinaus wurde so für die Exilforschung erschlossen. Der Tagung *Als Kind verfolgt. Anne Frank und die anderen* der Arbeitsgemeinschaft *Frauen im Exil* folgte kurz darauf die Jahrestagung der *Gesellschaft für Exilforschung* mit dem Titel *Kindheit und Jugend im Exil – ein Generationenthema*. Der wissenschaftlichen Erschließung des Erinnerungsthemas als privater und öffentlicher Heraus-

forderung widmete sich 1999 die neunte Tagung der Arbeitsgemeinschaft unter dem Titel: *Frauen Erinnern: Widerstand – Verfolgung – Exil
1933–1945.*[23] Die Exilantin Hanna Papanek entwirft in ihrem Beitrag
»Spiegel und Schattenspiel: Vom Wiedererleben des Erlebten« Grundzüge einer »Participatory History« (Teilnehmer-Geschichte)[24], in der
die Erinnerungen sowie die Suche nach den Auslösern derselben und
damit die Frage nach deren Machart am Bild der zwei Seiten des java-
nischen Schattenspiels verdeutlicht werden. Auf der einen Seite des Vorhangs werden die Erinnerungsbilder hergestellt, auf der anderen Seite
des Vorhangs sieht man das Drama der Erinnerung selbst. Den Versuch
beides zu vereinen, ohne eine Seite für die andere zu funktionalisieren,
beschreibt Papanek wie folgt: »Ich wollte einen Text schreiben, vielleicht eine neue Art der Geschichtsschreibung, in dem sich aus den dis-
paraten Elementen ein Zusammenspiel ergeben könnte zwischen der
Subjektivität der Memoristin und der Objektivität der Wissenschaftle-
rin.«[25]

Das Zusammenspiel zwischen beiden Polen zeigt sich nicht nur innerhalb von Papaneks Vortrag, sondern auch in der Zusammenführung
der Vorträge. So werden die Reflexionen der Exilantinnen selbst durch
Überlegungen zum Umgang mit Zeitzeuginnen ergänzt. Marianne Kröger analysiert den »Metadiskurs, in dessen Rahmen sich diese Form der
wechselseitigen Kommunikation stellt (...).«[26] Kritisch resümiert sie:
»Die verblüffende Reflexionslosigkeit des wissenschaftlichen Handelns
in der Interaktion mit Überlebenden des Holocaust, der NS-Lager und
der Exilierten verdient es eigentlich, selbst Gegenstand einer For-
schungsstudie zu werden.«[27] In dieser Tagungspublikation wird in Ansätzen eine diskursive Haltung deutlich, die die Historizität der verhandelten Gegenstände und der Verhandlungen selber kritisch reflektiert.[28]

Die Themen der Veröffentlichungen und Tagungen der Arbeitsgemeinschaft sind dennoch vorwiegend der Erforschung der Quellen zur
Situation von Frauen im Exil gewidmet. An den Bänden der neuen
Reihe *Frauen und Exil* wird deutlich, was Sybille Quack mit Bezug auf
die »(...) Aktualität der Frauen- und Geschlechterforschung für die
Exilforschung« schon 1996 formulierte: »Ein großes Aufgabengebiet
liegt vor uns.«[29] So sind in den letzten Jahren sowohl die (partei-)poli-
tischen und pazifistischen Arbeiten der Exilantinnen[30] als auch die
weibliche Wissenschaftsemigration[31] und die vertriebenen Künstlerin-
nen des Bauhauses[32] zum Gegenstand der Forschung geworden. Diese
in großen Zügen sozialhistorisch ausgerichtete Frauenforschung stellt
ein Fundament bereit, auf dem zukünftig mit Blick auf eine Integration
der Genderforschung in die Exilforschung weitergehende Fragen zu
Geschlechter- und Identitätskonstruktionen aufbauen könnten.

1993 hatte sich das *Jahrbuch Exilforschung* zum ersten Mal ausführlich dem Thema *Frauen und Exil* gewidmet und damit den Impuls der Arbeitsgemeinschaft *Frauen im Exil* zur Integration der Frauenforschung in die Exilforschung aufgenommen. Nach der ersten kritischen Bestandsaufnahme 1996 durch von der Lühe, Quack und Häntzschel im Jahrbuch *Rückblick und Perspektiven* wird im Jahrbuch *Sprache, Identität, Kultur: Frauen im Exil*[33] von 1999 eine dezidierte Erweiterung der sozialhistorischen Perspektive vorgenommen. Diese wird möglich durch die konzeptionelle Ausrichtung auf Sprache und Identität, die die rein biografischen Ansätze ausklammert. Denn die kritische Inanspruchnahme der Begriffe Sprache und Identität für die Untersuchungen rekurriert nicht auf individuelle Konzepte dieser Leitbegriffe, sondern auf ein Verständnis, das diese als gesellschaftliche Konstruktionen versteht und kritisch reflektiert. Der wissenschaftskritische Impuls, der aus der Infragestellung herkömmlicher Bewertungen erwuchs, wird transformiert in ein Vorgehen, das nicht nur nach den Geschlechterkonstruktionen fragt, sondern interdisziplinär nach symbolischen, gesellschaftlichen und auch geschlechtsspezifischen Aspekten. Eva Borst verortet in den »Konzeptionelle(n) Überlegungen zur 7. Tagung«[34] das Neue des angestrebten Ansatzes auf drei Ebenen: 1. Die Möglichkeiten interdisziplinärer Vergleiche und Verbindungslinien durch die Geschlechterdifferenz berücksichtigende Herangehensweisen, 2. Exil als dynamischen, von persönlichen und gesellschaftlichen Gegebenheiten abhängigen Begriff und 3. die Frage nach Identität als Konglomerat von symbolischen, interaktionistischen, gesellschaftlichen und geschlechtsspezifischen Bezügen: »Identität realisiert sich innerhalb eines komplexen Geflechts von Zuschreibungen, Normen und Werten, die je nach historischer und gesellschaftlicher Situation variieren und vor dem Hintergrund der Eigenmächtigkeit und der Unverfügbarkeit der Person ihr besonderes Gepräge entfaltet.«[35]

Die Auflösung eines identitären Modells von Identität ermöglicht es, mehr als zuvor, Exilerfahrungen auch als nicht-identitäre wahrzunehmen und die Brüche als Chancen und Neuanfänge zu verstehen. Eine Kritik abendländischer Subjektvorstellungen als Illusion männlicher Selbstkonzepte wird auf dieser Grundlage möglich. Farideh Akashe-Böhme kann so zum Beispiel in ihrem Beitrag zu »Biographien in der Migration«[36] auf die Herrschaftsverhältnisse aufmerksam machen, die aus solchen Subjektvorstellungen erwachsen. Auch der Blick auf die Exilliteratur gewinnt, indem nicht mehr das vorgeblich »Defizitäre« und Unvollendete solcher Texte wie Lasker-Schülers Drama *IchundIch* und Alice Rühle-Gerstels Roman *Der Umbruch oder Hanna und die Freiheit* von einer näheren Untersuchung der Texte und der in ihnen repräsentierten Identitätsbefragungen abhält.[37] Unter der Perspektive einer sprachlichen, symbolischen und unabgeschlossenen Identitätsarbeit wird erkennbar, welches Potenzial und welche Aussagekraft diesen Texten eingeschrieben ist. Borst resümiert daher: »Erst wenn Geschlecht als eigenständige Kategorie Eingang in die Exil- und Migrationsforschung findet und der Blick frei wird, um Differenzen zwischen den Geschlechtern, aber auch innerhalb eines Geschlechts, wahrnehmen zu können, erst dann erschließt sich die ganze Bandbreite der noch nicht bearbeiteten Phänomene, manche scheinbar geschlechtsneutralen Bewertungen müssten vielleicht sogar korrigiert werden.«[38]

Diese noch sehr vorsichtig formulierte Forderung lässt sich an den selbst gestellten Auftrag der Genderforschung, Kategorisierungen und Bewertungen zu hinterfragen, anschließen. Das Potenzial der Genderforschung für die Exilforschung scheint in der Tat besonders in dieser Korrektur von Bewertungen und Kritik von vorgeblich »natürlichen« Hierarchien zu liegen. Mit Blick auf neuere Untersuchungen besonders aus dem Bereich der literaturwissenschaftlichen Genderforschung kann festgestellt werden, dass durch die Neu-Entdeckung vieler Exilantinnen durch diese nicht nur ein differenzierteres Bild vom Exil entstanden ist, sondern sich auch die Bewertungen von Werken und Wirken bereits bekannter Exilantinnen ausdifferenziert haben. Die Kategorie Geschlecht, wie sie in einer die Frauenforschung erweiternden Genderforschung verstanden wird, fungiert in diesem neuen Kontext nicht mehr nur als Erweiterung der Perspektive auch auf die Frauen, sondern als kritisches Instrumentarium zur Analyse von Machtverhältnissen entlang von Geschlechterkategorien. Dies sollte immer parallel auf zwei Ebenen geschehen: zum einen müssen die in der Exilsituation entstandenen Quellen, zum anderen deren Tradierung und Bewertung durch die Forschung selbst kritisch hinterfragt werden.

Die Mechanismen von Bewertungen und Ausschlüssen können exemplarisch an der Aufmerksamkeit, die die (Exil-)Forschung Anna Seghers als einer der bekanntesten Exilantinnen hat zukommen lassen, nachgezeichnet werden. Während die in der DDR entstandenen Erzählungen und Romane der Autorin, die nach ihrer Rückkehr aus dem mexikanischen Exil seit 1952 Präsidentin des Schriftstellerverbandes der DDR war, in der westdeutschen Rezeption entweder verrissen oder nicht wahrgenommen wurden, galt, wenn überhaupt, ihr Exilwerk (*Das siebte Kreuz, Transit, Die Toten bleiben jung*) als gelungen. Besonders der Roman *Transit* wurde als existenzialistische Auseinandersetzung mit der Situation des Exils gelesen. Seghers als politische Schriftstellerin war dagegen eher eine suspekte Angelegenheit. In der SBZ und später in der DDR bemühte sich Seghers relativ erfolglos um eine Anerkennung ihrer Exiltexte.[39] Lediglich *Das siebte Kreuz* erfuhr eine ebenfalls zuerst kritische – der Roman entsprach nicht den Anforderungen des Sozialistischen Realismus –, aber nachhaltige Rezeption auch als Schullektüre in der DDR.[40]

Als die Frauenforschung in den 1980er Jahren die Autorin wiederentdeckte, wurden emanzipatorische Maßstäbe an die Inhalte der Texte angelegt. Auf der Suche nach positiven weiblichen Emanzipationsvorbildern wurde man bei Seghers nicht fündig und attestierte ihr fortan einen »männlichen Blick«.[41] Dieses Rezeptionsklischee, das seinen Ursprung in dem Titel eines Aufsatzes von Erika Haas hatte, in dem sie die stereotype Figurenzeichnung von einerseits schönen, dekadenten und andererseits proletarischen, abgearbeiteten, hässlichen Frauen kritisierte, erwies sich als ausgesprochen langlebig. Erst Ursula Elsners Analyse dieses zum Klischee gewordenen Aufsatztitels im *Argonautenschiff* 1996 konnte eine weitere Tradierung stoppen.[42] Besonders die problematische Vermischung von Autorinnen- und Figurenperspektive, ohne Einbeziehung der ästhetischen Gesamtkomposition, hatte die Rezeption lange Zeit beherrscht. Dass *Der Ausflug der toten Mädchen* als die einzige unverstellt autobiografische Erzählung im breiten Erzählwerk der Autorin zugleich die einzige ist, die als nahezu kanonisch gelten kann, ist ebenso einem typischen, autobiografische Erzählungen von Frauen favorisierenden Rezeptionsmuster von »Frauenliteratur« geschuldet. Der autobiografische Bezug zur Ermordung von Seghers' Mutter durch die Nationalsozialisten und die Zerstörung ihrer Heimatstadt Mainz durch den Krieg ist in der Forschung daher ausgiebig diskutiert worden. Die poetologische Bedeutung der Frauenfigurationen der Mutter, der jüdischen Lehrerin und der Freundinnen für Seghers' Schreiben ausgehend von der Exilerfahrung gerät aber erst dann in den Blick, wenn man die symbolischen Ordnungen der erzählten Welten und die Erzählkonstruktion betrachtet.[43] Ein Vorgehen, das die Lektüren sowohl an kulturhistorische Kontexte zurückbindet als auch den literarischen Text in seiner ästhetischen Eigenständigkeit erkennt, bietet Auswege aus den tradierten Rezeptionsmustern. In der neueren Forschung wird daher auf die Prägung durch die Phänomenologie[44], Seghers' Studium der Philosophie, Kunstgeschichte und Sinologie in den 1920er Jahren[45] und die Prägung durch den Budapester Sonntagskreis[46], zu dem Lukács und Seghers' Mann vor ihrer Flucht aus Ungarn gehört hatten, hingewiesen. Die Integration von neuen Ansätzen der Forschung führte zu einer Ablösung der rein biografischen Sichtweise, die sich in den ersten Jahren nach der Wende in gegenseitigen Beschuldigungen und Rechtfertigungen verstrickt hatte. Grundlage für neue Erkenntnisse war ein Abstandnehmen von den tradierten Hierarchisierungen privat versus öffentlich, politisch-pädagogisches Schreiben versus autonome Kunst sowie in dessen Folge von Gattungshierarchien, die dem umfangreichen Erzählwerk der Autorin unter der Hand keinen Werkstatus zubilligten.

Die Schwierigkeiten der Seghers'schen Rezeptionsgeschichte sind daher nicht nur Zeugnis des deutschen Ost-West-Konfliktes, sondern auch von den allgemeinen Schwierigkeiten der Rezeption politischer Autorinnen, die Toril Moi in Bezug auf Simone de Beauvoir zu dem Schluss kommen ließen: »together these two factors – her sex and her politics – are fatal to her reputation as a writer.«[47] Innerhalb der Geschlechterdichotomie ist die Sphäre des Politischen dem männlichen Geschlechtscharakter vorbehalten, die der Kunst dem Weiblichen. Die weibliche Sphäre der Kunst ist zugleich eine des Schönen und von allen Widrigkeiten des Alltags fernzuhaltende. Das gilt insbesondere für die Politik. Weibliche Autorschaft, die sich als politische versteht, kann innerhalb dieser Dichotomie nur als korrumpierte gedacht werden. Die Rezeptionsgeschichten von Exilkünstlerinnen sind für diese Bewertungsmechanismen oft einschlägige Beispiele.[48]

Möglich geworden sind die neuen Entwicklungen in der Seghers-Forschung aber auch durch eine erste wissenschaftliche, äußerst gründlich recherchierte und umfangreiche Biografie zu Anna Seghers von Christiane Zehl Romero und durch das begonnene Projekt einer Werkausgabe, in der auch zwei Briefbände vorliegen.[49] Die Briefedition, ein verlagspolitisch herkömmlich eher seltenes Zugeständnis einer Frau gegenüber, gibt neue Einblicke in die Exilsituation in Mexiko und in Paris, die auf ihre Einarbeitung in die Erkenntnisse der Exilforschung warten. Bisherige Darstellungen zum mexikanischen Exil erwähnen zwar Seghers als Präsidentin des Heinrich-Heine-Klubs, die Briefe wurden aber selten einbezogen und auch andere mexikanische Exilantinnen, wie zum Beispiel Alice Rühle-Gerstel, erscheinen dort höchstens als Frauen ihrer Männer.[50] Die Kombination grundlegender Quellen- und Archivforschungen mit neuen methodischen Zugängen charakterisiert den eingeschlagenen Weg der Forschung. Die Texte in ihren ästhetischen Eigengesetzlichkeiten und erzählerischen Konstruktionen ernst zu nehmen, muss nicht auf biografische und historische Verankerungen verzichten und kann zugleich der Eigengesetzlichkeit der künstlerischen Produkte gerecht werden. Auch in der Arbeit mit nicht literarischen Texten können, werden diese in ihrem Konstruktionscharakter ernst genommen, neue Erkenntnisse gewonnen werden. Allzu schnelle Rückschlüsse vom Text auf die historische Wirklichkeit werden durch einen (post-)strukturalistisch inspirierten Ansatz vermieden. Stattdessen können bisher unentdeckte Felder historischer Erfahrungen erschlossen werden. Der von Winckler 2010 in der und für die *Exilforschung* eingeforderte Wechsel von der Zeitzeugen- besser: ZeitzeugInnenforschung zur Archivforschung[51] hat auch in der Seghers-Forschung erste interessante Ergebnisse hervorgebracht.

Neuere Forschungen zum Exil integrieren inzwischen relativ selbstverständlich einen gendersensiblen Blick. So fällt am Sammelband *Exil ohne Rückkehr. Literatur als Medium der Akkulturation nach 1933*[52] die durchgehende Integration von Autorinnen und ihren Texten in die Untersuchungen auf. Dabei werden nicht nur bisher wenig erforschte Autorinnen wie Jenny Aloni, Hertha Pauli und Susanne Bach behandelt, sondern auch bekannte Autorinnen wie Irmgard Keun und Anna Seghers gewinnbringend neu gelesen und untersucht.[53] Im Beitrag von Kerstin Brutschin: »›Hat doch die Mehrzahl der Frauen ihr Schicksal – und den Mann gemeistert‹. Deutschsprachige Schriftstellerinnen im französischen Exil von 1933–1945«[54] wird der Mythos von der das Exil souverän bewältigenden Frau aus den Annalen der Exilforschung zwar wieder einmal aufgerufen, dabei aber einer eingehenden Analyse unterzogen. Dazu werden die autobiografischen Schriften, Briefe und Romane der Autorinnen (Anna Seghers, Steffi Spira, Hertha Pauli, Susanne Bach, Adrienne Thomas) herangezogen und mit sozial- und kulturgeschichtlichen Untersuchungen verknüpft. Das führt zu einer Differenzierung, statt einer Mythologisierung. Brutschin arbeitet zum einen heraus, dass die Erfahrungen der Frauen sich fundamental unterschieden, je nachdem, ob sie Kinder hatten oder nicht. Zum anderen zeigt sie, dass das Bild der emanzipierten »Neuen Frau« der 1920er Jahre Klischee und Wunschbild war. Die Emanzipation dieser Frauen, wie sie gern idealtypisch aus Keuns Romanen herausgelesen wird, als seien diese dokumentarische Texte, bezog sich meist auf einen sehr kurzen Lebensabschnitt. Brutschin führt aus: »Berufstätigkeit war in der Weimarer Republik oft nur ein Intermezzo zwischen dem Dasein als Tochter und dem als Ehefrau und blieb weitgehend auf ›weibliche‹ Berufe wie Erzieherin, Sekretärin, Angestellte usw. beschränkt. Frauen durften sich emanzipieren, solange sie alleinstehend waren, aber spätestens wenn Kinder kamen, sollten sie sich auf ihre vermeintlich naturgegebene Rolle als Mutter besinnen. Ähnliches galt für Intellektuelle.«[55]

So wird auch der Mythos der »Neuen Frau« der 1920er Jahre hinterfragt und auf seine gesellschaftliche und individuelle Relevanz hin untersucht. Auf diesem Mythos war lange Zeit das Argument eines ästhetischen und emanzipatorischen Rückschritts von emigrierten Autorinnen, besonders Irmgard Keuns, aufgebaut worden.[56] Das Geschlechterdifferenzen persiflierende Potenzial von Keuns Exilroman *Kind aller Länder* zum Beispiel konnte unter der Prämisse eines Rückschritts nicht erkannt werden. Gerade die geschlechtlich noch nicht festgelegte Mädchenerzählerin, welche die an sie herangetragenen Rollenerwartungen immer wieder ablehnt, markiert eine neue Position, von der aus die Geschlechterdichotomie subversiv unterlaufen werden kann. So gelesen wird aus einer vorgeblichen inkonsequenten Gestaltung des Romans sein ästhetisches Potenzial. Das hat zum Beispiel auch Sabine Rohlf in ihrer »Lektüre ausgewählter Exilromane von Frauen« 2002 unter dem Titel *Exil als Praxis – Heimatlosigkeit als Perspektive?*[57] gezeigt. Die Verbindung der Lektüren mit den kritischen Diskussionen um den Begriff der Heimat im Rahmen poststrukturalistischer Denkbewegungen dient dabei nicht der Suche nach einem anderen, »weiblichen« Exil oder der Etablierung der Kategorie Geschlecht als wichtigstes Unterscheidungsmoment. Vielmehr formuliert sie als Ziel ihrer Untersuchung »dazu beizutragen, dass die Vielfalt und Widersprüchlichkeit der nichtfaschistischen deutschsprachigen Literaturproduktion nicht in Vergessenheit gerät.«[58] Die neu entdeckten Texte entfalten ein erstaunlich irritierendes Potenzial, werden sie – wie Rohlf es tut – als narrative und rhetorische Konstruktionen von Heimat und Exil aus weiblicher Figurenperspektive gelesen. Die Auswahl der Texte löst die Dichotomie zwischen Unterhaltungsliteratur und »hoher« Literatur auf zugunsten einer genauen Lektüre, die den Text »als Schauplatz, nicht als Spiegel der hierarchischen Geschlechterverhältnisse«[59] begreift. Mit Bezug auf die Exilforschung konstatiert Rohlf, dass die feministische Kritik in den Literatur- und Kulturwissenschaften ein Mittel sein könnte, »(u)m diese zähen Hierarchisierungen auch bezüglich kultureller Praktiken und Kanonisierungen aufzulösen (…).«[60]

Hier kann über die methodischen und grundsätzlichen Unterschiede zwischen Frauen- und Genderforschung hinweg eine Brücke gebaut werden, die vom Anliegen einer selbstkritischen Frauenforschung, Hierarchisierungen zu hinterfragen, wie es von der Lühe 1996 formulierte, zu dem der Genderforschung, Machtverhältnisse einer Kritik zu unterziehen, reicht.

II Zwei Geschichten?

Stellt man sich angesichts dieser Entwicklung der Frauen- und Geschlechterforschung in der Exilforschung der Frage, was die Genderforschung für die Exilforschung zukünftig leisten kann, liegt es nahe zu untersuchen, wie sich beide Forschungsrichtungen zueinander verhalten.

Betrachtet man die Entwicklung beider Forschungsrichtungen, so fallen zunächst einmal die Parallelen auf. Nicht nur gehen beide einen ähnlichen Weg von der Wissenschaftskritik und in deren Folge von der Eroberung der sozialhistorischen Perspektive über die Integration in verschiedene Fächer (Literatur-, Musik-, Kunst- und Geschichtswissenschaft, Soziologie, Politologie) bis hin zur selbstkritischen Infragestellung. Zusätzlich entstehen beide aus einem politischen Impuls heraus. Die ersten Exilforscher waren, wie zum Beispiel Walter A. Berendsohn[61], selbst Exilanten oder traten mit dem Anspruch an, einem vergessenen Kapitel deutscher (Literatur-)Geschichte einen angemessenen Platz in der deutschen Öffentlichkeit zu verschaffen und damit der überlebenden und toten Opfern des Nationalsozialismus zu gedenken. Die Genderforschung[62] begann, als Frauenforschung, ebenfalls mit dem Ruf nach einem Neuschreiben der Geschichte: für eine »herstory« statt einer, die eine Hälfte der Menschheit vergessenden »history«. Dieses Bestreben, das zur Etablierung der »Women's Studies« in den USA führte, war aufs Engste verknüpft mit dem Feminismus als politischer Bewegung und seinen Forderungen nach Gleichberechtigung und Emanzipation. Die derzeitige Selbstbefragung beider Forschungsrichtungen hat viel mit ihren politischen Ursprüngen zu tun. Die (deutsche) Exilforschung sah und sieht sich besonders nach 1989 einem neuen Legitimationsdruck ausgesetzt. Mit dem Zusammenbruch der Sowjetunion und der innerdeutschen Grenze geriet auch das »Antifaschismusparadigma« der Exilliteraturforschung ins Straucheln.[63] Das führte zu einer ersten Aufarbeitung und kritischen Hinterfragung der eigenen Forschungsgeschichte, die unter anderem im *Jahrbuch Exilforschung* »Rückblick und Perspektiven« von 1996 dokumentiert ist. Bernhard Spies verabschiedet dort das Postulat einer »in sich geschlossene(n) Einheit«[64] der Exilliteratur und entwirft als neue Forschungsfelder jenseits der »Mythen der Exilforschung« Akkulturationsprozesse, Sprache und moderne Identitätsentwürfe, eine Sichtweise über 1933–1945 hinaus und Exilforschung als Beitrag zur Totalitarismusforschung.

In den letzten Jahren sind vermehrt Bestrebungen, die Exilforschung auf aktuelle Exile auszudehnen, zu beobachten. Trotz einer Anknüpfbarkeit an und Vergleichbarkeit zu aktuellen Situationen droht in einer generellen Ausweitung der Exilforschung, ihr spezifischer Gegenstandsbereich abhanden zu kommen. Die Frage nach dem »moralischen Paradigma«[65] der Exilforschung kristallisiert sich als Zentrum dieser kontroversen Überlegungen heraus. Wenn für die Exilforschung das »moralische Paradigma« des Exils als gewaltsamer Vertreibung und Ermordung durch die Nationalsozialisten von 1933 bis 1945 bestimmend bleiben soll, dann bleibt Exilforschung eine historische Forschung, die ohne den politischen Selbstauftrag der Aufklärung und des Eingedenkens nicht auskommt. Unter dieser Prämisse ist zum Beispiel eine vorbehaltlose Übernahme (post-)strukturalistischer Theorien und Methoden, wie sie der Genderforschung zugrunde liegen, kaum möglich.[66]

Die Genderforschung unterzog sich um die Jahrhundertwende ebenfalls einer kritischen Aufarbeitung der eigenen Geschichte. Nicht zuletzt die Festschreibung von Gender Mainstreaming als EU-weite Aufgabe im Amsterdamer Vertrag von 1999 und die damit verbundene weitgehende Institutionalisierung hat zu der Frage geführt, ob das kritische Potenzial des Begriffs Gender verloren gegangen ist. Schaut man sich zum Beispiel den alltäglichen Sprachgebrauch in den Institutionen an, so fällt auf, dass Gender meist als Synonym für Frauen beziehungsweise Frauen und Männer benutzt wird[67], womit man hinter das theoretisch eingeforderte Potenzial des Begriffs, der Geschlechterverhältnisse als Machtverhältnisse versteh- und veränderbar machen sollte, weit zurückfällt. Joan Scott, die den Begriff für die Genderforschung 1986 in ihrem Aufsatz: »Gender – a useful category of historical analysis?«[68] populär gemacht hatte, nahm daher 1999 die Verleihung des Hans-Sigrist-Preises für Gender Studies der Universität Bern zum Anlass, die Zukunft des Begriffs als kritische Analysekategorie infrage zu stellen.[69] Sie kommt zu dem Ergebnis, dass durch die Aufspaltung in ein Sex-/Gender-System, das die soziale Konstruktion der Geschlechtscharaktere als Gender hervorhob, die Kategorie Sex vernachlässigt und der naturhafte Status von Sex so unkritisch fortgeschrieben wurde. Daran konnte auch Butlers Radikalisierung des Gendertheorems, in dem auch die Kategorie Sex als sozial konstruiert verstanden wird, nichts ändern. In Folge des Aufstiegs der Life Sciences (Neuropsychologie, Evolutionspsychologie, Reproduktionsmedizin etc.) sei man zu den biologisch-medizinischen Grundlagen des Begriffs zurückgekehrt, von deren Kritik man einst ausgegangen sei. Diese Entwicklungen können mithilfe des Gendertheorems, das nur die soziale Konstruktion des Geschlechts erfasse, nicht kritisch analysiert werden, so Scotts Analyse, die von der Befürchtung ihren Ausgang nimmt, die Life Sciences würden unter der Hand und ohne kritische Instanzen das zukünftige Spiel positivistisch bestimmen.[70] Dass das Verfahren der Dekonstruktion nicht dazu dient, politische Handlungslinien zu generieren, liegt zwar in der »Natur« dieser Theorie, markiert aber zugleich die fundamentale Diskrepanz zwischen traditioneller (politisch motivierter) Frauenforschung und Genderforschung.[71]

Deutlich wird hier und in anderen Beiträgen zur Frage nach der Zukunft der Genderforschung, dass sich Gender (und damit der amerika-

nische Zweig der Geschlechterforschung) zur Jahrtausendwende selbst
zu einem Metanarrativ entwickelt hat, das zum einen Entpolitisierungs-
tendenzen aufweist und das zum anderen differente Richtungen der feministischen Wissenschaft, wie sie zum Beispiel die italienische Philo-
sophinnengruppe »Diotima« vertritt, die programmatisch am Begriff
der sexuellen Differenz festhält, marginalisiert hat. Die damit einhergehende Entpolitisierung bei gleichzeitiger begrifflicher Vereinnahmung
durch den »mainstream« und der damit eventuell einhergehende Verlust
des kritischen Potenzials des Begriffs und der Forschung, die mit diesem
operiert, zeugt auch von der Schwierigkeit einer Wissenschaft, deren
Grundlage ein politischer und moralischer Auftrag war. Wenn die Bei-
trägerInnen zur Tagung *Was kommt nach der Genderforschung?* meist
zu dem Schluss kommen, dass nach der Genderforschung vor der Genderforschung ist, dann tun sie dies mit dem Verweis auf die in der Forschungsgeschichte marginalisierten Aspekte und mit einer Erinnerung
an das politische und pädagogisch-didaktische Potenzial der Erforschung von Geschlechterverhältnissen in Vergangenheit und Gegenwart. Die selbstkritische Befragung der Genderforschung fußt dabei
weniger auf einem Blick in die (erfolgreiche) Institutionalisierungs-
geschichte als in die Begriffsgeschichte, aus der der wissenschafts- und
gesellschaftskritische Impuls der Anfangsjahre und ein Begriffsver-
ständnis als Instrument der Hinterfragung symbolischer Praktiken wiederentdeckt wird. Ida Dominijanni, die den Begriff der sexuellen Differenz gegenüber Gender favorisiert, verweist auf die strukturalistische
Genese des Genderbegriffs, die eine flexible Verwendung in der Gesell-
schaftsanalyse ermögliche, zugleich aber entpolitisierend wirke.[72] Claudia Opitz entwickelt ihr Plädoyer für eine Rückgewinnung der historischen Dimension in der Genderforschung im gleichen Tagungsband
ebenfalls entlang einer Kritik des (post-)strukturalistischen Ansatzes.[73]
Damit werden die enthistorisierenden Implikationen der Dekonstruktion, die als Prätext aller Gendertheorie seit den 1980er Jahren fungiert,
benannt und kritisch hinterfragt. In der Erinnerung an die historische
Dimension der Frauenforschung wird zugleich das politische Potenzial
aus den Anfängen feministischer Wissenschaftskritik mit aufgerufen.
In den enthistorisierenden und entpolitisierenden Tendenzen liegt die
auf den ersten Blick geringe Attraktivität der Gendertheorie für die
Exilforschung begründet. Der Versuch einer Rückgewinnung der gesellschaftskritischen Ausgangsposition kann daher eine politisch und
historisch interessierte Genderforschung mit der Exilforschung verbinden.

III Ins Offene

Die Frauenforschung innerhalb der Exilforschung und die Exilforschung als Ganzes sind bisher von einem Wirklichkeitsverständnis ausgegangen, das eine Wirklichkeit hinter den sprachlichen Konstruktionen annimmt. Die Kategorie Geschlecht verweist in dieser Annahme also auf etwas Vorhandenes. Damit bleibt sie aus Sicht der Dekonstruktion auf einen Essenzialismus bezogen, der (historische) Wirklichkeit nicht als rein sprachliche Konstruktion versteht. Diese Differenz wirft grundsätzliche Fragen nach dem Verhältnis von Sprache und Wirklichkeit auf, das den je unterschiedlichen Forschungen zugrunde liegt. Geht man davon aus, dass Sprache Geschlechterverhältnisse abbilde, diese also per se bestehen, was vor dem Hintergrund des Strukturalismus Saussure'scher Prägung entfaltet werden kann[74], kann man im Rahmen sozialhistorischer Untersuchungen aus den Quellen, literarischen Texten und anderen Kunstwerken auf die Geschlechterverhältnisse der Zeit zurückschließen. Geht man hingegen davon aus, dass Geschlecht sprachlich hergestellt wird und Wirklichkeit konstruiert, was dem Poststrukturalismus Derrida'scher Prägung entspräche, rücken die Bedeutungsaushandlungen in Texten in den Vordergrund der Betrachtung.[75] Entlang welcher Geschlechterbilder wird durch den Text Wirklichkeit hergestellt und welche Auswirkungen haben diese häufig dichotomen Strukturen (zum Beispiel männlich-weiblich)? Das sind Fragen, die sich unter dieser Perspektive eröffnen. Die Aufgabe liegt in der Untersuchung der Herstellung von Dichotomien durch Texte entlang von Geschlechterkonstruktionen in bestimmten Kontexten.

Bedeutungsherstellung geschieht in Sprechakten, mit Judith Butler verstanden als Akte kultureller Performanz. Damit wird der Blick auch auf die Kontexte gelenkt, in denen die Texte stehen, oder radikaler gefasst, in denen sie agieren. Auch eine Untersuchung der Kontexte dieser Sprechhandlungen und somit von Diskursformationen ist daher zentrales Moment der Analyse. Dabei rücken Begriffe in den Vordergrund, die zur Herstellung solcher Dichotomien benutzt worden sind und benutzt werden, wie zum Beispiel Identität, Nation, Kultur, Heimat, Grenze, Körper. Auch die durch Dichotomien hergestellten Machtverhältnisse können analysiert werden. Der Vorteil gegenüber einer herkömmlichen Betrachtung liegt in dem dekonstruktiven Ansatz, der den Dichotomien nicht folgt, sondern sie kritisch reflektiert. Ein Nachteil wird deutlich, wenn man sich die Konsequenzen eines solchen Vorgehens vor Augen führt: »Eine konstruktivistische Sprachsicht bedingt ein diskursanalytisches Vorgehen, in dem jede Setzung weiter zu hinterfragen ist und nicht als Endpunkt einer Analyse angesehen werden kann.«[76] Hier schließt sich die Frage an, ob die konstruktive Sprachauffassung und die dekonstruierende Methode des Poststrukturalismus dem historisch-politischen Interesse der Exilforschung widersprechen. Oder anders gefragt, ob durch ein konsequent dekonstruierendes Verfahren die »Angemessenheit der Fragestellung zum ›Gegenstand‹«[77] erhalten bleiben kann. Wie sinnvoll und in welchem Maß die Anwendung poststrukturalistischer Theorien auf die Texte des Exils neue Erkenntnisse erbringen kann, soll hier anhand zweier neuerer Reflexionen zum Thema kurz erörtert werden.

Auch in Bezug auf Texte der Gegenwartsliteratur erscheint eine vorbehaltlose Anwendung poststrukturalistischer und postkolonialer Theorien dem Gegenstand nicht immer gerecht zu werden. So hat Yasemin Dayıoğlu-Yücel in ihrer Arbeit zu Identitätskonstruktionen in der deutsch-türkischen Literatur der Gegenwart zeigen können, dass die postkolonialen und poststrukturalistischen Konzepte von Identität auf die Texte nur bedingt anwendbar sind, weil sich die Erfahrungen der literarischen Figuren zu den Annahmen postkolonialer Theorien kaum in Bezug setzen lassen. Die literarischen Texte widersprechen sozusagen der Theorie.[78] Ähnliche Ergebnisse sind erst recht zu vermuten, wenn konstruktivistische Analysen auf die historischen Texte des Exils angewandt werden. Stephan Braese ist zum Beispiel der Frage nachgegangen, inwieweit die Theorien des Postkolonialismus auf die Exilforschung anwendbar sind und zu welchen Ergebnissen man dadurch kommt. Geeignet scheint der Begriff der Hybridität, als Zentralbegriff dieses Theorems, für eine Ablösung von der defizitären Betrachtung der Exilsituation, hin zu einer die Möglichkeiten dieser außergewöhnlichen Situation in Betracht ziehenden Sichtweise. Darauf war bereits in Forschungen zur Situation von Frauen im Exil hingewiesen worden. Dass diese Texte aber einer poststrukturalistischen und/oder postkolonialen Wirklichkeitsauffassung zum allergrößten Teil nicht entsprechen können, liegt auf der Hand: »Für konstitutive Teile des deutschen Exils blieben jene Dispositionen, die heute als genuin postkoloniale erkennbar und beschreibbar sind, als kategorial historische Kondition unbegriffen, ihre kulturelle Produktivkraft unerkannt.«[79]

Gewinnbringend sind aber die Dekonstruktionen der Begriffe Nation und Kultur durch die postkoloniale Theorie für ein kritischeres Verständnis der Untersuchungsgegenstände. Diese Überlegungen sind auf die Frage nach den Geschlechterkonstruktionen übertragbar. Die poststrukturalistische Annahme einer Wirklichkeitskonstruktion durch Sprache kann einerseits für die eigenen konstruierenden Sprachoperationen sensibel machen und andererseits für die in den historischen Texten und Kontexten. Die Erwartung einer Übereinstimmung der

Wirklichkeits- und Sprachauffassungen der ExilantInnen mit poststrukturalistischen Wirklichkeitsauffassungen ist dagegen ahistorisch und
kann nur negative Ergebnisse erbringen. Verbindet man aber eine Aufmerksamkeit für die Geschlechterkonstruktionen in den Texten mit denen des historischen Kontextes und dem Holocaust als unhintergehba-
ren Bezugspunkt des Eingedenkens, könnten (post-)strukturalistisch
inspirierte Analysen durchaus lohnenswert sein. Die Rückbesinnung
auf die historisch-politische Perspektive, von der Frauen- und Exilforschung ausgegangen waren, kann zugleich eine Erinnerung an die wissenschaftliche Selbstkritik sein, der die Forschung schon immer ihre In-
novationskraft verdankt. Ein neuer Blick auf das deutsche Exil der
1930er und 1940er Jahre durch die Integration von Fragen nach den
nicht nur, aber auch sprachlich hergestellten Geschlechterkonstruktionen kann nicht bloß neue historische Erkenntnisse generieren, sondern
auch neue Anschlussmöglichkeiten an aktuelle politische Diskurse.
Hierin liegt nicht zuletzt das Potenzial einer Forschung, die sich auch
als politische versteht.

Aus der vorgeschlagenen Integration ergeben sich eine Reihe von Fel-
dern, die sich für eine (neue) Betrachtung anbieten: Gerade die besondere Situation des Exils hat zu einer Bedeutungsaufladung der Begriffe
Heimat, Kultur, Nation, Mutter und Vater, Familie, Körper entlang von
Geschlechterdichotomien geführt. Hier ergibt sich nicht nur ein Untersuchungsfeld für die Genderforschung, sondern auch für die Integration
der Männerforschung in die Exilforschung, die bisher noch aussteht.[80]
Eine Erweiterung der Frauenforschung durch Männerforschung hat das
Potenzial, Dichotomien grundsätzlicher infrage zu stellen und An-
schlüsse für aktuelle politische Fragen in der Migrationsforschung und
den Queer Studies zu eröffnen.

Die Bewertung und Erforschung bestimmter Gattungen, Genres und
ganzer Werkkomplexe geht, wie ausgeführt, bis heute Hand in Hand
mit Hierarchisierungen, die sich entlang der Geschlechterdifferenzen
entwickelt haben. Das führte dazu, dass ganze Bereiche des deutschen
Exils bisher noch kaum erforscht sind. Die Kinder- und Jugendliteratur
des Exils ist ein solcher Bereich, dessen systematische Erfassung noch
aussteht.[81] Zlata Fuss Phillips hat 2001 eine umfangreiche Bio-Biblio-
grafie vorgelegt, die als Grundlage für die weitere Erforschung uner-
lässlich ist.[82] Unter den dort aufgeführten AutorInnen sind viele, deren
Exilwerk bisher kaum beachtet worden ist: Margarete Steffin, Elisabeth
Castonier unter anderen.[83] Zudem sind neben den AutorInnen auch
ÜbersetzerInnen und IllustratorInnen integriert worden, darunter sehr
viele Frauen. Es ergibt sich ein beeindruckendes Dokument des Kulturtransfers und der Akkulturationsprozesse, die in der Zeit des Exils

stattgefunden haben. Es ist bisher wenig darüber geforscht und nachgedacht worden, welchen Einfluss die Übersetzungen und Neuerzäh-
lungen (vorzugsweise von Märchen- und Sagenstoffen) sowie Illustra-
tionen dieser oft deutschen Texte auf die Kultur des jeweiligen
Gastlandes hatten und wie diese zur gegenseitigen Akkulturation und
zum Bild von Deutschland beigetragen haben. Die Frage nach den Ge-
schlechterbildern in diesen Texten könnte fraglos zu einem differenzier-
teren Bild der Prozesse beitragen. Auch hier kann die Exilforschung
nicht ohne die Grundlage der Archivforschung auskommen, die in der
Sammlung Exil-Literatur und Deutsches Exilarchiv 1933–1945 in Leipzig und Frankfurt am Main einen wichtigen Ort hat. Zahlreiche Nachlässe auch und gerade von Frauen warten dort auf ihre Erschließung, so
zum Beispiel: die Nachlässe Margarete Buber-Neumanns, der Lyrikerin
Emma Kann und der Autorin Anja Lundholm.

Die Gedächtnisforschung hat seit einigen Jahren, aus nahe liegenden
Gründen, einen wichtigen Platz sowohl in der Exilforschung als auch in
der (feministischen) Literaturwissenschaft.[84] Umso verwunderlicher ist
es, dass das immer auch geprägt von Geschlechterverhältnissen konstru-
ierte kollektive, individuelle und wissenschaftliche Gedächtnis des Exils
unter dieser Perspektive noch seiner Erforschung harrt. Unter anderem
sind bisher die Autobiografien der Exilantinnen, wenn überhaupt, ausschließlich unter sozialhistorischer Perspektive untersucht worden.[85]
Unter Einbeziehung der Geschlechterkonstruktionen könnten anhand
dieser Texte neue Sichtweisen auf das Exil der Frauen und ihr eigenes
Reflektieren und Konstruieren der Erfahrung Exil erschlossen werden.
Hier können Überlegungen zum Verhältnis von Genre und Geschlecht,
wie sie in der Genderforschung begonnen worden sind, am historischen
Material weitergeführt werden.[86]

Gedächtnisforschung interessiert sich nicht nur für autobiografi-
sches, sondern auch für literarisches und privates Schreiben und Erzählen sowie für biografisches Erzählen. Das biografische Erzählen ist ein
Genre, in dem auf besondere Weise »Lebens-, Literatur- und Geschlechtergeschichte«[87] aufeinander bezogen werden können. Im Tagungsband *Biographisches Erzählen* von 2001 verweisen die Herausgeberinnen von der Lühe und Runge auf die problematische Differenz von
Kunst und Leben im Kontext eines autonomen Kunstbegriffs, die häufig zu einer Nichttradierung von Autorinnen geführt hat. »Vor allem
also an der Frage der Normierung und Kanonisierung literarischer
Werke kreuzen sich Probleme der Biographik mit denen der Literatur-
und Geschlechtergeschichte.«[88] Hier ergibt sich für die Exilforschung
ein neues Feld, in dem sowohl die biografischen Erzählungen der Exilliteratur und Wissenschaft im Exil als auch die der Exilforschung auf die

ihnen zugrunde liegenden Geschlechterbilder hin befragt werden können. Die Verbindung von wissenschaftskritischem Impuls und moralischem Interesse am deutschen Exil aus den Anfangsjahren der Exilforschung kann hier unter geschlechtersensibler Perspektive erneuert
werden. Die Relevanz einer solchen Perspektive erweist sich nicht zuletzt im Blick auf gegenwärtige literarische Adaptionen des deutschen
Exils, wie sie zum Beispiel im expandierenden Genre des Familienro-
mans oder dem biografischen Roman (zum Beispiel: Manfred Flügge:
Die vier Leben der Marta Feuchtwanger, Berlin 2010) zu finden sind. In
Robert Cohens biografischem Roman *Exil der frechen Frauen* (2009)
wird durch die erzählerische Re-Konstruktion der Leben von Ruth Re-
wald, Maria Osten und Olga Benario eine neue Perspektive auf Widerstand und Exil möglich, die zur Reflexion auf Geschichtskonstruktio-
nen auffordert.[89] Ganz anders dagegen wird in Klaus Modicks
Romanen verfahren.[90] In seinem neuesten Roman *Sunset* wird der al-
ternde Lion Feuchtwanger ausgerechnet in den zwei Tagen vorgeführt,
in denen seine Frau nicht anwesend ist. Die Darstellung reanimiert alle
Klischees zur Frau im Exil. Die Frau ist das, was nicht vorkommt und
damit das, was durch seine Nichtanwesenheit zu Funktionalisierungen
durch den männlichen Diskurs geradezu herausfordert. Mit Blick auf
solche literarischen Reanimationen lässt sich nur folgern: Es wird endlich Zeit für eine geschlechtergerechte Exilgeschichte.

1 Erika Mann: *Zehn jagen Mr. X.* Wuppertal 2011, S. 58 — **2** Silvia Bovenschen: *Die imaginierte Weiblichkeit. Exemplarische Untersuchungen zu kulturgeschichtlichen und literarischen Präsentationsformen des Weiblichen.* Frankfurt/M. 1979. — **3** Vorangegangen
waren zwei Aufsätze: Heike Klapdor: »Das Exil der Frauen. Thesen zu einer überlesenen
Geschichte.« In: Uwe Naumann (Hg.): *Sammlung. 5. Jahrbuch für antifaschistische Literatur und Kunst.* Frankfurt/M. 1982, S. 115–122; Susanne Mittag: »›Im Fremden ungewollt
zuhaus‹. Frauen im Exil«. In: *Exil. Forschung, Erkenntnisse, Ergebnisse.* Hg. von Joachim
H. Koch 1 (1981), S. 49–56. — **4** Gabriele Kreis: *Frauen im Exil. Dichtung und Wirklichkeit.* Düsseldorf 1984. Als Dokument einer wissenschaftskritischen, neue Schreibweisen
erprobenden Herangehensweise verdiente diese Monografie heute eine neue Betrachtung
auch unter der Perspektive der repräsentierten Geschlechterbilder. — **5** Heike Klapdor-
Kops: *Heldinnen. Die Gestaltung der Frauen im Drama deutscher Exilautoren (1933–
1945).* Weinheim–Basel 1984. — **6** Renate Wall: *Verbrannt, verboten, vergessen: Kleines
Lexikon deutschsprachiger Schriftstellerinnen 1933 bis 1945.* Köln 1988. — **7** Renate Wall:
Lexikon deutschsprachiger Schriftstellerinnen im Exil 1933–1945. Gießen 2004. — **8** Das
ist ein weit verbreiteter Topos vgl. u. a. Petra Lataster Czisch: »*Eigentlich rede ich nicht
gern über mich.« Lebenserinnerungen von Frauen aus dem Spanischen Bürgerkrieg 1936–
1939.* Leipzig–Weimar 1990. — **9** Beate Schmeichel-Falkenberg: »Women in Exile«. In:
Dagmar C. G. Lorenz und Renate S. Posthofen (Hg.): *Transforming the Center, Eroding
the Margin: Essays on Ethnic and Cultural Boundaries in German-Speaking Countries.*
Columbia 1998, S. 81–92. — **10** Vgl. Hiltrud Häntzschel: »Geschlechterspezifische

Aspekte«. In: Claus-Dieter Krohn, Patrick von zu Mühlen, Gerhard Paul und Lutz Winckler (Hg.): *Handbuch der deutschsprachigen Emigration 1933–1945*. Darmstadt 1998, Sp. 101–117. — **11** Anna Seghers: »Frauen und Kinder in der Emigration«. In: *Argonautenschiff. Jahrbuch der Anna-Seghers-Gesellschaft* 2 (1993), S. 319–327. — **12** Vgl. Wiebke von Bernstorff: *Fluchtorte. Die mexikanischen und karibischen Erzählungen von Anna Seghers.* Göttingen 2006. — **13** Irmela von der Lühe: »›Und der Mann war oft eine schwere, undankbare Last‹. Frauen im Exil – Frauen in der Exilforschung«. In: *Exilforschung. Ein internationales Jahrbuch. Bd. 14: Rückblick und Perspektiven.* München 1996, S. 44–61. — **14** Lutz Winckler: »Mythen der Exilforschung«. In: *Exilforschung. Ein internationales Jahrbuch. Bd. 13: Kulturtransfer im Exil.* München 1995, S. 68–81. — **15** von der Lühe: »Und der Mann war oft eine schwere, undankbare Last« (s. Anm. 13), S. 45. — **16** Sonja Hilzinger: »Antifaschistische Zeitromane von Schriftstellerinnen«. In: Joachim H. Koch (Hg.): *Exil. Forschung, Erkenntnisse, Ergebnisse.* Frankfurt/M. 1992, Bd. 1, S. 30–45. Vgl. auch: dies.: »Frauenbilder, Faschismusanalyse und Exilerfahrung in antifaschistischen Zeitromanen von Schriftstellerinnen der dreißiger und vierziger Jahre«. In: Jürgen Wertheimer (Hg.): *Von Poesie und Politik. Zur Geschichte einer dubiosen Beziehung.* Tübingen 1994, S. 138–170. — **17** Häntzschel: »Geschlechterspezifische Aspekte« (s. Anm. 10), Sp. 104. — **18** Vgl. Beate Schmeichel-Falkenberg: »Frauen im Exil – Frauen in der Exilforschung. Zur kurzen Geschichte der Frauenexilforschung«. In: Dies. und Inge Hansen-Schaberg (Hg.): *Frauen erinnern. Widerstand – Verfolgung – Exil 1933–1945.* Mit einem Vorwort von Christa Wolf. Berlin 2000, S. 155–160. — **19** Vgl. u. a. Beate Schmeichel-Falkenberg: »Frauenexilforschung. Spurensuche und Gedächtnisarbeit«. In: Siglinde Bolbecher (hg. im Auftrag der Theodor Kramer Gesellschaft): *Frauen im Exil.* Klagenfurt 2007, S. 15–20. — **20** Inge Hansen-Schaberg (Hg.): *Als Kind verfolgt: Anne Frank und die anderen.* Berlin 2004. — **21** Inge Hansen-Schaberg, Sonja Hilzinger, Gabriele Knapp und Adriane Feustel (Hg.): *Familiengeschichte(n). Erfahrungen und Verarbeitung von Exil und Verfolgung im Leben der Töchter.* Wuppertal 2006; Inge Hansen-Schaberg, Maria Kublitz-Kramer, Ortrun Niethammer und Renate Wall (Hg.): *Das Politische wird persönlich. Familiengeschichte(n) II.* Wuppertal 2007. — **22** Adriane Feustel, Inge Hansen-Schaberg und Gabriele Knapp (Hg.): *Die Vertreibung des Sozialen. Frauen und Exil. Bd. 2.* München 2009. — **23** Hansen-Schaberg und Schmeichel-Falkenberg (Hg.): *Widerstand – Verfolgung – Exil* (s. Anm. 18). — **24** Hanna Papanek: »Spiegel und Schattenspiel: Vom Wiedererleben des Erlebten«. In: Hansen-Schaberg und Schmeichel-Falkenberg: *Widerstand – Verfolgung – Exil* (s. Anm. 18), S. 39–53. Vgl. auch: Dies.: »Zwei Schwestern: Eine geht ins Exil, eine bleibt in Berlin«. In: Bolbecher: *Frauen im Exil* (s. Anm. 19), S. 21–34. — **25** Papanek: »Spiegel und Schattenspiel« (s. Anm. 24), S. 47. Ein ähnliches Vorgehen hat 1998 Christa Bürger in ihrer Vorlesung zur Methodengeschichte der Literaturwissenschaft entworfen. Vgl. Christa Bürger: *Mein Weg durch die Literaturwissenschaft 1968–1998.* Frankfurt/M. 2003. — **26** Marianne Kröger: »Dispositionen des Zuhörens – Reflexionen zum Umgang mit Zeitzeuginnen und Zeitzeugen«. In: Hansen-Schaberg und Schmeichel-Falkenberg (Hg.): *Widerstand – Verfolgung – Exil* (s. Anm. 18), S. 74–98, Zitat S. 74. — **27** Ebd., S. 86. — **28** Vgl. Lutz Winckler: »Gedächtnis des Exils: Erinnerung als Rekonstruktion« Vorwort. In: *Exilforschung. Ein internationales Jahrbuch. Bd. 28: Gedächtnis des Exils – Formen der Erinnerung.* München 2010, S. IX–XVI. — **29** Sybille Quack: »Die Aktualität der Frauen- und Geschlechterforschung für die Exilforschung«. In: *Exilforschung* 13 (1995) (s. Anm. 14), S. 31–43, Zitat S. 41. — **30** Hiltrud Häntzschel und Ingeborg Hansen-Schaberg (Hg.): *Politik – Parteiarbeit – Pazifismus in der Emigration.* München 2010. — **31** Ingeborg Hansen Schaberg (Hg.): »*Alma Maters Töchter im Exil« – zur Vertreibung von Wissenschaftlerinnen und Akademikerinnen in der NS-Zeit.* München 2011; Hiltrud Häntzschel: »Die Exilierung der Wissenschaften – weiblich. Zur Dimension der Folgen und zu ihrem Stellenwert in der Emigrationsforschung.« In: Elisabeth Dickmann und Eva Schöck-Quinteros (Hg.): *Barrieren und Karrieren. Die Anfänge des Frauenstudiums in Deutschland.* Berlin 2000, S. 61–70. — **32** Ursula Hudson-Wiedenmann und Beate Schmeichel-Falkenberg (Hg.): *Grenzen überschreiten. Frauen, Kunst, Exil.*

Würzburg 2005. — **33** *Exilforschung. Ein internationales Jahrbuch.* Bd. 17: *Sprache – Identität – Kultur: Frauen im Exil.* München 1999. Darin: Hiltrud Häntzschel: »Kritische Bemerkungen zur Erforschung der Wissenschaftsemigration unter geschlechterdifferenzierendem Blickwinkel«, S. 150–163. — **34** Eva Borst: »Identität und Exil. Konzeptionelle Überlegungen zur 7. Tagung ›Frauen im Exil: Sprache – Identität – Kultur‹«. In: *Exilforschung* Bd. 17 (1999) (s. Anm. 33), S. 10–23. — **35** Ebd., S. 11. — **36** Farideh Akashe-Böhme: »Biographien in der Migration«. In: *Exilforschung* 17 (1999) (s. Anm. 33), S. 38–52. Vgl. auch: Dies.: *In geteilten Welten. Fremdheitserfahrungen zwischen Migration und Partizipation.* Frankfurt/M. 2000. — **37** Andrea Krauß: »Die schwierige Wahrheit der Literatur. Über eine Randerscheinung des Schauspiels *IchundIch* von Else Lasker-Schüler«. In: *Exilforschung* 17 (1999) (s. Anm. 33), S. 79–90. Ebd: Christina Thurner: »›Umbruch ist jeden Tag‹. Diskurswechsel und Utopie bei Alice Rühle-Gerstel«, S. 91–126. — **38** Borst: »Identität und Exil« (s. Anm. 34), S. 23. — **39** Vgl. Sonja Hilzinger: *Anna Seghers.* Stuttgart 2000, S. 64 f. *Transit* erschien 1948 in Konstanz, 1951 erst in der DDR, *Die Toten bleiben jung* 1949. Beide Romane stießen auf Ablehnung bei den Genossen. Vgl. Silvia Schlenstedt: »Kommentar«. In: *Anna Seghers Werkausgabe: Transit*, Bd. I/5, Berlin 2001, S. 311–364, hier S. 338–346. — **40** Vgl. Bernhard Spies: »Kommentar«. In: *Anna Seghers Werkausgabe*, Bd. I/4, Berlin 2000, S. 445–496, hier S. 487 f. — **41** Erika Haas: »Der männliche Blick der Anna Seghers: Das Frauenbild einer kommunistischen Schriftstellerin«. In: Friederike Hassauer und Peter Roos (Hg.): *Die Frauen mit Flügeln, die Männer mit Blei? Notizen zu weiblicher Ästhetik, Alltag und männlichem Befinden.* Siegen 1986, S. 165–175. — **42** Ursula Elsner: »Anna Seghers – Die Frau mit dem ›männlichen Blick‹? Zur Festschreibung eines Klischees in der westdeutschen Seghers-Rezeption«. In: *Argonautenschiff* 5 (1996), 171–183. — **43** Vgl. von Bernstorff: *Fluchtorte* (s. Anm. 12). — **44** Nicole Suhl: *Anna Seghers: »Grubetsch« und »Aufstand der Fischer von Santa Barbara«. Literarische Konstrukte im Spannungsfeld von Phänomenologie und Existenzphilosophie.* Frankfurt/M. u. a. 2001. — **45** Li Weijia: *China und China-Erfahrung in Leben und Werk von Anna Seghers.* Oxford u. a. 2010; von Bernstorff: *Fluchtorte* (s. Anm. 12). — **46** Helen Fehervary: *Anna Seghers: The Mythic Dimension.* Ann Arbor/Michigan 2001. — **47** Zitiert nach: Christiane Zehl Romero: »Anna Seghers und Simone de Beauvoir. Littérature Engagée von Frauen, Berlin – Paris«. In: *Argonautenschiff* 5 (1996), S. 135–170, Zitat S. 154. — **48** Vgl. zu Seghers zum Beispiel Christa Degemann: *Anna Seghers in der westdeutschen Literaturkritik 1946–1983.* Köln 1985. — **49** Christiane Zehl Romero: *Anna Seghers. Eine Biographie 1900–1947.* Berlin 2000; Dies.: *Anna Seghers. Eine Biographie 1947–1983*; Anna Seghers: *Werkausgabe*, Bd. 5,1: *Briefe 1924–1952.* Hg. von Christiane Zehl Romero. Berlin 2008; Dies.: *Werkausgabe*, Bd. 5,2: *Briefe 1953–1983.* Hg. von Christiane Zehl Romero. Berlin 2010. — **50** Fritz Pohle: *Das mexikanische Exil. Ein Beitrag zur Geschichte der politisch-kulturellen Emigration aus Deutschland (1937–1946).* Stuttgart 1986; Wolfgang Kießling: *Brücken nach Mexiko. Traditionen einer Freundschaft.* Berlin 1989. — **51** Winckler: »Gedächtnis des Exils: Erinnerung als Rekonstruktion« (s. Anm. 28). — **52** Sabina Becker und Robert Krause (Hg.): *Exil ohne Rückkehr. Literatur als Medium der Akkulturation nach 1933.* München 2010. — **53** Zu Seghers: Manuel Brennstein: »›Diese Erfahrung von der Weite der Welt.‹ Zum Phänomen einer verspäteten Akkulturation bei Anna Seghers«. In: Becker und Krause (Hg.): *Exil ohne Rückkehr* (s. Anm. 52), S. 265–286. — **54** Kerstin Brutschin: »Hat doch die Mehrzahl der Frauen ihr Schicksal – und den Mann gemeinsert. Deutschsprachige Schriftstellerinnen im französischen Exil von 1933–1945«. In: Becker und Krause (Hg.): *Exil ohne Rückkehr* (s. Anm. 52), S. 139–161. — **55** Ebd., S. 144. — **56** Zu Keun vgl. auch Barbara Drescher: »Junge ›Girl‹-Autorinnen im Exil«. In: Julia Schöll (Hg.): *Gender – Exil – Schreiben.* Würzburg 2002, S. 129–146; Carmen Bescansa Leirós: »Gender, Macht und Transgression in den Frühromanen Irmgard Keuns«. In: Liesel Hermes und Andrea Hirschen (Hg.): *Gender und Interkulturalität.* Tübingen 2002, S. 41–48. — **57** Sabine Rohlf: *Exil als Praxis – Heimatlosigkeit als Perspektive? Lektüre ausgewählter Exilromane von Frauen.* München 2002. — **58** Ebd., S. 17. — **59** Ebd., S. 44. — **60** Ebd., S. 43. — **61** Walter A. Berendsohn: *Die humanistische Front: Einführung in* *die deutsche Emigranten-Literatur. Von 1933 bis zum Kriegsausbruch 1939.* 1. Teil. Zürich 1946; Ders.: *Die humanistische Front: Einführung in die deutsche Emigranten-Literatur. Vom Kriegsausbruch 1939 bis Ende 1946.* 2. Teil. Worms 1976. — **62** Der Begriff Gender stammt dagegen ursprünglich aus der medizinisch-psychologischen Forschung zur Geschlechtsidentität und Transsexualität und bezeichnete dort im Gegensatz zum biologischen Geschlecht sex das Wissenssystem der Psychologie und der Sozialwissenschaften zum Geschlecht als Kultur. Vgl. Astrid Deuber-Mankowsky: »Gender – ein epistemisches Ding?« In: Rita Casale und Barbara Rendtorff (Hg.): *Was kommt nach der Genderforschung? Zur Zukunft der feministischen Theoriebildung.* Bielefeld 2008, S. 169–190, hier S. 173. — **63** Vgl. Stephan Braese: »Fünfzig Jahre ›danach‹. Zum Antifaschismus-Paradigma in der deutschen Exilforschung«. In: *Exilforschung* 14 (1996) (s. Anm. 13), S. 133–149. — **64** Bernhard Spies: »Exilliteratur – ein abgeschlossenes Kapitel? Überlegungen zu Stand und Perspektiven der literaturwissenschaftlichen Exilforschung«. In: Ebd., S. 11–30, Zitat S. 13. — **65** Stephan Braese auf der Internationalen Tagung »Literatur und Exil. Neue Perspektiven« an der Johann Wolfgang Goethe-Universität Frankfurt/Main in Kooperation mit der Universität Hamburg vom 4. – 7. Oktober 2011. — **66** Die Problematik eines systemtheoretischen und (post-)strukturalistischen Zugangs wird deutlich in: Wilhelm Haefs: »Einleitung«. In: *Hansers Sozialgeschichte der deutschen Literatur vom 16. Jahrhundert bis zur Gegenwart. Nationalsozialismus und Exil 1933–1945.* Bd. 9. München 2009, S. 7–52. Die Geschlechterperspektive findet zudem dezidiert keinen Eingang in die Konzeption des Bandes. — **67** Vgl. auch Deuber-Mankowsky: »Gender – ein epistemisches Ding?« (s. Anm. 62). — **68** Joan Scott: »Gender a useful category of historical analysis?« In: *American Historical Review* 91 (1986), S. 1053–1075. Deutsche Übersetzung in: Nancy Kaiser (Hg.): *Selbst bewusst. Frauen in den USA.* Leipzig 1994, S. 27–75. — **69** Joan Scott: »Die Zukunft von Gender. Phantasien zur Jahrtausendwende«. In: Claudia Honegger und Caroline Arni (Hg.): *Gender. Die Tücken einer Kategorie. Joan W. Scott. Geschichte und Politik.* Zürich 2001, S. 39–64. — **70** Ähnlich gelagert ist die Diskrepanz zwischen Genderforschung und Gender-Expertinnen in der politischen Praxis. Vgl. Angelika Wetterer: »Gender-Expertise, feministische Theorie und Alltagswissen. Grundzüge einer Typologie des Geschlechterwissens«. In: Birgit Riegraf und Lydia Plöger (Hg.): *Geschlecht zwischen Wissenschaft und Politik. Perspektiven der Frauen- und Geschlechterforschung auf die »Wissensgesellschaft«.* Opladen–Farmington Hills/MI 2009, S. 81–99. — **71** Im *Handbuch zur universitären Gleichstellungspolitik. Von der Frauenförderung zum Gendermanagement?* (Wiesbaden 2005) fassen die Autorinnen Eva Blome, Alexandra Erfmeier, Nina Gülcher, Kerstin Smasal und Sandra Smykalla die Aufgabe der Gleichstellungspolitik als paradoxe Intervention, da sie sich einerseits auf die Kategorie Frau beziehen muss, andererseits diese aber (aus der Perspektive der Genderforschung) infrage stellt. Vgl. auch: Birgit Riegraf: »Die Organisation von Wandel. Gender-Wissen und Gender-Kompetenz in Wissenschaft und Politik«. In: Riegraf und Plöger (Hg.): *Geschlecht zwischen Wissenschaft und Politik* (2009) (s. Anm. 70), S. 67–80. — **72** Ida Dominijanni: »Matrix der Differenz«. In: Casale und Rendtorff (Hg.): *Was kommt nach der Genderforschung?* (s. Anm. 62), S. 139–168, hier S. 167. — **73** Claudia Opitz: »Nach der Genderforschung ist vor der Genderforschung. Plädoyer für die historische Perspektive in der Geschlechterforschung«. In: Casale und Rendtorff (Hg.): *Was kommt nach der Genderforschung?* (s. Anm. 62), S. 14–31, hier S. 19, 22. — **74** Vgl. Antje Hornscheidt: »Sprache/ Semiotik«. In: Christina von Braun und Inge Stephan (Hg.): *Gender@Wissen. Ein Handbuch der Gendertheorien.* Köln u.a. 2009, S. 243–262. — **75** Ebd., S. 252f. — **76** Ebd., S. 255. — **77** Spies: »Exilliteratur – ein abgeschlossenes Kapitel?« (s. Anm. 64), S. 19. — **78** Yasemin Dayıoğlu-Yücel: *Von der Gastarbeit zur Identitätsarbeit. Integritätsverhandlungen in türkisch-deutschen Texten von Şenocak, Özdamar, Ağaoğlu und der Online-Community vaybee!* Göttingen 2005. — **79** Stephan Braese: »Exil und Postkolonialismus«. In: *Exilforschung. Ein internationales Jahrbuch.* Bd. 27: *Exil, Entwurzelung, Hybridität.* München 2009, S. 1–19, hier S. 2. — **80** Ein Ansatz dazu findet sich zum Beispiel in: Sabine Rohlf: »Antifaschismus und die Differenz der Geschlechter in *Der große Mann* von

Heinrich Mann.« In: Schöll (Hg.): *Gender – Exil – Schreiben* (s. Anm. 56), S. 147–164. Ebd.: Julia Schöll: »Geschlecht und Politik in Thomas Manns *Lotte in Weimar*«, S. 165–184. — **81** Vgl. Wiebke von Bernstorff: »Neue Perspektiven für die Exilforschung: die Kinder- und Jugendliteratur des Exils«. In: *Revista de Filología Alemana*, erscheint 2012. — **82** Zlata Fuss Phillips: *German children's and youth literature in exile 1933–1950. Biographies and Bibliographies.* München 2001. — **83** Vgl. Andrea Huwyler-Thomalla: *Kinder- und Jugendliteratur im Exil, 1933–1950.* Mit einem Anhang: Jüdische Kinder- und Jugendliteratur in Deutschland 1933–1938. Eine Ausstellung der Sammlung Exil-Literatur der Deutschen Bücherei Leipzig, 2. überarbeitete Auflage zur Ausstellung in der Deutschen Bibliothek, Frankfurt am Main, 18. Juni 1999–14. August 1999. Leipzig – Frankfurt/M. – Berlin 1999. Vgl. außerdem Dirk Krüger: »Kinder- und Jugendliteratur«. In: Krohn, von zur Mühlen, Paul und Winckler (Hg.): *Handbuch der deutschsprachigen Emigration* (s. Anm. 10), Sp. 984–994. — **84** Vgl. dazu u. a. *Exilforschung.* Bd. 28 (s. Anm. 28); Astrid Erll und Ansgar Nünning (Hg.): *Gedächtniskonzepte der Literaturwissenschaft.* Berlin 2004; Irmela von der Lühe und Anita Runge (Hg.): *Wechsel der Orte. Studien zum Wandel des literarischen Geschichtsbewusstseins.* Festschrift für Anke Bennholdt-Thomsen. Göttingen 1997. — **85** Marta Feuchtwanger: *Nur eine Frau: Jahre, Tage, Stunden.* München 1999. Unter anderem zu Marta Feuchtwanger vgl. Gabriele Mittag: »Erinnern, Schreiben, Überliefern. Über autobiographisches Schreiben deutscher und deutsch-jüdischer Frauen«. In: *Exilforschung ein internationales Jahrbuch.* Bd. 11: *Frauen und Exil.* München 1993, S. 53–67; Elsbeth Weichmann: *Zuflucht – Jahre des Exils.* Hamburg 1983; Karola Bloch: *Aus meinem Leben.* Mössingen-Talheim1995; Salka Viertel: *Das unbelehrbare Herz. Erinnerungen an ein Leben mit Künstlern des 20. Jahrhunderts.* Frankfurt/M. 2011; Margarete Buber-Neumann: *Als Gefangene bei Stalin und Hitler.* München 1949. — **86** Vgl. Renate Hof: »Einleitung: Gender und Genre als Ordnungsmuster und Wahrnehmungsmodelle«. In: Dies. und Susanna Rohr (Hg.): *Inszenierte Erfahrung. Gender und Genre in Tagebuch, Autobiographie, Essay.* Tübingen 2008, S. 7–24, bes. S. 14–16. — **87** Irmela von der Lühe und Anita Runge (Hg.): *Biographisches Erzählen.* Querelles. Jahrbuch für Frauenforschung. Bd. 6. Stuttgart–Weimar 2001. Darin: Dies.: »Einleitung«, S. 9–17, Zitat S. 11. — **88** Ebd., »Einleitung« (s. Anm. 87). — **89** Robert Cohen: *Exil der frechen Frauen.* Berlin 2009. — **90** Klaus Modick: *Sunset.* Frankfurt/M. 2011; Ders.: *Die Schatten der Ideen.* Frankfurt/M. 2008; Ders.: *Bestseller.* Frankfurt/M. 2006.

Rezensionen

Harry C. Schnur (C. Arrius Nurus): *Vallum Berolinense. Menippea.* Ein Exberliner erlebt den Mauerbau, eingeleitet, ediert, übersetzt und mit Anmerkungen versehen von Fritz Felgentrau. Hg. Der Präsident des Abgeordnetenhauses von Berlin. Berlin 2011. 52 S.

Sein Vater, der Tabakindustrielle und Mitbegründer des Reemtsma-Konzerns, David Schnur, ist im *Biographischen Handbuch der deutschsprachigen Emigration nach 1933* verzeichnet. Der Sohn, Harry C. Schnur, ebenfalls Emigrant folgte dem Weg des Vaters im Anschluss an seine juristische Promotion 1929 in Leipzig, kurzfristig noch in Deutschland, ab 1933 zunächst in Großbritannien und seit 1935 als Tabakhändler in Amsterdam. Nach dem deutschen Überfall auf die Niederlande war er mit seiner Familie erneut nach England geflohen, dort zunächst interniert worden und hatte sich anschließend freiwillig gemeldet, um als Soldat gegen Deutschland zu kämpfen. Bis zu deren Auflösung Ende 1945 diente Schnur in der britischen Home Guard.
Zu erwähnen ist diese Biografie, weil sie einen intellektuellen Weg beschreibt, der gegenläufig zum üblichen »brain drain« der deutschsprachigen Emigranten verlief: Harry C. Schnur ist aus England 1947 weiter in die USA gewandert, wo er sich aber nicht seinen Qualifikationen entsprechend ins Wirtschaftsleben integrierte, vielmehr wurde das »business country« Amerika für ihn zum Einstieg in eine außerordentliche, atypische, wenn nicht gar anachronistisch anmutende bildungsbürgerliche Karriere. Zuerst war er mit Rücksicht auf die Versorgung der Familie als Nachtwächter, Redenschreiber und Übersetzer tätig, mit 45 Jahren nahm er jedoch in New York das Studium der Klassischen Philologie auf und schloss dieses sogar mit einer zweiten Promotion ab. Nach verschiedenen Lehrtätigkeiten als Latinist in den USA nahm er ab Mitte der 1960er Jahre eine Gastprofessor in Tübingen wahr, 1973 wählte die Familie St.

Gallen als Wohnsitz; 1979 starb er auf einer Weltreise in Hongkong.
Als Wissenschaftler erforschte Harry C. Schnur die lateinische Literatur der frühen Neuzeit nördlich der Alpen, unter anderem gab er 1967 die Anthologie *Lateinische Gedichte deutscher Humanisten* heraus. Daneben machte er unter dem Namen Gaius Arrius Nurus eine bemerkenswerte Schriftstellerkarriere; mit seinem Gesamtwerk gehört er zu den wichtigsten lateinischen Autoren des 20. Jahrhunderts, der mehrmals Preise bei dem renommierten Wettbewerb der neulateinischen Literatur *Certamen Hoeufftianum* erhalten hat.
Das Berliner Abgeordnetenhaus hat jetzt zum 50. Jahrestag des Mauerbaus Schnurs Augenzeugenbericht *Vallum Berolinense*, der ursprünglich unmittelbar nach der Niederschrift 1962 publiziert worden war, noch einmal zur kostenlosen Verteilung aufgelegt. Die Wahl des Lateinischen – Schnur beherrschte auch einige andere Sprachen – war eine bewusste Entscheidung. Die hilfreiche Einleitung der kleinen Schrift stellt umsichtig dar, dass der Autor nicht nur Zeuge des Mauerbaus war, sondern dass sein damaliger Berlinbesuch auch die erste Rückkehr in die Stadt seiner Kindheit gewesen ist. Die Darstellung des Mauerbaus ist daher verknüpft mit dem Besuch des Grabes seiner Großmutter in Weißensee und einer Besichtigung des Pergamonaltars. In der funktionalen Distanz des Lateinischen werden innere Zusammenhänge zwischen Mauerbau und Zweitem Weltkrieg, zwischen dem eigenen emotional besetzten Schicksal der Juden und dem der Deutschen dargestellt und durch das Pergamon-Motiv zugleich in einen überzeitlichen historischen Rahmen gestellt – der Altar verdankte seine Entstehung bekanntlich dem Sieg der Pergamener über die keltischen Barbaren. Dieser Rekurs bedeutet keine Relativierung, sondern ist von Schnur als Appell an die Einsicht in die immerwährenden Gefährdungen der Freiheit durch Unterdrückung und Knechtschaft gedacht. Andererseits be-

hält der Autor durchaus seinen distanzierten Chronistenblick, sein Mitgefühl für die DDR-Flüchtlinge hält sich in Grenzen, zumal ihre Flucht in den Westen nicht zu einem Status der Heimat- und Rechtlosigkeit führte wie einst bei den eigenen Schicksalsgenossen. Der Untertitel des Bändchens »Menippea« verweist auf einen Präsentationsstil, der auf den Kyniker Menippos von Gadara in Syrien zurückgehend satirisch scharfe Kritik mit konstruktiver Ethik, also Ernst und Heiterkeit zu verbinden versteht. Eine synoptische Übersetzung ist für diejenigen beigegeben, die kein Latein an der Schule gelernt oder das einst gelernte bereits vergessen haben.

C. D. K.

***

Archiv Bibliographia Judaica: *Lexikon deutsch-jüdischer Autoren*. Bd. 19: *Sand-Stri*. Redaktionelle Leitung: Renate Heuer. Berlin (Verlag Walter de Gruyter) 2012. 597 S.

Ein hochambitioniertes Lexikonprojekt steht vor dem Abschluss. Ein Band noch, dann liegen 20 Bände dieser umfassendsten Enzyklopädie zu deutsch-jüdischen Autoren vor.

Schriftsteller, Geistes- und Kulturwissenschaftler, Persönlichkeiten des öffentlichen Lebens werden, sofern sie in deutscher Sprache veröffentlicht haben, auf der Basis intensiver Recherchen und der Autopsie ihrer Werke ausführlich gewürdigt. Neben die biografischen Daten zur Person wie zur unmittelbaren Familie treten Informationen zur Ausbildung, zum beruflichen Werdegang, zum Freundeskreis, zum politischen, gesellschaftlichen Engagement, der Stellung zum Judentum und/oder Zionismus. Die Mitarbeit an Zeitungen und Zeitschriften, eine Auflistung wichtiger Einzelbeiträge, Hinweise auf den Nachlass oder Teilnachlässe, Autografen und Briefe runden die Einträge ab. Diese Materialfülle wird ergänzt durch (Quer-)Verweise auf die Sekundärliteratur, auf schon vorhandene Bibliografien. Was folgt, ist die chronologische Auflistung der Werke, ihrer Erst- und Wiederauflagen, verbunden mit einer kurzen Inhaltsangabe, Berücksichtigung von Motti, der Wiedergabe prägnanter Äußerungen der Autoren zu ihrem jeweiligen Werk, von Zitaten aus wichtigen Rezensionen.

Für Exilforscher und -forscherinnen bietet der jüngste, fast 600 Seiten umfassende Band des Lexikons einen Reigen interessantester Biografien. Willkürlich herausgegriffen: der nach Schweden geflohene Religions- und Geisteswissenschaftler Hans-Joachim Schoeps, die zuerst in die Schweiz, später nach England geflohene Reichstagsabgeordnete und Frauenrechtlerin Adele Schreiber, der über Österreich, Frankreich in die USA emigrierte Publizist Leopold Schwarzschild (26 Seiten), Anna Seghers (24 Seiten), Ernst Sommer, Manès Sperber, der in die USA emigrierte Psychologe William Stern.

Schon längst hat dieses vielbeachtete Nachschlagewerk den Status eines unverzichtbaren Standardwerks erlangt; durch seine Informationsdichte stellt es selbst für Kundige der deutsch-jüdischen Kulturgeschichte der letzten beiden Jahrhunderte eine wahre Fundgrube dar. Den Mitarbeitern des Archivs und dessen Leiterin Renate Heuer gebühren für ihre nunmehr 20-jährige stete Arbeitsleistung Respekt und Anerkennung.

Willfried Weinke

Thomas Wiegand und Manfred Heiting (Hg.): *Deutschland im Fotobuch*. Göttingen (Steidl Verlag) 2011. 492 S.; Alexandra Nocke (Hg.): *Micha Bar-Am's Israel*. London (Koenig Books) 2011. 336 S.; Marion Beckers und Elisabeth Moortgat: *Eva Besnyö. 1910–2003. Fotografin. Budapest. Berlin. Amsterdam*. Berlin (Hirmer Verlag) 2011. 248 S.; Laura Muir: *Lyonel Feininger. Fotografien 1928–1939*. Hg. Harvard Art Museums. Ostfildern (Hatje Cantz Verlag) 2011. 152 S.; Landesarchiv Berlin und Rechtsanwaltskammer Berlin (Hg.): *Leo Rosenthal. Ein Chronist der Weimarer Republik. Fotografien 1926–1933*. München (Schirmer/Mosel Verlag) 2011. 160 S.

Längst tritt neben das Interesse am vintage-print, am Veröffentlichungskontext der Fotografie, an der Biografie des Fotografen, der Fotografin, die Neugierde am Fotobuch selbst. Die beiden, von Martin Parr und Gerry Badger veröffentlichten Bände *The photobook: A history* (2004/2006) präsentieren Hunderte von Fotobänden, eine Selektion aus Tausenden weiteren des Buchsammlers und Fotografen Parr, ausgewählt nicht zur erneuten Kanonbildung, sondern zur Sehschulung und -schärfung. Eine ähnliche Intention verfolgen Thomas Wiegand und Manfred Heiting mit ihrer ebenfalls faszinierenden Veröffentlichung *Deutschland im Fotobuch*. Es als »coffee-table-book« zu bezeichnen, wäre eine Verunglimpfung, denn Autor und Gestalter verfolgen nicht weniger als Deutschland im Spiegel des Fotobuches vorzustellen, quasi eine Ausstellung in Buchform. Im ansprechend gestalteten Querformat präsentieren sie 273 Beispiele gedruckter Fotografie, die im Zeitraum zwischen 1915 und 2009 erschienen sind. Alle Fotobücher werden durch Beispielseiten, einen Kurztext zum Stellenwert des Buches im Œuvre des Fotografen sowie bibliografische Angaben gewürdigt. Auch wenn Autor und Herausgeber darauf verzichten, streng chronologisch vorzugehen, die Fotobücher vielmehr Kapiteln wie Landschaften, Architekturen, Menschen, Arbeit, Zeitgeschehen, Grenzen, Städten und Regionen zuordnen, stellt ihr mit 500 Seiten durchaus enzyklopädisch anmutendes Buch eine fotogeschichtliche wie zeithistorische Fundgrube erster Güte dar.

Auch wenn für 2012 weitere Referenzwerke zum Genre des Fotobuches angekündigt sind, sollen beachtenswerte Monografien zu einzelnen Fotografen nicht übersehen werden, insbesondere wenn sie für die Exilforschung von Bedeutung sind. Noch 1997 sprachen Klaus Honnef und Frank Weyers bezogen auf die Geschichte der Fotografie Israels von einer »terra incognita«. Ein Befund, der sich dank verschiedener Veröffentlichungen, zum Beispiel zu Ellen Auerbach oder Liselotte Grschebina, nicht mehr aufrechterhalten lässt. Einen gewichtigen Beitrag zur besseren Kenntnis der Fotogeschichte Israels liefert allein das Werk Micha Bar-Ams. Als Michael Anguli 1930 in Berlin geboren, emigrierte er 1936 gemeinsam mit seinen Eltern nach Palästina. Seit 1957 arbeitete er als Fotoreporter für das Armeemagazin *BaMahaneh*, seit 1967 als Bildredakteur für das *Israel-Magazin*. Als Mitglied der Bildagentur Magnum lieferte er jahrelang Fotos für die *New York Times*, in Deutschland unter anderem für den *Stern*. Bar-Am, der im Israel-Museum in Tel Aviv die Fotografie-Abteilung aufbaute und bis 1992 leitete, wurde zum Chronisten Israels, was in seinem 1998 erschienenen Buch *Israel – A Photobiography. The First Fifty Years* seinen gedruckten Niederschlag fand. Parallel zu einer Wanderausstellung, die 2011 zuerst im Willy-Brandt-Haus, Berlin, und dann im Open Museum of Photography im Tel-Hai Industrial Park in Israel gezeigt wurde, erschien das deutsch-englische Katalogbuch *Insight. Micha Bar-Am's Israel*, das Leben und Werk des »visuellen Anthroplogen«, wie er sich selbst bezeichnete, würdigt. Seine schwarz-weißen wie farbigen Fotografien dokumentieren den Aufbau Palästinas und Israels, die kriegerischen Auseinandersetzungen des Landes, die auch den Alltag seiner Bewohner prägen, zeigen aber auch friedliche Momente im sozialen Miteinander, im Kibbuz wie in der eigenen Familie. Den großzügig, oftmals doppelseitig präsentierten Fotografien stehen Beiträge von Maxim Biller, Gisela Dachs, Thomas L. Friedman, Yoram Kaniuk, Herlinde Koelbl, John le Carré und andere zur Seite, die Israels 80-jährigen Bildchronisten freundschaftlich-kollegial charakterisieren.

In den Niederlanden ist die Fotografin Eva Besynö (1910–2003) ein Begriff, insbesondere bei denjenigen, die sich für die »Dolle Mina« und den Kampf für Frauenrechte interessieren, denn Eva Besynö war die Chronistin dieser Bewegung. An ihre Anfänge in Ungarn, die sie prägende Zeit in Berlin und ihre Übersiedlung nach Amsterdam erinnerte eine Ausstellung in der Berlinischen Galerie sowie ein prächtig gestaltetes Katalogbuch, das Besynös komponierte schwarz-weiß Fotgrafien in exzellenter Reproduktionsqualität zur Geltung bringt. Aus liberal-jüdischem Elternhaus stammend, versagte sie sich dem Wunsch der Eltern zu studieren und absolvierte in dem führenden Porträt-, Reklame- und Architekturatelier von József Pésci eine Lehre. Aus dem

protofaschistischen, zunehmend antisemitischen Ungarn wechselte sie 1930 in die
avantgardistische Metropole Berlin, deren
kulturell wie politisch pulsierendes Leben sie
entscheidend prägte. Bei den Reklame- und
Pressefotografen René Ahrlé und Peter Heller sammelte sie weitere Berufserfahrung,
bevor sie – angesichts der erstarkenden Nationalsozialisten – gemeinsam mit ihrem Le-
bensgefährten und späterem Mann John
Fernhout im Herbst 1932 Deutschland verließ, um in Amsterdam zu leben.
Bemerkenswert schnell – im März 1933
zeigte eine Einzelausstellung Fotografien
Eva Besynös – gelang ihr die berufliche
Integration in die niederländische Gesellschaft. Sie erhielt Aufträge für Fotoreporta-
gen, schuf brillante Porträts sowie Archi-
tekturaufnahmen. Mitte der 1930er Jahre
wurde sie Mitglied im »Bond van Kunst-
naars ter Verdediging van de Kulturele
Rechten« (Bund der Künstler zur Verteidigung der Kulturellen Rechte), beteiligte sich
1936 an der Ausstellung »D.O.O.D.«, einem Protest gegen die Olympiade in
Deutschland. Nach der Okkupation der
Niederlande durch die deutsche Wehrmacht
war eine Fortsetzung ihrer fotojournalisti-
schen Arbeit unter ihrem Namen nicht
mehr möglich. Dank gefälschter Papiere
überlebte sie – für zwei Jahre im Untergrund und am illegalen Widerstand beteiligt – die Verfolgung. Auch wenn sie selbst
bekundete, nach 1945 mit neuem Lebens-
partner und zwei Kindern nie wieder hun-
dertprozentig als Fotografin gearbeitet zu
haben, engagierte Eva Besynö sich weiterhin kulturpolitisch und als Dokumentaris-
tin der niederländischen Frauenbewegung.
Nach ihrer 2008 erschienenen Monografie
zu Frieda Riess erinnern Marion Beckers
und Elisabeth Moortgat mit ihrem jüngsten
Fotobuch in vorbildlicher Weise an eine
sympathische, bis ins hohe Alter aktive und
vielfach geehrte Fotografin.
Dass man bei Feininger und Fotografie zuerst an Andreas oder T. Lux denkt, also an
die Söhne und nicht an den malenden Vater
Lyonel, liegt auch an diesem selbst, hat er
doch die auch ihn faszinierende Fotografie
und seine langjährige Betätigung auf diesem
Gebiet weitestgehend verschwiegen. Dass
die Fotografie auch ihn in ihren Bann zog,
bezeugt eindringlich der Begleitkatalog

Lyonel Feininger. Fotografien 1928–1939
zur 2011 in Berlin, München, Los Angeles
und 2012 in den Harvard Art Museums in
Cambridge / Massachusetts gezeigten Wanderausstellung. Auch wenn Feiningers foto-
grafisches Werk von 1928 bis in die Mitte der
1950er Jahre reichte, konzentrieren sich
Ausstellung wie Buch auf die erste Dekade
seiner Begeisterung für die Fotografie. Aus
Feiningers Privatarchiv, das 500 Abzüge und
ca. 18 000 Negative und Dias umfasste, wurden 76 vintage-prints für diese erste Ausstellung zum Fotografen Feininger ausgewählt.
Fotos, Fotoexperimente, Nachtaufnahmen,
Negativbilder, Doppelbelichtungen, aus seiner Zeit am Bauhaus in Dessau, Fotostudien
aus Halle an der Saale, Aufnahmen von Auf-
enthalten in Paris, in der Bretagne, im Feri-
enort Deep an der Ostsee sowie aus New
York, wohin Feininger 1937 endgültig zurückgekehrt war. Die exquisite Auswahl
hebt hervor, was Lyonel Feininger schon im
Mai 1929 an seine Frau Julia schrieb: »Das
Photographieren hat mir das Sehen auf eine
neue Art gesteigert.« Wer eine weitere Fa-
cette im Werk des vielseitigen Künstlers Feininger entdecken will, wird durch dieses
Buch auf augenfällige Weise bedient.
Eine wahre Neuentdeckung bietet das erst
nach einer im Landesarchiv Berlin gezeigten
Ausstellung entstandene Buch *Leo Rosenthal. Ein Chronist in der Weimarer Republik. Fotografien 1926 und 1933*. Der in Riga
geborene und in New York verstorbene
Rosenthal (1884–1969) war als Sozialdemo-
krat und Jude zur Flucht aus Deutschland
gezwungen; über Paris, das unbesetzte
Frankreich und Casablanca emigrierte er in
die USA, wo er eine zweite Karriere als frei-
beruflicher Fotograf für die UN begann.
40 Jahre nach seinem Tod präsentieren Ausstellung wie Buch seine Arbeit als Bildjour-
nalist in der Weimarer Republik. Rosenthal,
der vor allem als Gerichtsberichterstatter
für den sozialdemokratischen *Vorwärts*
arbeitete, unterlief wiederholt das Verbot,
im Gerichtssaal zu fotografieren. Dank
seiner Fotografien wird der Betrachter
zum Augenzeugen unterschiedlichster Ge-
richtsverfahren wegen Kapitalverbrechen,
Wirtschaftsdelikten, aber auch Kunstfäl-
schungen. Angesichts der politischen Auseinandersetzungen am Ende der Weimarer
Republik finden sich auch Aufnahmen aus

politischen Prozessen der Zeit. In diesen Fotografien begegnen einem der damalige Schriftleiter des *Vorwärts* Ernst Reuter, der Redakteur der Zeitschrift *Das Tagebuch*, Joseph Bornstein, der Physiker Albert Einstein, der Pazifist Ernst Friedrich, der Schriftsteller Ernst Mühsam, der junge, später in den Tod getriebene Rechtsanwalt Hans Litten, der Verleger Willi Münzenberg, Carl von Ossietzky mit seinem Verteidiger Rudolf Olden, aber auch nationalsozialistische »Größen« wie der Herausgeber des *Angriff*, Joseph Goebbels, der spätere Vorsitzende des Volksgerichtshofs Roland Freisler sowie Adolf Hitler. Da Rosenthal sich nicht an das Fotografierverbot hielt, ergänzen seine heimlichen Momentaufnahmen auf das Vortrefflichste Gerichtsreportagen aus der Feder von Paul Schlesinger (alias Sling) und Gabriele Tergit. Den unstilisierten Fotos des wachen Beobachters Leo Rosenthal stehen kluge Aufsätze zur Seite, von denen insbesondere der Beitrag Bernd Weises über die Gerichtsreportage zur Lektüre empfohlen sei.

Wilfried Weinke

Anthony Grenville: *Jewish Refugees from Germany and Austria in Britain 1933–1970. Their Image in AJR Information.* Edgware, Portland (Vallentine Mitchell) 2010. 286 S.

Nach seiner Lehrtätigkeit an den Universitäten Reading, Bristol und Westminster meldet sich Anthony Grenville aus dem aktiven Ruhestand mit einer neuen Buchveröffentlichung zu Wort. Als Gründungsmitglied des in London ansässigen Resarch Centre for German and Austrian Exile Studies fungierte er nicht nur als Beiträger, sondern auch als Herausgeber der *Year Books*. Gemeinsam mit Marian Malet veröffentlichte er 2002 den Interview-Band *Changing Countries. The Experience and Achievement of German-Speaking Exiles from Hitler in Britain from 1933 to today.* Im gleichen Jahr war er mitverantwortlich für die Ausstellung »Continental Britons. Jewish Refugees from Nazi Europe«, die anlässlich des 60-jährigen Bestehens der Association of Jewish Refugees (AJR) im Jüdischen Museum

in London gezeigt wurde. Für die AJR engagierte er sich maßgeblich an dem audiovisuellen »Refugee Voices«-Archiv, einer Sammlung von 150 gefilmten Interviews mit jüdischen Flüchtlingen und Überlebenden nationalsozialistischer Verfolgung.

Seit 2006 fungiert Anthony Grenville, Kind österreichischer Emigranten, als Chefredakteur des *AJR Journals*. Dieses seit 1946 erscheinende Periodikum, von der Fachwissenschaft kaum beachtet, bildet nun die Grundlage für seine Darstellung der Emigration und Integration deutscher wie österreichischer jüdischer Flüchtlinge in Großbritannien. Angesichts von ca. 70 000 Flüchtlingen, von denen ungefähr 10 000 mithilfe der Kindertransporte gerettet worden waren, bekam das Journal der 1941 gegründeten Association of Jewish Refugees nicht nur die Funktion einer wichtigen Informationsbörse. Es war gleichzeitig auch Organ des Selbstverständnisses nach England geflohener Juden.

In zehn Kapiteln schildert Grenville die Ankunft der Flüchtlinge auf der Insel, ihre Situation während des Krieges, ihre Internierung als »enemy aliens«, die Integration in die britische Mehrheitsgesellschaft. Fasziniert von den unterschiedlichen journalistischen Formen des *AJR Journals*, den Leitartikeln, Berichten, den Besprechungen von Literatur, Film, Kunst, Musik, Theater, schreibt Grenville über die Frage der Staatsbürgerschaft, den Aufbau eines neuen Lebens der »Neuankömmlinge«, die Entwicklung ihrer spezifischen »Refugee Culture«, das Verhältnis der »Continentals« zu den Briten. Auch wenn Grenville die anfänglich schwierige soziale wie politische Situation der Neubürger nicht bestreitet, weist er doch zurück, dass die Flüchtlinge, die sich zeitweilig als »Formerlys« oder »In betweens« bezeichneten, aus der britischen Gesellschaft ausgeschlossen wurden. Vielmehr berichtet er von einer durchaus erfolgreichen Integration der jüdischen Refugees. Nicht interessiert an der hinlänglich gewürdigten Prominenz legt Anthony Grenville eine lesenswerte, durchgehend anschaulich geschriebene Sozialgeschichte nach England geflohener deutschsprachiger Juden vor. Eine Kollektivbiografie »at its best«!

Wilfried Weinke

Burcu Dogramaci und Karin Wimmer (Hg.): *Netzwerke des Exil. Künstlerische Verflechtungen, Austausch und Patronage nach 1933.* Berlin (Gebr. Mann) 2011. 472 S.

Die Forschungen zur Wissenschaftsemigration mit ihren Fragen nach der Wirkung von transferiertem kulturellen Kapital und der Integration der Akteure in den Aufnahmeländern haben gezeigt, dass Netzwerke eine conditio sine qua non erfolgreicher Emigrationen waren. In dem großen von Stephanie Barron und Sabine Eckmann 1998 herausgegebenen Ausstellungskatalog *Exil. Flucht und Emigration europäischer Künstler 1933–1945* wird Ähnliches für den Kunstbereich, zum Teil im Vergleich zu den vertriebenen Intellektuellen, angedeutet, wenn auch nicht weiter ausgeführt. Der vorliegende Band nimmt diesen Faden wieder auf. Sein physisches Schwergewicht, sein Seitenumfang und die mehr als 20 Beiträge drücken Anspruch aus; der einleitende ausführliche Vortrag über die soziologischen Netzwerkkategorien unterstreicht das. Sein Gegenstand sind bildende Künstler, Kunsthistoriker, Galeristen sowie Architekten und Stadtplaner.

Generell bestätigen die Beiträge die in der Tendenz bekannten Befunde, welche Bedeutung berufs- und disziplinbestimmte Netzwerke hatten. Verdienst des Bandes ist, das Netzwerkkonzept weit gefächert auf den künstlerischen Bereich angewandt zu haben. Vorgestellt werden Beispiele professioneller Netzwerke von Architekten, die als Berufsverbände, Kollegen-Cluster, Zirkel oder »Innovations-Netzwerke« in Erscheinung traten, so bei den Vertretern des »Neuen Bauens«, des Bauhauses etc. Bei bildenden Künstlern, in der Regel Solitäre, gehörten Ausstellungen und Galerien zu wichtigen Agenturen der Netzwerkverdichtung. Daneben erscheinen Netzwerke als »Lebens-Versicherung«, die über persönliche Freundschaften oder zahlreiche spezielle Hilfskomitees das materielle Überleben wie auch die Integration in den Zufluchtsländern sicherten.

Andererseits verweist die Vielzahl der Netzwerkkonzepte auf ein Problem, das der Band nicht löst. Der Versuch einer Systematik wird nicht recht erkennbar und ist offenbar auch (noch) nicht beabsichtigt. Je-

der Beitrag pflegt seinen eigenen Begriff und seine eigenen Vorstellungen, die auf alle möglichen Kontexte angewandt werden, auf Gruppenbeziehungen, Individualkontakte und Einzelschicksale. Schon der wenig glückliche Einstieg in das Thema mit einem Artikel zum »Jerusalemer Emigranten-Kreis um Else Lasker-Schüler, Salman Schocken, Erich Mendelsohn« macht das deutlich, denn ein »Kreis« mit zumindest minimalen Kohärenzen war das nicht. Der Architekt Mendelsohn wirkte lediglich als Auftragnehmer des ehemaligen Kaufhaus-Tycoons Schocken beim Bau seiner Bibliothek, während Lasker-Schüler auf dessen finanzielle Unterstützung angewiesen war. Ironisch merkt der amerikanische Kunsthistoriker Keith Holz daher zu den variantenreichen Sichtweisen an, dass Exilanten und Emigranten durch das gemeinsame Schicksal schon per se ein Netzwerk bildeten, solcher Befund aber belanglos bleibe, solange nicht die Konkretion durch fassbare Gruppen mit erkennbaren Gemeinsamkeiten, Zielen und – so wäre hinzufügen – Wahrnehmungen von außen folge.

Problematisch ist ferner, dass die einzelnen Beiträge zwar unterschiedliche Bindungskräfte und Identitätsmuster bei ihren Netzwerkanalysen thematisieren oder diverse horizontale und vertikale Differenzierungen hervorheben, ihnen dabei aber das zentrale Erkenntnisziel, die Erklärung von Flucht- und Akkulturationsprozessen aus dem Blick gerät. Alte Gruppenbeziehungen in Deutschland wie neue in den Aufnahmeländern werden auf gleicher Stufe abgehandelt – eine Sicht, die die Ursachen des Exodus umgeht. Sie mag hier und da allerdings dem Selbstverständnis der vorgestellten Akteure entsprochen haben. Verschiedene Bauhaus-Künstler beispielsweise arrangierten sich wie Herbert Bayer trotz gewaltsamer Auflösung ihrer Lehranstalt durchaus passabel mit den Nationalsozialisten, Politik glaubten sie merkwürdigerweise, sei nicht ihre Sache; ihre Auswanderung erst Ende der 1930er Jahre erfolgte aus Gründen, bei denen durchaus zu diskutieren ist, ob sie überhaupt zu dem großen Emigrantennetzwerk aus dem NS-Staat zu zählen sind.

Solche Fragen verstärken sich nach der Lektüre der datengeleiteten Analyse von Martin

Papenbrock und Joachim Scharloth zu Kunstausstellungen im Exil. Cluster-Forschungen haben in den Forschungen zur Vertreibung der Wissenschaften eine lange Tradition. Klar war dabei, dass quantitative Erhebungen zwar auf bestimmte formale Beziehungs-, Dispersions- und Wirkungstrends hinweisen, dass damit aber ohne weitere qualitative Befunde nur wenig evident wird. Der vorgelegte Beitrag enthält dazu nichts. Er besteht aus einem historischen Abriss der in den Metropolen Prag, London und Paris nach 1933 stattgefundenen Ausstellungen von Exilkünstlern, an den sich in einem zweiten Teil die Beschreibung der quantitativen Operationalisierungsabsicht anschließt. Umfangreichere Daten dazu sind von den Autoren aber erst in einer anderen Untersuchung für NS-Kunstausstellungen erhoben worden, die zu dem aufregenden Ergebnis führten, dass sich an ihnen eine kumulative Entwicklung der einst dezentral bestimmten Kunst hin zur zentralisierten Staatskunst ablesen lasse. Wie das Projektverfahren künftig auch auf die Exilausstellungen angewandt, welche Daten erhoben und welche Leitfragen dazu gestellt werden sollen, bleibt einstweilen der Fantasie des Lesers überlassen.

Beiträge dieser Art machen deutlich, dass der Band vielfach im Neuland der Grundforschung angesiedelt ist. Den methodischen Instrumenten und Fragestellungen fehlen derzeit noch die eindeutigen Zielsetzungen, und das Begriffsinstrumentarium – wenn man es denn so in den Fokus nimmt – bedarf der weiteren Präzisierung und Systematisierung. Kurzum, der Band, und das war wohl auch seine Absicht, hat auf wichtige Desiderata hingewiesen, die erst noch zu bearbeiten sind. Dabei ist im Auge zu behalten, dass die »netzwerkorientierte Exilforschung« nur instrumentelle Hilfsfunktion hat, um die Fragen des kulturellen Transfers, der Integration, Akkulturation und der Wirkung der Emigranten an ihren Zufluchtsorten zu klären. Und hier bieten die Beiträge zahlreiche neue Informationen und anregende Perspektiven. Exemplarisch genannt sei nur der Aufsatz von Daniela Stöppel über den Transfer der bildstatistischen Methode der sogenannten ISOTYPE (International System of Typographic Picture Education), der über das Bekannte

hinaus die Folgen der Spaltung des aus Wien nach Den Haag geflohenen Arbeitsteams durch die weitere Flucht seines Leiters Otto Neurath nach Großbritannien erhellt. Dazu zählen weiterhin die Ausführungen der Herausgeberin Burcu Dogramaci über den ebenfalls dorthin geflohenen Journalistenzirkel um Stefan Lorant, der mit den Zeitschriftengründungen *Liliput* und *Picture Post* in England die zu der Zeit noch unüblichen Bildreportagen eingeführt hat, oder Isabel Wünsches Darstellung des Mills College für Frauen an der amerikanischen Westküste als Zentrum von emigrierten Künstlern und Kunsthistorikern nach 1935. Einige einzelbiografische Skizzen seien ebenfalls der Neugier des Lesers empfohlen: So die des ehemaligen Bauhaus-Studenten Richard Paulick, der schon 1933 nach Shanghai geflohen war und dort deshalb ganz andere Lebensbedingungen fand als die Masse der Flüchtlinge nach 1938, oder die des Berliner Stadtbaurats Martin Wagner, der sich im türkischen und später amerikanischen Exil zunehmend selbst von allen früheren Netzwerken isolierte, und nicht zuletzt die des einstigen Berliner Galeristen Karl Nierendorf. Sie alle erhellen gleichfalls Neuland oder ergänzen Bekanntes in wichtigen Aspekten.

C. D. K.

Peter Burschel, Alexander Gallus und Markus Völkel (Hg.): *Intellektuelle im Exil*. Göttingen (Wallstein Verlag) 2011. 278 S.

Der Band versammelt die Vorträge einer Ringvorlesung an der Universität Rostock, die den Intellektuellen als nicht konformen Kritiker per se, als Häretiker der Gesellschaft definiert und ihn in dieser Rolle bereits als Prototyp des Exils (inneres wie äußeres) vorstellt. Die Beiträge haben so durchaus ihren Reiz, da sie sich nicht auf den kurzen Zeitraum des späten 19. und des 20. Jahrhunderts in der Nachfolge Zolas oder gar auf das Exil nach 1933 beschränken. Vielmehr suchen sie breiten Zugang zum Thema vom römischen Rechtsinstitut der Verbannung, wie sie in der Ovid'schen Klage über den Verlust des Eigenen in der Barbarei der Fremde am Schwarzen Meer und Ciceros kurzfristigem Exil nach der gesetzlosen Hinrichtung der Verschwörer Catilinas deutlich werden, über Beispiele aus der frühen Neuzeit und außereuropäischen Räumen bis hin zu einigen vertrauten intellektuellen Flüchtlingen aus dem NS-Staat. Fünf der 13 Beiträge gehören in diesen Zusammenhang, so über sozialistische und kommunistische Intellektuelle mit ihren Exilerfahrungen (Werner Müller), über Wissenschaftler als künftige Agenten der »Verwestlichung« in Deutschland (Alfons Söllner) sowie zu den Biografien des Historikers Fritz Stern (Gangolf Hübinger), des Publizisten William S. Schlamm (Alexander Gallus) und des Germanisten Werner Vordtriede (Ulrich Raulff). Herausragend ist der Aufsatz Wolfgang Reinhards zur »Postkoloniale(n) Intellektuellendiaspora«, der die in den Kulturwissenschaften modische Verwendung dieses Theoriekonstrukts und ihre Repräsentanten einer kritischen Analyse unterzieht.

Der komparatistische Blick des Bandes, der intellektuelles Exil nahezu als soziopolitische Grundbefindlichkeit (nicht nur der Moderne) identifiziert und die dafür gegebenen Beispiele sind aber nicht immer originell und anregend. Gleiches gilt für die dabei praktizierten semantischen Varianten des Exil-Begriffs in verschiedenen Beiträgen. Warum Martial Straub glaubt, die mittelalterlichen Universitäten als »Exilrepubliken« darstellen zu können, wird nicht recht erkennbar. Beim Text über lateinamerikanische Intellektuelle bleibt unklar, was er soll, da deren Exilierung durch die zahlreichen autoritären Regimes im 20. Jahrhundert nicht thematisiert wird. Und Hübingers Beitrag hätte, so wie er angelegt ist, eher in ein Fachorgan für Historiker gepasst. Daher überzeugt der Band nur stellenweise. Auch haben sich die Herausgeber ihre Aufgabe recht leicht gemacht. Es fehlt jeder Hinweis darauf, welche Ziele ihr Vorhaben verfolgte und nach welchen Kriterien die Beiträge ausgewählt wurden. Vor allem hätte der Leser gern gewusst, welchen Beitrag die gedruckten und damit an ein breiteres Publikum gerichteten Vorlesungen zur Bereicherung des Forschungsstandes leisten sollten. Stattdessen wird ihm eine zweiseitige Einführung vorgelegt, die eine banale Phänomenologie des »Intellektuellenbegriffs in Raum und Zeit« umreißt.

Max Stein

Hanns Eisler: *Briefe 1907–1943.* (*Gesamtausgabe. Serie IX. Schriften 4.1*). Hg. Jürgen Schebera und Maren Köster. Wiesbaden (Breitkopf & Härtel) 2010. 560 S.

Mitglied des elitären Musikerkreises um Arnold Schönberg in Wien, Komponist der Arbeitermusikbewegung in Berlin, für kurze Zeit einer der angesehensten Filmmusikkomponisten Hollywoods und Urheber der Nationalhymne der DDR: Hanns Eislers Leben bewegte sich zwischen Extremen und verlief kaum in vorgezeichneten Bahnen. Biografische Wechselfälle und Entwicklungen erhalten durch die Edition seiner Briefe beträchtliche Evidenz, zumal das Briefmaterial, von Ausnahmen abgesehen, bisher unveröffentlicht war. Ablesbar ist für die Zeit der späten Weimarer Republik sowohl die Radikalisierung des politischen Diskurses wie auch Eislers eigene politische Radikalisierung.

Die Bedrohung durch das Nazi-Regime, der er durch seine politische Haltung wie durch seine zum Teil jüdische Herkunft ausgesetzt war, erkannte er rechtzeitig. Nach dem Reichstagsbrand kehrte Eisler von einem Aufenthalt anlässlich eines von Anton Webern geleiteten Arbeiter-Symphonie-Konzertes in Wien nicht nach Deutschland zurück und nahm stattdessen das Angebot wahr, in Paris eine Filmmusik zu schreiben. Neben weiteren Aufträgen zu Filmmusiken, die ihn nach London und Moskau führten, sind die längeren Arbeitsaufenthalte bei Bertold Brecht in Dänemark bemerkenswert. Fest Fuß zu fassen gelang Eisler im europäischen Exil nicht. Vor allem beständige Geldnot zwang ihn zu den vielen Ortswechseln. Die Briefe zeigen Eisler jedoch als einen, der allen existenziellen Herausforderungen gewachsen ist; Chancen wusste er zu erkennen und zu nutzen, mit der Wahrheit ging er dabei aber nicht immer allzu genau um.

Bessere Existenzmöglichkeiten als in Europa schienen ihm die USA zu bieten. Dort hielt er sich erstmals 1935 zu einer Konzert- und Vortragsreise auf und begeisterte sich zunächst für das Land. Er bewunderte den Pragmatismus, sah in den extremen sozialen Gegensätzen eine hervorragende Voraussetzung für den kommunistischen Kampf und hatte insgesamt das Gefühl, dort sei durch Handeln mehr zu erreichen als in Europa. Dass nicht zuletzt seine politische Aktivität ihm während seiner 1938 erfolgten Immigration in die Vereinigten Staaten gravierende Probleme bei der Erteilung eines unbefristeten Visums bereiten würde, ahnte er zu diesem Zeitpunkt noch nicht.

Beschäftigung hatte Eisler zu Beginn seines amerikanischen Exils als »visiting lecturer« an der New School for Social Research in New York gefunden. Er hatte dort also nicht wie meist und zuallererst von ihm selbst behauptet eine Professur inne. Ebenfalls an der New School ging Eisler von 1940 bis 1942 – jetzt tatsächlich als »professor of music« – jenen Forschungen zur Filmmusik nach, aus denen später das gemeinsam mit Theodor W. Adorno verfasste Buch *Composing for the Films* hervorging. Nach Abschluss seiner Forschungen zur Filmmusik reiste Eisler nach Hollywood, um in der Filmindustrie Fuß zu fassen, was ihm in erstaunlich kurzer Zeit gelang. Vor allem Eislers Alltag im Exil spiegeln die Briefe wider, sie betreffen häufig die Organisation von Film- oder Theaterprojekten, auch den Einsatz für andere Exilanten, gelegentlich zeugen sie, in Gestalt musikalischer Beschimpfungen etwa, von Eislers Humor. Ausführliche Reflexionen finden sich allerdings selten, meist werden Gegenstände nur knapp angesprochen und zeichnen sich durch starke Situationsgebundenheit aus. Die sorgfältigen Kommentierungen der Herausgeber sind deshalb zur gewinnbringenden Lektüre unabdingbar. Daher ist es schade, dass sie nicht direkt nach den jeweiligen Briefen erscheinen, sondern in einem separaten Anhang; etliches, den Lesefluss störendes Hin- und Herblättern ist also erforderlich.

Boris Voigt

Annik und Max Bruinsma (Hg.): *gerd arntz. graphic designer.* Rotterdam (010 publishers) 2010. 288 S.

Zahlen verweisen uns – zumindest in der Bahn – auf unsere Klassenzugehörigkeit. Symbole aber bestimmen unsere Verhaltungsweisen. In allen Lebensbereichen, im Sport, in der Kommunikation, am Computer, in Gebrauchsanweisungen, in öffentlichen Gebäuden wie Flughäfen, Rat- oder Krankenhäusern, der Post, leiten und lenken uns Piktogramme, die unabhängig von Nationalität, Bildung und Sprache verstanden werden können.

Solche simple wie direkte Sprache schwebte dem gebürtigen Remscheider Gerd Arntz (1900–1988) vor. Nach seinem Zeichenstudium arbeitete er in den 1920er Jahren als freischaffender Künstler; gemeinsam mit Franz Wilhelm Seiwert und Heinrich Hoernle bildete er die avantgardistische, durchaus (klassen-) kämpferische Gruppe der »Kölner Progressiven«. Insbesondere Arntz vermochte durch mehrteilige, kontrastreiche Holzschnitte, zum Beispiel »Zwölf Häuser der Zeit« (1927), in denen er die beengten Wohnverhältnisse von Arbeitern dem mondänen Leben des Großbürgertums gegenüberstellte, konkrete Gesellschaftskritik zu üben.

Seit 1929 arbeitete er als grafischer Leiter in dem von dem österreichischen Ökonom Otto Neurath (1882–1945) gegründeten Gesellschafts- und Wirtschaftsmuseum in Wien. Gemeinsam entwickelten sie das Bildsprachen-System »Isotype«, das »International System of Typographic Picture Education«. Ein System einfacher bis einfachster Bilder, für das Arntz 4000 Zeichen entwickelte, die von jedermann verstanden werden konnten. Symbole einer universellen Sprache, die ohne Worte auskommt. Icons, die selbst nach fast hundert Jahren keineswegs antiquiert, sondern modern wirken. In dem 1930 gemeinsam herausgegebenen Atlas »Gesellschaft und Wirtschaft« fand ihre »Wiener Methode der Bildstatistik« ihren adäquaten, visuellen Ausdruck; allein 600 ihrer »Signaturen«, wie Neurath / Arntz ihre Piktogramme nannten, werden in der nun vorliegenden Monografie zu Gerd Arntz abgedruckt.

Arntz, der 1934 nach Den Haag emigrierte und auch dort weiterhin als politisch engagierter Grafiker arbeitete, wurde 1940 Leiter der »Nederlands Stichting voor Statistiek«. Sein 1943 erzwungener Wehrdienst in der deutschen Armee endete schon ein Jahr später, als er sich in Paris der Résistance ergab. Nach 1945 konnte Arntz die Leitung der »Nederlandse Stichting« fortsetzen; er starb 1988 in Den Haag. An Leben und Werk von Gerd Arntz, der als »Vater des Piktogramms« bislang vor allem Grafikern, Typografen und Buchgestaltern ein Begriff ist, wird durch die nun vorgelegte, englischsprachige Monografie in würdiger Weise erinnert. Dem richtungsweisenden Grafikdesigner verpflichtet, wartet das Buch mit einem großzügigen, vorbildlichen Layout auf und wurde 2011 zurecht mit der Bronzemedaille für eines der schönsten Bücher aus aller Welt ausgezeichnet.

Wilfried Weinke

Hermann Kopp, Klaus Stein und Klara Tuchscherer (Hg.): *Hanns und Lya Kralik. Kunst und widerständiges Leben.* Essen (Neue Impulse) 2011. 184 S.

Das Buch enthält vier Textbeiträge und zahlreiche schwarz-weiß Reproduktionen von Werken des Künstlers Hanns Kralik (1900–1971). Zu Beginn kommt der Künstler in einem »Rückblick« selbst zu Wort; es erschien bereits im Katalog zur Düsseldorfer Ausstellung »*Bilder aus dem Widerstand*« (1980; Neuauflage 2000). Die Herausgeber haben dieses Selbstzeugnis mit erläuternden und teils korrigierenden Anmerkungen sowie Grafiken und Zeichnungen aus der jeweiligen künstlerischen Arbeitsperiode versehen. Deutlich wird, wie eng persönliche Erfahrungen, politisches Engagement und künstlerische Aktivitäten zusammenhängen. Kralik war Sohn eines Moerser Bergarbeiters, wurde wie sein Vater Bergarbeiter und kam im Alter von 17 Jahren »unter Tage«. Nach der durch die Novemberrevolution begonnenen Demokratisierung des Bildungswesens konnte er 1920 an die Kunstgewerbeschule in Krefeld aufgenommen werden. Ab 1924 studierte er an der Staatli-

chen Kunstakademie in Düsseldorf. Studium, Erwerbsarbeit, gewerkschaftliche Kämpfe und linkspolitisches Engagement mussten in den frühen 1920er Jahren bewältigt werden. Die soziale Lage fand thematischen Ausdruck im »Elend der arbeitenden Menschen in seiner ganzen Grausamkeit«. Gestaltet wurden mithilfe werkbundtypischer Techniken, vor allem Holzschnitte und Radierungen. Nach dieser Phase der »Elendsmalerei« begann Kraliks Suche nach neuen Formen und Inhalten. Nachdem er 1928 die Düsseldorfer Akademie als Meisterschüler verlassen hatte, tauchte er in die progressive Düsseldorfer Kunstszene ein und engagierte sich in den Klassenauseinandersetzungen der Wirtschaftsmetropole: Kralik wurde in der Agitpropabteilung der KPD aktiv.

Wie viele seiner Genossen wurde Kralik schon bald nach der nationalsozialistischen Machtübertragung 1933 festgenommen und ins emsländische KZ Börgermoor gebracht. Von dort konnte er in die Niederlande fliehen, dann 1935 weiter nach Frankreich gehen. Hier wirkte Kralik unter schwierigen materiellen Bedingungen und dem Druck politischer Verfolgung nicht nur erneut agitatorisch, sondern auch künstlerisch. Das zeigt sein Zyklus »*Trotz alledem*« mit dem für diesen Künstler kennzeichnenden zeitbezogen-realistischen Stil.

Anschließend folgt ein Beitrag über den Remigranten und Kommunisten Kralik als Kulturdezent in Düsseldorf 1945–1950. Kraliks Ernennung zum Beigeordneten wie auch die des Kommunisten Dr. Klaus Maase (1904–2001) zum Dezernenten für Ordnungsfragen und Meldewesen erfolgte durch die britische Besatzungsmacht. Unterstützung fanden Kraliks kulturpolitische Aktivitäten durch den Ende Mai 1946 gegründeten »Kulturbund zur demokratischen Erneuerung Deutschlands«. Auch das erregte das Missbehagen der alten Kräfte. Bei den Kommunalwahlen am 13. Oktober 1946 wurde die CDU mit 47 % stärkste politische Partei. Damit wurde die personelle Zusammensetzung der Stadtverwaltung geändert, vor allem wurden die beiden kommunistischen Dezernenten entlassen. Die vorsorgliche Kündigung Kraliks kam Ende März 1947, die jedoch wegen Rechtsfehlern zurückgezogen werden musste. Um Kralik und Maase loszuwerden, bedurfte es des »Adenauer-Erlasses« (19. September 1950), der die Verfassungstreue öffentlich Bediensteter verlangte. Trotzdem arbeitete Kralik noch einige Jahre (1952–1956) bis zum KPD-Verbot im Kulturausschuss der Stadt mit.

Im dritten Beitrag wird Lya Kralik (1901–1981, geb. Rosenheim) als Gefährtin porträtiert. Sie war bis 1933 gewerkschaftlich organisiert und aktiv. Sie ging ins Exil, arbeitete bei der »Deutschen Freiheitsbibliothek« (Paris 1938/39) und kam später ins Lager Gurs (1940/41), aus dem sie fliehen konnte. Lya wirkte illegal gegen die Besatzer, kam 1945 nach Düsseldorf zurück und wurde im KPD-Bündnisbereich politisch aktiv. Der Abschnitt »Abbildungen« schließlich enthält ausgewählte Reproduktionen (schwarz-weiß) von Arbeiten Kraliks in chronologischer Folge. Die meisten Werke sind bis heute unauffindbar oder wurden definitiv zerstört. Auch der besonders ansprechende, in den 1960er Jahren begonnene Zyklus von Radierungen »*Die Eifel, das blutgetränkte Grenzland im Westen*« ist nur bruchstückhaft erhalten.

Wilma Ruth Albrecht

Koordinierungsstelle für Kulturgutverluste Magdeburg (Hg.): *Verantwortung wahrnehmen. NS-Raubkunst – Eine Herausforderung an Museen, Bibliotheken und Archive.* Bearbeitet von Andrea Baresel-Brand. Magdeburg 2008. 517 S.

Der Tagungsband geht auf ein von der Stiftung Preußischer Kulturbesitz und der Koordinierungsstelle Magdeburg durchgeführtes Symposium zurück, das im Dezember 2008 stattfand. Anlass war die zehn Jahre zurückliegende Verabschiedung der Washingtoner Prinzipien, mit denen sich unter anderem 44 Staaten dazu verpflichteten, nach NS-Raubkunst zu suchen und diese zu restituieren.

Die erste der drei Sektionen des Bandes trägt die Überschrift »Grundfragen der Restitution von Kulturgütern«. So geht es im Beitrag von Harald König um die rechtlichen Grundlagen der Restitution in Deutschland seit 1945. Der Autor stellt heraus, dass die Washingtoner Prinzipien und die anschließend gegebene »Gemeinsame Erklärung« darauf abzielen, das bereits bestehende, aber nicht ausreichende gesetzgeberische Rückerstattungsprogramm in Deutschland zu vervollständigen. (Beide Dokumente befinden sich im Anhang des nachfolgend besprochenen Bandes.) Georg Crezelius untersucht, wie sich die genannten Prinzipien in das Rechtsgefüge der BRD eingliedern. Er hält sie für eine rein »politische Absichtserklärung« (S. 140) und betont, dass der deutsche Gesetzgeber daraus formal-gesetzliche Folgerungen ziehen sollte. Auch Monica Dugot, welche die Restitutionsbemühungen eines großen Auktionshauses darstellt, konstatiert, dass die Washingtoner Prinzipien sehr allgemein und verfahrensorientiert sind. Sie verlangt rechtsverbindliche, spezifische und internationale Normen, damit Restitutionsangelegenheiten fair, gerecht und eindeutig gelöst werden können.

David Rowland stellt fest, dass in amerikanischen Museen das »System der Selbstkontrolle« (S. 176) aufgrund des Eigeninteresses der Museen nicht sehr gut funktioniert. Er fordert für die USA eine neutrale Kunstkommission zur Klärung von Ansprüchen an NS-Raubkunst. Dass es bis zu solchen Kunstkommissionen und gesetzlichen Regelungen in Ungarn noch ein weiter Weg ist, erfährt man bei Ágnes Peresztegi. Sie zeigt auf, dass die ungarische Regierung die Washingtoner Prinzipien nicht umsetzt, sondern Archivrecherchen behindert und danach strebt, NS-Raubkunst in staatlichen Museen zu behalten. Sicher nicht zufällig folgt nach dieser Schilderung im Tagungsband ein Aufsatz von Clemens Jabloner und Eva Blimlinger, in dem das in Österreich bestehende System der Kunstrückgabe beschrieben wird; dieses baut auf der Provenienzforschung in Museen und klaren gesetzlichen Regelungen auf.

Die zweite Sektion beschäftigt sich mit Provenienzrecherche und -forschung in Museen, Archiven sowie Bibliotheken und wird durch einen sehr informativen Artikel über die Entwicklung der Provenienzforschung in Deutschland seit 1998 eingeleitet. Uwe Hartmann geht unter anderem darauf ein, dass Provenienzangaben heute – im

Unterschied zum späten 19. Jahrhundert – nicht mehr selbstverständlich seien. Hohe Standards lägen hierzulande nur ausnahmsweise vor; eine Situation, die sich nun allmählich ändert. Vorausschauend stellt der Verfasser fest, dass Provenienzforschung »als anspruchsvolle Tätigkeit innerhalb der historischen Forschung weiter an Bedeutung gewinnen« werde (S. 284). Dass dies nicht nur in Museen und Archiven zutrifft, zeigt Margot Werner auf. Sie geht, als Einzige im Sammelband, auf Provenienzforschung in Bibliotheken ein. Dabei werden die beispielhaften – aber längst nicht einzigen – Bemühungen der Österreichischen Nationalbibliothek um das Auffinden und die Rückgabe von verdächtigen Beständen beschrieben.

Schließlich formulieren im dritten Teil, überschrieben mit »Faire und gerechte Lösungen«, verschiedene Interessengruppen ihre Auffassung von eben diesen Lösungen. So fordert Georg Heuberger, Vertreter der Claims Conference, Transparenz von Restitutionsverfahren und eine Beteiligung der Öffentlichkeit. Weiterhin verlangt er einen gleichberechtigten Dialog mit den Alteigentümern. Dringend geboten sei, endlich die Opferseite in Gremien und Kommissionen einzubinden, etwa in den Fachbeirat der Koordinierungsstelle, den Beirat der Forschungsstelle für Provenienzforschung sowie die Limbach-Kommission.

Michael Eisenhauer geht als Vertreter des Deutschen Museumsbundes auf das Spannungsfeld zwischen Sammlungsauftrag und Restitution ein. So stellt er fest, die »Objektabgabe, selbst im Falle einer als legitim erkannten Restitution« widerspreche »dem gelernten und gelebten Berufsethos jeden Museumskurators« (S. 438). Eine Aussage, die zu hinterfragen wäre. Pauschale Antworten auf Fragen der Provenienzforschungen werden, so der Autor, durch Besonderheiten der Einzelfälle erschwert oder unmöglich gemacht. Dass es von Fall zu Fall zu unterschiedlichen Entscheidungen bzgl. einer Restitution oder einer Wiedergutmachung kommt, wird in den letzten zwei Beiträgen zu Restitutionskommissionen aus den Niederlanden beziehungsweise Frankreich gezeigt.

Mit den insgesamt 16 Beiträgen aus Europa, Israel und den USA gelingt es dem Tagungsband, nationale Spezifika und Gemeinsamkeiten im Umgang mit NS-Raubkunst herauszuarbeiten. Der breite Blickwinkel steht im Einklang mit der Washingtoner Konferenz von 1998, deren Forderungen angemahnt und teilweise ergänzt werden.

Robert Michaelis

Koordinierungsstelle für Kulturgutverluste (Hg.): *Die Verantwortung dauert an. Beiträge deutscher Institutionen zum Umgang mit NS-verfolgungsbedingt entzogenem Kulturgut.* Bearbeitet von Andrea Baresel-Brand. Magdeburg 2010. 483 S.

Im zehnten Jahr ihrer herausgeberischen Tätigkeit legt die Koordinierungsstelle Magdeburg Band 8 ihrer Veröffentlichungen vor. Sein Titel lautet: »Die Verantwortung dauert an«. Er nimmt das Motto von Band 7 auf (vgl. die Rezension von Robert Michaelis). Das Bewusstsein der eigenen institutionellen Geschichte wird auch im Untertitel spürbar. Behandelte der erste Band der Veröffentlichungen 2001 »Beiträge öffentlicher Einrichtungen der Bundesrepublik Deutschland zum Umgang mit Kulturgütern aus ehemaligem jüdischen Besitz«, geht es 2010 um »Beiträge deutscher Institutionen zum Umgang mit NS-verfolgungsbedingt entzogenem Kulturgut«.

Stark akzentuiert die Herausgeberin die politische Dimension des behandelten Gegenstandes, indem sie den thematischen Texten drei Grußworte voranstellt. Sie stammen von Bernd Neumann, Staatsminister und Beauftragter der Bundesregierung für Kultur und Medien, Ludwig Spaenle, Präsident der Kultusministerkonferenz und Raimund Bartella, Hauptreferent bei der Bundesvereinigung der kommunalen Spitzenverbände. In den Anlagen finden sich mit den *Washingtoner Prinzipien* und der *Gemeinsamen Erklärung* jene Schlüsseldokumente, die 1998 beziehungsweise 1999 den politischen Anstoß für die Forschungen nach NS-verfolgungsbedingt entzogenem Kulturgut in bundesdeutschen Einrichtungen gaben.

In dieser Rahmung erschließen sich Gewicht wie Problematik der Forschung zu

Kulturgütern, die ihren Eigentümer/-innen während des Nationalsozialismus abgepresst, entzogen, geraubt wurden. Wie jede Forschung ist sie ohne Eigenmotivation nicht zu leisten. Zugleich setzt sie eine von *außen* an die Forschung herangetragene Forderung um. »Der politische Wille bedingte die Ausweitung der Forschung und die Einrichtung von neuen Forschungsprojekten« (Katja Terlau, S. 346). Der Band vereint 26 Beiträge. Die überwiegende Mehrzahl stammt aus Museen und Bibliotheken. Der einzige Archivbeitrag benennt, was grundsätzlich für alle deutschen, Kulturgut bewahrenden Institutionen während der NS-Zeit galt: Sie waren einbezogen in den Verfolgungsapparat des Staates (Michael Unger, S. 299), unter anderem weil einzelne Direktoren als »Sachverständige« mit Gestapo oder Sicherheitsdienst beim Entzug von kulturellem Gut der politisch, ideologisch oder rassisch Verfolgten mitwirkten. Schlüsselthema ist daher nun – neben der Geschichte des eigenen Faches im Nationalsozialismus (Unger, ebd.) – die »Hausgeschichte« (Gabrielle Uelsberg, S. 95). Es geht darum, »die eigene, auch unrühmliche Vergangenheit« ernst zu nehmen (Barbara Schneider-Kempf, S. 48).
Bemerkenswert erscheint das Verständnis der Wissenschaftler/-innen vor allem jüngerer Generation, die vom Nationalsozialismus bewirkte Zerstörung jüdischer Kultur als eigenen Verlust zu begreifen. Eine Möglichkeit, diesem entgegenzuwirken, sehen sie offenbar darin, über die Suche nach geraubten Kulturgütern zugleich Biografie und Lebenswerk der vom Nationalsozialismus Verfolgten zu rekonstruieren. Diese Erinnerungsarbeit gilt unter anderem Persönlichkeiten wie der Germanistin Agathe Lasch (Matthias Harbeck u. Sonja Kobold, S. 55–73) oder den Wiener Gelehrten Elise und Helene Richter (Christine Hoffrath, S. 227–242). Sie berührt die verschiedensten sozialen Schichten und Berufsgruppen: den 1942 in Kaunas erschossenen Komponisten Edwin Geist (Dorothea Kathmann, S. 27–36), den 1935 aus Breslau nach Baden-Baden zugezogenen und ebenda 1940 verstorbenen Dr. Ernst Gallinek (Jutta Dresch u. Irmela Franzke, S. 183–199), die Münchner Bankiersfamilie Henriette und Sigmund Bernstein (Vanessa Voigt u. Horst Keßler,

S. 277–290), die im März 1939 noch nach Holland emigrieren konnten. Siegmund Bernstein verstarb 1941 in Amsterdam. Henriette Bernstein wurde nach Bergen-Belsen deportiert und dort 1944 ermordet. Mit welchen Herausforderungen die Einrichtungen bei der Beschäftigung mit zwischen 1933 und 1945 geraubten Kulturgütern konfrontiert sind, verdeutlichen die Zahlen, die die Autor/-innen nennen. 150 000 Bände ihres eigenen Buchbestandes mussten der Zentral- und Landesbibliothek zunächst als grundsätzlich verdächtig gelten (Annette Gerlach, S. 78). Der Gesamtbestand der Dresdner Staatlichen Museen, der im Rahmen von »Daphne«, dem Provenienzrecherche, Erfassungs- und Inventarisierungsprojekt der SKD zu bearbeiten ist, beträgt ca. 1 200 000 Objekte (Gilbert Lupfer, S. 128). Aber auch für kleinere Häuser wie das Städtische Museum Göttingen, dessen Inventarbuch zwischen 1933 und 1950 ca. 4500 Zugänge verzeichnete (Ernst Böhme, Rainer Driever und Rainer Rohrbach, S. 137), ergibt sich Forschungsaufwand von beachtlichem Maße.
Für Einsteiger in das inzwischen hochkomplexe Thema, das zwischen Kunst-, Bibliotheks- und Museumsgeschichte, den historischen Wissenschaften, der Zeitgeschichte und der Exilforschung angesiedelt ist, ohne die Geschichte von Kunst- und Antiquariatsbuchhandel nicht auskommt und neben akribischem wissenschaftlichen Arbeiten oft fast kriminalistisches Gespür erfordert, ist insbesondere der Beitrag von Uwe Hartmann empfehlenswert (S. 351–403). In diesem wird die inzwischen knapp 20-jährige Geschichte der Forschung zu NS-verfolgungsbedingt entzogenen Kulturgütern umrissen.
Das World Wide Web – das machen zahlreiche Beiträge deutlich – ist beim Erforschen wie Dokumentieren von Provenienzen von hoher Bedeutung. Eine Herausforderung der Zukunft besteht darin, sich in diesem Netz nicht zu verfangen. Denn »der Anspruch an eine Provenienz*forschung* wird ja nicht erfüllt, wenn allein (…) bekannte und verfügbare Daten zum Eigentümerwechsel zusammengestellt und publiziert werden«. (Hartmann, S. 373).

Regine Dehnel

Stefan Andres: *Wir sind Utopia. Prosa aus den Jahren 1933–1945*. Hrsg. von Erwin Rotermund und Heidrun Ehrke-Rotermund unter Mitarbeit von Thomas Hilsheimer. *Werke in Einzelausgaben* (Hg. von Christopher Andres, Michael Braun, Georg Guntermann, Birgit Leimen, Erwin Rotermund). Göttingen (Wallstein Verlag) 2010. 314 S.

Spitzenwerte auf der Skala der meistgelesenen Autoren erzielte Stefan Andres zuletzt in den beiden Nachkriegsjahrzehnten. Seine Verankerung in den Lektüreplänen der Gymnasien begünstigte diesen Erfolg. Davon kann seit Längerem keine Rede mehr sein. Die jüngere Literaturgeschichtsschreibung begnügt sich in der Regel mit summarischen Hinweisen. In der von Horst Albert Glaser herausgegebenen zehnbändigen »Deutsche Literatur – eine Sozialgeschichte« nennt der einschlägige Band 9 nicht einmal mehr seinen Namen. Der vorliegende Band der neuen Werkausgabe ist in jeder Hinsicht geeignet, das Interesse an dem ja nicht von ungefähr noch vor einiger Zeit in hohem Maße wirkungsvollen Autor erneut zu wecken.
Er umfasst den Aufstieg und Untergang der Hitlerdiktatur. Die in diesen Jahren von Andres verfassten Texte zählen zu den berühmtesten, die Mehrzahl aber zu den kaum bekannten seines Gesamtwerkes. Neben den beiden Meisternovellen *El Greco malt den Großinquisitor* von 1936 und *Wir sind Utopia* von 1942 haben die Herausgeber 27 kürzere Prosastücke ausgewählt, die Andres von 1933 bis 1945 für das Feuilleton der *Münchner Neuesten Nachrichten*, der *Frankfurter Zeitung* oder auch des *Völkischen Beobachters* geschrieben hat. Allein in Letzterem erschienen von 1937 bis 1943 20 Texte aus dem kleinepischen Gattungsarsenal wie Reiseberichte, Anekdoten, Parabeln oder Erzählungen. Es handelt sich im vorliegenden Band also um eine streng bemessene Selektion, deren Auswahlkriterien aus dem instruktiven *Nachwort* erhellen.
Sämtliche Texte sind nach den Erstdrucken wiedergegeben, das Hauptwerk *Wir sind Utopia* nach der Erstausgabe von 1943. Das beigefügte *Verzeichnis der Erstdrucke* gibt vor allem im Falle der Kurzprosa erste Hinweise auf die Situation des »inneren Emig-

ranten« Stefan Andres, der ja vom Italienischen nicht zu trennen ist. Mehr als hilfreich ist der umfassende *Kommentar* der Einzeltexte: wohlfundiert (von den Autoren des einschlägigen Handbuchs *Zwischenreiche und Gegenwelten. Texte und Vorstudien zur ›Verdeckten Schreibweise‹ im »Dritten Reich«* nicht anders zu erwarten) und einladend formuliert, sodass man nicht selten versucht ist, einfach weiterzulesen; zumal sich immer wieder veritable Kabinettstückchen finden, wie der Exkurs *Der leutselige König* (252) oder *Sokrates* (269). Informationen in solcher Gestalt dürften nicht wenige ansprechen. Und ob der Fülle der Sachmitteilungen müsste selbst ein Famulus Wagner – der bekanntlich vieles weiß, doch alles wissen möchte – kleinlaut werden. (Lediglich die *Serviten* könnte er vielleicht vermissen, gegründet von sieben Kaufleuten im Florenz des 13. Jahrhunderts: als Orden der Diener Mariens [Ordo Servi Mariae: OSM], der sich um die Bettler und Obdachlosen der Stadt kümmerte).
Die Brisanz aber, die in den Texten dieses Bandes steckt, scheint im *Nachwort* auf, das auf der Grundlage des gegenwärtigen Erkenntnisstandes, zu dem die Herausgeber maßgeblich beigetragen haben, wesentliche Aspekte zum adäquaten Werkverständnis anbietet. Und dies unprätentiös, mit der Selbstverständlichkeit der Sachkompetenz; also angenehm und mit Gewinn zu lesen! So erscheint die Kurzprosa dieser Jahre in einem anderen Licht, wenn man die Favorisierung der Kurzgeschichte durch »die offizielle Kulturpolitik des ›Dritten Reichs‹« vor Augen hat, die »das Genre als geeignetes Medium der Massenbeeinflussung ansah« (295). Dass Andres den von der öffentlichen Hand angekurbelten Kurzgeschichtenboom nutzt, hängt zunächst mit der prekären Situation seiner Familie im italienischen Exil zusammen. Er braucht das »Geld für die Krankenhauskosten« (285) seiner monatelang im internationalen Hospital von Neapel liegenden Frau. Aber natürlich möchte er auch publizieren; jedoch keine Feuilletonware im Sinne des Propagandaministeriums. »Vielmehr standen künstlerische Qualität und kritische Belehrung des Lesers für ihn im Zentrum.« (297) Nimmt man dann noch die thematische Herkunft dieser Texte – antike Mythologie, Philoso-

phie, Geschichte oder persönliche Reiseer-
fahrungen – in den Blick, so verbietet sich
eine kurzschließende Lesart, wie sie nicht
selten Autoren der »Inneren Emigration«
im Banne welcher auch immer gerade ton-
angebenden »political correctness« wider-
fährt. In der hier publizierten Kleinepik erweist sich Stefan Andres jedenfalls als
durchweg nonkonformer Schriftsteller. In
seinem *griechischen Reisebuch* führt er den
Untergang des von den braunen Machtha-
bern bevorzugten Sparta auf dessen »Hybris aus völkischer Selbstgefälligkeit« zurück. »Sparta wollte sich bewahren und verlor sich« (98). Differenziert ist nicht zum
Wenigsten sein Christentum zu betrachten,
das aufgrund seiner mosselländischen Herkunft und mehrfacher Einstiegsversuche in
den Klerikerstand zur Grundausstattung
seiner Persönlichkeit zu gehören scheint.
Zumindest eine klerikale Allergie ist ihm jedoch schon früh eigen. In *Der entschleierte
Berg Athos* (1936) äußert sie sich so: »Vielen
gilt der Berg Athos als eine Kuriosität. Mir
erschien er in dem gespenstigen Licht eines
Totenhauses, wo sich die Weltverneiner und
Jenseitsflüchtigen ad absurdum führen mit
dicken Bäuchen und geschrumpften Gehir-
nen« (110). Und *Die Parabel vom Ziel und
der Sehnsucht* aus dem gleichen Jahr greift
das zentrale Problem der urdeutschen Tradition romantischer Anthropologie auf, die
Sehnsucht als integralem Bestandteil eines
anspruchsvollen Menschen wie die Aus-
sichtslosigkeit ihrer Einlösung: »Über der
Sehnsucht aber und der Trauer der Erfüllung das Ziel zu vergessen, jenen schattenlo-
sen Ort, wo er der Sonne am nächsten ist,
das zeigt den Toren, der immer in Sehnsucht
und Erinnerung schwelgt, weil er nicht

weiß und wissen will, daß jedes Ziel nur
Anfang ist eines neuen Weges« (103).
Diese Facetten aus dem thematischen Spektrum, das Andres in diesem Textkorpus
entfaltet, müssen hier genügen. Nicht unerwähnt darf aber bleiben, dass die Herausgeber die Vorlage für eine Reihe dieser Texte
ausfindig gemacht haben: die Memoiren des
Frankfurter Kaufmannssohns Johann Con-
rad Friedrich (1848/49 erschienen). Hier
ist auch die Anregung für die Gestaltung
der großen Prozession in der »Inquisitions-
novelle« *El Greco malt den Großinquisitor*
zu suchen.
Dieses Meisterwerk und der Kurzroman
Wir sind Utopia, die thematisch wie konzeptionell die stringentesten Dichtungen
Andres' darstellen, halten am augenfälligs-
ten das existenzielle Grundmuster gegen-
wärtig, in dem der freiheitsbedürftige Einzelne sein Handeln einzurichten hat: zwischen der durchaus auch verlockenden
Macht der Finsternis und christlichem
Ethos (formelhaft gesagt). Die daraus sich
ergebenden Schwierigkeiten für ein halb-
wegs gelingendes Leben kann im Grunde
nur eine noch kaum in Gang gekommene
Literaturtheologie erforschen (um einen Begriff von Alois M. Haas aufzunehmen). Sie
hätte *Studien zu einer Lehre von letzten
Haltungen* zu betreiben, wie der Untertitel
von Hans Urs von Balthasars einschlägigem
Hauptwerk *Apokalypse der deutschen Seele*
lautet. Andres' apostrophierte Novellen
könnten als Schlüsseltexte fungieren. Der
vorliegende Band lädt auch durch seine ansprechende Gestaltung dazu ein.

Walter Dimter

Kurzbiografien der Autorinnen und Autoren

Wiebke von Bernstorff, Dr. phil., Studium der Kulturpädagogik an der Universität Hildesheim. 1990–1996 Lehrtätigkeiten im Bereich Deutsch als Fremdsprache in Tokyo, Hildesheim, Göttingen; 1996–1999 Pädagogische Mitarbeiterin und Leitung des Internationalen Bereichs des Bildungshauses Zeppelin, Goslar. 2002–2005 Doktorandin mit dem Thema: Der Ort der Frauen in den Erzählungen von Anna Seghers, publiziert unter dem Titel *Fluchtorte. Die mexikanischen und karibischen Erzählungen von Anna Seghers* (2006). Nach der Promotion 2005 wissenschaftliche Mitarbeiterin an der Universität Hildesheim.

Doerte Bischoff, Prof. Dr., Studium der Germanistik, Geschichte, Publizistik und Philosophie in Münster, Tübingen und St. Louis/USA, Promotion 1999 in Tübingen, zuvor Mitglied des Graduiertenkollegs »Theorie der Literatur und Kommunikation« in Konstanz. Seit 1998 Wiss. Assistentin in Münster, dort Habilitation. 2010 Professur in Siegen, seit 2011 Professorin für Neuere Deutsche Literatur in Hamburg mit Leitung der Walter A. Berendsohn Forschungsstelle für deutsche Exilliteratur. Arbeiten zu deutsch-jüdischer Literatur, Holocaust-Erinnerung, Literatur und Exil, Dingen in der Literatur (Diskurse des Fetischismus), Genderforschung, Briefroman.

Manfred Briegel, Dr. Dr. h.c., Studium der Germanistik, Romanistik und Latinistik, Promotion in Freiburg i. Br. Lehrtätigkeit an der Universidad de Chile in Santiago de Chile. 1969 bis 2001 in der Deutschen Forschungsgemeinschaft zuständig vor allem für die sprach- und literaturwissenschaftlichen Fächer. Kleinere Veröffentlichungen zum Exil und zur Wissenschaftsgeschichte.

Charmian Brinson, Ph.D., Professorin für Germanistik am Imperial College London, Gründungsmitglied des Research Centre for German and Austrian Exile Studies an der Universität London. Veröffentlichungen zum deutschsprachigen Exil, vor allem in Großbritannien, u. a.: *The Strange Case of Dora Fabian and Mathilde Wurm. A Study of German Political Exiles in London during the 1930s* (1997); mit Marietta Bearman, Richard Dove, Anthony Grenville und Jennifer Taylor *Wien-London hin und retour: Das Austrian Centre in London 1939–1947* (2004);

mit Richard Dove *Politics by Other Means: The Free German League of Culture in London 1939–1946* (2010).

Ernst Fischer, Prof. Dr., Studium der Germanistik und Philosophie an der Universität Wien, Promotion 1978; seit 1979 am Institut für Deutsche Philologie an der Ludwig-Maximilians-Universität München tätig, dort 1988 Habilitation, anschließend Privatdozent in München. Seit 1993 Professor am Institut für Buchwissenschaft der Johannes Gutenberg-Universität Mainz. Publikationen zur Literatur-, Buchhandels- und Mediengeschichte des 18.–21. Jahrhunderts. Aktuelle Forschungsschwerpunkte: Verlagswesen und Buchhandel 1918–1945, Buchmarkt der Gegenwart, Buch und Neue Medien.

Anthony Grenville, Dr. phil., Studium der Germanistik und Romanistik an der Universität Oxford; seit 1971 Hochschullehrer für Germanistik an den Universitäten Reading, Bristol und Westminster. Ab 2006 Chefredakteur des *Association of Jewish Refugees Journal*. Publikationen: *Jewish Refugees from Germany and Austria in Britain, 1933–1970: Their Image in ›AJR Information‹* (London 2010); *Stimmen der Flucht: Österreichische Emigration nach Großbritannien ab 1938* (Wien 2011).

Jan Hans, Dr. phil., Gründungsmitglied und von 1973 bis 1984 kommiss. Leiter der »Hamburger Arbeitsstelle für deutsche Exilliteratur« (mit Unterbrechungen), danach Versetzung in die Abteilung »Deutsch als Zweitsprache« der Universität Hamburg; ab 1990 Dozent für Filmtheorie, Popularkultur und Gegenwartsliteratur. Zahlreiche Veröffentlichungen zur Exilliteratur, darunter das Exil-Kapitel in *Sozialgeschichte der deutschen Literatur von 1918 bis zur Gegenwart* (1981).

Susanne Komfort-Hein, Prof. Dr., Studium der Germanistik, Soziologie, Philosophie und Niederlandistik in Kiel; ab 1989 wiss. Mitarbeiterin in Kiel und Tübingen, nach 1993 Wiss. Assistentin in Tübingen, dort Promotion 1993 und Habilitation 2000. Seit 2002 Professorin für Neuere Deutsche Literatur in Frankfurt/Main und seit 2012 Geschäftsführerin der Frankfurter Poetikdozentur. Arbeiten zur deutschsprachigen Literatur vom 18. bis 21. Jahrhundert, u. a. zu Literatur und Erinnerungskultur, Literatur und Exil, deutsch-jüdischer Literatur.

Françoise Kreissler, Prof. Dr., Studium der Germanistik, Sinologie und Jiddistik in Paris, Peking, Shanghai und New York. Universitätsprofessorin für Geschichte Chinas am Institut für Sinologie der Hochschule INALCO/Paris (Institut des Langues et Civilisations Orientales).

Claus-Dieter Krohn, Prof. Dr., Studium der Geschichte, Germanistik und Politikwissenschaften in Hamburg, Berlin und Zürich, Promotion 1973, wissenschaftlicher Assistent an der Freien Universität Berlin, Habilitation 1979; lehrte bis 2007 Kultur- und Sozialgeschichte an der Universität Lüneburg. Arbeiten zur Wirtschafts-, Sozial- und Theoriegeschichte des 19. und 20. Jahrhunderts und zur Exilforschung; Mitherausgeber des *Handbuchs der deutschsprachigen Emigration 1933– 1945* (1998) und des *Biographischen Handbuchs der deutschsprachigen wirtschaftswissenschaftlichen Emigration nach 1933* (1999).

Primus-Heinz Kucher, Prof. Dr. phil., Studium der Geschichte und Germanistik, Promotion 1984, Habilitation 1997. Lektor an der Universität Pisa 1980–1984. Assistent Universität Klagenfurt 1984, dort a. o. Univ. Prof. seit 1997. Gastprofessuren in Oslo, Genua, Udine und Chicago. Arbeits- und Forschungsschwerpunkte: deutschsprachige Literatur seit der Frühromantik, Wiener Moderne und Zwischenkriegszeit, Aspekte von Migration und Exil seit dem 19. Jahrhundert. Neuere Buchpublikationen zur österreichischen Literatur und Kultur der Zwanziger Jahre (2007, 2011) bzw. zu *First Letters / Erste Briefe aus dem Exil* (2011).

Ursula Langkau-Alex, Dr. phil., Studium der Germanistik, Geschichte und Politikwissenschaften in Köln und Paris, Promotion 1975. Langjährige Mitarbeiterin des Internationalen Instituts für Sozialgeschichte in Amsterdam. 1. Vorsitzende der Gesellschaft für Exilforschung. Forschungsschwerpunkte: Exil, Arbeiterbewegung und vor allem die Deutsche Volksfront 1932–1939 (3 Bde. 2004/5).

Patrik von zur Mühlen, Dr. phil., Studium an der FU Berlin und in Bonn, 1973–1975 im Bundesministerium für Wissenschaft und Bildung tätig, 1975–2007 Mitarbeiter im Forschungsinstitut der Friedrich-Ebert-Stiftung. Schwerpunkte: NS-Herrschaft, Widerstand, Exil und Emigration, spanischer Bürgerkrieg, DDR-Geschichte, baltische Geschichte.

Martin Münzel, Dr. phil., Studium der Geschichts- und Sozialwissenschaften in Kassel und Bielefeld, 2003 Aufenthalt am Institut für Europäische Geschichte in Mainz, Promotion 2004 in Bielefeld mit einer Arbeit über die jüdischen Mitglieder der deutschen Wirtschaftselite 1927– 1955. Nach Archivtätigkeit in der Bertelsmann Stiftung z.Z. Forschungsprojekt an der Humboldt-Universität Berlin zur Emigration deutscher Unternehmer nach New York nach 1933 sowie Redaktionsleitung der Fachzeitschrift *Archiv und Wirtschaft*. Veröffentlichungen insbesondere zur deutsch-jüdischen Unternehmergeschichte sowie zur Unternehmeremigration in der NS-Zeit.

Helmut Müssener, Prof. Dr., 1956–1964 Studium an den Universitäten Bonn, Mainz und Uppsala, Promotion Mainz 1964, Fil. dr. und Dozent/Habilitation Stockholm 1974. 1964–1974 Universitätslektor, 1974–1993 Dozent, 1993–2001 Professor und Inhaber des Lehrstuhls für deutschsprachige Literatur an der Universität Stockholm. Seit Emeritierung 2002 Senior Researcher am Hugo Valentin-Centrum der Universität Uppsala (Zentrum für multiethnische Studien/Programm für Studien zu Holocaust und Genozid). 1969–1974 Leiter der Stockholmer Koordinationsstelle zur Erforschung der deutschsprachigen Exilliteratur. Zahlreiche Veröffentlichungen zur neueren deutschsprachigen Literatur, zur Exilliteratur, zu deutsch-schwedischen Kulturbeziehungen und zu einzelnen Autoren, u. a. zu Nelly Sachs, B. Traven, Peter Weiss, August Strindberg.

Hélène Roussel, Maître de conférences honoraire an der Université Paris 8; Studium der Germanistik und Romanistik (Ecole Normale Supérieure und Sorbonne). Forschungsschwerpunkte: Kulturgeschichte, Literatur (insbesondere Anna Seghers), Presse des deutschsprachigen Exils 1933–1945 sowie der Weimarer Republik. Übersetzerin (Anna Seghers). Herausgeberin der Reihe *Exil – Forschungen und Texte* bei edition lumière, Bremen.

Hinrich C. Seeba, Prof. Dr., Studium der Germanistik, Gräzistik und Philosophie in Göttingen, Zürich und Tübingen, Promotion 1967. Von 1968 bis 2008 Professor of German an der University of California at Berkeley. Gastprofessuren FU Berlin, Stanford University und USP São Paulo. Forschungen im Rahmen einer Kulturgeschichte der Literatur; Bücher (*Kritik des ästhetischen Menschen* 1970, *Die Liebe zur Sache* 1973, *Denkbilder* 2011, Mitherausgeber der Kleist-Ausgabe, mit über 1000 Seiten Kommentar zu Kleists Dramen 1987 und 1991) und diversen Aufsätzen von Winckelmann bis Hofmannsthal, von der Ästhetik der Historiografie zur Wissenschaftsgeschichte der German Studies, inkl. akademisches Exil.

Michael Werner, Forschungsdirektor im CNRS und Professor an der Ecole des hautes études en sciences sociales, wo er das Zentrum für interdisziplinäre Deutschlandstudien leitet. Seine Forschungsschwerpunkte: Deutsch-französischer Kulturtranfer (18.–20. Jahrhundert), Deutsche Emigration in Frankreich (u. a. Heinrich Heine), kulturelle

Praxis von Musik (Geschichte des Hörens und der Form »Konzert« im langen 19. Jahrhundert), transnationale Geschichte der Geistes- und Sozialwissenschaften, Methodenfragen der Wissensgeschichte.

Lutz Winckler, Prof. Dr., Studium der Germanistik und Geschichte in Lausanne, Berlin und Tübingen, Promotion an der Universität Tübingen; 1975 Habilitation, 1988–1998 apl. Prof. an der Universität Tübingen; 1993 Maitre de conférences an der Universität Poitiers, dort 1998–2006 Professor für deutsche Literatur und Kultur. Gastprofessuren an den Universitäten Marburg, Hamburg, Besançon und Paris. Schwerpunkte in der Forschung und Lehre: Literatur des Exils nach 1933 und der Versuch, ihr einen Platz im kulturellen Gedächtnis zu bewahren.

Exilforschung. Ein internationales Jahrbuch
Herausgegeben von Claus-Dieter Krohn und Lutz Winckler

Band 1/1983
Stalin und die Intellektuellen und andere Themen
391 Seiten

»… der erste Band gibt in der Tat mehr als nur eine Ahnung davon, was eine so interdisziplinär wie breit angelegte Exilforschung sein könnte.«
Neue Politische Literatur

Band 2/1984
Erinnerungen ans Exil – kritische Lektüre der Autobiographien nach 1933
415 Seiten

»Band 2 vermag mühelos das Niveau des ersten Bandes zu halten, in manchen Studien wird geradezu außergewöhnlicher Rang erreicht …«
Wissenschaftlicher Literaturanzeiger

Band 3/1985
Gedanken an Deutschland im Exil und andere Themen
400 Seiten

»Die Beiträge beschäftigen sich nicht nur mit Exilliteratur, sondern auch mit den Lebensbedingungen der Exilierten. Sie untersuchen Möglichkeiten und Grenzen der Mediennutzung, erläutern die Probleme der Verlagsarbeit und verfolgen ›Lebensläufe im Exil‹.«
Neue Zürcher Zeitung

Band 4/1986
Das jüdische Exil und andere Themen
310 Seiten

Hannah Arendt, Bruno Frei, Nelly Sachs, Armin T. Wegner, Paul Tillich, Hans Henny Jahnn und Sergej Tschachotin sind Beiträge dieses Bandes gewidmet. Ernst Loewy schreibt über den Widerspruch, als Jude, Israeli, Deutscher zu leben.

Band 5/1987
Fluchtpunkte des Exils und andere Themen
260 Seiten

Das Thema »Akkulturation und soziale Erfahrungen im Exil« stellt neben der individuellen Exilerfahrung die Integration verschiedener Berufsgruppen in den Aufnahmeländern in den Mittelpunkt. Bisher wenig bekannte Flüchtlingszentren in Lateinamerika und Ostasien kommen ins Blickfeld.

Band 6/1988
Vertreibung der Wissenschaften und andere Themen
243 Seiten

Der Blick wird auf einen Bereich gelenkt, der von der Exilforschung bis dahin kaum wahrgenommen wurde. Das gilt sowohl für den Transfer denkgeschichtlicher und theoretischer Traditionen und die Wirkung der vertriebenen Gelehrten auf die Wissenschaftsentwicklung in den Zufluchtsländern wie auch für die Frage nach dem »Emigrationsverlust«, den die Wissenschaftsemigration für die Forschung im NS-Staat bedeutete.

Band 7/1989
Publizistik im Exil und andere Themen
249 Seiten

Der Band stellt neben der Berufsgeschichte emigrierter Journalisten in den USA exemplarisch Persönlichkeiten und Periodika des Exils vor, vermittelt an deren Beispiel Einblick in politische und literarische Debatten, aber auch in die Alltagswirklichkeit der Exilierten.

Band 8/1990
Politische Aspekte des Exils
243 Seiten

Der Band wirft Schlaglichter auf ein umfassendes Thema, beschreibt Handlungsspielräume in verschiedenen Ländern, stellt Einzelschicksale vor. Der Akzent auf dem kommunistischen Exil, dem Spannungsverhältnis zwischen antifaschistischem Widerstand und politischem Dogmatismus, verleiht ihm angesichts der politischen Umwälzungen seit 1989 Aktualität.

Band 9/1991
Exil und Remigration
263 Seiten

Der Band lenkt den Blick auf die deutsche Nachkriegsgeschichte, untersucht, wie mit rückkehrwilligen Vertriebenen aus dem Nazi-Staat in diesem Land nach 1945 umgegangen wurde.

Band 10/1992
Künste im Exil
212 Seiten. Zahlreiche Abbildungen

Beiträge zur bildenden Kunst und Musik, zu Architektur und Film im Exil stehen im Mittelpunkt dieses Jahrbuchs. Fragen der kunst- und musikhistorischen Entwicklung werden diskutiert, die verschiedenen Wege der ästhetischen Auseinandersetzung mit dem Faschismus dargestellt, Lebens- und Arbeitsbedingungen der Künstler beschrieben.

Band 11/1993
Frauen und Exil
Zwischen Anpassung und Selbstbestimmung
283 Seiten

Der Band trägt zur Erforschung der Bedingungen und künstlerischen wie biografischen Auswirkungen des Exils von Frauen bei. Literaturwissenschaftliche und biografische Auseinandersetzungen mit Lebensläufen und Texten ergänzen feministische Fragestellungen nach spezifisch »weiblichen Überlebensstrategien« im Exil.

Band 12/1994
Aspekte der künstlerischen Inneren Emigration 1933 bis 1945
236 Seiten

Der Band will eine abgebrochene Diskussion über einen kontroversen Gegenstandsbereich fortsetzen: Zur Diskussion stehen Literatur und Künste in der Inneren Emigration zwischen 1933 und 1945, Möglichkeiten und Grenzen einer innerdeutschen politischen und künstlerischen Opposition.

Band 13/1995
Kulturtransfer im Exil
276 Seiten

Das Jahrbuch 1995 macht auf Zusammenhänge des Kulturtransfers aufmerksam. Die Beiträge zeigen unter anderem, in welchem Ausmaß die aus Deutschland vertriebenen Emigranten das Bewusstsein der Nachkriegsgeneration der sechziger Jahre – in Deutschland wie in den Exilländern – prägten, welche Themen und welche Erwartungen die Exilforschung seit jener Zeit begleitet haben.

Band 14/1996
Rückblick und Perspektiven
231 Seiten

Methoden und Ziele wie auch Mythen der Exilforschung werden kritisch untersucht; der Band zielt damit auf eine problem- wie themenorientierte Erneuerung der Exilforschung. Im Zusammenhang mit der Kritik traditioneller Epochendiskurse stehen Rückblicke auf die Erträge der Forschung unter anderem in den USA, der DDR und in den skandinavischen Ländern. Zugleich werden Ausblicke auf neue Ansätze, etwa in der Frauenforschung und Literaturwissenschaft, gegeben.

Band 15/1997
Exil und Widerstand
282 Seiten

Der Widerstand gegen das nationalsozialistische Herrschaftssystem aus dem Exil heraus steht im Mittelpunkt dieses Jahrbuchs. Neben einer Problematisierung des Widerstandsbegriffs beleuchten die Beiträge typische Schicksale namhafter politischer Emigranten und untersuchen verschiedene Formen und Phasen des politischen Widerstands: z. B. bei der Braunbuch-Kampagne zum Reichstagsbrand, in der französischen Résistance, in der Zusammenarbeit mit britischen und amerikanischen Geheimdiensten sowie bei den Planungen der Exil-KPD für ein Nachkriegsdeutschland.

Band 16/1998
Exil und Avantgarden
275 Seiten

Der Band diskutiert und revidiert die Ergebnisse einer mehr als zwanzigjährigen Debatte um Bestand, Entwicklung oder Transformation der histori-

schen Avantgarden unter den Bedingungen von Exil und Akkulturation; die
Beiträge verlieren dabei den gegenwärtigen Umgang mit dem Thema Avantgarde nicht aus dem Blick.

Band 17/1999
Sprache – Identität – Kultur
Frauen im Exil
268 Seiten

Die Untersuchungen dieses Bandes fragen nach der spezifischen Konstruktion weiblicher Identität unter den Bedingungen des Exils. Welche Brüche
verursacht die – erzwungene oder freiwillige – Exilerfahrung in der individuellen Sozialisation? Und welche Chancen ergeben sich möglicherweise
daraus für die Entwicklung neuer, modifizierter oder alternativer Identitätskonzepte? Die Beiträge bieten unter heterogenen Forschungsansätzen lite-
ratur- und kunstwissenschaftliche, zeithistorische und autobiografische
Analysen.

Band 18/2000
Exile im 20. Jahrhundert
280 Seiten

Ohne Übertreibung kann man das 20. Jahrhundert als das der Flüchtlinge
bezeichnen. Erzwungene Migrationen, Fluchtbewegungen und Asylsu-
chende hat es zwar immer gegeben, erst im 20. Jahrhundert jedoch begannen
Massenvertreibungen in einem bis dahin unbekannten Ausmaß. Die Beiträge des Bandes behandeln unterschiedliche Formen von Vertreibung, vom
Exil aus dem zaristischen Russland bis hin zur Flucht chinesischer Dissiden-
ten in der jüngsten Zeit. Das Jahrbuch will damit auf Unbekanntes aufmerksam machen und zu einer Erweiterung des Blicks in vergleichender Perspektive anregen.

Band 19/2001
Jüdische Emigration
Zwischen Assimilation und Verfolgung, Akkulturation
und jüdischer Identität
294 Seiten

Das Thema der jüdischen Emigration während des »Dritten Reichs« und
Probleme jüdischer Identität und Akkulturation in verschiedenen europäischen und außereuropäischen Ländern bilden den Schwerpunkt dieses Jahrbuchs. Die Beiträge befassen sich unter anderem mit der Verbreitungspolitik

der Nationalsozialisten, richten die Aufmerksamkeit auf die Sicht der Betroffenen und thematisieren Defizite und Perspektiven der Wirkungsgeschichte jüdischer Emigration.

Band 20/2002
Metropolen des Exils
310 Seiten

Ausländische Metropolen wie Prag, Paris, Los Angeles, Buenos Aires oder Shanghai stellten eine urbane Fremde dar, in der die Emigrantinnen und Emigranten widersprüchlichen Erfahrungen ausgesetzt waren: Teilweise gelang ihnen der Anschluss an die großstädtische Kultur, teilweise fanden sie sich aber auch in der für sie ungewohnten Rolle einer Randgruppe wieder. Der daraus entstehende Widerspruch zwischen Integration, Marginalisierung und Exklusion wird anhand topografischer und mentalitätsgeschichtlicher Untersuchungen der Metropolenemigration, vor allem aber am Schicksal der großstädtischen politischen und kulturellen Avantgarden und ihrer Fähigkeit, sich in den neuen Metropolen zu reorganisieren, analysiert. Ein spezielles Kapitel ist dem Imaginären der Metropolen, seiner Rekonstruktion und Repräsentation in Literatur und Fotografie gewidmet.

Band 21/2003
Film und Fotografie
296 Seiten

Als »neue« Medien verbinden Film und Fotografie stärker als die traditionellen Künste Dokumentation und Fiktion, Amateurismus und Professionalität, künstlerische, technische und kommerzielle Produktionsweisen. Der Band geht den Produktions- und Rezeptionsbedingungen von Film und Fotografie im Exil nach, erforscht anhand von Länderstudien und Einzelschicksalen Akkulturations- und Integrationsmöglichkeiten und thematisiert den Umgang mit Exil und Widerstand im Nachkriegsfilm.

Band 22/2004
Bücher, Verlage, Medien
292 Seiten

Die Beiträge des Bandes fokussieren die medialen Voraussetzungen für die Entstehung einer nach Umfang und Rang weltgeschichtlich singulären Exilliteratur. Dabei geht es um das Symbol Buch ebenso wie um die politische Funktion von Zeitschriften, aber auch um die praktischen Arbeitsbedingungen von Verlagen, Buchhandlungen etc. unter den Bedingungen des Exils.

Band 23/2005

Autobiografie und wissenschaftliche Biografik

263 Seiten

Neben Autobiografien als Zeugnis und Dokument sind Erinnerung und Gedächtnis in den Vordergrund des Erkenntnisinteresses der Exilforschung gerückt. Die »narrative Identität« (Paul Ricœur) ist auf Kommunikation verwiesen, sie ist unabgeschlossen, offen für Grenzüberschreitungen und interkulturelle Erfahrungen; sie artikuliert sich in der Sprache, in den Bildern, aber auch über Orte und Dinge des Alltags. Vor diesem Hintergrund stellt der Band autobiografische Texte, wissenschaftliche Biografien und Darstellungen zur Biografik des Exils vor und diskutiert Formen und Funktionen ästhetischen, historischen, fiktionalen und wissenschaftlichen Erzählens.

Band 24/2006

Kindheit und Jugend im Exil – Ein Generationenthema

284 Seiten

Das als Kind erfahrene Unrecht ist vielfach einer der Beweggründe, im späteren Lebensalter Zeugnis abzulegen und oft mit Genugtuung auf ein erfolgreiches Leben trotz aller Hindernisse und Widrigkeiten zurückzublicken. Kindheit unter den Bedingungen von Verfolgung und Exil muss also einerseits als komplexes, tief gehendes und lang anhaltendes Geschehen mit oftmals traumatischen Wirkungen über mehrere Generationen gesehen werden, andererseits können produktive, kreative Lebensentwürfe nach der Katastrophe zu der nachträglichen Bewertung des Exils als Bereicherung geführt haben. Diesen Tatsachen wird in diesem Band konzeptionell und inhaltlich anhand neu erschlossener Quellen nachgegangen.

Band 25/2007

Übersetzung als transkultureller Prozess

293 Seiten

Übersetzen ist stets ein Akt des Dialogs zwischen dem Selbst und dem Anderen, zwischen kulturell Eigenem und Fremdem. Übersetzen bedeutet insofern auch deutende Vermittlung kultureller Verschiedenheit im Sinne einer »Äquivalenz des Nicht-Identischen« (P. Ricœur). Ein kulturtheoretisch fundierter Übersetzungsbegriff ist daher geeignet, die traditionelle Exilliteratur aus den Engpässen von muttersprachlicher Fixierung und der Fortschreibung von Nationalliteraturen herauszuführen. Er regt dazu an, das Übersetzen als Alternative zu den Risiken von Dekulturation bzw. Akkulturation aufzufassen und nach Formen der Lokalisierung neuer Identitäten zu suchen, welche in der Extraterritorialität der Sprache und in der Entstehung einer interkulturellen »Literatur des Exils« ihren Ausdruck finden.

Der Band präsentiert Überlegungen und Analysen zu Übersetzern und Übersetzungen von bzw. durch Exilautorinnen und -autoren (u. a. Hermann Broch, Heinrich Mann, Hans Sahl, Anna Seghers). Er enthält Studien zu Sprachwechsel und Mehrsprachigkeit sowie Beispiele eines Schreibens »zwischen« den Sprachen (Walter Abish, Wladimir Nabokov, Peter Weiss), die eine geografische und zeitliche Entgrenzung der »Exilliteratur« nahelegen.

Ein Register aller Beiträge der Bände 1 bis 25 des Jahrbuchs rundet den Band ab und gibt einen Überblick über den Stand der Exilforschung.

Band 26/2008
Kulturelle Räume und ästhetische Universalität
Musik und Musiker im Exil
253 Seiten

Das Themenspektrum des Bandes reicht von allgemeinen Überlegungen zum Doppelcharakter von Musik als »Werk und Zeugnis« über Musik in Exilzeitschriften, die Migration von Musiker/Komponisten-Archiven, die Frage nach »brain drain« und »brain gain« in der Musikwissenschaft bis zum Beitrag von Musikern in der Filmindustrie und einer Fallstudie zum Exil in Südamerika.

Band 27/2009
Exil, Entwurzelung, Hybridität
244 Seiten

Vor dem Hintergrund des Begriffs Hybridität, einem der Schlüsselbegriffe in den Kulturwissenschaften, versammelt der vorliegende Band Beiträge, die dazu anregen sollen Vertreibungen und Entwurzelungen sowie die damit verbundenen Integrationsprozesse unter differenten gesellschaftspolitischen Verhältnissen, insbesondere auch im Zeichen der heutigen Massenwanderungen zu vergleichen.

Band 28/2010
Gedächtnis des Exils
Formen der Erinnerung
260 Seiten

Mit dem Zurücktreten der Zeitzeugen haben sich die Formen der Wahrnehmung des Exils verändert: Gedächtnis und Erinnerung bilden Ausgangspunkt und Rahmen der wissenschaftlichen Auseinandersetzung. Der Band
stellt Institutionen des kulturellen Gedächtnisses wie Archive und Bibliotheken vor und untersucht Formen der Erinnerung und des Vergessens am
Beispiel von Ausstellungen, Schulbüchern und literarischen Texten.

Band 29/2011
Bibliotheken und Sammlungen im Exil
262 Seiten

Private Bibliotheken sind Spiegelbilder von Interessen und Leidenschaften
ihrer Eigentümer, sie dokumentierten einst sozialen Aufstieg und Ansehen
in der bürgerlichen Kultur. Der Nationalsozialismus hat wesentliche Teile
davon zerstört, eine Mitnahme dieser Überlieferung ins Exil war die Ausnahme. Bisher ließen sich immerhin überlebende Zeitzeugen ansprechen,
doch solche Informationsquellen versiegen allmählich, sodass »Archive«
zur künftigen Basis der Forschung werden. Während es im Bereich der
Nachlassermittlung bereits umfassende Kenntnisse gibt, ist das Wissen über
die verlorenen, zerstörten oder geretteten Bibliotheken derzeit noch unter-
entwickelt. Daher richtet der vorliegende Band den Blick auf dieses Über-
lieferungssegment. Dabei geht es nicht allein um die Texte, sondern auch um
die Materialität, Ästhetik und haptische Bedeutung von Büchern jenseits ihrer Funktion.

Ausführliche Informationen über alle Bücher des Verlags im Internet unter:
www.etk-muenchen.de

Exilliteratur in der edition text + kritik

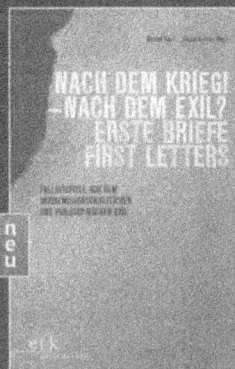

Nr. 1 ◆ 2011

EXiL

Forschung ◆ Erkenntnisse ◆ Ergebnisse

Inhalt

Exil 1933 bis 1945   12,80 Euro   **ISSN 0721-6742**

Edita Koch • Postfach 17 02 34 • D-60325 Frankfurt/Main • Tel. 0 69 / 75 11 02 • Fax 0 69 / 75 15 47

www.ingramcontent.com/pod-product-compliance
Lightning Source LLC
Chambersburg PA
CBHW031726280326
41926CB00098B/587